ZU DIESEM BUCH

Sie verwöhnen ihre Frauen, schicken ihre Kinder auf die besten Schulen, legen größten Wert auf ein achtbares Familienleben und feiern ihre Feste in eleganten Hotels. Scheinbar führen sie das Dasein von braven und liebenswerten Bürgern. Aber in Wahrheit sind sie zynische Gangster, deren illegale Organisationen wie ein Staat im Staate sind: die Bosse der Mafia. Nach Angaben des ehemaligen Justizministers Clark verdienen ihre «Firmen» vor allem durch Glücksspiele, Rauschgift und Prostitution sechs bis sieben Milliarden Dollar pro Jahr – mehr als einer der sieben Schwestern der weltumspannenden Ölkonzerne. Durch die lebensgefährliche «omertá», die Mauer des Schweigens, schützt sich die Cosa Nostra vor Enthüllungen. Dennoch gelang es dem Reporter Gay Talese, über den Sohn eines der fünf Mafia-Dons von New York, erstklassige Informationen zu bekommen. So erzählt er die Hintergründe der Entführung des legendären Mafia-Bosses Joseph Bonanno, die zu einem blutigen Bandenkrieg unter Amerikas Gangstern führte, den zähen Kampf der Behörden gegen die Clans, von Gesprächen, die von der Polizei mit Abhörgeräten aufgenommen wurden. Taleses Buch ist jedoch nicht nur die fesselnde Geschichte vom Entstehen und von der Macht der Mafia in Sizilien und den USA bis auf den heutigen Tag. Es ist der erste Tatsachenbericht, der authentische Einblicke in das Privatleben der großen Familien gibt, der zu erzählen weiß, was die wohlerzogenen Kinder machen und was vor allem die Frauen der Bosse zwischen Küche und Supermarkt, Schönheitssalons und Bridge-Parties treiben.

«Wie schrecklich normal es in Mafia-Haushalten zugeht, recherchierte Gay Talese im Heim der Rosalie Bonanno, Tochter des berüchtigten Joe Profaci, der Mario Puzo Pate stand für dessen Mafia-Bestseller ‹Der Pate›. Genau wie ihre Mafia-Genossinnen war Rosalie hauptsächlich damit beschäftigt gewesen, große Portionen für die Sippe und für Papas Leibwächter zu kochen. Die in der Unterwelt verheirateten Damen dürfen den Gefahrenkitzel des Großgangstertums zuweilen erleben, wenn Kühlschrank oder Waschmaschine streiken. Denn vor Monteuren müssen sie auf der Hut sein, es könnte sich um Detektive handeln. Viele Familien, so Talese, verzichten daher auf Reparaturen, sie kaufen Neues, und so stapelt sich in ihren Wohnungen der Zivilisationsschrott. Mafia-Gatten erwarten von ihren Angetrauten Loyalität und – wie von jedem Mitglied der Cosa Nostra – absolutes Stillschweigen. Verhalten sie sich entsprechend, geschieht ihnen nichts, denn Frauen sind selbst bei blutigen Sippenfehden tabu. Nur auf Feinfühligkeit dürfen sie nicht hoffen» («Der Spiegel»).

Gay Talese, 1932 in Amerika als Abkömmling italienischer Einwanderer geboren, studierte an der Universität von Alabama. Er war Starreporter der «New York Times», bevor sein Buch zu einem Welterfolg wurde.

Gay Talese

Ehre deinen Vater

Rowohlt

Titel der Originalausgabe «Honor Thy Father»
Aus dem Amerikanischen übertragen von GUNTHER MARTIN
Umschlagentwurf Werner Rebhuhn

Ungekürzte Ausgabe
Veröffentlicht im Rowohlt Taschenbuch Verlag GmbH,
Reinbek bei Hamburg, Februar 1975
Copyright © 1971 by Gay Talese
Alle Rechte der deutschen Ausgabe 1972:
Verlag Fritz Molden, Wien – München – Zürich
Satz Aldus (Linotron 505 C)
Gesamtherstellung Clausen & Bosse, Leck/Schleswig
Printed in Germany
ISBN 3 499 11801 7

Für Charles, Joseph, Tory und Felippa
in der Hoffnung,
daß sie ihren Vater besser verstehen
und darob nicht weniger lieben werden . . .

Inhalt

Erläuterungen

JOSEPH BONANNO

Patriarch der Familie. 1905 in Castellammare del Golfo, Sizilien, geboren. Der radikale junge Antifaschist flüchtete 1922 nach Mussolinis Machtergreifung aus Italien und kam während der Prohibitionszeit illegal in die USA. Jahrzehnte später, als Millionär, wurde Bonanno von den Behörden als einer der prominentesten Bosse der Mafia in Amerika identifiziert.

FAY BONANNO

Geboren in Tunesien, Tochter sizilianischer Eltern namens Labruzzo, die später in die USA einwanderten und sich in Brooklyn niederließen. Dort heiratete Fay im Jahre 1931 Joseph Bonanno.

SALVATORE (BILL) BONANNO

Älterer Sohn des Ehepaares, 1932 geboren.

CATHERINE BONANNO

Tochter des Ehepaares, 1934 geboren.

JOSEPH BONANNO jr.

Jüngerer Sohn des Ehepaares, 1945 geboren.

ROSALIE BONANNO

Mädchenname Profaci, 1936 geboren, heiratete 1956 Bill Bonanno. Nichte von Joseph Profaci.

JOSEPH PROFACI

1897 in Villabate auf Sizilien geboren. Millionär, Importeur von Olivenöl und Tomatenpaste. Jahrelang Boss der Brooklyner «Mafiafamilie» mit engen Beziehungen zu Joseph Bonannos Organisation. Starb 1962 an Krebs.

JOSEPH MAGLIOCCO	Bruder von Mrs. Profaci, langjähriger Adjutant seines Schwagers, übernahm nach dessen Tod die Leitung der Organisation. Starb im Dezember 1963 an einem Herzinfarkt.
JOSEPH COLOMBO	Maglioccos Nachfolger. Ihm gelang es, innerhalb der seit der Revolte der Brüder Gallo (1960) in Fraktionen aufgespaltenen Profaci-Familie einen gewissen Burgfrieden zu erreichen, aber die Organisation erlangte nicht mehr jene Machtstellung wie unter Profaci während der vierziger und fünfziger Jahre. 1970 gründete Colombo die Italo-Amerikanische Bürgerrechtsliga (Italian-American Civil Rights League). 1971 verübte ein Neger bei einer Versammlung der Liga ein Pistolenattentat auf Colombo, der sich seither von seinen schweren Verletzungen noch immer nicht erholt hat. Der Mord an «Crazy Joe» Gallo im April 1972, der der Colombo-Organisation zugeschrieben wird, hat jüngst eine neue Mordserie unter den New Yorker Mafiafamilien ausgelöst.
STEFANO MAGADDINO	Boss im Bereich Buffalo. Geboren 1891 in Castellammare del Golfo, entfernter Vetter von Joseph Bonanno, aber seit den sechziger Jahren dessen Gegner.
GASPAR DI GREGORIO	Magaddinos Schwager, loyales Mitglied von Bonannos Organisation, bis er 1964 aus Enttäuschung und Groll über die hierarchische Bevorzugung des damals zweiund-

dreißigjährigen Bill Bonanno eine interne Revolte anstiftete, die Mitte der sechziger Jahre zum sogenannten «Bananenkrieg» führte. Neben anderen unterstützte auch Magaddino Di Gregorios Bestrebungen.

FRANK LABRUZZO

Fay Bonannos Bruder, loyaler «Captain» in der Bonanno-Familie. Starb im August 1966 an Krebs.

JOSEPH NOTARO

Loyaler Captain Bonannos. Starb im Mai 1966 an einem Herzinfarkt.

JOHN BONVENTRE

Vetter Joseph Bonannos und langjähriges Mitglied von dessen Organisation. Kehrte nach 1950 in seine alte Heimat Sizilien zurück, wo er privatisierte. 1971, im Zuge der Anti-Mafia-Aktionen der italienischen Regierung, wurde auch Bonventre als eine der Schlüsselfiguren belangt und zusammen mit anderen vermutlichen Mafiosi auf eine kleine Insel vor der Nordostküste Siziliens verbannt.

FRANK GAROFALO

Loyaler Captain Bonannos. Kehrte ebenfalls nach 1950 als Privatmann nach Sizilien zurück, wo er eines natürlichen Todes starb.

PAUL SCIACCA

Mitglied von Bonannos Organisation, die er während der inneren Krise von 1964 verließ und sich Di Gregorios Gruppe anschloß.

FRANK MARI

Mitglied von Bonannos Organisation, schlug sich zu Di Gregorio und wurde als der Oberkiller identifiziert, der während des Bananenkrieges Anschläge gegen Bonannos Anhänger durchführte.

PETER MAGADDINO

Vetter von Stefano Magaddino, dem Boss in Buffalo. Peter Magaddino übersiedelte nach New York und unterstützte seinen Jugendfreund Joseph Bonanno in der Fehde mit Di Gregorio.

SALVATORE MARANZANO

Sizilianischer Altboss aus Castellammare del Golfo. Freund von Joseph Bonannos Vater. Vor 1930 organisierte Maranzano in Brooklyn eine Gruppe von Einwanderern aus Castellammare zum Kampf gegen die New Yorker Organisation unter der Führung von Joe Masseria, einem Süditaliener, der die Sizilianer ausschalten wollte. Diese Gangsterfehde, die von 1928 bis 1931 dauerte, wurde als «Castellammarese-Krieg» bekannt und ist in Kapitel 11 dieses Buches geschildert.

DIE MAFIA

hat verschiedene Bezeichnungen – die Mitglieder selbst gebrauchen niemals das Wort «Mafia» – und hat in Sizilien eine jahrhundertealte Tradition. In den USA wurde sie 1931, nach dem Castellammarese-Krieg, im Prinzip nach ähnlichen Richtlinien wie für große moderne Industriebetriebe organisiert. Aus dieser Reform ging sie als Gemeinschaft von rund 5000 Männern hervor, die in den Großstädten der gesamten USA 24 getrennte Gruppen («Familien») bildeten. In New York City, wo schätzungsweise 2000 Mitglieder ansässig waren, wurden 5 Familien formiert, jede mit einem Boss oder «Don» an der Spitze. 1931 war Joseph Bonanno im Alter von sechsundzwanzig Jahren der jüngste Don der ganzen Gemeinschaft.

DIE KOMMISSION

Von den 24 Bossen bilden jeweils neun alternierend die Kommission. Sie hat die Aufgabe, den Frieden innerhalb der Unterwelt zu sichern, soll sich aber jeglicher Einmischung in die internen Angelegenheiten der einzelnen Dons enthalten. Allerdings kommt es manchmal zu Eingriffen – wie während der Bonanno-Affäre der sechziger Jahre –, und dann gibt es Schwierigkeiten. Doch vor diesem Fall stellten die Kommissionsmitglieder ihre Differenzen hintan und achteten darauf, daß ihre Gruppe intakt blieb. Der Kommission gehörten folgende Personen an:

JOSEPH BONANNO
New York

JOSEPH PROFACI
New York

VITO GENOVESE
Übernahm die Führung der New Yorker Organisation, die einst Lucky Luciano geleitet hatte. Dieser wurde 1936 zu einer langjährigen Freiheitsstrafe verurteilt und 1946 nach Italien ausgewiesen. Frank Costello, der versuchte, sich zum Nachfolger Lucianos aufzu-

schwingen, gab diesen Plan auf, als er 1957 bei einem Attentat mit einem Streifschuß glimpflich davonkam.

Thomas Lucchese

New York. Nachfolger Gaetano Gaglianos, der 1953 eines natürlichen Todes starb.

Carlo Gambino

New York. In enger Verbindung mit Lucchese, durch die Heirat ihrer Kinder mit ihm verschwägert. Gambino leitet die Organisation, die früher von Albert Anastasia kontrolliert wurde. Anastasia wurde 1957 in Manhattan erschossen.

Stefano Magaddino

Buffalo. Senior der Kommission.

Angelo Bruno

Boss der Organisation mit dem Zentrum Philadelphia.

Sam Giancana

Boss der Organisation mit dem Zentrum Chicago.

Joseph Zerilli

Boss der Organisation in Detroit.

ORGANISIERTES VERBRECHEN

Oft wird vermutet, die Mafia sei der Inbegriff des organisierten Verbrechens in Amerika, während sie in Wirklichkeit nur einen kleinen Teil des Gesamtkomplexes ausmacht. Es gibt etwa 5000 Mafiosi, aber nach den Schätzungen der Justizbehörden operieren mehr als 100 000 organisierte

Gangster, die Berufsverbrecher sind. Ihr Aktionsgebiet umfaßt Glücksspiel, Buchmacherei, Geldverleih, Rauschgifthandel, Prostitution, Raubüberfälle, Entführung, Erpressung, Schuldeneintreibung und andere Delikte. Diese Gangs arbeiten wohl manchmal mit der Mafia zusammen, sind aber völlig unabhängig und formieren sich aus Juden, Iren, Negern, Lateinamerikanern – praktisch aus allen ethnischen und rassischen Gruppen in den USA. Da die Mafia, fast ganz aus Sizilianern und Süditalienern bestehend, seit der Prohibitionszeit ethnisch homogener blieb als die meisten anderen Gangs, war ihr Einfluß und Ruf in den Kreisen des organisierten Verbrechens beträchtlich. Doch die Mafiabosse traditionellen Stils wurden älter, und den Söhnen fehlte das Talent und das Interesse, die Nachfolge anzutreten, da sich der jungen Generation im allgemeinen Gesellschaftsgefüge Amerikas bessere Möglichkeiten bieten. Deshalb bahnt sich seit den sechziger Jahren ein Zerfallsprozeß der Mafiastruktur an, wie einst bei den großen irischen Gangs des vorigen Jahrhunderts und den starken jüdischen Cliquen der zwanziger Jahre – von denen heute als prominente Figur nur mehr Meyer Lansky übriggeblieben ist. Seit etwa 1965 sprechen viele Anzeichen dafür, daß sich der Schwerpunkt des organisierten Verbrechens nun auf die Neger und die Lateinamerikaner verlagert.

KEFAUVER-HEARINGS 1950/51 durchgeführte Untersuchungen über das organisierte Verbrechen, bei denen Senator C. Estes Kefauver aus Tennessee den Vorsitz hatte. Die Einvernahmen wurden vom Fernsehen übertragen, so daß Millionen Amerikaner den Ablauf verfolgen konnten. Kefauver schrieb auch ein Buch ‹Crime in America› (Verbrechen in Amerika).

DISTRICT Territorialer Bereich eines Staates der USA, mit eigenem Bundes- oder Staatsgericht, z. B. «South District of New York».

Teil I

Das Verschwinden

1

New Yorker Portiers wissen, daß man auch zuviel sehen kann. Deshalb haben die meisten einen ungewöhnlichen Sinn dafür entwickelt, ihr Wahrnehmungsvermögen fein abzustimmen. Sie wissen, was man sehen und was man ignorieren soll, wann man neugierig und wann man gleichgültig sein muß. Wenn sich vor ihren Häusern Unfälle oder Streitereien ereignen, dann halten sie sich drinnen im Gebäude auf und merken nichts, und wenn Einbrecher durch die Halle abziehen, dann stehen die Portiers fast immer auf der Straße und rufen nach einem Taxi. Ein Portier mag persönlich etwas gegen Bestechung und Ehebruch haben, aber er kehrt unweigerlich den Rücken, wenn der Superintendent dem Feuerinspektor Geld zusteckt oder wenn ein Mieter, dessen Frau verreist ist, in Begleitung eines Mädchens den Lift betritt. Das soll kein Vorwurf der Heuchelei oder der Feigheit gegen den Portier sein – es weist nur darauf hin, daß sein Instinkt für Nichteinmischung stark ausgeprägt ist, und aus dieser seiner Verhaltensweise kann man auch folgern, daß die Portiers vielleicht aus Erfahrung klug geworden sind: sie wissen, daß man nichts davon hat, wenn man sich zum Augen- und Ohrenzeugen der unerfreulichen Dinge im Leben und turbulenten Szenen im Hexenkessel der Großstadt hergibt. Darum war es nicht verwunderlich, daß der Portier in der Halle stand, mit dem Liftführer plauderte und nichts sah, als an einem regnerischen Dienstagabend im Oktober 1964 der Mafiaboss Joseph Bonanno kurz nach Mitternacht vor einem luxuriösen Apartmenthaus in der Park Avenue nahe der 36. Straße von zwei Bewaffneten gefaßt wurde.

Es war das Werk einiger Sekunden. Bonanno hatte in einem Restaurant zu Abend gegessen und stieg hinter seinem Anwalt William P. Maloney aus einem Taxi. Während der Anwalt durch den Regen sogleich zum Schutzdach vorlief, tauchten aus dem Dunkel zwei Männer auf, packten Bonanno bei den Armen und schleppten ihn zu einem wartenden Auto. Der Boss wollte sich losreißen, aber die beiden waren stärker. Er starrte die Fremden an, Zorn und Verblüffung malten sich in seinen Zügen: seit der Prohibitionszeit hatte niemand Hand an ihn gelegt, und damals war es die Polizei gewesen. Aber nun traten ihm Männer aus seiner eigenen Welt entgegen, zwei kräftige Kerle in schwarzen Mänteln und schwarzen Hüten, beide gut 1,80 groß. Der eine sagte: «Kommen

17

Sie, Joe, mein Boss möchte mit Ihnen reden.»

Bonanno erwiderte nichts. An diesem Abend war er ohne Leibwächter und ohne Pistole ausgegangen, und selbst wenn die Avenue noch belebt gewesen wäre, hätte er nicht um Hilfe gerufen, weil er solche Dinge als Privatsache betrachtete. Während ihn die Entführer über den Gehsteig schoben, versuchte er sich zu fassen und klar zu denken. Er sah im Nebel nichts als die Schlußlichter des Taxis und hörte nichts als den schweren Atem der Männer, die ihn vorwärts drängten. Dann klangen plötzlich hinter ihm eilige Schritte auf, und Maloney rief: «Hallo, was ist denn los?»

Einer der Revolvermänner wandte sich rasch um und sagte: «Verschwinden Sie!»

«Weg da!» keuchte Maloney. Er lief weiter und ruderte mit den Armen. «Das ist mein Mandant!»

Ein Schuß krachte, und das Projektil einer automatischen Pistole schlug knapp vor seinen Füßen in den Asphalt. Der Anwalt blieb stehen, wich zurück und drückte sich schließlich in den Eingang seines Apartmenthauses. Die Entführer schoben Bonanno auf den Hintersitz einer beigefarbenen Limousine, die mit laufendem Motor an der Ecke der 36. Straße stand. Bonanno mußte sich auf den Boden legen, und der Wagen brauste auf die Lexington Avenue zu. Dann trat der Portier zu Maloney auf den Gehsteig, er kam zu spät, um noch irgend etwas zu sehen. Bei der polizeilichen Einvernahme erklärte er, er habe keinen Schuß gehört.

Bill Bonanno war ein hochgewachsener, massiger, dunkelhaariger Mann von einunddreißig Jahren; seine Bürstenfrisur und die angeknöpften Hemdkragen erinnerten noch an den einstigen Collegestudenten, der dichte Schnurrbart allerdings war erst jüngsten Datums und sollte Bills Aussehen verändern. Er saß in einer dürftig eingerichteten Wohnung im New Yorker Stadtteil Queens und horchte angespannt, als das Telefon läutete. Doch er hob nicht ab.

Es summte dreimal, Pause, neuerliche Summertöne, wieder Pause, noch einige Signale, dann endgültig Stille. Das war Labruzzos Zeichen. Er stand in einer Telefonzelle und meldete damit, daß er auf dem Rückweg sei. Vor dem Apartmenthaus würde Labruzzo das Signal bei der Glocke im Parterre wiederholen, dann würde Bonanno junior den Knopf drücken, der das Türschloß öffnete. Mit der Pistole in der Hand würde Bill durch die Türlinse spähen, um sich zu vergewissern, ob es wirklich Labruzzo war, der aus dem Lift trat. Die möblierte Wohnung, welche die beiden Männer gemeinsam gemietet hatten, lag im obersten Geschoß eines Rohziegelbaus in einem Mittelklasseviertel, und da sich die Eingangstür am Ende des Korridors befand, konnten sie beobachten, wer den automatischen Lift benutzte.

Solche Vorsichtsmaßregeln galten nicht nur für Bill Bonanno und Frank Labruzzo, sondern auch für Dutzende andere Mitglieder von Joseph Bonannos Organisation, die sich seit einigen Wochen in ähnlichen Häusern in Queens, Brooklyn und Bronx versteckt hielten. Sie alle führten nun ein sehr gefährliches Leben. Sie wußten, daß sie jeden Moment gewärtig sein mußten, auf Mordschützen von Rivalengangs zu treffen oder auf Kriminalbeamte, die sie verhaften und verhören würden, um den kursierenden Gerüchten über Gewalttaten und Racheakte in der Unterwelt auf den Grund zu kommen. Die Polizei, die mit Abhörgeräten arbeitete, vermutete auf Grund ihrer Informationen, daß sogar die Spitzen der Mafia persönlich in diese interne Fehde verwickelt waren und daß Joseph Bonanno, seit dreißig Jahren ein mächtiger «Don», indirekt diesen Konflikt ausgelöst hatte. Andere Dons verdächtigten ihn des übermäßigen Ehrgeizes und des Bestrebens, seine Einflußsphäre, die bereits verschiedene Sektoren New Yorks, Kanadas und des Südwestens der USA umfaßte, auf ihre Kosten und vielleicht über ihre Leichen noch auszuweiten. Daß Bonanno kürzlich die drittwichtigste Position seiner «Familie» mit seinem Sohn Bill besetzt hatte, rief bei einigen Führern anderer Gangs, aber auch bei Mitgliedern von Bonannos eigener, etwa 300 Mann starker Gruppe in Brooklyn Bestürzung und Skepsis hervor.

In der Unterwelt galt Bill als nonkonformistischer Außenseiter, als ein Mann, den die elitäre Erziehung an höheren Schulen und Universitäten geprägt hatte und der gewisse Vorrechte als selbstverständlich ansah. Obwohl es ihm nicht an Mut fehlte, verrieten seine Art und seine Methoden etwas von der Unbekümmertheit des modernen amerikanischen Studenten, der an der Gestaltung seiner Umwelt aktiv mitwirken will. Er schien mit dem überkommenen System unzufrieden zu sein, jene aus der europäischen Vergangenheit herübergeretteten Sitten und Normen, die einen Teil der Mafiatraditionen bilden, nötigten ihm keinen Respekt ab. Er sagte rundheraus, was er dachte, redete mit Mafiosi höheren Ranges wie mit seinesgleichen und verlor nicht sein jugendliches Selbstvertrauen, wenn er auch im altertümlichen sizilianischen Dialekt sprach, den er als Kind von seinem Großvater in Brooklyn gelernt hatte. Der Umstand, daß er über 1,80 m groß war und mehr als 200 Pfund wog, sich sehr straff hielt und sehr geistesgegenwärtig war, trug noch zur Wirkung seines Auftretens bei und stärkte seine eigene hohe Meinung von sich selbst – daß er nämlich jedem, mit dem er beruflich in Berührung kam, ebenbürtig oder sogar überlegen sei. Mit einer einzigen Ausnahme vielleicht: seinem Vater. In Joseph Bonannos Gegenwart schwand etwas von Bills Selbstsicherheit, er wurde wortkarger, zögerte oft, als prüfe sein Vater streng jedes Wort und jeden Gedanken des Sohnes. Er wahrte Distanz zum Don wie zu einem Fremden, erlaubte sich keinerlei Vertraulichkeiten. Aber er las seinem Vater jeden Wunsch von den Augen ab und schien stets darauf bedacht, ihm gefällig zu sein. Es war offenkundig, daß Bill in der Beziehung zu seinem Vater durch eine aus patriarchalischen Epochen ererbte Regung geleitet wurde: die kindliche Ehrfurcht.

Während der letzten Wochen war er fast immer in Joseph Bonannos Nähe gewesen; letzte Nacht aber blieb er in Labruzzos Wohnung, denn er wußte, daß sein Vater allein mit seinen Anwälten speisen und dann mit Maloney verschiedene Fragen erörtern wollte. Bill setzte sich vor den Fernsehapparat und las die Zeitungen, doch eigentlich wartete er die ganze Zeit auf eine Nachricht. Er war etwas nervös, ohne sich den Grund erklären zu können. Vielleicht hatte ihn eine Reportage in den *Daily News* beunruhigt, darin stand, das Leben in der Unterwelt werde immer gefährlicher, ferner die Behauptung, Bonanno senior habe vor kurzem die Ermordung zweier Rivalen-Dons, nämlich Carlo Gambinos und Thomas Luccheses, geplant; das Komplott dürfe deshalb fehlgeschlagen sein, weil einer der Killer seinen Auftraggeber verraten und eines der präsumtiven Opfer gewarnt habe. Selbst wenn solch ein Bericht reine Erfindung war – möglicherweise beruhte er auf irgendwelchem Geschwätz aus den unteren Rängen der Mafia, das vom FBI abgehört worden war –, machte sich Bill dennoch Sorgen über die sensationelle publizistische Ausschrotung dieser Räubergeschichte; denn dadurch wurde das gegenseitige Mißtrauen unter den Gruppen, die die verschiedenen «Rackets» betrieben, nur noch gesteigert. (Diese «Rackets», wie man die illegalen Geschäftszweige des organisierten Verbrechens bezeichnet, umfassen Glücksspiel, Buchmacherei, Prostitution, Schmuggel und «Schutzgelder», das sind aufgezwungene regelmäßige Tributzahlungen von Firmen und Einzelpersonen.) Die Reaktionen auf solche «Enthüllungen» waren leicht abzusehen: empörte Forderungen der Politiker nach hartem Durchgreifen, schärfere Überwachungsaktionen der Polizei und weitere «Subpoenas».

Die Subpoena, die gerichtliche Vorladung bei Strafandrohung, wurde in der Unterwelt jetzt mehr als je zuvor gefürchtet, denn ein neues Bundesgesetz bestimmte, daß ein Verdächtiger, der zwecks Einvernahme vor Gericht zitiert wurde, bei Zusicherung der Straffreiheit aussagen mußte, widrigenfalls er eine Verurteilung wegen Mißachtung des Gerichtes zu gewärtigen hatte. Wenn die Mafiosi also Subpoenas vermeiden wollten, sooft die Zeitungen Schlagzeilen über die Kriminalität brachten, mußten sie unbedingt möglichst unauffällig bleiben. Für die Mafiabosse bedeutete dieses Gesetz ein schweres Hemmnis beim Einsatz ihrer Leute im Stadtgebiet, denn die gebotene Vorsicht und notwendigen Ausweichmanöver ergaben oft Verzögerungen; die «Soldaten» und unteren Funktionäre waren nicht immer dort, wo sie zu einem bestimmten Termin sein sollten, um einen Auftrag auszuführen; oft auch waren sie ohne

eigenes Verschulden nicht imstande, die Anrufe der Zentrale entgegen-
zunehmen, die pünktlich auf die Minute in vorher genau bezeichneten
Telefonzellen erfolgten. Gerade in einer Geheimorganisation ist präziser
Ablauf ungemein wichtig, und deshalb bedeutete das neue Problem der
gestörten Nachrichtenverbindung für viele der ohnehin bereits in arge
Bedrängnis geratenen Mafiabosse eine weitere schwere Belastung.

Die Bonanno-«Familie», bei der Bill moderne Geschäftsmethoden eingeführt hatte, war fortschrittlicher und wendiger als die meisten anderen
Gruppen, sie hatte ihre Kommunikationsprobleme bis zu einem gewissen
Grad durch einen systemisierten Telefonsignalcode und mit Hilfe eines
Telefonauftragsdienstes gelöst – wahrscheinlich war sie die einzige Gang,
die sich eines solchen Telefonauftragsdienstes bediente. Er lautete auf
den Namen eines fiktiven Mr. Baxter – das war Bill Bonannos Deckname
– und war an das Privattelefon der alten, alleinstehenden Tante eines
Mitgliedes angeschlossen. Die hochbetagte Dame selbst sprach kaum
Englisch und war außerdem schwerhörig. Untertags riefen jene Männer
an, die Schlüsselpositionen innehatten, meldeten sich mit vereinbarten
Decknamen und gaben geheimnisvolle Meldungen durch, um zu bestätigen, daß sie in Sicherheit seien und die Geschäfte wie üblich liefen. Wenn
in einer Nachricht die Buchstaben «IBM» vorkamen – etwa der Satz «Sie
sollten mehr IBM-Aktien kaufen» –, dann hieß das, daß Frank Labruzzo,
der früher bei der IBM gearbeitet hatte, am Apparat war. Wurde das
Wort «Mönch» erwähnt, dann rief ein anderes Mitglied der Organisation
an, ein Mann mit einer Tonsur, der in der Öffentlichkeit oft in der Kutte
eines Ordensbruders verkleidet auftrat. Mit «Kaufmann» war einer von
Bonannos Capos gemeint, der nebenbei einen Juwelierladen hatte, und
«Blume» bezog sich auf einen Gunman, dessen Vater in Sizilien Gärtner
war. Ein «Mr. Boyd» hatte sein Pseudonym von der Boyd Street in Long
Island entlehnt, wo seine Mutter wohnte, und der Hinweis «Zigarre» galt
einem bestimmten Lieutenant, den man nie ohne eine Havanna sah. Joseph Bonanno selbst war in der Geheimsprache als «Mr. Shepherd» bekannt. Frank Labruzzo hatte das Versteck, das er mit Bill teilte, kurz verlassen, um aus einer nahen Telefonzelle den Auftragsdienst anzurufen
und die Nachmittagsblätter zu kaufen, um zu sehen, ob Entwicklungen
von besonderem Interesse im Gang waren. Wie gewöhnlich hatte er seinen Hund mit. Bill selbst hatte vorgeschlagen, daß alle Mitglieder, die
untertauchen mußten, sich Hunde halten sollten. Anfangs wurde dadurch die Quartiersuche erschwert, weil viele Vermieter keine Haustiere
duldeten, aber später gaben die Männer Bill recht: Ein Hund machte sie
aufmerksamer für Geräusche vor der Tür und war auch ein nützlicher
Begleiter – ein Mann mit Hund erregte auf der Straße kaum Verdacht.

Überdies waren Bill und Frank von Natur aus Hundefreunde, eine der
vielen Gemeinsamkeiten, die zu ihrem guten Einvernehmen in den

beengten Wohnverhältnissen beitrugen. Labruzzo war ein gemächlicher, etwas untersetzter Mann von 53 Jahren mit Brille und angegrautem dunklem Haar. Er bekleidete eine höhere Funktion in Bonannos Gruppe, außerdem gehörte er zur Verwandtschaft: seine Schwester Fay war Joseph Bonannos Frau, Bills Mutter. Labruzzo stand seinem Neffen in ganz anderer Weise nahe als der Vater. Zwischen ihnen gab es keine Spannungen, kein Wetteifern, keine Fragen nach der stärkeren Persönlichkeit und der inneren Selbstbehauptung. Dem ausgeglichenen Frank fehlte jener krasse Ehrgeiz; er war weder so dynamisch wie sein Schwager noch so sprunghaft wie Bill; er war mit einem Platz in der zweiten Reihe zufrieden, denn er hatte erkannt, daß diese Welt viel größer war, als die Bonannos, senior wie junior, sich träumen ließen.

Labruzzo, Sohn eines begüterten Fleischers aus Brooklyn, der in der Prohibitionszeit Wein erzeugte, hatte das College besucht und sich in verschiedenen Berufen umgetan, aber es nirgendwo lange ausgehalten. Von seinem Posten bei der IBM wechselte er in die Kurzwarenbranche über, führte einen Laden, arbeitete als Versicherungsagent und betrieb zeitweise gemeinsam mit Joseph Bonanno ein Leichenbestattungsinstitut in Brooklyn, nicht weit von seinem eigenen Geburtshaus, mitten in einem Stadtviertel, wo sich um die Jahrhundertwende Tausende eingewanderte Sizilianer angesiedelt hatten. Dort lernte Bonanno die junge Fay kennen, Franks Schwester. Der alte Labruzzo war stolz, Bonanno als Schwiegersohn zu bekommen, obwohl der für 1930 festgesetzte Hochzeitstermin wegen eines Gangsterkrieges um dreizehn Monate verschoben werden mußte. In diese Fehde waren Hunderte frisch eingewanderte Sizilianer und Festlandsitaliener verwickelt. Hier in Amerika setzten sie ihre heimatlichen Zerwürfnisse fort, die noch aus den alten Bergdörfern stammten, welche die Auswanderer in Gedanken noch immer nicht verlassen hatten. Diese Männer brachten in die Neue Welt ihre alten Fehden und Sitten mit, ihre traditionellen Freundschaften, Ängste und Zwiste. Das waren nicht nur die entscheidenden Triebkräfte ihres eigenen Lebens, sie beeinflußten auch viele ihrer Kinder und manchmal ihre Enkel – unter den Erben waren Männer wie Frank Labruzzo und Bill Bonanno, die nun, Mitte der sechziger Jahre, in einer Epoche der Raumfahrt und der Raketen, einen Feudalkrieg ausfochten.

Den beiden erschien es bezeichnend, wenn auch fast absurd, daß sie sich niemals der isolierten Sphäre ihrer Eltern hatten entziehen können, ein Thema, das sie während der vielen Stunden ihrer Abgeschlossenheit oft erörterten. Sie waren moderne Menschen, aber in Anachronismen befangen, mit einer ihnen im Grunde fremden Vergangenheit unlösbar verbunden. Im Fall von Bill Bonanno war dies besonders ungewöhnlich. Schon als Kind war er aus Brooklyn in ein Internat nach Arizona gekommen, wo er reiten und Rindern das Brandzeichen aufdrücken lernte, sich mit blonden Mädchen traf, deren Väter Ranchbesitzer waren, und später, als Student der University of Arizona, marschierte er vor jedem Match an der Spitze eines Ehrenzuges des Reserveoffiziers-Kadettenkorps über das Footballfeld, um das Sternenbanner zu hissen, ehe die Nationalhymne gespielt wurde. Daß er dann plötzlich aus dieser Umgebung des Südwestens in Joseph Bonannos gefahrenreiche Welt in New York übergewechselt war, erklärte sich aus einer Reihe bizarrer Umstände, die vielleicht außerhalb von Bills Entscheidungsgewalt lagen, vielleicht auch nicht. Sicherlich war seine Ehe ein Schritt in die Richtung, die zu seinem Vater hinführte – die Heirat mit Rosalie Profaci, der hübschen dunkeläugigen Nichte Joseph Profacis, des Großimporteurs und Millionärs, der auch Mitglied der amerikanischen Mafiakommission war.

Die Hochzeit am 18. August 1956 war ein gesellschaftliches Ereignis. Mehr als 3000 Gäste nahmen an dem Empfang teil, der nach der in Brooklyn vollzogenen kirchlichen Trauung im Ballsaal des New Yorker Hotels Astor stattfand und bei dem keine Kosten gescheut wurden. Führende Orchester waren engagiert, ein Großhändler aus Brooklyn schickte als Geschenk eine Lastwagenladung Champagner und Wein, und über speziellen Auftrag hatte die PANAM auf dem Luftweg aus Kalifornien Tausende Maßliebchen herangefördert, da Rosalies Lieblingsblumen damals in New York nicht erhältlich waren. Die Gästeliste verzeichnete außer den legalen Geschäftsfreunden, den Politikern und dem römisch-katholischen Klerus alle Spitzen der Unterwelt. Vito Genovese und Frank Costello waren da, sie hatten unauffällige Tische an der Wand erbeten und auch erhalten. Man sah Albert Anastasia (es war ein Jahr vor seiner Ermordung im Friseurladen des Park-Sheraton-Hotels), ebenso Joseph Barbara, dessen Barbecue-Party für fast siebzig Mafiosi auf seinem Besitz Apalachin im Staat New York drei Wochen nach dem Mord von der Polizei empfindlich gestört wurde, was sensationelle Enthüllungen und endlose Nachforschungen zur Folge haben sollte. Joseph Zerilli war mit seinen Leuten aus Detroit gekommen, die Delegation aus Chicago stand unter der Führung von Sam Giancana und Tony Accardo. Stefano Magaddino, der behäbige alte Don aus Buffalo, Joseph Bonannos Vetter, hatte einen Ehrentisch beim Podium, und in seiner Nähe saßen andere Verwandte und enge Freunde der Bonannos und der Profacis. Die vierundzwanzig mehr oder weniger unabhängigen Organisationen, die das Syndikat bildeten, waren durch Abordnungen vertreten, die Gruppe aus Los Angeles allein umfaßte nahezu achtzig Personen.

Bill, der lächelnd an der Seite seiner Braut stand und höflich sein Glas erhob, wenn ihm jemand zutrank, dachte während jenes Abends oft daran, was das FBI dafür geben würde, wenn es die Gästeliste in die Hand bekäme. Aber das war kaum zu befürchten, denn dieses Verzeichnis, in Geheimschrift, befand sich in der sicheren Hut Frank Labruzzos und seiner Leute, die an den Türen postiert waren, um die Ankommenden zu begrüßen und zu ihren Tischen zu führen. Eindringlinge hätten keine Chance gehabt. Außerdem schenkte die Öffentlichkeit im Jahr 1956 der Mafia keine besondere Aufmerksamkeit; die Kefauver-Nachforschungen von 1951 waren bereits vergessen, und das Apalachin-Fiasko sollte sich erst im nächsten Jahr ereignen. So verliefen die Hochzeitsfeiern harmonisch und ohne Zwischenfall. Joseph Bonanno, sehr elegant in seinem Cut, präsidierte über der Versammlung wie ein mittelalterlicher Herzog, verbeugte sich zu den anderen Dons und tanzte, jeder Zoll ein Kavalier und Weltmann, mit den anwesenden Damen.

Nach dem Empfang, auf dem das Brautpaar in Kuverts etwa 100000 Dollar in bar erhalten hatte, flog Bill mit seiner jungen Frau nach Europa. Sie verbrachten einige Tage im Ritz in Paris und dann im Excelsior in Rom. Später flogen sie nach Sizilien. Als die Maschine langsam zum Ankunftsgebäude in Palermo rollte, bemerkte Bill die große Menschenmenge, die sich hinter dem Tor versammelt hatte, durchsetzt mit einem Kordon von Carabinieri, die nahe bei Bills alterndem kahlköpfigem Onkel Giovanni Bonventre standen, der ein finsteres Gesicht machte. Bills erster Gedanke war, daß Bonventre, der einst in den USA als Vizeboss der Bonanno-Organisation fungiert hatte, nun aus seiner Heimat Sizilien ausgewiesen werden sollte. Im Vorjahr hatte er sich dorthin zurückgezogen, wobei er aus Amerika einen für sein ganzes Leben reichenden Vorrat an Toilettepapier mitgenommen hatte, das ihm mehr zusagte als die groben Sorten, die man auf Sizilien erzeugt. Bevor die Flugzeugtür geöffnet wurde, fragte die Stewardess nach Mr. und Mrs. Bonanno. Zögernd hob Bill die Hand. Die Stewardess bat nun das Paar, als erste auszusteigen.

Als er die Treppe hinabging in die heiße sizilianische Sonne über den Bergen, die sich fern hinter den hellen Steinhäusern der an die Hänge gebauten Dörfer erhoben, fühlte Bill, daß alle Blicke auf ihn gerichtet waren, Bewegung und Gemurmel lief durch die Menge, als er näher kam. Die alten Frauen trugen Schwarz, die jüngeren Männer hatten starre, düstere Gesichter, zwischen den Erwachsenen drängten sich Kinder, und die statuenhaft regungslosen Carabinieri mit den blanken, funkelnden Säbelscheiden überragten alle anderen. Dann glitt ein Lächeln des Erkennens über Onkel Bonventres Züge, mit ausgebreiteten Armen lief er auf das Paar zu, die Zuschauer folgten ihm, und plötzlich waren die Bonannos von Fremden umringt, die sie umarmten und küßten. Rosalie versuchte vergeblich ihre Verlegenheit zu verbergen, als sie sich so jählings im Mittelpunkt überströmender Sympathiebeteuerungen sah. Aber ihr Gatte schien diese Szene voll zu genießen. Soweit seine Hände reichten, erwiderte er in der Runde die Begrüßung, beugte sich nieder, um sich von den Frauen und den Kindern umarmen zu lassen, sonnte sich in der Liebe und Verehrung, die ihm diese Menschen so spontan entgegenbrachten. Die Carabinieri sahen einige Minuten gleichmütig zu, dann traten sie beiseite und machten den Weg zu einer Kolonne vorschriftswidrig geparkter Autos frei, in denen das Paar samt Gästen zu den ersten Feiern fahren sollte, die am folgenden Tag ihren Höhepunkt mit einem Besuch in Castellammare del Golfo finden würden, jener Stadt im Westen Siziliens, wo Joseph Bonanno geboren wurde und seine Ahnen lange als *huomini rispettati*, geachtete Männer, geherrscht hatten.

Rosalie hatte gehofft, auch den Geburtsort ihres Vaters, Villabate östlich von Palermo, zu sehen, aber Bill gab ihr zu verstehen, das sei unmöglich, ohne die Gründe zu erklären. Sofort nach der Landung in Palermo hatte ihm sein Onkel eine Meldung zugeflüstert, die er kurz zuvor von Bonanno senior aus den USA erhalten hatte: Das junge Paar solle auf keinen Fall nach Villabate fahren. Eine Anzahl von Freunden und entfernten Verwandten der Profacis, die noch dort lebten, fochten zur Zeit mit einer rivalisierenden Bande einen Machtkampf um die Kontrolle bestimmter Aktionen aus, und während der letzten zehn Tage hatte es bereits sieben Morde gegeben. Man befürchtete, daß die Feinde von Profacis Kreis in Villabate den Tod ihrer Leute an Bill Bonanno oder dessen Frau rächen könnten. Rosalie in ihrer Ahnungslosigkeit beharrte zwar auf dem Wunsch, auch Villabate kennenzulernen, aber unter vielen Vorwänden und mit den Lockungen eines abwechslungsreichen Programms gelang es Bill, sie von diesem Plan abzubringen. Er war auch froh, daß Rosalie keine Fragen über die Gruppe schweigsamer Männer stellte, die ihnen während des ersten Tages beim Sightseeing in Palermo auf Schritt und Tritt folgten, ja sie schien die Eskorte gar nicht zu bemerken. Diese Männer, zweifellos bewaffnet, fungierten als Leibwache für das Paar, während der Nacht saßen sie sogar vor dem Portal des Hotels, als Garanten dafür, daß den jungen Bonannos in Sizilien nichts zustoßen würde.

Die Reise nach Castellammare del Golfo, 100 Kilometer westlich von Palermo, bedeutete für Bill die Krönung des Besuches. Als Junge hatte er zu Hause an den Wänden gerahmte Fotos der Heimatstadt seines Vaters gesehen und später in Geschichtswerken und Reiseführern Hinweise gefunden, die sich allerdings auf kurze allgemeine Angaben beschränkten – als wären die Autoren mit wenigen Ausnahmen rasch und ohne anzuhalten durch den Ort gefahren, vielleicht eingeschüchtert durch einen publizierten Bericht, in dem behauptet wurde, achtzig Prozent der erwachsenen männlichen Bevölkerung Castellammares seien vorbestraft.

Doch an Ort und Stelle verband sich damit keinerlei soziales Stigma, denn die meisten Bürger betrachteten das Gesetz als das Diktat von Eindringlingen, die seit je die Inselbewohner zu unterdrücken versuchten und das Land mit der Willkür des Eroberers ausbeuteten. Wie fast alles in Sizilien, war die Geschichte Castellammares jahrhundertelang sehr dramatisch verlaufen, und Bill erinnerte sich, gelesen zu haben, daß die Insel nicht weniger als sechzehnmal unterworfen worden sei – durch Griechen, Sarazenen, Normannen, Spanier, Deutsche und Engländer, in verschiedenen Machtkonstellationen und politischen Richtungen, von den Kreuzrittern bis zu den Faschisten. Sie alle waren nach Sizilien gekommen und taten, was Männer eben tun, wenn sie fern der Heimat sind. Die Geschichte Siziliens war ein langes Register von Seefahrersünden.

Als die Wagenkolonne nach zweistündiger Fahrt auf engen Bergstraßen über dem Meer in Castellammare eintraf, hatte Bill plötzlich das Gefühl der Vertrautheit mit der Landschaft, eine Empfindung, die über das bloße Wiedererkennen nach Bildern hinausging. Er sah nun verwirklicht, was er sich seit Jahren in der Phantasie ausgemalt und schon als Junge aus den Erinnerungen der Männer gehört hatte, die an Sonntagnachmittagen am Eßtisch seines Vaters versammelt saßen. Der Ort war tatsächlich schön, ein stilles Fischerstädtchen auf einer Landzunge am Fuß eines Berges. Auf einem zerklüfteten, von der Brandung umspülten Küstenstreifen stand die alte Burg, die der Ansiedlung den Namen gegeben hatte. Dieses Kastell, vor vielen Jahrhunderten von den Sarazenen oder den Aragonesen erbaut, niemand wußte es genau, hatte als Vorposten gedient, um herannahende Schiffe von Eindringlingen rechtzeitig zu erspähen. Nun war es eine verfallende Anlage ohne Zweckbestimmung, schon Bonanno senior und dessen Kameraden hatten als Kinder in dem zerbröckelnden Gemäuer gespielt.

Am schmalen Strand beim Kastell arbeiteten die Fischer, wetterharte gebräunte Gestalten mit schwarzen Baretten. Als Bills Gruppe vorbeifuhr, holten sie gerade die Netze ein, waren aber zu beschäftigt, um sich um die Autos zu kümmern. Auf dem Hauptplatz vor der vierhundertjährigen Kirche gingen viele Männer Arm in Arm und winkten den Ankömmlingen zu. Schmale, aus Stein gebaute Häuser, die meisten zwei bis drei Stockwerke hoch und mit Balkonen, säumten die engen gepflasterten Straßen, auf denen man die klappernden Hufe von Eseln hörte, die mitten im motorisierten Verkehr buntbemalte Wägelchen zogen. Da und dort sonnten sich Gruppen von Frauen vor den Türen, die ledigen Mädchen saßen mit dem Rücken zur Straße und folgten damit einer Sitte, die sich seit tausend Jahren, seit der Herrschaft der Araber über Sizilien, vererbt hatte.

Vor einem Haus mit auffallend gut gepflegter Fassade auf dem Corso Garibaldi wartete eine Gruppe von Castellammaresen. Als die Kolonne in Sicht kam, traten die Leute auf den Gehsteig. Es waren etwa dreißig Personen, alle dunkel gekleidet, außer den Kindern, von denen eines einen Blumenstrauß in der Hand hielt. Sie standen vor Joseph Bonannos

Geburtshaus, und die Ankunft seines Sohnes wurde als Ereignis von historischer Bedeutung gewertet. Den Rang der Familie Bonanno in Castellammare erhellt die Tatsache, daß die Zeremonien rund um Josephs Taufe im Jahr 1905 zugleich das Ende blutiger Auseinandersetzungen zwischen den lokalen Mafiosi und denen des Nachbardorfes Alcamo bezeichnet hatten. Und als Josephs Vater Salvatore Bonanno 1915 gestorben war, wurde er an der prominentesten Stelle, am Fuß des Berges, bestattet.

Nach der stürmischen Begrüßung, als sich das junge Paar aus den Umarmungen der Wartenden gelöst hatte, um bei den Verwandten und *compari* Kaffee zu trinken, gingen sie auf den Friedhof. Als Bill vor dem hohen Grabstein stand, in den das emaillierte ovale Foto eines stolz blickenden Mannes mit großem Schnurrbart eingefügt war, konnte er die enge Bindung seines Vaters an die Vergangenheit besser verstehen. Die Augen, die ihm vom Marmorgrund entgegenblickten, waren durchdringend und dunkel. Bill konnte nun um so eher glauben, was er von der Überzeugungskraft seines Großvaters gehört hatte, wenn er sich auch schwer vorstellen konnte, dieser gebieterisch dreinschauende Mann sei schon mit siebenunddreißig Jahren verstorben. Sein Großvater schien hager und hochgewachsen gewesen zu sein, beim Menschenschlag der Insel eine Seltenheit. Vielleicht deshalb, weil die Bonannos ursprünglich nicht sizilianischer Abstammung waren. Nach Joseph Bonannos Angaben hatten sie vor Jahrhunderten in Pisa gelebt, aber diese Stadt nach einem Streit mit der herrschenden Sippe fluchtartig verlassen. Joseph, in dessen Wohnung in den USA das Familienwappen hing, das einen Panther zeigte, hatte eine Ahnentafel erstellt, welche auf die Verwandtschaft mit Carlo Bonanno, dem Erbauer des Schiefen Turms, hinwies.

Nach seiner Rückkehr von der Hochzeitsreise, im September 1956, riet Bill seinem Vater dringend, Castellammare zu besuchen. Und ein Jahr später flog Bonanno senior in die alte Heimat. Aber die Erinnerung an die schönen Eindrücke des Wiedersehens wurde von gewissen Ereignissen überschattet, die ab 1957 fast Schlag auf Schlag erfolgten: das Aufsehen, das der Mord an Albert Anastasia und die Apalachin-Konferenz erregten, und 1963 die Aussagen des Mafia-Renegaten Joseph Valachi vor dem Senat. Er bezeichnete Joseph Bonanno als seinen *padrino* – das ist der Pate für die Aufnahme in die Geheimorganisation –, als Oberhaupt einer der fünf New Yorker «Familien» und als Mitglied der Neun-Mann-Kommission, die als oberste Instanz der Mafia fungierte. Ebenfalls 1963 kam es innerhalb von Bonannos eigener Gruppe zu Differenzen, Zerwürfnissen zwischen einigen alten Freunden, die vor vierzig Jahren aus Castellammare eingewandert waren. Und nun, im Oktober 1964, war auch Bill in die Machtkämpfe und Intrigen verwickelt und mußte sich in einer abseitig gelegenen öden Wohnung verstecken.

Es war zermürbend, aber er konnte nichts unternehmen. Seit mehreren Tagen hatte er Rosalie und die vier Kinder nicht gesehen. Sie waren nun sieben Jahre verheiratet, und seit der Hochzeitsreise hatte sich viel ereignet. Sie waren von Arizona wieder in die Gegend von New York übersiedelt: Im Februar hatten sie ihr neues Heim, ein im Ranchstil erbautes Haus in einer stillen Allee in East Meadow, Long Island, bezogen. Einige Monate bis zur Fertigstellung hatten sie bei Rosalies Onkel, Joe Magliocco, in East Islip überbrückt. Es war eine hektische Zeit, nicht nur für das Ehepaar, sondern auch für die Kinder.

Den Bau umschloß ein weitläufiger Besitz, durch hohe Mauern und Baumbestand ebenso wie durch Wachhunde und Gunmen geschützt. Nach Joseph Profacis Tod im Jahr 1962 hatte Joe Magliocco, ein muskulöser Mann mit 300 Pfund Gewicht, die Führung von Profacis Gruppe angetreten, einschließlich der Kontrolle über die italienische Lotterie in Brooklyn. Auch Salvatore Profaci, Rosalies Vater, war zu jenem Zeitpunkt nicht mehr am Leben. Er war vor der Hochzeit seiner Tochter bei der Reparatur des Motors seines Bootes tödlich verunglückt. Magliocco, ein impulsiver Mensch ohne organisatorische Fähigkeiten, hatte mit dem Erbe auch viele Probleme übernommen; das folgenschwerste war eine interne Revolte jüngerer Mitglieder, als deren Sprecher sich die Brüder Gallo aufwarfen. Der Konflikt, den die Gallo-Fraktion ausgelöst hatte, war noch nicht beigelegt, als Rosalie und Bill 1963 zu Magliocco zogen. Sie merkten, daß sich im Verlauf des Spätsommers und Herbstes die Situation des bedrängten Don immer mehr zuspitzte, ja fast aussichtslos gestaltete. Zu ungewohnter Stunde kamen Fremde, die scharfen Hunde liefen immer frei herum, sie hätten jeden Eindringling sofort gestellt, und Magliocco ließ sich ständig von Leibwächtern begleiten, selbst wenn er nur kurz durch seinen Besitz ging.

Eines Vormittags im Dezember kroch Joseph, der zweijährige Sohn der Bonannos, durch das Wohnzimmer. Zufällig griff er zwischen den Porzellanschrank und die Wand, dabei berührte er den Abzug eines Gewehres, das dort verstaut war. Das Geschoß durchschlug die Decke und traf im Oberstock fast den schlafenden Magliocco. Brüllend sprang der dicke Mann aus dem Bett: Rosalie, die in einem anderen Raum gerade ihr neugeborenes Kind stillte, erschrak und begann zu schreien. Sofort erdröhnte das große Haus unter den schweren Schritten aufgescheuchter, in panischem Schrecken treppauf und treppab laufender Menschen. Mit einem Schlag herrschte Alarmstimmung – bis im Erdgeschoß der kleine Junge entdeckt wurde. Mit großen erstaunten Augen, benommen, aber unverletzt, saß er in seinem roten Pyjama auf dem Teppich, vor sich das rauchende Gewehr. Zwei Wochen später starb Joe Magliocco an einem Herzinfarkt.

2

Als Bill Bonanno hörte, wie Frank Labruzzo die untere Glocke läutete, drückte er auf den Taster, der das Torschloß elektrisch öffnete, dann blickte er durch das Guckloch der Wohnungstür und sah Labruzzo mit Zeitungen unter dem Arm aus dem Lift steigen. Er war blaß, seine Miene verhieß schlechte Nachrichten. Schweigend trat er ein und reichte Bill die Blätter. Auf den Titelseiten standen die Schlagzeilen der Sensationsmeldung:

JOE BONANNO – SO GUT WIE TOT
JOE BONANNO IN NEW YORK ENTFÜHRT
GANGSTER ENTFÜHREN JOE BONANNO
FBI BETEILIGT SICH AN SUCHAKTIONEN

Es kam wie ein jäher Fieberanfall über Bill, ihn schwindelte. Er sank in einen Stuhl, in seinem Kopf wirbelten die Gedanken durcheinander, er konnte es einfach nicht fassen. Aber die breiten, balkengroßen Überschriften, unter denen andere wichtige Themen wie der Vietnam-Krieg oder die soziale Revolution in Amerika auf den zweiten Platz rückten, schienen ihm entgegenzuschreien, eine Antwort zu fordern, er wollte rasch reagieren, irgendwohin laufen und eine Gewalttat setzen. Das Gefühl, hilflos und gefangen zu sein, war fürchterlich. Aber Bill zwang sich, ruhig dazusitzen und jeden Absatz Zeile für Zeile zu lesen. In den meisten Artikeln wurde die Vermutung ausgesprochen, daß Joseph Bonanno bereits ermordet sei und die Leiche möglicherweise in einen Betonblock eingegossen auf den Grund eines Flusses versenkt wurde. Manche Journalisten dachten, Bonanno werde von anderen Mafiabossen festgehalten, bis er gewisse Zugeständnisse mache, und es gab sogar eine Theorie, die ganze Entführung sei bloß eine Finte des Don, um zu vermeiden, daß er vor einem Bundestribunal erscheinen müsse, das noch in jener Woche in Manhattan zusammentreten sollte.

Dieser letzte Punkt im Rätselraten um Joseph Bonanno schien Bill völlig absurd. Er war überzeugt, daß sein Vater die Absicht hatte, sich dem Gericht zu stellen, wie schon mehrmals früher – allerdings «packte» er niemals «aus», aber zumindest leistete er der Aufforderung Folge, bekannte sich als nicht schuldig oder berief sich auf sein durch die Verfassung der USA garantiertes Recht der Aussageverweigerung. Bill glaubte auch nicht, daß sein Vater sich auf ein Wagnis wie eine fingierte Entführung eingelassen hätte, ohne sich vorher mit dem Sohn und dem Schwager zu beraten.

Er sah Labruzzo an, der wie ein gefangenes Tier im Käfig auf und ab ging und noch immer schwieg. Normalerweise eher ruhig und ausgegli-

29

chen, schien er in diesem Moment nervös und ängstlich. Als er merkte, daß ihn Bill beobachtete, wandte er sich um, straffte sich, als wolle er die Pose des kaltblütigen Mannes, den nichts schrecken kann, wiedergewinnen, und sagte, fast beiläufig: «Wenn es stimmt, daß er tot ist, dann können wir nichts unternehmen.»

«Wenn es wahr ist, werden sie bald nach uns suchen», erwiderte Bill.

Labruzzo gab keine Antwort. Bill stand auf, um das Fernsehgerät und das Radio für die Spätnachrichten einzuschalten. Er überlegte, ob Außenstehende sein Versteck kannten, und versuchte auch sich vorzustellen, welche Leute der eigenen Organisation bei der Entführung seines Vaters mitgeholfen haben könnten, denn es war fast sicher, daß die Aktion zumindest zum Teil intern vorbereitet und durchgeführt worden war. Wie hätten Fremde wissen sollen, daß Joseph Bonanno den Abend bei Maloney verbringen wollte? Alles hatte so reibungslos geklappt: die beiden Gunmen, die genau in dem Moment auf der Park Avenue auftauchten, als Bonanno das Taxi verließ, nachdem Maloney zuerst ausgestiegen und durch den Regen vorgelaufen war, nichts sah, bis alles vorbei war. Möglich, daß Maloney die Hand im Spiel hatte, dachte Bill, er selbst oder einer seiner Anwälte, der von Joseph Bonannos Plänen Kenntnis hatte.

Wie sein Vater, so mißtraute auch Bill den meisten Anwälten. Sie waren Diener der Justiz, Teil des Systems, und das bedeutete, daß man ihnen niemals blind vertrauen konnte. Oder sie waren Randfiguren der Mafia, Männer, die sich der Unterwelt gern peripher näherten und von ihren gelegentlichen Einblicken in die Geheimgesellschaft zweifellos fasziniert waren. Manchmal wurden sie sogar in Intrigen und Fehden der Mafia verwickelt, berieten den einen oder anderen Don und wechselten je nach der Situation die Partei – für sie war es eine Art Spiel. Und ganz gleich, welche Gruppe gewann oder verlor, die Anwälte überstanden jede Krise. Sie begleiteten ihre Mandanten zu Gericht und gaben später Erklärungen für die Presse ab – sie waren eine privilegierte Clique, allgemein anerkannt, hoch bezahlt, oft machten sie dunkle, fragwürdige Geschäfte, aber so geschickt, daß sie selten gefaßt werden konnten. Sie, ja *sie* waren die «Unberührbaren». Bill erinnerte sich, daß er vor Jahren gehört hatte, wie die Mafiadons untereinander über die enormen Honorare schimpften, die gewisse Anwälte nach der Polizeirazzia auf die Apalachin-Konferenz forderten. Einige Bosse behaupteten, sie hätten ihren Verteidigern je rund 50000 Dollar bezahlen müssen, und noch dazu wurde der Großteil der Beträge auf Wunsch der Juristen in bar erlegt. Bill kannte Maloney und dessen Partner zwar weder privat noch beruflich, aber dennoch nahm er von ihnen das Schlimmste an, solange er keine Beweise für das Gegenteil hatte – schließlich waren sie Anwälte, sie lebten vom Unglück ihrer Mitmenschen.

Was die Männer betraf, die bei der Entführung in Aktion traten, so vermutete Bill, daß sie mit Billigung der Mafiakommission handelten, die Joseph Bonanno kürzlich aus ihrem Verband ausgeschlossen hatte. Er vermutete auch, daß die Weisung zu dem Anschlag vom Boß der Mafia in Buffalo persönlich ausging: das war der dreiundsiebzigjährige Stefano Magaddino, ein altes Mitglied der Kommission, zudem ein Vetter und früherer Freund seines Vaters seit ihrer gemeinsam in Castellammare verbrachten Jugend. Magaddinos offenkundige Erbitterung gegen Bonanno senior wurde Boss und 1964 in der «Familie» oft erörtert. Man glaubte, daß dieser Groll sich zum Teil daraus erklärte, daß Magaddino, dessen Einflußsphäre vom Westen des Staates New York bis ins Ohiotal reichte und Verbindungen zu kanadischen Racketeers einschloß, sich durch Joseph Bonannos Ambitionen in Kanada bedroht fühlte. Jahrzehntelang hatte die Bonanno-Organisation mit einer Gruppe von Mafiosi in Montreal zusammengearbeitet; Alkoholschmuggel, Glücksspiel und andere illegale Aktionen, darunter auch die Kontrolle des Pizzahandels und verschiedene «Schutz»-Rackets in der großen italienischen Gemeinde von Montreal, brachten große Profite. 1963, als sich Joseph Bonanno um die unbefristete kanadische Aufenthaltsgenehmigung bewarb, legte Magaddino dies als weiteren Beweis dafür aus, daß Bonanno seine Interessen in Kanada auf Magaddinos Terrain ausweiten wolle, und eines Tages hörte man den Don aus Buffalo in gereiztem Ton über den New Yorker Boss sagen: «Er hißt auf der ganzen Welt seine Flagge!»

Magaddinos Mißtrauen blieb bestehen, obwohl Bonannos Antrag abgelehnt wurde und seine Ausweisung zur Folge hatte. Wie Bonannos engster Kreis glaubte, war diese Einstellung nicht auf greifbaren Tatsachen begründet, sondern entsprang der Furcht und der Eifersucht. Sie erinnerten sich an Magaddinos verdüsterte Stimmung am Abend von Bills Hochzeitsempfang im Jahr 1956. Mit verbissener Miene stand Magaddino beim Podium und überblickte die große Versammlung von Mafiosi, die Joseph Bonanno zu Ehren aus allen Teilen der USA gekommen waren. Später sagte der Don zu einem Tischnachbarn ganz laut: «Sehen Sie sich diese Menschenmenge an. Wer wird noch mit meinem Vetter sprechen können? Das wird ihm zu Kopf steigen.»

Bill wußte auch, wie wenig Magaddino von ihm selbst hielt, mit welcher Empörung er auf die Erhebung des jungen Bonanno zum «Dritten Mann» – nämlich dem *consigliere* – der Organisation reagiert hatte, wobei ein Mitglied übergangen wurde, das nach Magaddinos Meinung der Beförderung würdiger gewesen wäre: sein eigener Schwager Gaspar Di Gregorio. Dieser gehörte schon seit dreißig Jahren Bonannos «Familie» an, und bis vor wenigen Monaten hatte ihn Bill für einen der treuesten Anhänger seines Vaters gehalten. Di Gregorio war ein stiller, unauffällig wirkender Endfünfziger, der in Brooklyn eine Kleiderfabrik betrieb und beim FBI praktisch ein unbeschriebenes Blatt war. In Castellammare geboren, hatte er in dem berühmten Brooklyner Gangsterkrieg von 1930 an Bonannos Seite gekämpft, und ein Jahr später fungierte er bei Josephs Hochzeit mit Fay Labruzzo als Trauzeuge. Er war auch Bills *padrino*, also sein Pate und Protektor innerhalb der Organisation, ein Freund und Ratgeber während Bills Jugend und Studentenzeit; Bonanno konnte nur schwer ermessen, wann und warum Di Gregorio sich entschlossen hatte, die Brücken zur Bonanno-Organisation abzubrechen und andere mit sich zu ziehen.

Di Gregorio war immer ein Gefolgsmann und keine Führernatur gewesen, Bill konnte sich nur denken, daß es Magaddino nach jahrelangen Bemühungen endlich gelungen war, Di Gregorio als Keil zu verwenden, um die Bonanno-Familie auseinanderzubrechen. Der Abtrünnige bewog etwa zwanzig bis dreißig Mitglieder, vielleicht auch mehr, sich ihm anzuschließen – Bill war in punkto der Zahl auf bloße Vermutungen angewiesen, denn es war durchaus unklar, *wer* in dieser Phase der Entwicklung *wo* stand. Möglich, daß während des letzten Monats fünfzig der dreihundert Mann starken Bonanno-Familie desertiert waren, unter dem Eindruck der Kommissionsentscheidung, den Don zu suspendieren, und ermutigt durch Magaddinos Zusicherung, die Kommission werde Überläufer vor Repressalien durch Bonannos Anhänger schützen.

Ganz gleich, wie die Situation beschaffen war: Bill wußte, daß er im Augenblick nur warten konnte. Da sein Vater verschollen und vielleicht bereits tot war, mußte er selbst unbedingt am Leben bleiben, um, wenn nötig, die Zügel in die Hand zu nehmen. Es wäre unsinnig, ja sogar selbstmörderisch gewesen, sich in diesem Moment auf die Straße zu wagen. Wenn ihn schon die Polizei nicht entdeckte, könnten ihn Magaddinos Leute aufspüren. Darum mußte Bill seine Erbitterung und Verzweiflung niederkämpfen und sich mit einer langen Wartezeit und zwangsläufiger Untätigkeit abfinden. Nun läutete wieder das Telefon, das dritte Signal innerhalb von fünf Minuten: die Captains riefen aus anderen Wohnungen an, zum Zeichen dafür, daß sie erreichbar seien, wenn er allenfalls beim Auftragsdienst Nachrichten hinterlassen wollte. Er würde sich gleich melden, um ihnen mitzuteilen, daß er wohlauf sei.

Es war zwölf Uhr Mittag. Durch die herabgelassenen Rolläden sah er, daß draußen trübes Wetter herrschte. Labruzzo saß am Küchentisch und trank Kaffee, der Hund lag zu seinen Füßen. Die Speisekammer war mit Konserven und Packungen von Pasta asciutta gefüllt, im Kühlschrank lag genug Fleisch und Sugo. Bill, ein recht guter Koch, würde nun oft Gelegenheit haben, sich praktisch zu betätigen. Sie konnten es leicht mehrere Tage aushalten. Nur dem Hund würden die regelmäßigen Spaziergänge fehlen.

Fast eine Woche lebten Bill und Labruzzo im freiwilligen Hausarrest, sie schliefen abwechselnd, die Pistolen griffbereit in den Schulterhalftern. Nachts wurden sie von den wenigen vertrauenswürdigen Männern besucht. Einer davon war ein *capo* namens Joe Notaro, der seit Jahren den Bonannos nahestand und wegen seines Urteilsvermögens und seiner Umsicht sehr geachtet war. Aber bei seinem ersten Besuch in der Wohnung gestand er zerknirscht, daß er wahrscheinlich indirekt für die Entführung Joseph Bonannos verantwortlich sei.

Er berichtete, daß er am Tag dieser gegnerischen Aktion im Wagen mit einem anderen Funktionär über Bonannos Pläne für den Abend gesprochen habe, laut genug, daß es der Fahrer hören konnte. Der war ein bescheidener kleiner Mann, der seit einigen Jahren im Dienst der Organisation stand und von den Mitgliedern nie ernst genommen wurde. Wie Notaro später mit Bestürzung entdeckte, arbeitete dieser Fahrer damals als Spitzel für die Di Gregorio-Fraktion. Offenbar haderte er mit der ganzen Bonanno-Familie, seit ihm einer der *capos* ein Mädchen abspenstig gemacht hatte, und der Boss selbst war zu sehr mit anderen Dingen beschäftigt, um für den Fahrer zu intervenieren. Die Tatsache, daß jener *capo* der sich den Übergriff geleistet hatte, später in einem Rauschgiftprozeß zu einer langjährigen Gefängnisstrafe verurteilt wurde, hatte das verletzte Selbstgefühl des Betrogenen nicht gehoben. Nach Bonannos Entführung war er untergetaucht; soeben hatte Notaro erfahren, daß auch er nun zu Di Gregorios Gruppe gehörte.

Notaro und dessen Freunde erhielten von Gewährsleuten in der ganzen Stadt Hinweise und Informationen – von Buchmachern und Wucherern und Angestellten in Nachtklubs und ähnlichen Unternehmen, die mit der Unterwelt verbunden waren. So sickerte auch die Meldung durch, Joseph Bonanno sei nicht tot, sondern werde von Magaddinos Leuten auf einer Farm irgendwo in den Catskill Mountains im Staat New York festgehalten. FBI und Polizei konzentrieren, wie es hieß, ihre Nachforschungen auf dieses Gebiet. Auch Bonannos Haus in Tucson war von Beamten durchsucht worden, und das Anwesen Joe Magliocco, das wegen seiner Schutzmauern und des privaten Landeplatzes am Wasser ein geradezu ideales Versteck war, stand unter Bewachung.

Was den gegenwärtigen Zustand der Organisation betraf, so glaubten Bonannos Funktionäre, daß mehr als zweihundert Mann loyal geblieben seien; die Stimmung sei hervorragend. Die meisten «Soldaten» und unteren Ränge blieben in Deckung, schliefen abwechselnd und kochten selbst. Ein bezeichnendes, fast anekdotisches Detail kam bei den Erzählungen zur Sprache: in einer der Wohnungen, die als Schlupfwinkel dienten, bemängelten die Männer den sonderbaren metallischen Beigeschmack der Spaghetti – später erfuhren sie, daß dem Koch beim kräftigen Umrühren der Fleischsauce die Pistole aus der Schulterhalfter in den

Topf gefallen war.

Bei jedem Besuch brachten die Funktionäre die neuesten Zeitungen mit. Bill und Labruzzo konnten feststellen, daß die Presse der Berichterstattung über die Entführungsepisode noch immer breitesten Raum widmete. In mehreren Blättern erschienen Fotos von Bonanno junior, es wurden Erwägungen laut, daß auch er von den Gegnern seines Vaters aufgegriffen worden sei; andere Vermutungen besagten, er halte sich in New York oder in Arizona verborgen oder aber er befinde sich in Schutzhaft. Als ein Reporter in der FBI-Zentrale anrief, um diese letzte Version zu überprüfen, lehnte ein Sprecher jeglichen Kommentar ab.

Die Journalisten umlagerten auch Bills Haus in East Meadows, Long Island, wo seine Frau mit den Kindern wohnte. Eine Zeitung schilderte, wie sich Rosalie aus einem Fenster lehnte, um einem Reporter «mit schwankender Stimme» zu antworten, sie wisse nichts über den Verbleib ihres Gatten, ihre Augen waren «rotgerändert», als habe sie geweint. Ein anderes Blatt, das Rosalie als sehr hübsch und zurückhaltend beschrieb, berichtete, sie habe am Nachmittag einen Schönheitssalon aufgesucht. In einer dritten Zeitung stand, ein Detektiv habe sich an Bills siebenjährigen Sohn Charles herangemacht, der auf dem Gehsteig vor dem Haus spielte, und habe ihm Fragen über seinen Vater gestellt. Aber der Junge erwiderte, er wisse nichts. Bill war sehr zufrieden.

Er hatte seine Kinder richtig erzogen, dachte er. Wie einst sein eigener Vater ihm selbst, so hatte er ihnen eingeschärft, im Gespräch mit Fremden vorsichtig zu sein. Er wollte natürlich vermeiden, daß sie zu irgend jemandem, auch zu Polizisten, frech oder ungezogen seien, aber sie sollten sich vor Leuten hüten, die ihnen Fragen über das Familienleben, Eltern, Verwandte oder Freunde des Hauses stellten. Er hatte seinen Kindern auch beigebracht, daß er Zuträgerei mißbillige. Wenn sie sahen, daß ihre Brüder, Schwestern oder Vettern etwas Unrechtes taten, sagte er, dann sei es ungehörig, sofort zu den Erwachsenen zu laufen und diesen alles zu erzählen. Er fügte hinzu, niemand hege Achtung für einen Spitzel, nicht einmal die Leute, die aus solchen Informationen Nutzen zögen.

Als er ruhig in der Wohnung saß – Notaro war gegangen und Labruzzo hatte sich bereits niedergelegt –, erinnerte sich Bill an einen Vorfall, der sich im selben Jahr ereignet hatte. Damals war sein Rat scheinbar zum Bumerang geworden. Die Familie verbrachte den Tag bei Verwandten in Brooklyn. Nach einigen Stunden erklärte eine der Tanten erbost, der kleine Wagen, der immer im Hinterhof stand und zur Wäschebeförderung diente, sei verschwunden. Die Kinder, die früher damit gespielt hatten, behaupteten, nicht zu wissen, wer ihn aus dem Hof geholt hatte. Bill nahm sich seine Sprößlinge vor, und als keiner mit der Wahrheit herausrückte, sagte er in strengem Ton, er werde nun einen Spaziergang rund um den Häuserblock machen, und bei seiner Rückkehr wünsche er den Wagen wieder im Hof zu sehen. Es war ihm gleich, wer ihn genommen hatte, es würde keine Strafe geben, er wollte nur, daß der Wagen eben wieder dorthin geschafft werde, wo er hingehörte. Als er zurückkam, war keines der Kinder zu sehen, aber der Wagen stand wieder an seinem Platz.

Bill machte sich keine allzu großen Sorgen um das Wohlergehen seiner Kinder, da er Rosalies Vorzüge als Mutter kannte, aber er befürchtete, daß sie jeden Abend unter Einsamkeit und Ängsten leiden würde. Ihre eigene Mutter wohnte nur eine Dreiviertelstunde entfernt in Brooklyn und würde sie gewiß besuchen. Doch Mrs. Profaci war keine Autofahrerin, das erschwerte die Verbindung. Ihre anderen Verwandten ebenso wie die Angehörigen der Bonannos hegten Bedenken, sich bei Bills Haus zu zeigen, da sie die Publicity und polizeiliche Nachforschungen scheuten. Bills Schwester Catherine, die weder vor der Presse noch vor der Polizei Angst hatte, wäre ein großer Trost für Rosalie gewesen, aber sie lebte als verheiratete Frau in Kalifornien. Bills Mutter hielt sich wahrscheinlich in Arizona auf, und sein achtzehnjähriger Bruder Joseph junior war Student am Phoenix College. Wie ihn Bill kannte, bezweifelte er, daß der junge Mann sehr oft Vorlesungen hörte. Joseph war der Wilde in der Familie, ein Rennfahrer, Remontenzureiter und Nonkonformist, so völlig disziplinlos, daß er sicherlich niemals für die Organisation in Frage kam. Während dieser jüngere Sohn heranwuchs, war Bonnano senior meist unterwegs gewesen, um dem Kefauver-Komitee oder anderen Nachforschungen und Bedrohungen auszuweichen. Die Mutter nahm Joseph junior fürsorglich unter ihre Fittiche, aber sie konnte sich bei ihm nicht durchsetzen. Auf jeden Fall war er nun in Phoenix und Rosalie war in Long Island; Bill konnte nur hoffen, daß sie alles allein bewältigen würde und nicht schließlich unter dem ständigen Druck zusammenbrach, der während der letzten Jahre auf ihr gelastet hatte.

Wahrscheinlich wäre Rosalie erstaunt gewesen, hätte sie geahnt, welchen Gedanken er in diesem Moment nachhing. So oft hatte sie ihm vorgeworfen, er kümmere sich nur um «diese Männer» und nicht um sie. Aber sie bedeutete ihm sehr viel, und er war sich auch einer gewissen Schuld bewußt, die man schwer eingestehen konnte, am wenigsten der eigenen Frau gegenüber. Er liebte sie, kein Zweifel, doch die Bindung an die Welt seines Vaters und alles, was er selbst deswegen erleiden mußte, hatte etwas in ihm zerstört, vielleicht den besten Teil seines Wesens. Er wußte, daß vieles in seinem Verhalten zu Rosalie seit der Heirat nicht zu rechtfertigen war, und er würde es auch gar nicht versuchen. Er sah das alles als eine zeitweise Flucht aus der problematischen, gefahrenreichen Sphäre, in die er durch seine Abstammung gestellt war, ein Sichgehenlassen zwischen den kurzen Momenten des Handelns und den endlosen

Stunden erzwungener Muße, den Monaten des Wartens und Sichverbergens, in denen selbst die alltäglichsten Verrichtungen, wie zum Beispiel ein Telefonanruf oder das Öffnen der Wohnungstür, wenn es läutete, Überlegungen und streng methodische Reaktionen erforderten. In dieser sonderbaren, qualvollen, abseitigen Welt, der er angehörte, hatte er einige verwerfliche Dinge getan, aber nun konnte er nur hoffen, daß sich seine Frau auf die Gegenwart konzentrieren und die Vergangenheit vergessen würde. Er hoffte, sie werde den Haushalt gut versorgen, wenn nötig von den Verwandten Geld borgen und sich durch das, was sie in den Zeitungen las, im TV sah oder auf der Straße hörte, nicht allzusehr beirren lassen. Das war sehr viel verlangt, er wußte es, besonders da sie als Mädchen nicht auf jenes Leben vorbereitet worden war, das sie nun führen mußte. Sie hatte ihm erzählt, und er hatte es nicht vergessen, wie ihre Familie sie vor der Wirklichkeit zu schützen versuchte und wie sie sich allmählich daran gewöhnte, daß in den Zeitungen zu Hause jene Teile ausgeschnitten waren, wo Fotos oder Artikel über die Tätigkeit der Profaci-Organisation erschienen.

Bills Leben als kleiner Junge war ganz anders verlaufen. Sein Vater hatte nie etwas verheimlicht, dazu war er viel zu stolz und zu selbstsicher. Dieser Joseph Bonanno hatte zumindest Bill so allmählich und beiläufig in seine persönlichen Lebensumstände eingeweiht, daß die endgültige Erkenntnis weder schockierend noch enttäuschend war. Schon früh fielen Bill die ziemlich unregelmäßigen Arbeitszeiten seines Vaters auf. Bonanno senior war entweder den ganzen Tag zu Hause und während der Nacht abwesend oder wochenlang ununterbrochen zu Hause und dann wochenlang weg. Es war ganz anders als bei den Vätern von Bills Mitschülern. Aber er wußte auch, daß sein Vater ein vielbeschäftigter Mann war, und anfangs befriedigte dieses Wissen die Neugierde des Sohnes und schien zu erklären, warum sein Vater ein Privatbüro im Haus hatte.

Während jener Zeit, in den vierziger Jahren, besaß Joseph Bonanno eine Käseerzeugung in Wisconsin, Kleiderfabriken und eine Waschanstalt in Brooklyn und eine Molkerei in Middleton im Staat New York, mit vierzig Rindern und zwei Pferden, das eine nach Bill, das andere nach Catherine benannt. Im Jahr 1938 war die Familie aus Brooklyn nach Hempstead in Long Island übersiedelt, in einen geräumigen zweigeschossigen Rohziegelbau im Tudorstil, umgeben von einem Garten mit schönen Bäumen und nicht weit von East Meadow, wo jetzt Rosalie und Bill wohnten. Vier Jahre ging er in Long Island zur Schule, bis eine ernste Ohreninfektion, die operative Eingriffe erforderte, den Anlaß gab, ihn ins trockene Klima Arizonas zu schicken. Sein Vater entschied sich für ein Internat in Tucson, und die Eltern kamen nach Arizona, um den ganzen Winter in Bills Nähe zu verbringen, zuerst in einem gemieteten Apartment, später im eigenen Haus. In den nächsten vier oder fünf

Jahren fielen Bill die Fremden auf, die seinen Vater dort besuchten, Männer, die sich immer sehr respektvoll und ehrerbietig verhielten. Viele von ihnen hatte er bereits in Long Island gesehen, und er erinnerte sich auch an eine Überlandreise der Familie, als Bill etwa acht Jahre war. Sie legten die lange Strecke von New York bis nach Kalifornien im Auto zurück, besuchten den Grand Canyon und andere Naturdenkmäler, und in jeder größeren Stadt, wo sie Station machten, schien sein Vater viele Leute zu kennen, freundliche Männer, die den kleinen Bill und dessen jüngere Schwester verwöhnten.

Als Bill seinen Führerschein hatte, den man in Arizona bereits mit sechzehn Jahren erwerben konnte, bat ihn sein Vater manchmal, gewisse Besucher vom Bahnhof oder dem Flughafen Tucson abzuholen, Männer, die Bill nun schon gut kannte und gern mochte, sie waren wie Onkel zu ihm. Als er dann zufällig in Zeitungen und Magazinen Fotos dieser selben Männer sah und Artikel las, in denen sie als gemeine Verbrecher bezeichnet wurden, kam er nach einer kurzen Phase der Verwirrung und des Zweifels zu dem Schluß, die Presse sei schlecht informiert und voreingenommen. Die Charakteristik in den Berichten hatte kaum Ähnlichkeiten mit den Menschen, wie er sie kannte.

Seine erste persönliche Beziehung zu der Welt seines Vaters ergab sich wohl, als Bill in der Oberschule von Tucson war. Eines Tages im Jahr 1951 wurde er aus der Klasse gerufen und mußte sich im Büro des Direktors melden. Sichtlich beunruhigt fragte ihn der Schulleiter: «Hast du irgendwelche Schwierigkeiten mit der Polizei?»

«Nein», antwortete Bill.

«Aber im Vorraum warten zwei FBI-Beamte», sagte der Direktor. Dann, zögernd: «Bill, hör mir gut zu: du brauchst nicht mit ihnen zu sprechen, wenn du nicht willst.»

«Ich habe nichts zu verbergen», sagte Bill.

«Ist es dir lieber, wenn ich dabei bin?»

«Ja, wenn Sie wollen.»

Der Direktor führte den siebzehnjährigen Bill Bonanno hinaus und stellte ihn den Agenten vor, die ihn fragten, ob er irgend etwas über das Verschwinden und die mögliche Ermordung des Mafiabosses Vincent Mangano wisse. Bill verneinte. Er hatte diesen Namen schon gehört, aber im Zusammenhang mit einem gewissen James Mangano, dessen Tochter an Asthma litt, weshalb er das Tucsoner Haus der Bonannos für einen Sommer gemietet hatte, als es zufällig unbewohnt war. Die Beamten machten Notizen, stellten noch einige Fragen, dann gingen sie. Etwas aufgewühlt kehrte Bill ins Klassenzimmer zurück. Er spürte die Augen aller Mitschüler auf sich gerichtet. Er selbst blickte keinen an, als er sich setzte, aber er wußte, daß ihn nun eine Kluft von den Kameraden trennte. Sicherlich hatte Rosalie als junges Mädchen niemals solche Empfindungen gekannt, und Bill fragte sich sogar, ob sie nun soweit war. Sie schien völlig naiv und ahnungslos, was seine eigene Welt betraf. Wohl legte er diese Haltung manchmal als Selbstschutz ihrer Person aus, als den festen Vorsatz zu ignorieren, was sie nicht billigen konnte, aber hin und wieder glaubte er, seine Frau stehe der Realität wirklich fern, als wäre es ihren Eltern tatsächlich gelungen, eine scharfe Trennungslinie zwischen den folgenschweren Familientraditionen und Rosalie zu ziehen. Aber dann hätten sie niemals in die Heirat ihrer Tochter mit Bill eingewilligt. Dennoch irritierte ihn diese Fähigkeit seiner Frau, sich völlig abzuschließen, und er hoffte, daß sie sich nun, nach dem Verschwinden seines Vaters, richtig verhalten und nichts Unsinniges oder Unachtsames tun würde. Er hoffte zum Beispiel, daß sie alle Türen versperrte, wenn sie mit den Kindern das Haus verließ, und sich überzeugte, daß alle Fenster gut verriegelt waren. Er befürchtete, daß FBI-Agenten einen Einbruch vortäuschen könnten, um in den Räumen elektronische Abhöranlagen anzubringen. Bill wußte, daß sie das oft praktizierten. Sie drangen in ein Haus ein, warfen einige Möbelstücke um, durchwühlten Laden und Schränke, um den Eindruck zu erwecken, Diebe hätten nach Wertobjekten gesucht, in Wahrheit aber installierten sie Geheimmikrofone. Hatte sich das FBI einmal Zugang in ein Haus verschafft, dann war es fast unmöglich, die winzigen Resultate seiner Arbeit zu entdecken: man mußte es den Agenten lassen, auf diesem Gebiet waren sie sehr erfinderisch und sehr klug. Bill wußte von einem Fall, als das FBI ein Haus sogar schon mit Geräten durchsetzt hatte, *bevor* die Zimmerleute noch mit ihren Arbeiten fertig waren. Das passierte Sonny Franzese, einem Funktionär der Profaci-Organisation. Offenbar waren die Beamten auf die Baustelle in Long Island gekommen, als die Arbeiter bereits Feierabend gemacht hatten, und hatten Abhöranlagen im Rahmenwerk und im Fundament angebracht. Später wunderte sich Franzese, wieso das FBI so viel über ihn wußte.

Bill bewahrte zu Hause in einem Schrank ein elektronisches Spürgerät auf, eine Art Wünschelrute aus Plastik, samt einer Antenne, die laut Angabe vibrieren sollte, wenn sie auf Abhörgeräte traf. Die Frage war nur, ob man sich auf das Ding hundertprozentig verlassen konnte. Wenn die Agenten in sein Haus kämen, fänden sie gewiß manches, was als Belastungsmaterial gegen ihn verwendet werden konnte: in der Garage einige Gewehre, im Schreibtisch in seinem Schlafzimmer einige Pistolen. Dazu eine oder zwei gefälschte Identitätskarten sowie mehrere Führerscheine und Pässe. Sie würden auch eine große Sammlung von 25-Cent-Stücken zutage fördern, sorgsam in lange, dünne Plastikröhren geschichtet, die in das Handschuhfach seines Wagens paßten. Diese Münzen brauchte er für Ferngespräche von Telefonzellen aus. Wahrscheinlich würden sich die Eindringlinge an den ausgezeichneten Havannazigarren gütlich tun, die er, wie ihm nun einfiel, auf seinem Schreibtisch stehen gelassen hatte, in einer Dose, die auch Wattetupfer enthielt, mit denen er am Morgen immer sein linkes Ohr reinigte, das infizierte Ohr, dessentwegen er nach Arizona hatte ziehen müssen – und wo er nun gerne wäre.

Die Agenten könnten sich auch für manche Bücher in seiner Bibliothek interessieren, darunter drei Bände über das FBI und die gesamte Literatur über die Mafia. Sie würden freilich einige Bücher finden, die, wie er annahm, den Horizont eines Detektivs überstiegen: Werke von Churchill, Bertrand Russell, Arthur Koestler, Jean-Paul Sartre und die Dichtungen Dantes. Aber es gab noch ein Buch, das sie sicherlich am liebsten durchblättern würden – das große Fotoalbum seiner Hochzeit. An Hand der Aufnahmen von dem Empfang im vollen Ballsaal des Astor-Hotels wären die meisten der prominenten Gäste zu identifizieren. Und was im Album nicht ersichtlich war, das wäre auf dem Amateurfilm der Hochzeitsfeier sehr wohl zu sehen, einem 600 m langen Streifen, der in einer Blechdose auf dem Boden eines Bücherfaches lag. Während der letzten sieben Jahre hatten Rosalie und er die Bilder gern hin und wieder abrollen lassen. Dieses glanzvolle pompöse Ereignis bedeutete wahrscheinlich den Höhepunkt von Joseph Bonannos Leben, den Gipfel seines Ruhmes. Und sollte es je einen Sozialhistoriker der Unterwelt geben, dann würde er dieses Fest wohl als «die letzte der großen Gangsterhochzeiten» bezeichnen, die noch stattfand, bevor die Aufdeckung des Apalachin-Meetings und andere Störaktionen solchen Schauspielen ein Ende setzte.

Nachdem Bill den Film drei- oder viermal gesehen hatte, fiel ihm eine bezeichnende Tatsache besonders auf: das Kastenbewußtsein der anwesenden Mafiosi prägte sich äußerlich aus – zweifellos wäre das FBI an dieser Beobachtung ebenso interessiert. Nach der Kleidung konnte man den Rang des einzelnen innerhalb der Organisation bestimmen. Es herrschte ein gewisses Uniformierungsprinzip. Wie Bill bemerkte, trugen die Männer der unteren Kategorie einheitlich weiße Smokingjacketts, die Mittelgruppe, also die «Lieutenants», und «Captains», hingegen hellblaue. Die Spitzen, die Dons, hatten alle schwarze Smokings an, außer natürlich den Herren der eigentlichen engsten Hochzeitsgesellschaft, die im Cut erschienen waren.

Am 5. November, Bills 32. Geburtstag und fünfzehn Tage nach dem Verschwinden seines Vaters, erklärten fünf der Bonanno-Funktionäre, nun seien sie lange genug eingeschlossen gewesen, sie hielten es nicht mehr aus und brauchten einen kurzen Auslauf. Bill stimmte zu. Es hatte nicht den Anschein, daß ihre Gegner zu jenem Zeitpunkt einen bewaffneten Zusammenstoß planten, da die Polizei in Alarmbereitschaft war. Auch Bill selbst sehnte einen Ortswechsel herbei. Durch einen seiner Leute ließ er Rosalie mitteilen, er sei am Leben. Nur das, und Rosalie erwartete auch nicht mehr. Die Frage war nur, wo er Ruhe und Entspannung finden würde, ohne Aufmerksamkeit zu erregen. Er konnte mit seinen Männern nicht nach Süden fliegen, denn die Flugplätze waren zu streng überwacht, und selbst in Verkleidung könnten sie erkannt werden. Er wollte sich auch nicht zu weit von New York entfernen, denn es gab immer die Chance einer neuen Wendung im Schicksal seines Vaters. Sie würden in ihren Autos nachts fahren müssen. Nach einigen Stunden gründlicher Überlegung beschloß Bill eine Reise in die Skigebiete Neuenglands. Keiner seiner Leute stand bisher auf Skiern, gestanden, und sie hatten auch gar nicht die Absicht, es zu versuchen. Sie wollten nur endlich wieder Bewegung machen, in der frischen Luft über offene Straßen fahren und den Kopf auskühlen lassen, die Batterien ihrer Autos aufladen und mit ihren Hunden außerhalb der bedrückenden Atmosphäre New Yorks über Land gehen.

An jenem Abend kurz nach Einbruch der Dunkelheit starteten sie, je zwei Mann in einem Wagen. Sie hatten verabredet, in einem großen Motel bei Albany wieder zusammenzutreffen. Bills grüner Cadillac war einen Häuserblock weiter unter einer Straßenlampe geparkt. Langsam und vorsichtig ging er darauf zu, bereit, auf jede Bewegung und jedes Geräusch beim Auto oder auf der finsteren Straße zu reagieren. Labruzzo folgte ihm mit einigen Schritten Distanz, die Leine, an der der Hund ging, hielt er in der linken Hand, die Rechte war für die Pistole frei.

Bill stellte einen Koffer auf den Boden, ging um den Wagen herum, auf dem Staub und einige dürre Blätter lagen. Er untersuchte die Stoßstange und die Motorhaube auf Fingerabdrücke, wie immer, bevor er die Tür des Fahrzeugs öffnete, um sicherzugehen, daß keine Sprengkörper angebracht worden waren. Als er sich überzeugt hatte, daß der Wagen nicht berührt worden war, seitdem er ihn abgestellt hatte, stieg er ein und steckte den Zündschlüssel ins Schloß. Sofort sprang der Cadillac an, was Bill nicht weiter überraschte, denn er hielt ihn stets in perfekter Fahrbereitschaft und wechselte die Batterien und andere Teile aus, lange bevor sie nachließen.

Als er im Wagen saß und auf Labruzzo wartete, die langen Beine ausgestreckt und den breiten Rücken gegen die kalte, weiche Lederlehne gepreßt, empfand er neuerlich seine Verbundenheit mit diesem Fahrzeug, dem starken Motor, der ruhig auf Standgas lief, dem leuchtenden Armaturenbrett mit der Stereoanlage. Es war ein großes, bequemes Auto für einen großen, gewichtigen Mann wie ihn. Bill vermutete, daß er während der letzten Wochen der Anspannung und des Eingesperrtseins 10 bis 15 Pfund zugenommen hatte. Das zeigte sich besonders an seinem Gesicht. Als er sich zum Rückspiegel vorbeugte, sah er wenig Ähnlichkeit mit den letzten Pressefotos. Kinn und Backen waren schwerer geworden, und er konnte sich vorstellen, daß er mit seinem Schnurrbart, der Hornbrille und dem vorne heruntergebogenen Hut, den er als Teil seiner

Verkleidung trug, wie ein Jazzmusiker wirkte, ein dicker Jazzmusiker. Dieses Image stieß ihn ab. Er dachte daran, daß er vor allem im Gesicht Fett ansetzte, besonders in der unteren Partie, es bildete sich ein Doppelkinn, das ihn zu klobig erscheinen ließ. Dadurch wurde sein dichter Bart betont, und seine attraktiven Züge traten zurück, die starken Backenknochen, die samtigen braunen Augen und die geschwungenen Brauen. In seiner gegenwärtigen äußeren Verfassung schien die obere Gesichtshälfte nicht zu der unteren zu passen. Hätte man unterhalb der Nase eine Trennungslinie gezogen, so wäre der Eindruck entstanden, als seien zwei Partien zusammengefügt, zwischen denen ein Altersunterschied von zehn Jahren lag. Oberhalb dieser Linie waren die ehrlichen, vertrauenswürdigen Augen und die helle, reine Haut, unterhalb das schwere, dunkle Kinn, die Falten und das Schwammige des Menschen über Vierzig.

Als Frank Labruzzo den Hund auf den Rücksitz bugsiert und die Pistole unter seinen eigenen Sitz geschoben hatte, begann für die beiden Männer die langsame Fahrt durch die Seitenstraßen von Queens, die Bill so gut kannte. Kaum eine halbe Stunde später rollten sie zügig auf der Überlandstraße dahin, hinter ihnen verschwanden die Lichter der Stadt. Sie hörten den Radiosendungen zu und sprachen wenig. Bill war froh, New York endlich den Rücken kehren zu können. Er hatte diese Stadt nie sehr geliebt; seit letzter Zeit haßte er sie. Oft hatte er sich gefragt, warum so viele Mafiosi, Männer, die in einer sonnigen, bäuerlichen Landschaft Südeuropas verwurzelt waren, sich in diesem kalten, verdreckten Asphaltdschungel niedergelassen hatten, wo es von Polizisten und neugierigen Journalisten wimmelte und wo alle erdenklichen Gefahren lauerten. Die Mafiabosse im Süden oder drüben im Westen, in Städten wie Boulder oder Colorado etwa, waren zweifellos besser dran als irgendeiner der fünf Dons mit Organisationen im Raum von New York City. Der Don in Colorado besaß wahrscheinlich eine Transportfirma oder einen kleinen Nachtklub, und mit nur zehn oder zwölf Mann unter seinem Befehl betrieb er nebenbei einige Spielsalons oder eine Lotterie. Er hatte seine geregelte Arbeitszeit, ging vermutlich jeden Nachmittag auf den Golfplatz und konnte sich abends seiner Familie widmen. Seine Söhne würden das College absolvieren, Manager oder Anwälte werden und wissen, wie man auf legale Weise stiehlt.

Jeder der fünf Dons in New York leitete eine Truppe, deren Stärke zwischen 250 und 500 Mann variierte; das bedeutete, daß annähernd 2000 Mafiosi – 40 Prozent der Gesamtzahl von 5000 in den USA – in der Metropole ansässig waren und dort Fehden austrugen, um ihr Terrain und ihre Interessensphären zu wahren. Die New Yorker Dons konnten sich niemals sicher fühlen, ganz gleich wieviel Macht sie auch hatten. Warum blieben sie dann? Bill wußte natürlich die Antwort. In New York war das große Geld. Hier war der große Markt, das Zentrum für alles und jedes. Tagtäglich fuhren eine Million Lastwagen nach oder von New York – es war das Dorado für Raubüberfälle und Entführungen, eine Stadt langer Schatten, abenteuerlicher Perspektiven und rücksichtsloser Menschen von der Spitze bis zur Basis. Die meisten New Yorker, von der Polizei bis zu den Prostituierten, waren nur darauf bedacht, sich die Taschen zu füllen. Selbst der Durchschnittsbürger schien Spaß daran zu finden, das Gesetz zu übertreten oder das System auf irgendeine Weise zu übertölpeln. Mit ein Grund für den Erfolg des Zahlenlottos, der lukrativsten Einnahmequelle der Mafia, war der Umstand, daß es illegal war. Sobald die Gesetzgeber Lotterien zulassen würden, hätten die Mobsters schwere Geschäftseinbußen zu verzeichnen, denn die Kunden wären des Reizes des Verbotenen beraubt. Es war die gleiche Spannung, wie sie die Leute vierzig Jahre früher auskosteten, wenn sie mit einem Alkoholschmuggler in Berührung kamen oder Zugang in eine geheime Kneipe fanden.

New York war auch ein idealer Ort, wenn man sich verstecken mußte. Man konnte sich in den Massen verlieren, konnte sich in der Wirrnis wechselnder Szenen tarnen, in Bewegung und Schatten spurlos aufgehen. Die Menschen in New York neigten dazu, sich vor allem um ihre eigenen Angelegenheiten zu kümmern und ihre Nachbarn nicht zu behelligen. Das war ein großer Vorteil für jeden, der untertauchen mußte. Bill wußte, daß einer der Captains seines Vaters, ein Mann namens Joseph Morale, der sich zwanzig Jahre lang vor den Bundespolizeibehörden verborgen hatte und noch immer gesucht wurde, die meiste Zeit in seiner Wohnung in einem unscheinbaren Viertel von Queens verbrachte. Morale kam und ging zu ganz ungewöhnlichen Stunden, folgte niemals einer vorausbestimmbaren Routine, und seine Angehörigen hatten ein Verhalten entwickelt, das gewährleistete, daß er weder durch ein unvorsichtiges Wort noch durch eine unüberlegte Handlung verraten werden könnte.

Joseph Bonanno selbst war einmal für mehr als ein Jahr in Brooklyn untergetaucht; das war während des Gangsterkrieges von 1929/30, als ein Rivalenboss einen «Kontrakt», d. h. einen Mordauftrag ausgegeben hatte. Bill war sich eines gewiß: Wenn sein Vater noch lebte, konnte er sich auf unbegrenzte Zeit in New York verbergen, weil er die nötige Disziplin besaß. Denn Disziplin war das Haupterfordernis. Verkleidungen und Verstecke, falsche Ausweise und treue Freunde waren wichtig, aber der wesentliche Faktor war persönliche Disziplin, eine Kombination der Fähigkeiten, sich rasch von Gewohnheiten zu lösen und mit der Einsamkeit abzufinden, wachsam zu bleiben, ohne in Panik zu verfallen, Orte und Personen zu meiden, die man früher häufig aufgesucht hatte. 1929 machte Bonanno seiner späteren Frau Fay den Hof – doch als er gezwungen war, in Deckung zu gehen, ließ er sich plötzlich und ohne Erklärung nicht mehr bei den Labruzzos blicken. Einige Monate hörte das junge Mädchen nichts von ihm und nahm an, die Verlobung sei gelöst. Dann bemerkte einer ihrer Schwäger, daß die Fensterläden des Gebäudes direkt gegenüber lange Zeit ständig geschlossen waren, und später sah er durch den schmalen Spalt am unteren Ende der Läden das Schimmern von Flintenläufen. Offenbar wartete ein Scharfschütze darauf, daß Bonanno vor dem Haus der Labruzzos erscheinen werde.

Bill vertraute darauf, daß auch er sich, wenn es sein mußte, sehr lange in New York verstecken könnte. Er hielt sich für diszipliniert genug; er würde nicht durchdrehen, wenn Fahndungsgruppen näher kamen – eine Kurzschlußhandlung war bei ihm nicht zu befürchten, denn er reagierte rasch und geschickt auf alle Gefahrenmomente. Selbst jetzt, auf der Nachtfahrt durch den Staat New York, hielt er die Geschwindigkeitsbeschränkungen ein, registrierte an der Anordnung der Scheinwerfer, die er im Rückspiegel erblickte, sofort jeden Wagen, der ihm folgte. Immer wenn er ein Auto überholte, stellte er die Marke und die Nummer fest und versuchte den Fahrer zu sehen; nie entging es ihm, wenn ein Wagen plötzlich rascher fuhr, um ihn zu überholen. Er versuchte, eine gewisse Distanz zu den anderen einzuhalten. Da er, wie gewohnt, vor der Reise die Straßenkarte genau studiert hatte, kannte er die Ausfahrten, die Umleitungen und die möglichen Fluchtrouten.

Immer wenn Bill vorhatte, einige Tage in einer Stadt oder einer bestimmten Gegend zu bleiben, prägte er sich nicht nur den Verlauf der Straßen ein, sondern auch die Bergformationen und den Baumbestand, der eventuell seinen Cadillac verdecken würde, wenn er aus dem Blickfeld der hinter ihm Fahrenden verschwinden wollte. Er kalkulierte sogar besonders unübersichtliche Zonen ein, Strecken mit starkem Gefälle, kurvenreiche Sektoren oder solche mit einmündenden anderen Routen, auf die er ausweichen konnte, wenn er sich verfolgt glaubte.

Ein anderer Grund für Bills Vertrauen in seine Fähigkeit, sich unsichtbar zu machen: Einsamkeit bedrückte ihn nicht. An sie hatte er sich schon als Halbwüchsiger in Arizona gewöhnt, als er allein ein Motelzimmer und später das Haus bewohnte, während seine Eltern sich im Herbst und im Winter in New York aufhielten. Eine notwendige Regelung, seit er aus dem Internatsquartier ausgeschlossen war, weil er mit einer Gruppe von Klassenkameraden statt des Museums den damals schockierend wirkenden Film ‹Forever Amber› besucht hatte.

Er erinnerte sich daran, wie verbittert er über diese Bestrafung gewesen war, die ihm zwar gestattete, am Unterricht teilzunehmen, ihm jedoch untersagte, über Nacht im Collegegelände zu verbleiben. Auch war er überrascht, daß sein Vater keinen Einfluß auf den Direktor hatte, der in der Vergangenheit von den Bonannos großzügige Geschenke für die Schule angenommen hatte, darunter beträchtliche Lieferungen von Butter und Käse aus der Molkerei in Wisconsin, als diese Produkte im Zweiten Weltkrieg rationiert waren. Seine Eltern, die wegen der beruflichen Verpflichtungen seines Vaters in New York geblieben waren, konnten nach Bills Schulausschluß nichts anderes tun, als ihn im Luna-Motel unterzubringen, das einem Freund von Bonanno senior gehörte und in der Nähe einer Bushaltestelle lag, von wo aus Bill zur Schule fahren konnte.

Wütend über den Ausschluß, holte Bill auch sein Pferd aus dem Schulstall und brachte es auf einer Weide beim Motel unter. Dieses Pferd und ein kleiner Dobermannpinscher (einen gleichen hatte er nun im Wagen) waren damals seine Gefährten, wenn seine Eltern fort waren. Er wurde sehr selbständig dabei. Jeden Morgen bereitete er sich das Frühstück, und bei Sonnenuntergang unternahm er lange Ritte durch die Wüsten von Arizona, an den Ranches reicher Grundbesitzer und den rauchenden Lehmhütten der Zuñi-Indianer vorbei, oft begegnete er verstaubten «Bronco»-Reitern*, die ihm kameradschaftlich zunickten, wenn er dahintrabte.

Bereits als Dreijähriger in Long Island hatte er zum erstenmal auf einem Pferd gesessen; an den Wochenenden pflegte er mit seinem Vater und den anderen Männern auszureiten. Viele von Bonannos Leuten waren ausgezeichnete Reiter – noch aus ihrer Kindheit in Sizilien, wo Pferde und Esel die wichtigsten Transportmittel waren. Bill besaß viele Fotos, auf denen er zu sehen war, wie er mit den Mafiosi durch die Wälder von Long Island galoppierte. Sein Vater bestand von Anfang an darauf, daß Bill sich nicht an ein Pony, sondern an ein normales Pferd gewöhne; und der Stolz auf seine reiterlichen Leistungen wog auf der Oberschule bis zu einem gewissen Grad seine mangelnden Erfolge in der Leichtathletik auf.

Es war nicht so sehr sein Ohrenleiden als vielmehr die Reisetermine seiner Eltern, die ihn daran hinderten, sich an Mannschaftssportarten zu beteiligen. Sein Leben verlief damals in wechselnden Extremsituationen: Entweder er war ganz allein, oder er war von der Familie und den Freunden seines Vaters umgeben. Es gab Zeiten, da wollte er diesen Spannungen, die er nicht bewältigte, einfach entfliehen. Bald nach dem Ausschluß aus dem Internat steckte er etwas Geld zu sich und lief davon. Er bestieg einen Bus nach New York, die Fahrt dauerte fünf Tage, und als er bei der Endstation in der Nähe des Broadway ankam, stieg er in einen anderen Bus nach Middleton um, wo die Farm der Familie lag – nicht weit von der Strecke, die er nun befuhr; es juckte ihn, von der Hauptroute

---

* Bronco: im Süden der USA gebräuchliche Bezeichnung für ein junges Pferd während der Phase des Zureitens. Anm. d. Übers.

abzubiegen und das Anwesen wiederzusehen, das sein Vater seither verkauft hatte. Bill widerstand dieser Regung, spann aber die Erinnerungen an jenes viele Jahre zurückliegende Abenteuer weiter. Die Leute auf der Farm waren entsetzt, als er plötzlich auftauchte. Sie sagten, sein Vater habe angerufen und sei soeben nach Tucson geflogen, um ihn zu suchen.

Wenige Tage später kam auch Bonanno senior auf die Farm, zuerst war er wütend, aber dann legte sich sein Zorn. Er gab zu, daß auch er in Sizilien mit fünfzehn Jahren ausgerückt sei, und meinte, solche Erlebnisse gehörten vielleicht zur Entwicklung eines Jungen. Dennoch redete er seinem Sohn zu, in die Schule nach Tucson zurückzukehren, wo ihn ein neuer, knallgelber Jeep erwarten würde.

In Arizona konsultierte dann Bill auch einen Arzt. Während des Jahres hatte er immer wieder Magenschmerzen gehabt, und bei der Untersuchung wurde ein Magengeschwür festgestellt.

3

Objektiv betrachtet, war die Reise des Bonanno-Labruzzo-Teams durch den Staat New York nach Neuengland alles andere als ein Ferientrip. Unterwegs sein, das hieß für die Männer, täglich Hunderte von Meilen zurückzulegen und die Nächte in Motels vor den Fernsehschirmen und mit Gesprächen hinzubringen.

Von Albany fuhren sie weiter nach Bennington, Vermont und dann entlang des Champlain-Sees in Richtung Burlington. Dann bogen sie ostwärts nach New Hampshire ab, und zwei Tage später ging es nach Massachusetts. Jeden Morgen legte einer aus der Gruppe, der aus Neuengland stammte, die Reiseroute des Tages fest, und jeden Abend trafen sie an vereinbarten Orten wieder zusammen, bevor sie jeweils zu zweit getrennte Motels bezogen, die nahe beisammen lagen und Zimmer mit Kochnischen hatten.

Sie versorgten sich mit Lebensmitteln in den lokalen Läden, und nach einem Rundgang mit den Hunden versammelten sie sich abends in Bonannos Quartier, wo gekocht wurde. Bill hatte in seinem Diplomatenkoffer verschiedene Gewürze, Zutaten und auch ein Kochbuch mitgenommen. Er war immer der Koch, die anderen wuschen nachher das Geschirr. Er bemerkte, wie vieles sich seit seiner Kinderzeit in den Motels verändert hatte, und genoß diesen selbstverständlich gewordenen Komfort, der dem kurzfristigen Gast geboten wurde: außer den funktionell eingerichteten Kochnischen gab es Eismaschinen, Körpervibratoren in den Betten, Farbfernsehgeräte, Spannteppiche und eine Bar, wo man Getränke auf die Zimmer bestellen konnte.

Die größte Entspannung während dieser Reise war für Bill das Fahren selbst – lange, kreuzungsfreie Strecken, auf denen es weder Fahrzeugkolonnen noch Verkehrsstauungen und kaum jemals ein Verkehrszeichen gab. Unterwegs ließ er die Ruhe der Kleinstädte auf sich wirken und malte sich die friedliche Existenz ihrer Bewohner aus. Manchmal begegneten sie Wagen mit Skiern auf den Dächern. Hinter den Autofenstern mit College-Emblemen saßen junge Leute. Ständig wurde Bill daran erinnert, wie sehr er selbst sich bereits von jenem Studentenleben losgelöst hatte, das ihm ein Jahrzehnt früher so vertraut gewesen war.

Diese Loslösung war so langsam und unmerklich vor sich gegangen, daß er sich gar nicht bewußt war, wann er die Grenze zu der Welt seines Vaters überschritt. Während der meisten Zeit seines Studiums, das im Sommer 1951 begann und mit Unterbrechungen bis 1956 dauerte, führte er eine Art Doppelleben. Zu gewissen Zeiten, besonders wenn Joseph Bonanno anscheinend Differenzen mit anderen Bossen hatte oder von der Polizei gejagt wurde, betrachtete es Bill als selbstverständliche Verpflichtung, ihm beizustehen, sich zu ihm zu bekennen und ihm durch Beweise seiner Zuneigung einen Rückhalt zu geben – obwohl ihn sein Vater nicht darum bat, sondern im Gegenteil wünschte, daß sich Bill auf die Arbeit am College konzentriere. Und dann gab es wieder Zeiten, in denen sich Bills Interessen ganz dem Campus zuwandten. Er besuchte pünktlich die Vorlesungen, schloß sich Studentengruppen an und gehörte zu den aktiven Anhängern der Footballmannschaft. Er war gesellig und großzügig, beliebt bei den Kollegen. Immer hatte er ein Auto und ein Mädchen.

Doch als Student konnte er sich nur bis zu einem bestimmten Grad konzentrieren, Fächer, deren Lehrstoff er nicht rasch zu erfassen vermochte, vernachlässigte er. Auf Grund seiner besseren Ausbildung im Internat hatte er sich an der Oberschule daran gewöhnt, gute Noten mit einem Minimum an Anstrengung zu erringen, aber am College war dieser Vorsprung nicht gegeben. Auch wurde er durch die immer stärkere Hinwendung zu seinem Vater und durch Konfliktsituationen, die er in sich selbst entdeckte, häufig abgelenkt. Er wollte zwar nicht die Probleme seines Vaters erben, wollte nicht mit dem Gangstertum identifiziert werden und sich dem gesellschaftlichen Spießrutenlaufen aussetzen, zu dem es immer wieder kam, wenn Joseph Bonanno von der Presse aufs Korn genommen wurde. Aber ebensowenig wollte sich Bill von der Lebensform seines Vaters lossagen oder sich seines Namens schämen, um so mehr, als er nicht glaubte, daß sich sein Vater schwerer Verbrechen gegen die Gesellschaft schuldig gemacht hatte. Manchmal war das Gegenteil wahr: Die Gesellschaft ließ Männer wie Joseph Bonanno für die eigenen Fehler des Systems büßen.

Und wenn es für ihn selbst noch so schlimme Konsequenzen haben mochte – Bill konnte und wollte sich auf keinen Fall gegen seinen Vater stellen. Seine gefühlsmäßige Bindung an diesen Mann war sehr stark, über das normale Maß der Sohnesliebe hinaus. Intensiver, bedingungsloser, schicksalhaft durch das gemeinsame Los des Außenseitertums mit all seinen Problemen, dazu eine gewisse Verklärung der Gefahren und Wagnisse, die dieses Leben mit sich brachte. Von Bills Seite haftete dieser Beziehung auch ein geradezu mystischer Zug an, in dem blinde Ergebenheit, Scheu, Zurückhaltung und Zuneigung unlösbar miteinander verschmolzen. Die vielen langen Perioden der Trennung hatten die beiden einander auf seltsame Weise nähergerückt, hatten jede Zusammenkunft zu einem freudig erwarteten, herbeigesehnten Ereignis gemacht. Während der Monate dazwischen hatte Bills jugendliche Phantasie aus der Erinnerung das Persönlichkeitsbild seines Vaters oft mit Eigenschaften ausgestattet, die es fast zu einer Gottheit erhoben, so überragend, gebieterisch und nahezu unbegreiflich erschien Joseph Bonanno seinem Sohn.

Der Vater war ein gutaussehender Mann, der Stärke und eine überlegene Heiterkeit ausstrahlte. Er hatte sanfte braune Augen, ein markant geschnittenes Gesicht und trug immer eine freundliche Miene zur Schau, die sogar auf den Polizeifotos zur Geltung kam. Wenn man bedenkt, daß die Polizeifotografen und die Reporter der Sensationspresse ihren Modellen kaum schmeicheln wollten und Mafia-Verdächtige gewöhnlich dann aufnahmen, wenn sie finster und unheimlich wirkten, fand es Bill bemerkenswert, daß sein Vater auf fast jedem der Hunderte von Zeitungsfotos und Polizeisteckbriefen, die während der letzten Jahre erschienen waren – einschließlich der letzten, die seit seinem Verschwinden zirkulierten –, souverän und beherrscht wirkte. «Zeige nie, was du empfindest», hatte Joseph Bonanno seinem Sohn gesagt, und Bill bemühte sich, diesen Rat zu befolgen.

Er erinnerte sich an ein Klassentreffen in seinem alten Internat. Das war Jahre her. Man hatte ihn eingeladen, und er war gern gekommen. In einer heiteren, kurzen Ansprache an die Studenten gab er der Hoffnung Ausdruck, daß die edlen Prinzipien dieser Schule eines Tages seinen eigenen Kindern zugute kommen würden. Dann ging er lächelnd über das Podium und schüttelte dem Direktor, der ihn einst ausgeschlossen hatte, freundlich die Hand.

Während der Fahrt durch Neuengland erinnerte er sich einiger Ereignisse, die zu der Zeit, als sie sich zutrugen, unwesentlich erschienen; nun aber, in der Rückschau, offenbarten sie die tieferen Zusammenhänge des Doppellebens, das er als Junge führte, die persönlichen Kämpfe, die er, ohne es zu wissen, ausfocht. Denn damals wußte er nur, daß seine Existenz von einem milden Mann in Alpaca-Anzügen beherrscht wurde, der in jedem Winter von New York nach Arizona kam, um Bills Einsamkeit ein Ende zu machen, der in Orakeln sprach und moderne Leiden durch uralte Heilmethoden zu kurieren verstand. Er dachte daran, wie ihm sein Vater geraten hatte, sich jeden Nachmittag in die Wüstensonne zu setzen und die Hitze auf sein linkes Ohr einwirken zu lassen, dann werde der Ausfluß vergehen, und tatsächlich ging die Entzündung bald zurück. Nun fiel ihm auch ein Sommertag in Long Island ein, als seine Schwester sich beim Überklettern eines Zaunes eine böse Rißwunde zuzog. Sein Vater trug sie ins Haus, bettete sie auf einen Tisch, träufelte Zitronensaft in die Wunde und massierte sie auf eine besondere Art, wodurch die Blutung gestillt wurde, und als die Wunde verheilt war, blieb keine Narbe. Bill erinnerte sich, wie es sein Vater zuwege gebracht hatte, daß ein Richter seinen Sohn ohne Strafe entließ, nachdem er als Dreizehnjähriger ohne Führerschein wegen Überschreitung der Höchstgeschwindigkeit gefaßt worden war, und er dachte daran, daß ihm der große, anscheinend allmächtige Joseph Bonanno auch sonst bei Jungenstreichen und kleineren Vergehen während Bills Flegeljahren an der Oberschule oft aus der Klemme geholfen hatte. Das war etwa in jener Zeit, als er die ersten, faszinierenden Einblicke in die Welt seines Vaters gewann.

Oft überlegte er, wie er es den Männern aus dem Kreis Joseph Bonannos gleichtun könnte. Manchmal hörte er sie ganz beiläufig über die Gefahren sprechen, denen sie ausgesetzt waren, oder über die Kerkerstrafen, mit denen sie rechnen mußten, und er fragte sich, ob er unter solchen Umständen ebenso ruhig und gelassen bleiben würde.

Damals ängstigte ihn die Vorstellung des Gefängnisses, und zugleich faszinierte ihn dieser Gedanke. Er erinnerte sich daran, daß er einmal als Schüler verhaftet worden war. Mit einer Gruppe anderer Jungen schlug er während eines Footballspiels Krach. Sie balgten sich, brüllten, warfen Papierbecher, was die anderen Zuschauer so sehr irritierte, daß die Polizei die Radaumacher schließlich aus dem Stadion wies und wegen Ruhestörung ins Revier einlieferte. Sie verbrachten die Nacht im Kotter, ein Erlebnis, das Bill während der ersten Stunde interessant fand, aber dann schwand der Reiz des Ungewöhnlichen sehr bald. Und dennoch war ihm klar, daß er ganz bewußt provoziert hatte: er hatte tatsächlich im Gefängnis landen wollen. Später hielt er sich etwas zugute darauf, daß er während der kurzen Haft kühl und beherrscht geblieben war.

Sein Vater erfuhr nichts von diesem Vorfall, wohl aber seine Lehrer. Sie waren befremdet und überrascht. Zum Unterschied von anderen Schülern galt Bill nicht als schwierig oder aufsässig. Man betrachtete ihn vielmehr als eine geborene Führernatur. Er war der Vorsitzende des Antialkoholikerklubs, der Organisator der Blutspendeaktion und der Redakteur der Schülerzeitung. Er rauchte nicht, weil er einer lungenkranken älteren Frau, die in Tucson auf Erholung war und die er eines Tages in einem Café kennenlernte, das Versprechen gegeben hatte.

Schriftlich, auf einer Papierserviette. Daraufhin reichte ihm die Frau eine Fünf-Dollar-Note. Bill hielt sein Wort und verwahrte von dieser Stunde an den Geldschein und die Serviette.

Trotz seines guten Rufes und seiner anerkannten Position in der Schule kamen Nächte, in denen er seiner inneren Unruhe nachgab und mit einer Bande mexikanischer Jungen herumzog. Sie verlegten sich darauf, Cadillac-Radkappen und andere Autobestandteile zu stehlen, die sie an Gebrauchtwagenhändler, Fahrer oder auf Schrottsammelplätzen verkauften. Im Sommer 1950 ließen sich einige dieser Rowdies an der mexikanischen Grenze mit einer älteren Gruppe von Waffenschmugglern ein; das war eine riskante, erregende Sache, Bill war davon begeistert, aber er konnte nicht mitmachen, weil er mit seinen Eltern nach dem Osten reisen mußte.

Diese Fahrt blieb ihm im Gedächtnis – eine merkwürdige gespannte Stimmung, lange Stunden des Schweigens, neue Einblicke in die Lebensweise seines Vaters. Auf allen lastete ein unerklärlicher Druck. Bill hatte erwartet, daß sein Vater ihn, wie üblich, große Strecken des Weges durch Arizona nach Texas und weiter nach New York fahren lassen würde, aber damals, 1950, übergab ihm Joseph Bonanno nicht das Steuer, und außer Bills Mutter und seinem jüngeren Bruder war noch einer der Leute des Don im Wagen. Sie nahmen eine andere Route als sonst: durch El Paso und Van Horn, ließen den gewohnten Besuch in Dallas aus und blieben dann zwei Tage in Brownsville, Texas, wo andere Männer zu einer Besprechung mit seinem Vater eintrafen. Bill fiel es auf, daß sich seine Eltern bei der Übernachtung in St. Louis im Hotel nicht gemeinsam eintrugen. Bonanno senior und dessen Begleiter bezogen das eine Zimmer, Mrs. Bonanno und die beiden Söhne bekamen ein Apartment. Mitten in der Nacht brachen sie von St. Louis auf und fuhren in Richtung Wisconsin und nicht auf der üblichen direkten Route nach New York.

Während des Juni und der meisten Zeit des Juli hielten sie sich in Wisconsin auf, in Motels oder Sommerhäusern an den Seen. Erst gegen Ende Juli kamen sie in New York an und bezogen ein Haus an der Nordküste von Long Island. Dort lebten sie, bis auf Besuche von Fremden, völlig abgeschlossen. Es war ein trister Sommer, in dem man bei Gesprächen die Stimme zum Flüsterton senkte und das Abendessen ohne das vertraute Klappern der Teller und das Klirren des Bestecks serviert wurde. Bill stellte keine Fragen. Aber er wußte, was vorging – sein Vater und viele von dessen Freunden bekamen die Auswirkungen der Kefauver-Nachforschungen zu spüren und bemühten sich, Subpoenas zu vermeiden, durch die sie gezwungen würden, vor dem Senat und den TV-Kameras auszusagen.

Das Kefauver-Komitee konzentrierte sich zwar vor allem auf einen einzelnen führenden Mafioso, nämlich Frank Costello, der bei seinem

Erscheinen seine schlechte Laune unverhohlen zeigte, als er in der Hitze der Strahler saß und die Kameraleute seine nervös trommelnden Fingerspitzen groß ins Bild nahmen, aber in der Presse wurden auch andere Namen erwähnt, mit denen Bill prägnante persönliche Vorstellungen verband. An prominenter Stelle in den Dokumenten zitierte der Senat Joseph Profaci und Joseph Magliocco.

Auch Joseph Bonanno wurde genannt, aber das Untersuchungskomitee widmete ihm keine große Aufmerksamkeit, und es gelang dem Don, eine Vorladung abzuwenden. Dennoch war er über diese Publicity, der er sich nicht entziehen konnte, tief beunruhigt, denn es war das erste Mal seit Jahren, daß er öffentlich mit dem organisierten Verbrechen in Beziehung gebracht wurde. Besonders hart traf es ihn, weil durch diese Enthüllungen seine Tochter von den gegen ihn gerichteten Beschuldigungen erfuhr. Catherine, damals ein sechzehnjähriges Mädchen, war völlig verstört und weinte tagelang. Aber diese Aufdeckung der Wahrheit verminderte nicht ihre Zuneigung. Wie ihr Bruder Bill fühlte sie sich ihrem Vater sogar enger verbunden als je zuvor.

Im darauffolgenden Herbst ging Bill wieder nach Tucson. Es war sein letztes Schuljahr. Es verlief ohne große Vorkommnisse – das einzige denkwürdige Ereignis war die Reifeprüfung, zu der ihm sein Vater einen neuen Chevrolet Belair schenkte. Im Juni inskribierte Bill an der Universität von Arizona, zuerst belegte er Jura, sattelte aber bald auf Bodenkultur um, da er glaubte, diese Fachrichtung sei die beste Vorbereitung auf seine künftige Tätigkeit als Mitbesitzer einer großen Baumwollfirma seines Vaters, nördlich von Tucson. Mit dem vollendeten einundzwanzigsten Lebensjahr würde er nicht nur über Grundstücke, sondern auch über gewisse gewinnbringende Liegenschaften verfügen können, die Joseph Bonanno, ein geschickter Immobilienspekulant, seit seiner Ansiedlung in Arizona erworben hatte. Bill war sehr erpicht darauf, selbst zu verdienen, denn sein Vater knauserte immer mit den regelmäßigen Zuwendungen, ein widersprüchlicher Zug bei einem sonst so generösen Menschen. Es war bezeichnend, daß er seinem Sohn wohl einen neuen Wagen kaufte, ihm aber so wenig Taschengeld gab, daß Bill meist kein Benzin im Tank hatte.

Deshalb mußte er sich Nebenbeschäftigungen suchen. Genau das hatte sein Vater gewünscht. Bonanno senior verabscheute Müßiggang; einer seiner Lieblingsaussprüche war: «Die beste Art, die Zeit totzuschlagen ist, sie zu Tode zu arbeiten.» Schon als Halbwüchsiger hatte Bill verschiedene Jobs angenommen; während seiner Collegezeit bekam er einen Posten in einem Schnellimbißlokal, wo er nur an den Abenden beschäftigt war. Dort lernte er eine hübsche blonde Serviererin kennen, eine geschiedene Frau. Mit ihr hatte er sein erstes ständiges Verhältnis.

Diese Affäre spielte sich in ihrer Wohnung ab und dauerte länger als ein Jahr, ohne daß seine Eltern etwas davon ahnten. Obwohl niemals von Heirat die Rede war, betrachtete er seine Freundin doch als Eigentum und wurde wild, als er hörte, daß sie sich während seiner Abwesenheit mit einem Jockey traf, der zur Rennsaison in Arizona war. Die Angst, diese Geliebte zu verlieren und die schockierende Erkenntnis, daß es in ihrem Leben außer ihm noch einen anderen geben könne, stürzte ihn in tiefe Verzweiflung. Zum erstenmal merkte er, daß er zu Gewalttaten fähig war.

Er erinnerte sich daran, wie er in ihrer Wohnung auf sie gewartet hatte; dann sah er sie mit zwei auffallend kleinen Männern herankommen, beide mit sonnengebräunten hageren Gesichtern und vom Scheitel bis zur Sohle teuer, aber aufdringlich gekleidet. Als seine Freundin die Tür öffnete und über eine Äußerung ihrer Begleiter hellauf lachte, trat Bill vor und fuhr die Rivalen, die er weit überragte, grob an, sie sollten schleunigst verschwinden. Als der eine zurückbrüllte, packte ihn Bill, schüttelte ihn und warf ihn mit voller Wucht gegen die Wand. Die Frau schrie, und der andere Jockey rannte davon.

Bald kam die Polizei, um Bill wegen Körperverletzung zu verhaften. Später ergab es sich nicht von ungefähr, vielleicht durch Einflußnahme seines Vaters, daß der Fall einem Richter übertragen wurde, der damals, einem Gerücht zufolge, Beziehungen zu einer verheirateten Frau hatte. Ob er befürchtete, sein eigener Ruf der Integrität sei gefährdet, wenn er zu hart urteile, erfuhr Bill nie. Er wußte nur, daß die Anklage gegen ihn fallengelassen wurde.

Das Ende der Romanze mit der Blondine war nur eine Phase eines im allgemeinen ungünstig verlaufenden Jahres. Bill kam im College schlecht voran, dann erlitt sein Vater einen Herzkollaps und reiste aus Tucson ab, um sich in einem abgeschiedenen Ort bei La Jolla zu erholen. Während des Winters und des Frühjahrs bis ins Sommersemester war Bill wieder allein im Haus.

Einen Teil des Sommers verbrachte er in einem Lager des Reserveoffiziers-Kadettenkorps. Er fügte sich leicht in die Disziplin des militärischen Alltagslebens ein und wurde bald Ausbildungssergeant der «Pershing Rifles», der Eliteeinheit der Kadetten. Auf dem Schießstand war er ein ausgezeichneter Gewehr- und Pistolenschütze, er hatte darin bereits aus dem Internat Praxis, und Faustfeuerwaffen waren ihm seit seiner Kindheit vertraut. Er hatte bemerkt, wie sich unter den Sakkos der fremden Männer, die seinen Vater besuchten, deutlich die Pistolen in den Schulterhalftern abzeichneten. Aber erst als er aus New York nach Arizona gekommen war, entwickelte er den Sinn für Schußwaffen, da er sah, daß sie offen und ganz selbstverständlich getragen wurden, in Autos oder zu Pferd, von Ranchers, Revolverhelden und Indianern. Manchmal hatte er das Gefühl, als bewege er sich in den Szenerien eines Cowboyfilms. Und das gefiel ihm.

Auch die übliche traditionelle Kleidung des Südens gefiel ihm, er gewöhnte sich rasch an die kurzschäftigen Stiefel, die enggeschnittenen Hosen, die hellen Stetson-Hüte und die schmalen Schleifen statt der Krawatten. Auch sein Vater paßte sich in Arizona dem allgemeinen Erscheinungsbild an. Bei längeren Besuchen warfen sich auch die Gefolgsleute Joseph Bonannos in solchen Dress, freilich wirkten die Dickeren unter ihnen in diesem Aufzug immer verkleidet und komisch, besonders wenn ihnen die großen Metallschlösser der Westerngürtel unter den Nabel rutschten. Trotzdem bestand wahrscheinlich tatsächlich eine gewisse Wesensverwandtschaft zwischen diesen Männern und dem legendären amerikanischen Cowboy, dachte Bill, wenn er die Geschichten des alten Westens mit manchen Erzählungen verglich, die er als Junge gehört hatte, sie handelten von Schießereien berittener Mafiosi im Bergland Westsiziliens. Er wußte, daß seine Großmutter in Castellammare manchmal eine Pistole im Rock getragen hatte, und die Bewohner jenes Gebietes halten heute noch das Andenken des Räubers Giuliano in Ehren, des Anführers einer Bande von Geächteten, die ihre Beute mit den Armen teilten.

Obwohl Giuliano in Westsizilien als Held galt, mochte man ihn anderswo als gemeinen Wegelagerer und Gewalttäter betrachten. Das hing weitgehend vom Standpunkt des Betrachters ab, ebenso wie die Bewertung der Taten irgendeines Einzelmenschen, der Aktionen einer bestimmten Gruppe oder der politischen Entscheidungen einer Nation. Wenn Bill etwas aus den Memoiren großer Staatsmänner und Feldherren gelernt hatte, dann dies, daß die Trennungslinie zwischen Recht und Unrecht, Moral und Amoral oft ein sehr schmaler Grat war und daß das endgültige Urteil von den Siegern gefällt wurde. Im Kadettenlager und später während seines Militärdienstes bei der Armeereserve wurde er in den Taktiken des legalen Tötens ausgebildet. Er lernte, wie man den Feind mit dem M 1-Gewehr oder dem aufgepflanzten Bajonett erledigt und das Geschütz eines Patton-Panzers zum Beschuß gegnerischer Stellungen richtet, also im Kollektiv an der Vernichtung eines anderen Kollektivs mitwirkt. Er memorierte den Militärkodex der US-Armee, der sich mit seiner Betonung der Ehre, des Gehorsams und der Schweigepflicht bei Gefangennahme im Prinzip kaum von jenem der Mafia unterschied. Wäre Bill zum Einsatz gekommen und hätte er einige Nordkoreaner oder chinesische Kommunisten niedergemacht, dann wäre er vielleicht ein Held geworden. Aber wenn er in einer Gangsterfehde, der als Motiv die gleiche Verschmelzung von Habgier und Selbstgerechtigkeit zugrunde lag, die auch die Triebkräfte aller Kriege der Staaten bildete, einen Feind seines Vaters tötete, dann konnte er wegen Mordes angeklagt werden.

In der Mafia gab es viele amerikanische Veteranen des Zweiten Weltkriegs. Einer von ihnen, ein hochdekorierter Infanterist mit einer Metall-
platte in der Stirn und mehreren Narben am Körper, wurde Joseph
Bonannos Leibwächter. Er hatte in Nordafrika gekämpft und an der
Invasion in Sizilien teilgenommen, bei der die Amerikaner einheimische
Mafiosi als Kundschafter und Organisatoren der Widerstandsbewegung
gegen die deutschen und die italienischen Truppen einsetzten. Viele
solcher Agenten wurden nach dem Krieg von den Alliierten offiziell
belohnt, eine Tatsache, die Bill aus den zahlreichen Büchern über die
Mafia kannte. Manche wurden wegen ihrer radikal antifaschistischen
Haltung und ihres Hasses gegen Mussolini zu Bürgermeistern oder
Funktionären der regionalen Regierung ernannt. Während der faschisti-
schen Ära hatte der Duce eine Terrorkampagne gegen die Mafia gefördert, viele Verdächtige wurden gefoltert und noch mehr ohne Gerichtsverfahren ermordet. Bill erinnerte sich der Genugtuung, die sein Vater
und dessen Freunde empfunden hatten, als die Meldung um die Welt
ging, Mussolini selbst sei nun der Rache seiner Feinde zum Opfer gefallen. Joseph Bonanno war in die USA gekommen, weil er wegen seiner
Einstellung gegen die faschistische Politik Sizilien verlassen mußte. Ansonsten wäre er wahrscheinlich in der Heimat geblieben, und Bill fragte
sich, wie sich wohl alles entwickelt hätte, wenn auch er selbst in Castellammare geboren und aufgewachsen wäre. Vielleicht wäre das Leben
leichter, vielleicht auch schwerer . . .

Er fuhr südwärts, entlang der Massachusetts Bay und dann westlich in
Richtung Concord. Es wurde bereits dunkel. Bald würde er mit Labruzzo
bei einem Motel halten, dort würden sie später mit den anderen zum
Abendessen zusammentreffen. Nun waren sie seit einer Woche unterwegs, und während dieser ganzen Zeit gab es in den Zeitungen oder im
Radio keinen Hinweis darauf, daß sich die Situation in New York geän-
dert hätte. Die Gangs blieben offenbar noch immer in Deckung. Keine
Nachricht in Bonannos Telefonauftragsdienst, die eine sofortige Antwort
erfordert hätte. Die Suche der Behörden nach seinem Vater hatte keinerlei Anhaltspunkte ergeben. Einige Polizeibeamte vermuteten, Joseph
Bonanno sei noch immer in den Catskill Mountains untergetaucht,
andere glaubten, er sei tot. Bill wußte nicht, woran er sich halten sollte.
Vielleicht war es das, was ihn beschwerte. Er tappte im dunkeln.
Nach dem Abendessen ging er allein mit dem Hund auf einem schmalen Feldweg neben der Autostraße spazieren, während die Männer in
seinem Zimmer vor dem Fernsehgerät saßen. Sie sahen sich die neue
Folge einer Krimiserie an, die frei auf Mafiamotiven basierte und bei
vielen Italoamerikanern im ganzen Land Empörung hervorgerufen hatte,
weil die Drehbuchautoren für die meisten Gangsterrollen italienische

Namen gewählt hatten. Aber wie Bill wußte, kamen solche Sendungen bei den wirklichen Gangstern an, wenn sie auch anders reagierten, als es die Produzenten erwarteten. Sie faßten Serien wie ‹FBI› und ‹Perry Mason› als Possen oder Satiren auf. Sie lachten bei Dialogstellen, die nicht als komische Pointen gemeint waren, machten sich über ihre eigenen, als beschränkte Typen gezeichneten Zerrbilder lustig, begrüßten die FBI-Agenten und Polizisten, die auf dem Bildschirm erschienen, mit einem Indianergeheul. Für sie war der gängige TV-Krimi eine Art Psychodrama. Am besten gefiel ihnen die Perry Mason-Serie, deren Mordfälle sie gewöhnlich schon vor der zweiten Werbeeinschaltung aufklären konnten und deren Gerichtsszenen am Schluß jeder Folge – wenn der Hauptverdächtige im Kreuzverhör zusammenbricht, aufspringt und seine Schuld gesteht – sie ungemein erheiternd und lächerlich fanden.

Bill kehrte bald ins Motel zurück, weil ihn empfindlich fror. Nach so vielen Wintern in Arizona war er nicht mehr an das Klima der Ostküste gewöhnt. In diesem Moment erinnerte er sich plötzlich an eine Unterhaltung, die er vor vier Monaten mit seinem Vater geführt hatte, unmittelbar nach Joseph Bonannos Ausweisung aus Montreal. Damals sprach der Don über seine Schwierigkeiten mit den kanadischen Einwanderungsbehörden und über das quälende Gefühl der Isolierung, als er den ganzen Tag im Gerichtsgebäude von Montreal verbringen mußte und dann keine Möglichkeit hatte, Bill zu erreichen und mit ihm ungestört zu sprechen, ohne daß der Anschluß abgehört wurde. Joseph Bonanno sagte, falls sie je wieder für längere Zeit getrennt werden sollten, müsse ein absolut einwandfrei funktionierendes Verbindungssystem in Aktion treten. Dann entwarf er einen Plan. Während der folgenden hektischen Monate, als sich die Ereignisse überstürzten und in der Entführung seines Vaters kulminierten, hatte Bill das Projekt vergessen. Nun, an jenem Novemberabend in Massachusetts, fiel es ihm wieder ein.

Der Plan sah folgendes vor: Wenn sie ohne Erklärung den Kontakt miteinander verloren, sollte Bill jeden Donnerstagabend punkt 20 Uhr in einer bestimmten Telefonzelle in Long Island den Anruf seines Vaters erwarten. Der Fernsprecher befand sich neben einem Buffet in der Old Country Road zwischen Hicksville und Westbury. Joseph Bonanno hielt diese Nummer in Evidenz, wie die Dutzender anderer Telefonzellen, in denen seine Leute zu fixen Terminen mit ihm Verbindung aufnahmen. Der Don hatte wirklich an alles gedacht: diese bestimmte Telefonzelle hatte er deshalb ausgesucht, weil Bill in der Nähe wohnte und weil sie bisher nicht so oft frequentiert worden war, daß die Gefahr einer polizeilichen Überwachung bestand. Außerdem war praktisch um die Ecke noch ein zweiter Münzfernsprecher als Ausweichmöglichkeit, falls der erste besetzt sein sollte.

Sichtlich erregt teilte Bill seinen Begleitern gleich beim Eintritt ins Zimmer mit, daß er am nächsten Morgen nach New York zurückkehren werde. Er setzte ihnen die Gründe auseinander und fügte hinzu, morgen sei Donnerstag, der 12. November. Aber die Männer hielten es für unwahrscheinlich, daß Joseph Bonanno sich melden würde. Sie sagten, selbst wenn er noch lebe und unverletzt sei und die Vereinbarung nicht vergessen habe, wäre er vermutlich zu vorsichtig oder durch irgendwelche Umstände daran gehindert anzurufen. Aber Bill ließ diese Argumente nicht gelten. Wenn sein Vater am Leben sei, würde er sich melden, sagte er. Falls nicht an diesem, dann am nächsten Donnerstag oder in der Woche darauf, und Bill wollte unbedingt jedesmal zur Stelle sein, immer wieder, bis er sich davon überzeugt hatte, daß sein Vater tot war. Leise, fast im Ton einer Selbstanklage, erwähnte er, daß der Tag ihrer Abreise, der 5. November, auch ein Donnerstag war, vielleicht habe er bereits einen Anruf versäumt.

Also wurde die Rückkehr nach New York beschlossen. Die anderen sollten sich direkt in ihre Wohnungen begeben und den «Soldaten» mitteilen, daß sie wieder in der Stadt seien. Bill und Labruzzo würden nach Long Island weiterfahren.

Kurz vor 7 Uhr abends kamen sie in New York an, und um Viertel vor 8 Uhr erreichten die beiden die Old Country Road. Sie bogen in den Parkplatz bei dem Buffet ein, daneben stand die Telefonzelle aus Glaswänden mit grünem Aluminiumrahmen. Sie war leer. Einige Minuten blieben sie im Wagen sitzen, mit laufendem Motor und ausgeschalteten Lampen. Knapp vor 8 Uhr stieg Bill aus, betrat die Zelle und wartete.

Zu seiner Erleichterung war der Münzeinwurf nicht mit dem gelben Streifen «Außer Betrieb» überklebt, und nachdem er ein Geldstück in den Schlitz gesteckt und das beruhigende Freizeichen gehört hatte, legte er wieder auf. Der Zustand von Telefonzellen war für ihn und andere Mafiosi von großer Wichtigkeit; wie oft hatten sie sich schon über schlecht funktionierende Apparate geärgert und jenen kleinen Ganoven Rache geschworen, die sich an Münzfernsprechern zu schaffen machten! Immer wenn Bonannos Leute einen Automaten entdeckten, der beschädigt oder erbrochen war, meldeten sie es der Telefongesellschaft und überprüften später, ob die Reparatur durchgeführt und die Nummer nicht etwa geändert worden war. War das der Fall, dann notierten sie die neuen Kennziffern in einer Liste, die sie im Auto mit hatten. Sie prägten sich die Nummern der verschiedenen Telefonzellen ein, und dieses im Grunde einfache System hatte sich bestens bewährt und die Probleme der Nachrichtenverbindung innerhalb der Organisation beträchtlich vermindert. Nun war es Joseph Bonanno beispielsweise möglich, seinen Sohn über das Haustelefon anzurufen, obwohl die Apparate beider Teilnehmer abgehört wurden. Der Don begann eine harmlose Unterhaltung im sizilianischen Dialekt, wobei er nebenbei und ganz unauffällig zwei Zahlen einflocht: das Zeichen, daß er mit Bill ungestört sprechen wollte. Die erste Ziffer gab die Telefonzelle an, die zweite die Uhrzeit, wann Bill den Anruf erwarten sollte. Kurz vor dem so vereinbarten Termin ging Joseph Bonanno zu einem Automaten, wählte die Nummer der Telefonzelle, in der sein Sohn stand, und sie konnten miteinander reden, ohne befürchten zu müssen, daß die Polizei das Gespräch auf Tonband mitschnitt.

Soweit das Prinzip dieser Taktik. Die einzige Abweichung von der Routine bestand darin, daß Bill nun regelmäßig jeden Donnerstag um 20 Uhr in der Zelle 27 warten sollte – und das tat er nun an diesem Novemberabend. Die Kälte kroch an ihm empor, als er eingezwängt zwischen den vier Glaswänden stand. Ich muß Diät halten, dachte er, ich werde zu dick für Telefonzellen. Er blickte auf die diamantenbesetzte goldene Uhr, die ihm einige Gefolgsleute seines Vaters vor Monaten geschenkt hatten. Es war 19 Uhr 59.

Er spürte fast körperlich die spannungsträchtige Stille. Sie erinnerte ihn an seine Kindheit, wenn er im Beichtstuhl kniete, an die bangen Sekunden, bevor der strenge Priester das Türchen öffnete. Um punkt 20 Uhr waren seine Sinne aufs äußerste gespannt, er geriet in einen Zustand überwachen Wahrnehmungsvermögens, so daß er hohe, feine Töne zu hören glaubte, die sich tief in sein Gehirn bohrten. Den Blick auf den grünen Plastikapparat gebannt, suchte er nach dem kleinsten Anzeichen von Vibration. Aber der Hörer hing starr und still in der Gabel.

Bill blickte durch die Glastür auf das geparkte Auto, Labruzzo saß regungslos am Steuer, aber der Hund sprang auf den Rücksitz, die Pfoten gegen das geschlossene Fenster gestemmt. Dann hörte Bill Geräusche hinter sich. Drei Männer traten lachend im Gespräch aus dem Buffet und stiegen in einen Kombiwagen. Sie blickten nicht in seine Richtung und waren bald verschwunden. Er wartete. Schließlich sah er auf seine Uhr.

20 Uhr 04. Für heute vorbei, dachte er. Wenn sein Vater nicht auf die Minute pünktlich anrief, würde er sich überhaupt nicht melden. Joseph Bonanno wollte nicht, daß sein Sohn zu lange blieb und möglicherweise Aufmerksamkeit erregte – auch das wußte Bill und hielt sich daran. Widerstrebend öffnete er die Tür der Zelle und ging langsam zum Wagen. Labruzzo ließ die Scheinwerfer aufleuchten. Schweigend fuhren sie zu der Wohnung in Queens.

Die folgenden November- und Dezemberwochen verliefen ziemlich eintönig. Bill und Labruzzo verbrachten die Tage in den Zimmern und wagten sich erst am Abend ins Freie.

Aber der Donnerstag war der Höhepunkt jeder Woche. Er begann mit einem Gefühl drängender Erwartung, das bis zum Spätnachmittag wuchs und sich mit jeder Meile der Fahrt zur Telefonzelle noch steigerte. Diese Fahrt bekam für Bill und Labruzzo eine seltsame, fast mystische Bedeutung. Sie wurde zu einem Akt und Prüfstein der Treue. Fast ehrfürchtig näherten sie sich der Telefonzelle, diesem einsam leuchtenden Zielpunkt inmitten der dunklen Ödnis. Langsam, wortlos ließen sie den Wagen heranrollen. Dann stieg Bill aus und stand hinter den hellen Glaswänden – zwei Minuten lang, von 7 Uhr 59 bis 8 Uhr 01. Dann nahm er zur Kenntnis, daß sich niemand meldete, und trat wieder heraus. Nichts verriet seine wahren Empfindungen, als er zum Wagen zurückging. Immer wieder würde es einen Donnerstag geben, eine Fahrt zur Telefonzelle, und einmal würde vielleicht die Verbindung mit Joseph Bonanno hergestellt werden.

Je länger die Nachforschungen der Behörden andauerten, ohne daß man auf eine Spur seines Vaters gestoßen wäre und ohne daß man seine von Kugeln durchsiebte Leiche aufgefunden hätte, desto optimistischer wurde Bill. Seit dem Verschwinden Joseph Bonannos waren nun sechs Wochen vergangen; wäre er getötet worden, so hätten seine Rivalen diese Tatsache wahrscheinlich bereits in der Unterwelt publik gemacht, oder man hätte in Mafiakreisen Andeutungen darüber gehört. Doch bisher waren die Mutmaßungen über den möglichen Tod des Don größtenteils auf die Presse beschränkt – und die bezog ihre Informationen von der Polizei, der es zweifellos sehr peinlich war, daß sie Bonanno noch immer nicht gefunden hatte.

Auch seine eigenen Leistungen während der Abwesenheit seines Vaters gaben Bill Auftrieb. Er übernahm die Verantwortung für den Zusammenhalt der Organisation und glaubte, daß ihn die meisten Mitglieder nun trotz seiner Jugend als ihren interimistischen Boss anerkannten. Ihre Haltung ihm gegenüber hatte sich wesentlich geändert: Als er Mitte der fünfziger Jahre in die Familie eintrat, war er eben «J. B.s Junge», und wenn man ihm Achtung erwies, galt sie dem Namen, den er trug. Deshalb hatte sein Vater anfangs erwogen, ihn nicht in die eigene Gruppe aufzunehmen, sondern der Organisation Albert Anastasias zu empfehlen. Anastasia, ein enger Freund von Joseph Profaci, lernte Bill in den Sommerferien kennen und hätte ihm bereitwillig einen Posten verschafft. Das wäre für Anastasia sehr vorteilhaft gewesen, denn es hätte seine Beziehungen zu den Gruppen Bonannos und Profacis gefördert und vielleicht schließlich zu einem festen Bündnis der drei Familien geführt, die dann den beiden größeren Gangs in New York – unter Vito Genovese und Thomas Lucchese – überlegen gewesen wären.

Aber Joseph Bonanno zog es dann doch vor, seinen Sohn bei sich zu behalten; er merkte die wachsende Abneigung der Mafiahierarchie gegen Anastasia, einen autoritären, vom Ehrgeiz besessenen Mann, mit der

Tendenz, seine Grenzen zu überschreiten – einem Bestreben, das ihn bald darauf das Leben kosten sollte. Also verließ Bill das College ohne Abschlußprüfung und trat in die Fußstapfen seines Vaters. Allerdings wechselte er eine Zeitlang zwischen beiden Welten hin und her: er war Geschäftsmann in Arizona, betrieb unter anderem einen Lebensmittelgroßhandel und Realitätenbüros, und gleichzeitig gehörte er der Bonanno-Organisation an, deren kleine Zweigstelle im Südwesten Buchmachergeschäfte und andere illegale Glücksspiele betrieb.

In jenen Jahren war Bill gar nicht glücklich darüber, in die Welt seines Vaters hineingezogen zu werden. Er hatte zwar keine moralischen Einwände, doch er fand sich schwer mit dem niederen Rang ab, den er in der Organisation einnahm. Ob Bill in New York oder in Arizona war, sein Vater gab ihm wenig zu tun und lehnte seine Vorschläge immer prompt ab. Joseph Bonanno schien dauernd an seinem Sohn zu zweifeln, und das mißfiel Bill. Einmal hatte er sich aufgelehnt, völlig die Beherrschung verloren und seinen Vater angebrüllt. Als ob es gestern gewesen wäre, sah er noch immer das entsetzte Gesicht vor sich: Offenbar war dies dem Don noch nie vorgekommen, und er wußte nicht, wie er darauf reagieren sollte, zumindest nicht seinem Sohn gegenüber. Bill versuchte, die Situation mit den Worten zu retten: «Ich bin eben nicht zum Gehorchen, sondern zum Befehlen geboren.» Nach einer Pause erwiderte sein Vater mit ruhiger Festigkeit: «Bevor du befehlen kannst, mußt du gehorchen lernen.»

Von da an brachte es Bill zuwege, sich in Gegenwart seines Vaters zu beherrschen. Er scheute sich zwar nicht, unter vier Augen zu widersprechen, wenn er sich im Recht fühlte, aber er gewöhnte sich an, Weisungen strikt zu befolgen. Wenn er den Bescheid erhielt, zu einem bestimmten Termin an einem bestimmten Ort zu sein, dann kam er pünktlich und blieb bis zum Befehl zur Rückkehr. Er erinnerte sich, daß er seinen Vater eines Vormittags zu einem Drugstore gefahren hatte und draußen warten sollte. Es dauerte eine Stunde, zwei Stunden. Bill stieg aus, blickte durchs Fenster in den Laden und sah den Don, der im Gespräch mit einem anderen Mann an einem der Tische saß und Kaffee trank. Bill setzte sich wieder in den Wagen und wartete weiter. Der Nachmittag verging, allmählich wurde es Abend. Schließlich kam sein Vater heraus, zwölf Stunden nachdem er den Drugstore betreten hatte. Er nickte Bill zu, verlor aber kein Wort darüber, was ihn so lange aufgehalten hatte.

Und nun, Jahre später, in der Rückschau auf diesen und ähnliche andere Vorfälle, erkannte Bill, daß sein Vater die Geduld und die Disziplin des Sohnes getestet hatte, um zu sehen, wie er auf bestimmte Situationen reagierte, die sich in der Mafia zwangsläufig sehr oft ergaben, aber für die meisten Außenstehenden sehr ungewohnt waren. Doch für Bill bedeutete Warten kein Problem. Er hatte viel Zeit seines Lebens damit verbracht, besonders als Halbwüchsiger in Arizona: Da hatte er in jedem Winter die Ankunft seines Vaters so sehnlich herbeigewünscht, wie er nun auf Joseph Bonannos Rückkehr aus einer rätselhaften Ferne hoffte. Bills Vergangenheit war eine Vorbereitung auf die Gegenwart gewesen, und nun war er, wie er glaubte, wirklich diszipliniert und fähig, sich auch in der schlimmsten Situation zu behaupten, und dieses Bewußtsein gab ihm Auftrieb.

Auch das Verhalten seiner Männer während dieser Krise erfüllte ihn mit Genugtuung. Sicherlich, etwa fünfzig oder sogar siebzig Mitglieder waren abgesprungen und hatten sich Di Gregorios Fraktion angeschlossen, aber wenn man bedachte, daß die Mafiakommission seinen Vater geächtet hatte und die Massendesertation aus seiner Familie begünstigte, und wenn man ferner in Betracht zog, daß niemand die Gewißheit hatte, ob Joseph Bonanno jemals wieder auftauchen werde, war das eine geringe Zahl. Zu besonderem Dank war Bill seinem Onkel Frank Labruzzo verpflichtet, der ihm während der letzten sechs Wochen immer Mut und Selbstvertrauen eingeflößt hatte und ein verständnisvoller, hilfsbereiter Freund gewesen war.

Labruzzo, dem jüngeren Bruder seiner Mutter, brauchte Bill nicht seinen eigenen Wert zu beweisen, er war ihm selbst wie ein Bruder geworden, der alles intuitiv begriff. Trotz des Altersunterschiedes von zwanzig Jahren und obwohl sie während Bills Aufenthalt in Arizona den Kontakt miteinander verloren hatten, hatten sie beide eine ähnliche Vergangenheit und viele persönliche Gemeinsamkeiten. Bill kannte die Gegend, in der Frank aufgewachsen war, sehr gut, ebenso das Haus in Brooklyn, in dem er wohnte, und Labruzzos Eltern und Großeltern, sizilianische Einwanderer, die fast exotisch wirkten. Der Vater, ein stolzer, selbstherrlicher Mann, glich in mancher Hinsicht Joseph Bonanno. Bill spürte den Zwiespalt in Frank Labruzzos Wesen und fand darin die Parallelen zu seinen eigenen Problemen.

Die Söhne solcher ungewöhnlichen Väter zu sein und ihnen das ganze Leben lang die Treue zu halten – das bedeutete, eine Bürde zu tragen, ein Außenseiter zu bleiben und vielen Dingen in Amerika entfremdet zu sein. Bill wußte, der einzige Schritt, der Frank und ihn aus ihren gegebenen Verhältnissen herausgeführt hätte, wäre die offene Revolte gewesen, ein völliger Bruch mit der Vergangenheit und der Gegenwart. Aber für den jungen Bonanno und seinen Onkel war das unmöglich. Sie konnten sich nicht aus einer Umwelt lösen, die prägend auf sie eingewirkt hatte. Beide stammten von Menschen ab, die fest an die schicksalhaften Bindungen und unumstößlichen Ordnungen der Familie glaubten. Obwohl Labruzzos und Bills Generation den vom Sippenbewußtsein beherrschten Bergdörfern Westsiziliens bereits entrückt war, wurden die beiden dennoch von gewissen Wertbegriffen der Heimat ihrer Vorfahren beeinflußt, und manchmal fühlten sie sich in ihrem Geburtsland wie Fremde. Sie waren nur bedingt Amerikaner, der Mehrheit der amerikanischen Bevölkerung innerlich noch nicht völlig angeglichen und von ihr aufgenommen; Bill vermutete, daß sie sich auch von den Söhnen der meisten anderen italienischen Einwanderer unterschieden – sie waren weniger anpassungsfähig, eigenständiger und damit auch einsamer.

Er erinnerte sich an das in sich abgeschlossene Viertel Brooklyns, das Frank Labruzzos Persönlichkeit geformt hatte. Abgesehen davon, daß die Berge fehlten, hätte es ein sizilianisches Dorf sein können: Nicht ohne tieferen Grund italianisierten die Einwanderer den Namen des Stadtteils, den sie so dicht bevölkerten, auf «Broccolino». Der Dialekt und die Lebensweise der Bewohner waren dieselben wie in der Umgebung Castellammares, ebenso das Essen, auch die Räume der Häuser schienen aus Sizilien nach Amerika verpflanzt. Die älteren Frauen trugen Schwarz, in Trauer für die Toten, die in zwei Kontinenten ruhten. Die jungen Mädchen wuchsen unter den wachsamen Augen der Eltern heran, denen nichts entging. Bill hatte von seiner Mutter und seinen Tanten gehört, wie streng sein Großvater während der Verlobungszeit gewesen war. Seine Töchter durften weder die Lippen schminken noch die Augenbrauen nachziehen oder sich das Haar nach der damals gängigen Bubikopfmode schneiden lassen. Undenkbar, daß sie nach Einbruch der Dunkelheit außer Haus geblieben wären. Auch das Rauchen war verpönt. Carlo Labruzzo sprach auch nach zweiunddreißig Jahren Aufenthalt in Amerika kein Wort Englisch. Das einzige Zugeständnis, das er der modernen Welt machte, war der Kauf eines Autos, das er ohne Führerschein fuhr.

Er wurde 1870 als Sohn einer Familie von Schaf- und Rinderzüchtern in dem westsizilianischen Dorf Camporeale geboren, im gebirgigen Binnenland südöstlich von Castellammare. Der stämmige, breitschultrige Mann arbeitete in Camporeale als Schmied, heiratete ein Mädchen aus dem Ort und zeugte mit ihr das erste seiner zwölf Kinder. Eines Nachts dann, nach einem erbitterten Streit mit seinem Onkel, der ihn um sein Erbe betrügen wollte, flüchtete er nach Tunesien, da er glaubte, er habe seinen Gegner im Verlauf der blutigen Schlägerei getötet. Später kam seine Frau nach, sie ließ ihn in dem Glauben, daß er in Sizilien wegen Mordes gesucht werde, obwohl sie wußte, daß der Onkel sich von seinen Verletzungen erholt hatte. Aber es hielt sie nicht mehr in der Heimat, und wenn sie die Wahrheit verschwieg, konnte sie die Rückkehr verhindern.

Nach einigen Jahren in Nordafrika – wo ihre Tochter Fay, Bills Mutter, geboren wurde – wanderten die Labruzzos in die Vereinigten Staaten aus. Als fleißiger, geschäftstüchtiger Familienvater verdiente Carlo in Amerika im Fleischergewerbe und in der Immobilienbranche viel Geld. Während der zwanziger Jahre besaß er in der Jefferson Street in Brooklyn ein komfortables Haus mit einem großen Hinterhof, in dem er Hühner und

und eine Melkziege hielt, außerdem ein Fabrikgebäude, das an einen Kleiderkonfektionär verpachtet war, und einen Wohnblock, den er vermietet hatte. Sein Fleischerladen befand sich im Erdgeschoß dieses Hauses, und darunter war eine Rohrleitung verlegt, durch die Wein aus seiner zwei Türen entfernten eigenen Wohnung floß. Einige Sizilianer des Viertels beneideten ihn, zudem trugen Labruzzos Reizbarkeit und sein Jähzorn zu seiner Unbeliebtheit bei. Es war kein ungewöhnlicher Anblick, daß er jemanden unter sizilianischen Flüchen über die Straße verfolgte. Einmal rief ihm ein Schildermaler, der auf einer Leiter stand, eine Beleidigung zu. Daraufhin packte Labruzzo eine Schrotflinte, legte auf den Mann an und zwang ihn, aus neun Meter Höhe auf den Gehsteig zu springen. Er landete unverletzt und rannte entsetzt davon.

Oft wurde Labruzzo bei seinen Amokläufen von einem höflichen jungen Menschen aufgehalten und beruhigt, der sich erbötig machte, Differenzen zu regeln, und nichts dafür forderte, als daß der Fleischer den Frieden der Gegend nicht störe. Dieser Mann war Joseph Bonanno. Der Name war Carlo aus der alten Heimat bekannt; auch gefielen ihm an dem wesentlich Jüngeren dessen Lebensart und Selbstsicherheit. Später war er hocherfreut, als Bonanno eine seiner Töchter heiratete und ihm 1932 einen Enkel in die Arme legte: Salvatore Vincent Bonanno, der dann Bill genannt werden sollte.

Die Geburt des Kindes war vielleicht der einzige Lichtblick in einem Jahr, das Labruzzo nur Unglück brachte. Er war zuckerkrank und mußte sich das eine Bein amputieren lassen; er wurde verbittert und deprimiert, trank große Mengen Wein und verfluchte sein Schicksal. Zornig schlug er mit den Krücken gegen die Wände seines Zimmers, um eine seiner Töchter herbeizuholen, wenn er etwas brauchte. Aber er freute sich immer, wenn die Bonannos zu Besuch kamen und den kleinen Bill für einige Tage in seine Obhut gaben.

Der Großvater, so wie er in Bills Erinnerung weiterlebte, war ein massiger, weißhaariger Mann, der vor dem Haus in der Sonne saß und sizilianische Sprichwörter zitierte, uralte Weisheiten eines stoischen Volkes. Manchmal schickte ihn der Alte in eine nahe Kneipe um einen Kasten Bier oder in den Drugstore um eine einzelne Zigarette, die damals 1 Cent kostete. Wenn Carlo Labruzzo in sein Zimmer hinaufgehen wollte, schob Bill die Schulter unter den Beinstumpf des Großvaters, und langsam erklommen sie gemeinsam Stufe für Stufe die Treppe. Zwar trugen die Krücken das Gewicht, aber Bill war des Großvaters moralische Stütze, und das gab ihm das schöne Bewußtsein, er werde gebraucht.

Hin und wieder, wenn der alte Labruzzo schlief, nahm Frank, sein jüngster Sohn, den kleinen Jungen auf Spaziergänge mit und nahm sich seiner an, wie später im Leben. Frank Labruzzo war damals etwas über Zwanzig. Während der Wirtschaftskrise hatte er verschiedene Jobs. Aber er arbeitete nie bei seinem Vater, sondern begann sich für die Tätigkeit seines Schwagers Joseph Bonanno zu interessieren. Bonannos Leben erschien verlockend und aufregend. Er trug elegante Anzüge und fuhr einen neuen Wagen. Ihm stand die Welt jenseits der beengten Verhältnisse Broccolinos offen . . .

Am Abend des 17. Dezember, einem Donnerstag, kamen Bill Bonanno und Frank Labruzzo wieder zu der Telefonzelle auf Long Island. Es war der sechste Termin, zu dem sie nun hinfuhren. Weihnachten stand vor der Tür, und auf dem Weg erwogen die beiden Männer, ob die verschiedenen Gangs auch in diesem Jahr, wie bisher, den feiertäglichen Waffenstillstand einhalten würden. Unter normalen Verhältnissen wäre das der Fall – alle Organisationen und einzelnen Mitglieder ließen ihre Differenzen bis zum 1. Januar ruhen. Doch da Bonannos Anhänger unter Druck gesetzt und wirtschaftlich boykottiert wurden, wußten weder Bill noch Frank mit Sicherheit, ob der Burgfrieden auch für ihre Leute Geltung hatte. Sie mußten sich auf das Schlimmste gefaßt machen, und beide rechneten damit, daß sie Weihnachten nicht bei ihren Angehörigen verbringen würden.

Um 7 Uhr 55 bogen sie auf dem Parkplatz neben dem Buffet ein. Es war ein kalter Abend, Bill schaltete das Autoradio aus und blieb bei halbgeöffnetem Wagenfenster wartend sitzen. Der Himmel war dunkel und bewölkt, nur die große Neonleuchtschrift des Lokals verbreitete Lichtschein. Bill blickte auf die Uhr. Punkt acht. Schweigend saßen die beiden im Wagen, während die Sekunden dahintickten. Bill glaubte schon, auch dieser Donnerstag werde eine Enttäuschung bringen. Dann läutete das Telefon.

Bill warf sich gegen die Autotür, sprang heraus und prallte mit solcher Wucht in die Zelle, daß sie erzitterte. Labruzzo war sofort hinter ihm her, drückte sich gegen die Glastür, die Bill instinktiv geschlossen hatte. Bill hörte eine sehr formelle Frauenstimme, ganz fern. Es war die Telefonistin, sie wiederholte langsam die Nummer und fragte, ob die Zelle dieselbe Nummer habe.

«Ja», sagte Bill und fühlte, wie sein Herz pochte. «Ja, sie stimmt.»

Dumpfe Geräusche am anderen Ende – eine Sekunde Stille – und dann der metallische Klang von Münzen, die in den Einwurf fielen, 25-Cent-Stücke, sechs oder sieben – ein Ferngespräch.

«Hallo, Bill?»

Es war eine Männerstimme, nicht die seines Vaters, eine Stimme, die er nicht erkannte.

«Ja, wer spricht dort?»

«Unwichtig», erwiderte der Mann. «Hören Sie mir gut zu. Ihr Vater ist okay. Sie werden ihn wahrscheinlich in einigen Tagen wiedersehen.»

«Und wie soll ich wissen, daß er okay ist?» fragte Bill, plötzlich aggressiv.

«Was glauben Sie wohl, von wem ich diese Nummer habe?» gab der Unbekannte gereizt zurück. Dann etwas ruhiger, eindringlich: «Bill, schlagen Sie jetzt bloß keine Wellen! Alles ist okay. Lassen Sie alles laufen, wie es läuft, tun Sie nichts und sorgen Sie sich nicht.»

Bevor Bill antworten konnte, hatte der Mann aufgelegt.

4

Bills freudige Erregung hielt auch auf der Rückfahrt nach Queens an, er konnte sich kaum fassen, immer wieder hörte er im Geist das Gespräch und zitierte zu Labruzzo gewandt mehrmals den Satz «Ihr Vater ist okay, Sie werden ihn wahrscheinlich in einigen Tagen sehen». Bill war so glücklich, daß er in eine Bar gehen und das Ereignis mit einigen Drinks feiern wollte. Das war freilich nur eine erste, spontane Regung; er wußte ebenso wie Labruzzo, daß sie trotz der guten Nachricht weiterhin vorsichtig und wachsam bleiben sollten. Sie würden den Rat des unbekannten Anrufers befolgen, alles laufenzulassen und abzuwarten. In wenigen Tagen würde Joseph Bonanno wieder auf den Plan treten und selbst entscheiden, was nun zu unternehmen sei.

Immerhin, meinte Bill, seien im Interesse des glatten Ablaufs einige Vorbereitungen für die Rückkehr seines Vaters erforderlich. Man sollte beispielsweise Maloney, den Anwalt, sofort über die Entwicklung informieren. Sobald sein Vater wieder auftauchte – ein Ereignis, das zweifellos viel Verwirrung stiften und komplizierte juristische Manöver vor Gericht zur Folge haben würde –, würde Maloney sein Hauptsprecher sein, ebenso wie er die Marschroute für die Einvernahme von Bonanno senior durch das Bundesgericht festzusetzen haben würde. Am nächsten Tag fuhr Bill zu einer Telefonzelle und rief Maloneys Büro an.

«Hallo, Mr. Maloney, hier spricht Bill Bonanno», sagte er fröhlich und stellte sich vor, wie der alte Mann nun aus seinem Stuhl aufsprang.

«Wo sind Sie? Wo ist Ihr Vater?» rief der Anwalt.

«Nur mit der Ruhe», erwiderte Bill. «Gehen Sie zu einem Telefon außerhalb Ihres Büros, am besten in eine Zelle, und wählen Sie folgende Nummer.» Er gab die Ziffern durch. Wenige Minuten später rief ihn der Anwalt zurück, und Bill berichtete alles vom Vorabend.

Aber Maloney gab sich nicht mit kurzen Einzelheiten zufrieden. Er wollte ausführlichere Informationen und fragte, wann Bonanno senior wieder auftauchen, wo und durch wen er zu erreichen sein werde. Mehr als er bereits gesagt habe, entgegnete Bill, wisse er nicht und fügte hinzu, sobald er Neues erfahre, werde er sich sofort mit Maloney in Verbindung setzen.

Er kehrte in die Wohnung zurück. Für diesen Abend hatte Labruzzo einige Funktionäre hinbeordert und bereits vom Stand der Dinge unterrichtet. Alles kam nun in Fluß, Aktivität und Erwartung erwachten neu, und Bill vertraute darauf, daß bald einige wichtige Fragen entschieden würden – dann würde ihm und den anderen das leidige Versteckspiel erleichtert werden. Die Rückkehr seines Vaters würde die Organisation bis zu einem gewissen Grad stabilisieren und die Unsicherheitsfaktoren verringern. Zweifellos hatte sich Joseph Bonanno mit seinen Entführern verständigen können, sonst wäre er nicht mehr am Leben. Die nächste Hürde war der Justizapparat. Sein Vater würde vor Gericht erscheinen, aber nicht nur er allein, sondern wahrscheinlich auch Bill und die anderen gesuchten Mafiosi. Sie würden aus ihren Verstecken kommen, ihre Subpoenas akzeptieren und sich nach Beratung mit ihren Anwälten dem Gericht stellen. Wenn der Richter mit ihren Aussagen nicht zufrieden war, konnte es sein, daß sie wegen Mißachtung des Gerichts verurteilt würden, aber unter den gegebenen Umständen blieb ihnen nicht viel anderes übrig. Die Strafe konnte auf einen Monat, ein Jahr oder einen längeren Zeitraum lauten, aber das wäre in Kauf zu nehmen, wenn damit eine innere Festigung der Organisation zu erreichen war und die Männer selbst ihre Stellung und ihren Ruf in der großen Bruderschaft der verschiedenen Familien wiedererlangten. Sie konnten noch hoffen, solange sie nicht als Geächtete der Unterwelt ins Gefängnis gingen. Ihr Leben hinter Gittern war viel leichter, wenn man wußte, daß sie anerkannte Mitglieder seien. Diese Tatsache verschaffte ihnen nicht nur bei den Mithäftlingen Respekt, sondern auch bei den Wächtern und gewissen anderen Bediensteten, Männern, denen man in der Außenwelt manchen Gefallen tun konnte. Der verurteilte *huomo rispettato* wußte auch, daß er sich während seiner Haftzeit keine Sorgen um seine Frau und seine Kinder zu machen brauchte, Vertreter der Organisation kümmerten sich um seine Familie, und wenn seine Angehörigen materielle Unterstützung benötigten, wurde prompt geholfen.

Während Bill im Wohnzimmer saß und die Nachmittagszeitungen las, döste Labruzzo vor sich hin, ohne daß ihn die Geräuschkulisse des Fernsehens störte. Es war noch zu früh für die Abendnachrichten, und keiner der beiden hatte während der letzten Stunden die Quizsendungen und Shows verfolgt, die über den Bildschirm flimmerten.

Plötzlich wurde das Programm mit der Ankündigung einer wichtigen Meldung unterbrochen. Bill blickte von seiner Zeitung auf. Er erwartete die Schreckensbotschaft, ab sofort herrsche zwischen Ost und West Kriegszustand, und ein sowjetisches Bombergeschwader fliege die Industriezentren der USA an. Statt dessen hörte er den Sprecher sagen: «Der Mafiaboß Joseph Bonanno, der im Oktober entführt und dem Vernehmen nach von Rivalen aus der Unterwelt ermordet wurde, ist am Leben. Diese Erklärung gab heute Bonannos Anwalt William Power Maloney ab. Maloney sagte auch, sein Mandant werde am Montag um 9 Uhr morgens vor dem Bundesgericht für Nachforschungen über das organisierte Verbrechen erscheinen und . . .»

Bill war wie vor den Kopf geschlagen. Labruzzo kam in den Raum gestürzt, sein Neffe vergrub den Kopf in den Händen. Maloney hatte nicht nur eine Pressekonferenz abgehalten, sondern auch ihn selbst als Gewährsmann angegeben. Bill fühlte, wie Hitze durch seinen Körper wallte, der Schweiß brach ihm aus und durchnäßte sein Hemd. Nun wußte er, daß es ein entsetzlicher Fehler gewesen war, Maloney überhaupt zu informieren und ihn dann nicht zumindest zu eisernem Stillschweigen zu verpflichten. Es war nicht abzusehen, was seinem Vater bevorstehen konnte. Bill erinnerte sich der Worte des Fremden am Telefon: «Schlagen Sie keine Wellen – unternehmen Sie nichts.» Und wie in Trance hatte er dennoch etwas unternommen. Möglicherweise war alles verloren, denn die Nachricht würde im ganzen Land Schlagzeilen machen, Bonanno senior noch tiefer in seine Deckung treiben, die Nachforschungen intensivieren und neuerlich jene gegnerischen Kräfte auf den Plan rufen, die sich mittlerweile mit der Vermutung zufriedengegeben hatten, Joseph Bonanno sei tot.

Auf dem Bildschirm erschien ein Porträtfoto Maloneys und dann ein Bild des Apartmenthauses auf der Park Avenue – und plötzlich gingen Bill die Nerven durch. Er packte eine schwere gläserne Aschenschale vom nächsten Tisch und warf sie auf das TV-Gerät. Mit voller Wucht traf sie den Bildschirm. Er explodierte wie eine Bombe. Tausende winziger Glassplitter sprühten durch den Raum, Röhren krachten, Drähte wanden sich und brannten mit bengalischen Flammen, Funken zischten nach allen Richtungen – es war ein eindrucksvolles kleines Feuerwerk der Selbstvernichtung. Bill und Labruzzo sahen fasziniert zu, bis aus dem Apparat nur mehr stinkender Rauch drang und nichts mehr geblieben war als ein angeschwärztes, zackig ausgebrochenes Loch, aus dem verglühende Leitungen hingen.

Eine Woche verging, nichts geschah. Joseph Bonanno erschien nicht vor Gericht, wie Maloney angekündigt hatte, dafür wurde der Anwalt selbst aufgefordert, vor Gericht Erklärungen abzugeben. Bill und seine Leute blieben untergetaucht. Am Donnerstag, dem Heiligen Abend, verschwanden Labruzzo und die anderen möglichst unauffällig, um bei Verwandten oder Freunden weit außerhalb des polizeilichen Überwachungsbereiches mit ihren Angehörigen zusammenzutreffen. Bill sagte seinem Onkel, daß er mit Rosalie bei einem der Profacis in Brooklyn verabredet sei, aber das stimmte nicht. Er war überzeugt, daß seine Frau während der Feiertage von Detektiven beobachtet wurde, und es war einfach zu riskant, mit ihr Verbindung aufzunehmen. Außerdem war ihm so elend zumute, daß er wirklich lieber allein bleiben wollte.

Um 8 Uhr abends trat er in die Telefonzelle in Long Island, er rechnete mit keinem Anruf und war nicht enttäuscht, als die entscheidenden Minuten ohne Signal verstrichen. Da es ihm widerstrebte, in die Wohnung zurückzukehren, fuhr er durch Queens. Es schneite, und an vielen Häusern, an denen er vorbeikam, hingen Weihnachtslichter. Er beschloß, nach Manhattan zu fahren, über den Times Square zu gehen und in der Menge unterzutauchen.

Er fand eine Parklücke in einer Seitenstraße des Broadway, sperrte den Wagen ab und begann durch den wässerig werdenden zerwühlten Schnee zu stapfen. Zu spät fiel ihm auf, daß er die Pistole ins Handschuhfach hätte legen sollen. Während der letzten Monate war ihm die Waffe selbstverständlich geworden, sie gehörte gleichsam zu seiner Ausstattung, meist merkte er gar nicht, daß er sie bei sich trug. Aber nun wollte er nicht zum Auto zurückgehen. So marschierte er weiter, mit der Pistole in der umgeschnallten Schulterhafter unter dem Sakko.

Er ging unter den hell erleuchteten Vordächern der Broadway-Kinos an einer lauten Jazzband vorbei. Vor einem Straßengrill stieg ihm der Geruch von Würstchen in die Nase, er spürte die ferne Nähe Tausender Menschen ringsum, sah, wie ihre Gesichter je nach dem Spiel der Lichter die Farben wechselten. Ihre Touristengesichter wirkten zufrieden, ausgeglichen, sorglos, hatten keinen Teil an dem winzigen persönlichen Teufelskreis, der Bill umschloß. Als er auf der 53. Straße auf Grün wartete, galoppierte knapp neben ihm ein berittener Polizist vorbei, und Bill sog den vertrauten Pferdegeruch ein. Dann überquerte er den Broadway. Vor dem Hotel Astor blieb er einen Moment stehen. Es schien unverändert, sogar der rotröckige Portier, der nach einem Taxi pfiff, kam ihm bekannt vor. Wieder erinnerte er sich an den Hochzeitsempfang und auch an die Aufregung seines Vaters am nächsten Morgen, als der Senior gerade in dem Moment, als alles auf der Straße vor dem Hotel in den Wagen des Brautpaars verstaut wurde, merkte, daß ein Gepäckstück fehlte. Aber Frank Labruzzo schaltete rasch: sicherlich hatte der Portier den Koffer irrtümlich in die Limousine verladen lassen, die soeben losfuhr. Darin saßen Joseph Barbara und einige Männer aus dem Norden des Staates New York. Bill sah noch deutlich vor sich, wie Labruzzo dem Wagen nachrannte, der zum Glück vor einer Ampel stoppen mußte. Labruzzo hämmerte auf die hintere Stoßstange los, worauf sich die Insassen finster nach ihm umblickten, doch als sie ihn erkannten, fuhren sie zum Randstein und gaben den Koffer mit freundlichem Bedauern zurück. Sie hatten keine Ahnung, daß er rund 100000 Dollar in Geschenkkuverts enthielt.

Bill ging am Astor vorbei, in Gedanken war er bei Rosalie. Da fiel ihm ein, daß zwei Blocks weiter ein Western-Union-Büro war. Er trat ein und schickte ihr Blumen und einen telegrafischen Weihnachtsgruß. Müde vom Stapfen durch den Schneematsch, ging er in ein Kino an der 42. Straße und kaufte eine Karte, ohne zu schauen, was gespielt wurde. Die nächsten drei Stunden verbrachte er bei einem Doppelprogramm: auf einen etwas gewagten ausländischen Film folgte ein matter Western. Als Bill um 1 Uhr nachts wieder herauskam, hatte es zu schneien aufgehört, war aber kälter geworden. Der Broadway war nicht mehr so belebt, die Prostituierten und die Homosexuellen fielen deutlicher ins Auge.

Er stieg in seinen Wagen und fuhr auf dem West Side Highway in Richtung Battery-Tunnel, an den wuchtigen Silhouetten von Ozeanriesen vorbei, die an den Piers ankerten. In Queens passierte er viele Häuser, in denen die Feiern noch in vollem Gang waren, durch die Fenster sah man das Gedränge angeregter Parties. Bills Block, der in einem jüdischen Viertel lag, war relativ ruhig. Er fuhr zweimal um den Komplex herum, nur um festzustellen, ob er nicht verfolgt würde. Dann parkte er, überquerte die Straße, bereit, beim ersten Geräusch hinter den Büschen oder Bäumen zur Pistole zu greifen. Aber alles blieb still.

Als er die Wohnungstür aufsperrte, hörte er den Ton des neuen Fernsehers, den Labruzzo mittlerweile gekauft hatte. Bill ließ den Apparat immer eingeschaltet, wenn er wegging, da er glaubte, daß der Ton Eindringlinge, ob Rivalen oder FBI-Agenten, verscheuchen würde. Er sah das Nachtprogramm an, das bis 4 Uhr morgens dauerte. Dann legte er sich zu Bett, mit dem Gefühl, den tristesten Heiligen Abend seines Lebens hinter sich zu haben.

Am Weihnachtstag wachte er erst kurz vor Mittag auf. Da er das ungeduldige Knurren des Hundes hörte, stieg er aus dem Bett und öffnete eine Fleischkonserve. Ohne Labruzzo wirkte die Wohnung seltsam leer und öde. Bill schaltete das TV-Gerät ein, dann blickte er durch die Fensterläden. Der Himmel war bewölkt, Matsch lag auf den Straßen, und die kleinen Schneereste entlang der Gehsteige waren dunkel vom Ruß der verschmutzten Großstadtluft.

Bill dachte an seine Kinder, was sie wohl in diesem Moment in East Meadow machen mochten, aber diese Gedanken verbannte er rasch aus seinem Kopf.

Er blieb am Fenster stehen und beobachtete die wenigen Menschen, die unterwegs waren. In Mäntel und Schals eingehüllt, Pelzstiefel an den Füßen, erschienen sie in diesem auf Grau- und Schwarzschattierungen abgestimmten Bild farblos und ungesund; wieder einmal, wie schon so oft, wünschte sich Bill nach Arizona zurück. Jählings packte ihn das drängende Verlangen, dorthin zu fahren. Es mochte eine absurde Regung sein, aber das kümmerte ihn in diesem Moment nicht. Seit mehreren Wochen lebte er in einem Zwischenreich des Absurden, und je mehr er darüber nachdachte, desto konkreter wurde die Möglichkeit einer Reise nach Arizona. Während der Feiertage hatte er in New York nichts zu tun, er mußte mit niemandem zusammentreffen, außerdem betrachtete er Arizona noch immer als seine Heimat. Sein jüngerer Bruder und einige Freunde seines Vaters würden dort Weihnachtsurlaub machen. Er konnte einiges Geld beheben und sich vom Zustand des väterlichen Hauses und einiger Liegenschaften überzeugen.

Als sein Entschluß feststand, ging er in eine Telefonzelle und rief einen jungen Mann an, der von der Organisation ab und zu für verschiedene Aufgaben und Hilfsdienste herangezogen wurde. Ihn bat Bill, als zweiter Fahrer und Begleiter mitzukommen. Den Rest des Weihnachtstages verbrachte Bill zu Hause. Er ging früh zu Bett und erwachte um 4 Uhr morgens. Mit seinem Hund fuhr er los, an einer Straßenecke stieg der junge Mann zu. So begann die 4500-Kilometer-Tour nach Arizona.

In den mehr als zwanzig Jahren, die er zwischen New York und Arizona verbracht hatte – eigentlich seit seiner Schulzeit in Tucson –, hatte Bill Bonanno ein waches Gefühl für die differenzierten Erscheinungsformen der amerikanischen Landschaften entwickelt. Er kannte die Seitenstraßen, die kleinen Brücken und die endlos ausgebreiteten Städte, von den Industriezonen der Nordostküste bis zu den flachen Wüstengebieten des Westens. Intuitiv erfaßte er die Verschiedenheiten des regionalen Tonfalls und des Lebensstils und kam auf den Geschmack der Spezialitäten von Hunderten Rasthäusern entlang der Überlandstraßen. Er war mit den variierenden Benzinpreisen und Tunnelgebühren ebenso vertraut wie mit den Kritzeleien an Felswänden und den Gebeten der Autofahrerseelsorge an Plakattafeln. Ohne auf der Straßenkarte nachsehen zu müssen, wußte er, wo es in jedem Staat günstige Gelegenheiten gab, um dichtbesiedelte Zentren, dem Stoßzeitverkehr, vereisten Fahrbahnen und Radarfallen auszuweichen.

Am besten kannte er natürlich den Staat Arizona. Dort hatte er per Auto, im Sattel oder zu Fuß jeden Winkel erkundet, sogar in dem kleinen Flugzeug, das einem Partner seines Vaters auf einer Baumwollfarm gehörte, die 60 Kilometer von Tucson entfernt lag. Vor Jahren hatte Bill die Pilotenprüfung abgelegt und war mit der Maschine im Tiefflug dem Verlauf der mexikanischen Grenze gefolgt, zwischen den Tafelbergen, sogenannten «Mesas», dicht über Kaktuspflanzungen und Indianerreservationen hinweg, westwärts in Richtung Kalifornien und ostwärts nach El Paso.

Im Wagen war er zum Forellenfischen in die weißen Berge im Nordosten Arizonas gefahren und zur Hirschjagd an die Nordgrenze und bis nach Utah hinein. Nach der Heirat 1956 war er mit Rosalie nach Arizona zurückgekehrt, und während der nächsten sieben Jahre hatten sie in verschiedenen Gebieten dieses Staates gelebt, anfangs in den höheren Regionen in der Nähe des Grand Canyon, in der malerischen Stadt Flagstaff. Flagstaff liegt an die 2000 Meter hoch, ist ein Wintersportzentrum und der Sitz der Universität von Nordarizona, an der Bill und Rosalie inskribierten. Die Leute dort waren aufgeschlossen und gastfreundlich, und die Bonannos lebten sich sofort ein, wurden eingeladen und gaben Gegeneinladungen. Nicht lange nachdem Bill bei der lokalen Bank ein Konto eröffnet hatte, verbreitete sich in der 15 000 Personen zählenden Gemeinde der Ruf, er sei ein begüterter Mann.

Er investierte in Realitäten in einer kleinen Rundfunkstation von Holbrook, einem nahe gelegenen Städtchen. Er trat dem Kiwanis-Klub bei, beteiligte sich an karitativen Aktionen und hatte sich noch nie während seines ganzen Lebens so frei und unbeschwert gefühlt. Er war 500 Kilometer von Tucson entfernt; New York war in jeder Beziehung weit weg. Die Besuche bei seinem Vater wurden seltener, und Bonanno senior, der damals unter relativ angenehmen Umständen für sich allein lebte, erwartete es auch gar nicht anders.

In Tucson, wo sich Joseph Bonanno als Baumwollhändler im Ruhestand anmeldete, blieb er unbehelligt. Bei den Kefauver-Hearings war er glimpflich davongekommen, er hatte nicht viel Aufmerksamkeit erregt. Das war längst vergessen, und für fast alle Bewohner der Stadt galt er als durchaus vertretbarer gesellschaftlicher Umgang. Er bewohnte ein komfortables, unauffälliges Haus, wo er oft Politiker, Priester und Geschäftsleute empfing, die sich für Investitionen seine finanzielle Unterstützung sichern wollten. Man sah ihn oft im Western-Look durch das Geschäftsviertel schlendern, für jeden Bekannten, dem er begegnete, hatte er ein Lächeln und ein freundliches Wort. Seine Frau nahm an Wohltätigkeitsveranstaltungen teil und ging fast jeden Morgen zur Messe. Joseph verreiste nun seltener, denn seine Interessen in New York, Wisconsin und andernorts wurden von Partnern oder Angestellten entsprechend wahrgenommen; im Oktober 1957 fand er Zeit für einen kurzen Urlaub auf Sizilien, wo er alte Freunde und Verwandte in Castellammare besuchte.

Doch bald nach seiner Rückkehr in die USA ereignete sich ein Vorfall, der den Lebensstil und das Image von Bonanno Vater und Sohn plötzlich veränderte, eine Wendung, die wenige Stunden nach ihrer Bekanntgabe durch die Massenmedien auch für die Bonannos einen jähen Umschwung bewirkte: von äußerer Ruhe und gesellschaftlichem Ansehen zu Ablehnung und Anprangerung.

Am 14. November 1957 führte die Polizei auf dem Besitz von Joseph

Barbara in dem Ort Apalachin im Staat New York eine Razzia durch. Fast siebzig Delegierte hatten sich zu einem «Gipfeltreffen» der Mafia versammelt. Nach den späteren Analysen der Kriminalisten war der Zweck der Session die Erörterung brennender Probleme der Unterwelt – etwa die Neigung mancher Mitglieder, sich am Rauschgifthandel zu beteiligen, trotz der Opposition der Dons, die zum Teil aus moralischen Gründen und zum Teil aus Furcht vor langen Freiheitsstrafen dagegen waren, aber auch deshalb, weil sie nichts mit den unkontrollierbaren kubanischen und puertorikanischen Gangstern und den disziplinlosen Jugendlichen zu tun haben wollten, die auf diesem Gebiet den Ton angaben.

Weitere Punkte der Tagesordnung: die ungelösten Fragen rund um den Mord an Albert Anastasia, der dauernd in die karibischen Glücksspiel-Rackets vorgefühlt hatte, die eine Domäne der Mafia Floridas waren; die Praktiken gewisser Dons, neue Mitglieder in ihre Familien aufzunehmen, trotz der allgemeinen Richtlinie, die im Interesse des Gleichgewichts zwischen den einzelnen Organisationen Zuwachs untersagte. Es standen auch andere Themen zur Diskussion, doch das ganze Treffen fand ein jähes, turbulentes Ende, als entdeckt wurde, daß die Polizei Barbaras Haus beobachtete. Einige der Spitzenmafiosi rannten daraufhin zu ihren Autos und rasten zur Überlandroute, wurden aber bei einer Straßensperre aufgehalten. Andere schlugen sich in die Wälder; vielen gelang es zu entkommen, wenn auch ihre Kleider dabei draufgingen. Aber die meisten wurden gefaßt. Zwar fand man bei ihnen keine Schußwaffen, aber die Leibesvisitation ergab insgesamt fast 300 000 Dollar in bar. Sarkastisch vermerkte die Presse die Erklärungen, es habe sich um einen Krankenbesuch gehandelt, die Gäste hätten ihren leidenden Freund Barbara lediglich aufheitern wollen. Obwohl das Berufungsgericht später die Urteile gegen 21 Personen umwandelte, löste das Apalachin-Fiasko monatelange Prozesse aus; die Berichterstattung darüber lief auf Hochtouren, und die Betroffenen hatten kaum eine ruhige Minute. Natürlich nutzte auch der Bundespolizeiapparat seine Chance, um vom Kongreß höhere Mittel für die Bekämpfung des organisierten Verbrechens zu erhalten und die Gerichte von der Notwendigkeit des Einsatzes elektronischer Abhöranlagen zu überzeugen.

Unter den Besuchern wurden Joseph Profaci, Joseph Magliocco und Joseph Bonanno von der Polizei namentlich erwähnt. Als die Meldung von der Razzia verlautbart wurde, befand sich Rosalie im Haus in Flagstaff. Bill war über das Wochenende zur Jagd nach Utah gefahren, als er zu seiner verängstigten Frau zurückkehrte, die ihn hinter geschlossenen Fensterläden erwartete, war die Nachricht bereits zwei Tage alt. Mittlerweile hatten viele Verwandte angerufen, auch einige geheimnisvolle Mitteilungen von Bonanno senior waren gekommen. Irgendwie war er durch die Maschen der New Yorker Polizei geschlüpft. Nun hielt er sich ohne Wissen der lokalen Behörden in Tucson auf und wartete ungeduldig auf Bill.

Und Bill traf noch am selben Abend in Tucson ein, er fand seinen Vater auf dem von Ziegelmauern umschlossenen Patio des Hauses. Mit heiterem Gesicht saß Joseph Bonanno da und trank Brandy. Als Bill herankam, stand er auf und küßte den Sohn zärtlich auf beide Wangen. Dann schüttelte der Don den Kopf und begann zu lachen. Dieses ganze Meeting war von der Idee her so dumm, so schlecht und unvorsichtig aufgezäumt gewesen, daß man sich darüber nur amüsieren konnte. Der Anblick erwachsener Männer, die vom Barbecue entsetzt nach allen Richtungen auseinanderstoben, als die Polizei kam, war wie eine Szene aus einer Burleske. Aber die Folgen würden nicht so heiter sein, fügte er hinzu. Es würde endlose öffentliche Einvernahmen geben, täglich würden Scharen von Fotografen durch die Korridore der Gerichtsgebäude laufen, die rhetorischen Bravourarien der Richter und Untersuchungsinstanzen, der Ruf der Politiker nach Reformen, die Kosten und die Winkelzüge der Advokaten, und vor allem die Diffamierung der Angeklagten, die als Sündenböcke der Gesellschaft dienen würden – dieses Schauspiel wolle er um jeden Preis vermeiden, sagte Joseph Bonanno. Deshalb habe er vor, Tucson zu verlassen und nach Kalifornien zu reisen – den Ort nannte er nicht –, er würde immer auf der Tour bleiben, wenn möglich mit einem gewissen Vorsprung vor den Behörden, die ihm eine Subpoena erteilen konnten. So lange, bis sich die Aufregung der Öffentlichkeit gelegt habe und er den weiteren Verlauf der Entwicklung abschätzen könne.

Ohne daß es ausgesprochen wurde, wußte Bill, was dies für ihn bedeutete. Er würde die Interessen seines Vaters während dessen Abwesenheit wahrnehmen müssen. Er mußte sich um seine Mutter, die Häuser und Besitzungen in Arizona kümmern und auch aktiver in die Belange seines Vaters außerhalb dieses Staates eingreifen. Er würde es tun, weil es sein mußte und weil er es selbst so wollte, obwohl er sich im klaren darüber war, welche Gefahren dieser Entschluß in sich barg. Es hieß, das bisherige Dasein in Flagstaff aufzugeben, das Leben eines geachteten, konventionellen Bürgers, wie es die meisten Amerikaner führten und das auch er, wie er glaubte, führen konnte und wollte. Aber nun war er nicht mehr so sicher, er bezweifelte, daß er dort dazugehörte, obwohl er sich den Anschein gab. Vermutlich gab es für ihn nur einen einzigen Platz: an der Seite seines Vaters oder in dessen Schatten. Trotz seiner Schulbildung und Erziehung war er nicht wirklich befähigt, in der sogenannten gesetzlichen Welt etwas Bedeutsames zu leisten.

Er war kein fleißiger Schüler gewesen, hatte sich auf kein bestimmtes Fach konzentriert, nicht die Lehrgänge absolviert, die für einen akademischen Grad erforderlich waren. Seine Ausdauer war zu gering, sein Selbstgefühl vielleicht zu stark ausgeprägt. Vielleicht war die Existenz eines solchen Vaters eine zu große Ablenkung für den Sohn, um den vorgezeichneten Bildungsgang normal zu durchlaufen – er wußte es nicht, und es kümmerte ihn auch wenig. Er wußte nicht, bis zu welchem Grad das System ihm gegenüber versagt hatte oder umgekehrt. Er hatte keine Ahnung, welche seiner Fehlschläge auf seine Umwelt zurückzuführen waren und welche man seiner Unfähigkeit oder dem mangelnden Wollen zuschreiben mußte, sich aus eigener Kraft über diese Umwelt zu erheben.

Wenn er nicht den Rückhalt bei den Ressourcen seines Vaters hätte, wäre er besser oder übler dran, je nachdem, wie man es betrachtete. Er vertraute darauf, daß er sich sein Geld selbst verdienen könne, allerdings hatte er den Verdacht, daß er in der legalen Welt schwer im Nachteil sei. Ohne einflußreiche Freunde der Familie, die ihm eine Absprungbasis boten, hätte er mit seinem Namen und seiner fragmentarischen Ausbildung wahrscheinlich ganz unten anfangen müssen. Er hätte irgendeinen langweiligen und aussichtslosen Bürojob, würde als Vertreter seine Runden machen oder in einer Fabrik die Stempeluhr drücken. Mit seiner Pilotenpraxis könnte er vielleicht bei der Schädlingsbekämpfung eingesetzt werden, aber dort gab es nicht sehr viel Geld zu holen, und die Tätigkeit war wahrscheinlich ebenso gefährlich wie irgendein Posten in der Welt seines Vaters – Schädlingsbekämpfer mußten sehr langsam und tief fliegen, wenn die Maschine durchsackte, was oft vorkam, stürzten sie meist ab, bevor sie ihren Vogel abfangen konnten.

Aber all diese Erwägungen waren nicht der Hauptgrund für Bills Entschluß, sich seinem Vater anzuschließen. Das Entscheidende war, daß er seinen Vater liebte, zu ihm gehörte und sich während jener schwierigen Phase nicht von ihm trennen konnte oder wollte. Es war das erste Mal in seinem Leben, daß sein Vater ihn wirklich brauchte, und dieser Gedanke schmeichelte und verlockte Bill. Außerdem fand er die Tätigkeit seines Vaters oder irgendeines anderen Teilnehmers des Apalachin-Treffens nicht verbrecherisch im eigentlichen krassen Sinn. Die meisten dieser Männer befaßten sich in erster Linie mit dem Glücksspiel, das zwar gesetzeswidrig war, aber einem Zug der menschlichen Natur entsprach. Die Lotterien, die Wetten, die Prostitution und andere illegale Geschäftszweige würden weiterbestehen, ob es nun eine Mafia gab oder nicht. Die Mafiosi waren wahre Diener einer heuchlerischen Gesellschaft, sie waren die Vermittler, die jene ungesetzlichen Möglichkeiten des Vergnügens und der Ablenkung boten, nach denen die Allgemeinheit verlangte, wenngleich das Gesetz sie untersagte.

Wenn die Menschen die Gesetze befolgten, gäbe es keine Mafia. Wenn die Polizei Bestechungen ablehnte, wenn Richter und Politiker jeglicher Korruption unzugänglich wären, gäbe es keine Mafia, weil sie ohne die Mithilfe anderer nicht existieren könnte. Bevor in der amerikanischen

Unterwelt die Mafia in den Vordergrund trat, zuerst im Alkoholschmuggel während der Prohibition, hatten Gangs anderer ethnischer Zusammensetzung bestanden, die den illegalen Bedarf deckten und sich langsam aus den Slums herausarbeiteten. Sobald die Mafia in einer oder zwei Generationen ausstirbt, da die Enkel der Mafiosi bis dahin sicherlich die Kunst legaler Steuerhinterziehung und Schiebung im Rahmen und unter dem Schutz amerikanischer Großunternehmen betreiben, werden lateinamerikanische Gangster und Neger die Schlüsselstellen im organisierten Verbrechen übernehmen – sie bilden jenes Element, das bereits die Kontrolle über die niederste Kategorie der kriminellen Rangordnung erlangte: den Rauschgifthandel.

Aber alle soziologischen Erwägungen Bills verbesserten nicht seine Lage im Jahr 1957 – er gehörte zu jener Generation, die in der Mitte stand und keinen Ausweg fand, er war dem Kurs gefolgt, den sein Vater vorgezeichnet hatte, und nun, nach der Apalachin-Katastrophe, fühlte er sich ebenso in die Enge getrieben wie irgendeiner der von der Polizei zitierten Männer. Dennoch nahm er sein Schicksal auf sich, und als sein Vater nach Kalifornien verreist war, verkaufte Bill das Haus in Flagstaff und kehrte mit Rosalie nach Tucson zurück.

Wie zu erwarten, war das Leben dort plötzlich schwierig geworden, nicht nur für ihn selbst, sondern auch für seine Frau, seine Mutter und jeden, der den Bonannos noch freundlich begegnete. Dem allgemeinen Trend der Presse «nach Apalachin» folgend, erweiterten die Tucsoner Zeitungen ihre Berichterstattung über das organisierte Verbrechen, konzentrierten ihre Aufmerksamkeit auf die Bonannos und begannen eine Kampagne, um sie aus der Stadt zu vertreiben. Das FBI überwachte Bill und registrierte genau, wann er bei seinen Reisen nach New York auf dem lokalen Flughafen gesehen wurde; die Blätter brachten Notizen darüber. Die Steuerbehörde führte Erhebungen über seine Einkünfte aus dem Lebensmittelgroßhandel, den er in Tucson besaß, und aus Liegenschaften, die er unter seinem eigenen Namen beziehungsweise in Partnerschaft mit seinem Vater oder anderen Personen verwaltete. Die römisch-katholische Pfarre, der die Bonannos früher große Spenden zukommen ließen, fragte bei Bill an, ob sie das Mausoleum zurückkaufen könne, das er erworben hatte. Zornig erklärte sich Bill zur Rückerstattung bereit, eine finanzielle Entschädigung lehnte er ab.

Seine Mutter besuchte weiterhin die Messe, doch ging sie nur zum Morgengottesdienst, um sich selbst und anderen Gläubigen, die ihr vielleicht ausweichen wollten, peinliche Begegnungen zu ersparen. Rosalie haßte Tucson und machte Bill innerlich Vorwürfe, weil er unter allen Umständen bleiben wollte. Sie hatte hier keine Freundinnen, und außer dem Heim ihrer Schwiegermutter gab es wenige Orte, wo sie Zuflucht suchen und sich ungezwungen benehmen konnte. Im eigenen Haus mußte Rosalie bei Telefongesprächen vorsichtig sein und konnte vor der Putzfrau, die manchmal kam, nicht offen reden. In Geschäften durfte sie keine Kundenkontos eröffnen, denn ihre Ausgabenbelege könnten von den Steuerbehörden als Beweisstücke gegen ihren Mann verwendet werden. Sie mußte für alles bar bezahlen und daher Bill immer wieder um Geld bitten.

Zudem war sie über den Verlauf ihrer Ehe enttäuscht. Sie hatte geglaubt, durch die Übersiedlung in den Westen würde sie endlich und für immer diesem Teufelskreis zwangsläufiger Geheimhaltung entrinnen, in dem sich ihre Verwandten in Brooklyn bewegten. Doch nun merkte sie, wie naiv sie gewesen war; sie fühlte sich hintergangen, betrogen. Da Bill so oft verreiste, wurde sie immer einsamer und eiferte sogar mit der starken Bindung, die zwischen ihrem Gatten und seinem Vater bestand. Im Oktober 1958 versank sie in Depressionen und Verzweiflung, als ihr erstes Kind, ein Mädchen, kurz nach der Geburt starb.

Während des nächsten Jahres kam es zu keiner neuerlichen Schwangerschaft, Rosalie begann an ihrer Fruchtbarkeit zu zweifeln, und Bill entschloß sich, ein Kind zu adoptieren. Aber er wußte, daß er sich angesichts der Publicity, die ihm galt, und seiner entschiedenen Abneigung gegen amtliche Erhebungen über seine persönlichen Verhältnisse nicht an offizielle Stellen wenden konnte. Deshalb setzte er sich, ohne Rosalie etwas zu sagen, mit Bekannten in Kalifornien und Arizona in Verbindung und bat sie, ihn zu verständigen, sobald ein Kind verfügbar sei. Bald darauf erfuhr er, daß in Phoenix eine junge Frau schottisch-irischer Abstammung, die mit ihrer Familie in Virginia gebrochen hatte, knapp vor der Entbindung stehe und ihr Kind einem Ehepaar anvertrauen würde, das sich eines wünschte und gut dafür sorgen konnte. Bill ließ die werdende Mutter an die Universitätsklinik von Denver bringen. Dort gebar sie in der folgenden Woche einen Sohn. Freudig und stolz kehrte Bill mit dem Säugling nach Tucson zurück. Er kam spätabends an, Rosalie war schon zu Bett. Er weckte sie und legte ohne ein Wort der Erklärung das Kind an ihre Seite.

Nach Bills Großvater Charles Labruzzo ließen sie den adoptierten Jungen Charles taufen, und obwohl Rosalie bald darauf schwanger wurde, selbst einen Sohn und während der nächsten zwei Jahre noch zwei Kinder gebar, stand ihr Charles in gewisser Hinsicht immer näher als die anderen. Doch trotz der Kinder, die ihr halfen, die Einsamkeit und das Gefühl der Unerfülltheit zu überwinden, blieben ihre Beziehungen zu Bill während der Zeit in Tucson gespannt. Die kleinstädtischen Verhältnisse bedrückten sie, sie fand keinen Kontakt zu dieser Umwelt und begann sich nach ihrer Mutter und den anderen Verwandten in Brooklyn zu sehnen. Sie begriff nicht Bills Bindung an eine Stadt, die ihn abzulehnen und herabzusetzen schien. Allerdings wußte sie nicht, daß es in

Tucson einige Menschen gab, einige wahre Freunde, die sich von der Sensationsmache nach dem Apalachin-Meeting nicht abschrecken ließen, Bill weiterhin gewogen blieben und sich seiner Gesellschaft nicht schämten. Zu ihnen gehörte auch eine blonde Hostess in einer Tucsoner Cocktailbar. Bill gefiel ihr, und sie selbst war von einer heiteren, unkomplizierten Wesensart, die nun besonders auf ihn wirkte, als erfreulicher Kontrast zu der kaum anregenden Atmosphäre zu Hause.

Bills neue Bekannte war eine große, gut gebaute gebürtige Deutsche Mitte der Zwanzig. Sie hatte einen amerikanischen Besatzungssoldaten geheiratet und war nun geschieden. Schon in der ersten Zeit, als sie sich regelmäßig mit Bill traf, teilte ihr der Manager der Bar mit, das FBI behalte sie im Auge und kündigte an, sie werde ihren Posten verlieren, wenn sie nicht mit Bill sofort breche. Sie ließ sich nicht einschüchtern. Daraufhin war sie ihren Job prompt los, fand aber einen anderen, und die Beziehung zu Bill blieb aufrecht. Sie lud ihn auch in ihre Wohnung ein, dort lernte er ihre beiden kleinen Jungen kennen. Diese betrachteten ihn bald als zur Familie gehörend und nannten ihn Daddy.

Bill war von ihr bezaubert und hingerissen. Sie forderte nichts von ihm, schien aber ganz auf ihn eingestellt. Die Tatsache, daß er verheiratet war, nahm sie hin, und zum Unterschied von Rosalie störte es sie nicht, daß ihn die Massenmedien mit der Unterwelt in Verbindung brachten. Es faszinierte sie sogar eher, wenn ihr Bill von seinem Vater und anderen Mafiosi erzählte.

Im Jahr 1961 gestand er sich schließlich selbst ein, daß Tucson zu eng sei, um dort unter den gegebenen Umständen zu leben. Deshalb übersiedelte er nach Phoenix, wo er eine Wohnung für Rosalie und die Kinder mietete. Seine freien Abende teilte er zwischen den beiden Orten. Obwohl er weiterhin seine Geschäfte in Tucson betreute und oft nach New York reiste, beteiligte er sich aktiv an der Leitung eines Restaurants in Phoenix, dessen Mitbesitzer er war. Das Lokal hieß «Romulus», und er zog seine Freundin als stellvertretende Managerin heran. Doch als jeden Abend die Polizei vor dem «Romulus» parkte, die herauskommenden Gäste mit Fragen behelligte und manchmal sogar ihren Alkoholkonsum testete, hatte Bill sehr bald Rückgänge zu verzeichnen. Er strengte einen Schadenersatzprozeß um 100 000 Dollar gegen die Polizeibehörden der Stadt an, mit der Begründung, seine verfassungsmäßig gewährleisteten Rechte würden verletzt. Aber das Verfahren wurde niedergeschlagen. Diese Entscheidung erbitterte Bill, er fühlte sich an die Wand gedrängt, und mit dem Mut der Verzweiflung beschloß er, alle zu bekämpfen, die ihn vertreiben wollten. Aber die Strapazen des Lebens, das er führte – Schlafmangel, die Nötigung, zwei Frauen gerecht zu werden, und die dauernden Reisen – begannen sich auszuwirken. Eines Tages verwechselte er Kontoauszüge und behob einen Scheck über 1930 Dollar. Zwar erstattete er den Betrag zurück, wurde aber vor Gericht gestellt, die Zeitungen schrieben über den Fall, und Bill wurde zu drei Jahren bedingt verurteilt. Später beschuldigte ihn die Bundessteuerbehörde der Hinterziehung und machte für den Zeitraum von 1959 bis 1961 Rückstände von mehr als 60 000 Dollar geltend. Dann erfuhr er von seiner Freundin, einer von Rosalies Brüdern habe sie aus New York angerufen und beschworen, Bill aufzugeben; er habe ihr sogar Geld und eine Flugkarte nach Deutschland angeboten. Sie hatte abgelehnt, doch diese Einmischung von außen brachte eine gewisse Trübung der Beziehung. Als er sie einige Wochen später am Abend anrief, sagte sie: «Deine Frau ist hier.»

Bill schmetterte den Hörer hin, sprang in seinen Wagen und raste hinüber. Er traf Rosalie und seine Geliebte an, die schweigend im Wohnzimmer saßen, seine eigenen Kinder waren auch dabei. Rosalie forderte kategorisch, er möge sich sofort für eine von ihnen entscheiden. Ohne darauf einzugehen, nahm er seine Frau energisch beim Arm, führte sie zum Auto und fuhr mit ihr und den Kindern nach Hause. Er vermied es, das Thema zu erörtern. Damals konnte sich Bill einfach nicht für eine der beiden entscheiden – seine ganzen Lebensumstände waren so verworren und turbulent, daß er sie beide brauchte, die eine ergänzte die andere. Jede von ihnen gab ihm etwas, das die andere nicht zu geben vermochte. Er achtete und liebte Rosalie, aber bei seiner Freundin fand er innere Freiheit, Lebensmut und Selbstvertrauen. Immer hatte er getan, was von ihm erwartet wurde. Nun war er schließlich seinen eigenen, persönlichen Impulsen gefolgt. Seine Liebesaffäre war die erste offene Auflehnung gegen den strengen sizilianischen Familienbegriff, der Bill geformt, aber manchmal auch mit Skepsis erfüllt hatte. Als Rosalie eine Trennung vorschlug, erklärte er fest, daß er sie nicht gehen ließe.

Am nächsten Tag besuchte er wieder seine Freundin, aber er merkte, daß sie verändert war. Die Begegnung mit Rosalie hatte sie stärker betroffen, als er dachte, und nun sagte auch sie, es wäre für alle Beteiligten besser, auch für die Kinder, wenn er sich entschiede: entweder Rosalie oder sie. Aber Bill zauderte weiterhin. Als er eine Woche später wieder in ihre Wohnung kam, war nur ein Babysitter da und teilte ihm mit, seine Freundin sei ausgegangen. Brüsk ließ er das Mädchen stehen, schaltete im Wohnzimmer das Licht aus, setzte sich der Tür zugewandt auf einen Stuhl und wartete im Dunkel.

Kurz vor Mitternacht hörte er einen Wagen vorfahren und sah, daß ein anderer Mann sie nach Hause brachte. Dann kam sie allein über den Gartenweg heran. Erschrocken prallte sie zurück, als sie das Licht einschaltete und Bill sie anstarrte. Sie trug ein schulterfreies schwarzes Abendkleid, sein Lieblingsstück aus ihrer Garderobe, er hatte es für eine Wochenendfahrt nach Las Vegas gekauft. Der Anblick und die Erinnerungen, die sich damit verbanden, brachten Bill um die Besinnung. Er stürzte sich auf seine Freundin, packte die Säume des Dekolletés und riß die Robe von oben bis unten mittendurch. Die Frau schrie auf, aber Bill rannte zu ihrem Schlafzimmerschrank und begann auch andere Kleider zu zerfetzen. Als sie ihm in den Arm fiel, stieß er sie roh zurück, daß sie durch den Raum taumelte. Als der Boden des Zimmers von verstreuten Stoffetzen bedeckt war, ging er.

Dennoch trafen sie sich weiterhin. Sie hatten beide nicht die Entschlußkraft, die Beziehung zu beenden, obwohl sie wußten, daß es keinen anderen Ausweg gab. Besonders Bill erkannte, wie gefährlich die Weiterführung dieses Verhältnisses für ihn werden könnte. Er hatte erfahren, daß die Affäre bereits über die Profaci-Familie hinausgedrungen war; einige prominente Unterweltler hatten bereits darüber geredet. Die Profaci-Organisation war zwar nicht mehr so mächtig wie einst, aber sie gehörte noch immer zum Syndikat, und Rosalie hatte Verwandte, die mit sehr einflußreichen Familien in den ganzen USA verschwägert waren. Zwei ihrer Cousinen, Töchter von Joseph Profaci, hatten in die Sippen der Zerillis und Toccos in Detroit eingeheiratet, auch mit einer Familie in Kalifornien waren die Profacis verwandt. Eheliche Untreue war in der Unterwelt nicht seltener als anderswo, aber man hielt immer streng darauf, die Frau vor Schwierigkeiten zu bewahren, und Bills Verhalten wurde als skandalös betrachtet. Eines Abends erschien sein Vater bei ihm und appellierte an sein Gefühl für die Familienehre. «Sei nicht der erste, der unseren Namen beschmutzt», sagte Joseph Bonanno. «Unser Name wurde so lange reingehalten, viele Generationen hindurch, sei nicht der erste . . .»

Aber selbst der Besuch seines Vaters gab keinen unmittelbaren Anstoß zu einer Entscheidung, Bill wunderte sich über seine innere Unabhängigkeit und fragte sich, ob das nicht ein gutes Zeichen sei. Dann wurde Rosalie wieder schwanger. Nach der Geburt ihres dritten Kindes im März 1963 – es war wieder ein Sohn – nahm sie eine Überdosis Schlaftabletten ein und war mehrere Tage krank. Ein Arzt sprach von einem möglichen Selbstmordversuch, was sofort Schlagzeilen zur Folge hatte, und als Bill kurz darauf nach Hause kam, begrüßte ihn zu seiner Überraschung bei der Tür seine Schwester Catherine, die auf dem Luftweg von San Mateo gekommen war. Vollends perplex war er über ihre Eröffnung, seine Schwiegermutter sei bei Rosalie.

«Sie schläft», flüsterte Mrs. Profaci, als Bill eintrat. Er fühlte sich fast als Eindringling in seiner eigenen Wohnung. Einen Moment blieb er schweigend stehen. Mrs. Profaci saß neben dem Bett, sie war eine große Frau mit dunklem Haar und einem ebenmäßigen italienischen Matronengesicht. Normalerweise freundlich und lebhaft, wirkte sie nun kühl und distanziert.

Sie und Catherine blieben tagelang im Haus, jede wollte nach besten

77

Kräften helfen. Aber Bill spürte die ständige Spannung in der Beziehung zu seiner Schwiegermutter. Sie verurteilte sein Verhalten ihrer Tochter gegenüber, jedesmal wenn er ins Schlafzimmer kam, schien sie Abwehrstellung einzunehmen. Sie war wie eine Löwin, die ihr Junges verteidigte. Auch Catherine stand ihrem Bruder nicht unkritisch gegenüber, aber sie fand, daß auch Rosalie nicht ganz unschuldig sei. Sie erinnerte sich ihrer ersten Eindrücke in der Klosterschule – da war Rosalie ein verwöhntes, wohlbehütetes Mädchen gewesen; und auch noch vor der Hochzeit hatte Catherine manche Vorbehalte gegen ihre künftige Schwägerin. Sie war der Meinung, Rosalie fehle es an innerer Kraft, um Bill in einem schweren Leben zur Seite zu stehen. Und sie wußte noch, wie zornig Bonanno senior geworden war, als sie diese Meinung äußerte. Aber Catherine war überzeugt, daß ihr Bruder während der letzten zwei Jahre kaum die Nähe einer anderen Frau gesucht hätte, wenn Rosalie ihrer Rolle als Gattin gerecht geworden wäre. Die Schwester erkannte seine Zwangslage und erwog, wie weit ihr eigener Vater dafür verantwortlich sei. Sie glaubte, daß der Vater die Existenz seines Sohnes zerstört hatte. Bill gehörte nicht der Welt Joseph Bonannos an, er war nicht hart und kaltblütig genug, obwohl er sich bis zur Selbstverleugnung bemühte. Von Natur aus war er ein heiterer, freundlicher, aufgeschlossener Mensch, der geliebt werden wollte, ja unbedingt Liebe brauchte. Er geriet mehr seiner Mutter und seinem Onkel Frank nach, war eher ein Labruzzo. Sein Vater hatte einen Bonanno aus ihm gemacht, und nun fragte sich Catherine sorgenvoll, wie es mit Bill weitergehen werde.

Zwei Tage später, am Rand seiner Nervenkraft, stimmte Bill dem dringenden Wunsch seiner Schwiegermutter zu, daß Rosalie nach Brooklyn zurückkehren solle, um sich unter ihrer Obhut zu erholen. Bill selbst würde in einiger Zeit nachkommen. Die Trennung konnte für ihn günstig sein; so konnte er die Lage überdenken und sich vielleicht doch zu einer Entscheidung durchringen. Die Phase eines Lebens mit zwei Frauen war vorüber: diese Erkenntnis bedeutete für ihn eine Erleichterung. Er fuhr sie alle zum Flughafen: Rosalie, Mrs. Profaci und die drei Kinder, den fünfjährigen Charles, den zweijährigen Joseph und den erst zwei Monate alten Salvatore. Am nächsten Abend war er zum Essen bei seiner Freundin. Sie spürte genau, daß weder Bill Rosalie je verlassen würde noch umgekehrt, und zog daraus die Konsequenzen: das einzig Vernünftige in dieser Situation war, mit ihren Kindern nach Deutschland zurückzukehren. Als sie Bill diesen Entschluß mitteilte, versuchte er nicht, sie davon abzubringen.

In der nächsten Woche, Anfang Juni, rief Bill in New York an und sagte Rosalie, daß er sie besuchen wolle. Sie war nicht sehr begeistert darüber, aber Bill tröstete sich mit dem Gedanken, daß seine Frau seit

Jahren niemals viel Gemütsüberschwang gezeigt hatte. Er flog nach New York und quartierte sich bei Frank Labruzzo ein. Am nächsten Tag bat er zwei seiner Tanten in Brooklyn, Rosalie und die Kinder im Haus der Profacis abzuholen. Er wußte nicht, wie ihn ihre Verwandten empfangen würden. Auf diese Weise glaubte er, wäre es für seine Schwiegermutter und ihn selbst leichter. Doch bald darauf teilten ihm seine Tanten mit, Rosalie weigere sich zu kommen.

Am nächsten Morgen steckten Bill und Frank Labruzzo ihre Pistolen zu sich und fuhren zum Haus der Profacis. Beide Männer wußten, daß die Situation fast an eine Farce grenzte – es war wie in einer italienischen Oper, der ergrimmte Gatte zieht gegen die Sippe seiner Frau zu Felde, um die rechtmäßig Angetraute von ihnen zu fordern. Es war absurd und anachronistisch und dennoch Wirklichkeit, und Bill wußte nicht, wie er sonst einer eventuellen Gefahr begegnen sollte. Immerhin war es möglich, daß die halbe Profaci-Organisation ihn erwartete, um die Rosalie und deren Verwandten zugefügte Schmach zu rächen, und selbst der besonnene Labruzzo hatte dazu geraten, Waffen mitzunehmen.

Als sie bei Mrs. Profacis Haus ankamen, blickte sich Bill zuerst nach verdächtig geparkten Wagen um. Doch er sah weder Autos noch Personen, die er kannte. Dann ging er die Steinstufen hinauf und läutete.

Langsam wurde die Tür geöffnet, und Bill sah Rosalies älteren Bruder, einen Dreißiger, der im Wohnzimmer saß. Er sah auch Mrs. Profaci, die rasch auf ihn zukam, hörte Geflüster im Hintergrund, aber bevor er noch ein Wort sagen konnte, packte ihn Mrs. Profaci bei den Sakkoaufschlägen, schüttelte ihn und schrie ihm ins Gesicht, ihre Tochter würde nicht mit ihm kommen. Als Bill nach Rosalie fragte, hieß es, sie sei nicht da. Mrs. Profaci hatte verweinte Augen, ihr Gesicht war zorngerötet, sie hämmerte noch immer auf Bills Brust los und wiederholte, ihre Tochter werde nicht mit ihm gehen.

Bill wußte nicht, was er tun sollte. Er blickte zu Rosalies Bruder, der gleichmütig in seinem Fauteuil saß und sich offensichtlich aus dem Streit heraushalten wollte. Gerade das empörte Bill. Wäre ihm der junge Profaci energisch entgegengetreten, dann hätte Bill mit ihm anders umgehen können als mit seiner Schwiegermutter. Plötzlich sah er seinen Sohn Charles die Treppe herunterlaufen. Bill riß sich von Mrs. Profaci los, die noch immer seine Sakkorevers umklammerte, und schloß den Kleinen in die Arme. Das Kind wehrte sich nicht, es schien nur verwirrt.

«Ich gehe, aber ich komme wieder», sagte Bill. «Und dann möchte ich, daß mich Rosalie hier reisefertig erwartet.»

Die anderen schwiegen, als er ins Freie trat. Er fuhr mit dem Jungen zu Labruzzos Wohnung, von dort rief er Joseph Magliocco in East Islip an. Seit dem Tod seines Schwagers im Juni 1962, genau seit einem Jahr, leitete Magliocco die Profaci-Organisation. Mit Joseph Profaci hatte Bill wenig Kontakt gefunden, aber Magliocco war immer zugänglich und zwanglos und lud ihn nun spontan ein, gleich zu ihm zu kommen.

Der 12 Morgen große Besitz in East Islip war mit hohen, schützenden Steinmauern umschlossen, und als Bill mit Labruzzo am Tor vorbeifuhr, begannen mehrere Hunde zu bellen. Magliocco begrüßte die Besucher vor dem großen Haus. Er trug Reithosen, Stiefel und ein weißes Polohemd, das sich um seinen respektablen Bauch spannte. Täglich ritt er einen starken Schimmel und kam gerade aus dem Stall, als Bill und Labruzzo eintrafen. Mit zweiundsechzig Jahren war er noch immer eine männliche, gutaussehende breitschultrige Erscheinung mit muskulösen Armen.

«Onkel Joe, ich habe ein Problem», begann Bill.

«Ich weiß», sagte Magliocco mit seinem deutlichen sizilianischen Akzent und führte die beiden ins Haus.

«Wenn du schon davon weißt, ist es für mich leichter», nahm Bill das Gespräch wieder auf. «Ich vertraue auf deine Klugheit und überlasse dir, was du tun willst.»

«Ich habe bereits angerufen», sagte Magliocco und setzte sich gewichtig in einen Fauteuil. «Ich habe ihnen gesagt, sie sollen heute nachmittag hierherkommen. Sei es wie es sei, eines weiß ich: Rosalie ist deine Frau, und du hast ein Anrecht auf sie.»

Diese Einstellung gefiel Bill. Magliocco war ein Sizilianer alten Stils. Er glaubte daran, daß die Frau das Eigentum ihres Mannes sei. Aber Sizilianer hegten auch große Achtung für die Frauenwürde, und in Sizilien hätte jeder Gatte, der so ehrvergessen wie Bill handelte, seine Verstöße schon längst mit dem Tod gebüßt. Bill wußte auch nicht, wieviel Rosalies Mutter Magliocco erzählt hatte. Da sie sich vielleicht scheute zuzugeben, daß Bill eine Geliebte hatte, mochte sie sich auf die Erklärung beschränkt haben, Rosalie sei in Arizona unglücklich gewesen, krank geworden, und wolle in den Osten zurückkehren. Bill beschloß zu schweigen und abzuwarten.

Während des Lunch, an dem auch die Dame des Hauses teilnahm, zeigte sich Magliocco als sehr aufmerksamer Gastgeber. Eine Vielzahl von Gerichten kam auf den Tisch, dazu viel Wein und Käse, und nach den Mengen, die sein Onkel verzehrte, konnte Bill ermessen, warum Magliocco so viel wog. Das Ehepaar hatte keine Kinder, die beiden alternden Menschen waren die einzigen ständigen Bewohner des vierzehn Räume umfassenden Hauses, außer Dienstpersonal und einigen Hilfskräften, die alle auf dem Besitz anfallenden Arbeiten erledigten.

Nach dem Kaffee warteten sie. Stunden verstrichen, ohne daß sich etwas ereignete. Schließlich ging Magliocco ungeduldig in sein Privatbüro, um mit den Profacis zu telefonieren. Gleich darauf war er wieder da, mit betroffenem Gesicht rief er zornig: «Meine verrückten Verwandten

– sie sind nach Jersey gefahren!» Dann sagte er zu Bill gewandt: «Gib mir noch einen Tag Zeit. Komm morgen wieder. Ich verspreche dir, sie werden alle hier sein.»

Magliocco hielt Wort. Am nächsten Tag stand er mit der Familie Profaci vor dem Haus, als Bill einfuhr. Rosalie trat heran. Sie trug ein gelbes Kleid, ihr Haar war hübsch gekämmt, und sie hatte eine Ausstrahlung, die ihm lange nicht mehr an ihr aufgefallen war. Sie hauchte einen Kuß auf seine Lippen, dann ging sie mit ihm zu den anderen.

«Bist du schwanger?» fragte er leise, obwohl er fast die Gewißheit hatte. Während all der problematischen letzten Jahre hatte Rosalie für Bill nie ihren Reiz verloren, und obwohl ihr jüngstes Kind erst drei Monate alt war, wußte er, daß eine neuerliche Schwangerschaft durchaus möglich war. Rosalie errötete, gab aber keine Antwort.

Im Haus herrschte eine steife, formelle Atmosphäre. Mrs. Profaci hatte Bill nur wortlos zugenickt. Alle nahmen in dem großen Zimmer Platz. Als die Kinder hinausgeführt waren, wurde Kaffee serviert. Lächelnd bemühte sich Magliocco, eine zwanglose Konversation in Gang zu bringen. Er reichte eine Tasse mit italienischen Süßigkeiten herum. Das verlegene Schweigen blieb. Schließlich ergriff Bill das Wort. «Kommen wir zum Hauptthema. Fährt meine Frau mit mir oder nicht?»

«Natürlich fährt sie mit dir», erwiderte Magliocco, da Mrs. Profaci nur die Stirn runzelte.

«Denn wenn nicht . . .» setzte Bill in etwas drohendem Ton fort.

Magliocco unterbrach ihn rügend: «Was redest du für Unsinn!»

«Wenn ich kein Anrecht auf meine Frau habe, dann will ich eindeutig Bescheid wissen.»

«Niemand behauptet, daß du kein Anrecht auf sie hast», erwiderte Magliocco.

Nun sprach endlich Mrs. Profaci. «Es muß doch einen Grund gegeben haben, warum sich Rosalie das Leben nehmen wollte . . .»

Sie schien ihren eigenen Worten nachzulauschen, in dem betretenen Schweigen, das nun folgte, überlegte Bill, ob seine Schwiegermutter nun auf seine Geliebte zu sprechen kommen würde. Mit einem Seitenblick wollte er Maglioccos Reaktion feststellen, aber der Onkel war offenbar von der Anspielung auf die Möglichkeit eines Selbstmordversuchs nicht überrascht. Vielleicht kannte er die ganze Geschichte. Mrs. Profaci bat ihre Tochter, das Zimmer zu verlassen. Rosalie sah Bill fragend an. Er nickte ihr zu.

Plötzlich schwand alle Härte aus Mrs. Profacis Haltung, sie wurde fast von ihren Gefühlen überwältigt, ein Zittern überlief ihren Körper, als sie den Schwiegersohn fest anblickte. Ihre Augen waren nun sanft, aber sie strahlte eine Entschlossenheit und Charakterstärke aus, der sich Bill nicht zu entziehen vermochte. Sie liebte ihre Tochter wirklich und würde alles für sie tun.

«Ich warne dich», sagte sie langsam und feierlich, jedes Wort betonend, «wenn meiner Tochter irgend etwas zustößt . . .» Das war eindeutig eine ernsthafte Drohung, und Bill zweifelte nicht daran, wie sie gemeint war.

«Stopp!» unterbrach sie Magliocco. «Wovon sprichst du?»

«*Er* weiß, wovon ich spreche.» Mrs. Profaci wies mit spitzem Finger auf Bill. Magliocco rückte zu ihr, legte seine starken Arme um sie und versuchte, sie zu beruhigen. Aber sie musterte Bill finster, bis er den Blick abwandte. Dann rief Magliocco Rosalie, deren Bruder und die Kinder herein. Wieder wurde Kaffee serviert, und die Spannung lockerte sich.

Als es Zeit zum Aufbruch war, machte Bill einen Vorschlag, der seinen guten Willen zeigen sollte. Er bat Rosalie, noch eine Nacht bei ihrer Mutter zu verbringen, er selbst würde am nächsten Tag mit Charles kommen, um sie und die anderen Kinder abzuholen. Mrs. Profaci gab schweigend ihre Zustimmung.

Am nächsten Morgen hatte Rosalie bereits gepackt. Ihr Koffer am Fuß der Treppe war das erste, was er beim Eintreten sah. Er war sehr glücklich. Die gütliche Lösung hatte er größtenteils Magliocco zu danken, nun wollte er mit seiner Frau einen neuen Beginn setzen und mit seiner Schwiegermutter Frieden schließen. Es würde Zeit und Geduld fordern, aber er wollte Rosalie unbedingt zurückgewinnen, und dazu brauchte er die Hilfe seiner Schwiegermutter. Er verließ das Haus der Profacis nicht gleich, sondern blieb den ganzen Tag und auch zum Abendessen. Die Gespräche verliefen höflich und ruhig, ja sogar herzlich, und als Mrs. Profaci vorschlug, sie sollten das Baby noch über Nacht bei ihr lassen, waren Bill und Rosalie einverstanden. Sie würden das Kind am nächsten Morgen holen.

Am Abend darauf waren sie bei Magliocco zum Abendessen eingeladen, und dabei kam zur Sprache, daß das Paar mit den Kindern auf einige Zeit in dem großen Haus wohnen sollte, um die nächsten Schritte zu überlegen. Rosalie wollte nicht nach Arizona zurückkehren, und wider besseres Wissen erklärte sich Bill bereit, ein Haus in New York zu suchen. Sie verbrachten den ganzen Sommer bei den Maglioccos. Rosalie wirkte viel glücklicher, die Kinder freundeten sich mit ihren Cousins an, und Bill konnte kommen und gehen, wann er wollte. Für ihn war es auch vorteilhaft, während des Sommers 1963 in New York zu sein – sein Vater lebte noch immer sehr zurückgezogen, und die Krisen und Spannungen innerhalb der Organisation wuchsen.

Seit dem unglückseligen Meeting in Apalachin vermied es Joseph Bonanno, sich mit mehreren anderen Dons zu treffen, und diese Haltung verstimmte sie. Bonanno war in seinem Denken immer Individualist gewesen, er beharrte beispielsweise darauf, daß die «Familien» autonom seien und daß die Neun-Mann-Kommission, der er selbst angehörte, wohl Streitfälle schlichten solle, aber den einzelnen Bossen keine Richtlinien geben könne. Doch nun erweckte er den Eindruck, daß er sich von den übrigen Dons immer weiter distanziere. Wenn seine Gruppe bei Treffen mit anderen Organisationen vertreten sein mußte, war es niemals Bonanno selbst, der erschien, sondern meist einer seiner Captains: John Morale, Frank Labruzzo oder Notaro, nie aber Gaspar Di Gregorio. 1963 war es zwischen Di Gregorio und Bonanno zu einer Entfremdung gekommen. Anlaß zu dieser Entfremdung war einerseits die Tatsache, daß Bill sich damals in New York aufhielt und im Begriff war, innerhalb der Organisation Karriere zu machen, was Di Gregorio mit Neid und Eifersucht erfüllte. Andererseits war es das brüskierende Verhalten Bonannos der Kommission gegenüber, deren Seniormitglied Stefano Magaddino, Boss der Mafia im westlichen Teil des Staates New York und im Ohiotal, Di Gregorios Schwager war.

Stefano Magaddino, der wenig Toleranz für Individualität hatte und seit Jahren Joseph Bonannos ehrgeizige Bestrebungen voll Mißtrauen verfolgte, ermutigte Di Gregorio, die Meetings der Bonanno-Familie zu boykottieren und das Gerücht zu verbreiten, der Don sei «fällig», und sein Anhang müsse sich entweder nach den neuen Verhältnissen richten oder die Konsequenzen tragen.

Joseph Bonanno schien nicht beunruhigt, als er davon erfuhr. Seiner Meinung nach bestand die Kommission nun aus lauter konfusen Leuten, deren Diktat er sich keineswegs unterwerfen würde, da er das Vertrauen in ihr kollektives Urteilsvermögen verloren hatte. Als nach aller menschlichen Voraussicht strengste Geheimhaltung geboten gewesen wäre, wie damals unmittelbar nach Albert Anastasias Tod im Jahr 1957, hatten sie törichterweise das Apalachin-Meeting beschlossen und einberufen. Und als die Kommission demonstrativ ihre Stärke und Einheit hätte betonen sollen, wie etwa durch energische Schritte gegen die Brüder Gallo, die 1960 eine Revolte gegen ihren Boss Joseph Profaci anstifteten, hatte eben diese Kommission sich – trotz der Proteste Profacis und Bonannos – dafür entschieden, nichts zu unternehmen und Profaci die Regelung seiner internen Probleme zu überlassen. Die Gallo-Revolte wurde zwar schließlich von Profacis Anhängern niedergeschlagen, aber erst nach beträchtlichen Verlusten an Blutopfern und Geld – und an Prestige für Joseph Profaci. In einer Phase des Machtkampfes war es Gallos Dissidenten gelungen, Profacis Adjutanten Joseph Magliocco und drei andere Funktionäre zu entführen und den Boss selbst zur Flucht nach Florida zu zwingen, bis er Zugeständnisse versprochen hatte. Profacis Organisation erholte sich nie wieder ganz von den inneren Schwierigkeiten. Während die Gallo-Fraktion behauptete, es sei zu den Zerwürfnissen gekommen, weil der Boss die Gewinne nicht entsprechend mit dem Fußvolk der Familie geteilt habe, glaubte Profaci selbst, zwei andere Dons der Kommission hätten als Drahtzieher die Entwicklung ausgelöst, nämlich Carlo Gambino und Thomas Lucchese. Profaci war überzeugt, daß diese beiden Spitzenmafiosi die Erhebung geplant und Gallos Gefolgsleuten durch ihre Zusicherung, daß dem Putsch von außen nicht entgegengetreten werde, Rückendeckung gegeben hatten.

Profaci nahm seinen Haß gegen Gambino und Lucchese ins Grab mit, deren zwei Organisationen in New York – eng verbunden durch die Heirat von Luccheses Sohn und Gambinos Tochter – stärker wurden, indes Profacis Gruppe abbröckelte. Und Profacis Nachfolger Magliocco, der Bruder von Mrs. Profaci, übernahm als «Erbfeindschaft» auch den Groll gegen Gambino und Lucchese.

Wäre Joseph Bonanno während der Zeit der Gallo-Krise nicht auf der Flucht gewesen, so hätte er Profaci durch Beistellung von «Soldaten» offen unterstützen können, aber solche Hilfe hätte kaum zur Lösung des eigentlichen Problems beigetragen. In Wahrheit wäre eine geschlossene Front der Kommission gegen die Gallos erforderlich gewesen. Und Bonannos Intervention hätte möglicherweise zu einem allgemeinen Gangsterkrieg geführt, und das wollte keiner der Dons, auch Bonanno nicht.

Als Profaci 1962 an Krebs starb, hatte Bonanno keinen engen Verbündeten mehr in der Kommission. Und seitdem der siebenundsechzigjährige Vito Genovese eine Freiheitsstrafe von fünfzehn Jahren absaß, geriet die Kommission immer mehr unter den Einfluß von Gambino, Lucchese und Stefano Magaddino. Keines der anderen Mitglieder – Giancana in Chicago, Zerilli in Detroit oder Bruno in Philadelphia – hatte die Macht oder das Bestreben, dem Triumvirat ein Gegengewicht zu bieten, zudem hegte keiner von ihnen besondere Sympathien für Joseph Bonanno. Sie mißtrauten ihm wegen seiner undurchsichtigen Extratouren und seiner scheinbaren Inaktivität, die ihnen verdächtig erschien. Willig machten sie sich Magaddinos Meinung zu eigen, Bonanno warte im selbstgewählten Exil darauf, daß die anderen unter der Wucht der Kongreß-Hearings zusammenbrächen oder im Gefängnis stürben – dann würde er im gegebenen Moment nach New York zurückkehren, um die zerspaltenen Kräfte zu sammeln und neuerlich zu festigen und sich als Boss der Bosse etablieren.

Diese Theorie schien im Sommer 1963 durch die Nachricht bestätigt zu werden, Bonannos Sohn Bill sei nach New York übersiedelt und wohne bei Profacis Nachfolger Magliocco in East Islip, wo er vielleicht an einem Plan zur Vereinigung der Profaci- und Bonanno-Familien arbeite. Selbst wenn die meisten der Dons gerade daran nicht glaubten, warteten sie dennoch vorsichtig ab und beobachteten die Aktionen Bill Bonannos. Mit seinen einunddreißig Jahren galt er als zu jung für die Spitzenposition, und viele Dons, die durch die Schilderungen Stefano Magaddinos und Gaspar Di Gregorios voreingenommen waren, sahen in ihm einen Unruhefaktor.

Gegen Ende Juli wurde Bill dann ganz ohne eigenes Zutun in eine Aktion verwickelt, die seinem Ruf und dem seines Vaters noch mehr schadete. An einem Sonntagnachmittag wurde er von Joseph Magliocco, dessen Fahrer über das Wochenende frei hatte, gebeten, ihn zum Bahnhof zu bringen, um jemanden vom Zug abzuholen. Magliocco riet Bill, eine Pistole mitzunehmen, und nahm selbst eine Schrotflinte mit.

Die Sache war Bill nicht geheuer, aber er stellte keine Fragen, da er glaubte, Magliocco werde ihm während der Fahrt alles erklären. Aber Magliocco, der mit der Waffe auf den Knien auf dem Rücksitz saß, schwieg beharrlich, bis Bill vor der Station Brentwood parkte und im Wagen blieb, während der Zug einfuhr. Er sah einen Fremden aussteigen und direkt auf Maglioccos Auto zukommen. Als der Mann Bill am Steuer erblickte, sagte er lächelnd «Hallo, Bill», dann wandte er sich zu Magliocco.

«Alles in Ordnung?» fragte dieser.

«Ja», sagte der Mann. «Alles wird erledigt.»

«Okay. Ab die Post», erwiderte Magliocco.

Der Mann wandte sich um und bestieg wieder den Zug nach New York. Magliocco bat Bill, nach Hause zu fahren, noch immer hüllte er sich in Schweigen, und das war Bill ganz recht. Er wollte gar nicht wissen, was Magliocco vorhatte, denn es verhieß nichts Gutes. Auch die Art, wie der Mann ihn bei der Station begrüßt hatte, gab Grund zum Argwohn – der Fremde schien überrascht und erfreut, Bill bei Magliocco zu sehen; vielleicht schloß er daraus, daß sich die Bonanno-Organisation an irgendeinem mysteriösen Projekt beteilige.

Innerhalb der nächsten zwei Wochen bemerkte Bill Maglioccos wachsende Nervosität, der Boss ging nachts stundenlang ruhelos auf und ab. Eines Tages im September zog er Bill ins Vertrauen, er sei vor die Kommission zitiert worden, müsse 40000 Dollar zahlen und könne von Glück sagen, daß er mit dem Leben davonkomme. Maglioccos Plan, Gambino und Lucchese zu beseitigen, war fehlgeschlagen. Irgend jemand hatte die beiden rechtzeitig gewarnt, und nun war Magliocco durch die Möglichkeit einer Vendetta in Panikstimmung versetzt.

Bill war empört. Er warf Magliocco vor, daß er ihn hineinziehe. Aber der versicherte, Bill habe nichts zu befürchten, und beharrte darauf, daß er selbst vor der Kommission die volle Verantwortung auf sich genommen und eindeutig erklärt habe, die Bonannos hätten die Hand nicht im Spiel. Bill war nicht so leicht zu überzeugen. Selbst wenn Magliocco nun die Wahrheit sprach, konnte Bill nicht damit rechnen, daß die Kommission im Zweifelsfall für ihn entscheiden würde. Nein, sein Vater und er waren durch diese Verkettung von Umständen in große Schwierigkeiten geraten, und als erstes wollte er Maglioccos Haus verlassen, das nun wahrscheinlich ein Zielgebiet geworden war.

Aber das Haus, das er in East Meadow gefunden hatte, war noch nicht beziehbar. Deshalb sah sich Bill gezwungen, Rosalie und die Kinder noch weitere drei Monate bei Magliocco zu lassen. Es war ein wirrer, düsterer, unheildrohender Herbst, und als der Winter kam, wagte sich Magliocco kaum mehr vor die Tür.

Mitte Dezember wurden Maglioccos Nerven einer letzten Zerreißprobe ausgesetzt, als Bills zweijähriger Sohn zufällig ein Gewehr abfeuerte. Zwei Wochen später, am 28. Dezember 1963, starb Magliocco laut amtlichem Totenschein an einer «natürlichen Todesursache».

Furcht und Unsicherheit dauerten das ganze nächste Jahr an. Bill übersiedelte samt Frau und Kindern – nun war noch ein viertes gekommen, eine Tochter – in das Haus in East Meadow, aber er sorgte dafür, daß die Hecke niedrig gestutzt blieb, und ließ an der Vorderfront helle Lampen anbringen, damit sich Gunmen nicht auf die Lauer legen konnten.

Die Gerüchte über das Komplott gegen Gambino und Lucchese machten rasch die Runde durch die Unterwelt, und bald gab es auch in den Zeitungen Hinweise darauf. In den Berichten, höchstwahrscheinlich Resultate polizeilicher Tonbandmitschnitte von Telefongesprächen, wurden Joseph Magliocco und Joseph Bonanno als die Verdächtigen genannt. Die Presse meldete auch, die Profaci-Organisation stehe nun unter der Führung Joseph Colombos, eines Unterführers Maglioccos, der laut Ansicht der Behörden vermutlich Gambino und Lucchese gewarnt hatte.

Während des Sommers und Herbstes 1964 erhielt Bill mehrere Mitteilungen, daß die Kommission seinen Vater zu erreichen wünsche. Aber Bonanno senior war ständig unterwegs, er reiste mit Leibwächtern zwischen Kalifornien und Arizona, Wisconsin, New York und Kanada hin und her. Nicht nur die Gefahr, daß er auf der «Abschußliste» stehe, bewog ihn, auf der Tour zu bleiben. Er versuchte auch, dem Scheinwerferlicht der Regierungsnachforschungen im Rahmen der großangelegten Anti-Mafiakampagne zu entgehen, die nach Joseph Valachis Aussagen vor dem Senat gestartet worden war. Valachi hatte während der Voruntersuchung – die übrigens sogar im Fernsehen übertragen wurde – 1963 Bonanno besonders herausgestrichen; Bonanno sei es gewesen, der ihn in die Mafia eingeführt hatte. Sie hatten sich die Finger geritzt und das Blut vermischt zum Zeichen ihrer Einheit. Diese Zeremonie hatte wahrscheinlich schon vor vielen Jahrzehnten stattgefunden, und Bonanno hatte seit damals kaum mehr Notiz von Valachi genommen als ein Armeegeneral von einem seiner Soldaten, aber Valachis Enthüllungen über die Geheimgesellschaft und Bonannos Verbindung zu dem Verräter waren für Bills Vater äußerst peinlich.

Nach seiner Ausweisung aus Kanada gegen Ende Juli kehrte Bonanno für kurze Zeit nach Tucson zurück, dann tauchte er wieder in New York auf. Er hielt Geheimversammlungen mit seinen Funktionären ab, konferierte inoffiziell auch mit Vertretern der Kommission und erklärte sich bereit, auch mit Kommissionsmitgliedern selbst zusammenzutreffen. Aber es kam nie zu einer Vereinbarung über Termin und Ort, denn auf beiden Seiten herrschten Furcht und Mißtrauen gegen einen möglichen Hinterhalt. Während des Herbstes 1964 machte Bonanno auch den Versuch, mit Di Gregorio Kontakt aufzunehmen. Einmal erreichte er ihn telefonisch, aber sein alter Freund gestand ihm unter Tränen, nach Weisungen der Kommission dürfe er Bonanno nicht sehen.

Einige von Bonannos Leuten wollten Di Gregorio wegen dessen Treulosigkeit beseitigen, aber der Don lehnte dieses Ansinnen energisch ab. Damit wäre gar nichts getan, sagte er, und Di Gregorios Verhalten stimmte ihn eher traurig als zornig. Sie hatten einander fast ein ganzes Leben lang gekannt, waren im selben Jahr auf Sizilien zur Welt gekommen und hatten als junge Männer gemeinsam in den Brooklyner Fehden gekämpft. Bonanno beschuldigte Magaddino, diese Freundschaft zerstört zu haben. Magaddinos Eifersucht, das alte Erbübel so vieler Sizilianer, hatte in späteren Jahren allmählich auf Di Gregorio übergegriffen. Es lag keine Logik darin, aber es gab auch kein Heilmittel dagegen.

Bonannos Veto gegen jene radikalen Mitglieder, die Di Gregorio an den Kragen wollten, war eine der letzten Entscheidungen, die er 1964 traf. Einige Tage später war er mit seinem Anwalt Maloney zum Abendessen verabredet.

5

Nach Bills einsamem Weihnachtsabend auf dem Times Square und seinem spontanen Entschluß, einer freudlosen deprimierenden Feiertagswoche in New York zu entfliehen, war er fast drei Tage und drei Nächte unterwegs nach Arizona. Am 28. Dezember 1964 mittags erreichte er bei klarem, mildem Wetter den Stadtrand von Tucson und mietete sich im Spanish Trail Motel ein. Er befand sich in Begleitung seines Hundes und des jungen Mannes, der mitgekommen war, um ihn zeitweise am Steuer abzulösen, ein Verwandter jenes Vito De Filippo, der laut Angaben der Behörden als Funktionär Joseph Bonannos ein Spielkasino in Port-au-Prince auf Haiti leitete.

Die Fahrt über eine Strecke von 4500 Kilometer hatte Bill nicht ermüdet. Im Gegenteil, er sprühte vor Energie und guter Laune, schon deshalb, weil er froh darüber war, daß er wieder in Tucson war, weit weg von New York. Er wußte auch schon, was er als erstes nach seiner Ankunft tun wollte: er würde geradewegs ins Zentrum fahren, bestimmte Orte und Menschen wiedersehen und die vertraute Stimmung dieser Kleinstadt genießen, in der er sich einst so heimisch gefühlt hatte. Selbst nun, nach allem, was geschehen war, zweifelte er nicht daran, daß er durch die Hauptstraßen von Tucson gehen und alte Bekannte begrüßen konnte. Wenn ihn die Polizei nicht anhielt, würde er weiterhin ein freier Mann bleiben. Er glaubte nicht, daß die Durchschnittsbürger der Stadt gegen ihn waren, nicht einmal jene wenigen Personen, die sich, wie es in den Berichten der lokalen Presse hieß, für die Vertreibung der Bonannos ausgesprochen hatten. Gewiß waren ihnen solche Äußerungen von Reportern in den Mund gelegt worden, sicherlich waren es vor allem die Zeitungsherausgeber, die gemeinsam mit Politikern und einem auf Publicity erpichten Polizeichef während der letzten Jahre die Hetzkampagne gegen die mißliebige Sippe ins Rollen gebracht hatten. Sie waren Heuchler, dachte er, besonders die Politiker und einige Priester. Er erinnerte sich daran, wie oft sie früher zu den erlesenen Dinners ins Haus der Bonannos kamen und kein einziges Mal nach dem Ursprung der Geldbeträge fragten, die sie rasch als großzügige Spenden an ihre Pfarrgemeinden einsteckten.

Schon der Gedanke allein erbitterte ihn, und daran merkte er, daß er jede Brüskierung in Tucson als persönliche Beleidigung aufgefaßt hatte. Was in Phoenix, in Flagstaff, in New York oder sonstwo in Amerika über die Bonannos gesagt oder geschrieben worden war, kümmerte ihn nicht weiter. Aber sein Ruf in Tucson erschien ihm als ein Gradmesser für sein Ehrgefühl und seine Selbstachtung. Diese Stadt war von Kindheit an, zwanzig Jahre lang, seine einzige wirkliche Heimat gewesen. Hier war er zur Schule gegangen, hatte Freundschaften geschlossen und *wollte* glauben, daß diese Freunde nicht Alarm schlagen würden, sollte er nun durch die Straßen von Tucson gehen. Aber vorläufig würde er sich hüten, seine Beliebtheit zu testen.

Als Bill sein Zimmer im Motel bezogen hatte, machte er Pläne: er wollte seinen Bruder sehen, am Abend seinen Besitz abfahren und mit Geschäftspartnern seines Vaters Verbindung aufnehmen. Einer der ersten, den er telefonisch erreichte, war Charles Battaglia, der in den Polizeiakten als Joseph Bonannos engster Vertrauter in Tucson aufschien. Battaglia besuchte Bill unauffällig im Motel, und sie verbrachten mehrere Stunden zusammen. Nachher war Bill zu müde, um noch auszugehen. Nun erst spürte er die Strapazen der Reise. Deshalb ging er bald zu Bett.

Er schlief bis in den nächsten Vormittag, frühstückte mit seinem

Begleiter, dann ging er mit dem Hund ins Freie. Es herrschte wieder schönes Wetter. In der klaren Atmosphäre und Weiträumigkeit dieser Wüstenstadt fühlte sich Bill am wohlsten, das kam ihm nun neuerlich zum Bewußtsein. Während er den Hund laufen ließ, überlegte er, ob es schwierig sein würde, seinen Bruder zu erreichen. Er hatte ihn sehr lange nicht gesehen, aber nach allem, was er hörte, war Joe junior noch genauso exzentrisch wie eh und je. Man sagte, der jüngere Bonanno-Sohn ziehe mit allerlei seltsamen Gestalten zwischen Phoenix und Tucson herum – langhaarigen Popmusikern, Bronco-Reitern, Rennfahrern und TV-Darstellern. Jeder, der auch nur ein bißchen «anders» war, machte auf seinen Bruder Eindruck, und Joe seinerseits gefiel solchen Typen, weil er gut aussah, ein verrücktes Haus war und sofort bei jedem Blödsinn mitmachte. Joe war für alles zu haben, womit man Aufmerksamkeit erregen konnte.

Bill erinnerte sich, wie sein kleiner Bruder als Kind während eines Familienausfluges am Rand der Niagarafälle umhersprang und fast in den Abgrund gestürzt wäre. Als Dreijähriger versteckte er sich einmal in einem Kühlwagen und wäre erfroren, hätte ihn der Fahrer nicht zufällig entdeckt. Zum Entsetzen seiner Mutter brachte Joe herrenlose oder draußen in der Natur aufgestöberte Tiere nach Hause, einmal einen Hamster, dann wieder einen jungen Luchs oder sogar Würmer, die er in das Wasser des Weihbrunnkessels steckte. In der Kadettenanstalt hielt es Joe junior nicht lange aus, er wechselte von einer Schule zur anderen und war nun wohl Collegestudent. Allerdings hatte Bill gehört, daß sein Bruder Pferde ausbilde und als Cowboydarsteller beim Fernsehen beschäftigt sei. Eine der NBC-Serien sollte etwa 25 Kilometer westlich von Tucson gedreht werden, und Bill lächelte bei dem Gedanken an Produzenten, die in einem New Yorker Vorführraum saßen, Szenen mit wilden Feuergefechten in aufwirbelnden Staubwolken begutachteten und keine Ahnung hatten, daß einer der Platzpatronen verschießenden Revolverhelden «Joe Bananas» jüngerer Sohn war.

Versonnen ging Bill mit dem Hund weiter die Straße entlang, dann blieb er plötzlich stehen und wandte sich rasch um. Er war darauf gefaßt, daß jemand hinter ihm stand oder ihn mit dem Fernglas vom Dach des Motels aus beobachtete. Aber er sah keinen Menschen. Nirgends tauchten Passanten auf, niemand saß in dem geparkten Wagen, an dem er vorbeikam, und dennoch war er sicher, daß er überwacht wurde; in solchen Situationen vertraute er seinem Spürsinn. Ohne eine Bestätigung seines Verdachts abzuwarten, marschierte er schnurstracks zum Motel zurück.

Sein Zimmer fand er so vor, wie er es verlassen hatte, das TV-Gerät war noch immer eingeschaltet. Im Nebenraum saß der Begleiter und las die Morgenzeitung. Bill berichtete ihm von seinen Vermutungen. Dann beschloß er, die Probe aufs Exempel zu machen. Er wollte sich eine Weile vor dem Motel herumtreiben, ganz demonstrativ, so daß er nicht übersehen werden konnte. Wenn man ihn beobachtete oder suchte, würde er es bald merken.

Es war eine sonderbare spontane Regung. Zuerst wunderte er sich selbst und fragte sich, ob ihn die Rückkehr nach Arizona nachlässig oder unvorsichtig gemacht hatte. Aber dann sagte ihm nüchterne Überlegung, es sei zwecklos, sich noch länger zu verstecken. In New York war es notwendig gewesen, spurlos unterzutauchen, besonders nach dem Verschwinden seines Vaters vor mehr als zwei Monaten. Damals war es eine Verpflichtung, auf freiem Fuß zu bleiben, um den Kampfgeist der Bonanno-Soldaten und -Captains zu stärken und die schleifenden Zügel der Organisation zu ergreifen, soweit es erforderlich war. Aber nun hatte sich die Situation geändert. Wie verlautete, war Joseph Bonanno am Leben, und Bill selbst blieb bis zur Rückkehr seines Vaters nichts zu tun übrig. Falls ihn das FBI oder die Polizei von Tucson entdeckt haben sollte, war das kein Unglück, denn sie konnten ihm kein Verbrechen nachweisen. Man konnte ihn höchstens belangen, weil er sich versteckt gehalten hatte; und wenn er gezwungen wäre, Gründe dafür anzugeben, blieb ihm immer noch die Möglichkeit zu erklären, die Drohungen, über die in der Presse berichtet wurde, hätten ihn eingeschüchtert.

Ruhig ging er von seinem Zimmer im Hintertrakt des weitläufigen Motels bis zum Portal vor und dann auf die Straße. Sein Freund begleitete ihn. Ins Gespräch vertieft, standen sie einige Minuten in der Sonne. Mit einem Seitenblick bemerkte Bill in der Nähe einen Friseurladen, und da er fand, eigentlich habe er einen Haarschnitt nötig, trat er ein. De Filippos Neffe folgte ihm. Der kleine Salon war im Moment kaum frequentiert; der weißhaarige Friseur bat ihn lächelnd, Platz zu nehmen.

Bill sah im Raum kein bekanntes Gesicht. Er holte eine Zeitschrift und setzte sich in den Stuhl. Sein Freund postierte sich an der Tür.

«Auf Besuch hier?» fragte der Friseur freundlich, während er dem Kunden ein weißes Tuch um die Schultern legte. Bill nickte.

«Wollen Sie länger bleiben?»

«Schon möglich, wenn es mir hier gefällt», sagte Bill.

Eine Maniküre kam heran, aber Bill schüttelte den Kopf, blätterte weiter in dem Magazin und warf immer wieder einen Blick auf den großen Spiegel, durch den man auf die Straße sah. Ein Wagen fuhr vor, dann noch einer, schließlich ein Polizeiauto. Zwei weitere Polizeifahrzeuge folgten, auch Presseautos, aus denen Fotografen stiegen.

«Was ist denn da draußen los?» fragte einer der Friseure.

Der Mann, der Bill bediente, wandte sich zum Fenster und pfiff leise durch die Zähne, klappernd schwebte die Schere über dem Kopf des Kunden. Bill schwieg. Nun tauchte Kermit Johnson auf, ein lokaler

FBI-Beamter, den er von früher her kannte. An der Spitze einiger ernst blickender Männer in Zivil betrat er den Laden. Bill zwang sich zu einem Lächeln, winkte ihm zu und rief: «Hallo, Kermit!»

Johnson schien von dieser Geste der Vertraulichkeit peinlich berührt, aber er ließ sich nichts anmerken und erwiderte: «Hallo, Bill. Was gibt's Neues?» Einen Moment blieb er unschlüssig vor dem Stuhl stehen, der Friseur blickte ihn an und sagte: «Es dauert nicht lange, Sir. Sie kommen gleich dran.»

Der FBI-Agent faßte Bill fest ins Auge und fragte: «Wissen Sie, warum ich hier bin?»

«Ja», erwiderte Bill halblaut. «Kann ich mir wenigstens die Haare fertigschneiden lassen, oder wollen Sie eine dramatische Gangsterfilm-szene hinlegen?»

«Fällt mir nicht ein», konterte Johnson. Dann etwas mißtrauisch: «Sind Sie bewaffnet?»

«Reden Sie doch keinen Unsinn, Kermit», antwortete Bill mit betont unschuldiger Miene.

Allmählich wurde der Friseur nervös. «Verzeihen Sie», meinte er schließlich, auf die Schar von Polizisten und Fotografen weisend, die sich auf dem Gehsteig versammelten. «Was haben alle diese Herren da drau-ßen vor?»

«Diese Herren warten auf mich», sagte Bill gleichmütig.

Im ersten Moment war der Friseur sprachlos, bis er begriff. Dann begannen seine Hände so stark zu zittern, daß er die Schere fast fallen ließ.

Bill wurde in das Sheriffbüro von Pima County gebracht und auf Grund eines bundesrichterlichen Befehls aus New York in Haft genommen. Sofort wurde ihm eine Subpoena erteilt: Sie verpflichtete ihn, vor dem Geschworenengericht in Manhattan zu erscheinen, das die Nachfor-schungen über das organisierte Verbrechen und die Entführung Joseph Bonannos durchführte. Außerdem wurde eine Kaution in Höhe von 25 000 Dollar festgesetzt, die bis zu Bills Aussagen in Verwahrung der Justizbehörden bleiben würde. Bill mußte auch die Summe von 215 Dollar, die er in bar bei sich trug, ausfolgen, ebenso seinen Cadillac, Baujahr 1964, dessen Wert bei dem wegen Steuerrückständen gepfände-ten Realbesitz in Arizona in Rechnung gestellt wurde. Bevor Bill die Gefängniszelle betrat, in der er zwei Tage verbringen sollte, schüttelte er den Polizisten die Hand und winkte den Fotoreportern lächelnd zu. Wie sein Vater war er entschlossen, nicht den Eindruck eines verbissen vor sich hinstarrenden, schuldbewußten Kriminellen zu machen, wie sie es sicherlich erwarteten.

Am Morgen des 5. Januar 1965 stieg Bill Bonanno über die Steintreppe des wuchtigen grauen Bundesgerichtsgebäudes in Manhattan empor, um der Vorladung des Tribunals Folge zu leisten. Er war tadellos gekleidet, trug einen dunklen Anzug mit weißem Hemd und gestreifter Seidenkrawatte, seinen blauen Kaschmirmantel und einen neuen grauen Hut. Außerdem hatte er den Schnurrbart abrasiert, er brauchte diese Maskierung nicht mehr. Als er den Bau betrat, war er weder nervös noch ängstlich, sondern ganz ruhig, ja erleichtert, daß die Dinge schließlich eine Lösung fanden, und zuversichtlich, daß er sich vor Gericht richtig verhalten werde. Das Wochenende hatte er damit verbracht, seinen Fall genau zu überlegen und sich darüber klar zu werden, welche der Fragen, mit denen er rechnen mußte, er beantworten würde und welche nicht. Er war innerlich auf die Konsequenzen vorbereitet, wenn die Jury zu dem Schluß kommen sollte, er verschweige zu viel. Er mußte klug sein und nicht zuviel und nicht zuwenig aussagen.

Bill wurde von seinem Anwalt Albert J. Krieger begleitet, einem der besten jungen Strafverteidiger von New York. Krieger war ein breitschultriger Mann Anfang der Vierzig; er trug eine Hornbrille und hatte nach dem Vorbild des Schauspielers Yul Brynner den Kopf völlig kahlgeschoren. Aber in einem Gerichtssaal hatte er gar nichts Theatralisches an sich. Die Richter schätzten ihn, denn er vermied dramatische Gesten, langatmige Rhetorik oder Taktiken, die nur den Gang der Verhandlung hemmten; er war immer sattelfest und nahm prompt jeden rechtlichen Vorteil wahr, was sehr zu seinem Ansehen unter seinen Berufskollegen beitrug. Bill war sehr froh, daß ihm Krieger zur Seite stand.

Als sie auf den Lift zugingen, kamen Fotografen, Blitzlichter zuckten auf, Reporter fragten:

«Ist Ihr Vater am Leben?»

«Wo, glauben Sie, hält er sich verborgen?»

Bill ging schweigend weiter, ohne sich um die Journalisten zu kümmern, und Krieger erklärte mit ablehnendem Kopfschütteln: «Weder mein Klient noch ich haben im Moment etwas zu sagen. Wir werden keinerlei Kommentar abgeben.»

Im Gerichtssaal im 14. Stockwerk, der für die Presse geschlossen war, wurde es Bill sehr rasch klar, daß der Staat viel Zeit und beträchtliche Summen darauf verwandt hatte, ihn auszuforschen, und die Gründlichkeit, mit der diese Erhebungen durchgeführt worden waren, nötigte ihm eine gewisse Bewunderung ab. Es überraschte ihn nicht, daß die Polizei seine illegale Tätigkeit sondiert hatte und beweisen konnte, daß er zu der Organisation seines Vaters gehörte oder daß sie von seinem Versteck in Queens wußte (die genaue Lage war noch nicht bekannt). Worüber er vielmehr erstaunt war, war die Genauigkeit, mit der man sein Privatleben durchleuchtet hatte. Diese Erkenntnis beunruhigte Bill. Aus den Fragen, die ihm gestellt wurden, ging klar hervor, daß die Behörden über seine Liaison Bescheid wußten, über seine Schwierigkeiten mit Rosalie, seine Probleme als junger Mann und im College, seine geschäftlichen Unternehmungen wie auch über seine Flugausbildung in Tucson, die manche Vertreter der Staatsanwaltschaft auf den Verdacht brachte, er habe während der letzten Monate seinen Vater von einem seiner geheimen Aufenthaltsorte zum nächsten geflogen.

Während er dies abstritt, ging ihm durch den Kopf, daß er sich für eine allfällige Flucht per Flugzeug als Pilot fit halten sollte. In fast allen seinen Aussagen war er so aufrichtig als möglich, er gab beispielsweise zu, daß er Sam Giancana kannte. Stefano Magaddino bezeichnete er als «entfernten Vetter». Er weigerte sich, zu Protokoll zu geben, ob er je mit Carlo Gambino oder Thomas Lucchese in Verbindung gestanden habe, und erklärte, er sei Vito Genovese nie begegnet. Ferner sagte er aus, seine Geschäftsinteressen in New York lägen in der Realitätenbranche, und in der Tasche hatte er Visitenkarten, auf denen seine Position als geschäftsführender Vizepräsident der «Republic Financial Corporation» angeführt war. Nein, er habe keine Ahnung, wo sich sein Vater befinde oder ob dieser überhaupt noch lebe. Er könne keine Aufschlüsse über das Verschwinden seines Vaters geben, außer der Tatsache, daß er es war, der am 18. Dezember Maloney angerufen habe, um ihm mitzuteilen, daß Joseph Bonanno am Leben sei.

Bill stellte sich auf den Standpunkt, die Gespräche mit Maloney seien juristisches Berufsgeheimnis und fielen unter die Schweigepflicht des Anwalts. Er ging von der Erwägung aus, Maloney habe zum Zeitpunkt des Anrufs nicht nur als Anwalt von Bonanno senior, sondern auch als Rechtsvertreter Bills und dessen Schwester Catherine fungiert, die ebenfalls zu Aussagen vor Gericht aufgefordert worden war. Was die Tochter Joseph Bonannos betraf, wurde Maloneys Stellung nicht angefochten. Er legte auch ärztliche Gutachten vor, daß Catherines Kinder an Angina litten und daß sie selbst wegen verschiedener innerer Beschwerden und Nebenhöhleneiterung in Behandlung stehe und daher nicht als Zeugin erscheinen könne. (Daraufhin gab der Richter einem anderen Arzt in Kalifornien den Auftrag, Catherine nochmals zu untersuchen und zu überprüfen, ob sie in der Lage sei oder nicht, nach New York zu kommen.) Aber die juristischen Erörterungen über Bills Beziehung zu Maloney zogen sich tagelang hin. Während dieser Zeit wurden einige weitere Entwicklungen im Fall des verschollenen Don publik.

Von der Nachrichtenagentur Italia in Rom kam die Meldung, man vermute, Joseph Bonanno halte sich auf Sizilien verborgen. Die Agentur, die sich auf Informationen von ungenannten Gewährsmännern innerhalb des Polizeiapparates bezog, erklärte, das FBI führe nun auf der Insel eine Fahndungsaktion durch, und ließ durchblicken, Bonanno sei unter falschem Namen auf einem panamesischen Handelsschiff aus den USA ausgereist und habe die sizilianische Küste auf einem Fischkutter erreicht.

Außerdem wurde über ein Treffen von Unterweltlern berichtet, die in einem Restaurant in Long Island zusammengekommen waren, um die Situation im Zusammenhang mit Bonanno zu besprechen, unter ihnen Sam Giancana aus Chicago, Thomas Eboli, dem Vernehmen nach Oberhaupt der Genovese-Organisation während der Haft des Bosses, und Carmine Tramunti, ein Funktionär der Lucchese-Familie. Am Abend dieser Versammlung war das Lokal in Cedarhurst für andere Gäste geschlossen, was zur Folge hatte, daß der Besitzer sowie andere Personen Subpoenas erhielten.

Obwohl ihre Aussagen keine wesentlichen Hinweise oder Aufschlüsse ergaben, fanden dieses Treffen und ähnliche Zusammenkünfte im Jahr 1965 ein reges Presseecho. Das organisierte Verbrechen versorgte die Massenmedien wieder einmal mit Schlagzeilen, und die Aufmerksamkeit der Öffentlichkeit konzentrierte sich dauernd auf Männer wie Sam Giancana, der einst ungehindert zwischen fashionablen Spielcasinos und Zentren des Nachtlebens in den USA und im Ausland hin- und hergereist war, ohne daß ihn Detektive behelligt und ihm Fragen gestellt hätten. Doch nun lief die Berichterstattung über die Mafia auf Hochtouren, ein Trend, welcher der intensivierten Anti-Mafiakampagne entsprach, die ursprünglich im Justizministerium unter der Ägide Robert F. Kennedys begonnen hatte und der nun auch J. Edgar Hoover seinen Segen gegeben hatte. Deshalb hatten Giancana und andere vermutliche Dons so gut wie kein Privatleben mehr. Fast alles, was sie taten, wurde beobachtet und der Presse mitgeteilt, und diese Publicity betraf nicht nur sie selbst, sondern jeden, mit dem sie öffentlich gesehen wurden. Giancanas Beziehungen zu Frank Sinatra, besonders sein Aufenthalt in Sinatras «Cal-Neva Lodge» am Tahoe-See und sein sonstiges Auftauchen in der Umgebung des Sängers, führten zu einem Rechtsstreit zwischen «Frankieboy» und den Behörden von Nevada und gaben, wie man annahm, den Ausschlag für Sinatras Entscheidung, seine Anteile an der «Cal-Neva Lodge» und einem Motel in Las Vegas zu verkaufen. Aber die Überwachung des schlanken, stets eleganten Sam Giancana ging weiter, sie erstreckte sich sogar auf den Golfplatz, wo ihm Detektive vom Abschlag bis zum Grün folgten, was ihn veranlaßte, bei einem Gericht in Chicago eine Klage einzubringen. Der Richter wies die Beamten an, zumindest ein Viererspiel hinter Giancana zurückzubleiben, aber ein Bundesberufungsgericht revidierte später die Überwachungsbeschränkungen der ersten Instanz.

Mittlerweile hatte der Oberste Gerichtshof die Berufung der Familie

Al Capones wegen Einbruchs in die Privatsphäre im Zusammenhang mit ihrer Klage gegen die CBS-Fernsehserie ‹The Untouchables› (Die Unberührbaren), eine Dramatisierung der Aktionen Al Capones während der großen Gangsterära Chicagos, abgewiesen. Aber Al Capones achtundvierzigjähriger Sohn Albert Francis Capone junior aus Fort Lauderdale in Florida setzte eine Namensänderung auf Albert Francis durch mit der Begründung, der Ruf seines Vaters stelle ihn selbst wegen belangloser Vergehen ins unbarmherzig grelle Rampenlicht der Öffentlichkeit.

Auch Bills Bruder Joseph änderte seinen Namen, zwar nicht offiziell oder auf Dauer, sondern wenn es die jeweilige Situation zu erfordern schien, um seine Mitwirkung bei TV-Western und Rodeos zu sichern oder um Verträge für junge Musikgruppen abschließen zu können, die er manchmal managte. Dennoch erhielt auch er im Januar 1965 eine Subpoena, um über das Verschwinden seines Vaters auszusagen, und sein Foto erschien in der New York Times und anderen Zeitungen. Joseph Bonanno junior blieb einen Tag in New York, er hatte dem Gericht oder der Presse keine Erklärungen abzugeben und lächelte nicht, als ihm die Fotografen ins Gesicht blitzten, als er vor der Tür des Gerichtssaals wartete. Nachdem von weiteren Einvernahmen Abstand genommen wurde, kehrte er ohne Aufsehen ans Phoenix Junior College zurück.

Während des Januar und des Februar mußte Bill einundzwanzigmal vor Gericht erscheinen. Die ganze Zeit über beharrte er auf seinem Standpunkt: Was er am Telefon Maloney mitgeteilt habe, sei nur für den Anwalt in seiner Eigenschaft als Rechtsbeistand bestimmt gewesen, und die Geheimhaltung solcher Informationen sei gesetzlich zulässig. Aber die Staatsanwälte waren anderer Meinung, und ihr Wortführer, der Stellvertretende Bundesstaatsanwalt Gerald Walpin, betonte: «Die bisher unbeantworteten Fragen sind von wesentlicher Bedeutung für unsere Bemühungen zu erfahren, was mit Joseph Bonanno geschehen ist und wo er sich aufhält.»

Bill blieb fest. Er hatte bereits einen großen Fehler begangen, indem er die Warnung «Schlagen Sie keine Wellen, tun Sie nichts» mißachtet und Maloney angerufen hatte; er fürchtete, seinen Vater noch größerer Gefahr auszusetzen, wenn er den Rat wieder ignorierte und den Inhalt des Gesprächs in der Telefonzelle und des Anrufs bei Maloney bekanntgebe. Deshalb verharrte er bei seinem Schweigen, während die Untersuchungsbehörde immer ungeduldiger wurde und schließlich dem Richter Charles H. Tenney die Frage stellte, was nun zu unternehmen wäre.

Am 1. März fällte Tenney seine Entscheidung: zum Zeitpunkt des Anrufs im Dezember habe zwischen Bonanno junior und Maloney keine Beziehung des Anwalts zum Mandanten bestanden, daher werde Mr. Bonanno aufgefordert, dem Gericht alle das Gespräch betreffenden Informationen zu geben. Dem Richter in die Augen blickend, erwiderte Bill: «Bei aller schuldiger Achtung vor dem Gericht verweigere ich auf Grund der Beziehung zwischen Anwalt und Mandanten die Aussage.» Plötzlich sehr ungehalten, belangte Tenney Bill wegen Mißachtung des Gerichts und verfügte dessen sofortige Haft auf unbestimmte Zeit unter Ablehnung einer Kaution bis zur Berufung.

Bill zeigte keinerlei Gemütsregung, als er von Gerichtsbeamten aus dem Saal zum Lift geführt und ins Erdgeschoß gebracht wurde, wo in einem großen, schwach beleuchteten Raum einige mit Handschellen gefesselte Häftlinge auf den Abtransport ins Gefängnis warteten. Bill wurde einer Leibesvisitation unterzogen, ein Wächter nahm ihm die Armbanduhr, den Ring, das Taschentuch und andere Effekten ab und fertigte eine Bestätigung aus, die Bill unterschrieb. Dann wurde er mit Handschellen an einen ins Leere starrenden großen Neger mit Gesichtsnarben geschlossen. Der Neger sagte nichts, er blickte Bill nicht einmal an, als sie zusammengekettet waren.

Bald mußten sie mit den anderen antreten, durch einen Korridor und über eine Rampe marschieren und einen Bus besteigen. Die Fahrt über die engen, gepflasterten Straßen Manhattans verlief langsam und holpernd. Bill blickte aus dem Fenster, scharenweise waren die Menschen auf dem Heimweg von der Arbeit, sie drängten in die U-Bahn-Stationen oder winkten Taxis heran. Die anderen Häftlinge achteten nicht darauf, was auf der Straße vorging. Sie sahen zu Boden oder geradeaus, und Bill vermutete, daß sie schon öfters solche Fahrten gemacht hatten.

Viele der Gefangenen waren Neger, einige waren Puertoricaner. Die wenigen Weißen hatten harte, vorzeitig gealterte Gesichter und eingesunkene Augen, Gestalten, wie man sie häufig im Elendsviertel der Bowery sieht, aber diese Männer hatten keine nervösen Zuckungen, ihre Hände waren stark und ruhig, Hände von Safeknackern. Wahrscheinlich waren die meisten von ihnen kleine Diebe und Rauschgiftverteiler, Zuhälter und Lotterieschlepper, Sittlichkeitsverbrecher und vielleicht sogar Mörder. Bill bemerkte an ihnen keine ausgeprägten Charakterzüge. Zweifellos gehörten sie zur großen anonymen Masse der Kriminellen, die in den Statistiken dominieren, sich aber nie als einzelne einen Namen machen. Bill war der einzige Gutgekleidete im Bus. Die übrigen trugen ausgefranste Hemden ohne Krawatten, schäbige Sakkos oder Lederjakken zu ausgebeulten Hosen und vertretenen Schuhen und saßen zusammengesunken auf den Sitzen, müde und hoffnungslos, ein Haufen von Verlierern, wenn das Spiel aus ist.

Der Bus bog in die West Street am Hudson River ein, in ein Viertel von Lagerhäusern, Verladerampen und Fernlastzügen, die über Nacht unter der Fahrbahnbrücke parkten, auf der noch immer reger Verkehr in beiden Richtungen herrschte. Schließlich hielt der Wagen vor einem klobigen Steinbau, der wie ein Magazin aussah, aber das Gefängnis war. In der Dunkelheit konnte Bill das Gebäude nicht deutlich ausnehmen. Er hörte vor dem Bus eine Wache rufen, hörte die klickenden Geräusche der Handschellen, als die Häftlinge zu zweit ausstiegen, dann ging er mit seinem zufälligen Schicksalsgenossen durch das große Stahltor, das sich mit metallischem Rasseln hinter ihnen schloß.

Sie kamen durch kleine Gelasse mit vergitterten Fenstern in einen großen Raum. Dort nahm man ihnen die Handschellen ab, und sie mußten sich an der Wand aufstellen. Stehend warteten sie mindestens eine Stunde, während die Wächter und ein Gehilfe die neueingelieferten Häftlinge genau unter die Lupe nahmen. Jeder mußte sich völlig entkleiden. Einige Aufseher überprüften die Schuhe, besonders die Absätze, die Höhlungen für Rauschgift enthalten konnten, andere sondierten bei den Häftlingen zwischen den Zehen und den Zähnen, in den Ohren, dem After und unter dem Hodensack. Die Schuhe erhielten sie wieder zurück, aber die Kleidung blieb für die Haftdauer konfisziert. Dafür wurden Kittel und Hosen aus Baumwollköper ausgegeben, und in Schuhen, aber ohne Socken, wurden die Männer in das Büro geführt. Dort mußten sie den Beamten ihre persönlichen Daten für die Akten angeben, dann erfolgte die Registrierung der Fingerabdrücke und die ärztliche Untersuchung. Schließlich wurden sie durch die Kammer geschleust, wo jeder Häftling einen Kissenüberzug und ein Leintuch für die Zellenpritsche erhielt.

Bill bemerkte, daß mehrere Sträflinge den Gefängnisbeamten bei den Aufnahmeformalitäten halfen. Die Schreibkräfte, ebenso die Sanitätsgehilfen und die Männer in der Materialkammer waren Häftlinge. Sie wirkten lebhafter und aufgeschlossener als die Gruppe, mit der Bill eingeliefert worden war, und er vermutete auch, daß ihnen ihre Positionen eine gewisse Macht über die anderen Insassen verliehen. Aber am meisten wunderte er sich darüber, wie respektvoll sie ihn behandelten. Als er durch die Reihen ging, waren sie betont aufmerksam, einige lächelten ihm zu, und ein Häftling – in einer Zelle nahe beim Korridor – rief ihm zu: «Bill, wir haben gehört, daß Sie uns besuchen werden.» Der Mann kam ihm irgendwie bekannt vor, ein Fünfziger mit ungewohnt gesunder Gesichtsfarbe und einer Ausstrahlung von heiterer Gelassenheit, als sei er kein Sträfling, sondern ein angesehener Gast.

Im Weitergehen erwiderte Bill den Gruß. Er mußte hinauf in den 2. Stock, ins Büro des Oberaufsehers, der die Zellen zuteilte. Bill wurde im besonders abgesicherten Spezialtrakt untergebracht, dem Sektor für Schwerverbrecher. Ein Wächter begleitete ihn und schloß leise die Stahltür, als Bill die Zelle betreten hatte. Der Raum war stärker mit Stahl armiert als andere, die er gesehen hatte, und lag in einer äußersten Ecke bei einer Treppe. Es war ein kleines, feuchtes, beengendes Gelaß mit einer Pritsche auf der einen Seite und einer Toilette und einem winzigen Waschbecken auf der anderen. Die Nebenzelle stand leer. Es herrschte völlige Stille.

Einige Sekunden blieb Bill wie angewurzelt stehen, aber bald fühlte er die Kälte, die durch die Schuhe in seine nackten Füße drang. Er setzte sich an die Kante der Pritsche. Nun war es wohl etwa 8 Uhr abend. Er war hungrig; seit Mittag hatte er nichts gegessen. Er hörte den Widerhall von Stimmen in fernen Korridoren, zusammen mit dem metallischen Klang schwerer Türen, die geöffnet und wieder geschlossen wurden. Er blieb sitzen, vielleicht eine Stunde lang, während ihm bewußt wurde, wo er sich befand. Er konnte es fast nicht glauben und dachte daran, wie Rosalie die Nachricht aufgenommen haben mochte, daß er im Gefängnis sei. Als er morgens das Haus in East Meadow verlassen hatte, war anzunehmen, daß er bis zum Abend zurückkehren werde, wie immer, seitdem er vor zwei Monaten zum erstenmal vor Gericht erschienen war. Weder er selbst noch Krieger hatten erwartet, daß er je in Haft genommen würde, ohne Kaution stellen zu können, um bis zum Berufungsentscheid auf freiem Fuß zu bleiben. Bill wußte, wenn er sich nicht bereit erklärte, die Fragen über die Telefongespräche zu beantworten, dann mußte er mit einer Haftdauer bis zum April 1966 rechnen, dem Termin für die Auflösung des Tribunals, das war mehr als ein Jahr. Krieger beabsichtigte zwar, sofort beim Bundesberufungsgericht den Antrag auf Festsetzung einer Kaution einzubringen, aber Bill war nicht optimistisch. Er hatte den Eindruck, die Behörden wollten ihn nun in die Zange nehmen, und erhoffte sich vom Gericht keine Vergünstigungen.

Er hörte näher kommende Schritte, dann sah er einen Wächter, der in seine Zelle blickte und ihm einige Zeitschriften und Zeitungen und einen Schokoladeriegel hinhielt.

«Das schickt Ihnen Harold.»

Bill antwortete nicht. Harold? Er war verblüfft, wollte aber nicht den Anschein erwecken, als kenne er einen Mann dieses Namens.

«Sie wissen schon – Harold. Sie haben ihn gesehen, als Sie herkamen», sagte der Wächter.

Bill erinnerte sich an einen feminin wirkenden Kerl unter den Sanitätsgehilfen, der hatte ihm zugelächelt. Dann fiel ihm der zugängliche Häftling in der Eckzelle ein, der ihm so bekannt vorgekommen war. Plötzlich wußte er, daß dieser Mann tatsächlich Harold hieß – Harold (Kayo) Konigsberg, genannt «der König der Wucherer». Bill war ihm vor Jahren kurz in New Jersey begegnet und hatte später in den Zeitungen gelesen, Konigsberg sei privilegierter Insasse eines Gefängnisses in Jersey. Die Wächter wurden sogar beschuldigt, sie hätten Frauen in die Zellen eingeschmuggelt. Der Gedanke, daß der unverwüstliche Harold sich offenbar auch das Leben hinter Gittern so gut als möglich einzurichten verstand, erheiterte ihn, aber er ließ sich nicht anmerken, daß er nun Bescheid wußte. Dankend nahm er die Dinge entgegen und war froh, als sich der Wächter wieder entfernte.

Die Sonderbehandlung, die man ihm zugestand, machte ihn äußerst mißtrauisch, auf keinen Fall würde er die Schokolade essen, obwohl er großen Appetit darauf hatte. Wenn die Feinde seines Vaters ihn im Gefängnis beseitigen wollten, gab es keine leichtere Methode als Gift. Immerhin konnten Konigsberg und die anderen, die sich so freundlich zeigten, einschließlich der Wächter, an einem «Kontrakt» der Kommission beteiligt sein. Bill hatte einmal gelesen, wie Gaspare Pisciotta, der angebliche Verräter und Mörder Giulianos, trotz größter Vorsichtsmaßnahmen im Kerker von Palermo an Gift gestorben war. Seine Mutter durfte ihm Essen bringen, er selbst konnte in seiner Zelle Kaffee machen und fütterte immer seinen zahmen Sperling, bevor er die Speisen verzehrte. Eines Tages klagte er dem Gefängnisarzt über Schmerzen in der Brust. Es wurde ein Vitaminkonzentrat verordnet, und Pisciotta gab einen Teelöffel voll davon in seinen Kaffee. Zwei Minuten später krümmte er sich in Qualen auf dem Boden; nach einer halben Stunde war er tot.

Bill legte die Schokolade beiseite und begann die Zeitungen zu lesen. Über ihn stand nichts darin, schon deshalb, weil das Untersuchungsverfahren in dieser Phase der Entwicklung für die Journalisten kaum mehr Aktualitätswert hatte. Aber morgen würde die Presse sicherlich über seine Inhaftierung berichten. Vielleicht hatte seine Verweigerung der Aussage bei den Entführern seines Vaters den Erfolg, den er sich davon erhoffte, nämlich daß sie Joseph Bonanno gut behandelten. Bill war sehr gespannt darauf, wie sich das Opfer, das er brachte, nach außen hin auswirken würde. Wenn sich nach einem oder zwei Monaten keine positive Reaktion zeigte, wenn er keinen Grund sah, hinter Gittern zu bleiben, und zu der Überzeugung kam, daß er mitten im Geschehen nützlicher sein könne, obwohl er praktisch jeden Tag vor Gericht verbringen müßte, dann brauchte er der Gefängnisleitung nur mitzuteilen, daß er zur Aussage bereit sei. Richter Tenney hatte ihm unter dieser Bedingung die sofortige Freilassung in Aussicht gestellt.

Die Justizbehörden maßen jenen Telefongesprächen eine Wichtigkeit bei, die ihnen, wie Bill wußte, keineswegs zukam. In den nächsten Monaten konnte er sich das Für und Wider gründlich überlegen. Mittlerweile würde er es im Gefängnis aushalten. Es kam ihm in den Sinn, daß dies zum gegebenen Zeitpunkt vielleicht nicht die schlechteste Lösung war. Die Situation bot ihm den Vorteil, daß er sich nicht verstecken, nicht dauernd fliehen mußte. Er konnte in Ruhe über seine Zukunft nachdenken. Das einzige Problem während der Haft bestand darin, immer auf der Hut zu sein, um am Leben zu bleiben.

Bill hörte ein Zischen hinter den Gitterstäben und blickte auf. Er sah einen hageren, nervösen, dunkeläugigen Sträfling, der ihm zuwinkte.

«Hast du was anzuziehen?» flüsterte der Mann.

Bill schüttelte den Kopf und sagte, er habe nur den Kittel, den er trage.

«Mal sehen, was sich machen läßt», erwiderte der Sträfling und fügte hinzu, er heiße Joe und sei mit einem Buchmacher der Bonanno-Organisation befreundet. Dann verschwand er lautlos über die Treppe zum 3. Stock.

Kaum eine halbe Stunde später kam Joe zurück. Er brachte frisch gewaschenes Unterzeug, ein Hemd und eine Hose aus grobem blauem Baumwolldrillich und ein Paar Wollsocken und war sofort wieder weg.

Die Denimgarnitur war etwas zu klein, paßte aber zur Not. Bill wollte nicht nur über den mysteriösen Joe, sondern über die ganze Lebensweise im Gefängnis mehr erfahren. Innerhalb dieser von dicken Mauern umschlossenen Welt gab es offenbar ein deutlich profiliertes Gesellschaftssystem mit seinen sozialen Abstufungen: Der Stärkere befahl, der Schwächere gehorchte, genau wie draußen. Bill würde sich umsehen. Aber er mußte vorsichtig sein, das durfte er nie vergessen. In den Kleidern wurde ihm wärmer, er fühlte sich etwas besser. Später wickelte er sich in die Decke und schlief rasch ein.

Zeitig am nächsten Morgen weckte ihn ein Wächter, der an das Gitter schlug. Während andere Häftlinge in einen Speiseraum geführt wurden, mußte Bill in der Zelle bleiben. Bald wurde ihm durch den Türspalt eine Tasse mit dem Frühstück zugeschoben. Es bestand aus Hafergrütze, Toast und Kaffee. Als er damit fertig war, blieb er wartend stehen, denn nun würde man ihn doch holen, damit er sich duschen und rasieren könne. Er wartete einige Stunden, aber niemand kam. Er hatte festgestellt, daß die Wasserspülung der Toilette nicht funktionierte und der Abfluß des Waschbeckens verstopft war, und wollte das dem Wächter mitteilen, aber dann beschloß er, sich erst genauer umzusehen, bevor er sich beschwere.

Fast der ganze Nachmittag verging, ehe ein Wächter auftauchte. Er hatte einen gefalteten Papierbogen in der Hand, blickte herein und sagte fast vertraulich: «Hören Sie, das ist keine gute Zelle, Sie haben's hier nicht sehr angenehm. Aber Sie brauchen nur dieses Formular auszufüllen und dem Gefängnisleiter zu sagen, daß Sie ein wenig besser untergebracht werden möchten . . .»

Bill sah den Wächter überrascht an, aber der Mann schien es ehrlich zu meinen. Daraufhin nahm Bill das Blatt und ging zu seiner Pritsche, ohne den gedruckten Text auch nur flüchtig durchzulesen. Er war sicher, wenn er unterschrieb, dann würde dieses Dokument irgendwie als Beweismittel gegen ihn verwendet werden, es könnte ihn schon an seinem ersten

Hafttag als sturen Querulanten abstempeln und sogar gewisse Strafen rechtfertigen, die man über ihn verhängen wollte. Es könnte sein, daß er diese Zelle gegen eine noch schlechtere eintauschte, sofern dies möglich war; daß er in einen Korrektionsraum eingewiesen wurde, um ihn mürbe zu machen oder inkriminierenden Versuchungen auszusetzen. Er wartete, bis der Wächter weg war, dann legte er das Formular auf einen Bord neben die Zeitungen und die ungeöffnete Schokoladepackung.

Das Abendessen war kaum genießbar, allerdings mußte Bill zugeben, daß ihm in seiner jetzigen seelischen Verfassung nichts geschmeckt hätte. Später kam Joe zur Zellentür, er brachte drei hartgekochte Eier in einer Papierserviette. Rasch schob er sie Bill zu, mit dem Bemerken, sie seien aus der Küche des Aufsichtspersonals, dann verschwand er. Bill bereute, daß er die Eier genommen hatte. Wenn er sie aß, konnte er sterben. Wenn nicht, könnte ihn ein Wächter damit ertappen, und dann wäre er wegen internen Schmuggels fällig oder müßte zumindest erklären, woher er sie hatte. Rasch zerdrückte er die Eier und warf sie in die Toilette. Er wartete, aber der Wächter kam nicht. Bill hegte den Verdacht, Joe sei ein Spitzel, er wußte, daß es in allen Gefängnissen solche Kerle gab, sie verschafften sich Erleichterungen dadurch, daß sie Mithäftlinge verpfiffen. Bill hielt es auch für möglich, daß in seiner Zelle eine Abhöranlage eingebaut oder eine verborgene Fernsehkamera auf ihn gerichtet war, aber an dieses Gefühl war er schon seit langem gewöhnt, es störte ihn nicht weiter.

Am nächsten Tag brachte der Wächter wieder ein Formular. Auch dieses unterschrieb Bill nicht, ebensowenig wie am dritten Tag. Es geschah ganz unpersönlich und automatisch: der Wächter steckte das Blatt durch die Gitterstäbe, Bill nahm es dankend entgegen und legte es auf den Bord zu den anderen. Aber nun empfand er es bereits als unerträglich, daß er seit seiner Einlieferung weder baden noch sich rasieren hatte können, und der Gestank seiner Exkremente und der faulige Geruch der Eier stach ihm in die Nase.

Am nächsten Morgen, seinem vierten Tag in der Zelle, wurde er in einen Waschraum geführt und angewiesen, sich zu rasieren. Sein Anwalt Krieger wartete im Büro der Gefängnisleitung, um Bill mitzuteilen, daß die Berufung bereits bei der zuständigen Instanz hinterlegt sei, doch die Erledigung werde sich in die Länge ziehen. Krieger bemerkte, wie verwahrlost sein Mandant wirkte, und war entsetzt, als er erfuhr, daß sich Bill vier Tage nicht hatte richtig waschen können und daß die sanitären Anlagen nicht funktionierten. Er wollte sofort Richter Tenney davon informieren, aber Bill bat ihn, es nicht zu tun, denn dadurch würde im Gefängnis für ihn alles nur noch schlimmer. Wenn Krieger unbedingt etwas unternehmen wolle, dann könne er dem leitenden Beamten gegenüber gewisse Andeutungen fallenlassen, aber unter keinen Umständen solle er den Eindruck erwecken, Bill habe sich beschwert.

Drei Tage später holte ein Wächter Bill ab und führte ihn durch einen langen Korridor in eine große Zelle, in der sich an jeder Seite etwa ein Dutzend Pritschen reihten. Gruppen von Sträflingen standen im Gespräch herum. Der Raum war heller und offenbar die Unterkunft für leichtere Fälle. Bill befand sich nun in der Gemeinschaft der «Knastbrüder». Harold Konigsberg und Joe waren nicht da, aber er erkannte einige Gesichter wieder, die er bereits am ersten Tag gesehen hatte, und als der Wächter fort war, stellten sich die Männer ganz formell vor, manche von ihnen schienen sehr intelligent zu sein und Lebensart zu haben. Zur Essenszeit ging er mit den anderen im Gänsemarsch zum Speisesaal. Als er sich an einen der langen Tische setzte, bemerkte er, daß es wohl Löffel und Gabeln gab, aber keine Messer. Er sah auch, daß vor jedem Teller kleine Papierstückchen mit Salz und Pfeffer lagen. Ein Häftling sagte ihm, früher habe es Streubüchsen gegeben, aber die seien alle gestohlen worden.

Wenn die Häftlinge nicht aßen oder schliefen, wurden sie zu verschiedenen Arbeiten herangezogen. Und wie Bill vermutet hatte, erfüllten die Insassen selbst die meisten Funktionen im Alltagsbetrieb des Gefängnisses. Die Köche waren Häftlinge, ebenso die Klempner, Wäscher und Schreiner. Die blaue Denimkleidung – Bill hatte schließlich eine passende Garnitur erhalten – wurde in einer Frauenstrafanstalt erzeugt. In der Bibliothek arbeiteten Gefangene, deren Geschmack auf ablenkende Literatur ausgerichtet war: vor allem Science-fiction. Kriminalromane und Sex waren natürlich verboten. An den Abenden, wenn Filme gezeigt werden durften, standen Häftlinge an den Projektoren. Bill langweilte sich bei den erlaubten Streifen, die da abrollten – Lustspiele, Doris Day-Komödien, alte Tarzan-Schinken und idyllische Geschichten um Lassie, die schottische Schäferhündin. Keine Krimis, keine Western, nichts, was sexuell aufreizen könnte. An Zeitschriften gab es *Readers' Digest*, Fachblätter für Motor- und anderen Sport, Comics, aber nicht *Playboy*. Die Gefängnisleitung war offenbar bestrebt, die Onanie zu unterdrücken, indem sie verhinderte, daß Fotos nackter Mädchen zirkulierten. Aber Bill bemerkte, daß aus den aufliegenden Illustrierten Seiten herausgerissen waren, auf denen wahrscheinlich Mädchen abgebildet waren. Die Homosexuellen fielen zwar auf, blieben aber tunlichst unter sich.

Bills erste Arbeit (er wurde als Maler einer Gruppe zugeteilt, die die Wände einiger Räume und Korridore zu tünchen hatte) bot ihm die Möglichkeit, viele Aspekte des Gefängnislebens kennenzulernen.

Er hielt wachsam seine Augen und Ohren offen und machte viele interessante Beobachtungen. Obwohl die Wachen immer in der Nähe waren – sie saßen im Besucherzimmer oder standen mit geladenen Karabinern auf der Dachplattform, wenn die Sträflinge ihren Rundgang im Freien machten –, gelang es den Insassen dennoch, wie Bill bald bemerkte, durch Geschick und Erfindungsgabe, durch Bitten, Borgen, Stehlen und Schachern einen gewissen Grad an Freizügigkeit zu erreichen und sich Vergünstigungen zu sichern, die offiziell verboten waren. Zum Beispiel verstieß es gegen die Ordnung, in den Zellen Kaffee oder irgendwo im Gefängnis Whisky zu trinken. Aber manche Insassen brachten beides zuwege, indem sie sich eigene Kocher für schnelllöslichen Kaffee improvisierten und aus Zutaten, die sie aus der Küche schmuggelten, ein whiskyähnliches Gesöff zusammenbrauten.

Die Kaffeezubereitung war relativ einfach. Man schnitt ein Ende Kabel von der elektrischen Bodenbürste, die in einem Schrank des Saales aufbewahrt wurde, wickelte die freiliegenden Drähte um die Metallgriffe zweier abgebogener Löffel, steckte diese in einen Topf voll Wasser, schloß den Stecker bei der Buchse in der Zelle an und erhitzte so das Wasser. Dann kamen Kaffee, Zucker und Milch hinein.

Die Whiskyerzeugung erforderte allerdings mehr Planung und Geduld. Zuerst stahlen die Sträflinge ein Gefäß, einen Krug etwa oder eine Vase, in die sie geschnittene Äpfel, Kürbisse, Kartoffeln und auch Rosinen legten, die sie aus dem Kuchen holten, den es zum Frühstück gab. Dann fügten sie Hefe hinzu, die sie vom Gefängnisbäcker gegen Zigaretten eintauschten. Nach der Größe des Brotes auf dem Frühstückstisch konnte Bill jeweils beurteilen, ob viel oder wenig Hefe verbacken war. War es wenig, dann schloß er daraus, daß irgendwo in der Strafanstalt Whisky gemacht wurde. Die Hefe und die anderen Substanzen blieben fast eine Woche lang in dem halb mit Wasser gefüllten Gefäß eingemaischt, hinter Besen und Mops in Spinden versteckt, die Luftlöcher hatten, damit der Gärungsgeruch abziehen konnte. Sobald die Fermentation abgeschlossen war, filterte ein Häftling die Flüssigkeit durch ein Handtuch in einen anderen Krug, dann tranken die Männer. Bill hatte dieses Gebräu nur ein einziges Mal ein wenig gekostet und litt dann tagelang unter quälendem Sodbrennen.

Meist waren es Neger und deklassierte Weiße, die solches Zeug soffen, und nicht Häftlinge, die «draußen» über Geld oder Einfluß verfügten. Diese konnten die Wachen oft bestechen, Markenwhisky einzuschmuggeln, und zwar in den kleinen Fläschchen, wie sie in Passagierflugzeugen serviert werden. Bill merkte bald, daß die Gleichheit der Menschen im Gefängnis eine ebensolche relative und variable Größe war wie in der Außenwelt. Geld bedeutete zu beiden Seiten der Mauern Macht. Begüterte Sträflinge konnten den Wächtern als Gegenleistung für Vergünstigungen manchen Gefallen erweisen lassen. Sie hatten auch die Möglichkeit, unter dem Namen eines mittellosen anderen Häftlings bei der

Gefängnisleitung gewisse Summen zu deponieren. Die Nutznießer erstatteten einen Teil davon in Form von Waren zurück, etwa Zigaretten, oder sie glichen die Schuld dadurch aus, daß sie ihren Wohltätern bestimmte nötige Alltagsarbeiten, wie etwa das Säubern der Zellen, abnahmen. Zwar handelte es sich um geringe Beträge – das monatliche Limit lag bei 15 Dollar –, aber es gab einige Insassen, deren Verwandte oder Freunde ihnen nicht einmal das Taschengeld schicken konnten – und diese Sträflinge wurden zu Dienern der Bessergestellten.

Innerhalb der Gemeinschaft der Gefangenen bestand eine klare Trennung nach sozialen Gruppen. Nicht einmal hinter Gittern waren die «Klassenunterschiede» aufgehoben, woraus man ableiten könnte, daß sie ein natürliches Phänomen sind. Bill war wohl bestrebt, sich keiner der existierenden Cliquen anzuschließen, tendierte aber eher zu den *white-collar criminals*, den Kriminellen aus der Oberschicht: Börsenschiebern, betrügerischen Anwälten und Defraudanten. Diese Männer waren profilierter und interessanter als die übrigen, und während der Freizeit an den Abenden lernte Bill manches von ihnen, so auch Schach. Aber er bemerkte an ihnen auch einen Grundzug von Doppelgesichtigkeit und Heuchelei, die alles übertraf, was er aus der Welt seines Vaters kannte. Sie wußten, wie man als äußerlich vollendeter Gentleman auf raffinierteste Weise das Gesetz umgeht, sie operierten nicht von Verstecken und geheimen Zentralen aus, sondern in kostbar eingerichteten, getäfelten Büros, und selbst die Tatsache, daß sie im Gefängnis saßen, schien ihr vordergründiges Erscheinungsbild als angesehene Persönlichkeiten nicht zu beeinträchtigen. Aber ihr wahres Wesen offenbarte sich in ihren Sympathien für Bill, ihrem ausdrücklichen Wunsch, mit ihm in Verbindung zu bleiben, sobald sie alle wieder frei sein würden. Sie sagten, sie hätten Vorschläge, die ihn vielleicht interessieren würden, und er konnte sich denken, was für Vorschläge das sein mochten: zweifellos etwa die Einschüchterung geschäftlicher Konkurrenten, die unauffällige Erpressung eines hartnäckigen Gewerkschaftsfunktionärs, die Drangsalierung eines Grundbesitzers, der einer großen Baufirma Liegenschaften nicht verkaufen wollte, oder Rache für eine persönliche Beleidigung, gesellschaftliche Brüskierung oder auch ein Denkzettel für den Liebhaber der eigenen Frau.

Die Presse bezeichnete solche Männer gewöhnlich als «achtbare» Manager, die von Unterweltlern korrumpiert wurden, aber ebensooft waren es jene Manager, die andere dazu anstifteten, für sie schmutzige Geschäfte zu erledigen, dachte Bill. Jedenfalls war er an keinem dieser Vorschläge interessiert. Während der Haft bot ihm der Kontakt mit ihnen gewisse Anregungen, auch wollte er ihre Mentalität kennenlernen, doch er legte keinen Wert darauf, in der Freiheit jemals einem von ihnen wieder zu begegnen.

Rosalie besuchte jede Woche das Gefängnis und brachte jedesmal einen anderen der Söhne mit. Die Jungen kamen nun langsam in das Alter, in dem sie bereits ihre eigenen Probleme hatten. Charles, der älteste, hatte ziemlich mittelmäßige Noten in der Schule, Joseph, der mittlere, wetteiferte dauernd mit Charles; er schien außergewöhnlich intelligent und geistig rege zu sein, litt aber unter Asthma und war oft bettlägerig. Der jüngste, Salvatore, der Bill an seine eigenen Kinderfotos erinnerte, war ein dickköpfiger, temperamentvoller Bursche, und Rosalie hatte Mühe, ihn zu bändigen. Bills Tochter Felippa war das einzige seiner Kinder, von dem der Vater im Gefängnis nur Gutes hörte: Sie war jetzt ein Jahr alt und lernte gerade gehen; sie hatte dunkles Haar und eine Ponyfrisur, und in ihren Ohrläppchen trug sie winzigkleine Diamantohrringe.

Wenn Bill Rosalie im Besucherraum so vor sich sah, mit ihrem modisch frisierten rötlichen Haar, den ausdrucksvollen Augen, in Kleidern, die ihre schlanke Figur bestens zur Geltung brachten, da bemerkte er immer wieder, wie hübsch sie eigentlich war, und er fragte sich, warum er überhaupt Seitensprünge gemacht hatte, wie damals in Arizona. Natürlich fiel es ihm jetzt im Gefängnis schwer, dasselbe zu empfinden wie damals in den letzten Jahren in Tucson und Phoenix; sich ganz deutlich zu erinnern, wie das Leben, das er damals führte, ihn fast um den Verstand brachte und wie notwendig ihm damals seine Affäre schien. Jetzt schien es Bill, daß Rosalie für ihn und seine Verpflichtungen seinem Vater gegenüber mehr Verständnis aufbrachte als früher, obwohl sie noch immer reserviert und kühl blieb – zweifelsohne hatte sie ihm nicht vergeben, was er ihr angetan hatte. Die Besuche von ihr schienen nichts anderes zu sein als eine Art Pflichterfüllung, und dennoch wußte er, daß er an einem Ort wie diesem hier ja nichts anderes erwarten konnte – der Besucherraum hatte eine seltsam hemmende Aura: Rosalie und Bill saßen einander gegenüber, zwischen ihnen eine Glaswand, gesprochen wurde über Telefone. Die Jungen waren durch die Umgebung vollkommen verwirrt und konnten nicht verstehen, warum ihr Vater hier leben mußte. Einmal erzählte Rosalie ihrem Mann, was ihre jüngeren Söhne auf die Fragen der Nachbarn, wo ihr Vater sei, geantwortet hatten. Er lebte, so erzählten sie, in einer Telefonzelle, einer riesig großen Zelle aus Glas, und sie sprachen mit ihm übers Telefon und brauchten keine Münze einzuwerfen.

7

Rosalie war schrecklich einsam. Nirgendwo fand sie das Gefühl der Geborgenheit, das ihr so viel bedeutete. Sie vermutete, daß ihr Telefon abgehört wurde, argwöhnte, daß Fremde mit Ferngläsern das Haus beobachteten, ja sogar, daß mit winzigen versteckten Apparaten das Geräusch ihrer Schritte aufgenommen werden konnte. Wenn sie sich vor die Tür wagte, würde sie sich noch mehr exponieren, denn sie mußte gewärtigen, daß jeden Moment Fotografen mit Blitzlichtern auftauchten.

Ihr bisheriges Leben war keine gute Vorbereitung für diese Gegenwart gewesen. Als Mädchen wurde Rosalie von der rauhen Wirklichkeit ferngehalten. Als erste von drei Töchtern war sie gleichsam ein Juwel, ein kostbares Gut, streng bewacht, umhegt, bewundert und bei besonderen Anlässen zur Schau gestellt. Mit sieben Jahren kam sie in eine Klosterschule in einer Hügellandschaft des Staates New York, wo sie züchtig und unschuldig dahinlebte und von den Dominikanerinnen über Gott und die Menschen belehrt wurde. Die Schönheit dieses Ortes, seine von Gehorsam und Tugend geprägte Atmosphäre erfüllten Rosalie mit einer ehrfürchtigen Verbundenheit, und sie schied schweren Herzens, als ihre Eltern sie im zwölften Lebensjahr zurückholten. Während der Pubertät wollte ihre Mutter sie unter ihre persönliche Obhut nehmen.

An Rosalies wohlbehütetem Dasein änderte sich auch zu Hause in Brooklyn nichts, sie besuchte auch hier eine Klosterschule und durfte nur in Begleitung von Verwandtschaft ausgehen. Es war sonderbar, daß sie bis zu ihrer Eheschließung niemals allein geschlafen hatte. Im Kloster teilte sie das Schlafzimmer mit einer Nonne oder einer Klassenkameradin und später, in Brooklyn, war immer eine ihrer Schwestern bei ihr. Nach ihrer Hochzeit mit Bill aber machte sie zum erstenmal die Erfahrung nächtlicher Einsamkeit; sie begann die Nacht zu fürchten wie nie zuvor als Kind oder junges Mädchen. Sie lag wach und grübelte über viele Probleme ihres nunmehrigen Lebens nach: über die Tatsache, daß sie nie wußte, wann und ob ihr Mann zurückkehren werde, wenn er morgens das Haus verließ; über die für sie ungeklärte Herkunft ihres Adoptivsohns Charles und das geheimnisvolle Verschwinden ihres Schwiegervaters. Sie hatte keine Ahnung, warum die monatlichen Zahlungen für das Haus in East Meadow unter einem anderen Namen getätigt wurden oder warum der Postbote häufig Briefe brachte, die an ihr unbekannte Personen adressiert waren, und ob die verschiedenen Fremden, die von der Straßenseite aus ungeniert das Haus beobachteten, Detektive, Reporter, Gangster oder einfach Nachbarn waren, deren Neugierde durch Fotos in der lokalen Presse geweckt worden war.

Äußerlich glich das Haus den anderen modernen Ranchhäusern in der Tyler Avenue, aber die Hecke war kürzer gestutzt und die Fassadenbeleuchtung heller. Der Komplex umfaßte einen Patio und einen Swimmingpool, den man allerdings überdeckt hatte, weil Rosalie befürchtete, eines der kleineren Kinder könnte hineinfallen. Den Bewohnern standen acht neueingerichtete Räume zur Verfügung, außerdem eine Garage für zwei Autos, vollgestopft mit Fahrrädern, Kinderwagen, Golfschlägern, einem Rasenmäher, alten Möbeln und Kartons, die Rosalie noch nicht ausgepackt hatte. Was das Innere dieses Hauses von den typischen Häusern in den Vororten unterschied, war nicht auf den ersten Blick zu erkennen, allerdings deutete manches darauf hin, daß die Bewohner, ähnlich wie die Farmer des Pionierzeitalters, auf gefährliche Situationen und Belagerung vorbereitet waren. Unter den Gegenständen in der Garage befanden sich Gewehre, und ein Gewehr war auch im Gästezimmer hinter einer Kommode, auf der eine Christusstatue stand. Die Regale eines Vorratsraums waren mit Konserven und Weinflaschen gefüllt – es gab genug Lebensmittel und Getränke, um monatelang davon leben zu können. Auf Bills Sekretär im Schlafzimmer lagen eine ungeladene Pistole und ein Plastikröhrchen mit 25-Cent-Stücken. Das Spürgerät für Abhöranlagen war in einer der unteren Laden. Rosalie wußte, daß ihr Mann in diesen Laden auch andere Behälter mit Kleingeld, persönliche Effekten und Papier aufbewahrte, aber sie forschte nicht nach. Sein Sekretär war für sie und die Kinder *off limits*, deshalb legte Rosalie die frisch gewaschenen Hemden, die Unterwäsche und die Strümpfe immer auf das Fußende des Bettes, damit Bill alles selbst wegräumen konnte. Wenn sich die Kinder wegen eines Spielzeugs zankten, drohte er, «es auf den Sekretär zu legen», was bedeutete, daß sie es unter keinen Umständen anfassen durften, bevor er es ihnen zurückgab.

Er war ein guter Vater, und mit Ausnahme des Sekretärs und allem, was sich darauf befand, glaubte er nichts aus seinem Leben vor ihnen verbergen zu müssen, sei es eine Pistole oder eine Zeitung, in der sein Bild erschien. Er mißbilligte die Methoden, nach denen Rosalie erzogen worden war, und sagte ihr unumwunden, er werde versuchen, den Kindern seine persönliche Situation zu erklären, sobald sie alt genug seien, solche Dinge zu verstehen. Rosalie wußte, daß einer der Jungen ihn schon gefragt hatte, warum er eine Pistole bei sich trage, und Bill hatte einfach geantwortet, um Leute abzuschrecken, die ihm oder seinen Freunden schaden wollten. Das leuchtete den beiden älteren Söhnen ein. Immerhin hatten die Cowboys, Detektive und Soldaten, die sie tagtäglich im TV sahen, zu ihrem eigenen Schutz ja auch stets Revolver oder Pistolen griffbereit. Manchmal verlangten sie eine ausführlichere Begründung, aber Rosalie wollte nicht darüber nachdenken, ebenso wie sie die Augen vor vielen Unklarheiten ihrer eigenen Lebensumstände verschloß. Manchmal fühlte sie, daß ihr seelisches und physisches Gleichgewicht von der Unkenntnis all dieser Dinge abhing; wenn sie alles wüßte, würde ihr der Boden entzogen. Sie wollte einfach nicht wissen, wo ihr Schwiegervater war, was ihr Mann tat, wenn er sich nicht zu Hause aufhielt, woher ihr Sohn Charles gekommen war. Es genügte ihr, daß sie ihn hatte; allerdings bedauerte sie, daß ihn Bill nicht früher gebracht hatte, denn so war es unmöglich gewesen, Geburtsanzeigen auszusenden; sie holte es, so gut es ging, nach, indem sie nach der Entbindung von ihrem Sohn Joseph im Januar 1961 Freunden und Verwandten bekanntgab, daß Charles ein Brüderchen bekommen hatte.

Rosalie wunderte sich eigentlich noch immer über ihre starke emotionelle Bindung an die Kinder. Jahrelang hatte sie jeden Gedanken an Ehe und Familie ausgeschlossen, in der Überzeugung, sie sei zur Nonne berufen. Sie fühlte, daß sie naher menschlicher Beziehungen unfähig sei, und verlangte nach Liebe auf geistiger, nicht auf körperlicher Ebene. Es war keine Flucht vor der Wirklichkeit, die ihr das Klosterleben erstrebenswert erscheinen ließ, sondern eher der Wunsch, in einer umfriedeten, gefestigten Welt zu bleiben, die sie als Realität erkannte. Sie fühlte sich innerhalb dieser Mauern sicher, fügte sich leicht in die Regeln und die Gehorsamspflicht ein. Als Nonne hatte sie nicht selbständige Entscheidungen zu treffen wie als junge Frau – alle Probleme waren gelöst, der Weg war vorgezeichnet, die Belohnung gewiß. Rosalie war an Einschränkungen und Verzicht gewöhnt.

In ihrer Mädchenzeit durfte sie sich nicht mit jungen Männern treffen, ja die einzigen männlichen Wesen entsprechenden Alters, die sie zu sehen bekam, waren außer ihren Brüdern hin und wieder Kameraden aus der Militärschule, die der ältere Profaci-Sohn nach Hause einlud. Sie erinnerte sich eines dieser Kadetten, der ihr in seinem Äußeren und seinem Benehmen gefiel; ein reicher Südamerikaner, seine Eltern lebten in Acapulco. Mit ihm unterhielt sich Rosalie gern, sie überwand ihre angeborene Schüchternheit, und als er ihr einen Brief schrieb, entwickelte sich daraus eine längerdauernde Korrespondenz. Seinetwegen lernte sie in der Schule Spanisch, weil sie dachte, daß sie eines Tages in ihren Briefen vielleicht Dinge ausdrücken wollte, von denen ihre Eltern nichts wissen sollten. Aber die Bekanntschaft gedieh nie so weit, und während des Sommers 1953 trat Bill Bonanno in ihr Leben.

Rosalies Eltern waren seit Jahren mit den Bonannos befreundet. Sie selbst hatte immer den Eindruck gehabt, diese Familie sei in vielem außergewöhnlich, denn wenn die Bonannos zu Besuch kamen, legte man stets besondere Mühe an den Tag. Mrs. Profaci verbrachte dann den größten Teil des Tages in der Küche mit der Vorbereitung eines erlesenen Mahles, man deckte den Tisch mit dem besten Porzellan und Silber und servierte nur Spitzenweine. Ihr Vater schien es als hohe Ehre zu betrachten, wenn Joseph Bonanno in seinem Haus weilte. Rosalie fühlte, daß diese Anlässe ein bestimmtes Verhalten von ihr forderten, aber da sie nicht den richtigen Weg fand, wurde sie noch schüchterner und unsicherer. Mr. Bonanno unterschied sich so sehr von ihrem Vater, ja sogar von ihrem reichen Onkel, mit dem sie viele ältere Männer verglich.

Ihr Vater war nicht arm, machte aber äußerlich kein Aufhebens von seiner finanziellen Lage. Obwohl er Anteile einer Textilfabrik und eines Schuhgeschäfts besaß, lebte er unendlich sparsam und bescheiden und leistete sich nur einen Luxus: eine eher einfache Jacht, auf der er sich während der Heuschnupfenzeit aufhielt. Er kleidete sich zwanglos, zog Stücke an, die überhaupt nicht zueinander paßten, was ihren älteren Bruder manchmal in Verlegenheit brachte, wie Rosalie wußte, besonders wenn ihr Vater ihn für die Ferien abholte. Meist fuhr er in einem verbeulten Wagen vor, trug unter einer verschossenen Eisenhower-Bluse aus dem Armeeüberschuß ein Hemd ohne Krawatte und war unrasiert. Einst hatte ihr Vater eine Farm im Norden des Staates New York gekauft, nicht weit von dem Kloster entfernt, in das Rosalie nach dreijährigem Aufenthalt an der New Yorker Schule zurückkehrte. Doch in ihrer Erinnerung war das Gutshaus ein baufälliges Objekt auf einem Hügel, mit einer schiefen Veranda und einem noch schieferen Picknicktisch, über den verschütteter Wein von der einen Seite auf die andere floß.

Im Gegensatz zu ihrem Vater stellte ihr Onkel Joseph Profaci, der damals der größte Importeur von Olivenöl und Tomatenmark in den Vereinigten Staaten war, seinen Reichtum protzerisch zur Schau. Außer seinem eleganten und mit allem Komfort eingerichteten Heim in Brooklyn besaß Joseph Profaci einen Winterwohnsitz in Miami und ein riesiges Jagdhaus mit fast 100 Hektar Grund, das einstige Tusculum Präsident Theodore Roosevelts. Rosalie erinnerte sich an Sommer, die sie dort mit den zahlreichen Cousinen, Onkel, Tanten und Freunden der Familie verbracht hatte, an die ausgelassenen Feste und die vielen Kinder, die durch die dreißig Zimmer des Hauses tollten, und sie wußte noch genau, wie entrüstet sie war, als sich einige Jungen in Joseph Profacis Privatkapelle schlichen und den Heiligenstatuen Schnurrbärte und Brustwarzen aufmalten.

Auch Joseph Bonanno strahlte Reichtum aus, doch bei ihm wirkte es ruhiger und selbstverständlicher als bei ihrem Onkel. Rosalie bemerkte, daß Mr. Bonanno sorgfältig geschneiderte Anzüge und schöne Autos liebte, aber sein Stil und der seiner Familie war kosmopolitisch, was bei den Profacis nicht so offenkundig war. Sie wußte aus ihrer Klosterschulzeit mit Catherine, daß die Bonannos häufig weite Reisen durch das ganze Land unternahmen, Bücher lasen, ins Theater gingen und sich für das Weltgeschehen interessierten. Mr. Bonanno sprach Französisch, hatte kurze Zeit in Frankreich gelebt, wo einer seiner Vettern als erfolgreicher Maler wirkte, und kannte auch viele Staaten Lateinamerikas aus eigener Anschauung. Rosalie wußte, daß sein ältester Sohn in Arizona zur Schule ging, aber für sie war dieses Arizona ein exotischer Platz, weit weg in einer anderen Welt. Und als sie Bill während des Sommers 1953 in New York zum erstenmal begegnete, fiel es ihr schwer, zu glauben, daß er ebenso wie sie eigentlich aus Sizilien stammte – so amerikanisch wirkte dieser hochgewachsene junge Mann mit seinem ungezwungenen, saloppen Auftreten und seiner Westernkleidung. Er sah wie ein Cowboy oder ein Rancher aus, und seine ihr unbegreifliche Art machte tiefen Eindruck auf sie und beschäftigte ihre Phantasie.

In den folgenden Wochen sahen die beiden einander häufig, aber immer in Gesellschaft von Verwandten. Einmal gaben Rosalies Eltern die Erlaubnis zu einer Autoreise mit den Bonannos nach Albany und Syracuse, und in den Weihnachtsferien flogen Rosalie und ihr älterer Bruder nach Arizona, um die Bonannos zu besuchen. Im Juni 1954 schloß sie die Klosterschule ab, aber als im Sommer darauf ihr Vater auf seinem Schiff den Tod fand, bezog sie im Herbst nicht sofort das College. Zum Vormund der minderjährigen Halbwaisen wurde Joseph Profaci bestellt. Seine erste Handlung bestand darin, die Trennmauern der beiden benachbarten Profaci-Häuser in Brooklyn abtragen zu lassen. Rosalie, die nun ihm Rede und Antwort stehen mußte, fand ihn ebenso streng und puritanisch, wie ihr Vater gewesen war. Wenn Bill in die Stadt kam, um sie zu einem Film oder in eine Show zu führen, erwartete man selbstverständlich, daß eine ihrer Schwestern oder Cousinen mitging. Bill mußte immer drei statt zwei Karten kaufen.

Mit der Zeit ärgerte er sich darüber, und eines Abends sprach er unter vier Augen mit ihrem Onkel. Rosalie erfuhr zwar nie den Inhalt dieses Gesprächs, aber am nächsten Abend durfte sie mit Bill alleine ausgehen. Sie war stolz auf ihn und bewunderte ihn, sich ihrem Onkel gegenüber durchgesetzt zu haben. Nie war sie so glücklich wie an jenem Sommerabend im Jahr 1955, als Bill vor der versammelten Sippe Profaci, die sich rund um den auf einem roten Lehnstuhl thronenden Joseph scharte, im sizilianischen Dialekt von seinen ernsten Absichten sprach.

Am 1. Januar 1956 wurde die Verlobung offiziell bekanntgegeben. Rosalie verließ das College – sie war gerade im ersten Semester –, um alle Vorbereitungen für die Hochzeit im August zu treffen. Sie entwarf selbst ihr eigenes Kleid und das der Brautjungfern und begleitete Bill in verschiedene Großhotels, um mit Hilfe von Festarrangeuren einen Tanzsaal auszusuchen, in dem man 3000 geladene Gäste empfangen konnte.

Rosalie erinnerte sich, wie sie vom «Plaza» zum «Pierre», vom «Sherry-Netherlands» zum «Waldorf-Astoria» fuhr, im Prunk und Luxus leerer Säle stand, in denen jedes Wort widerhallte. Vom großen Ballsaal im «Waldorf» waren sie beeindruckt, aber beide meinten, die vergoldeten Balkonlogen seien zu weit vom Hauptparkett entfernt und die Gäste, die man dort placieren müßte, würden sich zweifellos etwas isoliert fühlen. Rosalie lehnte das St. George-Hotel ab, ohne es überhaupt zu besichtigen – einfach aus dem Grunde, daß es in Brooklyn lag. Ich will nicht mehr ein Mädchen aus Brooklyn sein, dachte sie. Gegen den Tanzsaal des «Commodore-Hotels» hatte sie einzuwenden, daß dort die Empfänge für die beiden Töchter Joseph Profacis veranstaltet worden waren. Dies bekannte sie Bill fast mit Scham ein, aber er schien ihre Haltung zu verstehen. Immer wieder hatte sie miterlebt, wie ihr Vater und dessen andere Brüder im Schatten ihres Onkels Joseph Profaci gestanden hatten und daß seine Familie immer die erste in der Sippe war, wenn es um sensationelle Neuanschaffungen ging – sei es eine elegante Garderobe für die nächste Saison oder ein TV-Gerät, als dieses noch nicht ein selbstverständlicher Haushaltsgegenstand war. Rosalie war entschlossen, an ihrem Hochzeitstag nicht dem von ihren Cousinen vorgezeichneten Muster zu folgen; sie wollte kein «Hotel Profaci», wie sie das «Commodore» Bill gegenüber nannte. Ihre Hochzeit sollte ein besonderes Ereignis ganz nach ihren eigenen Wünschen und Ideen sein. Den Priester für die Trauung wollte man aus Arizona einfliegen, und aus Kalifornien waren Tausende Maßliebchen für den Tag bestellt worden, da Rosalie einen großen schlanken Mann heiraten würde, den sie sich so gern als amerikanischen Cowboy vorstellte.

Als sie schließlich den Ballsaal im Hotel «Astor» sahen und ihnen spontan auffiel, wie intim der große Raum wirkte, dessen niedriger Balkon nahe über dem Hauptparkett lag, entschieden sie beide, dies sei der ideale Rahmen. Und er war es. Die Hochzeit und der Empfang erfüllten alle Hoffnungen Rosalies, so wie die Flitterwochen in Europa und ihr erstes gemeinsames Jahr in Arizona. Sogar als sich manches allmählich änderte, Bill mehr Zeit außer Haus verbrachte und Rosalie wußte, daß sie keinen Cowboy geheiratet hatte, kam ihr nur langsam zum Bewußtsein, daß ihr Traum, ihre Illusion verblaßte und zerfiel. Denn zuerst verstärkte seine häufige Abwesenheit nur das Geheimnisvoll-Romantische seiner Persönlichkeit und hob sein Wesen um so deutlicher von Rosalies einfacher, problemloser Vergangenheit ab.

Als aber nach dem Apalachin-Treffen Justiz- und Polizeidienststellen ihren Feldzug gegen das organisierte Verbrechen starteten und die Presse ihre Aufmerksamkeit auf Bonanno Vater und Sohn konzentrierte, fühlte sich Rosalie plötzlich schutzlos preisgegeben. Die weite, offene Landschaft Arizonas bot kein Versteck, und sie hatte keine große Familie, in der sie untertauchen konnte. Rosalie begann sich nach ihrer einstigen Geborgenheit zurückzusehnen. Wenn Bill fort war, versank sie in Trübsinn; war er zu Hause, dann klagte sie unablässig. Die Adoption des kleinen Charles brachte ihr für einige Zeit wohl ein gewisses Glück, doch als sie dann von Tucson nach Phoenix übersiedelten, wuchs in ihr langsam der quälende Verdacht, daß eine andere Frau in Bills Leben getreten sei. Und bald darauf wurde ihr Verdacht Gewißheit.

In ihrer Einsamkeit dachte Rosalie viel über ihren Mann, aber noch mehr über sich selbst nach und gewann über manches Klarheit. Sie wurde sich ihres aggressiven Vorgehens bei der Verfolgung ihrer Rivalin bewußt. Es entsprach so gar nicht Rosalies Charakter, die Wohnung der «anderen» auszukundschaften, unerschrocken mit allen Kindern an ihrer Tür zu erscheinen und geradewegs in das Wohnzimmer zu gehen, in der Erwartung, dort Bill vorzufinden. Sie erkannte, daß nur nackte Verzweiflung sie getrieben haben mußte, da ihre Ehe in die Brüche ging und eine andere Frau ihren Platz einnahm. Sie sah sich verlassen und gedemütigt, aber statt diese grausame Schicksalswendung hinzunehmen und sich zu unterwerfen, wie es dem eher sanften Wesen, für das sie sich hielt, entsprochen hätte, forderte sie in erbittertem Kampfesmut ihren Gatten zurück. Für einen Menschen, der in den Schachzügen der Liebe unerfahren war, hatte sie sich bemerkenswert entschlossen und geschickt verhalten. Sie gewann ihren Mann wieder, und er gab zu, daß er sie nicht verlieren wollte. Aber dann setzte ihre eigene Kühle und Zurückhaltung sie noch mehr in Erstaunen, als sie ihm eröffnete, sie wolle ihn nicht mehr, zumindest nicht sogleich. Er sollte für seinen Vertrauensbruch büßen und einige Zeit in Zweifel gelassen werden. Sie hatte zuviel gelitten.

Als sie ihn verließ und mit ihren Kindern und ihrer Mutter nach Brooklyn zurückkehrte, gelobte sie, «Wenn ich wieder nach Arizona komme, dann nur in einem Sarg.»

Und nun, fast zwei Jahre später, empfand Rosalie noch immer Verbitterung. In den Briefen, die sie 1963 und 1964 an ihre Schwägerin Catherine schrieb, machte sie aus ihrer Enttäuschung über Bill kein Hehl und nannte ihn häufig «Deinen Bruder», als verzichte sie selbst auf jede persönliche Beziehung zu ihm. Catherine überging Rosalies Unmutsäußerungen und antwortete ihr herzlich. Sie betonte, daß Bill gerade jetzt Rosalies Liebe und Treue brauche und erinnerte sie daran, welcher Belastung er seit der Kindheit durch den Namen und die Bindung an seinen Vater ausgesetzt war.

Es gab Zeiten, in denen Rosalie Catherines Argumenten zustimmte und die Möglichkeit in Betracht zog, daß sie vielleicht in manchem als Ehefrau versagt habe und daß sie zum Teil an den Schwierigkeiten schuld war, mit denen sich Bill seit seiner Rückkehr an die Ostküste herumschlagen mußte. Die Zeitungen, das FBI und sogar die Mafia schienen zu glauben, Bill sei nur wegen der Bonanno-Organisation nach New York gekommen. Doch Rosalie wußte, daß er andere, zwingende Gründe hatte, in die ihm verhaßte Stadt zurückzukehren und mit der Übersied-

lung in Maglioccos Haus einverstanden zu sein: den Wunsch, sie zurück-
zugewinnen. Sein sizilianischer Stolz hätte ihm vermutlich nie erlaubt,
dies zuzugeben. Aber wäre er 1963 nicht an die Ostküste gegangen, dann
wäre er wahrscheinlich nicht dort gelandet, wo er jetzt war: im Gefängnis. Manchmal allerdings dachte Rosalie, das Gefängnis sei der beste Ort
für ihn. Nun brauchte sie sich wenigstens nicht mehr zu ängstigen, wo er
sich nachts aufhalten mochte. Der Gedanke, daß sie zum erstenmal in
ihren sieben Ehejahren wußte, wo ihr Mann jede Nacht der Woche
verbrachte, erheiterte sie fast.

Sie fand auch, daß sich ihr Mann in der Haft zu seinem Vorteil
veränderte. Während der letzten Besuche hatte sie bemerkt, daß er
abgenommen hatte und ganz entspannt, ruhig und selbstsicher wirkte.
Soweit dies durch die Glaswand im Besucherraum möglich war, fühlte
sie sich körperlich zu ihm hingezogen wie seit Jahren nicht mehr. Er
trug das Haar nun länger und war so schlank geworden, daß er nun
wieder jenem Mann glich, den sie geheiratet hatte. Bei seiner Verhaftung in einem Frisiersalon in Tucson im vergangenen Januar hatte er
245 Pfund gewogen. Im März war sein Gewicht, auch infolge eines
Drüsenfiebers, auf 218 Pfund gesunken, nach zweimonatiger Haft
betrug es 203 Pfund.

Bill selbst meinte, er habe durch die erzwungene Ruhe Gewicht verloren, aber Rosalie wußte, daß wohl das Gegenteil der Fall war, denn im
Gefängnis durfte er nicht ruhen, mußte viel gehen, schwere Gegenstände
heben und ständig Energie verbrauchen. Er hatte niemand um sich, der
ihn – wie sie selbst es tat – dauernd bediente, den TV-Apparat ein- oder
ausschaltete, ihm ein Sandwich oder ein Glas Wasser brachte. Im Gefängnis mußte er sich das Wasser selbst holen, das bedeutete, daß er
aufstehen und eine gewisse Strecke bis zu einem Hahn gehen mußte, und
wenn man annahm, daß er zu stolz oder zu faul dazu war, obwohl er
gewöhnlich große Mengen trank, dann hatte er seinen Wasserverbrauch
in der Haft eingeschränkt und auf diese Weise Gewicht verloren.

Rosalie behielt diese Theorie für sich, aber nicht, weil ihrem Mann der
Humor fehlte, sondern weil Rosalie darin einen weiteren Beweis für ihre
Nörgelsucht sah, die sie sich unbedingt abgewöhnen wollte. Sie schätzte
diesen Wesenszug bei sich selbst nicht, sondern suchte ihn zu unterdrük-
ken und mißbilligte ihn bei anderen Menschen. Und doch hatte es Zeiten
gegeben, in denen die ununterbrochenen Enttäuschungen sie zu ständigen Klagen veranlaßten. Und sie hatte tatsächlich allen Grund dazu.
Keine der vom Schicksal geschlagenen Heldinnen der Fernsehstücke, die
Rosalie ansah, um ihrer Einsamkeit zu entgehen, führte ein so elendes,
aufreibendes Leben wie sie selbst in den letzten Jahren und auch jetzt
noch in East Meadow. Rosalie war eine Gefangene, wenn auch mit allem
zivilisatorischem Komfort, inmitten einer Reihe hübscher Häuser im

Ranchstil, die alle dem Wohnsitz der Bonannos glichen – nur wurden bei ihnen die Telefone nicht abgehört, auch waren dort keine Verstecke und Waffenlager eingerichtet, es gab keine Proviantdepots im Erdgeschoß, keine Plastikröhrchen mit 25-Cent-Stücken im Schlafzimmer, keinen Ehemann, der im Gefängnis, keinen Schwiegervater, der spurlos verschwunden war, keine Fremden, die den Besitz von der anderen Straßenseite aus beobachteten. So seltsam und unglaublich es erschien, Rosalie war in ihrem eigenen Heim eine Gezeichnete, sie benahm sich wie ein Gast des Hauses, war, außer im Schlafzimmer, immer wie für Besucher gekleidet, trug nie einen Bademantel oder Lockenwickler, da sie nie wußte, ob sie nicht überwacht wurde, und jeden Moment des Tages oder der Nacht damit rechnen mußte, daß Kriminalpolizisten kämen, um im Haus herumzuschnüffeln.

Die Presse hatte ihren Gatten und ihren Schwiegervater zwar als Millionäre bezeichnet, aber Rosalie selbst merkte nichts davon. Während dieses Jahres war sie gezwungen, immer wieder von ihrer Mutter Geld zu borgen, und diese ständige finanzielle Unsicherheit zermürbte sie. Sie fragte sich, wer für sie und die Kinder sorgen würde, falls ihrem Mann etwas zustieße. Oft dachte sie an Albert Anastasias junge Witwe, die sie einmal durch ihre Familie kennengelernt hatte. Auch Rosalie sah sich manchmal als junge Witwe, die sich ganz ihren Kindern widmete und in den Erinnerungen an ihren Gatten lebte, den sie in vieler Beziehung nicht gekannt und verstanden hatte. Wenn sie sich frei bewegen und eine Arbeit hätte annehmen können, wäre sie materiell unabhängiger. Mit neunundzwanzig Jahren fühlte sie sich jung und befähigt genug, sich noch in der Welt zu bewähren und Geld zu verdienen, aber seit Felippas Geburt hatte sie keine ständige Haushaltshilfe mehr gefunden. Rosalie erinnerte sich mit Freude an das letzte Hausmädchen ihrer Mutter, eine sanftmütige und tüchtige Puertoricanerin namens Elisa, mit der sie gut auskam. Da Elisa kein Englisch verstand, sprach Rosalie Spanisch mit ihr und übte sich so erneut in der Sprache, die sie vor Jahren gelernt hatte, um sich mit dem Kameraden ihres Bruders zu unterhalten. Doch nach der Entführung Joseph Bonannos machte sich die Kriminalpolizei an Elisa heran, als sie an der Ecke auf den Bus wartete, und ließ sie durch puertoricanische Detektive ausfragen. Elisa wußte freilich nichts über Bonanno senior oder junior, und es war anzunehmen, daß sie den Agenten wenig Interessantes mitteilte. Kurz darauf kündigte sie bei Rosalie und trat einen anderen Posten an.

Wenn Rosalie ausgehen mußte, um eines der Kinder zum Arzt zu bringen oder Bill zu besuchen, war sie darauf angewiesen, daß die halbwüchsige Tochter von Bekannten als Babysitter kam. Aber während des Winters 1965 verließ Rosalie kaum das Haus. Dauernd war sie mit den vier Kindern und den noch nicht vollständig eingerichteten Räumen beschäftigt. Sie begann die in der Garage stehenden Übersiedlungskartons aus Arizona auszupacken. Sie enthielten Festtagsporzellan von ihrer Mutter, Puppen von Hochzeiten, bei denen Rosalie Brautjungfer gewesen war, und andere Erinnerungsstücke aus glücklicheren Tagen. Sie benötigte einen Schreiner für die Anfertigung von Regalen in den Kinderzimmern und brauchte einen neuen Eßzimmertisch, denn der alte im Erdgeschoß, der Mrs. Bonanno gehörte, war zu groß und zu klobig für den Speiseraum, der an das tiefer liegende Wohnzimmer mit seinen modernen Möbeln und goldfarbenen Vorhängen anschloß. In diesem Wohnzimmer, dessen Boden ein Spannteppich bedeckte, befanden sich eine eindrucksvolle Skulptur aus poliertem Treibholz und eine große Hi-Fi-Stereoanlage, die Bill im Vorjahr gegen Rosalies Willen angeschafft hatte. Sie hielt diese Ausgabe von fast 1500 Dollar für unsinnig und nicht vertretbar, solange noch viele wichtigere Dinge im Haus fehlten, wie etwa ein Eßzimmertisch. Noch jetzt ärgerte sie sich, sooft sie das Gerät ansah.

Es war typisch für Bill, große Summen für völlig überflüssige Sachen auszugeben. Sie erinnerte sich an den lebensgroßen Spielzeugbären auf Rädern, den er eines Tages gekauft hatte. Wie er später erklärte, sei ihm bei einem Spaziergang durch die Fifth Avenue im Schaufenster eines Spielwarenladens eine große Giraffe aufgefallen, deren Preis ihn interessierte. Der Verkäufer sagte, sie koste 300 Dollar, wobei er offenbar durchblicken ließ, daß dieser Betrag wohl die Mittel Bills übersteige. Dann sah Bill den Bären, der war kleiner und vermutlich auch billiger – doch auch er kostete 300 Dollar. War es die Arroganz des Verkäufers oder Bills Überempfindlichkeit – jedenfalls läutete es am gleichen Tag an der Tür, und Arbeiter einer Speditionsfirma rollten den Bären herein. Nun stand er im Erdgeschoß neben einem Karussell mit drei Pferden, das die halbe Bodenfläche des Raumes einnahm. Es war ein Geschenk Joseph Bonannos an seine Enkel.

Irgendwie überstand Rosalie den Winter, wenn er auch ihr Beharrungsvermögen auf eine harte Probe stellte. Nach wie vor war ihr eher düsterer Alltag beherrscht von den Bedürfnissen der Kinder, den wöchentlichen Besuchen bei Bill und der nie abreißenden Reihe von Geburts- und Namenstagen, verschiedenen Jubiläen und der Erinnerung an Sterbetage. Rosalie hatte alle diese Termine auf ihrem Küchenkalender notiert. Da sie in den ganzen USA zahlreiche Tanten und Onkel, Cousins und Cousinen, Neffen und Nichten hatte, vor allem aber eine verheiratete Schwester, mehrere Brüder und angeheiratete Verwandte, verging kaum ein Tag, an dem sie nicht eines bestimmten Menschen in Verbundenheit gedachte. Zwar hatte sie die meisten ihrer Verwandten seit Jahren nicht mehr gesehen, aber brieflich blieb sie mit ihnen in Kontakt. Sie tauschten

Fotos ihrer Kinder aus, betrauerten den Tod der Alten und erörterten alltägliche Begebenheiten ihres Lebens, ohne dabei etwas zu verraten, das für Außenstehende von Interesse oder Nutzen sein könnte.

8

Am 5. Juni 1965 wurde Bill Bonanno aus dem Gefängnis entlassen, nachdem er sich entschlossen hatte, dem Bundesgericht den Inhalt des Telefongesprächs mit Maloney aus dem vergangenen Dezember mitzuteilen. Seit drei Monaten war er in Haft und sah keinen Grund, warum er noch länger hinter Gittern bleiben sollte. Während jener Zeit kamen keine weiteren Nachrichten über seinen Vater, und es gab keinerlei Anzeichen, daß irgend jemand Bills Verschwiegenheit und seine Bereitschaft, sich einsperren zu lassen, zur Kenntnis nahm oder würdigte. Daher betrachtete er es nicht mehr als Risiko oder Vertrauensmißbrauch, vor Gericht auszusagen, daß ihn an einem Donnerstagabend im Dezember ein Unbekannter in einer Telefonzelle in Long Island angerufen hatte, mit dem Bescheid, sein Vater sei am Leben; diese Information habe er am nächsten Tag an Maloney weitergegeben. Einen Tag später, nach der unglückseligen Pressekonferenz, habe er den Anwalt nochmals angerufen und ihm eingeschärft, den Journalisten keine Mitteilungen mehr zu machen, bis Joseph Bonannos Sicherheit eindeutig gewährleistet sei.

Dies waren die wesentlichen Punkte der ganzen Telefonepisode, erklärte Bill während der ersten Juniwoche den Geschworenen. Als die Einvernahme abgeschlossen war – und obwohl der Aufenthalt von Bonanno senior nach wie vor im dunkeln blieb – entschied Richter Tenney, daß Bill sich vom Verdacht der Irreführung gereinigt habe. Verteidiger Krieger stellte den Antrag, seinen Mandanten auf freien Fuß zu setzen. Gegen die Einwände des Vertreters der Bundesstaatsanwaltschaft gab Tenney diesem Antrag statt, und Bill Bonanno verließ den Gerichtssaal als freier Mann. Aber er konnte jederzeit wieder vorgeladen werden, und der Richter machte ihn darauf aufmerksam, daß er neuerliche Anklage zu gewärtigen habe, wenn er sich weigere, Fragen des Tribunals zu beantworten.

Von Kriegers Büro aus rief Bill Rosalie an. Sie versprach, einige Verwandte und gute Freunde zu verständigen, und am nächsten Abend waren etwa ein Dutzend Personen im Haus der Bonannos in East Meadow zu einem Festmahl versammelt.

Bill Bonanno stand im Wohnzimmer und begrüßte die eintretenden Gäste, die ihn umarmten, küßten und ihm sagten, wie gut er aussehe.

Eine seiner Tanten, die älteste Schwester seiner Mutter, war bei seinem Anblick in Tränen ausgebrochen, aber nun stand sie mit Bills anderen Tanten und seiner Schwiegermutter in der Küche, das große Dinner zuzubereiten. Die Frauen, grauhaarig und füllig, machten Suppe und Pasta asciutta, brieten verschiedene Fleischsorten, kochten gefüllte Pfefferoni und Pilze mit Beilagen wie Brechbohnen und anderem Gemüse. Rosalie war zwischen der Küche und dem Speisezimmer unterwegs und deckte die Tafel aus zwei aneinandergeschobenen großen Aluminiumklapptischen mit einem schweren Damasttischtuch. Sie trug ein hellgelbes Kleid, hatte eine Blume im Haar und wirkte aufgekratzt und munter, wie es dem lebhaften Treiben ringsum entsprach.

Sie hörte, wie ihr Gatte im Wohnzimmer den anderen Männern seine Hafterlebnisse erzählte. Sie wußte, wie sehr er es genoß, im Mittelpunkt der Aufmerksamkeit zu stehen, wie er sich freute, daß seine komischen Schilderungen der Typen, denen er begegnet war, mit schallendem Gelächter quittiert wurden.

Die Jugend war unter den Gästen nur durch Rosalies elf Jahre jüngere Schwester Josephine vertreten, ein heiteres Mädchen mit braunen Augen und langem dunklem Haar, das sie in einem Ponyschwanz trug. Sie sollte im Herbst das Santa Clara College in Kalifornien besuchen, eine Jesuitenschule, der sie mit gemischten Gefühlen entgegensah. Josephine war aufgeschlossen und voller Wißbegierde, obgleich sie dies vor ihrer Familie wohlweislich verbarg. Sie war beim Tode ihres Vaters erst sieben gewesen und nicht mit ebensolcher Strenge wie ihre Schwester erzogen worden. In ihren Ansichten kam bereits die junge Generation zu Wort. Josephine hatte nicht die Absicht, die traditionelle Unterordnung der Frau innerhalb der italoamerikanischen Gesellschaft anzuerkennen, und sie weigerte sich, das harte Los und die Entsagungen auf sich zu nehmen, wie es ihre Mutter und ihre Schwester Rosalie hatten.

Als die Tafel gedeckt war, Bill die Weinflaschen geöffnet hatte und die Frauen die dampfenden Schüsseln aus der Küche hereintrugen, setzten sich alle zu Tisch. Eine der Tanten blickte Bill verklärt an und sagte: «Du siehst prächtig aus!», worauf er lächelnd erwiderte: «Danke für das Kompliment, im Gefängnis war das Essen grauenhaft.»

«Hattet ihr da drin vielleicht italienische Köche?» fragte einer der Männer.

«Doch, einen. Er war illegal aus Neapel eingereist. Während der wenigen Wochen, als er seine Strafe absaß, war das Essen besser. Aber dann wurde er ausgewiesen, und sofort war die Verpflegung wieder ein Schlangenfraß. So schlecht, daß es zu einem zweieinhalbtägigen Hungerstreik kam, danach wurde das Knastfutter wieder etwas besser. Im Gefängnis gab es eine Speise, die hieß ‹Gebackene Manzanetti› – Makkaroni nämlich, recht annehmbar –, vor Jahren war ein Koch namens

Manzanetti drin, der hat das immer gemacht, seither wird es nach ihm benannt. Aber die Verhältnisse waren so widerlich, der Schmutz, die Ratten, daß man manchmal einfach keinen Bissen hinunterbrachte, ganz gleich, was auf den Tisch kam.»

«Ratten?» rief eine der Frauen entsetzt.

«Jawohl, Ratten», wiederholte Bill trocken. «Sie waren überall. Ich hatte eine Ratte, die mich immer abends in meiner Zelle besuchte. Ich band einen Brocken der Verpflegung an eine Schnur, lockte sie damit an, spielte mit ihr und . . .»

«Bill, bitte!» unterbrach ihn Rosalie, um das Thema zu wechseln.

«Manche der Häftlinge kriegten dort einen richtigen Koller», fuhr Bill fort, «besonders die Rauschgiftsüchtigen, von denen hatten wir eine ganze Menge. Während meiner Zeit gab es auch einige Selbstmorde. Eines Abends stieg ein Puertoricaner auf einen Stuhl, legte sich seinen Gürtel als Schlinge um den Hals, hakte ihn an der Decke ein und sagte zu seinem Zellengenossen, der gerade Patiencen legte, er solle sich ruhig verhalten und niemanden herbeirufen. Der andere Häftling blickte auf und meinte nur: ‹Schon gut.› Der Kerl auf dem Stuhl zog die Schlinge straff, wartete einige Sekunden und sagte dann zu dem Kumpel: ‹Hör zu, daß du mich ja nicht losschneidest.› Da reagierte der andere sauer: ‹Paß auf, willst du reden oder herunterspringen?› Daraufhin ließ sich der Selbstmörder fallen. Erst als er tot war, rief sein Zellengenosse die Wachen.»

«Schrecklich», hauchte eine der Frauen. «Wie konnte er nur so etwas Fürchterliches, Sündhaftes tun?» Für streng katholische Italienerinnen war ein solcher Verzweiflungsschritt unvorstellbar.

«Im Gefängnis geschieht manches Unbegreifliche, und niemand findet etwas daran», sagte Bill gleichmütig.

Schweigend aßen sie weiter. Plötzlich fühlte Bill, wie sich etwas Hartes in seinen Rücken bohrte. Er wandte sich um und sah seinen Sohn Salvatore. Der Junge trug einen Cowboyhut und zielte fröhlich mit einem Spielzeugrevolver auf den Vater.

«He, laß das bleiben!» rief dieser lachend. Der Kleine rannte strahlend in die Küche. Dann nahm Bill den Faden wieder auf und erklärte den Gästen, daß seine Hafterlebnisse auch manche interessante Aspekte hätten, zum Beispiel die Beobachtung, daß sich die Sträflinge ganz natürlich in soziale Gruppen schieden, die ungefähr jenen gesellschaftlichen Ebenen entsprachen, auf denen sie sich in der Außenwelt bewegt hatten. Die betrügerischen Anwälte taten sich in der Strafanstalt mit ihresgleichen oder Defraudanten zusammen, die Zuhälter mit anderen Zuhältern oder kleinen Rauschgiftschiebern, und dasselbe galt für Räuber und Diebe.

«Gleich und gleich gesellt sich gern», sagte jemand, und einer der

Männer fragte lächelnd: «Welcher Gruppe hast du dich angeschlossen?»

Bill hob betont ironisch sein Weinglas wie zu einem Toast und sagte: «Ich erfreute mich in den verschiedensten Kreisen großer Beliebtheit.» Dann fügte er ernster hinzu: «Kurz nach meiner Einlieferung fragte mich ein Beamter, der die Arbeitseinteilung durchzuführen hatte, welchen Beruf ich ‹draußen› ausübte, und ich antwortete: ‹Keinen, der hier von Nutzen wäre.› Aber dann sagte ich ihm doch, daß ich Maschineschreiben könne, weil ich glaubte, er würde mich vielleicht in die Registratur stecken, doch das klappte nicht. Später, nachdem ich als Anstreicher gearbeitet hatte, wurde ich in die Bibliothek versetzt. Dort gefiel es mir, obwohl es nicht viel zu lesen gab. Sie hatten Bücher von Mark Twain und Thomas Hardy, die ich schon aus der Schule kannte, aber ansonsten war das allgemeine Niveau an vorhandener Lektüre sehr niedrig. Ich habe Barry Goldwaters ‹Conscience of a Conservative› wieder gelesen und pflichte ihm in vielen Punkten bei – besonders seiner Feststellung, daß die Regierung heute zuviel Macht hat und die Rechte des einzelnen Bürgers geschmälert werden . . .» Zustimmendes Nicken in der Runde.

Obwohl sie fast zwei Stunden an der Tafel saßen und über alle möglichen Dinge redeten, wurde im ganzen Verlauf des Abends Bills Vater nicht ein einziges Mal erwähnt. Dieses Thema schien zu heikel, zu persönlich, um in einem größeren Kreis erörtert zu werden, zu peinlich oder zu folgenschwer. Vielleicht dachten die Gäste auch daran, daß die Wohnung mit Abhörgeräten durchsetzt sein könnte. Bills Mutter wurde unmittelbar nach dem Vorfall als vermißt gemeldet, später nahm man an, daß sie bei Freunden oder Verwandten in Arizona oder Kalifornien Zuflucht gesucht habe, und nun wußte man: sie lebte mit ihrem jüngeren Sohn Joseph in Tucson. Bill sagte, seine Mutter sei leidend und verlasse kaum das Haus.

Er hatte keine Ahnung, was sein Bruder trieb. Im Gefängnis hatte er nie Post von ihm erhalten, und als er sich in einem Brief an Catherine nach Joseph erkundigte, stand in ihrem Antwortschreiben keine Silbe über den Jungen. Bill machte sich Sorgen. Er hatte auch ein gewisses Schuldgefühl, was seinen Bruder betraf. Kurz vor dem Verschwinden seines Vaters war das Thema Joseph zur Sprache gekommen, und Bill spürte genau: Bonanno senior lastete es zum Teil ihm an, daß sich Joseph treiben ließ, nichts Rechtes anfing und sich in Arizona oft mit langhaarigen Tagedieben abgab – Typen, für die weder der Vater noch Bill Sympathien hegten. In den letzten Jahren war Bill zu sehr mit seinen eigenen Problemen beschäftigt gewesen, um auf Joseph aufzupassen. Dennoch machte er sich Gedanken und Sorgen um ihn.

Doch an diesem Abend wollte er von den Tanten nichts über seinen Bruder erfahren. Er war in festlicher Stimmung, und die wollte er sich nicht verderben lassen. Deshalb unterhielt er seine Gäste und sich selbst lieber mit allgemeinen Gesprächen über seine Erlebnisse im Gefängnis. Er erzählte von seinen Bekanntschaften mit verschiedenen Insassen: einem Erdölfachmann aus Long Island, der beschuldigt wurde, Geheimdokumente an die Sowjets verkauft zu haben; drei militanten Negern, die man einer Verschwörung zur Sprengung der Freiheitsstatue verdächtigte, und einem Filmregisseur, der kürzlich aus Mexiko geflüchtet war, wo er zwecks Einvernahme in einem Mordfall gesucht wurde, denn ein Mitglied des Filmteams war mit einer Unterwasserharpune getötet worden. Dieser Regisseur habe ihm das Schachspiel beigebracht, sagte Bill.

Er schilderte auch, auf welche Weise die Häftlinge heimlich Kaffee und Whisky machten und wie sich eines Nachts eine Explosion ereignete, weil die «Whiskybrenner» vergessen hatten, daß das Maischegefäß während der Fermentation entsprechende Luftzufuhr braucht.

«Es klang wie dumpfe Pistolenschüsse», erinnerte er sich, «sofort leuchtete das rote Telefon auf, die Wachen brüllten Befehle in die Gegensprechanlage, und alle Stahltüren wurden verriegelt. Es wurde Ausbruchsalarm gegeben, und jeder Häftling, den sie außerhalb seiner Zelle aufgriffen, war in der Scheiße. Wir alle warteten ab, was geschehen würde. Bald darauf sahen wir, wie etwa neun mit Gummiknüppeln bewaffnete Wächter einige Neger samt ihren Kübeln und geborstenen Töpfen wegschleppten.»

«Wie schrecklich», sagte eine der Tanten.

«Entsetzlich, daß Menschen ihr Leben riskieren, nur um Schnaps zu machen . . .» meinte eine andere der Matronen.

«Na und?» fragte Rosalie. «Bill schmuggelte Provolone hinein . . .»

Schweigen rund um den Tisch. Alle sahen Bill an. Er blickte auf seinen Teller nieder, tat Rosalies Bemerkung nicht mit einem Lachen ab, ging aber auch nicht darauf ein. Schließlich sagte eine der Tanten: «Das kann man essen. Dann ist es etwas anderes.»

«Ja», pflichtete ihr eine der anderen Frauen bei. «Das ist etwas anderes.»

Rosalie zuckte die Achseln und stand auf, um noch Kaffee zu holen. Bill sprach nun über das Thema Religion im Gefängnis und erwähnte, er habe gestaunt, wieviel verschiedenes konfessionelles Schrifttum den Insassen zur Verfügung stand: christliche Bibeln aller Bekenntnisse, der Talmud, ja sogar der Koran. Fast jede Woche besuchten Vertreter der Bibelgesellschaften die Strafanstalt, um vor den Häftlingen zu predigen, die bereit waren, das Wort Gottes zu hören. Bill sagte, er habe, obgleich selbst Katholik, immer an diesen Andachten teilgenommen, weil er froh war, neue Gesichter zu sehen, und er wollte gerade noch mehr darüber berichten, als sein vierjähriger Sohn Joseph heulend ins Zimmer gerannt kam und sich über irgend etwas beklagte, das ihm sein älterer Bruder Charles angetan hatte. Aber Bill unterbrach ihn sofort energisch: «Willst du ein Denunziant werden, wenn du groß bist?»

Der Junge verbiß das Weinen. «Nein», seufzte er, «nein!»

«Nun, dann möchte ich nicht mehr erleben, daß du deinen Bruder oder jemand anderen anschwärzt!»

9

Obwohl sich Joseph Bonanno während des Jahres 1965 weiterhin den Nachforschungen des FBI und der Polizei entzog und im Frühling 1966 noch immer unauffindbar blieb, erklärte die Regierung, sie habe mit ihrer Kampagne gegen das organisierte Verbrechen in den USA Fortschritte zu verzeichnen. Die Behörden wußten nun wesentlich mehr über die Geheimgesellschaft, hatten durch die Mitwirkung der Massenmedien die Wachsamkeit der Öffentlichkeit verstärkt, und es war gelungen, viele Mafiosi und Mitglieder anderer Gangs verschiedener ethnischer Richtungen, die entweder im Dienst der Mafia standen oder mit ihr zusammenarbeiteten, durch gezielte Störmanöver zu verunsichern und zu fassen, wenn auch nicht immer zu überführen.

In New York City allein wurden 1965 im Rahmen der Bekämpfung des organisierten Verbrechens mehr als 400 Personen verhaftet, und im gesamten Staatsgebiet der Vereinigten Staaten gab es ständig Razzien gegen Buchmacher, Geldverleiher, Leiter illegaler Spielkasinos und anderer Unternehmen, die laut Angaben der Regierungssprecher vom «Mob», also der Unterwelt, kontrolliert wurden. Das FBI versorgte die verschiedenen Erhebungsgruppen auf Bundes-, Staats- oder Kommunalebene mit 180000 kriminalistischen Informationen und Hinweisen, außerdem kam es zur Zusammenarbeit zwischen Spezialabteilungen in den USA und Übersee. Die Polizei in Sizilien verhörte viele Mafiaverdächtige in Castellammare del Golfo über den Fall Bonanno.

Nach Angaben der Regierung war das organisierte Verbrechen die lukrativste Einnahmequelle in Amerika, wenn auch die Experten, deren Ausführungen die Presse zitierte, sich nicht über die Höhe der Summen einigen konnten, welche die Gangs jährlich aus ihren illegal betriebenen Geschäften bezogen. Die Schätzungen reichten von 10 bis zu 40 Milliarden Dollar; selbst in den sachlichen, seriösen Berichten wurde zugegeben, daß das organisierte Verbrechen wahrscheinlich mehr Profit warfe als die Gewinne der United States Steel, AT&T, General Motors, Standard Oil of New Jersey, General Electric, Ford, IBM, Chrysler und RCA zusammengenommen.

Etwa Dreiviertel dieser Tribute steuerten harmlose Bürger bei, die über die Buchmacher bei Pferderennen und anderen Sportveranstaltungen wetteten oder im Zahlenlotto spielten. Die typische Lottokundschaft mochte etwa eine Hausfrau aus Harlem sein, die jeden Morgen bei einem Schlepper an der nächsten Ecke 25 Cent deponierte, in der Hoffnung, trotz einer Chance von 1000 : 1 doch die richtige Nummer zu treffen, die sich nach vorheriger Absprache aus den letzten drei Ziffern des gesamten Betrages an eingegangenen Wettgeldern des betreffenden Tages ergeben würde. Der typische Klient des Buchmachers konnte ein Automechaniker oder ein Portier sein, der täglich 2 Dollar auf ein bestimmtes Pferd setzte. Jedenfalls gibt es in Amerika genug solche Spieler – Millionen Menschen, für die eine kleine Wette einen Nervenkitzel und ein Spannungsmoment ihres ereignislosen Lebens bedeutet, die es sich aber nicht leisten können, persönlich zu einem Rennen zu gehen –, um die sagenhafte Industrie des illegalen Glücksspiels zu tragen, ein Racket, das trotz der Taktiken der Gangsterjäger und der Bemühungen puritanischer Gesetzgeber bereits jahrzehntelang floriert.

Das Zahlenlotto ist die Zerstreuungsmöglichkeit der Slums, eine wenn auch sehr schwache Illusion für die in engen, trostlosen Wohnvierteln zu Zehntausenden zusammengedrängte Masse der großstädtischen Armen, irgendwann einmal das Große Los zu ziehen. Überall sind die Schlepper auf dem Posten, in jedem Laden kann eine Kollektur für die Lose eingerichtet sein, die dann von den «Sammlern» abgeholt und den «Kontrolloren» abgeliefert werden. Sie registrieren die gesetzten Nummern und zahlen später die Gewinne aus. Diese Kontrollore arbeiten mit ihren Helfern gewöhnlich in Privatwohnungen, die durch Alarmsysteme und gute Sicht auf das «Vorfeld» gesichert sind, und unterstehen dem «Bankier» des Viertels. Dieser repräsentiert den «Mob», also die Organisation, welche das gesamte Netz überwacht und die Deckung für die Wetten bietet. Wenn ein Schlepper oder ein anderer untergeordneter Komplice von der Polizei gefaßt wird, fällt es dem Kontrollor zu, die Kaution und die Gerichtskosten aus eigener Tasche zu bezahlen. Aber die Bestechung der Polizei, deren Entgegenkommen für das glatte Funktionieren des Zahlenlottos von großer Bedeutung ist, wird von einem Vertreter der Mafiafamilie oder einer anderen Gang, die hinter der «Bank» eines bestimmten Stadtteils steht, besorgt.

Allerdings ist es sehr kostspielig, die Polizei «geneigt zu stimmen», und die Gangster beklagen sich darüber, daß dafür manchmal fast die Hälfte der Gewinne draufgeht – und sogar mehr als die Hälfte, wenn die höheren Instanzen darauf dringen, mit den Verbrechern gründlich aufzuräumen; aber nach Abzug der Schmiergelder und anderer Betriebsspesen bleibt noch genug Kapital, um täglich Hunderte von Nummernkurieren auszuschicken und die «Bankgeschäfte» auf Hochtouren laufen zu lassen. Die New York Times schätzte, daß das Zahlenlotto allein in Harlem monatlich einen Reingewinn von 1 Milliarde Dollar einbrachte und daß es unter den «Soldaten» der Genovese-Familie, die eng mit mehreren Harlemer «Banken» verbunden war, 27 Millionäre gebe.

Auch die Lucchese-Organisation war am Harlemer Lotteriegeschäft aktiv beteiligt, ebenso ein puertoricanisches Syndikat unter der Führung von Raymond Marquez. Sein Vater war Schlepper für Genovese, aber Marquez junior ist sein eigener Herr, hat seine eigene Gang und verdient, wie verlautet, an seinen Banken pro Jahr mehr als 3 Millionen Dollar und dies, obwohl einige der «Bankiers» wahrscheinlich auch mit Mafiosi zusammenarbeiten. Die Lottokönige im Stadtteil der südlichen Bronx sind Juden – Samuel und Moishe Schlitten, deren Banken noch einträglicher sein sollen als die von Marquez, aber in gewissen Sektoren stehen, Meldungen zufolge, auch die Brüder Schlitten in Partnerschaft mit den Familien Genovese und Lucchese.

In New York gibt es wohl kein dichtbesiedeltes Viertel mit Bewohnern der unteren oder mittleren Einkommenskategorie, das nicht das Lotterie-Racket indirekt, nämlich durch Einsätze, in Gang halten würde. Und die Buchmacher sind überall. Man findet sie zum Beispiel auch unter den Angestellten geachteter Firmen der City, Männer, die ihre Geschäfte und Buchwetten nebenbei tätigen. Lange Zeit war es möglich, durch *bookies* sogar in Gerichtsgebäuden und Justizdienststellen Wetten abzuschließen – ja selbst im Verlagshaus der *New York Times*, wo die Leitartikler gegen die Rackets zu Felde zogen, während manche Mitarbeiter und Redakteure dieselben illegalen Bestrebungen durch ihre Einsätze unterstützten.

Viele *bookies* im mittleren Manhattan, besonders an der West Side und im Zentrum des Textilhandels, waren mit den Organisationen Luccheses und Bonannos in Verbindung; Bonannos Leute ihrerseits arbeiteten in der Sparte Buchmacherei und Lotterie auch mit jüdischen und puertoricanischen Entrepreneuren zusammen. Alle Familien, einschließlich der Bonannos und der Profacis, verfügten über gut koordinierte Lottonetze in Brooklyn und Teilen von Queens. Zu ihren beharrlichsten Wettkunden gehörten nicht nur die Neger, sondern auch Italiener und Lateinamerikaner, die das Glücksspiel bereits aus ihren Heimatländern kannten, wo es zumeist völlig legal ist. Viele Schwarze beteiligten sich als Schlepper am organisierten Verbrechen, einige brachten es sogar zu Kontrolloren; und vor allem als Auswirkung der Bürgerrechtsbewegung forderten farbige Gangster schließlich die gleichen Möglichkeiten wie ihre weißen Kollegen und bekamen sie auch. Zu Beginn der sechziger Jahre konnte die Polizei aus ihren Beobachtungen folgern, daß mehrere Banken in den schwarzen Gettos Brooklyns von Negern betrieben wurden, manche mit, andere ohne Mafiaverbindungen.

Eine zweite Einnahmequelle für das organisierte Verbrechen ist der Wucher, der nach Schätzungen der Kriminalisten jährlich Gewinne in

Höhe von mehr als einer Milliarde Dollar abwirft. Obwohl die Zinsen bis zu 20 Prozent betragen können, sind immer Darlehenswerber vorhanden, weil Tausende Amerikaner, viele davon Neger, nicht auf legale Weise Geld aufnehmen können, da ihre Sicherstellungen nicht ausreichen. Manche sind Fürsorgefälle, andere Spieler mit einer Pechsträhne, wieder andere kleine Geschäftsleute, die durch falsche Finanzgebarung oder persönliches Versagen in Schwierigkeiten gerieten. Für solche Menschen bedeutet der Wucherer die nächstliegende Möglichkeit für rasche Hilfe.

Aber wenn sie ihre Schulden nicht zurückzahlen, werden sie durch telefonische Drohungen nachdrücklich daran erinnert, und in dieser Zwangslage versuchen sie nicht selten, statt der fälligen Tilgung entsprechende Gegenleistungen zu bieten: sie erklären sich bereit, für die Verbrecherorganisationen zu arbeiten. Wenn sie Firmeninhaber sind, dann akzeptieren sie eventuell ein Mitglied der Gang als Partner, unter dessen Führung das Geschäft höchstwahrscheinlich bankrott macht, weil die Vermögenswerte bereits erschöpft wurden. Manchmal entscheidet sich das Opfer der Wucherer dafür, statt das Darlehen samt Zinsen und Zinseszinsen zurückzuerstatten oder noch tiefer ins Fangnetz verstrickt zu werden, die Polizei zu informieren, einfach «auszupacken». Doch solche Personen bezahlen ihre «Unredlichkeit» meist mit dem Leben.

Geld war in den sechziger Jahren auch mit Narkotika zu verdienen, die zwar nicht einmal halb so einträglich wie der Wucher und in jeder Beziehung als riskanter gelten, aber trotz der Mißbilligung der meisten Mafiadons für diese Sparte dennoch viele Unterweltler interessierte. Die Bosse konnten das Verhalten jedes einzelnen Mitglieds ihrer Organisationen ebensowenig kontrollieren, wie ein General sich um jeden einzelnen Soldaten kümmern kann; wenn es den unteren Rängen gelang, eine große Ladung Heroin einzuschmuggeln, ohne erwischt zu werden, und wenn sie den Gewinn mit den Vorgesetzten teilten, wurden kaum Fragen gestellt. Aber manchmal rächte sich die weiterzige Auffassung eines Mafiadon über die Beteiligung an Rauschgiftgeschäften, nämlich dann, wenn die Schmuggler gefaßt wurden. 1959 konnten die Bundesbehörden Vito Genovese die Verbindung zu einem Drogenfall nachweisen. Er wurde zu einer Zuchthausstrafe von 15 Jahren verurteilt.

Joseph Bonanno wandte sich mit aller Schärfe gegen den Narkotikahandel, einmal schwor er sogar, wenn Mitglieder seiner eigenen Organisation daraufkämen, würde er sie in einen der Öfen seiner Bäckerei stecken lassen. Trotz dieser Warnung wurde während einer seiner langen Abwesenheiten von New York Carmine Galante, ein Schlüsselfunktionär seiner Familie, der aktiven Beziehung zu einem Rauschgiftring überführt und mußte für zwanzig Jahre hinter Gitter.

Der Marihuanamarkt hatte laut offiziellen Angaben die Mafia nicht verlockt, denn diese Droge war zu leicht über die mexikanische Grenze ins Land zu bringen, zudem war dieser Sektor von allen operierenden Kriminellen und jugendlichen Abenteurern überlaufen. Aber wenn der Staat den Nachschub drosselt, wenn strengere Gesetze die Zahl der geheimen Importeure hindern und vermindern und den Preis in die Höhe treiben, dann könnten sich die geübten Schmuggler aus den Reihen des organisierten Verbrechens sehr wohl intensiver dem Marihuana zuwenden, wie einst während der Zeit der Prohibition dem Alkohol.

Mittlerweile waren sie aber mit ihren aktuellen Geschäften voll ausgelastet und verdienten dabei so viel, daß ihr Hauptproblem darin bestand, dieses Geld zu verstecken oder so zu investieren, daß es wohl Gewinn trug, ihnen aber keine Anklage wegen Steuerhinterziehung einbrachte. Einen besonders günstigen Anlagemarkt für solche Investitionen bot die Realitätenbranche, wo es nichts Ungewöhnliches war, hinter Strohmännern zu agieren. Die Justiz hegte beispielsweise lange Zeit den Verdacht, Frank Costello sei der geheime Besitzer oder Mitbesitzer des Lucayan Beach Club auf den Bahamas ebenso wie des Copacabana-Nachtklubs und des Pompeii Restaurant in New York. Es gab kaum einen bekannteren Namen aus der Unterwelt, der nicht im Handelsregister als Eigentümer einer Bowlinghalle oder einer Bar, einer Transportfirma oder einer Verpackungsfabrik, einer Großwäscherei oder unerschlossener Grundstücke eingetragen gewesen wäre.

Carlos Marcello, der Don von New Orleans, besaß, wie man hörte, Terrain auf der Trasse einer Bundesstraße, die bald gebaut werden sollte. Und Carlo Gambino, der New Yorker Don, war angeblich der Eigentümer von Realitäten in New York City im Wert von mehreren Millionen Dollar. Privat erklärte der Bundesstaatsanwalt Robert M. Morgenthau 1965 Zeitungsreportern, sein Amt habe Informationen, die darauf schließen ließen, daß Mafiagruppen das Gebäude besaßen, in dem das *Wall Street Journal* erschien, dazu das Redaktionshaus der *Vogue*, außerdem noch jenen Komplex an der 69. Straße, wo sich die FBI-Zentrale befand, und das Chrysler-Gebäude. Gründliche Recherchen der Journalisten erbrachten zwar keine Beweise zur Bestätigung dieser Enthüllungen, aber in einem Artikel zitierte die *New York Times* den Ausspruch eines Bundeskriminalisten: «Würde auf dem höchsten Wolkenkratzer der Stadt die schwarze Flagge der Unterwelt entrollt, dann wäre sie ein sinnfälliges Symbol für die Tatsache, daß die Mafia über dieses Gebäude und viele andere Bauten die Kontrolle erlangte.»

In den Jahren 1965 und 1966 ließ Morgenthau das organisierte Verbrechen von drei Geschworenengerichten gründlich untersuchen. Eine Jury konzentrierte sich auf das allgemeine Erscheinungsbild des Syndikats und die Beziehungen zwischen den einzelnen Familien. Eine zweite beschäftigte sich ausschließlich mit der Lucchese-Organisation, und die dritte stellte Nachforschungen über die Bonanno-Gruppe und deren verschollenen Boss an. Hunderte Zeugen mußten unter Subpoena aussagen, die meisten von ihnen waren sehr zugeknöpft, dennoch sammelten die Behörden im Verlauf dieser Einvernahmen umfangreiches Material an Informationen, die neue Einblicke in den Lebensstil der Männer gewährten, deren Namen auf den Listen der Erhebungsabteilungen an prominenter Stelle stehen. In den Dossiers wurden die persönlichen Eigenheiten und Wesenszüge bestimmter Gangster vermerkt, etwa die Art, sich zu kleiden, Lieblingslokale, Hobbies, die Mühe, die sich manche mit den Rasenflächen ihrer Gärten gaben, das Bestreben, als gute Nachbarn zu gelten, oder zum Beispiel die Vorsichtsmaßregeln und Abschirmungen eines Thomas Lucchese, um Kriminalbeamte und andere ungebetene Gäste von der Privatsphäre seines Hauses in Lido Beach, Long Island, fernzuhalten. Alle Fenster waren absolut einbruchssicher, in der Eingangstür befand sich ein großer beidseitiger Transparentspiegel, und vor dem Haus war an einem Pfahl ein anderer Spiegel angebracht, so daß man hinter der Tür stehend alle Autos beobachten konnte, die in die Straße einbogen oder herausfuhren. In den Fenstern waren fotoelektrische Zellen eingebaut, und jeder, der daran vorbeiging, konnte das Warnsignal auslösen. An einer Seite des Hauses war unter der Dachtraufe ein großes Alarmglockensystem verborgen. Und überall waren Scheinwerfer postiert, um den gesamten Komplex in helles Licht zu tauchen und jede unbemerkte Annäherung zu vereiteln.

Die Durchleuchtung der Bonanno-Organisation durch die Justiz wirkte sich für viele Mitglieder immer störender und hemmender aus. Sie beteuerten zwar ihre Unschuld oder Ahnungslosigkeit in allen Belangen des organisierten Verbrechens, wurden aber immer wieder vorgeladen, um weitere Fragen zu beantworten, sobald die Gangsterjäger neue Informationen oder Vermutungen über die wachsenden Spannungen innerhalb der Bonanno-Familie hatten. Da die Behörden nicht immer wußten, welche Mitglieder treu zum angestammten Don standen und welche sich zur Di Gregorio-Fraktion geschlagen hatten – manche der Männer wußten es in dieser Atmosphäre des Doppelspiels, des Mißtrauens und der Verwirrung selbst nicht –, widmeten die Erhebungsbeamten ihre besondere Aufmerksamkeit dem Verhalten der Mafiosi, die im Gerichtskorridor auf ihre Einvernahme warteten, und versuchten aus verschiedenen Anzeichen zu folgern, welcher der beiden Parteien sie angehörten. Das blieb den Wartenden nicht verborgen; sie bemühten sich, möglichst gleichmütig dreinzuschauen. Einige erwiesen sich als gute Schauspieler, andere nicht so sehr.

Die Behörden erlangten auch weitere Beweise für jene Meinungsverschiedenheiten, die in der Sensationspresse als «Bananenkrieg» bezeich-

Ihr Hauptproblem . . .

... bestand darin, das so viel verdiente Geld zu verstecken. Die Ärmsten. Nicht genug, daß sie ihr Geld im Dunkeln verdienen müssen; nicht genug, daß der Staat sie in ihrer Erwerbstätigkeit mehr behindert als andere. Nein, es wird ihnen auch noch das größte Vergnügen vorenthalten, das Geld bietet: Offen zu zeigen, daß man's hat. Bei alledem nimmt es wunder, daß der so schwere, so gefährliche und sozial so wenig anerkannte Beruf des Verbrechers überhaupt noch Nachwuchs findet. Vielleicht lockt die strafgesetzlich vorgesehene Altersversorgung.

net wurden – und zwar durch den Einsatz einer versteckten Kamera beim Hochzeitsempfang für Di Gregorios Tochter in Long Island am 14. November 1965. Unter den eindeutig identifizierten Gästen war Stefano Magaddino, Don von Buffalo, Seniormitglied der Kommission und Di Gregorios mächtigster Verbündeter. Magaddino bekam sofort eine Subpoena, aber sein Anwalt erklärte, er sei außerstande, vor Gericht zu erscheinen, da er wegen seines Herzleidens in häuslicher Pflege bleiben müsse. Daraufhin wurde ein Amtsarzt mit der Untersuchung von Magaddinos Gesundheitszustand betraut. Gleichzeitig erhielten andere Teilnehmer des Empfangs Subpoenas, ja sogar Personen, die früher mit Di Gregorio freundschaftlich verkehrt hatten, aber vorsichtshalber nicht zur Hochzeit gekommen oder vielleicht gar nicht eingeladen waren.

Eine Woche vor Weihnachten kursierte das Gerücht, gewisse Mitglieder der Di Gregorio-Gruppe wollten mit den Bonanno-Anhängern ein Stillhalteabkommen schließen, weil sie der Meinung seien, die Erbitterung und das Mißtrauen hätten die Schlagkraft beider Lager geschwächt und mache sie für Überwachung und Intrigen anfälliger. Die Polizei war in der Lage, eine Fraktion gegen die andere auszuspielen. Man sprach auch davon, daß Di Gregorio mit der Verantwortung, die seine Führungsposition mit sich brachte, nicht sehr glücklich sei. Die Publicity gehe ihm ebenso auf die Nerven wie der Umstand, daß ihm sofort Detektive folgten, wenn er sein Haus in West Babylon, Long Island, verließ. Mit seinen dreiundsechzig Jahren hatte er bereits drei schwere Herzanfälle hinter sich, und seine Leute glaubten, daß er sich bald zurückziehen werde, um seinen Platz Paul Sciacca zu überlassen, einem Funktionär, der Magaddino und anderen Mitgliedern der Kommission genehm war.

Im Januar erhielt Frank Labruzzo eine Nachricht, daß Di Gregorios Leute mit Bonannos Vertretern zusammenkommen wollten, um Vereinbarungen zu treffen. Labruzzo verständigte Bill. Der war skeptisch. Er sah keinen Grund, warum Di Gregorio nun verhandlungsbereiter sein sollte als in den letzten zwei Jahren; auch konnte diese Annäherung nur eine Finte sein, um ihn in eine Falle zu locken und abzuknallen oder zu entführen. Er vermutete, daß die Opposition diesen Plan schon seit seiner Entlassung aus dem Gefängnis im Juni hegte. Aus Vorsicht und um sich gegen solche Überraschungen zu schützen, war er niemals allein gereist, hatte alles vermieden, was Routine war und was man vorausberechnen konnte, wie etwa regelmäßiges Kommen und Gehen. Auch hatte er sich nie zu einem Treffen eingefunden, ohne daß seine Leute den Ort nicht vorher rekognosziert hätten, um dann in Verstecken auf Posten zu stehen. Er war auf der Hut vor Scharfschützen, selbst wenn er an jedem Vormittag mit seinem Anwalt von Long Island nach Manhattan fuhr, um vor Gericht zu erscheinen. Niemals nahm er zweimal hintereinander dieselbe Route. Er hatte dreißig verschiedene Strecken zwischen East Meadow und Manhattan festgelegt, einige verliefen direkt, andere über Umwege.

Einige Tage später bekam Labruzzo eine weitere Nachricht mit der Zusicherung, das vorgeschlagene Gespräch sei als ehrlicher Versuch gedacht, das Leben für beide Gruppen erträglicher zu machen. Man erklärte sich sogar bereit, den Anhängern Bonannos die Wahl des Treffpunktes zu überlassen. Dieses Zugeständnis bewog Labruzzo, die Möglichkeit in Betracht zu ziehen. Er besprach den Plan mit Bill und gab dann Bescheid, man werde die Parlamentäre des anderen Lagers in der Wohnung eines Verwandten in der Troutman Street in Brooklyn erwarten. In jener Gegend hatte Joseph Bonanno vor vierzig Jahren seine Organisation aufgebaut, hatte junge Männer aus den überfüllten Mietskasernen der Einwanderer angeworben – Männer wie Gaspar Di Gregorio; es erschien also durchaus richtig, daß nun, an diesem bitterkalten Freitagabend des 28. Januar 1966, Bill Bonanno und seine Gefährten auf den Schauplatz der einstigen Einigkeit zurückkehrten, um mit anderen Mitgliedern der gespaltenen Familie zusammenzutreffen.

Bill und seine Begleiter kamen kurz vor 23 Uhr, parkten einige Blocks vom vereinbarten Punkt entfernt und gingen vorsichtig auf den Gehsteigen der engen, von Rohziegelbauten gesäumten Straßen weiter. Still und verödet lagen sie da, in den Häusern brannten nur wenige Lichter, und Bill nahm an, daß die ältlichen italienischen Bewohner bereits schliefen, anders als die Leute in den Neger- und Puertoricanervierteln, durch die sie fünf Minuten früher gefahren waren. Dort gab es volle Bars, der Lärm des Freitagabends, übertönt vom Dröhnen der Musikautomaten, drang durch die geschlossenen Türen, die Menschen waren jünger, lebhafter, New York war für sie neuer, faszinierender. Aber im italienischen Bezirk, wo es seit Jahren keinen Zuwachs an Einwanderern gegeben hatte, war es so still wie auf einem Hauptplatz in Westsizilien spät nachts. Da schliefen alte Leute in Häusern, in die sie wahrscheinlich kurz nach ihrer Ankunft im Brooklyner Ridgewood District eingezogen waren, zu Beginn des Jahrhunderts, als die deutschen Einwanderer diese Viertel räumten. Von Besuchen in seiner Kindheit erinnerte sich Bill an viele dieser Bauten und Läden, und sicherlich hatten sie während der Jugendzeit seiner Eltern genauso ausgesehen. Die Kirche in der Nähe, in der Joseph Bonanno und Fay Labruzzo 1931 geheiratet hatten, war ebenfalls unverändert, obwohl die Pfarrgemeinde kleiner und ärmer geworden war. Auch die Schule, die Joseph als Junge in kurzen Hosen besucht hatte, stand immer noch.

Bill und die anderen näherten sich langsam der Adresse in der Troutman Street. Er schätzte die Temperatur auf fast 10 Grad unter Null, zu kalt, um zu sprechen, während er mit hochgezogenen Schultern dahinging, die Hände ohne Handschuhe in den Manteltaschen, die Rechte um das eisige Metall einer Pistole geschlossen.

Plötzlich spürte Bill, wie ihn einer seiner Begleiter hart zur Seite stieß und hörte den lauten Ruf: «Achtung, Bill!»

Durch die nur einen Spalt breit geöffnete Tür eines der Häuser schob sich der Doppellauf einer Schrotflinte, und als Bill mit einem Satz neben einem geparkten Wagen war und sich duckte, da krachten schon die Schüsse, peitschend prallte der Schrot auf die vereiste Straße und gegen die Mauern. Bill und seine Leute feuerten auf den Scharfschützen, der sich rasch ins Haus zurückzog, aber nun kamen Schüsse aus einer anderen Richtung, vielleicht aus dem Oberstock eines Hauses über der Straße. Dort, wo Bill wenige Sekunden zuvor gestanden hatte, sah man die Löcher der Einschläge.

Er kauerte sich tiefer gegen die Stoßstange des Autos, während die anderen, auch Labruzzo und Notaro, in Deckung rannten, im Laufen schießend und Haken schlagend, um dem Hinterhalt zu entgehen. Bill, der von seinen Begleitern getrennt war, wußte, daß er in die Schußlinie geraten würde, wenn er ihnen folgte. Darum blieb er, wo er war, alle Muskeln gespannt. Er war wütend. Im stillen verfluchte er Di Gregorio. Vorsichtig wandte er den Kopf, um zu sehen, ob der Scharfschütze wieder in die Tür getreten war. Dann blickte er über die Straße, hob sich etwas auf den Zehenspitzen und spähte durch die Windschutzscheibe des Autos, um zu erkennen, von welchem Gebäude die anderen Killer feuerten. Er konnte nichts ausmachen, sah niemanden an den Dachsimsen, und die einzigen Gestalten, die in den Fenstern auftauchten, waren Bewohner, die soeben wegen des Lärms die Lichter eingeschaltet und die Läden hochgezogen hatten.

Einige Sekunden wartete Bill völlig ruhig und regungslos, atmete in seinen Mantel, damit ihn die Dampfwolken in der eisigen, klaren Nacht nicht verrieten. Dann sprang er mit der Pistole in der Hand aus seiner geduckten Haltung auf und begann mit gesenktem Kopf dicht entlang der Reihe der geparkten Autos zu laufen, schneller als er eigentlich konnte, so sehr auf seine Flucht konzentriert, daß er keine Schüsse mehr hörte, nicht wußte, ob er beobachtet oder beschossen wurde. Er rannte auf der Troutman Street südwärts zur Knickerbocker Avenue. An der Ecke sprang er nach rechts, ohne sich umzublicken hastete er an der Jefferson Street vorbei, wo das Haus seines Großvaters gestanden hatte, dann über die Melrose Street hinauf zur Central Avenue. Bei der Flushing Avenue drehte er sich rasch um. Niemand folgte ihm. Bill verlangsamte sein Tempo; um Atem zu holen, lehnte er sich für einen Moment im Schatten an eine Mauer. Auf der Flushing Avenue sah er ein Buffetlokal und ging darauf zu, um dort zu telefonieren, aber als er eintreten wollte, erblickte er einen Polizisten, der an der Theke Kaffee trank. Rasch ging Bill zur

Bushwick Avenue weiter, wo es an der Ecke eine Taverne mit Telefonzelle gab. Von dort aus rief er einen seiner Leute an, Sam Perrone, der einige der Buchmacherketten an der Lower East Side leitete und im Moment im Stammlokal der Bonanno-Organisation, dem «Posh Place» in Manhattan, saß. Perrone sagte, er würde sofort kommen.

Während Bill in der Bar auf den Helfer wartete, hörte er die Sirenen von Polizeiwagen und sah sie mit roten Blinklichtern über die Kreuzung sausen. Er blickte auf die Uhr und wußte, daß Perrone nun über die Williamsburg-Brücke fuhr und die Bushwick Avenue in zwölf oder fünfzehn Minuten erreichen konnte, wenn es keine Verzögerungen gab. Bill bestellte ein Bier und blieb an der Bar stehen, nicht weit von einigen Paaren mittleren Alters, die an Tischen saßen und sich eine TV-Sendung ansahen, ohne auf den fernen Klang der Sirenen zu achten. Er spürte, wie sein Herz pochte, der Gewaltlauf hatte ihn erschöpft. Bill wischte sich das Gesicht mit dem Taschentuch ab, fühlte in den Nasenlöchern noch den Frost. Am liebsten hätte er sich niedergesetzt, blieb aber stehen, damit er die Straße überblicken konnte. Nach einer Weile sah er Perrones Wagen vorfahren, ging rasch hinaus und stieg ein.

Auf dem Weg nach East Meadow berichtete ihm Bill, was geschehen war. Labruzzo und die anderen schienen entkommen zu sein, aber die Frage, ob es Verwundete gegeben hatte, blieb offen. Bill wußte auch nicht, welcher von Di Gregorios Schützen ihm aufgelauert hatte, aber er schwor sich, das herauszufinden. Das Ganze war ein Fiasko gewesen, und Bill stimmte Perrone zu, als dieser sagte, es sei naiv gewesen zu glauben, man könne dem abtrünnigen Capo und dessen Anhang vertrauen. Nach diesem Mißerfolg aber war nun Di Gregorio selbst in Schwierigkeiten, und eine Rechtfertigung vor der Kommission war das geringste, was er zu gewärtigen hatte. Er hatte eine blutige Auseinandersetzung provoziert; daraus könnte eine grausame, verlustreiche Fehde entstehen. Die unvermeidlichen Schlagzeilen in der Presse über den Vorfall heute nacht würden zweifellos verstärkten Druck seitens der Polizei, härtere Gerichtsurteile und schärfere Gefängnisstrafen für die Verurteilten zur Folge haben. Bill war weniger empört als angeekelt und deprimiert.

Als sie East Meadow erreichten, stoppte Perrone, damit Bill Rosalie anrufen und ihr sagen konnte, sie solle die Außenlampen des Hauses einschalten. Fünf Minuten später bog Perrones Auto in die hell erleuchtete Einfahrt ein. Beide Männer zwangen sich zu einem Lächeln, als sie das Haus betraten und Rosalie begrüßten. Sie hatte keine Ahnung, wo Bill gewesen war, sie würde auch keine Fragen stellen – und er würde kein Wort darüber sagen. Nach seinem heiteren, unbefangenen Verhalten hätte sie glauben können, daß er am Freitagabend mit den Jungen Karten gespielt hatte oder zum Bowling gegangen war.

10

Am nächsten Tag hörte Bill von Labruzzo, daß alle wohlbehalten nach Hause gekommen waren, aber daß die Polizei auf der Troutman Street einige weggeworfene Waffen gefunden haben dürfte und vielleicht auch das Auto, das Bill in der Nähe abgestellt hatte. Immerhin, der Wagen war ordnungsgemäß geparkt, und es bestand Aussicht, daß ihn einer der Männer holen konnte, bevor er am Montag ein Strafmandat an die Windschutzscheibe gesteckt bekam und abgeschleppt wurde – das heißt, wenn nicht die Polizei das Viertel das ganze Wochenende über scharf im Auge behielt. Das Gespräch wurde wieder von zwei Telefonzellen aus geführt: in Long Island Bill, mit Perrone auf Wache vor der Tür, und in Queens Labruzzo, der sagte, er habe keine Ahnung, was die Polizei nun unternehmen werde oder zu welchen Schlußfolgerungen sie gekommen sei – in den Morgenzeitungen stand kein Wort über die Schießerei, auch der Rundfunk hatte keine Meldung gebracht, aber Labruzzo war überzeugt, daß man im Verlauf des Tages ein Kommuniqué herausgeben werde, und dann würden die Bonanno-Leute klarer sehen, um ihren nächsten Schachzug vorzubereiten.

Rasch verließ Bill die Zelle und kehrte mit Perrone in die Wohnung zurück. Den weiteren Nachmittag verbrachten sie vor dem Radio und dem Fernsehgerät, zwischendurch spielten sie mit den Kindern. Bill hegte keine allzu großen Befürchtungen, daß Di Gregorios Leute gleich wieder einen Anschlag gegen ihn wagen würden, da auf Bonannos Seite so viele Soldaten in Alarmbereitschaft waren. Für Rosalie war Perrones lange Anwesenheit im Haus nichts Ungewöhnliches. Die Freunde ihres Gatten blieben oft eine, manchmal sogar mehrere Nächte in East Meadow. Rosalie fand, Perrone sei ein weit angenehmerer Quartiergast als die meisten anderen Männer. Er war manierlicher und fröhlicher, die Kinder hatten großen Spaß mit ihm. Perrone war ein kleiner, untersetzter, gewinnend wirkender dunkelhaariger Enddreißiger, einige Jahre älter als Bill, mit dem er gemeinsam eine Transportfirma betrieb. Wie Bills meiste Freunde war Perrone Kettenraucher. Aber zum Unterschied von den anderen behandelte er Rosalie mit einer Aufmerksamkeit, die ihr manchmal etwas unangenehm war. Wenn er ins Haus kam, um Bill abzuholen, begrüßte er sie immer mit einem Kuß – nicht auf die Wange, sondern auf den Mund. Sie wußte natürlich, daß dies eine harmlose, rein freundschaftliche Geste war, dennoch sträubte sie sich innerlich dagegen. Mit Bill wollte sie nicht darüber reden, er sah es sowieso und fand offenbar nichts dabei, aber jedenfalls wich Rosalie, wenn sie die Tür für Perrone öffnete, instinktiv zur Seite.

Die beiden verbrachten auch den Abend im Zimmer. Sie wurden von anderen Männern besucht und hörten den stündlichen Nachrichtensendungen zu. Es gab keinerlei Hinweise auf das Attentat. Als am nächsten Morgen, einem Sonntag, noch immer keine Meldung in der Presse stand, begann sich Bill Gedanken zu machen. Das aufregende Erlebnis vom Freitagabend schien nur ein Alptraum gewesen zu sein, ein zweitklassiger Gangsterfilm, der in seiner eigenen Phantasie abgerollt war. Während der letzten Jahre waren die Zeitungen in ihrer Berichterstattung über die Mafia doch so aggressiv gewesen, hatten den unerheblichsten Fakten und unbestätigten Gerüchten über Unterweltler breitesten Raum gewidmet, hatten heimlich aufgenommene Fotos angeblicher Mafiosi gebracht, auf denen sie in Restaurants oder als Hochzeitsgäste zu sehen waren, hatten komplette Aufzeichnungen abgehörter Telefongespräche zwischen vermutlichen Dons veröffentlicht, die über das Wetter redeten. Er begriff nicht, wieso sich die Presse diese Geschichte entgehen ließ, eine der wenigen echten Gangsterstories seit längerer Zeit. Zwei rivalisierende Gruppen hatten ein Stadtviertel von Brooklyn mit Schüssen geweckt, Kugeln pfiffen nach allen Richtungen – nun aber, zwei Abende später, nicht eine Zeile, kein Wort in den Massenmedien New Yorks, des Kommunikationszentrums der USA.

Bill konnte es sich nur so erklären, daß am Wochenende ein gewisser Schlendrian herrschte. Oder daß die Journalisten für neue große Artikel völlig auf die Regierungssprecher angewiesen waren und diese Sprecher eben zwei Tage Urlaub machten. Oder – und diese Möglichkeit war Bill unheimlich – es könnte sein, daß die Polizei vorsätzlich strenges Stillschweigen bewahrte, bis Di Gregorios Killer wieder auf ihn schießen würden. So unglaubhaft es zunächst erschien, erwog Bill doch, daß Di Gregorio oder ein noch Mächtigerer ohne weiteres den dienstführenden Sergeant oder einen Lieutenant jenes Reviers, in dem die Troutman Street liegt, gekauft haben könnte, um sich so die Laxheit der Polizei zu sichern. Und dennoch: Bill selbst hatte am Freitagabend die Sirenen gehört, er wußte, daß die Polizei prompt gekommen war, und vermutete, daß es rund um den eigentlichen Schauplatz Zeugen geben mußte, die während des Wochenendes eine Zeitungsredaktion oder eine Rundfunkstation angerufen haben könnten.

Er stand vor einem Rätsel.

Als der Montagmorgen kam und verging, ohne daß Berichte erschienen wären, beschloß er, selbst die Presse zu informieren. Es war zu seinem eigenen Vorteil. Alle Dons im Land sollten von Di Gregorios Fehlschlag erfahren, und Bill wollte auch die Polizei zwingen, das Versteckspiel aufzugeben und statt dessen die Straßen zu überwachen, um zu verhindern, daß Di Gregorios Gruppe ihm neuerlich eine Falle stellte.

Durch seine gerichtlichen Vorladungen seit 1964 kannte Bill mehrere New Yorker Journalisten, sie hatten oft versucht, ihn über seinen Vater zu interviewen. Einer der beharrlichsten Reporter arbeitete für die *New*

York Times. Zu diesem Mann nahm Bill Verbindung auf, und der Journalist gab die Informationen an den Redakteur der Stadtchronik weiter. Nachdem die *New York Times* nur einige Aspekte von Bills Geschichte bei der Polizei in Brooklyn recherchiert hatte, erschien am nächsten Tag, Dienstag den 1. Feburar, ein Artikel unter dem Titel: «Schießerei für Polizei ein Rätsel.»

«Freitag abends kam es in Brooklyn zu einem Zwischenfall. Gangster lieferten einander auf offener Straße ein Feuergefecht. Zurück blieben sieben Pistolen verschiedener Modelle, Geschoßeinschläge in Mauern und ein Geheimnis, das die Polizei gestern nach der Einvernahme von mehr als hundert Personen aus der Umgebung nicht aufzuklären vermochte.

Obwohl Bewohner der Troutman Street etwa um 11 Uhr nachts mindestens zwanzig Schüsse hörten, fanden Detektive und Funkstreifen, die von der Polizeistation in der Wilson Avenue, sechs Häuserblocks entfernt, sofort zum Tatort fuhren, kein Opfer und keine einzige Blutspur. Auch wurde keine Anzeige erstattet.

Gerüchten, es könne sich bei dem Feuergefecht um einen Zusammenstoß zweier Mafiagruppen im Kampf um die Herrschaft über die ‹Familie› von Joseph (Bananen-Joe) Bonanno handeln, begegnete Detektiv Lieutenant John W. Norris mit Skepsis. ‹Wenn da Berufsgangster am Werk waren, dann brauchen sie einen Nachhilfekurs im Schießen›, erklärte er gestern dem Vertreter der *New York Times*. ‹Der Sachverhalt weist nicht die Merkmale einer geplanten Aktion auf. Welchen Sinn soll es haben, die Pistolen zurückzulassen? Während meiner ganzen dreiundzwanzigjährigen Dienstzeit bei der Polizei habe ich noch nie einen so wirren Gangstercoup erlebt.›»

Bill war fast amüsiert, als er diesen Bericht in der *New York Times* las. Eine bestimmte Tatsache fand er besonders interessant: Keiner der Bewohner des Viertels hatte vor der Polizei zugegeben, daß er Schüsse auf der Straße gehört hatte. Einige sagten, sie hätten geschlafen. Andere, wie ein gewisser Joseph Taranto, der sich selbst als Abbrucharbeiter bezeichnete, meinte, er habe geglaubt, der Lärm käme von Knallfröschen. Wieder ein anderer Bewohner der Troutman Street, John Bosco, ein Allroundprofessionist, erklärte dem Reporter gegenüber: «In dieser Straße gehen wir zeitig zu Bett. Wir arbeiten und müssen früh aufstehen.»

Die einzige Person unter den mehr als hundert Einvernommenen, die über ungewöhnliche Vorfälle in der Troutman Street aussagte, war eine gewisse Mrs. Joseph Cipponeri. Sie hatte in der Nacht vom Freitag zum Sonnabend die Polizei angerufen und mitgeteilt, soeben habe ein Fremder ihre Tür aufgebrochen und sei durch ihr Wohnzimmer und ihre Küche in den Hinterhof gelaufen, wobei er die Glasscheibe einer Tür zertrümmerte. Als der erste von fünf Einsatzwagen eintraf, fanden die Beamten im Flur zwei Revolver und bei der Küchentür eine Pistole. Mrs. Cipponeri konnte den Eindringling nicht beschreiben, da es in den Zimmern zu dunkel war. Alles, was sie von ihrem Bett aus sah, war die undeutliche Gestalt eines Mannes, der durch die Wohnung rannte.

Der Artikel in der New York Times löste rasch eine Kettenreaktion aus: Dadurch wurde auf die Polizei Druck ausgeübt, die Fäden des Geheimnisses zu entwirren und der Presse, der Öffentlichkeit und natürlich auch Bonannos Leuten weitere Informationen zu liefern. Innerhalb einiger Tage ermittelten die Zeitungen mit ziemlicher Sicherheit, daß der Anschlag in erster Linie Bill gegolten hatte und daß Di Gregorios Anhänger in die Sache verwickelt waren. Die Polizei freilich wollte sich noch nicht eindeutig auf diese Theorie festlegen, da die gefundenen Waffen nicht im Gebiet von New York angemeldet waren und auch nicht in den Akten des FBI als gestohlen erschienen.

Bald begann der Distriktsstaatsanwalt von Brooklyn umfassende Erhebungen über den Fall. Unter den Verdächtigen, die zwecks Einvernahme gesucht wurden, war Gaspar Di Gregorio. Als die Polizei bei seiner Wohnung in West Babylon eintraf, behaupteten seine Verwandten sehr entschieden, er sei nicht zu Hause. Aber die Beamten warteten, und es dauerte keine Stunde, da fuhr ein Ambulanzwagen samt Arzt vor, und gleich darauf wurde Di Gregorio auf einer Trage aus dem Haus gebracht. Wie verlautete, hatte er einen Herzanfall erlitten. Die Polizei erteilte ihm eine Subpoena.

Kriminalbeamte kamen auch ins Haus der Bonannos, aber Bill hatte eines Morgens in der ersten Dämmerung wieder seinen Wagen geholt und war verschwunden. Durch die Informationen an die New York Times hatte er sich aus seiner seelischen Zwangslage befreit, nun gebot ihm die Vorsicht, unterzutauchen, bis er mehr über das Schicksal seines Gegners Di Gregorio erfahren hatte.

Innerhalb der nächsten Wochen hörte Bill, daß die Kommission wegen des Fiaskos in der Troutman Street und der darauffolgenden unerwünschten Publicity über Di Gregorio empört sei. Eine weitere Nachricht besagte, Di Gregorio trete als Wortführer der Dissidentengruppe ab und werde durch Paul Sciacca ersetzt.

Während des Spätwinters und Frühlings 1966, als Dutzende Zeugen sehr widerstrebend vor einem Brooklyner Tribunal erschienen, um Fragen über das Feuergefecht zu beantworten, wurde gemeldet, Joseph Bonanno lebe in Tunis, dem Geburtsort seiner Frau, einem traditionellen Unterschlupf sizilianischer Flüchtlinge. Seit vielen Generationen bestand dort eine große sizilianische Kolonie, da die Stadt per Schiff leicht erreichbar war. Gewährsleute der *New York Times* in Palermo gaben an, Bonanno senior habe sich unter dem Schutz der sizilianischen Mafia in Nordafrika niedergelassen. Einer seiner Besucher wurde als Frank Garofalo identifiziert, ein älterer, distinguiert wirkender Mann aus Castellammare, der einst Funktionär von Bonannos Organisation in Amerika gewesen war. Er war vor den Apalachin-Enthüllungen des Jahres 1957 nach Sizilien gereist und hatte dann beschlossen, dauernd in der alten Heimat zu bleiben.

Bevor der internationale Polizeiapparat feststellen konnte, ob Bonanno sich wirklich in Tunis aufhalte, trafen neue widersprechende Meldungen ein. Im Verlauf des Jahres soll er, verschiedenen Zeitungsberichten zufolge, in Kanada, Mexiko, Haiti und anderen Ländern gesehen worden sein. Am 11. Mai erklärte ein Sprecher der US-Regierung in der *New York Times* man habe die Gewißheit, daß Bonanno in Europa untergetaucht sei – aber der Ort selbst wurde nicht bekanntgegeben.

Als Bill eine Woche später, am 17. Mai, über die Williamsburg-Brücke nach Manhattan fuhr, um einen seiner Leute in einem Kaffeehaus zu treffen, hörte er die Radiomeldung, Joseph Bonanno sei in New York City. Bill wollte diese Nachricht als ein weiteres phantastisches Gerücht abtun, aber zu seiner Verblüffung sagte der Sprecher, vor einer Stunde habe Joseph Bonanno völlig überraschend in Begleitung eines Anwalts das Gerichtsgebäude betreten.

11

Sonnengebräunt und sichtlich erholt, in einem grauen Alpacaanzug mit dunkelgrauem Hut, weißem Hemd und passender Krawatte in gedämpftem Farbton stieg Joseph Bonanno in der Pearl Street aus einem Auto und verschwand in einem Seiteneingang des Bundesgerichts auf dem Foley Square. Während der eine seiner Anwälte vorauslief, um den Lift zu holen, blieb der andere dicht neben seinem Mandanten, ängstlich darauf bedacht, daß sie rasch ins Gebäude und in den Gerichtssaal im 3. Stock kämen, ohne von der Polizei oder FBI-Agenten gesehen zu werden. Es war nicht schwer zu erraten, was passieren würde, wenn die Beamten Bonanno faßten, ehe er vor dem Richter stand, der an die gesetzlich vorgeschriebenen Modalitäten gebunden war. Zum allermindesten würden sie den Don in die Zentrale bringen und dort so lange wie möglich festhalten, seine Verhaftung ausposaunen, versuchen, Zugeständnisse zu erzwingen, und verschiedenes anderes unternehmen, um das Gesicht zu wahren und sich dafür zu entschädigen, daß sie ihn im Verlauf neunzehnmonatiger Nachforschungen nicht gefunden hatten.

Aber all das schien Joseph Bonanno nicht zu kümmern, als er um 10 Uhr 30 gleichmütig über den Marmorboden der Vorhalle auf den Lift zuging, die Hornbrille abnahm und in die Brusttasche seines Sakkos steckte. Bald mußte er sich den Pressekameras stellen, und da wollte er lieber ohne Brille fotografiert werden. Er war ein gutaussehender Mann, das wußte er. Es lag besonders an seinen samtigen, ausdrucksvollen Augen, den geschwungenen Brauen und dem markanten Gesichtsschnitt – lauter vorteilhafte Züge, die er durch eine Brille nicht beeinträchtigen wollte, um so mehr, als er glaubte, daß dadurch sein gebrochenes Nasenbein betont würde, ein altes Andenken an eine Begegnung mit der Polizei, bei der es hart auf hart gegangen war, irgendwann während der Prohibitionszeit. Oft schon hatte Bonanno erwogen, sich einer kosmetischen Operation zu unterziehen, konnte sich aber nie dazu entschließen, weil er das für ein offenes Eingeständnis von Eitelkeit hielt.

Er sah einen der Anwälte, Albert Krieger – dieser war an Stelle des selbst in den Fall verwickelten Mr. Maloney mit der Rechtsvertretung betraut: Er stand in einer Telefonzelle und versuchte, den Bundesstaatsanwalt Robert M. Morgenthau zu erreichen, um ihn über Bonannos Kommen zu informieren. Aber die Klappe war besetzt. Bevor Krieger die Zelle verlassen konnte, schloß sich die Lifttür hinter Bonanno. Deshalb rannte Krieger über die Seitentreppe zu Morgenthaus Büro im 4. Stock, um ihm mitzuteilen, Joseph Bonanno sei auf dem Weg in den Gerichtssaal.

Der Don nahm den Hut ab, als er den Saal 318 betrat, einen hohen Raum mit Bankreihen und Geschworenensitzen zu beiden Seiten des blankpolierten Richtertisches. Es war nicht viel los, im Auditorium saßen nur wenige Zuschauer, einige von ihnen schliefen. Selbst der Bundesrichter Marvin E. Frankel schien ohne besonderes Interesse die Routinefälle anzuhören, die vor seinem Stuhl verhandelt wurden. Als er den grauhaarigen Mann bemerkte, der durch den Mittelgang auf ihn zukam, erkannte er ihn nicht sofort und war sichtlich überrascht, als der Fremde sich höflich für die Unterbrechung entschuldigte und sagte: «Euer Ehren, ich bin Joseph Bonanno. Soviel ich weiß, haben die Justizbehörden Fragen an mich.»

Richter Frankel schob langsam die Brille über den Nasenrücken vor und musterte mit freiem Auge den Mann im Alpacaanzug. «Sie sind Joseph Bonanno?»

Als der Stenograf, der Schriftführer und andere Gerichtspersonen den Namen hörten, wandten sie sich sofort dem Mann im grauen Alpacaanzug zu, dann blickten sie erwartungsvoll den Richter an und musterten wieder Bonanno, der mit dem Hut in der Hand ruhig dastand.

«Ja, Euer Ehren.»

Zögernd blickte sich Frankel im Raum um. Dann wies er auf die leere vorderste Reihe und sagte: «Bitte setzen Sie sich.»

Bonanno nahm mit einem seiner Anwälte, einem großen, breitschultrigen Mann namens Robert Kasanof, Platz. Bald darauf setzte sich auch Krieger zu ihnen, und dann erschien – in Hemdsärmeln – Robert Morgenthau, um einen Blick auf den Don zu werfen. Als er sich überzeugt hatte, daß es tatsächlich der gesuchte Mann war, verließ er ohne Kommentar den Gerichtssaal, der sich nun füllte, denn die Nachricht von Bonannos Kommen hatte im Gebäude rasch die Runde gemacht. Reporter aus dem Pressezentrum besetzten sofort die erste Bankreihe, auch Detektive, Büroangestellte, ja sogar dienstfreie Liftführer kamen herein. Innerhalb von zehn Minuten war der Gerichtssaal bis auf den letzten Platz besetzt, und alle warteten gespannt.

Aber vorläufig ereignete sich gar nichts. Es dauerte eine Viertelstunde, eine halbe Stunde. Bonanno mit seinen Anwälten und das dichtgedrängte Publikum mußten erst langweilige andere Verhandlungen über sich ergehen lassen, und die Zuschauer überlegten, wann die große Show endlich beginnen werde. Die Wartezeit zog sich in die Länge. Bald würde Mittagspause sein, und noch immer war die Behörde nicht in Aktion getreten. Es schien, als wisse die Justiz, die doch soviel Zeit, Mühe und Geld in die weltweite Suche nach dem Mafiaboss investiert hatte, nun, da er sich selbst gestellt hatte, eigentlich nicht, was sie mit ihm anfangen solle.

Um 11 Uhr 40 schließlich betraten zwei Federal Marshals den Gerichtssaal, setzten sich hinter Bonanno, und der eine flüsterte Krieger zu: «Albert, wir müssen Ihren Mandanten verhaften.»

«Kein Problem», erwiderte Krieger, froh darüber, daß nun endlich etwas geschah. «Habt ihr einen Haftbefehl?»

«Ja.»

«Gut. Wohin sollen wir gehen?»

«Hinunter», sagte der Marshal, er meinte die Konfinierungsabteilung im Erdgeschoß.

«In Ordnung.» Krieger erhob sich und folgte mit Bonanno den Beamten aus dem Saal. Die Zuschauer blieben sitzen, um die Rückkehr des Don abzuwarten. Sie bemerkten auch, daß Robert Morgenthau, nun im Sakko, in Begleitung seiner Mitarbeiter wieder erschienen war. Er überreichte dem Richter einen versiegelten Umschlag, der die Anklageschrift gegen Joseph Bonanno enthielt. Auch Morgenthau wartete.

Inzwischen wurden im Erdgeschoß dem prominenten Mafioso die Finger- und Handflächenabdrücke abgenommen und andere Formalitäten der Verhaftung erledigt. Zwei FBI-Agenten kamen herein. Einer von ihnen fragte Krieger: «Können wir mit Ihrem Mandanten sprechen?»

«Nur zu», antwortete der Anwalt.

Die Agenten, sie hießen Robert Anderson und Ed Walsh, setzten sich Bonanno gegenüber und begannen ihn prüfend zu mustern, offenbar suchten sie an seinem Haarschnitt, seinem Teint oder der Fasson seines Anzugs nach irgendeinem Hinweis, aus dem sie darauf schließen könnten, wo er sich während der letzten neunzehn Monate aufgehalten hatte. Als Anderson die direkte Frage stellte, schwieg Bonanno. Dann stand der Detektiv auf, ging um Bonanno herum, nahm dessen Hut und blickte in das Futter, in der Hoffnung, am Aufdruck zu erkennen, wo er gekauft wurde. Er sah auch das Etikett von Bonannos Sakko an, die Rückseite seiner Krawatte und die Schuhe. Der Don zeigte sich sehr bereitwillig, er schien weder irritiert noch ängstlich zu sein. Was der FBI-Agent nicht wußte, war, daß Bonanno genau dieselbe Kleidung trug wie am Abend des 21. Oktober 1964, als er auf der Park Avenue verschwunden war.

Nachdem Joseph Bonanno in den Gerichtssaal zurückgebracht worden war, erfolgte die Vorlesung der Anklage, die ihm Mißachtung der Justizbehörden zur Last legte, weil er es vorsätzlich unterlassen hatte, vor einem Bundestribunal zu erscheinen, das Nachforschungen über die fünf Mafiafamilien im Gebiet von New York durchführte. Richter Frankel fragte ihn, ob er sich schuldig bekenne. Darauf antwortete Bonanno mit fester Stimme: «Nicht schuldig, Euer Ehren.»

Dann nickte Frankel Robert Morgenthau zu, einem hageren, ruhigen, bebrillten Mann, der seit 1961 Bundesstaatsanwalt war. Um die hohe Kautionssumme zu rechtfertigen, die er beantragen wollte, wollte Morgenthau Angaben über die kriminelle Vergangenheit des Angeklagten in den Akt einfügen.

«Joseph Bonanno wurde am 18. Januar 1905 in Sizilien geboren», begann der Staatsanwalt. «Er ist mit Fay Bonanno verheiratet, das Ehepaar hat drei Kinder. Er geht keiner nachweisbaren legalen Beschäftigung nach und . . .» Ein schmerzlicher Zug glitt über das Gericht des Don, er wandte sich zu Krieger, der zwar die Stirn runzelte, aber den Staatsanwalt nicht unterbrach, als dieser fortfuhr: « . . . kam bereits mehrmals mit dem Gesetz in Konflikt. So wurde er wegen der Teilnahme an einem Treffen von prominenten Kriminellen aus dem gesamten Bundesgebiet der USA festgenommen. Dieses Meeting fand in Apalachin im Staat New York statt. 1956 wurde er auch in Tucson, Arizona, festgenommen, weil er einer gerichtlichen Vorladung nicht Folge leistete. Ferner wurde er in Brooklyn verhaftet, wegen Verletzung des Arbeitszeitgesetzes in zwei Fällen. 1964 wurde in Kanada ein Verfahren gegen ihn angestrebt, weil er den Einwanderungsbehörden bei der Bewerbung um eine unbefristete Aufenthaltsbewilligung falsche Angaben machte. Im Sommer 1963 fahndete die Polizei nach Joseph Bonanno, um ihm eine Subpoena zuzustellen. Er war weder in Arizona noch in New York anzutreffen und wurde schließlich in Kanada aufgespürt, als er dort sein Ansuchen um Aufenthaltsbewilligung einreichte. Nach seinem Prozeß in Kanada wurde er in die USA ausgewiesen, und bei seiner Ankunft in Chicago wurde ihm eine Subpoena zugestellt. Im August 1964 erschien er vor einem Gerichtshof und wurde aufgefordert, sich am 21. Oktober wieder zu melden. Laut Mitteilung seines Rechtsvertreters wurde er angeblich in den frühen Morgenstunden entführt . . .»

In dem gesteckt vollen Gerichtssaal war es sehr still. Bonanno hörte gleichmütig zu, während Morgenthau die umfassenden, aber vergeblichen Bemühungen des FBI und anderer Polizeikräfte schilderte, den Gesuchten aufzuspüren. Der Staatsanwalt hatte noch immer keine Ahnung, wo sich Bonanno während der letzten neunzehn Monate aufgehalten hatte, und der Don, der nicht gegen sich selbst aussagen mußte, dachte nicht daran, freiwillig mit Informationen herauszurücken. Es würde Sache der Anklagevertretung sein, in einem kommenden Prozeß zu beweisen, daß sich Bonanno vorsätzlich den Nachforschungen des Gerichts entzogen hätte, und die Version der Verteidigung zu widerlegen, er sei von Unbekannten entführt worden.

«Unserer Meinung nach hat Bonanno durch seine Handlungsweise bewiesen, daß er die Gerichtsordnung und das Gesetz völlig mißachtet», erklärte Morgenthau. «Ferner glauben wir, daß er zumindest seit dem 19. Dezember 1964 –» dem Tag nach Bills Anruf bei Maloney – «auf freiem Fuß und in der Lage war, jederzeit vor Gericht zu erscheinen. Nun hat er sich nur deshalb gemeldet, weil es momentan in sein persönliches Konzept paßt. Unter den dargelegten Umständen beantragen wir eine Kaution in der Höhe von 500000 Dollar.»

Bonanno hob erstaunt die Augenbrauen, durch die Publikumsreihen lief ein Gemurmel, Krieger schüttelte ablehnend seinen kahlen Kopf, nahm die Brille ab und erhob sich.

«Wenn Euer Ehren gestatten», sagte er mit lauter Stimme, «ich glaube, es ist meine vordringlichste Pflicht, einige der Angaben Mr. Morgenthaus über das sogenannte Vorstrafenregister meines Mandanten zu korrigieren. Erstens, Euer Ehren, wurde Joseph Bonanno nur eines Verbrechens angeklagt, und ich meine, selbst das Wort ‹Verbrechen› ist hier nicht am Platz. Vergehen oder Übergehung wäre zutreffender. Es handelte sich um eine Verletzung des Arbeitszeitgesetzes Anfang der vierziger Jahre, sie bezog sich auf unbezahlte Überstunden einiger Arbeitnehmer einer Konfektionsfirma, an der mein Mandant zu einem Drittel beteiligt war. Die Inhaber bekannten sich schuldig und wurden zu einer Geldstrafe von 50 Dollar verurteilt. Das ist meines Wissens das ganze Ausmaß seines Strafregisters, soweit es gerichtliche Ahndungen betrifft.

Zum Thema Kanada, Euer Ehren: Auf seinem Bewerbungsformular für dauernden Aufenthalt stand eine Frage: ‹Wurden Sie jemals wegen eines Verbrechens verurteilt?› Die Antwort meines Mandanten lautete: ‹Nein.› Dies war der Grund für einen ziemlich komplizierten Meineid-prozeß, der allerdings mit der Einstellung des Verfahrens endete. Joseph Bonanno durfte Kanada verlassen wie jeder andere Ausländer. Er wurde weder ausgewiesen noch kam er einem derartigen Schritt durch verfrüh-te Abreise zuvor. Mein Mandant hatte völlige Handlungsfreiheit, er konnte nach eigenem Ermessen zum Flughafen fahren, dort sein Ticket buchen und nach Chicago fliegen.

Nach der Landung in Chicago erhielt er eine Subpoena zwecks Aussage vor einem Geschworenengericht, das im dortigen Distrikt tagte. Dieser Vorladung leistete er Folge. Und was seine berufliche Tätigkeit be-trifft . . .»

«Aber er wurde aufgefordert, ein zweites Mal zu erscheinen, und meldete sich nicht mehr, oder doch?» warf Frankel ein.

«Euer Ehren, das ist eine der Fragen, die im Verlauf dieses Verfahrens geklärt werden müssen. Zunächst: War mein Mandant überhaupt ver-pflichtet, nochmals zu erscheinen? Das Tribunal, vor dem er im August ausgesagt hatte, war aufgelöst worden. Und mein Mandant wurde aufge-fordert, vor einem völlig neugebildeten Gericht zu erscheinen. So erhebt sich die Frage, ob die Justizbehörden eine Unterlassung begingen, indem sie Joseph Bonanno keine neuerliche Subpoena erteilten. Aber die Vertei-digung wird es keinesfalls versäumen, die Rechtslage, aus der die Ankla-ge resultierte, genau zu beleuchten.

Was nun die berufliche Tätigkeit meines Mandanten betrifft, so ist es nahezu aberwitzig zu behaupten, er habe keine legalen Einnahmsquellen. Im Dezember 1964 erhielt Joseph Bonanno vom Staat auf Grund seines Realbesitzes eine Vorschreibung, die sich in astronomischen Ziffern bewegte. Nach der Eingabe seines Steuerberaters wurde diese Vorschrei-bung prompt zurückgezogen, da mein Mandant Jahr für Jahr genaue und detaillierte Steuererklärungen abgegeben hatte. Selbst die strengste Buchprüfung durch die Bundessteuerbehörde erwies keinerlei Unregel-mäßigkeiten oder Differenzen, ganz zu schweigen von Rückständen oder strafbaren Verschleierungen der Bilanzen.

Mein Mandant besitzt auf seinen eigenen Namen sowie gemeinsam mit seiner Frau ausgedehnte Liegenschaften in Arizona. Mrs. Bonanno hat außerdem Anteile einer hochaktiven Käsefirma. Er ist ein verhältnis-mäßig begüterter Mann mit durchaus legalen Einkünften, was immer wieder bewiesen wurde, zumindest zur Zufriedenheit der Bundessteuer-behörde. Euer Ehren, was nun den Antrag auf eine Kaution in Höhe von 500 000 Dollar betrifft, so ist diese Forderung fast illusorisch und führt sich selbst ad absurdum. Hier wurden ganz bewußt die grundlegenden Erwägungen mißachtet, von denen sich ein Gerichtshof bei der Festset-zung der Summe leiten lassen muß. Ferner ist die Tatsache zu berücksichtigen, daß sich mein Mandant aus eigenem Antrieb dem Tribunal und somit jeglichen Beschuldigungen stellte, welche die Anklagevertretung gegen ihn vorbringen mag.»

Richter Frankel unterbrach ihn und warf ein: «Zur Zeit der Pressekonferenz, auf die sich der US-Staatsanwalt bezieht, war wohl Mr. Maloney sein Anwalt?»

«Das stimmt, Euer Ehren.»

«Es gab also vor eineinhalb Jahren eine öffentliche Ankündigung, daß er vor Gericht erscheinen werde?»

«Nun ja, Euer Ehren», meinte Krieger, «meinem Dafürhalten nach sind die Umstände, die jene höchst unglückselige Situation zwischen Mr. Maloney und der Presse einerseits und Mr. Maloney und Mr. Morgenthau andererseits hervorriefen, durch eine Reihe von Mißverständnissen entstanden. Da ist einmal die vor einem Geschworenengericht gemachte Aussage jener Person, die Mr. Maloney telefonisch verständigte. Das war Salvatore, der Sohn des Angeklagten Joseph Bonanno. Soweit ich informiert bin, sagte er damals im Zeugenstand aus, daß er in einer bestimmten Telefonzelle einen Anruf erhielt, daß die Stimme des Anrufers nicht die seines Vaters gewesen wäre, daß aber der Anrufer sagte: ‹Ihrem Vater geht es gut› oder etwas Ähnliches in diesem Sinn. Salvatore setzte sich darauf mit Mr. Maloney in Verbindung und setzte ihn davon in Kenntnis.»

«Ich möchte Sie fragen –» wieder unterbrach ihn der Richter – «gibt es irgendeinen Grund, warum es Ihnen schwerfällt, mir über diese eineinhalbjährige Abwesenheit vor versammelter Presse Auskunft zu geben? Im Falle nämlich, daß das Erscheinen des bewußten Herrn hier vor Gericht allgemein erwartet wurde, egal ob nun auf gerichtlichen Antrag hin oder aus irgendeinem anderen Grund, und daß sein damaliger Anwalt sein Kommen auch tatsächlich angekündigt hatte, kommt diesem Punkt große Bedeutung zu, danach richtet sich die Höhe der Kaution, denn das Gericht muß sicher sein, daß der bewußte Herr bei Aufforderung auch wirklich erscheine. Es bleibt die Frage zu beantworten: Was geschah? Warum ist er nicht gekommen?»

«Ich weiß Ihre Frage zu schätzen, Euer Ehren», antwortete Krieger, «und ich bin froh, daß Sie damit gleich zum Nerv der Sache gekommen sind. Sie stellen mir eine Reihe von Fragen, bei deren Beantwortung ich auf mein Privileg zurückgreifen möchte.»

«Sie wollen damit wohl sagen, daß Ihre Freude über meine an Sie gerichteten Fragen gedämpft wird durch Ihr Unvermögen, mir brauchbare Antworten zu geben?»

«So ist es, Euer Ehren.»

«Ich muß sagen, die Anklagevertretung hat ziemlich triftige Gründe für ihre Meinung; es ist keine ausreichende Sicherheit dafür gegeben, daß Mr. Bonanno erscheint, wenn er vor Gericht erwartet wird», bemerkte Richter Frankel.

«Euer Ehren, warum ist mein Mandant dann heute gekommen?» entgegnete Krieger. «Er betrat diesen Gerichtssaal um 10 Uhr 35 und wartete, wartete, bis ihm die Marshals schließlich um 20 Minuten vor 12 Uhr auf Grund eines Haftbefehls festnahmen. Hätte er sich gestellt, wenn er sich der Justiz entziehen wollte?»

«Ich verstehe Ihre Argumentation nicht, Mr. Krieger. Wenn wir etwa Ihren Mandanten zu einem Termin im nächsten Monat vorladen, und er meldet sich – freiwillig – erst im Jahr 1968, dann könnten wir das keineswegs billigen.»

«Gewiß nicht, Euer Ehren», pflichtete ihm der Anwalt bei. «Deshalb bestreite ich auch nicht, daß eine Kaution festgesetzt werden sollte. Ich beantrage keine Bewährungsfrist für Mr. Bonanno, denn ich glaube, das Gericht braucht eine Garantie für das künftige Erscheinen meines Mandanten. Aber die Höhe dieser Kaution muß sich in realistischen Grenzen halten, einerseits ausreichend, um der Justiz die Rückkehr des Angeklagten zu gewährleisten, doch andererseits nicht so hoch, daß die Forderung praktisch unerfüllbar wäre.»

«Wollen Sie damit sagen, Ihr Mandant könne die Summe von 500 000 Dollar nicht aufbringen?»

«Jawohl, Euer Ehren. Er ist außerstande dazu.»

«Welche Kaution würden Sie nach Kenntnis seiner Vermögensverhältnisse vorschlagen?»

«Das ist eine zweischneidige Frage, Euer Ehren. Einerseits wollen Sie von mir wissen, welcher Betrag deponiert werden könnte, und andererseits, welche Summe ich für vertretbar halte.»

«Dann beantworten Sie doch beide Fragen.»

«Ich glaube, eine Kaution von 25 000 Dollar wäre angemessen und durchaus realistisch.»

«Und zum zweiten Punkt: welche Summe läge im Bereich des Möglichen?»

«In aller Offenheit, Euer Ehren, mein Mandant könnte einen etwas größeren Betrag aufbringen.»

«Mr. Krieger, Sie sind sich doch im klaren darüber, daß ich dann verpflichtet bin, eine etwas höhere Kaution festzusetzen . . .»

«Das weiß ich, Euer Ehren.»

«. . . und ich muß Sie bitten, mich dabei durch Hinweise und Informationen zu unterstützen», sagte Frankel und wandte sich dann an den Staatsanwalt. «Mr. Morgenthau, Sie erwähnten ein Problem im Zusammenhang mit dem Untersuchungstribunal. Verstehe ich Sie richtig, daß Sie keine Kaution für Mr. Bonannos Erscheinen als Zeuge beantragen?»

«Das stimmt, Euer Ehren.»

«Und was ist zu Mr. Kriegers Standpunkt zu sagen, es sei fraglich, ob dieser Zeuge überhaupt verpflichtet war, der Vorladung des Tribunals Folge zu leisten?»

«Ich glaube, damit wird man sich auseinandersetzen müssen, Euer Ehren», gab Morgenthau zu, um gleich darauf zu betonen: «Aber es ist das erste Mal, daß der Verteidiger gerade diese Erwägung als Grund für das Nichterscheinen seines Mandanten vorbrachte. Sicherlich wußte Mr. Krieger während der langen Zeit, in der er als Mr. Bonannos Rechtsvertreter fungierte, daß wir den Angeklagten suchten. Jedenfalls hielt sich Mr. Bonanno während der letzten eineinhalb Jahre nicht bei seiner Familie oder an seinem Wohnort auf. Und ich möchte wiederholen, daß das FBI und die Bundessteuerbehörde zwischen dem Sommer 1963 und dem Sommer 1964 nach ihm fahndeten, aber er war weder zu Hause anzutreffen noch an einem der Orte, die er sonst frequentierte.

Nach Kanada reiste er, um dort, wenn möglich, seinen ständigen Wohnsitz zu nehmen. Er bewarb sich bei den kanadischen Einwanderungsbehörden um eine dauernde Aufenthaltsbewilligung. Ich glaube, es besteht kein Zweifel darüber, daß Mr. Bonanno etwa eineinhalb Jahre auf der Flucht war. Er hatte volle Kenntnis davon, daß er gerichtlich gesucht wurde. Wir wissen natürlich keine Einzelheiten seiner Beweggründe, sich nun zu diesem Zeitpunkt zu stellen, aber ich bin der Meinung, einer Person, gegen die eine Subpoena läuft, sollte es nicht gestattet sein, von sich aus den Termin des Erscheinens vor dem Tribunal zu bestimmen.»

«Euer Ehren, in dieser Phase des Verfahrens möchte ich mich auf die Erklärung beschränken, daß meinem Mandanten ein Verbrechen angelastet wird, für das als Sühne die Höchststrafe von fünf Jahren Gefängnis vorgesehen ist», sagte Krieger. «Es handelt sich hier nicht um eine besonders schwere oder verwerfliche, krasse Gesetzesverletzung. Ich kann Ihnen, Euer Ehren, Fälle zitieren, in denen der Angeklagte viel schwererer Verstöße bezichtigt, für schuldig befunden und zu fünfzehn Jahren Zuchthaus verurteilt wurde, wobei die Summe von 100 000 Dollar als ausreichende Kaution bis zum Berufungsentscheid betrachtet wurde. Nach der gegenwärtigen Lage dieses Falles beantrage ich nochmals die Festsetzung mit rund 25 000 Dollar.»

«Ich glaube, Euer Ehren müssen die Einnahmsquellen des Angeklagten in Erwägung ziehen, und diese sind sehr, sehr beträchtlich», konterte Morgenthau.

«Die Frau des Angeklagten ist krank», warf Krieger ein. «Er hat Kinder und Enkel — wenn er, wie hier erklärt wurde, eineinhalb Jahre auf der Flucht war, hat er seine Angehörigen lange nicht gesehen. Er ist ein Mensch, Euer Ehren. Ganz abgesehen von allen Beschuldigungen, die gegen ihn erhoben werden, ist er ein Mensch und hat deshalb das Recht, die fundamentalsten . . .»

«Das erkenne ich an, Mr. Krieger», sagte der Richter knapp. «Die Frage lautet nun, welche Summe wird das Erscheinen dieses ‹Menschen› vor Gericht garantieren, wenn er vorgeladen wird.»

«Ja, Euer Ehren», erwiderte Krieger leise, als merke er, daß er etwas zu rasch vorgeprescht sei.

«Ich setze eine Kaution in Höhe von 150000 Dollar fest», erklärte Frankel. Krieger und Bonanno reagierten nicht. Nur Morgenthau schien enttäuscht.

Nach kurzem Schweigen fragte der Staatsanwalt: «Kann die Anklagevertretung die Ausfolgung von Mr. Bonannos Paß – auf welchen Namen er auch ausgestellt sein mag – an den Schriftführer dieses Gerichtshofes fordern? Außerdem soll Mr. Bonanno angewiesen werden, keinen Bahnhof, keinen Pier und keinen Flughafen zu betreten und, falls er seinen deklarierten Wohnsitz für mehr als vierundzwanzig Stunden verläßt, die Bundesstaatsanwaltschaft zu verständigen und den Ort anzugeben, an dem er sich aufhalten wird.»

«Euer Ehren», sagte Krieger rasch, «ich würde folgendes vorschlagen: Falls die Kaution gestellt wird, in den Geltungsbereich auch den Östlichen Distrikt des Staates New York einzubeziehen. Als Begründung dafür kann ich anführen, daß Mr. Bonannos älterer Sohn seit über zwei Jahren in Nassau County wohnt. Wahrscheinlich wird mein Mandant zu ihm ziehen. Ferner beantrage ich die Erweiterung des Geltungsbereichs auf den Distrikt Arizona, damit Mr. Bonanno seine Frau besuchen kann, die seit vielen Jahren in ihrem Haus in Tucson wohnt. Es geht ihr gesundheitlich nicht sehr gut. Das ist der Justizbehörde bekannt. Eine Reise von Tucson hierher könnte ihr sehr schaden. Ich hätte keinen Einwand gegen die letzte Forderung, daß das zuständige Amt jeweils vom Ortswechsel meines Mandanten in Kenntnis gesetzt werden muß.»

«Und auch keinen Einwand gegen die Ablieferung des Passes?» ergänzte der Richter.

«Soviel ich weiß, ist der Paß abgelaufen», sagte Krieger. «Aber mein Mandant wird ihn dem Gericht übergeben.»

«Mr. Bonanno wird den abgelaufenen Paß abgeben», wiederholte der Richter.

«Ich glaube, er muß nach drei Jahren erneuert werden», bemerkte der Anwalt.

«Jedweder Paß, der sich in Mr. Bonannos Besitz befindet, wird ausgefolgt», betonte Frankel.

«Sicherlich. Kein Problem», erwiderte Krieger.

«Das betrifft auch andere Pässe, außer dem bereits abgelaufenen, falls er solche besitzen sollte», fügte Morgenthau hinzu.

«Jeder Paß, der auf den Namen meines Mandanten ausgestellt wurde, wird dem Gericht übergeben», sagte Krieger sehr deutlich und unmißverständlich, als Entgegnung auf Morgenthaus unausgesprochene Vermutung, daß Bonanno gefälschte Dokumente verwende.

«Gut, die Staatsanwaltschaft wird sicherlich in der Lage sein, diesen Punkt zu überprüfen», sagte der Richter, um den Wortwechsel zu beenden. Nach kurzem Überlegen setzte er fort: «Nun zu den anderen Bedingungen. Mr. Morgenthau, würde es die Anklagevertretung als ausreichende Garantie betrachten, wenn, Ihren Forderungen entsprechend, gewährleistet ist, daß Mr. Bonanno weder Bahnhöfe noch sonstige Verkehrseinrichtungen betritt, außer zu dem Zweck, nach vorheriger Verständigung des Bundesstaatsanwaltamtes in den Distrikt Arizona und zurück zu reisen, um seine Frau zu besuchen?»

«Ja, Euer Ehren.»

«Dann bitte ich die Herren, diesen Punkt eindeutig zu formulieren, das heißt: Mr. Bonanno darf sich nicht auf Piers, Flugplätze usw. begeben, hat aber die prinzipielle Erlaubnis, mit Wissen der Behörde nach Arizona und zurück zu fahren bzw. zu fliegen, wobei er zeitgerecht anzugeben hat, wann und mit welchen Verkehrsmitteln er beide Reisen unternehmen wird.»

«Ja, Euer Ehren», sagte Krieger.

«Mr. Morgenthau, besteht ein Einwand gegen die Ausweitung des Kautionsbereichs auf den Ostdistrikt des Staates New York?»

«Nein, Euer Ehren.»

«Euer Ehren, können wir die üblichen Bewilligungsformulare für den Ostdistrikt des Staates New York verwenden?»

«Nein», unterbrach Morgenthau. «Ich möchte, daß Sie eine Verfügung darüber ausfertigen.»

Richter Frankel und auch Krieger waren damit einverstanden.

«Werden Sie solch eine Verfügung gemeinsam vorbereiten? Ich werde sie unterschreiben», sagte der Richter zu Krieger.

«Ja, Euer Ehren.»

«Ist noch eine Frage offen?»

«Nein, Euer Ehren», sagte der Staatsanwalt.

Der Richter blickte Krieger an. «Wollen Sie Eingaben machen?»

«Euer Ehren, ich möchte um eine Frist von etwa einem Monat für Eingaben und Anträge ersuchen», sagte der Verteidiger.

«Termin bis 20. Juni?» fragte Frankel und hob den Bleistift über den Schreibblock.

«Ja», sagte Krieger.

«Einverstanden», bekräftigte Morgenthau.

«Meine Herren, die Verhandlung ist geschlossen.» Der Richter stand auf.

«Danke, Euer Ehren», sagten Verteidiger und Staatsanwalt. Krieger begab sich mit Bonanno in einen anderen Raum, wo sie warten mußten, während die Formalitäten der Kaution erledigt wurden.

Am Nachmittag überwies die «Stuyvesant»-Versicherungsgesellschaft den Betrag von 150000 Dollar zuzüglich Gebühren in Höhe von 4530 Dollar. Als Sicherstellung dienten auch Frank Labruzzos Haus in Queens und zwei Grundstücksparzellen in Tucson, die auf den Namen von Mrs. Bonanno und einer ihrer Schwestern lauteten. Aber ein Dokument, das dem Gericht zusammen mit der Kaution übergeben wurde, brachte eine interessante Entdeckung: daraus ging nämlich hervor, daß Bonanno persönlich oder einer seiner Repräsentanten bereits vor mehr als einer Woche, und zwar am 9. Mai, entsprechende Vereinbarungen getroffen hatte und daß der Versicherungsgesellschaft ausreichende Sicherstellungen geboten worden waren, um eine Kaution bis zu der Höhe von 500000 Dollar zu autorisieren – also genau jene Summe, die Morgenthau vor Gericht forderte und die Bonanno im Gerichtssaal mit einer schmerzlich-überraschten Miene quittierte.

Als Joseph Bonanno vor dem Bundeskommissar feierlich geschworen hatte, während der Kautionsfrist keine diplomatischen Vertretungen fremder Staaten aufzusuchen, und nachdem ihm wieder jene Gegenstände ausgehändigt wurden, welche die Kriminalbeamten als mögliche Selbstmordwaffen konfisziert hatten – einen silbernen Kugelschreiber und einen Kamm –, war er frei und konnte das Bundesgerichtsgebäude verlassen. Das tat er am Nachmittag um 16 Uhr 20.

Lächelnd ging er durch den Korridor, während vor ihm die Blitzlichter aufzuckten, aber weder er noch seine Anwälte beantworteten die Fragen der Reporter: «Wo waren Sie? War die Entführung eine Finte? Warum sind Sie zurückgekehrt?»

«Ich habe nichts zu sagen», erwiderte Bonanno mehrmals im Weitergehen, manchem der Herandrängenden schüttelte er freundlich die Hand.

«Wie fühlen Sie sich?» fragte einer der Journalisten.

«Den Umständen angemessen», entgegnete Bonanno unverbindlich. Am Fuß der Treppe vor dem Gerichtsgebäude winkte er zum Abschied. Auf dem Parkplatz bestiegen sie Kriegers weißen Lincoln und fuhren weg.

Zehn Minuten später kamen sie zu dem Hochhaus 401 Broadway, wo sich das Büro des Anwalts befand, und als sie den Vorraum betraten, sah Bonanno seinen wartenden Sohn. Die beiden Männer eilten aufeinander zu und umarmten sich. Dann schlossen Freunde den Wiedergefundenen in die Arme, unter ihnen sein Schwager Frank Labruzzo, Joseph Notaro und dessen Vater Peter Notaro. Es gab herzliche Begrüßungen auf sizilianisch, unterbrochen von Pausen verlegenen Schweigens. Joseph Bonanno hatte Tränen in den Augen. Schließlich schlug einer aus der Runde vor, ins La Schala-Restaurant an der 54. Straße zu fahren. Bonanno stimmte freudig zu; La Schala war lange Zeit eines seiner Lieblingslokale gewesen. Aber zuerst wollte er zum Friseur, um sich das Haar schneiden zu lassen. Die Freunde kannten einen Salon im 2. Stock eines Hauses an der West 48. Straße, in günstiger Lage, um sich gegen eventuell lauernde Killer einer Rivalengang zu schützen.

In drei Wagen fuhren sie stadtauswärts. Es war nun 17 Uhr vorbei, und auf den Straßen herrschte der übliche Stoßverkehr nach Arbeitsschluß. Bill, der neben seinem Vater im Auto saß, mußte immer wieder daran denken, wo sich dieser all die Monate verborgen gehalten haben mochte, aber er bezweifelte, daß der Don jemals mit ihm darüber reden würde. Früher oder später würde es zu einem Prozeß kommen, aber infolge verschiedener Verzögerungen konnte es bis dahin Jahre dauern. Sicherlich würde Bill zu Aussagen aufgefordert werden, und je weniger er wußte, desto besser. Dennoch hätte er viel darum gegeben zu erfahren, ob sein Vater ruhelos unterwegs gewesen war oder einen Ort gefunden hatte, wo er untertauchen konnte. Joseph Bonannos Haut war stark gebräunt, das mochte von der Sonne Nordafrikas oder Haitis herrühren, wie die Presse vermutete, konnte aber ebensogut vom Aufenthalt an irgendeinem von Dutzenden anderer Punkte außerhalb der heißen Klimazonen stammen – wie Bill seinen Vater kannte, war es durchaus möglich, daß er diese dunkle Teintfärbung einfach mit der Bestrahlungslampe erreicht hatte, um die FBI-Agenten im Gerichtsgebäude irrezuführen.

Die Hälfte der Männer stieg beim Friseurladen aus, während die anderen die Autos parkten. Als Bonanno auf dem Stuhl im Salon Platz nahm, saß ein Leibwächter in der Nähe, ein zweiter war beim Haustor postiert.

Kaum eine halbe Stunde später versammelten sich alle im La Schala-Restaurant. Sie bekamen einen großen Tisch, die Aperitifs wurden rasch serviert. Die meisten Kellner schienen den Don zu kennen, er schüttelte ihnen die Hand, andere Gäste erkannten ihn nach den Zeitungsfotos und reckten die Hälse, um ihn zu sehen. Er hatte den Vorsitz an der Tafel, brachte auf sizilianisch einige Trinksprüche aus und dankte den Freunden für ihre Treue. Nach einer zweiten Runde sorgte die Schilderung, wie der FBI-Beamte in Bonannos Hut und Kleidung nach verräterischen Etiketten gesucht hatte, für schallendes Gelächter. Auch die Erwähnung von Morgenthaus sichtlicher Bestürzung bei der Nachricht, der Don habe soeben das Gerichtsgebäude betreten, rief große Heiterkeit hervor. Man geriet ins Geschichtenerzählen, fast die ganze nächste Stunde verging darüber – dann brach das Lachen plötzlich ab, lähmende Stille legte sich über den Kreis der Männer: Joseph Notaro, einer von Bonannos engsten Vertrauten, der sich während der Krise aufopfernd und unermüdlich für

die Organisation eingesetzt hatte, saß zusammengesunken und regungslos am Tisch. Alle Wiederbelebungsversuche kamen zu spät. Notaro war
an einem Herzschlag gestorben.

Teil II

Die Fehde

12

Dutzende Mitglieder der Organisation nahmen an Notaros Begräbnis in der Bronx teil. Auch einige Detektive und FBI-Beamte waren gekommen, sie notierten die Autonummern und machten Fotos der Trauergemeinde. Joseph Bonanno hatte große Mühe, seinen Grimm zu verbergen, als er auf dem Weg zur Aufbahrungshalle an den Kriminalisten vorbeigehen mußte. Aber er, der stolze Don, ließ sich nichts anmerken als seinen aufrichtigen Gram um den toten alten Freund. Notaro, der nur sechsundfünfzig Jahre alt geworden war, hatte seit langem an einem Herzleiden laboriert, dennoch blieb er während der harten Zeiten, die auf Bonannos Verschwinden folgten, der unerschütterlich treue, energische Kampfgefährte wie eh und je. Zehnmal wurde Notaro vor Gericht zitiert und über die Organisation einvernommen, jedesmal versuchte man ihn einzuschüchtern: wenn er sich nicht willfährig zeige, habe vielleicht sein Sohn, ein junger Anwalt, die Konsequenzen zu tragen, ja es könnte sein, daß er im Staat New York seine Praxis nicht ausüben dürfe. Doch Notaro beugte sich dem Druck nicht, er sagte nichts aus, wessen er sich später hätte schämen müssen, wurde nicht schwach, als er immer wieder gerichtliche Vorladungen erhielt. Sonderbare Schicksalsfügung: Notaro war genau einen Tag vor der angesetzten nächsten Einvernahme gestorben.

Nach der Bestattung ließ sich Joseph Bonanno zum Haus seines Sohnes in East Meadow bringen. Eine starke Eskorte begleitete ihn – er saß im Auto zwischen Bewaffneten eingekeilt, auf der Überlandstraße fuhren vor und hinter ihm je ein Wagen mit weiteren Leibwächtern. Auch in East Meadow hatte er ständig zwei Männer um sich, die dort übernachteten und den ganzen Tag alarmbereit waren. Die Zeitungen hatten ausführlich auf der ersten Seite vom überraschenden Erscheinen des Mafiabosses vor Richter Frankel berichtet. Auch die Bedrohung durch überall lauernde Killer der Rivalengangs wurde erwähnt. Die Schlagzeile der *New York Daily News* lautete: «Bananas zurück, befürchtet Attentate». «Joe Bananas», etwa Bananen-Joe, war die der Öffentlichkeit seit langem geläufige Verballhornung des Namens Joseph Bonanno. Die Presse vermutete auch, der Don habe diesen Zeitpunkt für seine Rückkehr gewählt, um einen Generalangriff gegen die Opposition zu starten, da er nach den Erlebnissen seines Sohnes in der Troutman Street erkannt habe, daß man mit Di Gregorios Fraktion oder Stefano Magaddino nicht auf friedliche Weise auskommen könne.

Seltsam, einer von Bonannos Leibwächtern im Heim seines Sohnes war Stefanos Vetter Peter Magaddino, ein stämmiger, grauhaariger Mann aus der engsten Umgebung des Dons von Buffalo. Aber nach häufigen Meinungsverschiedenheiten mit seinem älteren Verwandten, dessen hochfahrendes Wesen ihm allmählich auf die Nerven ging, war Peter Magaddino nach New York City übersiedelt und hatte sich Joseph Bonanno angeschlossen. Es war Peter, der in der kritischen Zeit von 1963/64 Bonannos schlimmsten Verdacht teilte: nämlich daß Stefano darauf abziele, die Bonanno-Organisation durch eine vorgeschobene Marionette, und zwar seinen eigenen Schwager Gaspar Di Gregorio, unter seinen Einfluß zu bringen.

Peter Magaddino lernte Gaspar Di Gregorio vor vielen Jahren in Buffalo kennen, bei dessen Hochzeit mit Stefanos Schwester. Damals merkte Peter, daß sich Di Gregorio völlig von Stefano gängeln ließ und immer sein Werkzeug sein würde. Da Peter wenig Achtung vor Gaspar hatte und die Machtgier seines Vetters unbegreiflich fand, fiel ihm die Entscheidung leicht, 1964 zu Bonanno überzuwechseln – er bewunderte den New Yorker Don, außerdem war er mit ihm in Castellammare del Golfo aufgewachsen und schon damals gut befreundet gewesen.

Sie waren in benachbarten Häusern auf einem Hügel mit Ausblick über das Meer zur Welt gekommen, entstammten Familien, die seit je miteinander verschwägert und in den Fehden mit den Mafiosi anderer Dörfer Verbündete waren. Die Bonannos und Magaddinos waren große, weitverzweigte Sippen, und mehrere Generationen lang hatten sie in der Gegend den Ton angegeben. Sie lebten von den Erträgnissen ihrer Gehöfte, bauten Getreide, Tomaten und anderes Gemüse an, ernteten Oliven und züchteten Schafe und Rinder als Schlachtvieh und zum Weiterverkauf. Sie nahmen Funktionen wahr, für welche die Regierung gewisse Summen bereitstellte, übten im Hafen und unter den Kaufleuten ihren Einfluß aus und erhielten Tributzahlungen für den Schutz, den sie boten.

Praktisch nahmen sie in den Ansiedlungen der Gegend die gleiche selbstverständliche Machtposition ein, wie vor ihnen die Fürsten und Vizekönige, indem sie von den Untertanen für gewährte Dienste Steuern erhoben; Dienste, die von der Schlichtung nachbarlicher Streitfälle bis zur Wiederbeschaffung gestohlenen Gutes, persönlicher Hilfe bei allen familiären Problemen und Sühne bei Verstößen gegen die Ehre oder die ehelichen Sitten reichten. Bei Prozessen ihrer Landsleute traten diese Männer vor dem Richter als Fürsprecher auf, und von den Politikern in Palermo erhielten sie als Gegenleistung für verläßliche Schützenhilfe draußen im Gebirge bestimmte Vergünstigungen. Oft handelten sie illegal, aber in einem höheren Sinn waren sie meist im Recht. Jahrhundertelang hatten die sizilianische Regierung, das Parlament in Rom und Dutzende früherer Herrscher auf dem Festland die Armut und die krassen Mißstände in dieser Region einfach ignoriert. Deshalb nahmen die stärksten Charaktere unter den Bewohnern das Gesetz schließlich selbst in die Hand und legten es nach ihren Erfordernissen aus, wie sie es von den Aristokraten gelernt hatten.

Sie waren überzeugt, daß es keine Gleichheit vor dem Gesetz gebe, denn dieses Gesetz war von Usurpatoren geschrieben. In der wildbewegten, mehr als zweitausendjährigen Geschichte Siziliens wurde die Insel nach griechischem, römischem, arabischem Recht, dem Recht der Goten, Normannen, Angevins und Aragonier regiert – jede neue Erobererflotte brachte dem Land neue Gesetze, aber immer begünstigten sie die Reichen vor den Armen, die Mächtigen vor den Schwachen. Während das Gesetz Vendetta unter Dorfbewohnern verbot, gestattete es organisierte Gewaltakte und Mord durch bewaffnete Sendlinge der Obrigkeit oder königliche Heere – Kriege waren erlaubt, aber keine Fehden –, und die ersten, die zum Truppendienst eingezogen wurden, waren die Söhne bäuerlicher Familien.

Die Normen, die das gesamte Verhalten der Bevölkerung regelten, leiteten sich im allgemeinen vom Lebensstil des Grundherrn ab, sie spiegelten die Traditionen wider, die ihn prägten, und seine persönliche Einstellung zu den Dingen. Sie variierten je nachdem, ob er einem westlichen oder einem östlichen Kulturkreis angehörte, sittenstreng oder großzügig, barmherzig oder grausam, Christ oder Moslem war. Der deutsche König Friedrich II. dekretierte, es solle Ehebrecherinnen und Buhlerinnen die Nase abgeschnitten werden, andere Despoten hingegen hatten in dieser Hinsicht keinerlei Skrupel, sie duldeten Konkubinen am Hof, und wer einer verheirateten Frau nachstellte, hatte nur die Rache des Ehemannes, aber keine gerichtliche Ahndung zu befürchten. Die Tatsache, daß die Gesetze oft von einer Generation zur nächsten wechselten und manchmal sogar zum bestehenden Recht in Widerspruch standen, schien die Gesetzgeber kaum zu kümmern. Sie waren vor allem daran interessiert, die Volksmassen zu kontrollieren und an der Macht zu bleiben.

Unter solchen Herrschaftssystemen, die jegliche Aufklärung negierten, konnte sich der Feudalismus bis ins 19. Jahrhundert behaupten, und in weiten Teilen Siziliens überwog das Analphabetentum bis in unsere Zeit, besonders in den Gebirgsdörfern der öden, zurückgebliebenen Westregion. Dort kapselten sich die Familien in zähem Festhalten an den alten Sitten immer mehr ab, wurden immer fremdenfeindlicher. Oft war die offizielle Regierung der Widersacher und der Geächtete ein Held. Sippen wie den Bonannos, den Magaddinos und vielen anderen großen

Familien in den Dörfern am Meer oder den Ansiedlungen im Binnenland zollte das Volk ehrfürchtige Bewunderung. Zwar waren manche dieser Führerpersönlichkeiten rachsüchtig und korrupt, aber sie identifizierten sich mit dem traurigen Los der Armen und teilten oft mit ihnen, was sie den Reichen geraubt hatten. Fast immer standen sie zu ihrem Wort und verrieten nie eine Sache, der sie sich verschworen hatten. Gewöhnlich widmeten sie sich ruhig ihren Geschäften, schritten Arm in Arm mit dem Dorfpriester über den Marktplatz oder saßen im Schatten der Kaffeehäuser, während Tagelöhner, Eseltreiber oder arme Fischer stehenblieben, um sie zu grüßen und vielleicht eine Gunst zu erbitten. Nach außen hin bescheiden wie die übrigen Bewohner, hatten sie doch Selbstvertrauen und eine gewisse Charakterstärke. Sie waren ehrgeiziger, schlauer, kühner, vielleicht dem Leben gegenüber zynischer eingestellt als die schicksalsergebenen *paesani*, die sich meist auf Gottes Walten verließen. Man sprach oft in gedämpftem Ton über sie, nannte sie aber niemals *mafiosi*. Meist wurden sie als *amici* – Freunde – bezeichnet oder als *uomini rispettati* – geachtete Männer.

Da die Ahnen von Joseph Bonanno und Peter Magaddino generationenlang zu den *amici* von Castellammare gehört hatten, war beiden von Geburt an ein gewisser gehobener Status eigen. Überall, wo sie im Dorf hinkamen, begegnete man ihnen voll Ehrerbietung. Als Junge ritt Joseph Bonanno gern durch die Straßen, schwamm beim alten Kastell im Meer und machte sich manchmal zu Pferd auf den Weg über den Berg durch freies Weideland zum Anwesen seines Vaters, beim Tempel von Segesta, dessen sechsunddreißig griechische Säulen unversehrt emporragten.

Er reiste auch in die Stadt Monreale, um die große Kathedrale zu sehen, die im 12. Jahrhundert unter dem Normannenherrscher Wilhelm II. erbaut worden war, eine Kirche, deren Innenraum großflächige, prachtvolle Mosaiken aufweist und deren bedeutende Bronzetore Bonanno di Pisa geschaffen hatte. Während seiner Schulzeit las Joseph immer wieder die Geschichte Siziliens, und wenn er neben solch grandiosen Schöpfungen in den Städten krasse Armut sah, dann fragte er sich oft, warum die Bürger nicht öfter gegen den Übermut der Adelskaste und der Kirche revoltiert hatten. Aber er wußte, wie gut es der Klerus verstand, das einfache Volk davon zu überzeugen, daß es den Lohn für seine irdischen Leiden im Himmel finden werde. Er erkannte auch, daß jene wenigen Persönlichkeiten, die befähigt gewesen wären, die Massen zu organisieren, oft für den Kreis der *amici* gewonnen wurden. Und die *amici* waren keine Reformer. Sie strebten nicht danach, das System zu stürzen, weil sie daran zweifelten, ob es ihnen gelänge, selbst wenn sie es gewollt hätten. Sie hatten es gelernt, sich in den Rahmen der bestehenden Verhältnisse einzufügen und sich ihrerseits den jeweiligen politischen Kurs zunutze zu machen, nach dem das Land bedenkenlos ausgebeutet wurde. In der sizilianischen Geschichte gab es nur ein einziges dramatisches Beispiel dafür, daß die verarmte und verbitterte Bevölkerung der Insel sich aufraffte und eine erfolgreiche nationale Erhebung gegen die Unterdrücker (in diesem Fall die Franzosen) austrug: Die «Sizilianische Vesper» vom Ostermontag des Jahres 1282. Ausgelöst wurde sie durch einen französischen Kriegsknecht, der in Palermo ein Mädchen an dessen Hochzeitsmorgen vergewaltigte. Sofort übte eine Schar von Sizilianern blutige Vergeltung: Sie metzelten eine ganze Abteilung Franzosen nieder, und als sich die Kunde von der Untat verbreitete, wurden auch in vielen anderen Dörfern und Städten französische Besatzer getötet. Eine Orgie des Fremdenhasses erfaßte die ganze Insel, zusammengerottete Banden stürzten sich empört auf jeden Franzosen, den sie erblickten, und brachten ihn um. Innerhalb weniger Tage wurden Tausende Franzosen abgeschlachtet. Manche Lokalhistoriker behaupteten, daß zu jenem Zeitpunkt die Mafia entstand und ihren Namen vom Angstschrei der Mutter jenes Mädchens entlehnte, die mit dem Ruf *ma fia, ma fia* – meine Tochter, meine Tochter – durch die Straßen lief.

Diese Geschichte hörte Joseph Bonanno als Junge in Castellammare von seinem Vater, dem sie wiederum der Großvater erzählt hatte. Manche Historiker meinen zwar, das Ereignis werde durch die Voksphantasie in der gängigen Überlieferung allzu romantisch und blutrünstig interpretiert, aber es besteht kein Zweifel, daß mit diesen Massakern die französische Herrschaft auf der Insel schlagartig endete. Doch auf die Franzosen folgten bald andere, ebenso korrupte Usurpatoren, die das Land und die Bevölkerung aussaugten und nur die sizilianische Aristokratie bevorzugten, welche die korrupteste aller Gruppen war. Jahrhundertelang war Castellammare Feudalbesitz, Teil eines Witwengutes, das die Adelsgeschlechter weitervererbten, und selbst das Aufgehen des Königreiches beider Sizilien in das neugegründete Königreich Italien im Jahr 1860 brachte keine Verbesserung der Lebensbedingungen des Durchschnittsbürgers. Die meisten von ihnen wohnten weiterhin in Steinhütten ohne Wasserversorgung und sanitäre Anlagen, und bei ihrem Kinderreichtum konnten sie sich nicht mehr als zwei Mahlzeiten pro Tag leisten. Den einzigen Ausweg aus dieser Not bot die Emigration: Um das Jahr 1900 hatten mehr als eine Million Sizilianer die Insel verlassen, teils mit dem Ziel Südamerika oder Kanada, das Hauptkontingent aber suchte in den USA eine neue Existenz.

Zu den Auswanderern gehörte auch Josephs Vater Salvatore Bonanno, ein hagerer, hochgewachsener Mann mit dichtem, aufgezwirbeltem Schnurrbart. Er war einer der wenigen, die nicht durch Armut zu der langen Reise gezwungen wurden. Salvatore Bonanno hatte einfach das Leben in Castellammare gründlich satt. Als junger Mensch hatte er ernstlich erwogen, Priester zu werden, eine Laufbahn, die viele ehrgeizige junge Leute einschlugen, da sie Reichtum und gesellschaftliches Prestige versprach. (Ein Großonkel Bonannos war Bischof.) Aber bereits im Noviziat war Salvatore von der Kirche enttäuscht. Es empörte ihn, daß der Klerus Kostbarkeiten anhäufte, und eines Tages beschloß er, diese Schätze etwas zu vermindern. Er stahl einige mit Juwelen besetzte Meßkelche, goldene Hostienteller und einen reichverzierten goldenen Leuchter. Ohne Reue verließ er mit seiner Beute das Kloster und kehrte heim.

Bald darauf half er im Viehhandel der Familie, der auch den Schmuggel von Tieren aus Nordafrika umfaßte, kümmerte sich auch um ein Anwesen, einen Weingarten und die Feigenkulturen. Im Alter von fünfundzwanzig Jahren wurde ihm zu seiner Freude ein Sohn geboren, und er hätte sich mit dem Leben in Castellammare zufriedengeben können, wenn die Emigranten in ihren Briefen nicht soviel Verlockendes über Amerika geschrieben hätten. Anno 1906 reiste Salvatore Bonanno mit seiner einundzwanzigjährigen Frau Catarina und seinem einjährigen Sohn Giuseppe nach New York. Bei der Ankunft erwarteten ihn Scharen von Castellammaresen, sie brachten das junge Paar in den Brooklyner Stadtteil Williamsburg, wo sich vor der Jahrhundertwende zahlreiche Sizilianer angesiedelt hatten. Dort richtete Salvatore eine eigene Wohnung ein und kaufte ein Restaurant samt Bar an der Ecke der Roebling Street und der North Fifth. Die *amici* hatten sich in kleinen Gruppen bereits in Brooklyn etabliert, betrieben eine italienische Lotterie, bemühten sich, den billigen Arbeitsmarkt zu kontrollieren, auf dem ihre Landsleute an amerikanische Firmen vermittelt wurden, und verkauften ihren «Schutz», wo sie nur konnten. Aber keiner versuchte, von Salvatore Bonanno Geld zu erpressen. Die Position seiner Sippe in Sizilien war wohlbekannt, und die New Yorker *amici* hofften, der *huomo rispettato* aus Castellammare werde sich mit seinen Fähigkeiten und seiner ungewöhnlichen Lebenstüchtigkeit an ihren Aktionen in Brooklyn beteiligen.

Aber damals hatten die sizilianischen und italienischen Gangster in New York wenig Bedeutung, und Salvatore Bonanno kümmerte sich nicht weiter um ihre Angelegenheiten. Die großen Banden in den Großstädten des Ostens bestanden vorwiegend aus Iren oder Juden. Auch in Chicago gaben die gleichen Elemente den Ton an, während im Westen und Südwesten die großen Verbrecher Angelsachsen waren, die in der Nachfolge der Jesse James-Gang und anderer legendärer *outlaws* der Gründerzeit standen. Einige *amici* setzten zwar im Fischerhafen von San Francisco, wo viele sizilianische Einwanderer arbeiteten, Tributzahlungen und verschiedene Zugeständnisse durch, aber die einzige Stadt, in der die frühen Mafiosi Schlagzeilen machten, war New Orleans im Jahre 1890, und diese Episode nahm für die Gangster selbst ein schreckliches Ende. Zwei sizilianische Gruppen kämpften darum, die illegalen Machenschaften im Hafen in ihre Hand zu bekommen; ein wachsamer Polizeichef wollte den Racketeers das Handwerk legen. Er wies Bestechungsversuche brüsk zurück und ignorierte die Drohung, er möge nicht weiter nachforschen. Daraufhin wurde er eines Abends auf offener Straße niedergeschossen und starb kurz danach. Ein Geschworenengericht lastete den Mord «einer als Mafia bekannten Geheimorganisation» an, und neunzehn sizilianischen Einwanderern wurde als Hauptverdächtigen bzw. Mitschuldigen der Prozeß gemacht. Als es zu keiner Verurteilung kam, protestierte eine Schar empörter Bewohner der Stadt, allen voran der Bürgermeister, unterstützt von der Presse, und viele vermuteten, die Jury sei bestochen. Eine erregte Menschenmenge marschierte zum Gefängnis, drang ein und lynchte elf der Sizilianer, bevor die Wachen einschreiten konnten. Die Nachricht von diesem Zwischenfall ging um die Welt, die italienische Regierung brach vorübergehend die diplomatischen Beziehungen zu den USA ab. Präsident Benjamin Harrison mußte eine offizielle Entschuldigung leisten und zahlte eine Wiedergutmachung in Höhe von fast 30000 Dollar; dennoch dauerte es viele Jahre, ehe gesetzestreue sizilianische und italienische Einwanderer sich in New Orleans heimisch fühlen konnten.

In New York City aber hielt sich Salvatore Bonanno von den Aktionen der Gangs fern und konzentrierte sich darauf, Englisch zu lernen, durch die Stadt zu fahren und sein Restaurant zu führen. Als sein Sohn Giuseppe, nun Joseph genannt, alt genug war, kam er in die Elementarschule in der Roebling Street. Ein Jahr später, 1911, schrieben Salvatores Brüder aus Castellammare und legten ihm dringend nahe, in die Heimat zurückzukehren. Unter den verschiedenen Banden Westsiziliens war ein Streit ausgebrochen, die Gruppen der Magaddinos und Bonannos waren wohl intakt und vereinigt, aber anderen großen Familien wie etwa den Bucellatis konnte man nicht mehr trauen, sie wurden der Verschwörung mit auswärtigen *amici* verdächtigt, um sich der Kontrolle des Hafens und anderer Interessenbereiche zu bemächtigen. Die Brüder teilten Salvatore mit, sein Land- und Viehbesitz sei bedroht. Sobald er und seine Frau die Koffer packen und Plätze auf einem Passagierdampfer buchen konnten, traten sie die Rückreise nach Sizilien an. Joseph Bonanno war sechs Jahre alt und sprach sizilianischen Dialekt mit einem deutlichen Brooklyner Akzent.

Zu dem Zeitpunkt, als die Familie in Castellammare eintraf, war die Gefahr weitreichender Kämpfe und Vendettas abgeflaut, und bald wurde es Salvatore klar, daß es ein falscher Alarm gewesen war. Anfangs grollte er seinen Brüdern, beschloß dann aber, die Amerika-Reise für eine Weile aufzuschieben, bis er völlig sicher sein konnte, daß der Zwist und die Mißverständnisse ohne Rest von Bitterkeit aus der Welt geschafft waren. Auf ganz Sizilien herrschte eine deutlich spürbare große Unruhe, besonders im westlichen Teil, und Salvatore wurde sich stärker als je zuvor der inneren Zerrissenheit der Bevölkerung bewußt. Seine Heimat schien eine Insel aus vielen Inseln zu sein, ein Konglomerat aus Individualisten, die nur eines gemeinsam hatten: ihre Armut. Ihre Lebenshaltung unterschied sich kraß von jener der Auswanderer, die sich in Amerika angesiedelt hatten. Es fiel ihm auf, daß im Westen Siziliens sich kein Mann ohne Schrotflinte am Sattel oder eine Pistole in der Tasche auf die offenen Straßen außerhalb der Dörfer wagte. Solche Vorsichtsmaßnahmen waren ihm in seiner New Yorker Zeit fremd geworden. Immer stärker bemerkte er auch die Feindschaft der Westsizilianer gegen ihre Landsleute im Osten, besonders seitdem der östlich gelegene Hafen Catania der westlichen Hauptstadt Palermo im Überseehandel den Rang abgelaufen hatte. Resultat: schwindende Profite für die *amici* und alle anderen, die ihr Geschick mit dem Palermos verbunden hatten.

Die italienische Regierung schien auf das Elend und die Mißwirtschaft in Westsizilien nur dann aufmerksam zu werden, wenn es galt, einen wirklichen oder vermeintlichen Skandal aufzudecken. So setzte z. B. ein Kesseltreiben gegen einen populären Senator aus Trapani ein, der Hauptstadt der westlichen Provinz, zu der auch Castellammare gehört. Ihm wurden Schiebungen, Protektionismus zugunsten von *amici* und anderen Freunden sowie persönliche Bereicherung vorgeworfen, also lauter Delikte, die unter dem Begriff «Amtsmißbrauch» subsumiert werden und nach Meinung der Sizilianer bei Politikern ohnedies gang und gäbe sind. Als die Regierung ihre Beschuldigungen gegen den Senator aus Trapani nicht fallenließ, kam es in ganz Sizilien, besonders in der Westregion, zu Protestkundgebungen. Das Bild des Königs wurde öffentlich verbrannt, eine Straße wurde zu Ehren des diffamierten Politikers umbenannt, und auf dem Hauptplatz schwangen Demonstranten eine französische Fahne, um damit zu symbolisieren, daß die römischen Bürokraten nicht weniger heuchlerisch oder verächtlich seien als vor Jahrhunderten die französischen Zwingherren. Einige Extremisten riefen sogar zur bewaffneten Erhebung auf, wie einst Anno 1282.

Für die italienische Regierung kam diese Reaktion nicht überraschend, viele Kabinettsmitglieder und Senatoren hielten die Sizilianer schon seit langem für aufsässig, unberechenbar und sogar von Natur aus verbrecherisch. Der italienische Kriminologe Cesare Lombroso differenzierte dieses Pauschalurteil durch den Hinweis, daß die Ostsizilianer stark von der griechischen Kolonisierung geprägt wurden, die Westsizilianer hingegen mehr durch arabische Einflüsse. Während des 13. Jahrhunderts wurden viele Sarazenen in das Gebirge hinter Palermo vertrieben, wo sie nur durch List und Schlauheit überleben vermochten. Andere Theoretiker vertraten die Meinung, die Westsizilianer im Raum von Palermo seien im allgemeinen so faul und nachlässig, weil noch immer die jahrhundertelange laxe Verwaltung der mittelalterlichen Spanier nachwirkte. Es gab auch andere Versuche zur Erklärung des Volkscharakters, die ebensowenig schmeichelhaft für die Westsizilianer waren.

Salvatore Bonanno lehnte diese Verteufelung seiner Heimatregion entschieden ab, besonders seitdem er in Amerika selbst gesehen hatte, wie arbeitswillig und fleißig seine Landsleute waren, wenn man ihnen die Chance dazu bot. Sie schufteten Tag für Tag, unermüdlich, um so viel zu verdienen, daß sie erspartes Geld ihren Verwandten nach Sizilien schikken konnten; diese private individuelle Finanzhilfe war ein Segen für das stagnierende Wirtschaftsleben der Insel. Ein weiterer Vorteil der Auswanderung bestand darin, daß für die Daheimgebliebenen mehr Arbeitsplätze verfügbar waren; oft hörte man Klagen sizilianischer Großgrundbesitzer, es sei ihnen unmöglich, Landarbeiter in genügender Zahl zu finden.

Aber Salvatore Bonanno konnte auch feststellen, daß auf Sizilien nach wie vor die Gewalt herrschte. Es verging kaum ein Tag, ohne daß einige Menschen im Verlauf der einen oder anderen Vendetta auf der Straße erschossen wurden, ganz zu schweigen von den zahllosen Viehdiebstählen und Entführungen, um Lösegeld zu erpressen. Unter den vielen Mordfällen in den Jahren nach 1900 ist der Anschlag auf einen amerikanischen Detektiv deshalb erwähnenswert, weil die Zusammenhänge künftige Entwicklungen ankündigten. Der Mann kam auf die Insel, um Nachforschungen über die Mafia durchzuführen. Er hieß Petrosino und war gebürtiger Italiener, der als Halbwüchsiger in die USA auswanderte. Später trat er in die New Yorker Polizei ein und wurde zur «Italian Squad» versetzt, einer 1904 formierten Spezialabteilung, mit der Aufgabe, bei der Ausschaltung des ersten «Racket» mitzuhelfen, das in New York Platz griff, nämlich die Taktik der erpresserischen Drohung und Eintreibung von Tributzahlungen. Wie man annahm, stand die Mafia dahinter, oder wie sie damals auch genannt wurde, *Black Hand* bzw. *Unione Siciliana*. Petrosino glaubte, daß er für den Kampf gegen die Mafia in Amerika besser gerüstet wäre, wenn er mehr über die Ursprünge in Sizilien in Erfahrung brächte. Schließlich gelang es ihm, seine Vorgesetzten von diesem Plan zu überzeugen. Er reiste unter falschem Namen, in geheimer Mission, doch als er am Tag seiner Ankunft in Palermo über eine Piazza ging, wurde er von hinten viermal in den Kopf und den Rücken geschossen. Er war sofort tot. Der – oder die – Mörder verschwanden in der Menge und konnten flüchten.

Salvatore Bonannos Anwesenheit wirkte sich als gewisser Beruhigungsfaktor auf die Mafiosi von Castellammare und der benachbarten Dörfer und Städte in der Provinz Trapani aus. Durch seinen Amerika-Aufenthalt war er nicht in den internen Hader der letzten fünf Jahre hineingezogen worden, als es zu schweren Differenzen unter den Bandenführern, häufigen Übergriffen und Verstößen gegen traditionelle Abgrenzungen der Interessensphären und regellosen Raubüberfällen kam. Er brauchte also nicht für die eine oder andere Gruppe Partei zu ergreifen und war daher die gegebene Instanz, um Streitigkeiten objektiv zu beurteilen und zu schlichten. Obgleich noch jung, nötigte er Älteren Respekt ab. Sein ruhiges, zurückhaltendes Wesen konnte nicht darüber hinwegtäuschen, daß er sich, wenn es sein mußte, mit allen Mitteln Geltung zu verschaffen wußte. Mehr als einmal fand man eine Leiche auf den engen, bergigen Straßen von Castellammare, wenn Salvatores Schiedssprüche und Warnungen mißachtet wurden. Hochgewachsen und von gemessener Art, war er eine sehr eindrucksvolle Erscheinung, und die Leute kamen ihm mit dem Respekt entgegen, wie es die Überlieferung verlangte.

1915, in seinem siebenunddreißigsten Lebensjahr, zog sich Salvatore ein Leiden der Luftwege zu, das nicht entsprechend behandelt wurde, und im November desselben Jahres starb er plötzlich an seinem Schreibtisch. Er saß über einem Brief, hielt noch die Feder in der Hand und schien in Nachdenken versunken. So fand ihn der damals dreizehnjährige Peter Magaddino, der ins Haus gekommen war, um seinen Freund Joseph zu besuchen.

Der Tod Salvatore Bonannos erregte in der ganzen Provinz Trapani große Anteilnahme, und mehrere Hundert Personen folgten dem mit Rappen bespannten Leichenwagen durch die Straßen der Stadt zum Friedhof am Fuß des Berges. In der Prozession waren alle bedeutenden Familien des Gebietes vertreten: die Magaddinos und Buccellatos, die Vitales, die Rimis, die Bonventres (Signore Bonannos Verwandte) und Dutzende anderer Sippen, außerdem Priester und Politiker. An der Spitze des Kondukts schritt der elfjährige Joseph Bonanno, neben ihm seine einunddreißigjährige Mutter, ganz in Schwarz; sie sollte die Trauerkleidung ihr Leben lang nicht mehr ablegen.

Erst Wochen später ging Joseph Bonanno wieder zur Schule. In der engen Kameradschaft mit Peter Magaddino fand er Trost. Ihm vertraute er Dinge an, die er seinen vielen Vettern und Onkel verschwieg. Damals beherrschte ihn ein verlockender Wunschtraum: Joseph wollte von zu Hause durchbrennen und Kapitän auf einem Ozeanriesen werden, einem Dampfer wie jenem, auf dem er mit seinen Eltern den Atlantik überquert hatte. Manchmal erwachte er nachts mit einem Aufschrei, von Traumvisionen gepeinigt, daß er mit seinem Schiff versinke, ganz deutlich sah er den Bug langsam ins Meer tauchen. Seine Jungenzeit stand stark unter dem Eindruck des Todes – nicht nur die Bedrohung seines eigenen Lebens, sondern auch das Sterben von Menschen, die er nicht kannte, an weit entfernten Orten. Er hörte, wie die Leute in Castellammare über die vielen Sizilianer sprachen, die im Kampf an der Alpenfront des Ersten Weltkriegs für die unfähige italienische Regierung fielen, und er sah viele Soldaten, die mit amputierten Gliedmaßen oder ungewöhnlichen Leiden, Nachwirkungen von Giftgasangriffen, zurückkehrten. An den Toren zahlreicher Häuser sah er schwarze Stoffstreifen, die anzeigten, daß es in der Familie einen Todesfall gab, und manchmal schien es, daß jede Frau, der er auf der Straße begegnete, ein schwarzes Kleid trug und jeder Mann einen Trauerflor am Arm oder am Rockaufschlag. Für die Sizilianer war der Tod eine ebensolche Realität wie das Leben, allmächtig und allgegenwärtig wie in der Welt der mittelalterlichen Menschen; fast mit Stolz trugen sie die Trauerfarbe zur Schau, und selbst an hellen, sonnigen Tagen wirkte Castellammare schwarz.

1920 starb seine Mutter. Nun war Joseph Bonanno Vollwaise, mit fünfzehn Jahren. Er erbte das große Wohnhaus und andere Liegenschaften, außerdem das Anwesen, Viehbestand und Beteiligungen an verschiedenen Geschäftszweigen. In einer Stadt, in der die Mehrzahl der 14 000 Einwohner darbten, war Joseph Bonanno einer der ganz wenigen Begüterten, und seine Onkel wetteiferten in dem Bestreben, die Vormundschaft zu übernehmen. Dauernder Streit vergiftete die Atmosphäre. Mehr als ein Jahr lang wohnte der junge Joseph einmal da, einmal dort bei seinen Verwandten, aber schließlich hatte er genug von dem ewigen Tauziehen um seine Person. Er beschloß, Castellammare zu verlassen, und vereinbarte mit seinen Onkel, daß sie ihm monatlich eine Summe überweisen sollten, die für seinen Unterhalt ausreichen würde, und überließ ihnen das Problem, den Realbesitz und andere Vermögenswerte nach ihrem eigenen Gutdünken untereinander zu teilen. Er selbst wollte nach Palermo auf eine Marineschule gehen. Sein Freund Peter Magaddino schloß sich ihm an.

Zwei Jahre verbrachten die beiden jungen Männer in der Hauptstadt Siziliens, eine Zeit großer Umwälzungen und Wirrnisse in der Geschichte der Insel. 1922 hatte Mussolini die Macht ergriffen und besuchte mehrmals Sizilien, um dort Reden zu halten, in denen er Aufbau und Reformen versprach. Anfangs gewann der Duce in den meisten Schichten der sizilianischen Bevölkerung begeisterte Anhänger – die Aristokraten begrüßten seine Forderung nach der Wiederbelebung alter Pracht und Herrlichkeit, bei der breiten Masse fand sein Programm für bessere Lebensbedingungen großen Anklang, selbst die Mafiosi waren von seinem kühnen Gehabe und seiner feurigen Rhetorik beeindruckt. Sie nahmen auch an, daß er mit ihnen zusammenarbeiten werde, wie es andere Politiker getan hatten, als Gegenleistung für ihre Zusicherung entsprechender Schützenhilfe. Aber die Mafiaführer in Sizilien unterschätzten Mussolinis Selbstbewußtsein ganz gewaltig. Er war nicht der Mann, Geheimbünde zu tolerieren, die er nicht unter Kontrolle hatte, und während seiner Besuche in Sizilien ereigneten sich einige Vorfälle, die seine heftige Abneigung gegen die traditionelle Ungebundenheit und Gesetzlosigkeit der Mafia noch verschärften.

Einmal wurde während einer Versammlung die Mütze gestohlen, die der Duce im Vorraum abgelegt hatte. Die Polizei konnte das vermißte Stück nicht herbeischaffen, und zu Mussolinis Ärger schlug dann jemand vor, man solle sich vielleicht an die Mafia um Hilfe wenden. Auf einer Sizilien-Reise fuhr der Duce mit dem Bürgermeister, der auch der lokale Mafiachef war, durch eine Kleinstadt in der Provinz Palermo. Als der Bürgermeister das große Polizeiaufgebot im Gefolge Mussolinis sah, gab er seiner Überraschung Ausdruck und sagte mit sichtlichem Stolz: «Da der gesamte Bezirk unter meinem Befehl steht, haben Eure Exzellenz nichts zu befürchten, wenn Sie an meiner Seite sind.» Und zu einigen seiner Leute gewandt, die in der Nähe waren, fügte er hinzu: «Ihr bürgt mir dafür, daß niemand dem Duce ein Haar krümmt. Er ist mein Freund und der beste Mann der ganzen Welt.» Mussolini konnte seinen Zorn kaum beherrschen. Nach Rom zurückgekehrt, ging er daran, einen Feldzug zur Ausschaltung der Mafia zu starten, die er als die Geißel Siziliens und als ein gewaltiges Hindernis für den Fortschritt und die Befriedung auf der Insel betrachtete.

Der Mann, der dazu ausersehen wurde, der Mafia die Spitze zu bieten, war ein rücksichtsloser verschworener Faschist und früherer Polizeibeamter namens Cesare Mori. Und wenn es ihm während der nächsten Jahre als Präfekt von Palermo auch nicht gelang, den Geheimbund völlig zu zerschlagen, so trieb er ihn doch sicherlich in den Untergrund. Unbehindert von den Einschränkungen der Justiz, verhafteten Moris Polizeiverbände Hunderte von Mafiosi und Verdächtigen, peinigten sie mit elektrisch geladenen Drähten, schlugen sie mit Ochsenziemern, brachten ihnen Brandwunden bei und spannten sie auf die mittelalterliche Folterbank. Daß viele Unschuldige verurteilt wurden, kümmerte Cesare Mori nicht, er hatte für diesen Feldzug soliden Rückhalt bei Mussolini. Die meisten Aristokraten der Insel waren über die Ergebnisse der Tätigkeit des Präfekten erfreut, denn nun brauchten sie nicht mehr so viele Fälle von Raub und Diebstahl auf ihren Gütern zu befürchten.

Aber Joseph Bonanno war über die Geschehnisse entsetzt. Zusammen mit Peter Magaddino und anderen Zöglingen der Marineschule schloß er sich einer Organisation junger Radikaler an, die antifaschistische Schriften verbreiteten, Parolen gegen Mussolini plakatierten und Duce-Fotos in öffentlichen Gebäuden beschädigten oder stahlen. Bald erfuhr Mori von diesen Übergriffen. Gegen die Studenten wurden Haftbefehle erlassen. Doch Bonanno, Magaddino und fünf andere Kameraden mit Mafiaverbindungen in Westsizilien tauchten unter und wurden später, im Jahr

1924, an Bord eines Frachters geschmuggelt, der Kurs nach Marseille nahm.

In Marseille blieben sie nur kurze Zeit, dann wandten sie sich nach Paris. Dort quartierte sich Joseph Bonanno bei einem seiner Vettern ein, der Künstler war, und strich die Tage im Kalender ab, während die *amici* in Castellammare alles vorbereiteten, um die sieben jungen Männer in die USA zu lotsen. Seitdem im Jahre 1920 mit dem Inkrafttreten der 18. Ergänzung zur Verfassung, dem sogenannten «Volstead Act», die Prohibitionsära begonnen hatte, bestanden enge Verbindungen zwischen Sizilien und Amerika. Sagenhafte Schmuggelgeschäfte wurden abgewickelt. Zwischen Italien und den USA herrschte reger Reiseverkehr: Mafiosi kamen und gingen, um Kurierdienste zu leisten und um in Sizilien Männer für die Arbeit in der riesigen illegalen Industrie anzuwerben, die durch die Prohibition entstanden war. Viele Castellammaresen stiegen nun in der amerikanischen Unterwelt zu Organisatoren oder Vollzugsorganen auf, andere stellten sich in den Dienst des Alkoholvertriebs, sei es als Lastwagenfahrer, welche den «Stoff» an die geheimen Kneipen lieferten, als Schmuggler in den Häfen oder als Erzeuger, die zu Hause in primitiven Destillieranlagen Whisky brannten oder Wein kelterten, wie sie es aus der alten Heimat gewohnt waren, und ihre Produkte an die Zentralorganisationen verkauften. Unter diesen Leuten waren einige Freunde der Familie Bonanno, und als sie erfuhren, daß Salvatores Sohn nach Amerika komme, versprachen sie, ihm auf jede mögliche Weise zu helfen.

Von Frankreich reisten Joseph und dessen Kameraden zuerst nach Kuba: Dort verschafften ihnen *amici* ein Boot und einen Lotsen, der die Neuankömmlinge nachts an die Westküste Floridas brachte, wo sie an einem Privatdock in Tampa an Land gingen. Tampa mit seinen vielen kleinen Buchten, der tiefhängenden, üppigen tropischen Vegetation und den dichten Baumbeständen, die ausgezeichnete Deckung boten, wenn rasche Motorboote anlegten, um Whiskyfrachten oder Personen abzusetzen, war während der Prohibitionszeit ein Schmugglerparadies. Im Dock wurden die jungen Sizilianer von einem Mann namens Willie Moretti erwartet, dem Florida-Repräsentanten des jüdischen Gangsters Abner (Longy) Zwillman, der die Rackets in New Jersey kontrollierte.

In den zwanziger Jahren war es nichts Ungewöhnliches, daß Mafiosi in Organisationen unter jüdischer Führung arbeiteten. Die Mafia war noch nicht jenes homogene Syndikat, das sie später werden sollte, und im organisierten Verbrechen gaben damals noch Mobsters irischer, jüdischer und anderer Abstammung den Ton an. Dutch Schultz überwachte die Lotterien in Harlem und den Biervertrieb. Louis Lepke und Jake Shapiro waren die obersten Bosse auf dem Gebiet der erpresserischen Drohung gegen Firmen; ihre Lastwagen transportierten gestohlene oder geschmuggelte Waren durch ganz Amerika, und ihre Gangs, die in Aktion zu treten hatten, standen unter dem Kommando von Bugsy Siegel und Meyer Lansky. Es gab noch andere Größen wie Arnold Rothstein in New York, Charles (King) Solomon in Boston und Frank Erickson in Florida. Erickson arbeitete eng mit Frank Costello zusammen, der einer der ersten italoamerikanischen Gangster war, die während der Prohibition ein Vermögen verdienten. Mit vier Jahren war er mit seinen Eltern aus Süditalien in die USA gekommen. 1923 war er bereits ein prominenter *rumrunner* unter der Leitung Bill Dwyers, der eine Flotte von zwölf gepanzerten und mit Maschinengewehren bestückten Schnellbooten befehligte, die Whisky aus Kanada an die Ostküste beförderten.

Zur Zeit von Joseph Bonannos Ankunft in den USA hatten die Mafiosi in Chicago wohl am besten Fuß gefaßt. Die Gang von Johnny Torrio, Sizilianer wie der Boss selbst, begann die irischen Banden zu verdrängen, die jahrelang das Feld behauptet hatten. Torrios engster Vertrauter war Al Capone, ein Neapolitaner. Man sagte, daß jeder der beiden während der Frühzeit der Prohibition pro Woche etwa 50000 Dollar verdiente, allerdings waren es sehr riskante Geschäfte. Fast täglich gab es Morde auf offener Straße. Als Torrios und Capones Leute im November 1924 Dion O'Banion umlegten, schlugen die Anhänger des Iren zurück. Torrio mußte fast dran glauben. Zwar genas er von seinen Schußwunden, beschloß aber einsichtig, die Führung an Capone abzugeben.

Diese Entscheidung wurde von einigen Sizilianern der Gruppe mit wenig Begeisterung aufgenommen, sie hätten lieber unter einem Landsmann gearbeitet, doch da kein Sizilianer es mit Capones organisatorischen Fähigkeiten, seinen politischen Verbindungen im ganzen Staat Illinois und seinen persönlichen Beziehungen zu Mobstern in den gesamten USA aufnehmen konnte, blieb keine andere Wahl. Und trotz fast ständiger Kämpfe mit kleineren Rivalen nahm seine Organisation während der nächsten fünf Jahre einen Aufschwung wie wenige Gangs je zuvor: Nach Angabe der Steuerbehörden brachten ihr der Alkoholschmuggel jährlich etwa 50 Millionen Dollar, Glücksspiele rund 25 Millionen und Prostitution und Rauschgifthandel annähernd je 10 Millionen Dollar ein. Aber auch die Spesen Capones waren hoch: allein die Bestechungsgelder, die Jahr für Jahr an die Polizei von Chicago sowie an Beamte der kommunalen und der staatlichen Verwaltung bezahlt wurden, beliefen sich auf schätzungsweise 15 Millionen.

In New York City war damals der führende Kopf der Mafia ein kleiner, gedrungener schnurrbärtiger Süditaliener alten Stils namens Joe Masseria, bekannt als «Joe the Boss». Er besaß wohl nicht Capones Organisationstalent, war aber schlau und furchtlos und hatte in seiner Gang mehrere ehrgeizige junge Männer, die noch viel von sich reden machen sollten. So Masserias engster Vertrauter und Adjutant «Lucky» Luciano,

27, der mit neun Jahren aus dem Ort Lercara Friddi, östlich von Palermo, wo sein Vater in den Schwefelgruben gearbeitet hatte, in die USA gekommen war, oder der ebenfalls siebenundzwanzigjährige Vito Genovese, auch er ein Arbeitersohn, der als Halbwüchsiger aus dem Dorf Nola bei Neapel eingewandert war.

Joseph Bonanno, bei seiner Ankunft neunzehn Jahre alt, schloß sich nicht sofort Luciano, Genovese oder anderen Gefolgsleuten Masserias an, die sich in bestimmten Lokalen des New Yorker Stadtteils Greenwich Village und der Lower East Side von Manhattan trafen. Er begab sich geradewegs nach Brooklyn, wo er als Junge mit seinen Eltern gewohnt hatte, und mit freudiger Überraschung konnte er feststellen, daß die dichtbesetzten Mietskasernen der Roebling und der Havemeyer Street, der Grand Street und der Metropolitan Avenue, der North Fourth und Fifth Street nun ein Castellammaresen-Viertel waren. Während seiner ersten Wochen in Brooklyn, als ihn alle Nachbarn willkommen hießen, hörte er wieder den vertrauten westsizilianischen Dialekt, erinnerte sich der Vornamen, sah in den Gesichtern die Ähnlichkeit mit Verwandten, die in der Heimat geblieben waren. Auch hatte er eigene Verwandte in Brooklyn, ebenso wie seine jungen Reisegefährten. Sie fanden in der Umgebung Unterkunft, außer Peter Magaddino, der bereits alles in die Wege geleitet hatte, um zu seinem Vetter Stefano und den anderen Magaddinos zu ziehen, die in Buffalo lebten.

Joseph wohnte beim ältesten Bruder seiner Mutter, Peter Bonventre, der einen Friseurladen besaß. Dieser Mr. Bonventre war ein großzügiger, freundlicher Mann, der sich sein Geld auf ehrliche, wenn auch recht durchschnittliche Weise mit Schere und Rasiermesser verdiente. Wie die meisten der Einwanderer aus Sizilien und dem italienischen Festland war er ein gesetzestreuer, bescheidener Mensch, für den die Reise in die Neue Welt den Höhepunkt seines Lebens, die Erfüllung eines Traums bedeutete; dafür war er bereit, tief unten anzufangen und sich allmählich emporzuarbeiten. Er sah diese Wendung als Schritt in eine neue Richtung, in die ihm die nächste Generation, die es besser haben sollte, folgen würde, aber ihn selbst trieb nicht der Drang, für sich persönlich Macht, Reichtum oder Prestige zu erwerben, im Gegensatz zu seinem jüngeren Bruder, dem es um nichts anderes ging und der ihm nun zu den Mafiosi des Stadtviertels gehörte. Peter Bonventre machte sich Gedanken darüber, ob auch sein Neffe zur Mafia stoßen oder einen bürgerlichen Beruf ergreifen werde. Als Joseph einige Zeit in Brooklyn war, fragte ihn der Onkel, ob ihm nicht etwa die Tätigkeit eines Friseurs zusagen würde, bei der er vielleicht eines Tages ein eigenes Geschäft eröffnen könnte. Lächelnd dankte Joseph für das Angebot und erwiderte, er würde es in Erwägung ziehen. Doch insgeheim wunderte er sich über Bonventres mangelnde Menschenkenntnis – nie im Leben würde Bonanno Friseur oder etwas Ähnliches werden. Er war nicht Tausende Meilen übers Meer gefahren und durch das dichtmaschige Netz der amerikanischen Einwanderungsbehörden geschlüpft, um nun anderen Leuten die Haare zu schneiden. Obwohl er noch kein bestimmtes Ziel vor Augen hatte, betrachtete sich Joseph Bonanno schon mit neunzehn Jahren als künftige Führerpersönlichkeit, dazu ausersehen, große Aufgaben zu bewältigen, sich zu behaupten, in der neuen Heimat ein reicher, geachteter Mann zu werden. Er war ziemlich sicher, daß er die Position, die er anstrebte, nicht im Rahmen der Gesetze einer von Angelsachsen dominierten Gesellschaftsordnung erringen konnte, eines Systems, in dem Männer den Ton angaben, deren Großväter sich durch eigene Kraft den Weg an die Spitze gebahnt, die Verhaltensregeln nach ihrem eigenen Vorteil zurechtgebogen hatten und alle Lücken im Rechtsgefüge kannten. Aber Bonanno glaubte sehr wohl, daß den herrschenden Gruppen in Amerika ebenso wie in Sizilien zwei Dinge imponierten: Macht und Geld. Und er war entschlossen, sich beides auf die eine oder andere Art anzueignen. Und nun war der ideale Zeitpunkt dafür gekommen, da die meisten Bürger die Gesetze übertraten und die Alkoholschmuggler reich wurden. Deshalb suchte Bonanno während seines ersten Jahres in Brooklyn Verbindung zu den Mafiosi des Gebietes, denen es offensichtlich sehr gut ging: sie fuhren neue Autos und trugen elegantere Anzüge als ihre biederen Landsleute, die jeden Tag in der Morgendämmerung aufstanden, um in den Fabriken zu schuften oder auf Baustellen zu arbeiten.

Die Mafiosi, die bis in den Vormittag schliefen, trafen sich gewöhnlich jeden Nachmittag in ihrem «Klub» in den Hinterräumen eines Ladens in der Roebling Street. Dort tranken sie schwarzen Kaffee oder spielten Karten. Einige Türen weiter befand sich eine Großbäckerei, die vor allem eine unverfängliche «Fassade» für den illegalen Alkoholhandel abgab: Nach Einbruch der Dämmerung fuhren die Lastwagen dieser Firma durch die Stadt, um Mehlspeisen und Brot, Whisky und Wein an gewisse Flüsterkneipen und Restaurants zu liefern. Manchmal fuhren sie auch zu Frachthöfen oder Piers, mit Kisten voller M.P.s und Munition zum Weitertransport an Al Capone für den Kampf gegen seine Rivalen in Chicago.

Innerhalb bemerkenswert kurzer Zeit galt Joseph Bonanno unter seinen Komplicen in Brooklyn als der potentielle Führer. Anfangs hatten sie ihn wegen seines Namens akzeptiert, aber bald erkannten sie sein erstaunliches Organisationstalent und seinen rasch funktionierenden Instinkt für lohnende Möglichkeiten. Es gelang ihm, den Whiskyhandel beträchtlich auszuweiten, indem er die Kneipenbesitzer persönlich besuchte, wobei er sich nicht auf Drohungen oder Druckmittel verlegte. Sein gutes Benehmen und seine ansprechende Erscheinung verschafften ihm Sympathien, und er bot jenen Lokalen, die durch Polizeirazzien

Schaden erlitten hatten, günstige Kredite. Er schuf neue Stützpunkte der italienischen Lotterie in anderen Vierteln Brooklyns und investierte das Geld, das er verdiente, in verschiedene Geschäftssparten: Kleiderfabriken, Käseerzeugungen und ein Leichenbestattungsinstitut. Sämtliche Einkünfte bekannte er so genau und pünktlich ein, daß ihm niemals Steuerhinterziehung angelastet werden konnte.

Bald wurde Masseria, der in Manhattan mit wachsendem Mißtrauen den ständigen Zuwachs an Castellammaresen in Brooklyn beobachtete, auf Bonannos Aktionen aufmerksam. Er gewann den Eindruck, daß sich diese Westsizilianer allmählich seiner obersten Führung entzogen, und als Prüfstein ihrer Loyalität forderte er 1928 von ihnen höheren Tribut. Als sie nicht auf seine Bedingungen eingingen, ließ er einen ihrer Leute auf offener Straße in Brooklyn erschießen, ein anderer wurde entführt und mußte mit einer Galgenschlinge um den Hals warten, bis seine Freunde 10 000 Dollar Lösegeld aufgebracht hatten.

Aber diese Vorfälle brachten nicht das von Masseria gewünschte Ergebnis: Die Castellammaresen ließen sich nicht einschüchtern und schlossen sich noch enger zusammen. Schließlich verlor Masseria die Geduld, und beschloß, die ganze Gruppe zu vernichten. Sein Feldzug lief langsam an: Alkohollastwagen wurden überfallen, aus vorbeifahrenden Autos fielen Schüsse. Bis 1930 waren auf beiden Seiten mehrere Personen gewaltsam ums Leben gekommen, und der «Castellammarese-Krieg» wurde zu einem Problem, das die gesamte Unterwelt der USA betraf, da die Spitzengangster Partei ergriffen und auf Masserias Plan, die Castellammaresen zu erledigen, positiv oder negativ reagierten. Manche Bosse sandten der Gruppe, die sie unterstützen wollten, Geld oder Feuerwaffen, andere stellten Fahrzeuge und Personal bei. Außer Lucky Luciano und Vito Genovese hatte Joe Masseria Untergebene und Berater wie Joe Adonis, Carlo Gambino, Albert Anastasia und Frank Costello. Obwohl Al Capone in Chicago seine eigenen Schlachten schlug, sympathisierte er mit der Sache Masserias; die Ermordung von Joseph Aiello, einem Boss aus Chicago, der den Castellammaresen in Brooklyn pro Woche 5000 Dollar schickte, ging auf das Konto von Capones Gang.

Der Boss der Castellammaresen während dieser Fehde war nicht der fünfundzwanzigjährige Joseph Bonanno, sondern Salvatore Maranzano, ein großer, hagerer, versonnener Sizilianer in den Vierzigern mit Stirnglatze und strengen, fast asketischen Gesichtszügen. In der alten Heimat war er mit Salvatore Bonanno gut befreundet gewesen, und ebenso wie Bonanno Vater und Sohn befaßte er sich intensiv mit dem Studium des Altertums. Maranzano war besonders an der Geschichte des Römischen Reiches unter Julius Cäsar interessiert, und die Bibliothek in seinem Apartment in Brooklyn enthielt viele Werke über Cäsars Kriege und Taktiken. Zu Maranzanos engsten Mitarbeitern gehörten 1930 Bonanno,

Joseph Profaci, Thomas Lucchese und Joseph Magliocco. Einen wichtigen Verbündeten hatte er in Gaetano Gagliano, einst Funktionär in einer anderen Gang, deren Anführer Masseria beseitigt hatte. Gagliano brachte nicht nur seine Leute mit, sondern leistete auch persönlich Beiträge in der Höhe von mehreren Tausend Dollar für den Kampf gegen Masseria. Eine weitere mächtige Kraft hinter Maranzano waren die Castellammaresen in Buffalo unter Stefano Magaddino, der Maranzano wöchentlich 5000 Dollar und außerdem Sachgüter und Fahrzeuge zukommen ließ.

1931 wurde es klar, daß sich die Stoßkraft verlagert hatte, und zwar gegen Joe Masseria. Während des ersten Jahres der Kämpfe hatte er fast fünfzig Mann verloren, und allmählich erkannten seine Anhänger, daß ihre Sache aussichtslos stand und keinen Sinn mehr hatte. Die Castellammaresen waren besser organisiert, fester zusammengeschlossen und mit ihrem Kontingent von annähernd 400 Mann zahlenmäßig stärker als Masserias Gruppe, aus der nun manche überliefen. Masserias Mitarbeiter Luciano und Genovese, die nicht einsahen, warum ihr einträglicher Alkoholschmuggel und andere Aktionen durch die anhaltende Fehde Einbußen erleiden sollten, drängten Masseria, mit Maranzano Frieden zu schließen – oder zumindest mit Hilfe jüdischer Gangs und anderer ethnisch homogener Organisationen auf den Gegner mehr Druck auszuüben. Doch Masseria, ein Opfer seines eigenen Stolzes, weigerte sich hartnäckig.

Als im Spätwinter 1931 weitere von Masserias Leuten verwundet oder getötet wurden, als Maranzanos Stoßtrupps immer wieder Alkoholtransporte überfielen und beraubten, suchten Luciano, Genovese und drei ihrer Komplicen heimlich Maranzano auf und machten ihm ein Angebot: sie würden Masseria ermorden lassen, wenn der Brooklyner Boss ihnen nach der Tat ihre Sicherheit garantiere und ihre Position in der Unterwelt nicht antaste. Maranzano ging darauf ein. Am 15. April 1931 speiste Luciano mit Masseria in Scarpatos Restaurant auf Coney Island. Nach dem Lunch entschuldigte sich Luciano, stand vom Tisch auf und verschwand auf die Toilette. Gleich darauf betraten Killer den Raum. Ihre Kugeln trafen Masseria in den Rücken und den Kopf, tot stürzte er zu Boden. Als die Polizei kam, erklärte Luciano, er habe nichts gesehen, sondern nur die Schüsse gehört. Die Kellner bestätigten seine Aussage, er habe sich während des Anschlags tatsächlich nicht im Saal befunden und sie selbst seien außerstande gewesen, die Mörder zu identifizieren.

Nach Masserias Begräbnis führte Maranzano den Vorsitz bei einer Versammlung in der Bronx, an der fünfhundert Personen teilnahmen. Er verkündete, die Zeiten der Feuergefechte seien vorbei, nun möge eine Epoche der Eintracht und der Verständigung anbrechen. Dann teilte er den Zuhörern seinen Plan für die Reorganisation mit, der frei auf dem Vorbild von Julius Cäsars militärischer Hierarchie basierte: die einzelnen

Gangs sollten von einem *capo* oder Boss befehligt werden. Die weitere Rangordnung sah einen *sottocapo* – Vizeboss – sowie *capiregime* – etwa Leutnants – vor, welche das Kommando über die Abteilungen der «Soldaten» führen sollten. Jede Gruppe würde als «Familie» bezeichnet werden und innerhalb vorgezeichneter territorialer Abgrenzungen operieren. Über den Bossen aller Familien würde ein *capo di tutti i capi*, ein Boss der Bosse stehen. Das war der Titel, den sich Maranzano selbst beilegte.

Luciano, Genovese und andere frühere Mitglieder von Masserias Gang waren über diesen letzten Punkt gar nicht erfreut. Sie betrachteten die Boss-Herrschaft als überholt und als Hemmnis für die Schlagkraft einer großen Organisation. Auch befürchteten sie, daß Maranzano, wie vor ihm Masseria, vom Gefühl diktatorischer Machtbefugnis besessen sei und sahen keinen anderen Ausweg als ein Komplott gegen ihn.

Sie gingen mit äußerster Vorsicht zu Werk, denn nach Masserias Tod war Maranzano ein Halbgott der Unterwelt geworden, und dazu auch ziemlich reich, da Gangster aus allen Teilen der USA bei Veranstaltungen, die zu seinen Ehren stattfanden, tief in die Tasche griffen. Auf einem solchen Bankett in Brooklyn erhielt Maranzano Schätzungen zufolge mehr als 100000 Dollar. Aber er hatte es nicht eilig, die Gewinne mit seinen Untergebenen zu teilen, ebensowenig gab er viele der Lastwagen zurück, die Männern wie Luciano gestohlen worden waren. Man sagte auch, er habe sich seinen Anteil an Waren gesichert, die man einem seiner eigenen Freunde, nämlich Thomas Lucchese, geraubt hatte.

Während sich Maranzano im Sommer 1931 im Glanz seines Ruhmes sonnte, intrigierte Luciano gegen ihn, und schließlich gelang es ihm sogar, solche treue Gefolgsleute wie Bonanno und Profaci zu überzeugen, daß Maranzano in Wahrheit ein Tyrann alter Schule sei, nicht viel besser als Masseria und gewiß kaum befähigt, die verschiedenen Gruppen des organisierten Verbrechens zu einem großen, modernen Syndikat zu vereinigen. Als der Boss der Bosse von Lucianos Umtrieben erfuhr, mobilisierte er seinerseits Killer. Doch bevor Maranzanos Söldlinge ihren Auftrag ausführen konnten, riß Luciano das Gesetz des Handelns an sich. Seine gedungenen Mörder – vier jüdische Gangster aus dem Siegel-Lansky-Mob, zu dem «Lucky» freundschaftliche Beziehungen unterhielt – kamen, scheinbar als Detektive, in das Realitätenbüro, das Maranzanos offizielle «Fassade» war. Den Angestellten im Vorzimmer zeigten sie ihre Marken, betraten Maranzanos Räume und, das Überraschungsmoment nutzend, feuerten sie vier Schüsse auf ihn ab und stachen ihn sechsmal in den Unterleib.

An jenem 11. September 1931 und am nächsten Tag gab es noch einige andere Tote. Die meisten der Opfer waren Gangster alten Stils, nach ihrem traditionellen äußeren Kennzeichen «Moustache Petes», also Schnurrbartpeter, genannt, Männer, die man als zu stur, zu ungebildet und zu wenig anpassungsfähig betrachtete, um sich in die neuen Gegebenheiten zu finden. Es war eine interne «Säuberung» ähnlich wie bei den Machtapparaten politischer Diktaturen.

Der moderne Kurs der Glattrasierten, wie ihn Luciano bei späteren Versammlungen umriß, würde Maranzanos Position als «Boss der Bosse» entbehrlich erscheinen lassen, aber die meisten seiner anderen Vorstellungen von der Organisation der «Familien» könnten übernommen werden. Luciano hob eindringlich hervor, die Mafiosi sollten ihren Einfluß nun nicht mehr durch Drohungen und Vendettas geltend machen, sondern vielmehr von den ebenso zielführenden, aber subtileren Methoden großer Wirtschaftskörper lernen, die auch zum Teil von skrupellosen Industriemagnaten begründet worden waren, aber ihr Gewinnstreben in den Rahmen der Regeln und Beschränkungen des freien Wettbewerbs einfügten. Luciano gab der Hoffnung Ausdruck, die Mafiosi würden weiterhin mit Gangchefs anderer Abstammung zusammenarbeiten, besonders mit Männern wie Meyer Lansky, dessen genialer Spürsinn für einträgliche Investitionen von Mafiageldern in legale wie illegale Unternehmen sich bestens bewährt hatte, andererseits vertrat er den Standpunkt, für die Mitgliedschaft der Mafia sollten nach wie vor nur Sizilianer und Festlanditaliener in Frage kommen. Trotz seiner vielen Differenzen und Zerwürfnisse weise das sizilianisch-italienische Element ein Zusammengehörigkeitsgefühl auf, das nicht auf Außenstehende ausgeweitet werden könne. Obzwar die Mafiosi – 5000 Mann – zahlenmäßig nur einen kleinen Prozentsatz der mehr als 100000 Personen bildeten, die nach den Schätzungen der Polizei am organisierten Verbrechen beteiligt seien, waren sie damals ethnisch fester zusammengeschlossen als die jüdischen, irischen und internationalen Gangs oder die vielen Cliquen und einzelnen Kriminellen im ganzen Land. Wenn das sizilianisch-italienische Element diesen Zusammenhalt bewahre, könne es die führende Rolle in der Unterwelt übernehmen.

Mit seinem geplanten «Gewaltverzicht» stand Luciano nicht allein. Auf einem Meeting von Gangstern in Atlantic City im Jahr 1929 hatte Frank Costello ähnlich gesprochen. Aber Luciano besaß vielleicht mehr diplomatisches Geschick und die Überzeugungskraft einer gewinnenden Persönlichkeit. Dem Vierunddreißigjährigen, der seinem Beinamen «Lucky», den er wegen seines Glücks im Spiel erhalten hatte, alle Ehre machte, war es gelungen, Masseria und auch Maranzano auszuschalten. Dennoch konnte er die Bosse von seinem ehrlichen Streben nach Solidarität und Frieden überzeugen, zum Teil durch seine kluge Entscheidung, selbst die Spitzenposition abzulehnen. Ohne den toten Maranzano taktlos herabzusetzen, wirkte er einer Legendenbildung bei den meisten Castellammaresen dadurch entgegen, daß er den «Boss der Bosse» als ein Opfer schrankenlosen Machtwillens zeichnete, einen anachronistischen

Nachfolger Cäsars in einer Ära der Organisation.

Lucky Luciano verkörperte selbst in Reinkultur solches Denken nach den Richtlinien einer modernen Organisation. Jüngere Mafiosi wie Bonanno und Profaci blieben in ihrer Grundhaltung wohl Individualisten, aber sie fanden rasch Kontakt zu diesem sizilianischen Landsmann, dessen Scharfsinn und Zielstrebigkeit sie sehr bald anerkannten. Bonanno teilte Lucianos Ansicht, daß der Titel und die Funktion des «Boss der Bosse» abgeschafft werden und daß kein Boss das Recht haben solle, den anderen Bossen zu diktieren. Die einzelnen «Dons», wie sie auch genannt wurden, sollten in ihren designierten Bereichen weitgehend autonom sein. Dennoch hegte Bonanno im Interesse des inneren Friedens der Mafia in den gesamten USA gewisse Bedenken über die künftige Rolle der Kommission und deren Befugnisse. Während der fünf Monate, als Maranzano Boss der Bosse war, hatte Bonanno mit ihm an einem Konzept der Kommission gearbeitet, aber keiner der beiden war mit dem Resultat völlig zufrieden gewesen. Bonanno glaubte noch immer, daß sich ein solches Gremium zu einer weisunggebenden Gruppe entwickeln könnte, der dann Eingriffe in die Autonomie der einzelnen Bosse möglich wären. Auf den Versammlungen sprach er sich entschieden dafür aus, daß die Kommission klar und eindeutig als Forum für Diskussionen und Erklärungen, aber nicht als Instrument mit Machtvollkommenheiten gebildet werden sollte. Andere Mafiaführer, die weniger unabhängig dachten, hatten keine Einwände gegen eine als Autorität fungierende Kommission, allerdings hüteten sie sich, in diesem Sinn zu stimmen. Während der letzten Jahre hatte es so viel Hader unter den Mafiosi gegeben, daß sie nun nicht eine weitere Streitfrage aufwerfen wollten.

Ziemlich rasch wurde das Einverständnis über Lucianos grundsätzliche Vorschläge erzielt, und bald wählte jede der vierundzwanzig einzelnen Mafiagruppen in den USA ihren eigenen Boss und erhielt die gebührende Akkreditierung. Viele dieser «Familien» in Städten des Westens und des Südens bestanden aus nur je 20 bis 30 Mann, während andere Gruppen, die in den Industriezentren des Mittelwestens und der Ostküste konzentriert waren, zwischen 300 und 500 Mitglieder umfaßten.

In New York City, dem größten Markt für illegale Aktionen, wurden fünf Mafia-Familien formiert. Die Oberhäupter hießen Lucky Luciano, Vincent Mangano, Gaetano Gagliano, Joseph Profaci und Joseph Bonanno, der mit sechsundzwanzig Jahren der jüngste Don im Syndikat war.

Am 15. November 1931, zwei Monate nach Maranzanos Tod, heiratete Joseph Bonanno seine Verlobte Fay Labruzzo. Der feierliche Hochzeitsempfang fand im Bankettsaal der Knights of Columbus in Prospect Park in Brooklyn statt. In dem eindrucksvollen Großaufgebot an Festgästen sah man auch alle New Yorker Bosse und einige aus anderen Städten.

Nach dem Fest fuhr das Brautpaar in Bonannos neuem Chrysler Imperial in die Flitterwochen nach Niagara Falls. Damit begann eine Zeit der Ruhe und des Wohlstands, welche die nächsten zwanzig Jahre fast unvermindert anhielt. Bonannos beträchtliche Bargeldreserven erlaubten ihm, während der Wirtschaftskrise viele einträgliche Grundstücksinvestitionen zu tätigen, und zum Unterschied von anderen Dons schien er den sicheren Instinkt zu besitzen, um Kontroversen und Störungen zu vermeiden.

Al Capone wurde 1931 wegen Steuerhinterziehung vor Gericht gestellt und mußte für sieben Jahre hinter Gitter. 1934 wurde Vito Genovese, nun Vizeboss in Lucianos Familie, in einen Mordfall verwickelt und flüchtete aus dem Land. Luciano selbst wurde 1936 wegen seiner Prostitutionsringe zu einer Gefängnisstrafe für die Dauer von dreißig bis fünfzig Jahren verurteilt. Andere Mafiosi begannen trotz ihrer früheren Befürwortung einer Politik der Gewaltlosigkeit wieder aufeinander zu schießen, als Streitigkeiten über die territorialen Abgrenzungen gewisser Buchmacher- und Lotto-Rackets entstanden, denn seit der Aufhebung der Prohibition durch Präsident Roosevelt im Jahr 1933 hatten diese beiden Sparten den Alkoholschmuggel als Haupteinnahmsquelle ersetzt.

Bonannos einziger Konflikt mit dem Gesetz ergab sich, als eine Kleiderfabrik in Brooklyn, deren Teilhaber er war, der Verletzung der Arbeitszeitbestimmungen beschuldigt wurde. Er mußte eine Geldstrafe von 50 Dollar erlegen. Damals lief seine Bewerbung um die amerikanische Staatsbürgerschaft, er hatte das Land 1938 verlassen und war von Kanada aus legal wieder eingereist. 1945 wurde er naturalisiert. Zu jenem Zeitpunkt war er bereits Multimillionär.

Er besaß ein Haus in Long Island und eines in Tucson. In beiden Gemeinden stand er in hohem Ansehen und leistete namhafte Spenden für wohltätige und kirchliche Zwecke. Seine Organisation von rund 300 Mitgliedern war eine der kleineren Familien in New York, aber wahrscheinlich die am besten koordinierte. Es gab praktisch keine internen Meinungsverschiedenheiten und kaum Störungen durch Rivalengangs und die Polizei. Zu Bonannos wichtigsten Funktionären, die alle aus Castellammare stammten, gehörte Frank Garofalo, ein pedanter weißhaariger Junggeselle, für Einzelheiten des Managements zuständig; John Bonventre, ein gleichmütiger älterer Mann, der sich mit Personalfragen befaßte, die von den Captains vorgebracht wurden; und Carmine Galante, ein harter, zigarrenrauchender Vizeboss, der mit den Vertretern anderer Gangs verhandelte, wenn Probleme zu lösen oder gemeinsame Aktionen zu planen waren. Unter den acht Captains, von denen jeder ein aus rund 30 «Soldaten» bestehendes Detachment befehligte, stand Gaspar Di Gregorio dem Don am nächsten. Bonanno hatte auch eine im Syndikat einzigartige Gruppe: eine Art Seniorenkomitee, dem ein rundes Dutzend bereits inaktiver Mafiosi angehörte, Siebzigjährige, die noch Bonannos Vater oder Großvater gekannt hatten und nun vom Don persönlich eingeladen wurden, an Versammlungen teilzunehmen, Ratschläge zu geben und sogar kleinere Differenzen innerhalb der «Familie» zu schlichten.

Die Buchmacher- und Lottoringe der Bonanno-Organisation in Brooklyn und an der Lower East Side von Manhattan hatten während der Wirtschaftskrise keineswegs einen Rückgang zu verzeichnen. Im Gegenteil: sie wurden sogar noch lukrativer. In schweren Zeiten schienen die Leute noch lieber zu spielen als zuvor, und alle vierundzwanzig Familien des Syndikats entgingen dem Ruin, der in den frühen dreißiger Jahren so viele legale Unternehmen bedrohte, ehe Roosevelts «New Deal» einen Umschwung bewirkte. Mit dem Kriegseintritt der USA 1941 wurden die Bedingungen sogar noch besser, da die Mafia sich nun auch auf Schwarzmarktgeschäfte verlegte, um den Bedarf der Bevölkerung an rationierten Nahrungsmitteln, Benzinmarken und anderen zwangsbewirtschafteten Waren zu decken.

Für einige der von Mussolini verfolgten sizilianischen Dons und amerikanischen Bosse wie Lucky Luciano, den die US-Justiz aus dem Verkehr gezogen hatte, bedeutete der Krieg eine günstige Wendung. Durch eine sonderbare Verkettung von Umständen wurden sie wieder zu wichtigen Persönlichkeiten. Als in den USA die Mobilisierung anlief, saß Luciano eine, wie es schien, lebenslängliche Freiheitsstrafe im New Yorker Staatsgefängnis in Dannemora ab. Dort wurde er von den Mithäftlingen wie ein König behandelt und konnte durch Besucher und entlassene Sträflinge Mitteilungen und Weisungen an seine Organisation senden. Aber er hatte keine Aussicht, in nächster Zukunft selbst die Freiheit wiederzuerlangen.

Doch als sich 1942 im New Yorker Hafen Sabotagefälle häuften, die man den Deutschen zuschrieb, und der große französische Passagierdampfer «Normandie» in Brand geriet und an seinem Ankerplatz an der West Side von Manhattan kenterte, knapp bevor er als Truppentransporter der Alliierten eingerichtet werden sollte, beschlossen der Geheimdienst der Kriegsmarine und andere Gruppen der militärischen Abwehr nach langen Erörterungen, auch die von der Unterwelt kontrollierten Hafenarbeiter, Lastwagenfahrer und Wachorgane in das dichtmaschige Netz einzubauen, das weitere Sabotage oder die Infiltration feindlicher Spione verhindern sollte. Der Mann, mit dem die Marine Kontakt aufnahm, war Joseph (Socks) Lanza, ein Dockführer, dessen Leute an den Piers am East River in Manhattan und auf dem Fulton-Fischmarkt arbeiteten. Obwohl Lanza damals wegen gefährlicher Drohung und Erpressung unter Anklage stand, sah der Geheimdienst in ihm einen patriotischen Amerikaner, und deshalb wandte man sich an ihn um Hilfe. Lanza war dazu bereit.

Da es innerhalb des nächsten Jahres keine weiteren verdächtigen Vorfälle gab, schloß die Marine daraus, daß die Aktion funktioniere, und wollte sie auf die Dockarbeiter der West Side ausweiten. Aber in diesem Gebiet hatte Lanza keinen Einfluß: die West Side war Lucianos Territorium, und nur er persönlich konnte die Zusammenarbeit garantieren. Also fuhren Geheimdienstagenten nach Dannemora und suchten Luciano im Gefängnis auf. Als er zusagte, sich für das Projekt zu verwenden, durfte er in ein komfortableres Quartier in einem Gefängnis bei Albany übersiedeln. Dort spielte er bald den Gastgeber für viele Besucher, darunter nicht nur Marineoffiziere, sondern auch Zivilisten aus seinem eigenen «Berufskreis» wie Frank Costello, Meyer Lansky und Willie Moretti. Und die Marine glaubte, daß die West Side, ebenso wie die East Side, durch die Wachsamkeit der Dockarbeiter nun besser gesichert sei.

Welche speziellen Punkte in den vielen Besprechungen mit Luciano erörtert wurden, wie weit er selbst und andere Mafiosi konkret mitwirkten, wurde niemals im vollen Umfang bekannt und sollte bis lange nach dem Kriegsende ein Rätsel bleiben. Nicht einmal Senator Estes Kefauver gelang es 1951, Zugang zu den einschlägigen Geheimdokumenten des Pentagon zu erlangen. Offenbar war es der Kriegsmarine damals peinlich, daß ihre Vereinbarungen mit Gangstern publik würden, obwohl solche Zusammenarbeit während der kritischen frühen vierziger Jahre, als man es für möglich hielt, daß deutsche U-Boote in die Sperrzone des New Yorker Hafens eindringen könnten, als eine sinnvolle und kluge Maßnahme erschienen war.

Auch die US-Armee nahm während des Krieges Verbindung zur Mafia auf, eine Tatsache, die Jahre später in mehreren Berichten und Büchern dokumentarisch belegt wurde, samt der Nennung von Namen bestimmter amerikanischer Offiziere und Unterweltler. Und wieder soll Luciano eine wichtige Rolle gespielt haben. Wie verlautete, sandte er durch seine Anhänger Mitteilungen an Dons in Westsizilien, wo die Mafiosi eine Untergrundbewegung organisierten, um Agenten und ortskundige Führer für die landenden Alliierten zu stellen. Nach der Invasion an der Südküste der Insel passierten die Amerikaner und die Franzosen in raschem Vormarsch ein Dorf nach dem anderen, auf den historischen Spuren unzähliger Eroberer, aber diesmal von jubelnden Volksmengen begrüßt, besonders in den Ansiedlungen des Westens wie Castellammare. Es kam zwar zu Kampfhandlungen zwischen den in Ostsizilien vorstoßenden britisch-kanadischen Truppen und zurückweichenden deutschen und italienischen Verbänden, aber der Widerstand dauerte nur kurz und wurde zudem durch die Sabotageaktionen der Zivilbevölkerung empfindlich geschwächt. Nach etwa fünf Wochen war die gesamte Insel Sizilien in alliierter Hand. Und als der Krieg auf das Festland getragen wurde, setzte das Militärkommando militante Antifaschisten, die in den meisten Fällen auch Mitglieder der Mafia waren, in Schlüsselpositionen der Kommunalverwaltung vieler Städte und Dörfer ein.

Als die Alliierten in Neapel einzogen, arbeitete im Stab ein italienischer Zivilist, der als Übersetzer und Verbindungsmann fungierte. Er war tüchtig und rührig, weigerte sich aber, Geld von den Amerikanern anzunehmen, eine Haltung, die zu den großen Seltenheiten gehörte. Außerdem imponierte es ihnen, daß er über mehrere Fälle von Bestechung und Schwarzmarktgeschäften unter dem Zivilpersonal des Kommandos Bescheid wußte und bereit war, dem zuständigen Offizier Informationen zu liefern. Drei amerikanische Offiziere schrieben Empfehlungsbriefe für diesen Mann – Vito Genovese –, einen Meister in der Kunst, durch Opportunismus im Leben Erfolg zu haben. 1943 hatte er noch mit den Faschisten zusammengearbeitet.

Als Genovese 1934 aus den USA flüchtete, weil er mit dem Mord an einem Gangster namens Ferdinand Boccia in Beziehung gebracht wurde, hatte er etwa 750000 Dollar in bar bei sich, einen Betrag, mit dem er sich die Gunst faschistischer Führer in seiner Heimatgegend bei Neapel erkaufen konnte. Genovese steuerte 25000 Dollar für den Bau eines Rathauses bei, erwarb ein Kraftwerk, und bald verlieh ihm Mussolini den höchsten Titel, den es für einen Zivilisten gab: Commendatore. Im übrigen gewann er, so wird gesagt, die Sympathien des Duce, indem er die Ermordung von Carlo Tresca organisierte, Mussolinis schärfstem Kritiker in den USA. Tresca, Herausgeber einer Zeitung in italienischer Sprache, wurde im Januar 1943 in New York auf offener Straße erschossen.

Doch Genoveses fröhliches Leben in Italien schien im Frühjahr 1944 ein Ende zu haben, als ein Agent des amerikanischen CID (Criminal Investigation Department, Kriminalpolizeidienst der US-Armee. Anm. d. Übers.) bei Nachforschungen über den Schwarzen Markt der Region Foggia–Neapel ermittelte, daß niemand anderer als Genovese der Drahtzieher war, ein Umstand, von dem die alliierten Offiziere, mit denen Genovese so eng zusammengearbeitet hatte, anscheinend nichts ahnten. Der Agent bemühte sich, daß Genovese verhaftet und ihm der Prozeß gemacht werde, doch zu seinem Erstaunen erfuhr er, daß höhere Stellen sich dagegen aussprachen. Offenbar hatte Genovese viele Freunde in wichtigen Funktionen des lokalen alliierten Kommandos, und möglicherweise war er in der Lage, einige von ihnen bei gründlicheren Erhebungen über den Fall als Komplicen der Schwarzmarktgeschäfte zu kompromittieren. Immerhin gelang es dem Armeekriminalisten, Genoveses Verhaftung zu erwirken und das FBI von seinen Umtrieben in Italien in Kenntnis zu setzen. Zur Erleichterung alliierter Militärs zeigte das FBI jedoch wenig Interesse an Genoveses Schleichhandelsaktionen, sondern konzentrierte die Aufmerksamkeit auf seine Rolle bei dem noch immer ungeklärten Mord an Ferdinand Boccia.

Das Resultat: Genovese wurde in die USA gebracht, um sich dort vor Gericht zu verantworten, und der Staatsanwalt schien alle Trümpfe in der Hand zu haben – bis der Hauptbelastungszeuge in einem Brooklyner Gefängnis, wo man ihn in Schutzhaft hielt, vergiftet wurde. Dieser Zeuge, Besitzer eines Zigarrenladens, ein Mann mit Verbindungen zur Unterwelt, der vermutlich die Ermordung Boccias mitangesehen hatte, starb, nachdem er ein Glas Wasser mit aufgelösten schmerzstillenden Tabletten trank, die er regelmäßig gegen seine Gallensteine einnahm – Tabletten, die, wie ein New Yorker Toxikologe später erklärte, ausgereich hätte, «acht Pferde zu töten».

Die Anklage gegen Genovese wurde fallengelassen. Er war in Amerika ein freier Mann. Und da Luciano zu jenem Zeitpunkt nach Italien gebracht wurde – seine Entlassung aus dem Gefängnis war mehr oder weniger die Belohnung für seine kriegswichtige Tätigkeit, allerdings mit der Einschränkung, daß er nie mehr amerikanischen Boden betreten dürfe –, war Genovese als sein Vizeboss an der Reihe, die Spitzenposition der Luciano-Familie zu übernehmen. Aber er sollte keinen leichten Stand haben, denn während seines zehnjährigen Aufenthalts in Italien und Lucianos siebenjähriger Kerkerhaft hatte sich Frank Costello, der Interims-Boss, die Achtung der anderen Dons erworben und enge Beziehungen zu bestimmten Captains und deren Anhang angeknüpft. Außerdem hatte er durch eigene Initiative politischen Einfluß in New York erlangt; zu seinen Freunden zählten Distriktchefs, Richter und ein Mann, der später Oberbürgermeister von New York werden sollte: William O'Dwyer.

Obwohl Genovese von Costello und anderen Funktionären höflich empfangen wurde, war ihm bald klar, daß sich die Loyalitätsverhältnisse und der Führungsstil der Familie während seiner Abwesenheit etwas gewandelt hatten. Costello hatte milde geherrscht und den Captains größtmögliche eigene Autorität zugestanden. Genovese strebte einen straffen Kurs und Unterordnung an. Costello glaubte, daß man ohne Gewalt Macht erlangen könne, und arbeitete lieber mit Bestechung als mit Killern, während Genovese die Überzeugung vertrat, Furcht und Einschüchterung seien die wirksamsten Waffen, um Willfährigkeit zu erreichen. Costello war dagegen, daß sich Mitglieder der Organisation mit dem Rauschgifthandel einließen. Genovese war im Prinzip damit einverstanden, zeigte sich aber nicht abgeneigt, Gewinne aus Geschäften mit Drogen einzustreichen, wenn er sicher war, daß man ihm keine Verbindungen nachweisen könne – auch Lucky Luciano hatte nach seiner Deportation aus den USA bei dem internationalen Schmugglerring, der Rauschgift aus der Türkei durch das Mittelmeer beförderte, die

Hand im Spiel.

Angesichts dieser und anderer akuter Differenzen zwischen Genovese und Costello war ein Konflikt unvermeidlich. Und bald nach seiner Rückkehr machte sich Genovese daran, langsam, aber methodisch Frank Costellos Position zu untergraben. Er begann mit einer Flüsterkampagne in seiner Clique innerhalb der Familie, verbreitete sich über die angeblichen Unterlassungssünden seines Rivalen, seine Behauptungen liefen darauf hinaus, Costello als Millionär sei nicht mehr hungrig und zeige wenig Lust, neue Geldquellen zu erschließen, von denen seine Leute profitieren könnten, wenn solche Versuche mit Risiken verbunden seien. Genovese stellte Costellos Urteilsvermögen und Menschenkenntnis in Frage, immerhin gehöre eine höchst problematische Erscheinung wie Willie Moretti zu seinen Freunden, ein früher sehr tüchtiger Mann, nun aber eine Gefahr für die Organisation und das Syndikat. Genovese deutete an, Moretti leide an Paralyse, daher seine Redseligkeit und seine Neigung zum Prahlen. Wie leicht könne ein so unbeherrschter Mann unabsichtlich Mafiageheimnisse ausplaudern. Im Oktober 1951, nachdem Costello im Mittelpunkt der Kefauver-Hearings stand (was ihm achtzehn Monate Gefängnis wegen Mißachtung des Senats einbrachte), wurde Willie Moretti in einem Restaurant in New Jersey von Mafiosi aus der Umgebung Genoveses erschossen.

Während des nächsten Jahres befahl Genovese die Ermordung eines kleinen Rauschgifthändlers, den man für einen Polizeispitzel hielt. Neun Monate später ließ Genovese einen ehemaligen Nachtklubpartner erdrosseln, weil er sich von ihm verraten glaubte. In diesem und im folgenden Jahr setzte Genovese seine Taktik des Terrors und der Intrige fort, während Costello, der in einem Bericht des Senatskomitees vom November 1953 als der «Racketeer Nummer eins in diesem Land» bezeichnet wurde, vollauf mit den Prozessen zu tun hatte, bei denen ihm Ausweisung und Anklage wegen Steuerhinterziehung drohten.

Costello wurde 1954 belangt, als die Bundessteuerbehörde gründliche Erhebungen über seine Ausgaben durchführte – 18 000 Dollar in bar für das Mausoleum seiner Eltern, sowie sehr hohe Rechnungen seiner Frau bei führenden New Yorker Couturiers – und feststellte, daß er über die Verhältnisse lebte, die ihm sein bekanntes Jahreseinkommen von 39 000 Dollar aus Realitätengeschäften und Teilhaberschaften in verschiedenen Sparten ermöglichen würde. Costello wurde beschuldigt, im Zeitraum von zwei Jahren 28 000 Dollar an Steuern hinterzogen zu haben, das Urteil lautete auf fünf Jahre Gefängnis. Nach mehreren abgewiesenen Berufungen trat er im Mai 1956 die Strafe an, wurde aber im März 1957 gegen eine Kaution von 25 000 Dollar auf freien Fuß gesetzt, da seine Verteidiger überzeugend geltend machen konnten, daß seine Verurteilung auf Grund gesetzeswidriger Beweismittel, nämlich durch Abhöranlagen, erfolgt war.

Zwei Monate später, als Costello eines Abends in einem Taxi aus einem Restaurant zu seiner Wohnung im Haus 115 Central Park West zurückkehrte, hielt hinter ihm eine schwarze Limousine, ein großer Mann mit einer Pistole ging ihm in die Vorhalle nach und sagte: «Das ist für dich, Frank.» In der Sekunde, als der Mordschütze abdrückte, wandte sich Costello um, das Projektil streifte seine Kopfhaut, die Wunde blutete stark, war aber nicht gefährlich. Er fiel auf eine Ledercouch. Der Killer rannte auf die Straße und sprang in den Wagen, der davonbrauste.

Der Polizei erklärte Costello, er habe nichts gesehen und könne sich nicht vorstellen, warum ihn jemand erschießen wolle, aber der Portier, der an jenem Abend Dienst hatte, gab zu, Augenzeuge des Vorfalls gewesen zu sein, und nach Polizeifotos identifizierte er den Attentäter als Vincent (The Chin) Gigante, einen ehemaligen Preisboxer, der zu Genoveses Gruppe gehörte. Aber als der Portier vor Gericht aussagte, wirkte er nervös und unsicher, und für Gigantes Anwalt war es ein leichtes, seine Glaubwürdigkeit zu erschüttern. Gigante ging frei aus, wurde aber sofort neuerlich wegen Verstößen gegen die Verkehrsordnung verhaftet und bekannte sich in zehn Fällen schuldig. Der Portier, über den in den Zeitungen viel geschrieben wurde und dessen Frau während des Prozesses telefonische Drohungen erhalten hatte, kehrte eingeschüchtert auf seinen Posten zurück und hatte seither oft eine Alkoholfahne. Bald darauf wurde er entlassen, seine Frau ließ sich scheiden. Später verschwand er, und keiner der Mieter sah ihn jemals wieder.

Vito Genovese hatte natürlich damit gerechnet, daß Costello Rache nehmen werde. Und als er erfuhr, daß der Rivale privat mit Albert Anastasia, einem der meistgefürchteten Männer des Syndikats, zusammengetroffen war und vermutlich die Ermordung des gerissenen Neapolitaners plane, handelte Genovese rasch, nachdem er sich zuerst die Unterstützung anderer Dons gesichert hatte, was in diesem Fall nicht schwierig war. Anastasia, ein sprunghafter, gewalttätiger Mensch, dessen Weg viele Leichen säumten, war 1957 eine sehr umstrittene Erscheinung. Er bewohnte in Fort Lee, New Jersey, ein großes Haus mit Blick über den Hudson River und war durch dicke Mauern und scharfe Hunde geschützt. Unter anderem kontrollierte er das Hafengebiet von Brooklyn und er war einer der fünf Dons in New York City. Diese Position hatte er 1951 an sich gerissen, nach dem mysteriösen Verschwinden von Vincent Mangano, eines der 1931 nach dem Castellammarese-Krieg gewählten Familienchefs. Hartnäckig hielt sich in der Unterwelt das Gerücht, nach langen Zerwürfnissen habe Anastasia seinen Widersacher Mangano heimlich umbringen und die Leiche in das Betonfundament eines Gebäudes im Nassau County, Long Island, einmauern lassen.

Der vermutliche Mord an Mangano, so verwerflich er anderen Bossen des Syndikats erschienen sein mag, war dennoch eine interne Affäre und rechtfertigte nicht ohne weiteres Einmischung von außen. Aber mit anderen Aktionen hatte Anastasia eindeutig die Interessen der verschiedenen Familien verletzt oder die für die gesamte Mafia geltenden Richtlinien mißachtet, und aus diesen Gründen hatte sich viel Zündstoff angesammelt. 1957 war seine Lage prekär. Er hatte irrtümlich angenommen, er könne seine Leute in die Spielkasinobranche und artverwandte lukrative Unternehmen in Florida, auf Kuba und an anderen Punkten im karibischen Raum einschleusen – Gebiete, die Lucianos Freund Meyer Lansky und Santo Trafficante junior, der ebenso wie sein sizilianischer Vater seit vielen Jahren gute Beziehungen zu führenden Mafiosi in den USA und im Ausland unterhielt, als ihr unantastbares Monopolterrain betrachteten. Außerdem wurde Anastasia zur Last gelegt, er habe sich über das Prinzip hinweggesetzt, neue Mitglieder nur nach der Billigung der Kommission aufzunehmen, eine Regelung, die darauf abzielte, das Gleichgewicht der Macht unter den größeren Familien zu gewährleisten.

Im Sommer und Herbst 1957 wurden verschiedene geheime Meetings zur Erörterung des Falles Anastasia abgehalten. Die Polizei bekam davon durch den Einsatz elektronischer Abhöranlagen und auf Tonband mitgeschnittener Telefongespräche Kenntnis. Man wußte, daß Genovese mit einem von Anastasias engsten Mitarbeitern, nämlich mit Carlo Gambino, in Verbindung stand, ebenso wie mit Thomas Lucchese, dem Nachfolger des 1953 eines natürlichen Todes gestorbenen Gaetano Gagliano als New Yorker Don. Die Polizei wußte auch von Joseph Bonannos Reise nach Sizilien im selben Jahr. Ab dem 12. Oktober fanden, wie verlautete, in Hotels in Palermo Besprechungen statt, an denen Lucky Luciano, Bonanno selbst und einige seiner Funktionäre wie Garofalo, Bonventre und Carmine Galante teilnahmen. Während jener Woche wurde Bonanno auch in Castellammare beobachtet, wo ihn seine Landsleute wie einen Helden empfingen, und später, als er mit einigen der obersten *amici* Westsiziliens in einem Kaffeehaus konferierte.

Am 25. Oktober 1957, als Albert Anastasia sich im Frisiersalon des Park Sheraton Hotels in Manhattan unter heißen Handtüchern zurücklehnte – seine Leibwächter gaben kaum acht –, traten zwei Gunmen ein und durchsiebten ihn mit Schüssen. Er war sofort tot.

Drei Wochen später, am 14. November, wurde auf Genoveses Anregung die Apalachin-Konferenz abgehalten. Genovese hätte dafür lieber Chicago gewählt, aber Stefano Magaddino, der darauf hinwies, daß auch im Vorjahr eine Geheimversammlung in Apalachin ohne Störung verlaufen sei, fand es besser, das Meeting wieder dort zu veranstalten. Diese Stadt im Staat New York war auch für den Senior der Kommission, der mit seinen sechsundsechzig Jahren nicht mehr gern weite Strecken reiste, leichter zu erreichen, und auf dem großen Besitz von Magaddinos Castellammareser Landsmann Joseph Barbara waren die vielen Delegierten gut unterzubringen.

Die meisten der Teilnehmer repräsentierten Organisationen im Nordosten, der eigentlichen problematischen Zone mit ihren Krisenherden. 23 Personen waren aus New York City und New Jersey, 19 aus anderen Teilen des Staates New York, nur 8 waren aus dem Mittelwesten gekommen, 3 aus dem Westen, 2 aus dem Süden und 3 aus Übersee: 2 von Kuba und 1 aus Sizilien. Zu den Hauptpunkten der Tagesordnung gehörte die Bestätigung Genoveses in seiner Position als Oberhaupt der Familie, mit der Zusicherung, daß Costello und dessen Freunde nichts zu fürchten hätten, solange sie Genovese nicht herausforderten. Ferner die eindeutige Stellungnahme der Kommission gegen die Beteiligung am Rauschgifthandel und die Festlegung des Numerus clausus für den Mitgliederstand. Außerdem die Klärung allfälliger Fragen im Zusammenhang mit der Anastasia-Familie, die nun von Carlo Gambino geleitet werden sollte.

Aber bevor die Sitzungen begannen, schlug die Polizei des Staates New York zu. Ihre überraschende Razzia sollte sich für das gesamte Syndikat katastrophal auswirken. Nun war auf Jahre hinaus jene relative Ruhezeit vorbei, deren sich Dons wie Joseph Bonanno hatten erfreuen können. Für Vito Genovese war das gesprengte Apalachin-Meeting nur der Auftakt zu vielen unerwarteten Anfechtungen und Schwierigkeiten.

Agenten des Bundesdezernates zur Bekämpfung der Narkotika hatten soeben in Manhattan einen puertoricanischen «Stoff»-Hausierer verhaftet. Als er zu einer Gefängnisstrafe von vier bis fünf Jahren verurteilt wurde, fühlte er sich schmählich verraten, weil die Organisation nicht interveniert und den Fall geregelt hatte, und er beschloß zu «singen». So packte er auch über Vito Genovese aus. Zuerst schien es sehr zweifelhaft, daß die Aussagen dieses Informanten, er hieß Nelson Cantellops, eine Basis für gerichtliche Schritte gegen die Beschuldigten ergeben könnten. Aber wie so viele Unterweltler, die prinzipiell nichts aufschreiben, hatte er sein Erinnerungsvermögen gründlich trainiert. Präzise gab er aus dem Gedächtnis Namen, Orte und Ereignisse an, welche die Genovese-Familie mit dem Rauschgifthandel in Beziehung brachten, und schilderte auch, wie er persönlich Ohrenzeuge eines Gesprächs wurde, in dem Genovese mit anderen Männern eine Drogentransaktion erörterte.

1958 gab ein Bundestribunal in New York eine Anklage gegen vierundzwanzig Personen weiter, die nach Cantellops beeideten Aussagen in Rauschgiftgeschäfte verwickelt waren. Auf dieser Liste standen Carmine Galante von der Bonanno-Organisation, John Ormento von der Lucchese-Familie, Joseph Valachi aus der Genovese-Gruppe und Genovese selbst. Er und vierzehn andere Mafiosi wurden im Frühjahr 1959 vor Gericht gestellt. 1960 war er bereits im Zuchthaus von Atlanta, um in dieser berüchtigten Strafanstalt eine fünfzehnjährige Freiheitsstrafe wegen Rauschgiftschmuggels abzusitzen.

Sogar im Gefängnis, wo schon seine bloße Anwesenheit den anderen Häftlingen Furcht einflößte – keiner wagte ihn anzureden, wenn er nicht selbst zuerst sprach –, diktierte Genovese Befehle an seine Captains und sorgte für Spannungen in der Unterwelt. Man vermutet, daß er 1962 den Tod eines seiner Funktionäre herbeiführte, es handelte sich um einen gewissen Anthony Strolly, den der Boss verdächtigte, er betreibe ein Doppelspiel und habe ihn um Geld geprellt. Damals argwöhnte Genovese auch, zu Unrecht, sein Mithäftling in Atlanta, Joseph Valachi, ein alter Mitarbeiter, sei zum Spitzel geworden. Und als Valachi selbst merkte, daß er erledigt werden sollte, erschlug er einen völlig unbeteiligten anderen Sträfling, den er für den gedungenen Killer hielt, mit einem Bleirohr.

Als Valachi erkennen mußte, daß er einen Unschuldigen umgebracht und für diese brutale Tat die Todesstrafe zu gewärtigen hatte, beschloß er, mit den Behörden zusammenzuarbeiten, um sein eigenes Leben zu retten – und damit machte er allen Dons in Amerika das Leben schwer. Hatten sie schon im Zug der endlosen Nachforschungen und Pressekampagnen nach dem Apalachin-Fiasko kaum eine ruhige Minute gehabt, so nahm ihnen Valachi nun die letzten Zufluchtsmöglichkeiten. Seine Enthüllungen vor dem Senat wurden vom Fernsehen in den gesamten Vereinigten Staaten übertragen und lieferten das Material für Artikelserien und einen Bestseller (Peter Maas: ‹The Valachi Papers›) Valachi beschrieb die organisatorische Struktur der Mafia, entlarvte viele ihrer Spitzenpersönlichkeiten und brachte alte Fehden und Mordfälle neuerlich zur Sprache. Er berichtete darüber, wie er 1930 angeworben worden war, um im Castellammarese-Krieg an Maranzanos Seite zu kämpfen, und wie er später in aller Form in die Geheimgesellschaft aufgenommen wurde, wobei Joseph Bonanno das Ritual vollzog. Nach Maranzanos Tod trat er in die Luciano-Organisation ein. Obwohl er dort immer einfacher «Soldat» blieb, wurde er ein recht begüterter Mann und konnte viele Jahre in Sicherheit leben, bis Genoveses Terrortaktiken sein und das Schicksal vieler anderer Mafiosi wendeten.

Während jener Zeit, Anfang der sechziger Jahre, erwog Joseph Bonanno ernstlich, seine Funktionen als Oberhaupt seiner Familie und Mitglied der Kommission zurückzulegen. Die Entwicklung widerte ihn an und machte ihn zum Skeptiker. Er bezweifelte, ob sich die Situation bessern würde. Der Niedergang der Profaci-Familie war besonders beunruhigend, denn Bonanno glaubte, daß zwei Mitglieder der Kommission, nämlich Lucchese und Gambino, die Brüder Gallo zur Revolte gegen Profaci ermutigt hätten, womit sie das Prinzip der Nichteinmischung in interne Angelegenheiten einer anderen Familie verletzt hatten. Durch den Tod von Joseph Profaci (1962) und Joseph Magliocco (1963) verlor Bonanno zwei starke Verbündete.

Bonanno erkannte auch, daß nichts zu gewinnen und viel zu verlieren war, wenn er in dem chaotischen Hexenkessel des Nordostens verbliebe, in Gemeinschaft mit Bossen, denen er nicht mehr vertrauen konnte. Er ging auf die Sechzig zu und war seit vierunddreißig Jahren Don. Alles wäre leichter, wenn er sich nach Arizona, Kanada, Wisconsin oder Kalifornien zurückzöge, um dort einen ruhigen Lebensabend zu verbringen und die Führungsrolle seiner Organisation abgäbe. Das einzige Problem bestand darin, eine jüngere Kraft zu finden, die befähigt wäre, die Nachfolge anzutreten. Zu seinem Leidwesen merkte Bonanno zu spät, daß die erfahrenen Männer, auf die er sich während des letzten Jahrzehnts verlassen hatte, so alt wie er oder sogar noch älter waren: Garofalo, Bonventre, Angelo Caruso, der eingekerkerte Carmine Galante, Gaspar Di Gregorio und John Tartamella, der vor kurzem einen Herzanfall erlitten hatte. Und die «jüngeren» Funktionäre der Familie waren nicht eben um vieles jünger: John Morale, Frank Labruzzo, Vito De Filippi, Thomas Di Angelo, Paul Sciacca und der leidende Joseph Notaro standen in den Fünfzigern. Nur Charles Battaglia war erst über vierzig, aber er gehörte zum Arizona-Zweig der Organisation. Bonanno hätte ihn gern nach New York berufen.

In den Reihen der Soldaten gab es wenige, an denen dem Boss besondere Führereigenschaften aufgefallen wären. Bonanno meinte sogar, daß der durchschnittliche Mafiasoldat von heute – nicht nur in seiner eigenen Familie, sondern überall im ganzen Syndikat – weit weniger diszipliniert war als das Mafiafußvolk vor dreißig Jahren, zu Maranzanos Zeiten. Die jüngeren Männer waren zum Großteil bereits in Amerika geboren, sie reagierten auf Widerstände und Hindernisse nicht so ruhig und wendig wie die echten Sizilianer, ihnen mangelte es an Entschlossenheit und der Distanz zu den Dingen. Bonanno glaubte, ebenso wie die italienischen Preisboxer nun nach Jahren großer Erfolge im amerikanischen Ring auf dem absteigenden Ast waren, würde an die Stelle der italienischen und der sizilianischen Gangster bald eine Gruppe härteren Gepräges treten. Zweimal während der letzten Jahre hatte Bonanno Klagen seiner Captains gehört, daß Soldaten um die Enthebung von einem Auftrag baten, weil sie jenen bestimmten Abend mit ihren Frauen verbringen müßten.

Die jüngeren Mitglieder und die Anwärter – die erst bei einer Vakanz in der Organisation oder nach der Genehmigung durch die Kommission aufgenommen werden konnten – waren nur zu oft der Bodensatz der zweiten Generation. Sie eigneten sich nicht für die aussichtsreichen Laufbahnen im legalen Berufsleben – ganz anders als der junge Notaro, der Anwalt wurde, oder Luccheses Sohn, der nach der Ausbildung in West Point Juniorchef der großen Kleiderfabrik seines Vaters wurde.

Andererseits fehlte den Bewerbern die Charakterstärke, Schlauheit und Durchschlagskraft, die man brauchte, um Mafiadon zu werden. Wenn sie dennoch Aufnahme in eine Familie fanden, so vielleicht deshalb, weil auch ihr Vater oder Onkel Mitglied gewesen war; dann verbrachten die meisten von ihnen die besten Jahre ihres Lebens als Befehlsempfänger alternder Vorgesetzter und mußten die schmutzigen Geschäfte als Killer und Kidnapper erledigen. Oder sie arbeiteten als Manager von Nachtklubs, als subalterne Gewerkschaftsfunktionäre oder als Aufseher von Lotterie- und Buchmacherringen. Jedenfalls würden sie niemals jene Qualitäten einer Führerpersönlichkeit erlangen, die Bonanno in der jüngeren Generation suchte. Tatsächlich gab es in seiner ganzen Organisation vielleicht nur einen einzigen, den er für klug genug, kühn genug – und vertrauenswürdig genug – hielt, um eines Tages Don zu werden, und das war jener Mensch, bei dem er die meisten Bedenken hatte: sein Sohn Bill.

Bonanno junior war damals gerade wieder aus Arizona in den Osten gekommen, um verschiedene private Probleme zu regeln und Interessen seines Vaters wahrzunehmen. Denn Joseph blieb unterwegs, um der Sensationsmache der Valachi-Enthüllungen und den Auswirkungen mancher Gerüchte zu entgehen, die ihn mit Magliocccos angeblichem Plan in Verbindung brachten, Lucchese und Gambino wegen ihrer Schützenhilfe für die Revolte der Brüder Gallo zu ermorden. Es war für Joseph Bonanno wohl beruhigend, seinen Sohn in New York zu wissen und von bestimmten Verantwortungen entlastet zu sein, andererseits bedauerte er es, daß Bill gerade nun, da sein Vater schwerwiegende Probleme herankommen sah, intensiver für Führungsaufgaben der Geheimgesellschaft herangezogen wurde. Und es erfüllte ihn mit noch größerer Sorge, wenn auch mit einem seltsamen Stolz, als er im Februar 1964 in Kanada erfuhr, daß die Captains der Organisation auf seinen Vorschlag hin eine Versammlung abgehalten hatten, um einen Funktionär für den Posten des «Dritten Mannes» zu wählen, der vakant wurde, als John Tartamella neuerlich einen Schlaganfall erlitt, der ihn halbseitig lähmte und an den Rollstuhl fesselte. Sein Nachfolger wurde Bill.

Diese Position in einer Mafiafamilie, oft als *consigliere*, Berater, bezeichnet, umfaßte tatsächlich eine beratende, aber auch planende Tätigkeit. Der *consigliere* koordinierte die Anregungen und taktischen Projekte der Captains und legte sie dem Boss und dem Vizeboss zur endgültigen Genehmigung vor. Der Aktionsbereich variierte in den einzelnen Gruppen, das hing weitgehend vom Führungsstil des Boss ab. In manchen Organisationen war der *consigliere* bloß ein freundlicher Beichtvater, in anderen aber ein starker Puffer zwischen den beiden Spitzen und dem Gros der Mitglieder. In der Bonanno-Familie hatte dieser Posten echte Bedeutung, wegen des engen Verhältnisses zwischen Vater und Sohn war er vielleicht sogar wichtiger als der des Vizeboss. Das hieß aber auch, daß John Morale, den Bonanno kürzlich an Stelle des abgetretenen Garofalo zum *sottocapo* ernannt hatte, nun fast überzählig war, da die Captains und die Untergruppen annehmen würden, was Bill sage oder tue, habe die Billigung seines Vaters. Dadurch wurde die Rolle Morales, der normalerweise während der Abwesenheit des Don als dessen Sprecher fungiert hätte, einigermaßen abgewertet.

Doch falls John Morale betroffen war, ließ er sich bei der Geheimversammlung der Captains jedenfalls nichts anmerken. Er unterstützte sogar zusammen mit Labruzzo und Notaro den Vorschlag zur Nominierung Bills. In einer wortreichen Rede im sizilianischen Dialekt hatte sich der patriarchalische Angelo Caruso, ein alter Freund Maranzanos, dafür eingesetzt. Caruso benutzte die Gelegenheit, in dieser Ansprache weitschweifig die Traditionen der Bonannos in Sizilien ins Gedächtnis zu rufen und die dreißigjährige hervorragende Führung durch Joseph Bonanno in New York zu beleuchten, den er ehrerbietig «Don Peppino» nannte. Und das einzig richtige wäre, so schloß Caruso, jenen mutigen jungen Mann, der denselben Namen und dasselbe Erbe trage, in diesen hohen Rang zu erheben.

Carusos Vorschlag fand einhellige Zustimmung – bis auf einen Mann: Gaspar Di Gregorio, der seine Enttäuschung nicht verbergen konnte. Einen Moment schien er wie vor den Kopf gestoßen und sprachlos. Dann gewann er seine Beherrschung wieder, stand vor den anderen Captains auf und bedeutete ihnen, der Nominierung ihr Votum zu geben, was prompt geschah.

Erst viele Monate später wurde den Mitgliedern der Bonanno-Organisation klar, daß Di Gregorio diese Entscheidung zutiefst mißbilligte. Joseph Bonanno erfuhr davon durch seinen Freund Peter Magaddino, der 1964 aus Buffalo nach New York übersiedelt war. Auch Joseph Bonanno selbst hielt sich im Herbst 1964 in New York auf, da er Kanada nach einem aufregenden Sommer wegen der Schwierigkeiten mit den Einwanderungsbehörden wieder verlassen hatte. Di Gregorio war verbittert. Außerdem suchte Stefano Magaddino nach einem Vorwand, um Joseph Bonanno zu zwingen, vor der Kommission die Umstände der Wahl seines Sohnes zu erklären und auf die Anwürfe zu erwidern, die Nominierung sei so rasch erfolgt, daß kein anderes Mitglied eine Chance gehabt habe. Joseph Bonanno fand, diese Beschuldigungen seien aus der Luft gegriffen, und auf keinen Fall hatte er die Absicht, seinen Kollegen in der Kommission Kommentare über eine Situation zu geben, die sie nichts anging.

Wie der Don hörte, verbreitete Stefano Magaddino auch systematisch Gerüchte, um Bills Ruf zu schädigen und seinen Charakter in schlechtem Licht zu zeigen, so behauptete er zum Beispiel, Bill saß in Maglioccos

Wagen, als der Kontrakt für die Ermordung Gambinos und Luccheses erteilt wurde. Wenn es Magaddino gelänge, diese und andere Motive zum Tragen zu bringen, könnte die Kommission den Einspruch gegen die Ernennung des jungen Bonanno zum *consigliere* als berechtigt anerkennen, und dann müßte der Senior seinen Sohn verteidigen und auch andere Fragen beantworten – Joseph Bonanno wäre in die Defensive gedrängt, und genau das wollte Magaddino erreichen.

Nach Magaddinos Meinung hatte Joseph Bonanno für vieles Rechenschaft zu geben. Seit Jahren lebte er in Sicherheit, war immer wieder durch die Maschen geschlüpft und sehr geschickt Konfrontationen mit dem Polizei- und Justizapparat, aber auch mit der Kommission ausgewichen, während andere Dons im gnadenlosen Scheinwerferlicht der Öffentlichkeit standen. Dem Boss von Buffalo war es auch gar nicht recht, daß Bonanno durch Kanada reiste und sich oft in der Nähe von Magaddinos eigener Einflußsphäre rund um Toronto bewegte. All dies steigerte den Verdacht, den Magaddino seit Jahren hegte: daß Joseph Bonanno langsam darauf hinarbeite, sich die gesamte Unterwelt botmäßig zu machen, sich zum Boss der Bosse aufzuschwingen. Da Joseph seine Organisation praktisch seinem Sohn überlassen hatte, konnte er nun im ganzen Land Unterstützung für seine höheren Ambitionen mobilisieren. Er hatte den günstigsten Moment gewählt, denn in New York war plötzlich ein Machtvakuum entstanden. Vito Genovese, 67, saß seine Zuchthausstrafe ab, und seine Familie hatte keinen starken Mann als Nachfolger. Die Profaci-Organisation, die sich noch nicht von inneren Krisen und Zerwürfnissen erholt hatte, wurde, wie verlautete, von einem neuen Boss namens Joseph Colombo geführt, der sich noch nicht bewährt hatte. Obwohl das Komplott zur Ausschaltung Gambinos und Luccheses fehlgeschlagen war, gab es keine Garantie, ob nicht neuerlich der Versuch unternommen würde. Die großen Bosse in anderen Städten – Giancana in Chicago, Zerilli in Detroit und Bruno in Philadelphia – hatten entweder Gefängnisstrafen zu gewärtigen oder wurden durch die Wachsamkeit der Polizei in ihrer Handlungsfreiheit behindert. Stefano Magaddino selbst konnte sich nicht weit von seiner Haustür entfernen, ohne daß sofort Streifenwagen auftauchten, die ihm auf Schritt und Tritt folgten.

Doch er sah eine Möglichkeit, mit Hilfe seines Schwagers in New York – des so herb enttäuschten Di Gregorio – Bonannos Position durch Aufspaltung der Familie zu neutralisieren. Magaddino begann damit, Di Gregorio verschlüsselte Mitteilungen zu senden, in denen er ihm riet, er möge Meetings der Bonanno-Familie fernbleiben, ebenso wie der Don selbst wiederholte Aufforderungen der Kommission, mit ihren Delegierten zusammenzutreffen, nicht beachtet hatte. Später folgte die Information, Bonanno Vater und Sohn würden demnächst ihrer Posten enthoben werden und Di Gregorio solle unter den Mitgliedern eine Gegengruppe organisieren, die Kommission werde die Dissidenten dann unterstützen und vor Repressalien schützen. Einige Dutzend Mafiosi waren sofort bereit, und viele weitere schlossen sich Di Gregorios Fraktion an, als die Kommission die Gewerkschaften, bei denen sie in New York und New Jersey Einfluß hatte, anwies, alle Soldaten Bonannos, die als Funktionäre auf den Lohnlisten erschienen, einfach zu streichen, wenn sie nicht zu Di Gregorio übergingen. Obwohl man ihnen wirtschaftlich die Daumenschrauben ansetzte, hielten die meisten Mitglieder den Herbst 1964 hindurch Bonanno die Treue. Und er selbst weigerte sich hartnäckig, mit Vertretern der Kommission zu verhandeln, da er darauf beharrte, sie hätten keine Machtbefugnis, sich in seine Angelegenheiten zu mengen. Er wußte, wenn er sich zu einem Treffen bereit erklärte, wäre er «abschußreif».

Deshalb war er den ganzen Oktober unterwegs, während die Rivalengangs versuchten, ihn ausfindig zu machen, und die Behörden nach ihm fahndeten, um ihn zwecks Aussagen über das organisierte Verbrechen vorzuladen. Aber sein genauer Aufenthaltsort blieb rätselhaft, bis zu der dramatischen Meldung am 22. Oktober, er sei entführt und vermutlich ermordet worden.

Und dann, neunzehn Monate später, nachdem ein Attentat auf seinen Sohn fehlgeschlagen war und die Spannungen in der Unterwelt unvermindert anhielten, tauchte Joseph Bonanno plötzlich wieder auf.

Er wohnte nun im Haus seines Sohnes in East Meadow. Es war Frühling, die Blumen und Bäume an der Tyler Avenue standen in Blüte, und die vier Enkelkinder des Don spielten bei der Schaukel im Hof unter den wachsamen Blicken von Leibwächtern, die durch die Spitzenvorhänge der Fenster spähten. Manchmal fuhr ein Auto vor, fremde Männer wurden eingelassen, um im Wohnzimmer kurz mit Bonanno zu konferieren, sie sprachen leise, die dauernd plärrende Stereoanlage übertönte fast ihre Stimmen. Dann gingen die Männer wieder weg, und Joseph Bonanno widmete sich ganz den Kindern. Manchmal blieben Nachbarn auf dem Rasen stehen und reckten die Hälse, um den grauhaarigen Sechziger zu sehen, über den man so viel las und hörte, aber er wagte sich nicht vor die Tür, und außer den Besuchen verschiedener schweigsamer Fremder deutete nichts darauf hin, daß dieses stille, im Ranchstil gebaute Haus die neue Zentrale der Bonanno-Organisation war.

13

Mit halbgeschlossenen Augen lehnte sich Joseph Bonanno in einem gepolsterten Fauteuil zurück und hörte den einschmeichelnden Klängen des Mantovani-Orchesters zu, die über Stereo den Raum erfüllten. Er trug einen grauen Kaschmirsweater mit Zippverschluß über einem naturfarbenen Seidenhemd, seine Füße in indianischen Mokassins aus Rehleder hingen locker über einen Schemel, und in Reichweite stand auf einem kleinen Tischchen ein Schwenker mit Brandy. Es war ein milder, bewölkter Tag Mitte Juni gegen 3 Uhr nachmittag, und Bonanno gönnte sich eine kurze Ruhepause, bevor er aufstehen, eine Krawatte umbinden und die ankommenden Gäste begrüßen mußte.

Rosalie hatte die letzten zwei Stunden in der Küche verbracht, um mit ihrer Mutter das Dinner für etwa ein Dutzend Personen vorzubereiten. Nun ging sie etwas verdrossen im Speisezimmer herum und klapperte absichtlich sehr laut mit den Geschirrstapeln und dem Besteck, denn sie hoffte, damit den vierschrötigen Leibwächter Carl Simari endlich zu vertreiben. Eine Zigarre rauchend, nahm er ein Ende der Tafel in Beschlag und las eine Zeitung, die er vor sich ausgebreitet hatte. Rosalie wollte ihn verscheuchen, der Kerl sollte mit seinem qualmenden, stinkenden Glimmstengel in ein anderes Zimmer verschwinden oder noch besser auf den Patio, wo die Kinder Bill beim Anzünden des Holzkohlengrills zusahen. Aber an diesem Nachmittag reagierte Carl Simari nicht auf dezente Andeutungen, und Rosalie hatte Hemmungen, Krach zu schlagen – ihr Schwiegervater und seine Leute wohnten knapp einen Monat hier –, aber sie wußte nicht, wie lange sie es noch aushalten würde. Seit der Ankunft im Mai hatte sich eine bestimmte, für sie enervierende Alltagsroutine eingespielt: ständig war die Küche in Betrieb, zu den unmöglichsten Zeiten kamen und gingen die Männer, manchmal schlief einer auf ihrem Sofa. Oft wurde sie mitten in der Nacht durch das laute Schnarchen der Leibwächter geweckt, die auf Campingbetten und anderen behelfsmäßigen Lagern im Erdgeschoß direkt unter Rosalies Zimmer schliefen.

Sie wollte nicht glauben, daß gerade Simari dieser Störenfried war. Trotz seiner Zigarren und manchen kleinen Ärgers, den er ihr bereitete, war ihr dieser Mann mit den lebhaften blauen Augen und dem einnehmenden Wesen doch recht sympathisch. Er fand es nicht unter seiner Würde, manchmal auf die Kinder achtzugeben, und dann waren sie immer geradezu ideal brav. Nein, der Superschnarcher war vermutlich kein anderer als Peter Magaddino, der alte Kamerad ihres Schwiegervaters, ein klobig gebauter Mann mit gewaltiger Nase und einer rasselnden Stimme, der den ganzen Tag wie ein Schlot rauchte und sicherlich nachts seine Atembeschwerden hatte.

Wie auf Verabredung erschienen die Männer jeden Morgen um Punkt 8 Uhr 40 zum Frühstück. Das war zehn Minuten nachdem Rosalies drei Jungen das Haus verlassen hatten, um zur Schule zu gehen. Während dieser Pause gelang es ihr meist, wenn auch nicht immer, die Teller und Tassen der Kinder abzuräumen, die zweijährige Felippa aus ihrem hohen Stuhl zu heben und den Tisch für die zweite Gruppe zu decken. Immer waren die Männer morgens guter Laune und ausgeruht, sie dufteten nach Aqua Velva, trugen gewöhnlich dezente Anzüge mit Krawatten und wirkten wie seriöse Geschäftsleute und Manager, die im Begriff waren, in ihre Büros oder zu Konferenzen zu fahren – ein Zeichen für Joseph Bonannos Ordnungssinn und Anstandsgefühl, denn er hätte es niemals geduldet, daß seine Mafiosi vor Rosalie etwa in Bademänteln herumgelaufen wären. Dieser Sinn für Formen und Schicklichkeit erinnerte sie an ihre Klosterzeit, und dieses Gefühl wog bis zu einem gewissen Grad die störenden und peinlichen Elemente dieses sonderbaren Zusammenlebens auf.

Obwohl Rosalie seit fast zehn Jahren mit Bill verheiratet war, erschien ihr ihr Schwiegervater noch immer als eine in die Ferne entrückte, fast okkulte Gestalt. Am liebsten nannte sie ihn für sich nicht Dad, sondern «Mr. B.». Bis vor kurzem hatte sie, im Glauben, er sei tot, für sein Seelenheil gebetet; daher fiel es ihr schwer, seine Anwesenheit im Haus als eine Selbstverständlichkeit hinzunehmen. Er bewegte sich leise durch die Räume, sprach mit gedämpfter Stimme, war in seiner ganzen Erscheinung immer tadellos, in jeder Hinsicht korrekt. Noch nie hatte sie erlebt, daß er die Beherrschung verlor oder ein Schimpfwort gebrauchte. Auf seinem Schreibtisch war alles sorgfältig geordnet und eingeteilt, ebenso wie in seinem Garderobenschrank. Darin erkannte sie einen Wesenszug und eine Lebensmaxime, die er auch seinem Sohn vererbt oder anerzogen hatte.

Fast jeden Vormittag um 10 Uhr 30 verließen Bill und Carl Simari das Haus mit unbekanntem Ziel, vielleicht um Anrufe zu erledigen, und während Rosalie in der Küche aufräumte oder Felippas Windeln wechselte, hörte sie die Gespräche der anderen im Wohnzimmer. Nach der Lektüre der New York Times waren Joseph Bonanno und Peter Magaddino oft in Diskussionen über die neuesten Nachrichten vertieft, für die sie sich sehr interessierten, allerdings ohne gefühlsmäßiges Engagement. Manchmal sprachen sie über den Vietnam-Krieg, aber nicht in jenem aggressiven Ton, in dem dieses brennende Problem in TV-Debatten erörtert wurde. Rosalies Schwiegervater und Magaddino betrachteten die Dinge aus der Distanz ihrer historischen Erfahrungen als Sizilianer, für sie war der Vietnam-Konflikt nur eine Invasion von vielen, die sich in den Jahrhunderten abgespielt hatten – eine Aktion, in der die Regierungen, die vorgaben, in ihrem Land herrsche Friede, außerhalb von dessen

Grenzen Grausamkeiten begingen und rechtfertigten. Es war eine alte Geschichte.

Seltsam: obwohl das Wort «Mafia» jeden Tag in den Schlagzeilen stand, hörte Rosalie es in den Gesprächen im Haus nie. Wenn die Männer sich mit diesem Thema befaßten, umschrieben sie es so, daß man nie genau wußte, was sie konkret meinten. Sie schienen eine eigene Sprache zu haben, es war eine Verbindung gewisser englischer und sizilianischer Wendungen, die sie nicht übersetzen konnte, obwohl sie den Dialekt verstand, und sie vermutete, daß die Wörter einen Bedeutungswandel durchgemacht hatten, den man kennen mußte, um den Gesprächen folgen zu können.

Was sie vollkommen verstand und gern hörte, waren die breit ausgesponnenen Erzählungen ihres Schwiegervaters und Peter Magaddinos über ihre gemeinsame Jugend in Castellammare, ihre Schulzeit in Palermo, Joseph Bonannos seemännische Ausbildung und wie er davon träumte, am Steuer eines großen sinkenden Schiffes den Seemannstod zu sterben. In seinem Weltbild schien der Tod eine ebenso bedeutsame Rolle zu spielen wie im Schaffen der englischen Lyriker des 18. Jahrhunderts, deren Gedichte Rosalie in der Schule gelesen hatte, und mehr als einmal äußerte er den Wunsch, lange genug zu leben, um nach Castellammare zurückzukehren und das Grab seiner Eltern zu besuchen. Er scheute sich keineswegs, bestimmte Befürchtungen, Ängste und Zweifel einzugestehen, sogar vor Rosalie. Allerdings glaubte sie, damit wolle er sie nur überzeugen, daß er ein normaler Mensch wie jeder andere sei und nicht das mythische Wesen, das sie in ihm erblickte, oder der mordgierige Unhold, als den ihn die Presse darstellte.

Dennoch wurde sie schüchtern und verlegen, wenn sie mit ihm allein war, so vieles an ihm erschien ihr unbegreiflich. Er war so ganz anders als ihr eigener verschlossener Vater und ihre beiden geltungssüchtigen Onkel Joseph Profaci und Joseph Magliocco, über die so vieles in den Zeitungen gestanden war, was man einst prompt ausgeschnitten und vor ihren unschuldigen Augen verborgen hatte. Joseph Bonanno wirkte offen und stolz auf seine Stellung in der Welt. Freilich wußte Rosalie noch immer nicht genau Bescheid. Manchmal sah sie sein lächelndes Porträt in der *New York Times*, die auf dem Frühstückstisch lag, das Bild eines berühmten Mannes, dem man ebensoviel Raum wie General de Gaulle oder dem Präsidenten von General Motors widmete. Hin und wieder hörte sie den Namen Bonanno in den Nachrichtensendungen in Zusammenhang mit Gangsterfehden, mitternächtlichen Schießereien auf den Straßen Brooklyns und verschwundenen Leichen. Dann hörte sie die sanfte Stimme ihres Schwiegervaters aus dem Wohnzimmer, sah ihn, wie er mit Magaddino zusammensaß und, wie es alte Männer in Kaffeehäusern tun, sich die einfachen Freuden der Vergangenheit ins Gedächtnis zurückrief. Dann kamen ihre eigenen Kinder aus der Schule, liefen auf den Großvater zu und umarmten ihn stürmisch, ohne die Hemmungen, welche die Mutter empfand.

Sie war weder naiv noch so einsichtslos, um sich nicht selbst einzugestehen, daß manche ihrer Vorbehalte gegen ihn der Eifersucht entsprangen. Doch sehr oft wünschte sie, daß sie und ihre Kinder von dem Odium des Namens Bonanno frei wären. Sie wünschte, daß ihren Kindern die Demütigung erspart bliebe, in der Schule von Kameraden zu hören, ihr Vater sei ein Gangster. Das war noch nicht geschehen, würde aber sicherlich kommen, wenn sie älter waren. Und sie wünschte auch, sie müßte im Alter von dreißig Jahren nicht Angst davor haben, Witwe zu werden – und dies zugleich als einzigen Ausweg aus ihrer Zwangslage zu sehen.

Die Sitzordnung beim Dinner war genau festgelegt: Joseph und Bill Bonanno nahmen einander gegenüber die beiden Ehrenplätze ein, links neben dem Senior reihten sich Charles, dessen sechsjähriger Bruder Joseph und Rosalie. Zwischen ihr und Bill saß die kleine Felippa und rechts von Bill der unentwegte Zigarrenraucher Carl Simari, dann Bills dritter, kaum dreieinhalbjähriger Sohn Salvatore und schließlich Peter Magaddino.

Salvatore wollte von Anfang an zwischen den kräftigen Leibwächtern sitzen, deren verwegene Gesichter ihm gefielen. Zumindest schien es Bill so. Er glaubte, daß Salvatore von Natur aus ein willensstarker Junge sei, wenn einer seiner Söhne seinen Spuren folgen würde, dann wäre es Tory. Charles, das angenommene Kind, wirkte zu harmlos und fügsam für ein Leben außerhalb der Gesetze. Der sechsjährige Joseph, infolge von Kinderkrankheiten mager und schwach, war sensibel und aufgeweckt, er kam in der Schule gut voran und würde seinen Weg in durchaus legalen Bereichen machen. Tory war ganz anders, kühn und furchtlos, die Dunkelheit schreckte ihn nicht, zu Hause trieb er immer Unfug und versuchte bereits, seine älteren Brüder zu kommandieren.

Wenn Bill Tory anblickte, wurde er an seine eigenen Kinderfotos erinnert: Der Junge hatte große braune Augen, breite Schultern und ein rundes Gesicht, hinter dessen unschuldigem Ausdruck sich ein starkes Temperament verbarg. Wenn Tory eines Tages eine Sache fände, für die es sich lohnte zu kämpfen und das Leben zu riskieren, dann würde sein Sohn, wie Bill glaubte, all seine Kräfte einsetzen und seine Chancen nutzen.

Im weißen Hemd mit grauer Seidenkrawatte begrüßte Joseph Bonanno die Gäste des Sonntagsdinners, als sie das Wohnzimmer betraten. Bill war im Patio und schürte das Holzkohlenfeuer; er hatte die Glocke nicht gehört, denn Charles schlug lärmend Nägel ein. Er baute aus Orangenkisten einen Kleintierstall. Bill war stolz auf Charles' Geschick in Holzarbeiten; es war anscheinend die einzige Begabung des Jungen, und der Vater hatte nicht das Herz, es ihm zu verbieten, obwohl er langsam Kopfschmerzen von dem Lärm bekam.

Rosalie erschien im Wohnzimmer. Lächelnd umarmte sie die Frauen und Männer mittleren Alters aus Brooklyn und Long Island, die ihren Schwiegervater umstanden. Die meisten waren Verwandte und Freunde aus der Profaci-Sippe, die Joseph Bonanno nur flüchtig kannte, aber Rosalie hatte sie eingeladen, weil sie ihnen schon lange nicht mehr begegnet war. Sie hatten ihr und den Kindern während der Aufregungen der letzten zwei Jahre zur Seite gestanden, und Rosalie war es auch überdrüssig, ständig nur die Freunde ihres Mannes und ihres Schwiegervaters im Haus zu haben. An diesem Sonntag hatten die Männer, außer Carl Simari, den Auftrag, sich bis zum Abend vom Hause fernzuhalten. Damit fiel auch das übliche nachmittägliche Kartenspiel aus.

Bill kam vom Patio herein und begrüßte die Gäste, Drinks wurden serviert. Als Bill wieder hinausging, um das Huhn auf den Grill zu legen, erwähnte einer der Besucher, er sei kürzlich in Kalifornien gewesen und habe Joseph Bonannos Tochter Catherine getroffen. Die Augen des Don schienen plötzlich wie verschleiert.

«Sie haben meine Tochter *gesehen*?» fragte er in sehnsüchtigem, zärtlichem Ton. Er selbst hatte Catherine fast zwei Jahre nicht gesehen, und obwohl es ihn sehr interessierte, wie dieser Fremde, den er noch nie zu Gesicht bekommen hatte, seiner Tochter begegnet war, wartete er geduldig auf nähere Erklärungen.

Der Besucher sagte, er habe sie durch gemeinsame Freunde in San Mateo kennengelernt, eines Abends seien sie bei Catherine zum Cocktail eingeladen gewesen und später sei sie mit ihrem Gatten in größerer Gesellschaft in ein Restaurant mitgekommen. Catherine sei eine charmante, kluge, hübsche junge Frau, meinte der Gast noch. Joseph Bonanno schwieg, er schien weit weg, ganz in seine persönlichen Erinnerungen versunken. Als der Mann bemerkte, welche Wirkung seine Schilderung auf den Senior hatte, unterbrach er sich, und einige Sekunden herrschte verlegenes Schweigen. Schließlich wies eine der Frauen auf Bill, der im Rauch des Holzkohlengrills stand, und sagte, Joseph Bonanno habe auch Grund, auf seinen Sohn stolz zu sein.

Der Don blickte sie an und nickte langsam. Dann sagte er mit einer noch immer belegten Stimme leise, aber deutlich: «Die Mutter, die Mutter – ihr ist meine wunderbare Familie zu danken. Meiner Frau Fay. Ihr verdanke ich diese Kinder.» Er überlegte einen Moment, dann fügte er hinzu: «Es macht mir auch Freude, so gute Meinungen über meinen Sohn zu hören.» Die Gäste hoben lächelnd die Gläser.

Draußen war es plötzlich dunkler geworden, Wolken schoben sich vor die Sonne, Wind kam auf.

«Es sieht nach Regen aus», sagte Bill. «Ich bringe lieber alles ins Haus.»

Sein Vater trat auf den Patio und studierte mit seinem geschulten Seemannsblick die Wolkenformationen. «Es wird nicht regnen», sagte er, in den Himmel blickend. «Nein, es wird nicht regnen.» Und er behielt recht.

14

Für Rosalie Bonanno verging der Sommer 1966 langsam und trist, sie hatte kaum Gelegenheit, das Haus zu verlassen und der wachsenden Spannung zu entrinnen, die sich um sie aufbaute. Sie wußte nicht genau, was geschah, aber die Männer schienen plötzlich unruhiger, mißgelaunt, nervös. Sie rauchten mehr als sonst, wie Rosalie an den Aschenbechern sah, die jeden Abend bis zum Rand mit Zigarettenstummeln gefüllt waren. Sam Perrone erreichte einen Tagesdurchschnitt von fast zwei Päckchen, Peter Magaddino konsumierte glatt vierzig Stück. Frank Labruzzo, der seit längerer Zeit an einem Lungenemphysem litt und überhaupt nicht rauchen sollte, konnte einfach nicht aufhören. Selbst als er sich Ende Juli in Spitalbehandlung begeben mußte – Diagnose: Krebs –, richtete er es so ein, daß ihm Mitglieder seiner Gruppe Zigaretten hereinschmuggelten.

Bill verzichtete nach wie vor auf Nikotin, aber dafür aß er mehr und wog nun etwa 230 Pfund. Bonanno senior zeigte keine Anzeichen physischer Veränderung, er wirkte so beherrscht wie je, doch seine gewohnte Vorsicht grenzte nun an Zwangsvorstellungen. Wenn im Farb-TV-Gerät eine Röhre durchbrannte, ließ er den Apparat nicht zur Reparatur schikken – es war, als befürchte er, daß eine elektronische Abhöranlage oder sogar eine Zeitbombe eingebaut werden könnte. Deshalb borgte er kurzfristig das tragbare Gerät aus Rosalies Schlafzimmer und gab es wieder zurück, als die Männer eines Abends einen neuen TV-Apparat brachten. Dann wurde das schadhafte Gerät in eine Ecke der Bibliothek gestellt. Dort blieb es den Sommer und Herbst hindurch stehen.

Nach allem, was Rosalie aus den Zeitungen und den Nachrichtensendungen erfuhr und was sie zufällig im Haus hörte, hatte die Bonanno-Organisation empfindliche Einbußen zu verzeichnen: wieder hatte eine Reihe von «Soldaten» und unteren Rängen dem wirtschaftlichen Druck der Gewerkschaften nachgegeben und war desertiert. Es gab auch Hinweise auf Schießereien: Frank Mari, Di Gregorios Killer Nr. 1, wurde selbst zum Ziel. Pistolenschützen Bonannos stellten ihn in der Bay-

Ridge-Sektion von Brooklyn und nahmen ihn ins Kreuzfeuer. Mari wurde in die linke Schulter getroffen, eine Kugel streifte ihn an der Schläfe, aber es gelang ihm zu entkommen.

Im August herrschte im Haus Bonanno Trauer um Frank Labruzzo. Wochenlang hatte er in einem Brooklyner Krankenhaus gelegen. Sein Karzinom war bereits inoperabel, und er starb rasch, im Alter von fünfundfünfzig Jahren. Bill war am tiefsten über diesen Verlust erschüttert. In vieler Hinsicht war ihm niemand nähergestanden als Frank, mit dem ihn eine bei Männern der Unterwelt seltene geistige Verwandtschaft und wesensmä»ige Übereinstimmung verbunden hatte. Labruzzo war der einzige Mafioso aus Bills Kreis, der die freien Stunden zwischen gefährlichen Aufträgen mit Lektüre verbrachte. Labruzzo war, wie er selbst, eine Art Außenseiter der Geheimgesellschaft; ein Mann, der in eine besondere Lebensweise hineingeboren wurde, sich dieser auch nicht entzogen hatte, aber doch nicht fugenlos in sie paßte, besonders in der gegenwärtigen Verfallsituation.

Bill machte zur Zeit von Labruzzos Tod eine ernste Krise durch. Er fühlte sich verkauft und verraten. Viele Mitglieder der Familie waren nun auf Di Gregorios Seite übergegangen, weil sie nicht länger auf das Geld verzichten wollten, das sie als Angestellte in Transportunternehmen, in den Werften und Hafenanlagen oder in Dienstleistungsberufen verdienten, deren Gewerkschaftsführer dem Wunsch der Kommission nachkamen, Bonanno-Anhänger nicht zu beschäftigen. In früheren Zeiten war die Treue auf mehr als bloß materielle Vorteile begründet, davon war Bill überzeugt; und als er bei Labruzzos Begräbnis unter seinen Männern stand, fragte er sich, welcher als nächster abspringen werde. Die Überläufer waren nicht am Verhungern gewesen – gewiß, ihre illegale Tätigkeit hatte während dieser kritischen Monate stagniert, und zweifellos waren sie durch den Verlust ihres legalen Einkommens in Engpässe geraten, aber dennoch war Bill über ihre mangelnde Opferbereitschaft deprimiert und erbittert.

Durch Labruzzos Hinscheiden und Joseph Notaros Tod ein Vierteljahr früher hatte die Bonanno-Organisation zwei Funktionäre verloren, für die es keinen entsprechenden Ersatz gab. Sie umfaßte nun vielleicht kaum 200 Mitglieder, die genaue Zahl konnte man unmöglich feststellen, da viele Männer in letzter Zeit aus dem Gesichtskreis verschwunden waren. Sie machten lieber längere Sommerferien, als in New York zu bleiben und sich für eines der beiden Lager entscheiden zu müssen. Die sechs übrigen Captains unterstanden, wie Bill, noch immer John Morale, der mit der Tochter von Vito Bonventre – Joseph Bonannos Onkel – verheiratet war. Morale, der Vizeboss der Organisation, war kaum jemals in seinem Brooklyner Lokal zu erreichen, und wenn sie zusammenkamen, spürte Bill eine gewisse Distanz zwischen ihnen. Nach Joseph

Bonannos Verschwinden stand Morales Wohnung in Queens unter dauernder polizeilicher Überwachung, und im September 1965 – nachdem er sich zweiundzwanzig Jahre lang erfolgreich allen Nachforschungen entzogen hatte – faßte ihn das FBI in der Nähe seines Hauses, und er mußte 50000 Dollar Kaution stellen. Seither wurde er mehrmals vor Gericht zitiert und auf allen Wegen beschattet. Bill redete sich ein, es sei Morales übersteigerte Vorsicht und die ständige Nervenanspannung, die diesen Wandel in seinem Verhalten bewirkt hatten.

Spannungen und Druck hielten den Sommer hindurch bis in den Herbst unvermindert an. Die innere Fehde ging weiter. Während die Gruppen unter Bonanno und Di Gregorio einander jagten und in einen aufreibenden Kleinkrieg verwickelten, wurden sie ohne Unterschied von den Bundeskriminalbehörden und der Polizei verfolgt, denn der Feldzug gegen die Mafia war nach wie vor ein nationales Anliegen, ein Politikum und darüber hinaus Stoff für Schlagzeilen.

Selbst der Oberbürgermeister von New York, John V. Lindsay, schien 1966 in der Berichterstattung über die Mafia auf, denn zwei Funktionäre des Jugendamtes hatten die Hilfe der Gang der Brüder Gallo angefordert, um Rassenunruhen zwischen Weißen und Schwarzen in Brooklyn zu unterdrücken. Albert Gallo traf in einem vorwiegend italienisch besiedelten Viertel in Südbrooklyn mit weißen Jugendlichen zusammen und legte ihnen nahe, künftig Zusammenstöße mit Negern zu vermeiden – und es wirkte prompt. Aber trotz der positiven Ergebnisse protestierten eine Brooklyner Bürgergruppe, der Brooklyner Distriktsanwalt und eine Polizei-Wohlfahrtsorganisation gegen die Taktik, Mafiosi als Friedensstifter einzusetzen. Lindsay war anderer Meinung und erklärte, wenn es darum gehe, die Ausweitung von Konflikten in Bereichen zu verhindern, wo es bereits einen Toten und Feindseligkeiten gegeben habe, könne man «nicht ausgerechnet mit Pfadfinderführern arbeiten». Der Brooklyner Distriktsanwalt Aaron E. Koota beharrte jedoch darauf, diese Entscheidung bedeute eine «bedauerliche Abdankungserklärung der öffentlichen Verantwortung» und stellte Erhebungen über die Beziehungen Albert und Larry Gallos zu den Jugendamtsfunktionären an, die sich mit ihrer Bitte um Hilfe an die Brüder gewandt hatten.

Es wurde aus dem Büro des Distriktsstaatsanwalts von Queens gemeldet, daß gegen dreizehn Mafiosi, die im Speisesaal des La Stella-Restaurants in Forest Hills gestellt worden waren, Subpoenas zur Aussage vor einem Sondertribunal erlassen wurden. Man war gerade mitten im Lunch, als die Polizei kam, um eine «kleine Apalachin-Tagung» auszuheben, wie es der Chefinspektor nannte. Die Männer zeigten sich zwar über diese Störung überrascht, leisteten aber keinen Widerstand, einige aßen sogar ruhig weiter. Aber sie wurden gezwungen, in den Arrestantenwagen zu steigen, ohne vorher die Rechnungen bezahlen zu können. Sie hatten zwar keine Schußwaffen bei sich, aber die Leibesvisitation erbrachte beträchtliche Barsummen: der durchschnittliche Mindestbetrag pro Person war 600 Dollar, meist in Fünfziger- und Hundertnoten. Zunächst wurden die Verhafteten der Verbindung mit polizeibekannten Kriminellen – also mit ihresgleichen – beschuldigt, aber dann änderte Nat H. Hentel, der Distriktsstaatsanwalt von Queens, seine Taktik. Er befürchtete, daß diese Personen, die er als Schlüsselfiguren betrachtete, bei zu niederer Kaution freigehen würden, deshalb entschied er, sie als Zeugen für die Nachforschungen eines Geschworenentribunals in Gewahrsam zu halten. Die Kaution wurde mit je 100 000 Dollar festgesetzt.

Unter den dreizehn von der Polizei identifizierten Gästen befanden sich Santo Trafficante aus Miami, Carlos Marcello aus New Orleans und aus New York Dons wie Carlo Gambino, Joseph Colombo sowie zwei höhere Funktionäre der Vito Genovese-Familie, nämlich Thomas Eboli und Mike Miranda. Nach den Angaben der Behörden hatten sie sich versammelt, um brennende Fragen der Unterwelt zu erörtern – besonders den Fall Bonanno, gewisse Unstimmigkeiten in der Genovese-Organisation, seit deren Boss im Gefängnis saß, und die Frage der fähigsten Kandidaten für die Nachfolge Thomas Luccheses, der mit einem Gehirntumor im Sterben lag.

Als sie in Queens vor Gericht erschienen, lehnten sie unter Berufung auf die 1., 4., 5., 8. und 14. Ergänzung zur Verfassung der USA die Aussage ab. Ihre Anwälte erklärten der Presse, das Versammlungsrecht ihrer Mandanten sei verletzt worden, man habe sie widerrechtlich und ohne ausreichende Verdachtgründe verhaftet, die Kautionen seien exorbitant hoch, und während des dreizehnstündigen Gewahrsams sei den Beschuldigten Rechtsbeistand verweigert worden. Zwar habe die Polizei ihren Mandanten die beschlagnahmten persönlichen Effekten zurückgegeben, aber, so betonten die Anwälte, die Geldsummen befänden sich noch immer in den Händen der Detektive; es würden gerichtliche Schritte unternommen werden, um festzustellen, welche Beamten das Geld konfisziert hatten, damit es wiederbeschafft werden könne. In einigen Punkten wurden die Beschwerden der Anwälte von der «New York Civil Liberties Union» unterstützt, die den Distriktsstaatsanwalt und die Polizei flagranter Verletzung bürgerlicher Rechte bezichtigte und zu verstehen gab, Hentel, der im November wiedergewählt werden sollte, mache sich die Nachforschungen des Tribunals für seine persönliche Propaganda zunutze. Was der Angegriffene in gereiztem Ton und sehr heftig bestritt.

Acht Tage nach der Razzia kamen fünf der Spitzenmafiosi wieder ins La Stella-Restaurant. Diesmal brauchten sie zwei Anwälte mit und luden auch zwei Kriminalbeamte, die sie beschatteten, zur Tafel ein. Aber die

Detektive lehnten ab und saßen lieber mit ernster, abweisender Miene zwei Tische weiter. Pressefotografen und ein Reporter sahen bei dem Lunch zu, und die Gäste zeigten sich sehr entgegenkommend, sie posierten für die Kameras, während sie sich an Linguine mit weißer Muscheltunke, Seebarsch, gebackenen Muscheln, frischem Obst und Kaffee gütlich taten. Als der Reporter fragte, wie lange die gerichtlichen Einvernahmen dauern würden, antwortete einer der Anwälte: «Bis die Wahl vorbei ist.»

Zu der Zeit, als die Wahl vorbei war – Hentel wurde nicht wiedergewählt –, befand sich Bill im Gefängnis. Er saß eine dreißigtägige Strafe wegen Mißachtung des Gerichts ab, weil er während einer Verhandlung in Brooklyn im Juli die Aussage über das Feuergefecht in der Troutman Street verweigert hatte. Mitte Oktober trat er seine Strafe an, und im Vergleich zu seinen bisherigen Gefängniserfahrungen war es die erträglichste. Die Zellen waren sauber und nicht überfüllt, es gab hier keinen der Mißstände wie Rattenplage oder schadhafte, verwahrloste sanitäre Anlagen, die im Winter 1965 seinen Aufenthalt im Bundesgefängnis charakterisiert hatten. Das diesmalige Gefängnis an der 37. Straße in Manhattan war mit Delinquenten von Zivilprozessen belegt, größtenteils Männer, die keine Alimente zahlen wollten. Hier schienen die Wächter mit den Insassen fast zu sympathisieren.

Kurz nach seiner Einlieferung hatte Bill zufällig gehört, daß der Leiter jeden Morgen zu früher Stunde durch das laute Klappern von Abfalltonnen und das Mahlen der Zerkleinerer roh aus dem Schlaf gerissen wurde. Gegenüber der Wohnung des Beamten befand sich ein Buffetlokal, das die ganze Nacht offen hatte; hier holte eine private Müllabfuhrfirma regelmäßig alles Verdorbene und Unbrauchbare ab. Bill teilte einem der Wächter mit, er könne dem Gefängnisdirektor in dieser Angelegenheit vielleicht behilflich sein. Man gestattete es ihm, und er rief rasch Sam Perrone an. Der schickte sofort einige seiner Leute zu den Müllsammlern. Vom nächsten Morgen an wurden die Behälter wie rohe Eier gehandhabt.

Durch diesen Gefallen sicherte sich Bill den Vorzug, daß praktisch der gesamte dritte Stock des Gefängnisses ihm vorbehalten blieb, zusammen mit sieben anderen Mitgliedern der Organisation, die wegen Verweigerung der Aussage über den Anschlag in der Troutman Street dreißig Tage absaßen. Einer von ihnen war John Morale. Obwohl er sich Bill gegenüber freundlich gab, fühlte dieser eine untergründige Abneigung heraus. Es war nicht an Morales Äußerungen zu merken – keiner der Männer sagte im Gefängnis etwas über die Organisation, da sie mit der Möglichkeit von Abhöranlagen rechnen mußten –, aber dennoch zeigte Morale eine Geistesabwesenheit, die Bill zutiefst beunruhigte. Er schien nachdenklicher als sonst, ja verwirrt; vielleicht suchte er nach einer Erklärung der Probleme, denen sich die Organisation plötzlich gegenübersah – eine Organisation, die jahrzehntelang ohne ernstliche Schwierigkeiten bestanden hatte. Vielleicht machte Morale dafür Bill verantwortlich, leitete alle Schwierigkeiten von dem Moment ab, als Bill 1963 aus Arizona an die Ostküste gekommen war, bezichtigte den Sohn, weil er es nicht über sich brachte, Joseph Bonanno zu beschuldigen, den Mann, der seit dreißig Jahren sein Boss war.

Am 10. November wurde Bill entlassen. Mittlerweile informierte sein Vater das Justizministerium, daß er beabsichtige, nach Tucson zu reisen, um den Danksagungstag und das Weihnachtsfest bei seiner Frau und seinem jüngeren Sohn zu verbringen.

Eine große Menschenmenge, darunter FBI-Agenten, Journalisten und Dutzende neugieriger Bewohner der Stadt, erwartete Joseph Bonanno, als er am Flughafen von Tucson aus einem Düsenclipper stieg. Wenn er Leibwächter mithatte, dann hielten sie Distanz, und der tadellos gekleidete grauhaarige Herr wirkte wie ein typischer Wirtschaftsmagnat, der erster Klasse fliegt. Er staunte über die vielen Zuschauer, die entweder durch Zeitungsberichte oder durch die Anwesenheit eines Massenaufgebotes an Polizisten und Fotografen auf seine Ankunft aufmerksam geworden waren. Als die Blitzlichter aufzuckten, winkte Bonanno lächelnd in die Menge.

Zu den neuesten Mutmaßungen, er habe sich die meiste Zeit in Haiti verborgen gehalten, äußerte er sich nicht, wich auch anderen wesentlichen Fragen aus und beschränkte sich auf die Erklärung, er sei glücklich, wieder in Tucson zu sein. Als er ein Taxi sah, schob er sich durch die Menge zum Ausgang. Aber bevor er einstieg, hörte er zufällig, wie ein Teenager ein anderes Mädchen fragte: «Wer ist das denn überhaupt? Ein Filmstar?»

Joseph Bonanno konnte sich die Antwort nicht verkneifen, lächelnd wandte er sich um und sagte: «Ich bin Errol Flynns jüngerer Bruder.»

Die ungenierte Rückkehr Joseph Bonannos nach Tucson und die fast freundliche Begrüßung auf dem Flughafen ärgerte einige der führenden Bürger der Stadt. Besonders empört zeigte sich die Redaktion des Tucsoner *Daily Citizen*, die keinen Zweifel über ihre Einstellung zu dem wiederaufgetauchten Einwohner ließ. Unter der Schlagzeile «BONANNO NICHT WILLKOMMEN» schrieb das Blatt:

«Nach mehr als fünf Jahren ist der bekannte Mafiakönig Joseph Bonanno in dieser Woche in Tucson eingetroffen, um für längere Zeit wieder in seinem Haus Aufenthalt zu nehmen.

Seine Ankunft auf dem Internationalen Flughafen Tucson und das spätere Eintreffen seines Mafiafreundes Peter Magaddino riefen die

Massenmedien und Beamte der Erhebungsabteilung der Tucsoner Polizei auf den Plan.

Sollte irgend jemand – und besonders die zwielichtigen Persönlichkeiten Bonanno und Magaddino selbst – aus dem Presseecho die Schlüsse ziehen, Tucson sei stolz, sie wieder zu begrüßen, dann müssen wir diese Vermutung zurückweisen. Tucson legt keinen Wert auf Joe Bonannos Anwesenheit. Er ist hier nicht willkommen. Ebensowenig Magaddino oder irgendein anderer von Bonannos Gefolgsleuten.

Es soll sich aber auch niemand durch das joviale Auftreten des eleganten Bonanno täuschen lassen, der hier die Feiertage in seinem Haus 1847 East Elm Street verbringen wird.

Doch diese Feiertage sind für Joe Bonanno kaum sehr gemütlich. Er bringt nur die Zeit hin in dem Rohziegelbau, dessen Weihnachtsdekoration im Vorhof wie ein Hohn wirkt, wenn man bedenkt, daß der Unterweltler sie nur durch einen Spalt der dicht geschlossenen Vorhänge sieht. Er muß sich bestenfalls mit einer Existenz im Verborgenen begnügen.

Für den «Citizen» – und vermutlich auch für die anderen Informationsmedien – gab es nur einen Grund, über die Rückkehr jenes Mannes zu berichten, den der Exgangster und Sensationsinformant Joe Valachi als seinen ‹Paten und Förderer› in der Cosa Nostra – der Mafiaorganisation – bezeichnete.

Dieser Grund ist Publicity. Ob sie nun große Nummern oder kleine Fische sind, eines wollen und erstreben die Unterweltler nicht, und das ist Publicity, wenn sie auch auf den Fotos der Titelseiten lächelnde Masken zeigen. Bonanno, Magaddino, Pete Licavoli, ein anderer Unterweltler, der häufig in Tucson wohnte, und alle ihresgleichen fürchten und scheuen Publicity. 1960 gab der *Citizen* Licavoli in einem Artikel zu verstehen, daß seine und die Anwesenheit anderer Unterweltler in Tucson immer Nachrichtenwert haben würde. Ihre Ankunft, Tätigkeit in Tucson und Abreise würde prompt registriert werden. Sie würden sich dem Scheinwerferlicht des öffentlichen Interesses nicht entziehen können.

Allerdings gibt es auch Mitbürger, die sich für eine Vogel-Strauß-Politik entscheiden. Ihre Patentlösung: Schenken wir den Licavolis, Bonannos, Magaddinos und anderen keine Beachtung, dann werden sie verschwinden. Oder tun wir zumindest so, als gäbe es in Tucson keine Unterweltler. Aber zum Glück lassen die meisten Tucsoner die Dinge nicht auf sich beruhen.

Bonanno bezeichnete die Aufmerksamkeit der Presse auf dem Flugplatz als ‹sehr verwirrend›.

Das war sie nicht.

Tucson will damit zu verstehen geben: Wir behalten Sie im Auge, und wir werden Sie mit viel mehr Begeisterung verabschieden, als unsere Vertreter von der Polizei Sie begrüßten, Mr. Bonanno.»

15

Für Rosalie Bonanno verhieß das neue Jahr 1967 kaum eine Wendung zum Besseren, keine Entlastung von den Erfordernissen, die man als den unerbittlichen «Ernst des Lebens» zu bezeichnen pflegt und der für sie seine besonderen Härten hatte. Nach den Feiertagen kamen die Männer wieder ins Haus der Bonannos zurück. Und sie brachten wieder die Spannungen mit, den Qualm unzähliger, hastig nacheinander entzündeter Zigaretten und die nächtliche Unruhe der Schnarchkonzerte. Manchmal waren bis zu acht Mann anwesend, einige schliefen auf dem Fußboden, die Kinder mußten über sie hinwegsteigen, wenn sie zur Schule gingen.

Bill war fast nur an den Wochenenden zu Hause. Rosalie wußte nicht genau, wo er die Nächte verbrachte, und fragte ihn auch nicht danach. Sie fand sich damit ab, daß sonderbare, ungewöhnliche Dinge vorgingen. Wegen einer Privatfehde lebten sie und die Männer im Haus unter einer Art Kriegsrecht. Furcht und Verwirrung beherrschten Rosalies Gefühlsleben, sie konnte ihre Qual nicht laut herausschreien oder einfach davonlaufen.

Sie fürchtete um das Leben ihres Gatten, haßte und liebte ihn zugleich, ängstigte sich und betete. Ihr wollte nicht einleuchten, warum gerade er und nicht ein anderer diese geheimnisvollen Aufträge übernahm, die mehrere Tage dauerten. Sie wußte, daß er vor kurzem in Montreal gewesen war, denn die Zeitungen berichteten, er und fünf seiner Leute seien von der kanadischen Polizei erkannt und unter dem Verdacht einer Verabredung mit Montrealer Mafiosi festgenommen worden. Nach einer bedingten Verurteilung wegen illegalen Handfeuerwaffenbesitzes wurde die Gruppe aus Kanada ausgewiesen.

Bill kehrte für wenige Tage nach East Meadow zurück, ohne ein Wort der Erklärung, und verschwand wieder. Nie zuvor hatte sie ihn so gesehen. Er war geistesabwesend, verzweifelt, ein Gehetzter. Ganz unerwartet erfuhr sie oft, daß er sie von auswärts sprechen wolle. Daraufhin ließ sie die Kinder in der Obhut der Männer, fuhr zu einer bestimmten Telefonzelle in einem Einkaufszentrum in Long Island oder Manhattan, wo er sie pünktlich auf die Minute anrief. Manchmal wollte er bloß mit ihr reden, manchmal vereinbarten sie, wo sie einander treffen könnten, und wenn er sich nach ihr sehnte, was häufig der Fall war, dann bat er sie, in ein bestimmtes Motel zu kommen.

Sie erinnerte sich an eines dieser Treffen. Bill bat sie, sich im Fond des Wagens auf den Boden zu legen. Er wollte nicht, daß sie sah, wohin er sie brachte. Fünfzehn bis zwanzig Minuten lang fuhr er durch die dunklen Straßen von Long Island oder Queens. Dann wurde die Fahrbahn plötzlich glatter und ebener; ohne zu wissen warum, hatte Rosalie den Eindruck, daß sie nun irgendwo in der Nähe des Weltausstellungsgeländes sein mußten, das nun, lange nach dem Ende der Ausstellung, ein weitläufiger Komplex leerer, verlassener Gebäude war. Bill stoppte und sagte ihr, sie solle die Hände vor die Augen halten. Dann führte er sie in ein Gebäude, er ging Treppen hinauf, durch einen langen Korridor, ging nach links und blieb stehen. Sie hörte das Klicken eines Schnappschlosses, und als sie die Augen öffnete, stand sie in einem dürftig eingerichteten, trüb beleuchteten Raum, in dem es aber ein Bett gab.

Viel später wurde sie in East Meadow eines Nachts plötzlich aus dem Schlaf geweckt. Im Dunkel streichelten Hände ihren Körper. Sie fühlte, wie sie jemand küßte und wollte schon aufschreien. Dann erkannte sie, daß es Bill war. Er begehrte sie so stürmisch wie nie zuvor und nahm sich nicht einmal die Zeit, alle Kleider auszuziehen. Mitten im Liebesakt spürte sie einen kalten, harten Gegenstand auf der Brust. Sie merkte, daß es eine Pistole war, die aus Bills Tasche oder Schulterhalfter gefallen sein mußte, und Rosalie wußte, daß die Waffe sicherlich geladen war. Sie hielt ihren Atem an: noch nie hatte sie sich so sehr gefürchtet.

Als sie wieder allein war, lag sie bis zum Tagesanbruch wach, mit klopfendem Herzen und einem dröhnenden Kopf voll von wirren Gedanken.

Der Winter verging langsam, voll ungewisser Spannung. Rosalie wußte nie, was kommen würde oder was man von ihr erwartete. Eines Nachmittags herrschte große Aufregung, als auf dem Rücksitz eines der Autos ein Anzug gefunden wurde, der, wie man vermutete, Bill gehörte. Aber niemand erinnerte sich daran, ihn hingelegt zu haben, das wäre auch völlig sinnlos gewesen – es sei denn, die gegnerische Seite hatte ihn in den Wagen praktiziert, um damit zu verstehen zu geben, daß der Besitzer diese Kleider nicht mehr brauchte. Rosalie war in ihrem Zimmer, als sie die lauten, erregten Gespräche der Männer hörte, dann stürzte ihr Schwiegervater herein und fragte sie, in welchem Anzug Bill zuletzt das Haus verlassen habe. Rosalie wußte es nicht. Darauf entsetztes Schweigen. Sie wußte es nicht! Es war, als habe sie eine schwere Unterlassungssünde begangen, auf den Gesichtern Joseph Bonannos und seiner Leute, die hinter ihm in der Halle standen, las sie Enttäuschung und Mißbilligung. Da hätte sie ihnen am liebsten entgegengeschrien: Wie in Gottes Namen soll ich wissen, was er anhatte? Ich sehe ihn ja kaum mehr, und das alles euretwegen! Sie war versucht, sie alle aus dem Haus zu weisen, sie hatte genug von den Privatkriegen und den endlosen Intrigen. Aber sie schwieg. Die Furcht, Bill könnte etwas zugestoßen sein, überwog alles andere.

Am späten Abend jenes Tages kehrte Bill unversehrt mit Carl Simari zurück, er wirkte unbefangen und gleichmütig. Den nächsten Nachmittag verbrachte er zu Hause, führte lange Gespräche mit seinem Vater, dann war er wieder verschwunden. Niemand erwähnte den Anzug, und während der wenigen Minuten, die sie im Schlafzimmer allein waren, befragte ihn Rosalie nicht darüber. Sie war fest entschlossen, sich von der Katastrophenstimmung im Haus nicht anstecken und kopfscheu machen zu lassen, denn allmählich entstand eine gewisse Psychose, wie immer, wenn Menschen längere Zeit auf engem Raum zusammengedrängt sind: Unruhe und fixe Ideen griffen Platz, völlig belanglosen Dingen wurde große Bedeutung beigemessen, und besonders Joseph Bonanno selbst beschäftigte sich mit jeder noch so geringfügigen Einzelheit des Haushalts – sein Geist schien ständig in Bewegung, immer sprach er mit den Männern in sonderbaren, orakelhaften Wendungen, aus denen Rosalie nicht klug wurde, er übersah nichts, was vorging. So wußte er zum Beispiel, daß eine der Armbanduhren aus der obersten Lade in Bills Sekretär fehlte, und fragte Rosalie danach. Sie hatte die juwelenbesetzte Uhr in ihre Tasche gesteckt und erklärte ihrem Schwiegervater, ihre eigene Uhr müsse repariert werden. Aber sie fragte sich, was Bonanno senior eigentlich im Sekretär ihres Mannes und in ihrem Schlafzimmer zu suchen hatte. Ob er wohl argwöhnte, daß sie die Uhr versetzen wollte, eine der vier teuren Chronometer, die Bill besaß? Und wenn, dann hätte sie sich im Recht gefühlt, denn da Bill so oft fort war, geriet sie immer wieder in empfindliche finanzielle Engpässe, oft fehlten ihr kleine Summen für persönliche Dinge, die sie und die Kinder brauchten. Ihren Schwiegervater konnte sie nicht um Geld bitten, denn damit würde sie Bill bloßstellen: Joseph Bonanno würde denken, sein Sohn könne seine Familie nicht anständig ernähren. Sie wußte auch, daß sie nicht auf Carl Simari als Vermittler zählen konnte, denn wie sie bereits bemerkt hatte, betrachtete er es als Verletzung des Protokolls, sich direkt an den Senior zu wenden, ohne eine Frage zuerst mit Bill zu klären. Dieses «Protokoll» und das männliche Selbstgefühl ihrer Umgebung beanspruchten Rosalies Nervenkraft bis zum Zerreißen.

Im Frühling erschien auf der ersten Seite der *New York Times* ein Artikel über Joseph Bonanno samt Foto, unter dem Titel «MAFIABOSS BONANNO WIEDER AN DER MACHT»:

«Joseph (Bananen-Joe) Bonanno kehrte in eine einflußreiche gewinnbringende Position jener Mafiagang zurück, aus deren Führungsrolle er, laut Angaben der Polizeibehörden, vor zweieinhalb Jahren unter Gewaltandrohung von Rivalen verdrängt wurde.

Das Comeback des zweiundsechzigjährigen Unterwelthäuptlings soll von seinem ältesten Sohn und mutmaßlichen «Thronfolger» Salvatore (Bill) Bonanno, 34, in die Wege geleitet worden sein.

Den Hintergrund dieser Machtverlagerung bildeten Schwankungen und Umschwünge des internen Loyalitätsbegriffs, die Verwandte gegeneinander kehrte, den ‹Paten› gegen den Patensohn, eine Herzinfarktwelle, der ein zeitweiliger ‹Statthalter› zum Opfer fiel und die einige Gegner lahmlegte, internationale Unterweltintrigen, finanzielle Verlockungen und persönliche Revanchegelüste – dies alles spielte sich in einer Gang ab, die mehr als 250 Mitglieder umfaßt.

Polizeibeamte erklären, sie hätten die Bestätigung für Bonannos Wiederauftauchen aus dem Exil durch Spitzel in der Unterwelt, ständige Überwachung von Mafiosi in Schlüsselstellungen und die Beobachtung gewisser Veränderungen wie den Einsatz neuer ‹Straßenmänner›, die in weniger dicht besiedelten Gebieten Wetten für die Buchmacher entgegennehmen oder Geld für die Wucherer eintreiben. Allerdings fehlen genaue Informationen über die neue Rangordnung und die Verteilung der Einkünfte aus den Rackets. Inspektor Louis C. Cottell, Leiter der Zentralen Erhebungsabteilung des Polizeidepartments, sagte in einem Interview: ‹Die Situation hat sich noch nicht klar herauskristallisiert. Wir fügen einzelne Daten zusammen, die ein allgemeines, ungefähres Bild ergeben, aber Sie müssen bedenken, daß die Mafia keine Jahresberichte veröffentlicht, ebensowenig gibt sie Beförderungen und Rücktritte auf den Wirtschaftsseiten der *New York Times* bekannt. Gegenwärtig ist die Situation noch in Fluß, und laut Meldungen der Erhebungsgruppen können noch Veränderungen erfolgen. Die Möglichkeit weiterer bewaffneter Zusammenstöße zwischen verschiedenen Mafiafamilien ist nicht ausgeschlossen . . .›»

Bonanno und seine Leute schienen sich über diesen Artikel wirklich zu freuen. Aber wenn sich die Lage der Bonanno-Organisation tatsächlich gebessert hatte, sah Rosalie keine überzeugenden Anzeichen dafür. Die Spannung nahm nicht ab, die Zahl der Männer, die in Bereitschaft standen, blieb gleich, die Sicherheitsvorkehrungen wurden nicht gelockert. Ihr Schwiegervater verließ kaum das Haus, außer für Anrufe. Bill war weiterhin die meiste Zeit unterwegs, und Rosalie war gezwungen, von ihrer Mutter Geld zu borgen.

Der dauernde Druck und die Publicity in der Presse schienen sich nun auch auf ihre Kinder auszuwirken. Sie erzählten von Balgereien und Raufhändeln in der Schule und beklagten sich darüber, daß Kameraden sie «Banane» nannten. Von Rosalies Söhnen paßte sich offenbar nur Tory den beengten häuslichen Verhältnissen an und nahm die Anwesenheit von Leibwächtern wie Carl Simari als normal und gegeben hin. Eines Nachmittags, als Tory, Felippa und ein kleiner Vetter auf dem Boden der Bibliothek saßen und «Mutter-Vater-Kind» spielten, hörte man Tory sagen: «Okay, du bist Mammi, du bist Vati und ich bin Carl.»

Die Aussicht, einen weiteren heißen Sommer im Haus in East Meadow zu verbringen, bedrückte Rosalie, ehe noch dieser Sommer begann. Sie wollte nicht, daß die Kinder von Juni bis September mit den Männern und ihrem Zigarrenrauch eingeschlossen bleiben sollten; auch wollte sie selbst nicht Tag für Tag stundenlang in der Küche beim Kochen und Abwaschen stehen. Und sie bewies auch, daß sie nicht nur fügsam sein konnte: im Mai verspätete sie sich zweimal ganz bewußt beim Einkaufen und ließ ihren Schwiegervater und dessen Leute aufs Essen warten. Ihre eigene Kühnheit überraschte sie, wenn sie ohne Kommentar bis 8 Uhr oder 9 Uhr abends ausblieb, und im Juni verspätete sie sich wieder zweimal, so daß die Männer gezwungen waren, selbst die Mahlzeiten zu bereiten. Peter Magaddino hatte oft stolz über seine Tätigkeit als Militärkoch im pazifischen Raum während des Zweiten Weltkriegs erzählt, und Rosalie beschloß, ihm Gelegenheit zu geben, seine Talente zu entfalten. Bei der Rückkehr von ihren Exkursionen erklärte sie, daß sie ihre Mutter besucht habe, die sich nicht wohl fühle, oder daß sie eine lange Autofahrt unternommen habe, um auszuspannen, was in den meisten Fällen stimmte. Allerdings mit der Einschränkung, daß Rosalie bei ihren Touren häufig in Verkehrsstauungen der Stoßzeiten geriet, und das machte sie noch nervöser, als sie ohnehin schon war. Aber die Männer zeigten sich sehr verständnisvoll, und Magaddino war offenbar ein vollwertiger Ersatz.

Dennoch waren es nicht die einquartierten Mafiosi, die im Juli bei Rosalie die entscheidende Reaktion auslösten, sondern eine Frau. Rosalie war in der Küche, als am frühen Nachmittag das Telefon läutete. Eine weibliche Stimme fragte nach Bill. Sofort erkannte Rosalie den deutschen Akzent, und sie fühlte, wie ihre rechte Hand, die den Hörer hielt, zu zittern begann. Es war Bills frühere Freundin aus Arizona, die nun aus Europa in den USA zu Besuch war und sich melden wollte. Rosalie war über die Unverfrorenheit dieser Frau verblüfft. So ruhig als möglich sagte sie, Bill sei nicht zu Hause und sie wisse nicht, wann er kommen werde. Mit einem kurzen, kühlen Gruß legte sie auf.

Kaum eine Stunde nach dem Anruf sah sie Bills Wagen vorfahren. Sie wunderte sich, daß er schon um diese Zeit kam, es war noch nicht einmal 15 Uhr, und als er mit Simari eintrat, sagte sie ihm nichts von dem Telefonat. Sie hoffte, Bill würde ihre Verwirrung nicht merken, obwohl sie es andererseits wünschte. Daran würde sie zumindest erkennen, daß er sie beachtete, daß ihm an ihr lag, ein Gefühl, das sie in diesem Moment brauchte. Aber Bill teilte ihr nur mit, daß am späteren Abend ein Mann aus Kalifornien kommen und wahrscheinlich auf dem Sofa übernachten würde. Rosalie schwieg. Sie wartete, bis Bill einiges im Haus erledigt hatte und mit Simari wieder wegfuhr.

Dann ging sie ins Schlafzimmer und schrieb mit voller Überlegung einen kurzen Brief an Bill, daß sie ihn verlasse. Sie steckte 350 Dollar, die sie während des letzten Jahres teils erspart und teils geborgt hatte, in ihre Tasche, packte das Nötigste in Papiersäcke und einen kleinen Koffer und trug ihn durch die Küche in die Garage, dann holte sie die Kinder zu einer Ausfahrt, wie sie sagte. Niemand im Haus schien sich um sie zu kümmern, als sie mit ihren Sprößlingen ihren Wagen bestieg und in Richtung Überlandstraße nach Manhattan startete.

Sie hatte keine Ahnung, wohin sie fahren sollte, und es war ihr auch gleichgültig. Die Kinder spürten offenbar das veränderte Verhalten der Mutter, ihre Entschlossenheit, ja Kaltblütigkeit, denn sie blieben sehr still und fragten nicht einmal nach dem Ziel. Es war ein schöner, warmer Nachmittag mit leichtem Wind, und die Straßen nach New York waren relativ schwach befahren. Rosalie fühlte sich frei und genoß das ungewohnte Bewußtsein der Selbständigkeit. Neben ihr saßen Charles und Felippa, auf dem Rücksitz Joseph und Tory.

Innerhalb einer Stunde hatte Rosalie die Triborough-Brücke in Manhattan hinter sich und fuhr auf der Schnellstraße nordwärts. Nun war sie im dichten Verkehrsgewühl, mußte mehrmals stoppen, da sich die Kolonnen bei Ausfahrten und Mautsperren stauten, aber sie blieb gleichmütig und entspannt, hörte die Rock'n'Roll-Musik aus ihrem eigenen Auto und den anderen Wagen, die mit offenen Fenstern oder heruntergeklappten Dächern langsam auf der Nebenspur dahinrollten. In der Welt, in der Rosalie lebte, waren Kabrios selten, und der Anblick von Menschen, die in offenen Autos saßen und nicht alle paar Minuten ängstlich in den Rückspiegel sahen, erinnerte sie an eine Wirklichkeit, die ihr verschlossen war. Rosalie bemerkte auch, daß viele dieser Leute Ferienausrüstung in ihren Autos mitführten – aufblasbare Gummiboote, Angelruten, Gleitbretter fürs Wellenreiten in der Brandung –, und plötzlich sehnte sie sich nach einem Strand, wollte die Salzluft einatmen und durch den weichen weißen Sand gehen. Sie konnte sich nur an einen einzigen Sommer am Meer erinnern, das war vor fünfzehn Jahren, als ihr Vater noch lebte, in einem Ferienort im Norden von New Jersey. Im Geist hörte sie wieder das beruhigende Rauschen des Ozeans in der Nacht, den Anprall der Brecher und das Zirpen der Grillen. Während ihrer Jahre mit Bill in East Islip und East Meadow hatte sie die langen Wagenkolonnen gesehen, die sich an sommerlichen Wochenenden gegen die Hamptons und Montauk zu bewegten, aber wenn sie selbst über Samstag/Sonntag wegfuhren, dann immer in die andere Richtung – fort vom Meer, gegen die Berge des Binnenlandes zu, vielleicht deshalb, weil Bill und seine Freunde sich auf einer Insel mit ihren wenigen Anlegestellen wie in einer Falle gefühlt hätten.

Nun erkannte Rosalie allmählich, daß sie einer altvertrauten Route folgte, die sie oft mit ihren Eltern und dann mit Bill gefahren war: durch den Staat New York in Richtung Newburgh, wo auf einem Hang das Farmhaus ihres Vaters lag und das Kloster, in dem sie einst Jahre verbracht hatte. Unbewußt war sie seit fast zwei Stunden unterwegs in die Vergangenheit, vielleicht durch das Gefühl der Sicherheit verlockt, von dem sie einst hinter den Klostermauern erfüllt gewesen war. Sobald sie bemerkte, wohin sie fuhr, änderte sie die Richtung, bog in die erste Ausfahrt ein und fuhr auf der Gegenroute bis zu einem großen luxuriösen Motel mit Swimmingpool. Sie nahm ein Zimmer, gab den Kindern ihr Badezeug, dann setzte sie sich beim Bassin unter einen Sonnenschirm und sah zu, wie sich ihre Sprößlinge im Seichten tummelten. Sie bestellte einen Gin and Tonic und wußte, daß sie in wenigen Stunden einen sehr langen Weg zurückgelegt hatte.

Am Morgen studierte sie die Straßenkarte. Die für sie günstigsten Küstenorte lagen auf Long Island. Also machte sie kehrt und sah sich dort nach einem Mietobjekt um. Sie staunte über die Mieten für Häuser in Meeresnähe, sie beliefen sich auf rund 1000 Dollar im Monat, und nach einem langen anstrengenden Nachmittag schätzte sich Rosalie glücklich, daß sie im Erdgeschoß eines Hauses für 225 Dollar Monatsmiete ein dumpfiges Quartier finden konnte, von dem der Strand leicht zu Fuß zu erreichen war.

Während der ersten Woche herrschte warmes, sonniges Wetter ohne einen einzigen Regentropfen. Rosalie wurde braun und fühlte sich gesünder als je zuvor. Sie verlor die zwei oder drei Pfund Übergewicht, die sie während des Winters zugenommen hatte, und als sie sich im Badeanzug im Spiegel betrachtete, gefiel sie sich mit ihrer schlanken Figur. Die Frauen in ihrer Familie neigten zur Fülligkeit, eine Veranlagung, gegen die Rosalie konsequent durch strenge Diät ankämpfte. Obwohl sie es vor anderen nicht ohne weiteres zugab, war sie eitel und auf ihre Eitelkeit insgeheim stolz. Seit ihrer wohlbehüteten Kindheit in Brooklyn als das Kleinod der Familie Profaci beobachtete sie sich selbst, war sich bewußt, welchen Eindruck sie auf andere machte und hatte stets jede ihrer Handlungen vor Augen. Sie lebte in panischer Angst davor, dumm oder ungeschickt zu wirken – deshalb hatte sie nicht schwimmen gelernt –, und sie wehrte sich entschieden dagegen, daß man sie nicht entsprechend würdigte. Darum hatte sie Bill während der letzten vier Jahre zweimal verlassen. Beide Male bereute sie es nicht; vielmehr war sie überzeugt, daß das empörende Verhalten ihres Gatten und die unerträglichen Lebensbedingungen, die er ihr aufzwang, eine solche Zumutung waren, daß ihr kein anderer Ausweg blieb, als zu gehen.

Dennoch begann sie sich nach der ersten Woche in Long Beach darüber Gedanken zu machen, wann Bill sie suchen würde. Von einem Drugstore aus rief sie ihre Mutter an, den einzigen Menschen, der von ihrem

Aufenthaltsort wußte, aber Mrs. Profaci teilte ihrer Tochter mit, Bill habe sich bisher nicht gemeldet. Das überraschte Rosalie nicht, aber sie war beunruhigt, und ihre Eifersucht regte sich, wenn sie die Möglichkeit erwog, daß sich Bill mit der Deutschen traf und vielleicht sogar wieder mit ihr schlief. Allerdings wußte Rosalie, daß «Mr. B.» niemals eine außereheliche Beziehung seines Sohnes in East Meadow dulden würde, solange er dort wohnte – und Mr. B. mochte vielleicht für immer dort wohnen bleiben, dachte Rosalie verdrossen.

Während jener Wochen in der Sonne, als die Kinder am Strand spielten, blickte sie auf das Leben zurück, das sie die längste Zeit ihrer Ehe zwangsläufig geführt hatte, und es erschien ihr nun völlig unfaßbar. Sie bezweifelte, daß irgendeine andere Frau aus ihrer näheren oder weiteren Verwandtschaft solch eine Ehe so lange durchgestanden hätte, auch ihre gepriesene Schwägerin Catherine nicht. Wenn in Tönen höchsten Lobes über Catherine gesprochen wurde, hatte Rosalie das Gefühl, mit ihr verglichen zu werden, wobei sie selbst nicht gut wegkam. Dabei gab es ihrer Meinung nach gar keine Vergleichsbasis. Catherine liebte zwar ihren Vater und ihren Bruder und ließ sich durch die Publicity nicht einschüchtern, aber sie hatte keinen Mann geheiratet, der immer mit einem Fuß im Gefängnis stand, der ständig damit rechnen mußte, daß auf der Straße auf ihn geschossen wurde, der Fremde in seinem Haus wohnen ließ, während er selbst manchmal für Wochen verschwand. Catherine hatte einen vielbeschäftigten, begüterten Zahnarzt geheiratet, einen Mann, dessen Vater aus Castellammare stammte und die Bonannos kannte, aber sich nicht mit ihnen assoziiert hatte. Catherines Gatte führte ein geregeltes Leben, sie wußte genau, wann er nach Hause kommen würde. Rosalie hätte es interessiert, wie ihre Schwägerin über diese Flucht und den einsamen Sommer dachte, sie war versucht, an Catherine zu schreiben, überlegte es sich aber doch. Sie hatte sich bereits in zu vielen Briefen bei Catherine beklagt oder vor ihr gerechtfertigt. Nun wollte sie sich diese Unabhängigkeit bewahren. Sie fühlte sich frei und gab nicht mehr so viel darauf, was die Leute über sie dachten. Und bis sie sich anders besänne, wollte sie mit ihren Kindern diesen Sommer genießen, nur mit ihnen allein die zeitlosen Stunden am Strand teilen.

Eines Nachts wurde Rosalie durch Männerstimmen und Schritte vor dem Haus geweckt. Sie war sofort hellwach, angstvoll raffte sie die Decke um den Körper, gefaßt darauf, daß harte Knöchel an die dünne Tür pochten. Sie befürchtete, daß man sie holen kam, und zum erstenmal seit ihrer Abreise hatte sie Angst, Bill wiederzusehen, in seinem Jähzorn war er unberechenbar.

Sie horchte auf die Stimmen draußen, aber keine kam ihr bekannt vor. Dann hörte sie, wie die Fremden über die Außentreppe des Hauses hinaufgingen, die Tür im Obergeschoß öffneten und ihr Gepäck hinwarfen. Rosalie atmete auf. Das waren neue Mieter des anderen Apartments, und nach dem Lärm, den sie verursachten, schätzte sie, daß es vier oder fünf sein mußten. Männer, dachte sie, ganze Banden von Männern, ich kann ihnen nicht entkommen.

Am Morgen, als sie die Fremden heruntersteigen hörte, spähte sie durch die geschlossenen Blenden und stellte fest, daß es sich nicht um jene Sorte von Männern handelte, die ihr normalerweise ins Haus schneiten. Das waren offenbar Collegestudenten, kräftige junge Leute in Bermudashorts oder Schwimmhosen. Zwei von ihnen tranken Dosenbier.

Am Nachmittag, als Rosalie mit den Kindern langsam vom Strand zurückkam, saßen sie auf dem oberen Balkon, die nackten Füße am Geländer, wieder mit Bier. Einer grüßte Rosalie, sie blickte lächelnd hinauf und erwiderte den Gruß. Auch die Kinder grüßten, es entspann sich ein kurzes Gespräch, die jungen Männer fragten Rosalie, ob sie nicht auf ein Bier hinaufkommen wolle. Höflich lehnte sie ab, und Felippas Hand ergreifend, betrat sie ihre Wohnung.

In fröhlicher Stimmung spülte sie den Sand und das Salzwasser von Felippas Füßen und wies die Jungen an, das gleiche zu tun. Dann duschte sie selbst, zog ein Sommerkleid an und bereitete aus Konserven und paketierten Lebensmitteln ein Abendessen, das den Ansprüchen im Heim ihrer Eltern oder in East Meadow kaum genügt hätte. Sie wunderte sich über den zwanglosen Kontakt mit den neuen Mietern. Vor ihnen brauchte man nichts zu verbergen, von ihnen war nichts zu befürchten – darin lag eine gewisse Ironie des Schicksals, wenn man bedachte, daß sie selbst sich zum erstenmal in ihrem Leben verborgen hielt. Nun machte es ihr sogar Spaß, daß sie so wenig Geld und so wenig anzuziehen hatte; sie genoß das Unbeständige ihrer momentanen Existenzform. Hier mußte sie niemandem Rede und Antwort stehen, es gab keine Männer, die im Nebenraum darauf warteten, daß sie den Tisch deckte, Mahlzeiten zubereitete und Geschirr wusch, während sich die anderen in ein verrauchtes Wohnzimmer zurückzogen. Auch die Kinder wirkten glücklicher. Und obwohl Rosalie die Erziehung nicht vernachlässigte, war sie gelöster, erlaubte den vieren, die meiste Zeit barfuß zu laufen und sich auszutoben, wie sie es zu Hause kaum konnten. Am Strand kamen sie auch mit anderen Kindern zusammen, und die Studenten aus dem Oberstock erwiesen sich als herrliche Spielgefährten, sie luden die Jungen zum Eis ein und nahmen Charles manchmal auf Autofahrten mit – sie genossen eine amerikanische Kindheit, wie sie keiner von ihnen je zuvor erlebt hatte.

Oft wünschte sich Rosalie, daß es immer so weitergehen sollte, aber die Idylle endete plötzlich Mitte August, als Joseph und Felippa Asthmaanfälle bekamen. Keuchend, nach Atem ringend, konnten sie nicht schlafen, und ihr Weinen hielt auch die beiden anderen Kinder wach. Noch dazu änderte sich das Wetter – in dieser Woche hatte es geregnet, der bewölkte Himmel ließ die Feuchtigkeit und Düsterkeit des Quartiers um so stärker spüren und schuf eine bedrückende Atmosphäre.

Rosalie hielt eine Weile durch, behandelte die Kinder mit Medizin aus dem Drugstore, aber sie wußte, daß besonders Joseph ärztliche Fürsorge brauchte. Ihre Mutter, die ohnehin nicht Auto fahren konnte, wollte sie nicht anrufen, demnach blieb ihr keine andere Wahl, als Bill zu verständigen. Sie besaß fast kein Bargeld mehr, und so unangenehm es für sie selbst wäre, eine baldige Heimkehr lag nun im besten Interesse der Kinder.

Sie rief Bill nicht am Morgen an, da sie nicht mit ihrem Schwiegervater oder einem von dessen Leuten sprechen wollte, sondern wartete bis zum Nachmittag und versuchte es dann bei der Transportfirma in Brooklyn, die Bill gemeinsam mit Sam Perrone betrieb. Das war einer seiner Stützpunkte, dort konnte man Post für ihn hinterlassen und ihn manchmal erreichen.

Perrone meldete sich, höflich wie immer. Auf Rosalies Bitte ging er seinen Partner holen, kam aber gleich wieder zurück und erklärte etwas betreten, Bill wolle nicht mit ihr sprechen. Rosalie erlitt fast einen hysterischen Anfall, sie flehte Perrone an, es sei sehr dringend und betreffe die Kinder. Wieder legte Perrone den Hörer hin, und nach einigen Sekunden meldete sich Bill. Seine Stimme klang verdrossen und gereizt, Rosalie habe ihn verlassen, erklärte er sehr förmlich und fügte noch hinzu, was ihn angehe, könne sie für immer fortbleiben. Rosalie begann zu weinen und beschwor ihn, an die Kinder zu denken, und nach einem längeren Wortwechsel war er bereit, nach Long Beach zu kommen und die Kinder zu einem Arzt zu bringen. Aber Rosalie könne nicht nach East Meadow zurückkehren, setzte er rasch hinzu. Er habe alle Schlösser des Hauses ändern lassen und würde es so einrichten, daß sie mit den Kindern in einem Motel wohnen könne, bis er seinen Vater auf ihre Heimkehr entsprechend vorbereitet habe.

Über diese Bemerkung war Rosalie zu verblüfft und empört, um schlagfertig zu antworten. Nachdem er aufgelegt und sie die wenigen Dinge eingepackt hatte und auf ihn wartete, saß sie ganz gebrochen an der Bettkante. Bills Logik war absurd, dachte sie, zuerst machte er ihr häusliches Leben zu einer Hölle und nun wollte er sie in eine Art Fegefeuer verbannen, bis sie Buße getan hatte! Sein Vater mußte auf ihre Heimkehr entsprechend vorbereitet werden. Was hatte sein Vater mit alldem zu tun? Und auf welche Weise sollte er vorbereitet werden? Es war, als müsse sie, ein gefallener Engel, eine arme Sünderin, erst vom Frevel gereinigt werden, ehe sie ihre bevorzugte Stellung als Köchin und

Tellerwäscherin wiedererlangen könne. Die Bonannos sind einfach unglaublich, dachte sie gehässig.

Als Bill kam, war er unrasiert und blaß und wirkte übermüdet. Zu den Kindern war er freundlich, aber Rosalie gegenüber verhielt er sich kühl. Er gab ihr 250 Dollar und sagte, er habe in einem Motel in der Nähe von East Meadow Quartier bestellt. Außerdem riet er ihr, Joseph und Felippe zu einem Arzt zu bringen. Er würde ihr mitteilen, wann sie nach Hause kommen könne. Offensichtlich war er mit ganz anderen Dingen beschäftigt, und Rosalie drängte ihn nicht, machte ihm keine Szene und stellte keine Fragen, da sie wußte, daß dadurch wahrscheinlich alles noch schlimmer würde.

Das Motel hatte einen Swimmingpool, war konfortabel und freundlich eingerichtet, und den Kindern schien es dort zu gefallen. Josephs Zustand besserte sich, und innerhalb einer Woche kam Bill, um alle nach Hause zu holen. Nun wirkte er gelöster, und welche Befürchtungen Rosalie auch wegen des Empfangs durch ihren Schwiegervater gehegt haben mochte, sie wurden sofort beseitigt, als Joseph Bonanno sie beim Tor so selbstverständlich und herzlich begrüßte, als wäre sie niemals weggegangen. Die anderen Männer folgten dem Beispiel des Bosses, sie versicherten Rosalie, wie sehr sie sich freuten, sie zu sehen, und konzentrierten ihre Aufmerksamkeit auf die Kinder, die sich völlig unbefangen wieder in die gewohnte Situation fanden. Meine Sprößlinge sind die anpassungsfähigsten Geschöpfe der Welt, dachte Rosalie.

Im Schlafzimmer fand sie nichts, was darauf hingewiesen hätte, daß während ihrer Abwesenheit jemand anderer diesen Raum auch nur betreten hätte, und das beruhigte sie – bis ihr in den Sinn kam, daß es auch kaum jemand so meisterhaft verstand, Spuren zu verwischen, wie ihr Mann. Dennoch war sie froh, wieder zu Hause zu sein. Logische Gründe dafür hätte sie nicht angeben können. Trautes Heim, Glück allein, dachte sie ironisch, während sie hörte, wie Tory auf dem Teppich im Wohnzimmer herumkollerte und laut kicherte, als Peter Magaddino mit ihm balgte. Bill erzählte ihr, Magaddino habe während ihrer Abwesenheit gekocht, er sei zudem ein Sauberkeitsfanatiker, den Mülleimer habe er immer schon halbvoll ausgeleert, und niemals habe er Kartoffelschalen im Waschbecken gelassen oder den Abfluß mit Knoblauch und Zwiebelschalen verstopft. Rosalie verstand diesen Wink, sie wechselte das Thema, aber als sie in die Küche kam, staunte sie, wie blitzblank alles war.

Im September gingen die Kinder wieder zur Schule, und als verfärbte Blätter die Tyler Avenue bedeckten, kühler Wind durch den Hof wehte und die Asche im Grill aufwirbelte, merkte Rosalie, daß das Leben sich wieder um sie schloß. Die Männer waren wieder nervös, und es gab

Zeiten, in denen man die Spannung in den Räumen des Hauses fast greifen konnte.

Über die Fehde, welche die Presse als «Bananenkrieg» bezeichnete, erschienen nun häufiger Zeitungsberichte, immer mehr Einzelheiten wurden bekannt. Offenbar hatte der Kampf einen Höhepunkt erreicht, Männer wurden gejagt und auf der Straße erschossen.

Gegen Ende Oktober 1967 wurde Vincent Cassese in die Brust und in den rechten Arm getroffen, und Vincent Garofalo erlitt eine Schußverletzung in der linken Seite, aber beide kamen mit dem Leben davon. Zwei Wochen später wurden, wie die Polizei vermutete, als Racheakt eines Bonanno-Anhängers, drei Männer beim Dinner im Cypress Garden-Restaurant in Queens erschossen, und zwar von einem kleinen stämmigen Mann, der wenige Sekunden vorher das Lokal durch eine Hintertür betreten hatte, gelassen durch die Küche und zwischen den Tischen des Saales ging, mit einer Maschinenpistole unter dem schwarzen Regenmantel. Im Restaurant befanden sich etwa zwanzig Gäste, aber keiner beachtete den Killer, mit Ausnahme der drei Männer, auf die er zuschritt. Anscheinend erkannten sie ihn, denn sie sprangen auf und warfen ihre Stühle um. Aber die Waffe war direkt auf sie gerichtet, und der Feuerstoß traf sie aus kurzer Distanz. Alle drei starben im Kugelhagel.

Der Killer wandte sich um und ging wieder zur Küche zurück, während die anderen Gäste unter die Tische krochen, sich in die Ecken duckten oder zum Eingang rannten. Auf dem Teller eines leeren Tisches lag eine Gabel mit herumgewickelten Spaghetti. Doch der Unbekannte verschwand, ohne jemand zu behelligen.

Die Polizei identifizierte die Opfer als Thomas und James Di Angelo und Frank Telleri, einstige Angehörige der Bonanno-Organisation, aber seit kurzem Gefolgsleute der Di Gregorio-Gruppe. Der Täter konnte nicht sofort ermittelt werden, aber nach den Personenbeschreibungen einiger Zeugen, denen man Fotos vorlegte, war der Hauptverdächtige Peter Magaddinos jüngerer Bruder Gaspare, der im Zusammenhang mit anderen Aktionen auch von der sizilianischen Polizei gesucht wurde.

Daraufhin setzte eine internationale Großfahndung ein, aber es dauerte ein Jahr, bis man Gaspare Magaddino fand – als Leiche, getötet durch eine Schrotladung auf dem Gehsteig einer Straße in Brooklyn. Der Erschossene trug eine neu ausgestellte Mitgliedskarte der Bauarbeitergewerkschaft bei sich. Aber ein Detektiv sagte: «Seine Hände waren glatt. Dieser Mann war kein Bauarbeiter . . .»

16

Auf den dreifachen Mord im Cypress Garden-Restaurant folgte eine bedrohliche Ruhepause. Die Angehörigen der einander befehdenden Gruppen hielten sich vom Schlachtfeld Straße fern. Im Dezember machte ein anderer Skandal Schlagzeilen: James L. Marcus, der New Yorker Wasserversorgungskommissär, ein persönlicher Freund des Oberbürgermeisters Lindsay und Schwiegersohn des früheren Gouverneurs von Connecticut, John Davis Lodge, wurde auf Grund von FBI-Beweisen verhaftet und beschuldigt, er habe bei der Auftragsvergabe für den Bau eines Reservoirs 16000 Dollar einer Bestechungssumme von insgesamt 40000 Dollar erhalten. An dieser Schiebung waren unter anderem zwei Anwälte, ein Funktionär der Bäckergewerkschaft, ein Bankdirektor und ein Angehöriger der Lucchese-Organisation namens Antonio Corallo beteiligt.

Dieser Fall, der Marcus und Corallo Gefängnisstrafen eintrug und auch den einstigen demokratischen Abgeordneten Carmine G. De Sapio belastete, rief bei gewissen Bürgern und Leitartiklern fromme Empörung hervor, andere freilich erinnerte er an die lange Geschichte der politischen Korruption in New York und an die Tatsache, daß Politiker in der Öffentlichkeit das organisierte Verbrechen zwar meist verdammten, aber privat davon oft profitierten.

Während jener Phase, in der die Mafiakommission sich bemühte, Klarheit über ihre Haltung zur Bonanno-Organisation zu schaffen und die nächsten Schritte zu planen, verließ Bill in aller Stille New York und reiste nach Arizona, wo er sich laut Termin Ende Februar vor Gericht verantworten mußte, weil gegen ihn und seine Frau eine Klage wegen Steuerrückständen für die Jahre 1959/60 in Höhe von 59894 Dollar lief. Auf dieser Autofahrt begleiteten ihn Peter Notaro, der Vetter des verstorbenen Joseph Notaro, und Vincent Di Pasquale, ein Onkel Bills durch die Ehe mit der ältesten Schwester seiner Mutter. Die drei Männer fuhren Mitte Februar los. Für Bill war es fast wie ein Ferienausflug, und diesmal trug er keine großen Beträge in bar bei sich, sondern bezahlte das Benzin sowie die Restaurant- und Hotelspesen mit einer Diners Club-Kreditkarte, die Sam Perrone ihm geliehen hatte.

Perrone hatte ihm diese Karte als Vergütung der Ansprüche Bills auf Anteil an den monatlichen Einkünften aus ihrem gemeinsamen Transportunternehmen übergeben, mit der Erklärung, auch er sei im Moment knapp bei Kasse. Dieser Engpaß war vor allem durch eine Pechsträhne in Perrones Glücksspiel-Racket bedingt – einige große Treffer von Lotteriekunden und dazu noch der Frontwechsel gewisser Buchmacher in Di Gregorios Lager. Außerdem die laufenden Spesen an Schmiergeldern für die Polizei und die allgemeinen Schwierigkeiten, auf illegale Weise Geld zu verdienen, solange die Unterwelt in Aufruhr war und Mafiosi aufeinander schossen. Bills Schwierigkeiten waren wohl unweigerlich mit den Problemen Sam Perrones und anderer kapitalschaffender Untergebener verbunden, hatten aber doch größeres Ausmaß. Er und sein Vater hatten Mühe, den «Bananenkrieg» zu finanzieren. Das war eine kostspielige Angelegenheit: man mußte alle jene Soldaten, die von den Gewerkschaften ausgesperrt waren, finanziell unterstützen, man mußte für die Miete von Fluchtautos und von Wohnungen aufkommen, die als Verstecke dienten, ferner waren Honorare für Kautionsvermittler und Anwälte zu begleichen und schließlich die Zahlungen an Spitzel auf der Seite des Gegners zu leisten.

Mangels anderer Einkünfte verlegten sich einige Leute der Gang auf Lastwagenraub. Eine riskante und komplizierte Sache, denn man mußte jene bestechen, welche die Routen für Fernlaster mit lohnender Fracht einteilten, ferner dafür sorgen, daß genügend Garagenraum verfügbar war, um einen «heißen» Fernlastzug unterzubringen, und Kontakt mit Hehlern aufnehmen, um die gestohlene Ware absetzen zu können. Infolge der großen Eile, mit der nun oft Informationen durchgegeben wurden, bemächtigte sich eine Gruppe einmal des falschen Fahrzeugs und entdeckte zu spät, daß sie statt einer Wagenladung von TV-Geräten Tausende Schachteln mit Pingpongbällen geraubt hatte, die sie verlegen und ärgerlich rasch verschwinden ließ. Ein anderes typisches Anzeichen der Schwierigkeiten, mit denen Bonannos Männer zu kämpfen hatten, war die Tatsache, daß viele bei den Telefonspesen sparten – sie führten Ferngespräche aus Zellen nur, wenn unbedingt nötig.

In solch beengten Verhältnissen befand sich Bill im Frühherbst 1968, er war gezwungen, sich an Perrone und andere Personen zu wenden, in der Hoffnung, alte Schulden oder Anleihen einkassieren zu können oder Vorauszahlungen auf noch zu erwartende Gewinne zu erhalten. Dankbar und erleichtert, wenn auch nicht mit seiner gewohnten Vorsicht, nahm Bill von Perrone die Diners Club-Karte an und erklärte sich bereit, alle Rechnungen nicht mit seinem oder Perrones Namen, sondern mit dem Namen jenes Mannes zu unterschreiben, auf den die Karte ausgestellt war: Donald A. Torrillo.

Während des Vorjahres hatte Perrone Torrillo als einen seiner Freunde eingeführt, mit dem er «einige Geschäfte» tätigte und dem er manchmal einen Gefallen erweise. Torrillo gehörte zwar keiner Organisation an, aber Bill gewann den Eindruck, er sei eine jener Randfiguren des organisierten Verbrechens, denen man häufig begegnete – einer, der seinen zwielichtigen Verbindungen einen gewissen Reiz des Abenteuerlichen abgewann oder daraus ein Machtgefühl ableitete. In sehr gefährlichen Situationen hätte Bill niemals einem Torrillo vertraut, weil er argwöhnte, daß Menschen dieses Schlages unter Druck fast immer zusammenbrachen und von der Polizei dazu gebracht werden konnten, «auszupacken» oder sich zu Spitzeldiensten herzugeben. Dennoch freute sich Bill darüber, daß Torrillo, wie schon zweimal früher, zu diesem Zeitpunkt seine Hilfe bot.

Vor 15 Monaten, während Bill in Manhattan seine Freiheitsstrafe von dreißig Tagen absaß, besuchte ihn Perrone im Gefängnis und teilte ihm mit, die Darlehensgeber für Bills Haus in East Meadow seien durch das Presseecho des Falls beunruhigt, sie betrachteten Bill als bedenklichen Geschäftspartner und drohten, die Finanzierung des Hauskaufes einzustellen. Perrone sagte, sein Freund Torrillo, der in der Realitätenbranche tätig sei und bei der «Dime Savins Bank» gute Kreditmöglichkeiten habe, würde den Besitz nominell übernehmen, und Bill könne Zahlungen künftig über sein Konto leisten. Bill ging auf diesen Vorschlag ein. Ein Jahr später bemerkte Bill, daß Perrone die Flugtickets für eine rasche Reise nach Kalifornien mit Torrillos Kreditkarte gekauft hatte. Daher stellte Bill keine weiteren Fragen, als ihm Perrone im Februar 1968 die Karte für die Fahrt nach Arizona anbot, unter der Bedingung, daß Bill mit dem Namen des Eigentümers unterschreibe. Über die näheren Umstände dieser Transaktion machte sich Bill keine Gedanken, er konnte nicht wählerisch sein.

Er hegte große Hoffnungen, daß es ihm in einigen Wochen, nach der Beilegung des Steuerfalls, gelingen werde, einiges von seinem konfiszierten Realbesitz zurückzuerhalten, und daß er dann in der Lage wäre, zu einem günstigen Preis zu verkaufen, um seine finanziellen Belastungen zu erleichtern. Bill war Optimist, eine Eigenschaft, die er seit langem kultivierte, da sie ihm als eine der wesentlichen Voraussetzungen für den Erfolg als Führerpersönlichkeit erschien. Und obwohl er im Jahr 1968 keinerlei Grund zum Optimismus hatte, sprühte er auf dieser Fahrt nach Arizona vor Fröhlichkeit, und nach der Ankunft in Tucson lud er einige Freunde in Restaurants und zu Cocktails ein, wobei er die Rechnung oft mit Torrillos Kreditkarte bezahlte. Alles ging glatt, bis zum Nachmittag des 11. März 1968, als er mit Begleitern das Geschäft von David Bloom & Sons in Tucson betrat, Herrenbekleidung, und eine Flasche Eau de Cologne im Gesamtwert von 200 Dollar aussuchte und die Karte vorlegte. Während er wartete und sich im Laden umsah, rief ein Abteilungsleiter das Diners Club-Büro in Los Angeles an, um den Kontostand von Mr. Donald A. Torrillo zu überprüfen. Dabei erfuhr er, daß verschiedene frühere Rechnungen nicht gedeckt seien. Der Diners Club-Angestellte in Los Angeles wünschte Mr. Torrillo zu sprechen, und als Bill auf einige persönliche Fragen unrichtig antwortete, schöpfte der Mann den Verdacht, die Kreditkarte sei in die Hände eines Betrügers geraten, und wies den Geschäftsführer an, sie zu vernichten. Bill protestierte; er erklärte, auf welche Weise er die Karte erhalten hatte, und wollte sie zurückhaben.

Aber der Geschäftsführer lehnte ab. Immerhin konnte Bill auf eigene Kosten vom Geschäft aus in New York anrufen. Als er Perrone in der Transportfirma erreichte, machte er ihm heftige Vorwürfe wegen der unbeglichenen Rechnungen.

Perrone beschwichtigte ihn, es gebe keinen Grund zur Beunruhigung, Torrillo werde die Sache sofort in Ordnung bringen. Bill verließ den Laden, denn er hatte eine Verabredung mit einem Bekannten, der ihm beim Sammeln und Ordnen der Belege für den Steuerfall half. Nachher traf er sich mit Freunden in einer Cocktail-Bar. Dort rief ihn sein Onkel Vincent Di Pasquale an, der sich im Haus von Bonanno senior aufhielt, und teilte ihm mit, soeben habe Carl Simari aus East Meadow telefoniert, Bill solle sich sofort mit ihm in Verbindung setzen, es sei wichtig.

Bill wählte die Nummer seines Hauses in East Meadow, Simari hob nach dem ersten Signal ab. Er fragte nach der Nummer der Bar, damit er Bill von einer Telefonzelle aus zurückrufen könne. Innerhalb von fünf Minuten war Simari wieder am Apparat und sagte, er habe schlechte Nachrichten: eben sei Sam Perrone in Brooklyn erschossen worden.

Bill stand stumm, wie vor den Kopf geschlagen, den Hörer in der Hand, während Simari weitere Einzelheiten durchgab. Perrone habe in Begleitung eines anderen Mannes sein Lagerhaus verlassen und die Straße überquert, um Zigaretten zu kaufen. Plötzlich sprangen zwei Männer aus einem Wagen, feuerten aus kurzer Distanz mindestens acht Schüsse auf ihn ab und fuhren im Auto davon. Bill lehnte sich an die Wand der Telefonzelle, noch immer brachte er kein Wort hervor. Er sah auf die Uhr. In Tucson war es 17 Uhr 31. Vor kaum fünf Stunden hatte er noch mit Perrone gesprochen.

Später gab Joseph Bonanno von East Meadow aus Bescheid, Bill solle in Tucson bleiben und unter keinen Umständen nach New York zurückkehren, denn nun kursierte das Gerücht, Bill stehe als nächster auf der Abschußliste. Frank Mari, der Hauptkiller der Di Gregorio-Gang – jener, der den Hinterhalt in der Troutman Street organisiert hatte – war vor einigen Tagen beobachtet worden, als er mit zwei anderen Gunmen in einem geparkten Wagen saß, alle drei hatten Schußwaffen bei sich. Es war anzunehmen, daß Mari den «Kontrakt», also den definitiven Auftrag hatte, Perrone zu beseitigen.

Die Zeitungen erklärten als Sprachrohr der Polizei, Perrones Ermordung sei ein Racheakt für das Attentat auf Peter Crociata, einen Funktionär von Di Gregorios Gruppe, zu Beginn des Monats. Crociata überlebte den Anschlag, obwohl er von sechs Kugeln getroffen wurde, als er seinen Wagen in der Nähe seiner Wohnung in Brooklyn parkte.

Perrones Tod traf Bill sehr schmerzlich. Die Presse bezeichnete den Erschossenen als seinen Leibwächter und Fahrer, aber Hank war viel mehr als das gewesen. Seit Frank Labruzzos Tod war er Bills engster

Freund und Begleiter, ein heiterer, lebhafter Gleichaltriger, mit dem er leicht Kontakt gefunden und dem er absolut vertraut hatte. Es war Perrone gewesen, der am Abend des Feuerwechsels in der Troutman Street ihm sofort zu Hilfe gekommen war, und nun, nach Hanks Ermordung, fühlte sich Bill persönlich dafür verantwortlich, seinen Tod zu rächen. Er kam in große Versuchung, den Rat seines Vaters nicht zu befolgen und doch nach New York zurückzukehren. In jener Nacht fand er keinen Schlaf, ruhelos, wie ein gefangenes Tier im Käfig, ging er im Zimmer auf und ab.

Am folgenden Tag, als er noch immer sichtlich unter diesem Schlag litt, versuchten ihn sein Onkel und Peter Notaro zu trösten. Aber um 1 Uhr 30 mittags mußten sie ihm sagen, FBI-Agenten seien beim Tor und wünschten ihn zu sprechen. Bill rief Notaro zu, die Kerle sollten zum Hintereingang kommen. Dann erhob er sich von seinem Stuhl im Wohnzimmer und ging durchs Haus in den Hof. Als er die Tür öffnete, sah er zwei sehr amtlich wirkende Männer vor sich. Er bat die beiden in den Patio und bot ihnen Sitze an. Der größere der Agenten, der sich als David Hale vorstellte, begann ohne Umschweife: «Also Ihren Freund hat's erwischt.»

Bill fixierte ihn. «Meine Herren, sind Sie in amtlicher Funktion hier, oder ist das ein Höflichkeitsbesuch?» fragte er sarkastisch.

«Sie wissen ganz genau, warum wir kommen», sagte Hale barsch.

Bill stand langsam auf und zielte mit dem Finger auf den Agenten. «Hören Sie zu, Sie Schnüffler. Entweder Sie reden mit mir in einem anderen Ton, oder Sie verschwinden, und zwar sofort!»

Hale blickte Bill fest an, wandte sich zu seinem Kollegen, der aber nichts dergleichen tat, dann faßte er wieder Bonanno ins Auge und fragte etwas ruhiger: «Jetzt werden Sie wohl schleunigst nach New York fahren, wie?»

«Ich fahre nach New York, wann es mir paßt», erwiderte Bill scharf. Danach weigerte er sich, weitere Auskünfte zu geben, stellte sich unwissend oder sagte, er müsse seinen Rechtsbeistand konsultieren, ehe er die Fragen beantworte. Die FBI-Beamten gingen bald wieder weg.

Innerhalb von zwei Wochen war Bill wieder in New York, und am Montag, dem 1. April, erschien er auf Grund einer Subpoena in Begleitung eines Anwalts vor dem Obersten Gerichtshof in Brooklyn. Zusammen mit einigen anderen Gang-Mitgliedern sollte er wieder, wie schon mehrmals zuvor, über den Zwischenfall in der Troutman Street einvernommen werden, der nun bereits mehr als zwei Jahre zurücklag, aber für die Polizei und die Justiz noch immer ein ungelöstes Rätsel war.

Die meisten der Mafiosi, die an jenem Tag vor das Tribunal zitiert wurden, hatten bereits Gefängnisstrafen wegen früherer Aussageverweigerung hinter sich, und nun drohten ihnen neuerliche Sanktionen wegen Mißachtung des Gerichts. Doch wenn sie sich deswegen Sorgen machten oder an diesem Tag überhaupt irgendwelche Befürchtungen hegten, dann zeigten sie es nicht, als sie das große Gebäude betraten und im Korridor auf ihre Einvernahmen warteten. Sie wußten genau, daß Detektive und FBI-Agenten jede Miene und jede Geste scharf beobachteten, um die relative Stärke der Familien abzuschätzen und sich zumindest ein ungefähres Bild über die Beziehungen zwischen den Mitgliedern der rivalisierenden Gruppen machen zu können. Allerdings hatten die Polizisten keine Ahnung, daß bei den Mafiosi über die Frage, wer auf welcher Seite stand, ebensoviel Unklarheit herrschte wie bei den Behörden.

Als Bill beispielsweise im Gerichtsgebäude John Morale sah, grüßte er ihn höflich, aber unverbindlich, obwohl er überzeugt davon war, daß dieser Mann der Bonanno-Organisation den Rücken gekehrt hatte; aber Bill war sich nicht sicher, ob Morale nicht etwa zu einer «Dritten Kraft» gestoßen sei, die sich Gerüchten zufolge als eigene Fraktion von Di Gregorios Renegatengang und der Bonanno-Familie abgespalten hatte. Gleichzeitig war Bill sehr herzlich zu Michael Consolo, einem vierundsechzigjährigen Veteranen der Bonanno-Organisation, der – ein offenes Geheimnis – sich kürzlich Di Gregorio angeschlossen hatte. Erst als Bill am Abend jenes Tages erfuhr, daß Consolo soeben mit zwei Kugeln im Kopf und vier im Rücken auf der Straße neben seinem Wagen gefunden worden war, erkannte er, welche Verwirrung wirklich herrschte. Consolo mußte von seinen eigenen Leuten ermordet worden sein, vielleicht infolge mißverstandener Weisungen oder vielleicht auch, weil man ihn bei Gericht in freundschaftlichem Gespräch mit Bill sah, was bei manchen Personen zu dem falschen Schluß geführt haben könnte, er sei wieder auf Bonannos Seite übergewechselt. Auch möglich, daß Michael Consolo aus irgendeinem Grund von der dritten Gruppe beseitigt worden war. Bill wußte es nicht. Aber am nächsten Tag waren er und sein Vater in dem Punkt einer Meinung, daß der Gangsterkrieg nun ein Stadium chaotischer Unsinnigkeit erreicht habe. Niemand konnte sagen, aus welcher Richtung die nächste Salve kommen würde, und Bill machte sich wie nie zuvor Sorgen um die Sicherheit Rosalies und seiner Kinder.

Wenn ein Mann einfach deshalb ermordet wurde, weil man ihn dabei beobachtet hatte, wie er sich mit Bill freundlich unterhielt, dann hatte Bill den tiefen Haß mancher Gegner schwer unterschätzt; dann war es nicht ausgeschlossen, daß sein Haus in East Meadow das nächste Ziel war und ein Geschoß oder ein Sprengkörper den dünnwandigen Bau durchschlagen würde, der so nahe an der Straße lag.

Bill wollte übersiedeln, und zwar nicht allein aus Sicherheitsgründen, denn es bestand die Möglichkeit, daß er bald das Haus in East Meadow würde räumen müssen. Nach Perrones Plan vor mehr als einem Jahr wurden Bills monatliche Ratenzahlungen durch Torrillo getätigt. Und seit Perrones Tod war es Bill nicht gelungen, Torrillo zu erreichen. Bill konnte das Haus, in das er bereits 15 000 Dollar investiert hatte, nicht verkaufen, ohne mit Torrillo die erforderlichen Vereinbarungen zu treffen, und Torrillo seinerseits schien die Bemühungen von Bills Anwälten zu ignorieren, mit ihm brieflich, telefonisch oder telegrafisch Verbindung aufzunehmen.

Dann erfuhr einer von Bills Anwälten durch einen Gewährsmann bei Gericht, daß Torrillo von der Kriminalpolizei einvernommen worden sei und sich vermutlich in großen Schwierigkeiten befinde, vielleicht wegen Glücksspiels oder anderer Verbrechen. Am meisten befürchtete Bill, daß Torrillo nun als Gegenleistung für Vergünstigungen in den Verfahren, die gegen ihn selbst angestrengt werden mochten, als Hauptbelastungszeuge im Kreditkartenprozeß auftreten würde. Torrillo konnte behaupten, Bonanno und Perrone hätten ihm die Karte entwendet oder gewaltsam abgenommen. Trotz seines Optimismus in vielen anderen Belangen wußte Bill doch, daß es ihm wahrscheinlich schwerfallen würde, Torrillo vor Gericht zu widerlegen. Ohne Perrones Zeugenaussage stünde sein Wort gegen Torrillos Wort, und Bill vermutete, daß ein unbeschriebenes Blatt wie Torrillo eher die Sympathien der Geschworenen auf seiner Seite hätte als ein notorischer Mafiaführer.

Aber im Moment galt Bills Hauptsorge nicht Torrillos mutmaßlichem Verhalten: Sein vordringlichstes Problem war, überhaupt am Leben zu bleiben und seine Familie an einen sicheren Ort zu bringen. Er besprach die Situation mit Rosalie, die zu seiner Überraschung eine schnelle Antwort gab – offensichtlich hatte sie sich auch schon Gedanken darüber gemacht. Sie wollte am liebsten in den Norden Kaliforniens übersiedeln, in die Nähe ihrer verheirateten Schwester Ann, die in San José lebte, ferner ihrer Schwester Josephine, die von Santa Clara auf die Universität von Berkeley gewechselt hatte, und Bills Schwester Catherine, die in Atherton südlich von San Francisco lebte. Nachdem er den Plan mit seinem Vater erörtert hatte, entschied er sich dafür, Rosalie nach Kalifornien zu «evakuieren», je eher, desto besser. Joseph Bonanno gab ihm recht und meinte, es grenze an Wahnwitz, noch länger in der New Yorker Gegend zu bleiben. Die Organisation ebenso wie die Opposition waren in eine fast aussichtslose Lage geraten. Niemand wußte mehr, wer Freund und wer Feind war. Das Resultat: die meisten der Soldaten waren in Deckung gegangen, alle bis auf einen Stoßtrupp verschworener Bonanno-Anhänger, die entschlossen waren, bis zum Ende zu kämpfen und alte Differenzen auszutragen.

Dennoch meinte Joseph Bonanno, daß die Feindseligkeiten und Wirrnisse abebben würden, wenn er und Bill die Stadt für eine Weile verließen, da sie persönlich der Hauptgrund der Kontroverse waren. Der

Senior hatte vor, sich mit einigen seiner Getreuen nach Tucson zurück-
zuziehen, und zwar so, daß er Ostern schon mit seiner Frau verbringen
könne; er schlug vor, daß Bill mit Rosalie und den Kindern sofort nach
Kalifornien fahren sollte. Sobald sie sich dort eingerichtet hätten, könne
Bill allein nach Arizona kommen. Der Sohn stimmte zu. Am 10. April
packte er nur das Nötigste in den Wagen, ließ die Möbel für den späteren
Abtransport zurück und startete mit seiner Familie in Richtung Kalifornien, um zunächst seine Schwester Catherine aufzusuchen.

Unterwegs blieb er in telefonischer Verbindung mit New York. Entgegen den Erwartungen seines Vaters endeten die blutigen Auseinandersetzungen nicht. Ein Angestellter aus Perrones Lagerhaus wurde durch
einen von fünf auf seinen Cadillac abgefeuerten Schüssen verletzt. Dann
schossen Unbekannte in Brooklyn dreimal auf einen von Di Gregorios
Leuten, aber auch er überlebte das Attentat. Ebenfalls im April wurde
Charles LoCicero in einer Snackbar in Brooklyn erschossen. Er gehörte
weder zur Organisation Bonannos noch zur Di Gregorio-Gruppe, sondern zur Familie Joseph Colombos, eine Tatsache, welche die Polizei
zunächst vor Rätsel stellte. Doch später wurde der Mord auf Grund der
Meldung eines Spitzels aus der Unterwelt Bonannos stark dezimiertem
Einsatzkader zugeschrieben, als Reaktion auf einen angeblichen Ausspruch des Don nach dem letzten Todesopfer auf der langen Verlustliste
seiner Organisation: «Wenn sie wieder einen meiner Leute erledigen,
werden sie einen ihrer *capos* verlieren, erst in einer Familie, dann in einer
anderen.»

17

Bald nach seiner Ankunft in Tucson klagte Joseph Bonanno über Schmerzen in der Brust, die in den Nacken und den linken Arm ausstrahlten. Der
Arzt, den er aufsuchte, konstatierte einen leichten Herzanfall und ordne-
te Spitalbehandlung an. Aber das FBI und die Polizei in New York
nahmen die Nachricht von Bonannos Erkrankung skeptisch auf, man
hegte den Verdacht, er gebrauche lediglich Vorwände, um nicht vor dem
Tribunal in Brooklyn aussagen zu müssen, das Nachforschungen über
den Bananenkrieg durchführte. Deshalb beauftragte das Gericht einen
Internisten, Bonanno in Tucson zu untersuchen. Offenbar bestätigte der
Facharzt die Diagnose, denn der Don wurde nicht gezwungen, nach New
York zu fliegen. Er blieb eine Woche im Spital und verließ es, als eine
Telefonistin meldete, sie habe um 17 Uhr 40 den Anruf eines Mannes
entgegengenommen, der seinen Namen nicht nennen wollte, aber lang-
sam und deutlich sagte: «Ich bin auf dem Flughafen Phoenix. Wir werden

Mr. Bonanno töten.»

Von Leibwächtern begleitet, wurde der Don am folgenden Morgen in einem Rollstuhl behutsam zu einem wartenden Cadillac geschoben. Am Steuer saß sein Sohn Bill, der seine Familie in San José, Kalifornien, gelassen hatte. Zu der engsten Umgebung Joseph Bonannos gehörten auch Peter Magaddino, Peter Notaro und einige andere Männer, die in Tucson unbekannt waren, allerdings identifizierte die Polizei später einen von ihnen als einen Mafia-«Vollstrecker» aus New York namens Angelo Sparaco, der zuletzt eine Gefängnisstrafe wegen Körperverletzung mit einem Schlagring abgesessen hatte. Carl Simari wurde in Tucson nicht gesehen; man nahm an, daß er sich noch immer in New York aufhalte, wo einige Dutzend Bonanno-Einzelkämpfer gegen die von Paul Sciacca geführte Gefolgschaft Di Gregorios nun Guerillataktiken anwandten.

Im Haus von Bonanno senior an der East Elm Street herrschten strengste Sicherheitsmaßnahmen. Tag und Nacht waren hinter der hohen Ziegelmauer an der Rückseite des Baues und zwischen den Büschen und Bäumen bei der Vorderfront Wachen postiert, alle mit Sprechfunkgeräten ausgerüstet, um die Männer im Haus alarmieren zu können, falls sich etwas Verdächtiges zeigte. Bill, der diese Vorkehrungen organisierte und leitete, war nicht nur wegen des Telefonanrufs aus Phoenix besorgt, sondern auch wegen einiger Drohbriefe, die er kürzlich erhalten hatte. Briefe, die seinen eigenen und den Tod seines Vaters ankündigten und anscheinend von jemandem verfaßt waren, der die Organisation von innen kannte. Der anonyme Absender nannte bestimmte Männer mit Namen, die unter Joseph Notaro in der Bronx gearbeitet hatten, und machte Andeutungen über Aktionen Sam Perrones, von denen nichts in die Presse durchgedrungen war. Hier handelte es sich nicht um die typischen primitiv abgefaßten Schmähungen, wie sie von der Massenpsychose angesteckte, auf eigene Faust operierende Amateurgangsterjäger häufig an Mafiosi sandten, deren Adressen in den Zeitungen erwähnt wurden. Aus diesem Grund nahm Bill diese Warnungen ernst und setzte das Haus seines Vaters in Verteidigungszustand.

Während des Juni und des Juli schliefen die Männer schichtweise, um einen dauernden Wachtdienst zu gewährleisten. Sie waren ständig in Alarmbereitschaft, um jede Störung abzuwehren. Aber nichts geschah. Es war wie das Warten im Stellungskrieg an einem ruhigen Frontabschnitt, den aber jederzeit Trommelfeuer und Sturmangriffe überrollen konnten. Die Eintönigkeit dieses Ausnahmezustands zehrte an Bills Nerven, manchmal war er versucht, einfach auszubrechen und wieder nach Kalifornien zu fahren. Aber immer schreckte er davor zurück, aus Angst, daß gleich nach seiner Abreise eine Katastrophe eintreten könne. Dann hörte er am Abend des 21. Juli, einem Sonntag, im Radio, daß auf der Ranch von Peter Licavoli, einem zeitweise in Tucson ansässigen Mafiadon aus Detroit, durch zwei Explosionen ein Schuppen zerstört und vier Fahrzeuge beschädigt wurden. Licavoli und Bonanno senior waren seit Jahren befreundet, dennoch meldeten die Zeitungen nach dem Anschlag, die Polizei vermute, es sei zwischen den beiden Gruppen zu ernstlichen Spannungen gekommen.

Niemand im Haus Bonanno wurde aus diesen Andeutungen klug, aber am nächsten Abend beschloß Bill, die Wache an der Hinterfront des Hauses selbst zu übernehmen, denn dort befanden sich die Schlafzimmer seiner Eltern, und er galt als der beste Schütze unter den Männern. Mit einer geladenen Schrotflinte stieg er die improvisierte Steintreppe hinauf, die gegen den Stamm eines großen Baumes im Hof geschichtet war. Von dort konnte er den Verkehr und die Passanten auf der Chauncey Lane beobachten, welche die Rückseite des Besitzes begrenzte.

Bill blieb über eine Stunde im Baum sitzen, es war eine warme Nacht mit sternklarem Himmel. Vom TV-Gerät im Wohnzimmer, wo sein Vater mit einem anderen Mann saß, tönte leise Musik; im Patio streifte Rebel umher, der deutsche Schäferhund der Bonannos, scharrte im Boden und schüttelte Fliegen ab. Bills Mutter, die seit Monaten an nervösen Beschwerden litt, schlief bereits. Da er sie während der letzten Jahre so selten gesehen hatte, war er bei seiner Rückkehr nach Arizona fast erschrocken darüber, wie rasch sie gealtert war, obwohl er das durchaus verständlich fand. Sie hatte all die Jahre der Unsicherheit und der Einsamkeit bewundernswert ertragen, stand trotz der vielen Beschuldigungen und Anfechtungen treu zu ihrem Gatten und zu ihren Söhnen, ohne die Nerven zu verlieren, ohne zu klagen. Bill dachte daran, daß seine Mutter durch ihren unerbittlich strengen Vater Charles Labruzzo gut auf die Härten des Lebens vorbereitet worden war, einen Mann, der mit kaum je erlahmender Energie immer gegen den Strom schwamm. Einmal zu Beginn der dreißiger Jahre nahm Joseph Bonanno seinen Schwiegervater zu einem Treffen der Organisation mit, da er glaubte, dieser sei an der Mitgliedschaft interessiert. Doch als Labruzzo das dicht besetzte Klubzimmer betrat und einen Mann sah, gegen den er heftige Abneigung hegte, rief er eine Beleidigung und verließ sofort wieder den Raum mit der Erklärung, jede Gemeinschaft, die solch einen Kerl in ihren Reihen dulde, sei indiskutabel. Ein anderer hätte diesen Affront mit dem Leben bezahlt, aber nicht Charles Labruzzo. Er stand so völlig abseits, daß die Mafiosi sich nicht brüskiert fühlten.

Kurz nach neun Uhr kletterte Bill vom Baum herunter, er war durstig und wollte im Haus ein Glas Wasser trinken. Doch bevor er eintrat, hörte er ein Auto durch die Chauncey Lane fahren, deshalb wartete er, die rechte Hand am Türknopf, in der Linken das Gewehr. Er blickte auf den Wachhund nieder, der leise knurrend neben ihm stand. Plötzlich sprang

Rebel mit gesträubter Bürste los und lief bellend zum Tor. Bill folgte ihm mit schußbereiter Waffe, verhielt aber, als er einen schwarzen Gegenstand durch die Luft fliegen sah, der schwer in die Barbecue-Grube aufschlug.

Er hörte ein zischendes Brutzeln; es roch nach verbranntem Teer. Mit wenigen Sätzen nahm er die Stufen, schwang sich ins Geäst und sah eine Gestalt, die vom Tor weglief. Bill zielte und schoß. Der Mann taumelte und stürzte zu Boden. Dann spürte Bill nur mehr die Druckwelle der Explosion, die ihn aus dem Baum riß und zu Boden schleuderte. Er war ungefähr vier Meter tief gestürzt, aber unverletzt, obwohl ein Schauer von Glassplittern niederging und Trümmer des Garagendachs donnernd vorbeisegelten.

Kaum war Bill auf den Beinen, warf ihn eine zweite Detonation wieder zurück, daß er sich überschlug und gegen einen Zitronenbaum bei der Mauer stieß. Halb betäubt nahm er dennoch alles wahr, was rund um ihn geschah, er hörte die Fenster des Hauses bersten, die Ziegel aus dem Gefüge bröckeln und sah einen tragbaren Grill wie einen Rammbock durch den Patio gleiten und gegen eine Wand prallen. Sein Vater kam aus dem Haus gelaufen und rief: «Bist du okay, bist du okay?»

«Ja», sagte Bill, sich hochrappelnd. Er starrte auf ein großes Loch in der Ziegelmauer. Es klaffte breit genug, daß ein Lastwagen hätte durchfahren können, und die hintere Haustür und das Garagentor waren aus den Angeln gehoben und zerbrochen. «Aber ich glaube, ich habe einen getroffen», keuchte Bill aufstehend. «Ich muß rasch von hier verschwinden.» Nun umringten ihn die Leibwächter und seine Mutter, sie fragten ihn, ob er heil geblieben sei, wischten den Staub und den Schmutz von seinen Kleidern. Aber er beharrte darauf, daß er wahrscheinlich einen Mann erschossen habe und sich unsichtbar machen müsse. Wenn die Polizei käme, könnte er wegen Totschlags verhaftet und monatelang in Untersuchungshaft gehalten werden. Deshalb rannte er durch das Haus und über den kiesbestreuten Vorplatz in Richtung Martin Street, wo viele hohe Oleanderbüsche standen. Dort verbarg er sich einige Minuten, sah, wie in den Nachbarhäusern die Lichter aufflammten, aber er war ziemlich sicher, daß niemand bemerkt hatte, wie er das Haus verließ. Kurze Zeit blieb er hinter den Sträuchern geduckt, dann schlich er vorsichtig, immer im Schatten, die Warren Street entlang bis zur Marble Street. Er trug dunkle Hosen und ein schwarzes Polohemd, seine Wachkleidung für die Nächte, natürlich hatte er das Gewehr zurückgelassen und wußte, daß die Männer es reinigen und verstecken würden.

Er rannte über den Speedway Boulevard und betrat die Campus-Gründe der Universität von Arizona, an der er vor kaum fünfzehn Jahren studiert hatte. Er konnte damit rechnen, daß um diese Zeit, knapp vor zehn Uhr abends, viele Sommerstudenten unterwegs sein würden, man che gingen Arm in Arm mit Mädchen, andere kamen aus der Bibliothek.

Bald war er unter ihnen und verlangsamte sein Tempo. Im Halbdunkel konnte er niemanden deutlich ausnehmen, und keiner schien ihn zu beachten, als er über vertraute Wege schritt, an vertrauten Gebäuden vorbei. Er wischte sich den Schweiß von der Stirn, atmete im Dahinschlendern leichter, spürte wieder etwas von dem Frieden und der Sicherheit, die ihn umgeben hatten, als er hier noch dazugehörte. Die Studenten, die nun im Gespräch auf den Steinstufen saßen, wo er einst gesessen hatte, trugen die gleiche zwanglose bequeme Kleidung wie er selbst in diesem Augenblick, und plötzlich hatte er das sonderbare Gefühl einer Rückkehr – innerhalb weniger Minuten war er von seinem Beobachtungssitz in einer Baumkrone in die fünfziger Jahre zurückgeschleudert worden.

Er kam zum Gebäude des Reserveoffiziers-Kadettenkorps, von dem er an der Spitze eines Zuges der «Pershing Rifles» abmarschiert war, alle in gestärkten hellkaki Uniformen mit verchromten Helmen und blitzblank polierten hochschäftigen Schuhen. Er erinnerte sich daran, daß er damals zum Kampf gegen die Kommunisten in Korea ausgebildet wurde und sein Gewehr stolz vor Tausenden Zuschauern zeigen durfte, als er mit anderen Kadetten im Footballstadion defilierte, um vor dem Match die Flagge zu hissen.

Dann ging er an der Landwirtschaftlichen Fakultät vorbei, wo er Seminare besucht hatte, um sich darauf vorzubereiten, jene Baumwollfarm zu leiten, die nun unter öffentlicher Treuhandverwaltung stand. Und er sah auch das Haus der Schwesternschaft, wo er sich mit einem Mädchen getroffen hatte, dessen Name ihm längst entfallen war.

Nun schritt er langsam, aber ohne zu zögern, zu der Tankstelle auf dem Universitätsplatz. Er wußte, daß dort eine Telefonzelle war, und rief einen der Männer an, der ihn bald abholen würde.

Bill hielt sich fast eine Woche lang versteckt, las die Zeitungen und hörte die Nachrichtensendungen, aber es kam keine Meldung über den Tod oder die Verletzung des Bombenwerfers. Selbst wenn die Polizei diese Tatsache vorsätzlich geheimhielt – Bonannos Gruppe hatte Gewährsleute in den Spitälern, und es wäre sicherlich etwas über einen Fall mit tödlichen Schußwunden durchgesickert. Doch bisher gab es nur Erörterungen über den Sprengstoffanschlag. Und während niemand in Bonannos Haus auch nur die geringste Ahnung hatte, wer dahinterstand, schien die Polizei überzeugt, daß der Bananenkrieg auf Tucson ausgeweitet worden sei. Das Lokalblatt *Daily Citizen*, das schon früher darauf gedrungen hatte, daß Bonanno und dessen Anhang die Stadt verlasse, empörte sich in seiner neuesten Nummer über die Bomben:

«Beginnt der Gangsterkrieg nun auch in Tucson?

Wir teilen die Hoffnungen aller anständigen Bewohner, daß es nicht dazu kommen wird. Aber die Explosionen, die an zwei aufeinanderfolgenden Abenden Peter Licavolis Ranch und Joe Bonannos Patio erschütterten, geben uns zu denken.

Beamte des Sheriff-Büros deuteten an, daß zumindest die Detonationen auf der Ranch mit inneren Kämpfen unter Gang-Bossen in Beziehung stehen könnten.

Licavoli, ein Mafiaführer aus Detroit, ist zeitweise in Tucson ansässig und ist hier und in Phoenix an legalen Geschäften beteiligt. Er hat mehrere Verhaftungen im Bereich von Detroit und eine zweijährige Freiheitsstrafe in einem Bundesgefängnis hinter sich.

Tucsons profilierteste Unterweltfigur ist Joe Bonanno, auf dessen Patio am Montagabend ein Sprengstoffanschlag verübt wurde. Im vergangenen Frühjahr kam er in Begleitung einiger Leibwächter, die ihn und seinen Sohn Salvatore (Bill) vor einer Rivalengruppe unter Paul Sciacca, seinem früheren Stellvertreter, schützen sollen.

Es ist durchaus möglich, daß er damit den New Yorker Mafiakrieg nach Tucson trug. Während des letzten Winters wurden in New York einige von Bonannos Anhängern erschossen oder schwer verletzt.

Zwischen den Bombenwürfen und den Fehden innerhalb der Mafia mag ein Zusammenhang bestehen. Aber man fragt sich, ob Tucson nun nicht die Folgen davon zu spüren bekommt, daß notorische Unterweltler hier ihren zeitweiligen Wohnsitz haben.»

Knapp zwei Wochen nach der Veröffentlichung dieses Artikels gab es zwei Explosionen auf Peter Notaros Besitz, ein Patio-Tor und zwei Fenster gingen in Trümmer, doch wurde niemand verletzt. Nachbarn erklärten der Polizei, zwei Männer seien kurz vor 22 Uhr 15 in einem blauen oder grünen Auto geflohen, aber es sei zu finster gewesen, um sie deutlich zu sehen. Als Notaro heimkam und seine Frau sowie seine Tochter verängstigt, aber unversehrt vorfand, versicherte er den Kriminalbeamten, er habe keine Ahnung, wer diese Attentate angezettelt haben könnte, allerdings führten die Behörden und die Lokalpolitiker den Vorfall nach wie vor auf den Gangsterkrieg zurück.

Der Tucsoner Bürgermeister James J. Corbett junior erklärte öffentlich, er wäre «froh, wenn die Unterweltler sich anderswo niederließen». Der demokratische Kongreßmann Morris K. Udall stellte bei J. Edgar Hoover den Antrag, mehr FBI-Agenten nach Tucson zu entsenden, um der Mafia wirksam zu begegnen, und Hoover versprach, er werde jede nur mögliche Hilfe geben. Der frühere Senator Barry Goldwater kritisierte in einer Rede den Johnson-Kurs im allgemeinen und Justizminister Ramsey Clark im besonderen, weil es diesem nicht gelüngen war, entsprechende Schritte gegen das organisierte Verbrechen in Amerika zu unternehmen. Goldwater forderte «das Ende der Herrschaft der Cosa-Nostra-Fürsten».

Im September 1968 erfolgten in Tucson vier weitere Sprengstoffattentate: der erste auf eine Autoverleihfirma, zu deren Stammkunden angeblich Gangster gehörten; ein zweiter auf einen Damenperückensalon, in dem Mrs. Charles Battaglia arbeitete; der dritte auf das Haus eines Mannes, der mit einem Schokoladeautomatenvertreter in Geschäftsverbindung stand, der seinerseits Beziehungen zu «Mobsters» hatte; und der vierte auf die Wohnung eines Mannes, der 1954 bei Joe Bonannos Staatsbürgerschaftsantrag als Leumundszeuge ausgesagt hatte.

Bis zum Oktober, während die Anti-Mafia-Kampagne weiterging und ein Bürgerausschuß zur Bekämpfung des Verbrechens gebildet wurde, hatte schätzungsweise mindestens jeder vierte der insgesamt 250000 Einwohner von Tucson wenigstens eine Explosion selbst gehört. Unter den Politikern, die in Reden ihrer Bestürzung Ausdruck gaben, bezweifelte nur ein einziger die Beteiligung der Mafia an dem Bombenterror: G. Alfred McGinnis, republikanischer Kongreßkandidat des 22. Distrikts. Er vermutete, daß es sich um üble Streiche von Jugendlichen handeln könnte, welche die Situation für bizarre Exzesse eines bedenklichen Räuber-und-Gendarm-Spiels ausnutzten. McGinnis erklärte, er habe während Mafiafehden in New York und Chicago gelebt, «und ich kann Ihnen sagen – die Mafiosi sind Profis, und wenn sie einen Sprengkörper auf ein Haus werfen, dann geht es nicht mit einigen zerbrochenen Fensterscheiben oder einem beschädigten Patio ab».

Keiner von Bonannos oder Licavolis Leuten gab einen Kommentar zu McGinnis' Theorie, obwohl sie zu jenem Zeitpunkt bereits wußten, daß die Attentate weder von Mafiosi noch von abenteuerlustigen Gammlern durchgeführt wurden, sondern eher von einer privaten, noch nicht näher definierten Gruppe, zu der eine dunkelhaarige Frau gehörte. Es war Bill, der dies im Spätsommer beobachtete, als einer seiner Männer, mit einem Sprechfunkgerät hinter einem Busch versteckt, eines Abends ein Auto ohne Licht langsam durch die Elm Street fahren sah. Auf die Warnung hin lief Bill mit seiner Flinte aus dem Haus, verbarg sich im Schatten und wartete, während ein cremefarbener Chevrolet Baujahr 1967 näher kam. Die Limousine bremste vor Bonannos Haus fast, und als auf der Beifahrerseite das Fenster geöffnet wurde, sah Bill, wie die Frau ein Paket herauswarf, das unter eines der am Randstein geparkten Autos kollerte.

Bill schoß nicht, weil es eine Frau war. Aber er hatte das Nummernschild des davonbrausenden Wagens und auch die Köpfe der beiden Insassen im Blickfeld. Flach auf den Boden gepreßt, wartete er auf die Detonation. Als nichts geschah, sprang er auf und rannte ins Haus. Mit den anderen Wächtern wartete er einige quälend lange Minuten, aber noch immer blieb alles still.

Später bemerkte einer der Nachbarn das Paket, hob es auf, brachte es so wie es war zur Haustür und übergab es Mrs. Bonanno. Mit der Erklärung, daß es ihr wahrscheinlich aus der Einkaufstasche gefallen sei, nahm sie es dankend entgegen. Als man die Umhüllung entfernte, kamen sechs zusammengebundene Dynamitstangen zum Vorschein, die Zündschnur, offenbar in großer Eile angesteckt, war zu früh verglüht, um eine Explosion zu bewirken. Einer der Männer vergrub den Sprengstoff außerhalb des Hauses. Es wurde keine Anzeige bei der Polizei erstattet.

Doch am nächsten Tag ermittelte ein Gewährsmann Bonannos in der Kraftfahrzeuganmeldung in Phoenix bei der Überprüfung der Nummer, daß unter dem Kennzeichen «JBW–110» ein 1967er Chevrolet der «Deluxe Importing Company» in Phoenix, 5001 40. Straße registriert war. Bill schickte seinen Bruder auf Recherchen über diese Firma, aber nach einer Rundfahrt über 260 Meilen kehrte Joseph am Spätnachmittag zurück und meldete verdrossen, diese Adresse gebe es in Phoenix nicht. Im weiten Umkreis habe er nur leere Baugründe gefunden.

Damals schöpfte Bill den Verdacht, daß eine private Gruppe hinter den Anschlägen stehe. Und diese Vermutung festigte sich eine Woche später zur Überzeugung, als Peter Notaro anrief, um ihm mitzuteilen, daß er in einer Bierbar zufällig das Gespräch zweier Fremder gehört hatte, die sich über die Bombenattentate unterhielten und offenbar gut informiert waren. Notaro bemerkte, daß die beiden in einem cremefarbenen Chevrolet 1967 wegfuhren. Aber sie hatten die Nummer «JBW–109», eine Ziffer niedriger als die Limousine, die Bill gesehen hatte.

Nach Rückfrage in Phoenix erfuhr er, daß auch dieser Wagen bei der «Deluxe Importing Company» eingetragen war, aber als Adresse war 4008 48. Straße angegeben. Wieder schickte Bill seinen Bruder auf Erkundung aus. Diesmal sah Joseph in der Umgebung nichts als den Camelback Mountain.

Bald darauf hörte Bill von seinem Bekannten im Anmeldungsbüro, daß eine ganze Reihe von Nummern unter dem Namen der mysteriösen Firma registriert waren, und nun hegte er keinen Zweifel mehr, daß er es mit gefährlichen und mächtigen Gegnern zu tun hatte. Er vermutete, daß die Deluxe Importing Company eine Fassade für das FBI oder die CIA sei. Doch sein Vater und er waren einer Meinung, daß sie im Moment mit dieser Information nichts anfangen sollten. Sie mußten ruhig und wachsam bleiben und nicht allzu heftig reagieren, obwohl das zugegebenermaßen unter den gegebenen Umständen ziemlich schwierig war.

Ein paar Wochen zuvor, gegen Ende September, hatte Bill gerade diesen Fehler begangen: er zog seine Pistole und richtete sie auf einen Mann, der in einem geparkten Wagen vor Peter Notaros Haus saß – eine Kurzschlußhandlung, aus der gespannten Situation erklärbar. Aber der

Fremde war ein Kriminalbeamter in einem unbezeichneten Dienstfahrzeug. Bill wurde verhaftet. Gegen 300 Dollar Kaution auf freien Fuß gesetzt, kehrte er nach Hause zurück, erbittert über das Verfahren, das er als Polizeischikane betrachtete. Eine Woche später wurde er wieder festgenommen, diesmal wegen Überschreitung der Höchstgeschwindigkeit. Nachdrücklich bestritt er diese Beschuldigung und erklärte, er sei vorsichtig gefahren, weil er bemerkt habe, daß ihm ein Polizist einige Meilen weit folgte. Im November kam der Fall vor das Stadtgericht, das ihn zu einer Geldstrafe von 15 Dollar verurteilte, mit der Begründung, Bill habe sich ganz darauf konzentriert, daß er beschattet wurde und daher weder die Verkehrszeichen noch einen zweiten Polizeiwagen beobachtet, der seine Geschwindigkeit maß.

Aber er geriet noch tiefer mit dem Gesetz in Konflikt. Im Dezember erfuhr er, daß gegen ihn beim Bundesgericht eine Klage eingebracht worden war. Er wurde beschuldigt, sich widerrechtlich Torrillos Kreditkarte angeeignet zu haben, um damit die Reise im Februar zu finanzieren. Bill Bonanno und Peter Notaro wurden Verabredung zum Verbrechen, Meineid und Postbetrug in fünfzig Fällen zur Last gelegt. Das Delikt des Postbetrugs hatte sich summiert, weil jeder Beleg, der Torrilos gefälschte Unterschrift trug, von der Verkäuferfirma an das Diners Club-Büro geschickt wurde, das die Rechnungen beglich. In den Zeitungen wurde die Erklärung eines Regierungssprechers zitiert, wenn Bill Bonanno in jedem Punkt für schuldig befunden werde, dann könne sich die Gefängnisstrafe auf 220 Jahre und die Geldbuße auf 65 000 Dollar belaufen. Notaro hätte demnach mit 215 Jahren und 63 000 Dollar zu rechnen. Der tote Sam Perrone, der die Karte besorgt und Bill versichert hatte, der Eigentümer sei mit den Transaktionen durchaus einverstanden, wurde in der Anklage als Mitschuldiger bezeichnet.

Diese Nachricht deprimierte Bill, doch überrascht war er nicht. Als seine Anwälte Torrillo nach Perrones Ermordung nicht erreichten und als Bill hörte, daß Torrillo Gespräche mit Detektiven führte, da merkte er, daß sein Fall eine gefährliche Entwicklung nahm. Alles in allem war 1968 ein sehr schlechtes Jahr gewesen. Bill hatte seinen Steuerprozeß in Arizona verloren und schuldete dem Staat rund 60 000 Dollar. Seine Chance, den Besitz in Arizona oder das Haus in East Meadow wiederzuerlangen, stand fast gleich Null. Er war in einen Gangsterkrieg in New York verwickelt, in Tucson von Bombenanschlägen bedroht und hatte ein Verfahren zu gewärtigen, in dem er laut Zeitungsberichten zu 220 Jahren Zuchthaus verurteilt werden konnte. Das war absurd und lächerlich – aber für ihn persönlich nicht sehr heiter.

Während jenes Jahres 1968 kam aus New York auch die Meldung, Frank Mari, Di Gregorios Hauptkiller, der Mann, der wahrscheinlich bei der Schießerei in der Troutman Street und dem Mord an Sam Perrone die

Hand entscheidend im Spiel gehabt hatte, sei Mitte September mit seinem Leibwächter und einem anderen Mafioso plötzlich spurlos verschwunden. Man vermutete, alle drei hätten den Tod gefunden.

Teil III

Die Familie

18

Bill verließ Arizona, als keine Bombenanschläge mehr verübt wurden, und traf rechtzeitig zu Weihnachten 1968 in San José ein. Dort blieb er die nächsten Monate. Zum erstenmal seit vielen Jahren sah Rosalie ihren Mann ohne Leibwächter im Wagen fahren, ein sicheres Anzeichen für eine Wendung.

Aber er schien bedrückt und unruhig. Sein Terminkalender für 1969 wies viele Gerichtsvorladungen aus, das bedeutete, daß er sich nicht weit vom Haus entfernen durfte und jederzeit Anrufe seines Rechtsbeistands zu gewärtigen hatte, der ihn über Ort und Stunde informieren würde. Da die Gerichte in New York und Arizona Bill ihre Subpoenas nie vorher ankündigten und ihm gewöhnlich nur eine Frist von 48 Stunden blieb, um sich einzufinden, wenn er die Kaution nicht verfallen lassen wollte, war er dauernd in Atem gehalten und konnte nie auf längere Sicht planen.

Unter anderem würde er sich in Arizona verantworten müssen, weil er irrtümlich eine Pistole auf einen Polizeibeamten gerichtet hatte, und wahrscheinlich würde er auch aufgefordert werden, über die Sprengstoffattentate auszusagen, wenn die Nachforschungen jemals zur Entlarvung eines Schuldigen führen sollten. Bisher war er mit dem Fortschritt der Erhebungen nicht zufrieden. Die Wachsamkeit des FBI in diesem Fall schien etwas nachgelassen zu haben, da die Kriminalisten vermutlich ermittelt hatten, was er bereits wußte – die Mafia war nicht beteiligt. Aber abgesehen von der Tatsache, daß Bill die Spuren der Nummerntafeln bis zu der mysteriösen Deluxe Importing Company verfolgt und die Frau gesehen hatte, wie sie die Dynamitladungen vor dem Haus seines Vaters aus dem Auto warf, war es ihm während der letzten zwei Monate nicht gelungen, mehr über die Bombenanschläge in Arizona in Erfahrung zu bringen.

In New York sollte er wieder vor dem Tribunal erscheinen, das noch immer die Fakten des Feuergefechts in der Troutman Street, den Bananenkrieg und die Frage des organisierten Verbrechens im allgemeinen durchackerte. Und er wußte auch, daß er früher oder später wegen der Kreditkartenaffäre vor Gericht müsse, ein Thema, über das er lieber gar nicht nachdachte. Durch die tägliche Lektüre der *New York Times* und aus Zeitungsausschnitten, die man ihm bisweilen aus New York schickte, ersah er, daß die Leitartikler die Mafia noch immer als das schlimmste korrumpierende Element der Gesellschaft bezeichneten, als den kollektiven «Staatsfeind Nr. 1», daß die Bundesregierung große Summen für den Kampf gegen das organisierte Verbrechen bereitstellte und daß die Mafiosi der unteren Ränge es nach wie vor schwer hatten, aufeinander schossen und sich bemühten, das Lebensnotwendigste zusammenzukratzen.

Das FBI gab im Zusammenhang mit dem bewaffneten Überfall auf zwei Fernlaster, die mit Zigaretten und anderen Waren im Gesamtwert von 120000 Dollar beladen waren, die Verhaftung von drei mutmaßlichen Bonanno-Soldaten bekannt. Eine spätere Hausdurchsuchung bei den Verdächtigen förderte einen hochexplosiven Sprengkörper und 2000 Schuß Munition für Gewehre, Pistolen und Schrotflinten zutage. Auch der natürliche Tod des siebenundsiebzigjährigen Matteo Di Gregorio, Bruder des kränkelnden Gaspar Di Gregorio, fand in der Presse ein weites Echo. Unter den 800 Trauergästen in Lindenburst, Long Island, waren einige Kriminalbeamte und FBI-Agenten, die behaupteten, sie hätten mehr als zwanzig Mafiabosse erkannt. Der Prominenteste von ihnen war Carlo Gambino, dessen Familie mit mehr als 700 Mitgliedern nun als die größte in New York und den ganzen USA galt.

Das letzte Opfer im andauernden «Bananenkrieg» wurde als einer von Di Gregorios Leuten identifiziert – Thomas Zummo, 29, der, laut Angaben der Kriminalbehörden, am 6. Februar in einer Geschoßgarbe starb, als er etwa um 5 Uhr nachmittags das Apartmenthaus seiner Freundin in Queens betrat. Diese Freundin, ein Fotomodell, verständigte sofort, nachdem sie die Schüsse gehört hatte, die Polizei, aber Zummo, von vier Kugeln getroffen, war offenbar sofort tot gewesen; fünf weitere Projektile steckten in den Mauern. Eine Woche später las Bill, daß der einundsiebzigjährige Vito Genovese soeben im Inquisitenspital des Bundeszuchthauses in Springfield, Missouri, einem Herzleiden erlegen sei.

Genovese, der 1960 eine fünfzehnjährige Freiheitsstrafe wegen Rauschgiftschmuggels angetreten hatte, wäre im März 1970 wegen guter Führung bei Meldepflicht vorzeitig entlassen worden. Aber zwei Wochen vor diesem Termin wurde er aus der Bundesstrafanstalt Leavenworth ins Spital eingeliefert, und die Presse widmete Erwägungen über seinen Nachfolger breiten Raum. Die drei aussichtsreichsten Kandidaten waren Jerry Catena, 67, angeblich zeitweiliger Don während Genoveses Haft, Michele Miranda, 72, der Consigliere der Familie, und Thomas Eboli, 58, einstiger Boxmanager. Man sagte, dieses Triumvirat leite gegenwärtig die Genovese-Organisation, aber nach Meinung eines Mafiaexperten namens Ralph Salerno, einem früheren New Yorker Polizeibeamten und nunmehrigen Konsulenten des Nationalausschusses für die Bekämpfung der Kriminalität, gab es noch einen vierten Bewerber, der die Macht ergreifen könnte. Dieser vierte Mann, den Salerno als «jung und ehrgeizig» bezeichnete, sei Salvatore Bonanno.

Als Bill im *Mercury*, dem Lokalblatt von San José, diese aus New York stammende Meldung las, war er fast geschmeichelt, aber gleichzeitig beunruhigt. Er wußte, daß Salernos naive Äußerungen seine Schwierigkeiten vermehren könnten, sobald er nach New York zurückkehren würde. Und er wußte, was auch Salerno hätte bekannt sein müssen, daß er absolut keinen Einfluß auf Genoveses Leute hatte. Ja, Bill fragte sich sogar, ob seine Persönlichkeit überhaupt noch bei den Leuten seiner eigenen Organisation ins Gewicht falle. Dennoch konnte es sein, daß Salernos Erklärung von einigen der in die Enge getriebenen Killer Genoveses in New York für bare Münze genommen wurde – im gegenwärtigen Zustand der Verwirrung in der Unterwelt konnte alles glaubhaft erscheinen. Und Bill wollte nichts weniger, als unter der Mafiagefolgschaft noch mehr Neid und Aufsässigkeit zu erregen.

Die Auswirkung von Salernos Worten hatte er bereits bemerkt: am Verhalten gewisser Männer, die früher immer ins Haus gekommen waren, um zu fragen, ob es etwas für sie zu tun gebe. Sie kannten seinen Vater und waren Rosalie bei der Einrichtung in San José behilflich gewesen. Einige Wochen lang hatten sie sich nicht blicken lassen. Nun kamen sie wieder. Während sie im Nebenraum warteten, bis Bill sein Frühstück beendet hatte, sahen sie den Kindern beim Spielen zu, und Bill hörte seine Tochter Felippa sagen, sie wollte Airhostess werden. Tory, sein sechsjähriger Sohn, schwankte zwischen den Berufen eines Astronauten und eines Zahnarztes.

«Zahnarzt?» fragte einer der Männer.

«Ja», sagte Tory, «mein Onkel Greg ist Zahnarzt und weiß eine ganze Menge.»

«Na, dein Vater weiß doch auch eine ganze Menge», erwiderte der Mann.

«Schon, aber er ist kein Zahnarzt», meinte Tory.

«Was ist er denn?» fragte der Mann. Bill hörte aufmerksam zu.

«Fahrer», sagte Tory.

«Fahrer?»

«Ja, er fährt im Auto.»

«Aber er tut doch auch was anderes», sagte der Mann.

«Er sitzt vorm Fernsehapparat, und er fährt im Auto», erklärte Tory sehr entschieden. Die Männer lachten. Bill selbst fand diese Äußerung weniger erheiternd. Es erschien ihm als bezeichnender Zufall, ja fast als eine Fügung, daß seine Kinder ausgerechnet jetzt über seinen Beruf redeten, da er selbst gründlich überlegte, wie er ihnen seine Lebensverhältnisse erklären könnte. Früher oder später, besonders wenn er für längere Zeit ins Gefängnis mußte, mußte er versuchen, seine Kinder ins

Vertrauen zu ziehen. Joseph Bonanno freilich hatte das nie getan. Bill erinnerte sich, daß er schon den Stimmbruch hinter sich hatte, als er endlich begriff, warum sein Vater so hohes Ansehen genoß. Vorher hatte Bill ihn nur für einen erfolgreichen Geschäftsmann gehalten, den Besitzer einer Käseerzeugung in Wisconsin, einer Wäscherei in der Stadt New York, einer Molkerei im Staate New York und einiger Liegenschaften in Arizona. Hätte es etwas geändert, wenn er die «Wahrheit» früher erfahren hätte? Bill bezweifelte es. Er stand im Bann seines Vaters, er wäre ihm in die Hölle gefolgt – und als er schließlich das volle Ausmaß der Macht Joseph Bonannos erkannte, war er noch tiefer beeindruckt und stolzer. Aber Bill erwartete sich nicht diese prägende Wirkung auf seine eigenen Kinder. Er würde für sie nie jene überragende Gestalt sein, die sein Vater für ihn gewesen war. Die Zeiten hatten sich geändert, die Dynastie zerfiel, die innere Abgeschlossenheit des italienischen Familienlebens würde höchstwahrscheinlich die dritte Generation nicht überdauern, und das war für seine Kinder vermutlich gut so.

Nun, da er zufällig Zeuge des Gesprächs im Wohnzimmer wurde, wollte er die Probe aufs Exempel machen, was seine Kinder von ihm dachten. Später, als die Männer fortgegangen waren und Rosalie ihre Einkaufstour machte, öffnete er die Patiotür und rief seinen elfjährigen Sohn Charles.

Er war gerade dabei, aus Orangenkisten und Maschendraht einen neuen Kaninchenstall zu bauen. Charles war der geschickteste Handwerker im Haus; er reparierte die platten Reifen der Fahrräder, zog die losen Schrauben an Felippas Kinderwagen nach, mähte im Garten den Rasen und jätete das Unkraut. Er sparte auf einen elektrischen Rasenmäher und hatte vor, sich damit bei Nachbarn ein Taschengeld zu verdienen. Charles war jetzt in der vierten Klasse der Grundschule. Er war ein Jahr älter als seine Mitschüler, denn in Long Island war er einmal sitzengeblieben; doch weder dies noch die Tatsache, daß er äußerst mäßige Noten nach Hause brachte, schien ihn sonderlich zu berühren. In der Schule besaß er fast überhaupt keinen Konkurrenzgeist; für die Dinge, die ihm etwas bedeuteten, erhielt man keine Noten. Sein Interesse galt den Tieren, Vögeln, Schmetterlingen und Käfern, die er nicht müde wurde zu fangen. Er war stets höflich und verlor nie die Geduld, und es hatte den Anschein, als ob er sich von allen vier Kindern im Haushalt der Bonannos am wohlsten fühlte, obwohl er ein adoptiertes Kind und sich dessen auch bewußt war.

Als er hörte, wie sein Vater ihn rief, machte Charles keine Umstände und maulte nicht, wie es seine Brüder wahrscheinlich getan hätten, sondern kam sofort in den Fernsehraum und blieb stehen, während sein Vater die Tür schloß. Er war ein hochaufgeschossener magerer Junge, mit grünen Augen, im Typ heller als seine Brüder.

Bill setzte sich und fragte ihn: «Charlie, weißt du, womit ich Geld verdiene?»

«Nein», sagte der Junge, er schien etwas unsicher.

«Fragt dich dein Lehrer nie, was ich treibe?»

«Nein.»

«Denkst du selber nie darüber nach?»

«Nein.»

«Das ist dir ganz gleich, oder?» fragte Bill leichthin.

Charles überlegte, bevor er antwortete: «Na ja, in New York hast du in einer Eisenhandlung gearbeitet.»

«In einer Eisenhandlung?»

«Stimmt es nicht?»

«Meinst du nicht ein Lagerhaus?»

«Ja, das habe ich gemeint, ein Lagerhaus.»

«Angenommen, einer deiner Lehrer oder einer deiner Kameraden bei den Pfadfindern fragt: ‹Was tut dein Vater den ganzen Tag?› Was würdest du antworten?»

«Er sitzt da und sieht sich das Fernsehprogramm an.»

Bill lächelte. Dann fragte er: «Kannst du dich noch an Onkel Hank erinnern?» Das war der verstorbene Sam (Hank) Perrone.

Charles nickte, und Bill fragte:

«Welchen Beruf hatte er?»

«Das weiß ich nicht.»

«Stell dir vor, dein Pfadfinderfeldmeister will wissen, was ich bin – was würdest du ihm sagen?»

«Gar nichts.»

«Warum?»

«Weil ich nicht weiß, was du bist. Du hast es mir noch nie gesagt.»

«Denk einmal ans Geld – hättest du nicht Angst, wenn kein Geld da wäre?»

«O ja.»

«Aber du glaubst, daß ich Geld habe, nicht wahr?»

«Ja.»

«Wieso weißt du das?»

«Weil ich immer eine Menge Geld sehe, wenn ich mit Mami in dein Zimmer gehe.»

«So?» Bill war überrascht. «Wo denn?»

«Auf deinem Schreibtisch.»

«Viel Geld?»

«Klar, 25-Cent-Stücke und 10-Cent-Stücke, ich habe sogar eine Dose voll Münzen gesehen.»

«Und du glaubst, das ist viel Geld?»

«Natürlich – und du hast mir gesagt, daß du mir Käfige für meine

Kaninchen . . .»

«Schon gut», unterbrach ihn Bill. «Schick jetzt Joseph herein.» Der war ein feingliedriges, zartes Kind mit großen braunen Augen und langen Wimpern.

Von Natur aus war er strebsam, wollte hinter anderen nicht zurückstehen, und wahrscheinlich wäre es zu dauernden Reibereien zwischen ihm und seinem älteren Bruder gekommen, wenn Charles weniger konziliant gewesen wäre. Der Umstand, daß Joseph so oft an Asthmaanfällen litt und sich körperlich nicht anstrengen durfte, wirkte sich auf ihre Beziehung aus, und Josephs Mißmut erklärte sich zum Teil daraus, daß er immer wieder mühsam nach Luft ringen mußte.

Aber trotz dieses Gebrechens und seiner häufigen Erkrankungen, die ihn von der Schule fernhielten, kam er im Lernen gut voran. Wenn er im Bett bleiben mußte, dann las er und verbrachte Stunden über Kreuzworträtsel. Er war neugierig und aufgeweckt und hatte sich bereits seine eigenen Gedanken über Bills ungewöhnliche Zeiteinteilung und unberechenbare Termine gemacht. Der Junge stellte zwar noch keine direkten Fragen, aber Bill vermutete, wenn der Tag käme, um ihm seine Lebensumstände zu erklären, würde Joseph schon selbst daraufgekommen sein. Bill fragte sich, ob es nicht ratsam wäre, dieses kleine Spiel mit seinem sensibelsten Sohn zu spielen, der nun ohne zu lächeln vor ihm stand. Mit ihm mußte man sehr behutsam umgehen.

«In welcher Klasse bist du, Joey?» fragte Bill.

«In der dritten.»

«Fragen deine Lehrer, was ich tue?»

«Ja.»

«Und was sagst du ihnen?»

«Mami hat mir einmal erzählt, du bist im Lastwagengeschäft. Und das sage ich.»

«Was meinst du mit Lastwagengeschäft – weißt du, was ich arbeite?»

«Wahrscheinlich fährst du herum.»

«Hast du mich schon in einem Lastwagen gesehen?»

«Nein, aber Tory sagt, du hast ihn einmal im Lastauto mitgenommen.»

«Ja, das stimmt. Wir sind einmal zum Lagerhaus gefahren. Aber was tue ich jetzt?»

«Das weiß ich nicht», sagte Joseph langsam, plötzlich schien er gehemmt. «Aber ich weiß, daß du nicht im Lastwagengeschäft bist.»

Bill blickte den Jungen an, der etwas verlegen in der Mitte des Raumes stand. Der Vater stellte keine weiteren Fragen mehr, sondern ließ Tory holen. Der Sechsjährige mit den leuchtenden braunen Augen war das lebhafteste und charmanteste der vier Bonanno-Kinder. Er war auch schlau und verstand es, wohlverdiente Strafen dadurch abzuwenden, daß er die Erwachsenen mit seinen komischen Äußerungen verblüffte und entwaffnete. Eines Abends nach dem Essen fragte er seine Mutter, ob er noch ins Freie gehen dürfe. Rosalie erwiderte streng: «Es ist sieben Uhr!» Später sah sie zufällig, wie Tory mit anderen Jungen auf dem Gehsteig spielte. Sie lief hinaus, holte ihn und hielt ihm eine Standpauke wegen seines Ungehorsams. Tory erwiderte ganz unschuldig: «Aber du hast nicht gesagt, daß ich nicht hinausdarf – du hast mir nur gesagt, wie spät es war!»

Mit seiner um ein Jahr jüngeren Schwester Felippa zankte er sich oft. Sie reizte ihn dauernd, weil sie genau wußte, der Vater hatte Tory eingeschärft, er dürfe sie nicht hart anfassen. Dieses Verbot wurmte den Jungen, und er wäre nicht Tory gewesen, hätte er nicht Mittel und Wege gefunden, der boshaften kleinen Felippa ihre Provokationen heimzuzahlen. Jedesmal bevor Bill das Haus verließ, um auswärts zu übernachten, sagte er zu seinem Sohn: «Denk daran, ich will nicht, daß du deine Schwester schlägst, wenn ich fort bin.»

Tory nickte, jeder Zoll ein braves Kind. Doch vor einigen Wochen, kurz nach der Rückkehr von einer Wochenendfahrt, sah Bill, wie Tory Felippa ein kräftiges Kopfstück gab, weil sie absichtlich in sein Malbuch gekritzelt hatte. Bill nahm sich Tory vor, aber ehe er etwas sagen konnte, rief der Kleine: «Du hast gesagt, ich darf sie nicht schlagen, wenn du fort bist – aber jetzt bist du ja wieder da!»

Tory kam mit einem Rugbyhelm herein, sein Gesicht war schmutzig. Bill mußte lächeln.

«Tory, hat dich schon jemand gefragt, was ich arbeite?»

«Nein.»

«Hast du selbst schon darüber nachgedacht?»

«Nein.»

«Kannst du dich noch an Onkel Hank erinnern?»

«Ja.»

«Was hat er gearbeitet?»

«Weiß ich nicht.»

«Kannst du dich noch ans Lagerhaus erinnern?»

«O ja!»

«Dort waren doch Lastwagen, nicht wahr?»

«Ja.»

«Weißt du noch, wie wir darin gefahren sind?»

Tory nickte.

«Nun, was glaubst du, woher ich Geld kriege?»

«Die Leute geben es dir.»

«Geben die Leute dir auch Geld?»

«Nein.»

«Warum nicht?»

Tory zuckte gleichgültig mit den Achseln.

«Und wenn dich der Lehrer fragt, was dein Vater arbeitet – was würdest du ihm antworten?»

«Daß ich es nicht weiß.»

«Gut, schick deine Schwester herein.»

Felippa, genannt Gigi, kam mit einer Puppe. Trotz ihrer fünf Jahre war sie schon sehr selbstsicher. Sie schien zu wissen, daß ihr Vater alles für sie tun würde.

«Gigi, weißt du, was Papa den ganzen Tag macht?»

«Ja», sagte sie lächelnd.

«Was denn?»

«Weiß ich nicht.» Sie kicherte.

«Woher bekomme ich denn mein Geld?»

«Von einem Mann.»

«Welchem Mann?»

«Weiß ich nicht.» Sie kicherte wieder.

Als auch Bill lachte, lief sie auf ihn zu. Er schloß sie in die Arme und erklärte feierlich: «Fragestunde beendet!»

19

Einige Tage später flog Rosalies Mutter von New York nach San Francisco. Im Gepäck hatte sie eine Schachtel mit lebenden Schnecken, die sie selbst auf dem Fischmarkt in Brooklyn ausgesucht hatte, ferner lebende Hummer aus Maine, eine besondere italienische Wurstsorte, bei deren Füllung auch Käse mitverarbeitet wurde, und andere in Kalifornien seltene Delikatessen, die sie bei einem großen Familientreffen am folgenden Tag, dem ersten Sonntag im März, servieren wollte.

Dieses Essen, an dem ein Dutzend Personen teilnehmen sollten, würde im Haus ihrer Tochter Ann stattfinden, die im siebenten Monat schwanger war. Mrs. Profaci hatte vor, bis nach der Geburt in San José zu bleiben, um die beiden anderen Enkelkinder zu betreuen. Gleichzeitig konnte sie sich um ihre älteste Tochter Rosalie und um die jüngste kümmern, die einundzwanzigjährige Josephine, die im Juni, bald nach dem Abschluß ihres Studiums an der Berkeley-Universität, heiraten sollte.

Josephine sollte in der Kirche auf dem Gelände der Stanford-Universität mit einem jungen Mann namens Tim Stanton getraut werden. Er hatte haselnußbraune Augen und langes blondes Haar, war weder katholisch noch Italiener, sondern stammte aus einer Familie der oberen Mittelschicht im Westchester County im Staat New York. Die beiden

233

hatten einander im Frühjahr 1966 kennengelernt, als Josephine in Santa Clara studierte. Während des folgenden Sommers nahm Tim das Mädchen zu seinen Eltern mit, die am Stadtrand von New York wohnten. Vor dieser Begegnung hatte sich Josephine sehr gefürchtet, obwohl sie Tim schon am Anfang ihrer Beziehung über ihre Verwandten aufgeklärt hatte und dabei erstaunt und erleichtert feststellen konnte, daß diese Sorge überflüssig gewesen war, da er bereits alles wußte. Das Zusammentreffen mit seinen Eltern verlief unerwartet harmonisch, denn die Stantons gaben ihr das Gefühl, willkommen zu sein.

In den nächsten zwei Jahren nach Josephines Studienbeginn an der Berkely-Universität vertiefte und festigte sich ihre Bindung zu Tim. Doch gegen Heiratspläne hatten ihre eigenen Angehörigen mehr Bedenken als die Stantons. Josephines Mutter und ihr älterer Bruder waren sehr enttäuscht, daß die Zeremonie nicht nach römisch-katholischem Ritus vollzogen werden sollte. Aber als sie erkannte, daß sich Josephine zu diesem Schritt entschlossen hatte und daß nichts das junge Paar zu trennen vermochte, nahmen sie das Unvermeidliche hin, und Salvatore Profaci erklärte sich sogar bereit, bei der Hochzeit seiner jüngsten Schwester als Brautführer zu fungieren. Die übrige Sippe jedoch, zu der Bill, seine Freunde und andere, auch angeheiratete Verwandte gehörten, hegte noch immer Zweifel darüber, ob eine solche Eheschließung ratsam sei, und zum Zeitpunkt des großen Familiendinners drehten sich viele Gespräche und Diskussionen in Brooklyn und San José um Tim Stanton. Während des vergangenen Jahres hatten alle Gelegenheit gehabt, ihn kennenzulernen, aber da er sich in Wesen und Erscheinung so völlig von allen anderen Außenstehenden unterschied, die sich jemals der Familie genähert hatten, wirkte er auf sie faszinierend, aber auch unbegreiflich.

Einige von Bills Freunden stießen sich an Tims langem Haar und seiner betont zwanglosen Kleidung, und als sie hörten, daß er den Vietnam-Krieg verurteilte und erklärte, er würde sich weigern zu kämpfen, falls er einrücken müßte, stuften sie ihn voreilig als typischen Vertreter jener radikalen Jugend ein, die auf den Sturz des «Establishments» hinarbeitete. In jeder Auseinandersetzung mit der revoltierenden neuen Generation würden Bills Leute eindeutig auf der Seite des Systems, der Regierung, der Polizei und des Prinzips von «Recht und Ordnung» stehen. Diese Männer wünschten nicht den Zusammenbruch des Systems, denn mit ihm würden auch sie fallen. Zwar hielten sie die gegenwärtige Regierung für schlecht, heuchlerisch und undemokratisch und wußten, daß die überwiegende Mehrzahl der Politiker und der Polizeibeamten bestechlich war, aber Korruption konnte man noch verstehen und sich darauf einrichten. Vor Reformern und Kämpfern hingegen, denen die Mafiosi nach jahrhundertealten Erfahrungen der sizilianischen Geschichte zu mißtrauen gelernt hatten, hüteten sie sich sehr.

Bill jedoch nahm der jungen Generation gegenüber eine weniger starre Haltung ein, und in vielen Fragen war er mit Tim Stanton einer Meinung. Doch er billigte nicht Tims Absicht, den Kriegsdienst zu verweigern oder in Malaysia, wo er sich nach der Heirat ansiedeln wollte, ins Friedenskorps einzutreten. Seiner Meinung nach war die Verpflichtung für das Friedenskorps ein Selbstbetrug und eine halbe Lösung, da diese Organisation von derselben Regierung gefördert werde, die den Krieg in Vietnam führte. Wenn sich Stanton an einem moralisch verwerflichen Kampf nicht beteiligen wolle, dann sollte er nach Bills Ansicht den Preis dafür bezahlen und ins Gefängnis gehen. Bill dachte daran, daß man in solchen Zeiten gerade hinter Gittern viele ehrenwerte Männer treffe, zu denen er auch sich selbst zählte.

Stantons politische Einstellung ließ Rosalie ziemlich kalt, aber es war ihr nicht gleichgültig, daß Josephine ohne den Segen der angestammten Kirche die Ehe schließen wollte. Sie hätte es lieber gesehen, wenn ihre jüngste Schwester katholisch geheiratet hätte und bei dem Glauben geblieben wäre, in dem sie erzogen worden war und zu dem sie sich bisher bekannt hatte. Doch in diesem Fall bestärkte Bill seine Schwägerin in ihrem Entschluß, nicht bloß zum Schein an einer Konfession festzuhalten, von der sie nicht überzeugt war. Er war ihr gegenüber aus anderen, kaum definierbaren Gründen befangen und wurde den Verdacht nicht los, in Wahrheit verachte sie ihn und lehne ihn ab. Bill vermutete, daß sich Josephine sehr gut an gewisse Auftritte zwischen ihm und der Familie Profaci erinnerte, als Rosalie 1963 Arizona verlassen hatte und nach New York zurückgekehrt war. Seit damals hatte er den Eindruck, Josephine sei in seiner Gegenwart wortkarg und zurückhaltend und gebe ihm nur manchmal ihr Mißfallen durch bestimmte Gesten und Bemerkungen zu verstehen. Rosalie selbst hatte kürzlich geäußert, Josephine habe sich wahrscheinlich in punkto Hochzeit und Religion für einen anderen Weg entschieden, da sie an Rosalies Beispiel gelernt habe, welche Leiden das bedingungslose Festhalten an der Tradition mit sich bringen könne. Bill wußte natürlich, daß seine Frau keine Gelegenheit versäumen würde, sich selbst als Märtyrerin darzustellen. Andererseits war die Beziehung zu seiner Schwägerin Ann seit je ungetrübt, die beiden verstanden sich ausgezeichnet. Oft hatte Bill bei Familienzusammenkünften im Scherz gesagt, er habe die falsche Profaci-Tochter geheiratet.

Ann war wohl etwas üppig wie ihre Mutter, hatte aber ein schönes Gesicht, ausdrucksvolle Augen und besaß Humor, ein Wesenszug, der nicht unbedingt zu den charakteristischen Eigenschaften der Profacis gehörte. Sie war eine tüchtige Hausfrau und ideale Mutter und fügte sich trotz ihrer ausgeprägten Intelligenz dem Urteil ihres Gatten, der in dieser harmonischen Ehe ohne patriarchalische Allüren den Ton angab. Aber Josephine würde gewiß ein anderes Leben führen, sie war das Produkt einer anderen Zeit. Als erste und einzige der Profaci-Töchter schloß sie ihr Studium ab und identifizierte sich zweifellos mit den Bestrebungen, der modernen Frau größere Freiheiten und mehr Selbständigkeit zu sichern, ohne in die Rolle einer aggressiven, kompromißlosen «Emanzipierten» zu verfallen. Bill vermutete, daß darin einer der Gründe für ihre reservierte Haltung liegen mochte, denn er verkörperte all jene Tendenzen, die sie als moderne junge Frau ablehnen mußte. Er war der selbstherrliche Sizilianer, der tat, was ihm beliebte, der kam und ging, wie es ihm gefiel, ohne daß ihn jemand deswegen fragen durfte. Er beanspruchte die Rechte einer einseitigen patriarchalischen Gesellschaftsordnung, in der die Bonannos und Profacis viele Generationen lang gelebt hatten.

Aber nun, im März 1969, da seine Schwiegermutter nach San José kam, wollte Bill alle Reibungen und Spannungen vermeiden und sich bei dem Sonntagsdinner, an dem Josephine und vielleicht auch Tim teilnehmen würden, von seiner besten Seite zeigen.

Die halbe Nacht hatte ihn die Lektüre eines neuen Romans über die Mafia mit dem Titel ‹The Godfather› (‹Der Pate›) wachgehalten. Er hatte das Buch zur Hälfte gelesen, und soweit gefiel es ihm sehr gut. Der Autor Mario Puzo offenbarte gründliche Einblicke in das Gefüge der Geheimorganisation. Bill fand die Zentralfigur der Handlung – Don Vito Corleone – durchaus glaubwürdig gezeichnet. Er hätte gern gewußt, ob dieser Name einerseits von «Don Vito» Genovese und andererseits von der Stadt Corleone, die im westsizilianischen Binnenland südöstlich von Castellammare liegt, abgeleitet war. Er glaubte, daß sein eigener Vater viel von jener Überlegenheit besaß, mit welcher der Autor den Mafiaboss seines Buches ausgestattet hatte, und doch entdeckte er in dieser Gestalt auch Züge, die ihn an den verstorbenen Thomas Lucchese erinnerten. Tatsächlich hatte Lucchese, wie Corleone im Roman, während der fünfziger Jahre unter den New Yorker Demokraten einflußreiche Freunde gehabt, Männer, von denen man berichtete, daß sie sich für großzügige politische Schützenhilfe mit besonderen Gefälligkeiten erkenntlich zeigten. 1960 ging Lucchese nach Los Angeles, um enger mit einigen dieser Freunde, die zum Demokratischen Nationalkonvent gehörten, zusammenzuarbeiten. Er befürwortete die Nominierung John F. Kennedys, aber andere Dons, zum Beispiel Joseph Profaci, waren gegen diesen dynamischen jungen Mann, nicht zuletzt auf Grund eines traditionellen Argwohns der sizilianischen Einwanderer. Nach Profacis Meinung lehnten die meisten Politiker irischer Abstammung ebenso wie die irischen Priester und Polizisten die Italiener entschieden ab und würden nichts für sie tun – eine Ansicht, die weder Lucchese noch Frank Costello teilten, der mit William O'Dwyer auf vertrautem Fuß gestanden war. Doch als Kennedy Präsident geworden und die «irische Mafia» an die Macht gekommen war – unter den Italoamerikanern in Washington hatte nur Joseph Valachi traurige, umstrittene Berühmtheit erlangt –, gaben viele Mafiosi Profaci recht.

Zu den hervorstechendsten Eigenschaften der im ‹Paten› geschilderten Sizilianer – nicht nur Don Vito Corleone und dessen Sohn Michael, mit dem sich Bill identifizierte, sondern auch andere Figuren – gehörten Mut und ein ausgeprägtes Ehrgefühl, Tugenden, die nach Bills Überzeugung nun rasch ihren Wert verloren. Der Roman handelte in den Jahren nach dem Zweiten Weltkrieg, und damals war die Mafia wahrscheinlich so, wie der Autor sie beschrieb. Bill konnte das Buch auch tagsüber nicht weglegen, er sehnte sich nach einer Zeit zurück, die er selbst auf diese Weise niemals miterlebt hatte. Er las noch fast eine Stunde lang auf dem Patio weiter, bis ihn Rosalies Stimme aus seiner Versunkenheit aufstörte.

«Joseph», rief sie rügend aus der Küche, «du sollst den Ballon nicht aufblasen, ich will nicht, daß du dich heute anstrengst!»

Bill nahm die Lektüre wieder auf, wurde aber nochmals durch Rosalie unterbrochen. Sie stand in der Patiotür und sagte ihm, daß sie mit den Kindern zu Ann gehe, um ihr bei den Vorbereitungen für das Dinner zu helfen. Bill hatte zu Mittag eine Verabredung mit einem seiner Leute und würde dann nachkommen. «Aber nicht zu spät!» sagte sie über die Schulter. «Nein, keine Sorge», erwiderte er und winkte seinen Sprößlingen zu.

Er las noch eine halbe Stunde und stand dann auf, um sich zu rasieren und sich für die Besprechung umzuziehen. An diesem Sonntag war er zwanglos gekleidet, als ginge er auf den Golfplatz. Er trug eine hellblaue leichte Hose, braune Mokassins und eine graue Strickjacke über einem orangegelben Hemd. Nachdem er in der Küche eine Tasse Kaffee getrunken hatte, beschloß er, seine Tante Marion und seinen Onkel Vincent Di Pasquale anzurufen; er wollte sie wieder in Brooklyn besuchen, wenn er in einigen Wochen erneut vor Gericht aussagen mußte. Diesmal störte es ihn nicht, daß das Telefon abgehört wurde, denn er hatte nichts Wichtiges oder Verdächtiges mitzuteilen. Als sich seine Tante Marion meldete, knackten in der Leitung die Nebenanschlüsse. «Hallo, wie viele Leute sind am Apparat?» rief er in die Muschel. «Hallo», sagte seine Tante, es klang leise, undeutlich, weit entfernt, er hörte auch die Stimme seiner Cousine Linda am Nebenanschluß des Schlafzimmers und irgendwo im Hintergrund das Weinen eines Kindes.

«Bist du es, mein Sohn?» fragte die Tante, eine kinderlose Frau, die ihn immer «Sohn» genannt hatte. «Bist du es?»

«Ja», sagte Bill sarkastisch, «hier bin ich und das FBI an der Strippe, und an eurem Ende des Drahtes sind wohl Linda, das Baby, wahrscheinlich noch Tante Jeanne im ersten Stock und die New Yorker Kriminalpolizei, nicht wahr?»

«Hallo», schaltete sich Linda ein, «wie geht es euch allen?»

«Gut», antwortete Bill. Aber bevor er mit ihr weitersprechen konnte, hatte Tante Marion ihm verschiedenes mitzuteilen. Sie war eine Frau Ende der Sechzig und war über fast alle trivialen alltäglichen Einzelheiten auf dem laufenden, welche die weitverzweigte Verwandtschaft der Bonannos, Labruzzos, Bonventres und anderer *compadres* in den USA und Europa betrafen. Dazu gehörte etwa die Feststellung, sie halte ihre Rückenschmerzen kaum mehr aus, Onkel Vincents Verkühlung habe sich nicht gebessert, ihr Neffe mache erstaunliche Fortschritte im Zeichenunterricht, momentan herrsche in Brooklyn kühles Wetter, im TV-Gerät müsse eine Röhre ausgewechselt werden und andere bedeutungsschwere Informationen, die, wie Bill wußte, den polizeilichen Lauscher, der dieses Gespräch für die Nachwelt auf Tonband aufnahm, sicherlich in Atem halten würden.

Mrs. Profaci stand am Herd, kochte die Schnecken und die Hummer und bereitete die Ravioli zu. Rosalie und Ann halfen ihr, Josephine leistete den ersten Gästen im Wohnzimmer Gesellschaft. Anns Mann Lou bot Getränke an, die sechs Kinder tollten durch die Räume. Das Haus war hübsch eingerichtet, neben dem Kamin hing eine Gitarre, zur Erinnerung an die Zeit, da Lou in Tanzlokalen als Schlagersänger aufgetreten war. Nun ging der freundliche, unkomplizierte Mann auf die Vierzig zu, schätzte die Bequemlichkeit, besaß einen eigenen Laden und sang nur noch unter der Brause. Doch offenbar trauerte er seiner «Künstlerlaufbahn» nicht nach, denn er war glücklich verheiratet, vertrug sich mit seiner Schwiegermutter und freute sich über die Geburt eines weiteren Sprößlings. Den Lärm der Kinder, die nun polternd und johlend auf den Patio rannten, schien er gar nicht wahrzunehmen. Er bemerkte, daß sein kleiner Sohn Lawrence eine Spielzeugpistole schwang, die ihm Bill geschenkt hatte, und da Lou wußte, daß seine Frau nicht einmal harmlose Plastikrevolver im Haus haben wollte, sah er einfach weg.

Bill und Tim Stanton waren noch nicht da. Tim würde sich wahrscheinlich verspäten, und man brauchte mit dem Essen nicht auf ihn zu warten, aber man konnte auf keinen Fall ohne Bill beginnen. Die Anwesenden mußten die Zeit bis zu seinem Eintreffen mit Gesprächen hinbringen. Keiner aus der Runde dachte daran, daß man sich ohne ihn zu Tisch setzen würde, denn in vieler Beziehung galt Bill als Oberhaupt der Familie.

Kurz nach 14 Uhr kam er mit einem anderen Mann und Catherines Gatten, dem Zahnarzt. Catherine selbst war in Tucson, um mit ihren Kindern die Eltern zu besuchen. Sie wollte am Abend mit dem Flugzeug nach Kalifornien zurückkehren. Freundlich begrüßte Bill seine Schwiegermutter und Ann in der Küche, nickte Rosalie zu und ging ins Wohnzimmer, wo Lou ihn herzlich willkommen hieß, ein frisches Glas ergriff und einladend auf seine Flaschenbatterie wies. Josephine blickte Bill an und verkündete mit ironischer Feierlichkeit: «Der Erhabene ist erschienen, wir können essen.»

Lächelnd überging Bill diese Spitze, in diesem Moment kam Rosalie herein, nahm die Schürze ab und setzte sich. Auch ihr goß Lou sofort einen Drink ein. Aus der Küche hörte man das helle Klappern der Schneckenhäuser im kochenden Wasser. Dieses ungewöhnliche Geräusch erinnerte Rosalie an die großen Familienfeste ihrer Mädchenzeit, als ihre Onkel Joseph Profaci und Joseph Magliocco noch lebten. Ihr fiel ein, daß Schnecken, die man im Becken ließ, während man die anderen Speisen zubereitete, manchmal langsam herauskrochen, unversehens fand man sie an den Wänden wieder.

Mrs. Profaci erschien lächelnd in der Tür und erklärte, das Essen sei fertig. Man setzte sich, und die dampfenden Schüsseln wurden aufgetragen. Bill atmete genießerisch den Duft der vor ihm stehenden Gerichte ein. Als er von den Schnecken gekostet hatte, lobte er die Kochkunst seiner Schwiegermutter und erhob sein Weinglas zu einem Toast. Dann erzählte er von dem neuen Buch ‹Der Pate›, das noch keiner der anderen kannte. Deshalb schilderte er einige besonders dramatische Stellen und Passagen. Ann, die gespannt zugehört hatte, rief schließlich: «Das klingt ja ungeheuer verlockend. Bei so einer patenten Organisation würde ich gern mitmachen!»

«Du bekommst die besten Empfehlungen», sagte Bill gut gelaunt. «Unter der Devise: Annie get your gun!»

Alle lachten, bis auf Josephine, die nicht von ihrem Teller aufblickte. Mrs. Profaci erzählte, sie habe kürzlich den Film ‹The Brotherhood› mit Kirk Douglas in der Hauptrolle gesehen, aber bevor sie ihre Meinung darüber äußern konnte, unterbrach Bill sie mit der kategorischen Feststellung, das sei einer der albernsten Filme, die je gedreht wurden.

«Da kommt gegen den Schluß zu diese lächerliche Szene vor, in der zwei Brüder einander küssen, dann greift ein dritter Bruder zum Revolver und erschießt einen der beiden», eiferte sich Bill. «Das ist Hollywood-Mist in Reinkultur!»

Seine Schwiegermutter widersprach ihm nicht, meinte aber, sie sei zu Tränen gerührt gewesen, als eine der handelnden Personen des Films Turiddu genannt wurde, so hatte ihr eigener verstorbener Mann geheißen. Sogar nun, als sie am Tisch den Namen wiederholte, war ihre Stimme umflort, und sie flüsterte: «Möge seine Seele in Frieden ruhen.»

Der nächste Gang des Menüs bestand aus Ravioli, und Lou goß Rotwein in die Gläser. Das Gespräch kam auf Bills orangegelbes Hemd, und Ann sagte: «Das ist schick, die Farbe gefällt mir.»

«Solche Hemden werden für die Einweiser auf Flugzeugträgern gemacht, sie geben natürlich ein ausgezeichnetes Ziel ab, aus diesem Grund trage ich es nicht in New York.»

Der trockene Humor dieser Äußerung wurde am Tisch mit lautem Gelächter quittiert. Ernster werdend, fragte Bill einen der Männer, ob dieser irgendwelche Neuigkeiten aus New York erfahren habe. Auf die verneinende Antwort überlegte Bill kurz, dann sagte er: «Ich werde jetzt anrufen.»

Dies nahm Ann zum Anlaß, um wieder eine kleine Spitze anzubringen. «Komisch! Warum gebt ihr soviel Geld für Telefonate aus? Ihr könnt doch hin und wieder einen Brief schreiben.»

Bill parodierte sein Entsetzen, obwohl ihm dabei nicht ganz heiter zumute war. «Um Gottes willen, ja nichts Schriftliches!» rief er lachend.

Die Runde sprach wieder den Ravioli zu. Schließlich fuhr ein Wagen vor. Es war Tim, und Josephine stand auf, um ihn zu begrüßen. Während die anderen weiteraßen und Bill einen Witz erzählte, unterhielt sich das junge Paar einige Minuten allein im Vorraum. Dann traten sie ein. Lou, Bill und die anderen Männer schüttelten Tim die Hand. Seine beiden künftigen Schwäger hatte er schon oft getroffen, und über die Begegnung mit Mrs. Profaci, die seine Eltern gut kannte, schien er sich besonders zu freuen. Für Tim wurde ein Stuhl geholt, selbstverständlich war sein Platz neben Josephine, obwohl er dort etwas eingezwängt saß. Er trug eine enge, helle Sommerhose, knöchellange Sämischlederschuhe nach Art der englischen Desert Boots, ein Hemd mit angeknöpftem Kragen und darüber eine Strickjacke. Sein langes blondes Haar war sorgsam gekämmt. Als Bill ihn über den Tisch betrachtete, fiel ihm auf, daß Tim im Typ eigentlich Robert F. Kennedy ähnelte.

Mrs. Profaci häufte Ravioli auf seinen Teller, und Lou schenkte ihm Wein ein. Nun kam eine Konversation über allgemeine, unverfängliche Themen in Gang, aber Josephine, die unter dem Tisch Tims Hand hielt, wandte sich zu ihm, und sie sprachen leise miteinander, ohne auf die Reden der übrigen Gäste zu achten. Sie waren ein typisches Liebespaar knapp vor der Hochzeit, wenn man nur Augen und Ohren für den Partner hat, und sie nahmen nur sehr ungefähr wahr, was rund um sie vorging. Manchmal reichte Mrs. Profaci Rosalie oder Ann eine Vorlegeschüssel für Tim, ohne das vertraute Gespräch der beiden zu stören. Die einstigen Bedenken und Vorbehalte der Profaci-Sippe waren vergessen, die Frauen freuten sich über Josephines Glück und über die baldige Hochzeit. Sie war im Begriff, einen neuen Weg einzuschlagen, brach mit vielen Traditionen und Sitten ihrer Familie, doch die Mutter und die älteren Schwestern glaubten fest daran, daß ihnen die herzliche Zuneigung Josephines erhalten bleiben werde, ganz gleich, wie weit sie sich von der gemeinsamen Vergangenheit entfernen mochten.

20

Obwohl Bill Bonanno dem Staat eine sehr beachtliche Summe an Steuerrückständen schuldete und behauptete, bankrott zu sein, weil die Bundesfinanzbehörde seinen gesamten Realbesitz und andere Vermögenswerte gepfändet hatte, trug er einen neuen grünen Anzug von 250 Dollar und sündhaft teure Alligatorlederschuhe, als er am Morgen des 14. April sonnengebräunt und mit einem strahlenden Lächeln das Gebäude des Obersten Gerichtshofs in Brooklyn betrat. Wenn ihn jemand wegen seines Teints fragen sollte, würde er antworten, er habe in Pebble Beach in Kalifornien jeden Nachmittag Golf gespielt. Aber diese Erklärung wäre ebenso falsch wie das Air, das er sich in diesem Moment gab. Als er im 6. Stock scheinbar in heiterer Gelassenheit aus dem Lift stieg und auf den Gerichtssaal zuging, sah er am Ende des Korridors das blasse, grimmige Gesicht John Morales und die abweisenden Mienen anderer «Soldaten» aus Di Gregorios Lager. Wie man hörte, hatten sie einen sehr schlechten New Yorker Winter hinter sich, und Bill hoffte, daß sie sich noch elender fühlen würden, wenn er ihnen nun das Bild eines Mannes bot, der sich bester Gesundheit und gesicherter materieller Verhältnisse erfreute.

Im übrigen konnte er während dieses Aufenthalts in Brooklyn kaum etwas erledigen, denn er hatte bereits vor der Abreise aus Kalifornien gewußt, daß sein Anwalt Albert Krieger wochenlang mit einem Prozeß in Staten Island beschäftigt sein würde, so daß Bills Vorladung eigentlich auf einen unbestimmten Termin im Mai hätte verschoben werden müssen. Dennoch hatte ihn die Justizbehörde aufgefordert, persönlich zu erscheinen und das von Krieger unterschriebene Affidavit mitzubringen. Da Bill in diesem Fall keine Wahl blieb, beschloß er, in Brooklyn zumindest einen eindrucksvollen Auftritt hinzulegen. Während der Vorwoche sonnte er sich täglich im Hof des Hauses in San José, für die Verhandlung wählte er die schickste Kleidung aus seiner Garderobe und studierte lockere Haltung und die Ausstrahlung gleichmütiger Überlegenheit förmlich ein. Die Szene im Korridor sollte ihm gehören, er würde jene mitangeklagten Renegaten an die Wand spielen und überrumpeln. Den letzten Gerüchten zufolge waren sie sowieso bereits gestraft: die Geldquellen flossen spärlich, und Di Gregorios Nachfolger Paul Sciacca hatte sich als ein schwacher, für die Führungsposition wenig befähigter Boss erwiesen. In der Bonanno-Fehde war die Zeit der Feuerüberfälle auf offener Straße vorbei. Nun hatte die Phase des Kalten Krieges begonnen.

Als Bill sich Morale näherte, der mit seinen Gefolgsleuten in einer Ecke auf einer Armensünderbank hockte, hörte er eine Frauenstimme seinen Namen rufen. Er wandte sich um und sah Kriegers junge hübsche Sekretärin. Unter dem Arm trug sie die Dokumente, die Bill dem Schriftführer oder dem Richter vorlegen sollte. Laut genug, daß man es im ganzen Korridor hören konnte, fragte er:

«Jane, was glauben Sie, wie lange es dauern wird?»

«Nicht mehr als ein paar Minuten», sagte sie.

«Gut, denn ich möchte bald wieder hier raus.»

«Warum so eilig?» meinte sie leichthin. Das war die Frage, auf die er gehofft hatte.

«Weil ich morgen einen Golftermin in Pebble Beach habe, und den möchte ich einhalten», erwiderte er ebenso beiläufig. Mit einem Blick aus den Augenwinkeln merkte er, daß die anderen zwar so taten, als hörten sie überhaupt nicht zu, aber auf jedes Wort aufpaßten.

«Bill, Sie sehen wirklich großartig aus.» Bewundernd musterte Jane seinen neuen Anzug mit Seidenkrawatte und schneeweißem Hemd, das seine Sonnenbräune noch betonte.

Er zuckte die Achseln. «Warum auch nicht? Jetzt habe ich keine Alltagssorgen. Keine Verantwortung, keine unangenehmen Überraschungen. Das Wichtigste ist, daß ich immer rechtzeitig auf dem Rasen bin.»

Sie lachte und blieb einen Moment neben ihm stehen. Dann blickte sie auf die Uhr. «Nun muß ich ins Büro zurück.»

«Hören Sie», sagte er rasch, «Sie könnten auf mich warten. Ich fahre sowieso in die Stadt und setze Sie ab.»

«Ich darf nicht zu spät kommen, Bill. Albert wird anrufen, und ich habe tausenderlei zu erledigen.»

«Ach, keine Sorge wegen Albert», drängte er. «Ich bin gleich wieder da.» Mit den Dokumenten in der Hand rief er den Männern im Vorbeigehen freundlich lächelnd zu: «Guten Morgen, meine Herren!»

Sie sahen verblüfft auf, und zwei von ihnen erwiderten, allerdings weniger freundlich: «Guten Morgen.»

Beim Schreibtisch des Schriftführers wurde Bill nicht länger als fünf Minuten aufgehalten. Dann kam er zurück, legte den Arm um Janes Schulter und führte sie den Gang hinunter. Ehe sie den Lift betraten, wandte er sich um und sagte: «Auf Wiedersehen, meine Herren.» Keine Antwort. Die Reise von Kalifornien hatte sich gelohnt.

Ein schweigsamer Mann in unauffälliger Kleidung erwartete Bill bei der Aufzugtür im Erdgeschoß, ein anderer saß am Steuer eines vor dem Gerichtsgebäude geparkten Wagens. Sie fuhren über die Brücke nach Manhattan, ließen Jane bei Kriegers Büro am unteren Broadway aussteigen und fuhren dann stadtauswärts weiter.

An diesem sonnigen Frühlingstag hatte Bill wenig Angst vor Verfolgung oder einem Anschlag seiner New Yorker Gegner. Beide Seiten wußten, daß sie zweiffellos auf Schritt und Tritt von der Polizei beobachtet wurden. Dutzende Kriminalisten führten nun Erhebungen über den Bananenkrieg durch, um die Motive und Zusammenhänge von Mordfällen und Feuergefechten der letzten drei Jahre zu klären. Wegen dieser scharfen Überwachung war es riskant, Pistolen bei sich zu tragen, deshalb hatten sich die Rivalen vor kurzem zu einem inoffiziellen, zeitlich begrenzten Waffenstillstand bereit gefunden.

Eine der Gefahren für die Mitglieder einer im Niedergang begriffenen und gespaltenen Mafiafamilie bestand darin, daß FBI und Polizei ihre Vorstöße maximal intensivierten, während sie den Druck auf die gefestigten Organisationen auf ein bloßes Abtasten der Fronten verminderten. Die Schwächeren boten bessere Möglichkeiten für Unterwanderung, Festnahmen und Beweisverfahren. In einer zerbröckelnden Familie gab es viele Mafiosi mit schlechter «Kampfmoral», sie waren enttäuscht, fühlten sich verraten, verloren die Ziele aus den Augen – und gerade solche Leute konnte man als Spitzel anwerben, wenn die Behörden sie mit entsprechenden Vorschlägen und Zusicherungen köderten.

Bill wußte nicht, wie viele New Yorker Bonanno-Anhänger zu jenem Zeitpunkt noch verläßlich waren, sie bildeten eine Gruppe unbestimmter Größe unter einem alten Freund seines Vaters namens Natale Evola, der bei der Hochzeit des Don im Jahr 1931 als Zeremonienmeister fungiert hatte. Die Di Gregorio-Sciacca-Fraktion und eine dritte Gruppe, dem Vernehmen nach von Philipp Rastelli geführt, waren auch von ungewisser Stärke und ebenso entschlossen, während dieser Periode der Nachforschungen in Deckung zu bleiben und der Presse keine Schlagzeilen zu liefern. Deshalb fühlte sich Bill sehr sicher, als er das Gerichtsgebäude in Brooklyn verlassen hatte und nach Manhattan fuhr. Er war überzeugt, daß ihm ein unbezeichnetes Polizeiauto folgte, aber er würde nicht einmal versuchen, es abzuschütteln. Da er nicht die Absicht hatte, während dieses Aufenthalts mit Leuten seines Vaters zusammenzutreffen, und da die wenigen Freunde und Verwandten, die er besuchen wollte, keineswegs mit der Mafia in Verbindung gebracht werden konnten, hatte er nichts zu verbergen und brauchte kaum Zwischenfälle zu befürchten, wenn er vorsichtig und wachsam blieb.

Bill parkte den Wagen in einer Garage an der Ecke der 34. Straße und der Fifth Avenue und ging zu Fuß zu Altman's Warenhaus, denn er hatte versprochen, dort ein Kleid zu kaufen, das Rosalie auf einem Inserat in der Sonntagsnummer der *New York Times* gesehen hatte. Rosalie hatte es ausgeschnitten und die entsprechenden Vermerke dazugeschrieben: «Größe 12-M, blau-orange, V-Ausschnitt, lange Ärmel. Altman's, Damenabteilung, 6. Stockwerk.» Dieses Inserat trug er nun in der Tasche.

Im 6. Stock empfing ihn eine parfumgeschwängerte Atmosphäre, gedämpftes blaues Licht und der verlockende Anblick von Verkäuferinnen in Miniröcken, attraktiven Mädchen, die sich in Mannequinposen zwischen den langen Kleiderständern bewegten. Das Dekor erinnerte an eine Diskothek, mit den Laterna-magica-Effekten der vielfarbigen wechselnden Lichter, die über eine der Wände huschten, und der Rock'n'Roll-Musik aus einem dröhnenden großen Stereo-Musikautomaten in der Ecke. Bill blieb einen Moment stehen, dann ging er langsam auf den Plattenspieler zu, betrachtete ihn kurz, bückte sich und sah nach, ob an den Seitenwänden eine Etikette angebracht war, die das Gerät als Exemplar aus Thomas Ebolis Sortiment kennzeichnete. Eboli hatte Bars in Greenwich Village und anderen Stadtteilen mit Musikautomaten beliefert, aber zu der Damenabteilung bei Altman's hatte er offenbar noch nicht Zugang gefunden.

Als sich Bill umwandte, sah er, daß eine Frau mittleren Alters hinter ihm stand, die ihn durch ihre modisch gefaßte Brille musterte und in sehr bestimmtem Ton fragte: «Was kann ich für Sie tun, junger Mann?» Wieder mein persönliches Glück, dachte Bill, in einem Laden, in dem es von jungen Verkäuferinnen wimmelt, die eine wie die andere sexy sind, gerate ich ausgerechnet an das einzige alte Schlachtroß, das seit dem Ersten Weltkrieg bei Altman's ist.

«Meine Frau wünscht sich dieses Kleid», sagte er und reichte der Frau das Inserat. «Größe 12-M in Blau und Orange», fügte er fast schüchtern hinzu. Wortlos nahm die Abteilungsleiterin, oder was sie sonst war, den Zeitungsausschnitt, warf einen Blick darauf, verschwand und kam nach wenigen Sekunden mit einer dünnen gemusterten Hülle über dem Arm zurück.

«Das ist es», sagte sie und hielt das Ding in die Höhe, damit Bill es betrachten konnte. Nun bemerkte er erst, daß es eigentlich kein Kleid, sondern ein Hosenanzug aus irgendeinem leichten Kunstfasermaterial war, und er glaubte nicht, daß Rosalie darin vorteilhaft aussehen würde – ihm kam das Ganze wie ein Pyjama vor. Aber er bat die Bebrillte, das Gewünschte einzupacken. Etwas befremdet war er allerdings, als sie unverblümt sagte: «Würden Sie bitte gleich bezahlen, junger Mann?»

«Haben Sie so wenig Vertrauen zu mir?»

«Geschäftsprinzip», erwiderte sie knapp und kühl.

Er griff in die Tasche, reichte ihr zwei 20-Dollar-Scheine und sah ihr nach, als sie sich mit dem Geld und dem Traum in Blau und Orange entfernte. Während er wartete, überdachte er das Sonderbare dieser Situation: Man setzte voraus, daß er, der Kunde, der Verkäuferin vertraute, aber dies beruhte offenbar nicht auf Gegenseitigkeit. Sie war nun mit dem Betrag und der Ware fort, vermutlich um den Verkauf zu registrieren und das Stück einpacken zu lassen. Doch warum hatte sie ihm keinen Zahlungsbeleg gegeben? Er wußte, daß er eine im Grunde unwichtige Sache hochspielte, dennoch ärgerte er sich über die arrogante Haltung dieser Frau. Bei einem Handel in *seiner* Welt würde er nie den Preis erlegen, bevor er die Ware in der Hand hätte, es würde stets Zug um Zug geschehen. Doch je mehr er darüber nachdachte, desto deutlicher kam ihm zum Bewußtsein, daß er sich wohl nur einbildete, die Verkäuferin sei besonders mißtrauisch. Oder möglicherweise reagierte er seit seinen schlechten Erfahrungen mit Torrillos Kreditkarte in Bloom's Laden in Tucson instinktiv auf Verkäufer sehr empfindlich. Er gab sein nutzloses Grübeln auf, als er sah, wie die Frau mit dem Paket zurückkam, und verließ Altman's Warenhaus mit dem festen Vorsatz, sich künftig nicht mehr um solche Dinge zu kümmern. Wenn Rosalie wieder etwas anzuziehen wollte, sollte sie es selbst kaufen.

Es herrschte mildes, sonniges Wetter, und da Bill in der nächsten Stunde wenig zu tun hatte, beschloß er, den Wagen in der Garage zu lassen und zu Fuß gemächlich durch die Innenstadt von Manhattan zu gehen, was er schon seit langer Zeit nicht mehr getan hatte. Vor einem Jahr noch wäre es dabei sicherlich zu einer Schießerei gekommen. Obwohl es noch nicht Mittag war, sah er die Menschen scharenweise zu den Restaurants und Buffets pilgern, manche standen am Randstein und winkten Taxis herbei. Hier gab es ein Tempo und eine übermächtige, alles erfassende Triebkraft, einen Schub und Sog, den man etwa in San Francisco, Los Angeles oder einer anderen der großen Städte nicht spürte. Bill hatte New York zwar nie leiden mögen, trotzdem freute er sich in diesem Moment, daß er zurückgekommen war, weil er wußte, daß er morgen wieder fort sein würde. Er war nun ein Tourist, und während er auf der Fifth Avenue dahinschlenderte, sah er auch alles mit den Augen des Touristen, dessen Perspektive von Klischeevorstellungen bestimmt wird, und er hoffte, daß er niemals wieder hier leben müßte, weder als Bewohner noch als Häftling.

Alles in New York war komplizierter, aufreibender, forderte größeren Einsatz als anderswo. Diese Stadt verfuhr mit jedem härter – mit Taxichauffeuren und Lastwagenfahrern ebenso wie mit Geschäftsleuten und Kellnern, Sekretärinnen, Polizisten und Gangstern. Die Menschen kamen nach New York, weil sie hofften, hier das Große Los zu ziehen, aber die meisten blieben auf der Strecke. Es war eine mörderische Stadt, der Tod machte keinen Unterschied zwischen den Hütern des Gesetzes und den Rechtsbrechern. Bill schätzte, daß die Lebenserwartung für Mafiosi in New York niedriger lag als in anderen Städten. Jene Männer, die von den Kugeln gegnerischer Gunmen verschont blieben, starben meist vorzeitig an Herzinfarkt. Bill wußte, daß der achtundfünfzigjährige Thomas Eboli, allgemein anerkannter Anwärter auf Vito Genoveses Titel, bei der gerichtlichen Einvernahme einen Kollaps erlitten hatte und auf der Trage in ein Spital gebracht werden mußte, und Bill wäre fast bereit gewesen, zu wetten, daß es in New York keinen Don oder Vizedon um die Sechzig gab, der nicht an Herzbeschwerden oder hohem Blutdruck laborierte. Immer wenn die Polizei Mafiafunktionäre nach verborgenen Waffen durchsuchte, fand sie gewöhnlich keine Pistolen, sondern kleine Fläschchen mit kreislaufregelnden Tabletten. Carlo Gambino hatte einen chronischen Herzfehler, desgleichen der erst neunundfünfzigjährige Paul Sciacca, der infolge dieses Leidens nur ein schwacher Ersatz für Di Gregorio war. Wenn man den Dingen auf den Grund ging, dann erkannte man, daß es nicht nur der Staatsapparat war, welcher der Mafia das Leben schwer machte – es war in viel höherem Maß die tägliche Belastung des Lebens in New York an sich, eine Belastung, die der siebenundsiebzigjährige Stefano Magaddino in Buffalo, der zweiundsiebzigjährige Zerilli in Detroit oder der einundsiebzigjährige Paul De Lucia in Chicago nicht kannte.

Auf der 42. Straße ging Bill westwärts in Richtung Times Square. Unterwegs stellte er überrascht fest, wie viele vertraute Gebäude in dieser ständig sich wandelnden Stadt abgetragen oder verändert worden waren. Die Paramount-Theater, an das er sich aus seiner Kindheit erinnerte, suchte er nun vergebens, und er bedauerte, daß ein neuer Komplex das alte elegante «Astor Hotel verdrängt hatte, wo damals sein Hochzeitsempfang stattgefunden hatte.

Auf dem Rückweg zur Garage bemerkte Bill im Obergeschoß eines Hauses an der 42. Straße das Geschäftsschild eines Reisebüros, an dem ein alter Freund beteiligt war. Bill beschloß, ihn zu besuchen. In früheren Jahren hatte sich dieser Freund immer bemüht, Bill für gewisse Projekte im karibischen Raum und anderswo zu interessieren, doch Bill war immer mit seinen eigenen Plänen zu beschäftigt gewesen. Aber nun wollte er sich überzeugen, ob die Angebote noch galten – auf solche Angebote war er neugieriger als auf konkrete Vorschläge, denn er wußte, daß er wegen der gerichtlichen Freiheitsbeschränkungen nicht in der Lage sein würde, etwas definitiv anzunehmen. Dennoch wollte er hören, was sein Freund zu sagen hatte, und feststellen, ob dieser Mann überhaupt noch sein Freund war.

Doch die Empfangsdame teilte ihm mit, der Boss sei auswärts und werde erst in der nächsten Woche zurückkommen. Bill überspielte seine Enttäuschung mit einem Lächeln.

«Wollen Sie eine Nachricht hinterlassen, Sir?» fragte die Angestellte verbindlich.

«Sagen Sie ihm bitte, Bill aus Kalifornien war hier. Ich werde mich später melden.»

«Und der Familienname, Sir?» fragte sie, die Mitteilung auf einem

Block notierend.

«Nicht nötig. Sagen Sie ihm nur, Bill sei vorbeigekommen. Aus Kalifornien. Dann weiß er Bescheid.»

Die Empfangsdame strahlte ihn an, er schien ihr zu imponieren – das lag wohl an seiner Sonnenbräune, seiner Kleidung, aber mehr noch an seinem ganzen Auftreten und dem Geheimnis um seinen Namen. Bill aus Kalifornien.

Er lächelte ihr zu und ging.

Eine knappe Stunde später war er in Brooklyn, in einer anderen Welt. Die Bauten waren niedriger, der Himmel höher und weiter, hier gab es keinen Glanz und kein Geheimnis – es war ein abgetaner Bezirk alter Weißer und junger Schwarzer, verwitternder Sandsteinfassaden und einsamer Frauen, die mitten am Nachmittag hinter den geschlossenen Fensterläden ihrer Zimmer vor dem Fernsehgerät saßen.

Bill hielt vor einem Eckhaus in Rohziegelbauweise auf der DeKalb Avenue. Dort wohnten sein Onkel und seine Tante Di Pasquale. Er ging über den Vorweg und klopfte an die doppelt versperrte Tür. Seine Tante Marion spähte erst durch den Vorhang, ehe sie öffnete. Dann führte sie Bill in den Wohnraum, wo sein Onkel, ein schlanker, distinguiert wirkender Herr Anfang Siebzig, in einem bequemen Fauteuil saß und das TV-Programm verfolgte. Als ihn Bill fragte, ob er Zeit und Lust habe, ihn zu begleiten, stand Mr. Di Pasquale sofort auf, zog rasch sein Sakko an und ging mit Bill fort, froh darüber, das Haus an solch einem schönen sonnigen Nachmittag verlassen zu können. Er war seinem Neffen für diese Abwechslung dankbar und schlug eine Fahrt nach Long Island vor.

Bill wollte sich den Besitz in East Meadow ansehen, um den Bauzustand zu begutachten und zu erfahren, ob nun jemand darin wohne. Ob das Haus überhaupt noch ihm gehörte, war eine schwierige Frage, die noch nicht gerichtlich entschieden war. Darum kümmerte sich Bill zu diesem Zeitpunkt nicht weiter, denn er wußte, daß er es nie mehr beziehen würde, und selbst wenn er eine Verkaufsmöglichkeit hätte, könnte der Staat die Summe bis auf den letzten Cent pfänden. Seine Fahrt nach Long Island war eher ein ganz persönliches Sightseeing, um den Nachmittag auf angenehme Weise zu verbringen. Den Abend mußte er dann den Di Pasquales widmen, und bei ihnen würde er wahrscheinlich auch Frank Labruzzos Witwe treffen, aber morgen sollte er nach Kalifornien zurückkehren und hätte wohl künftig wenig Gelegenheit, seine Brooklyner Verwandten zu besuchen. Vermutlich würde er während seines nächsten Aufenthalts in New York ganz mit dem Kreditkartenprozeß beschäftigt sein, er würde sich mit Peter Notaro in einem Hotel einquartieren und die meiste verfügbare Zeit mit seinen Anwälten verbringen. Deshalb wollte er in den wenigen Stunden, die ihm noch blieben, mit diesen wenigen Menschen aus seiner engsten Verwandtschaft zusammen sein und bestimmte Orte wieder aufsuchen, wo er einst gelebt hatte – und auch fast gestorben war. In dieser irgendwie romantischen Haltung glich er jenen alten Soldaten, welche die Schlachtfelder der Vergangenheit abgehen und sich an Ort und Stelle einstige Kämpfe vergegenwärtigen. Aber Bills Schlachtfelder bestanden aus Beton, und Zinskasernen bildeten die Frontlinien. Wenige Minuten nach der Abfahrt vom Haus der Di Pasquales näherte er sich jenem Viertel, das in ihm die quälendsten Erinnerungen seines Lebens wachrief.

«Weißt du noch?» fragte sein Onkel beziehungsvoll, als Bill bei einer Stopptafel hielt und dann langsam, fast im Schrittempo, weiterfuhr. Es war die Troutman Street. Zu dieser Tageszeit, am frühen Nachmittag, schien sie ausgestorben, kein Fußgänger war zu sehen, nicht einmal ein geparktes Auto. Da die Straße eng war und zwischen der dichten Häuserzeile und der Fahrbahn weder Bäume noch sonstige Vegetation Platz hatten, strahlte sie etwas Künstliches, Lebloses aus – sie wirkte fast wie eine verlassene, zufällig stehengebliebene Filmkulisse, wie ein Gefüge von Fassaden inmitten der Leere. Aber als Bill das Ende des Blocks erreichte und rechts an der Ecke einen Laden erblickte, kam ihm sofort wieder die harte gefährliche Wirklichkeit der Troutman Street zum Bewußtsein. Dort, an einer mit Metallplatten verkleideten Mauer, sah er die Einschläge der Geschosse, die in jener eisigen Januarnacht vor mehr als drei Jahren ihm gegolten hatten. Er sah auch andere Kugelspuren auf dem Gehsteig, über den er um sein Leben gerannt war, südwärts zur Knickerbocker Avenue, im Geist hörte er wieder das Jaulen der Geller und das Klatschen der Projektile, die in das Pflaster einschlugen, und als er nun die Straße überblickte, fiel ihm erneut ein, wie schmal sie war, und er konnte nur staunen, daß ihn die Scharfschützen auf so kurze Distanz verfehlt hatten. Er fühlte, wie seine Handflächen um das Lenkrad feucht wurden. Aus der Troutman Street fuhr er durch andere Straßen, ohne einer bestimmten Richtung zu folgen, und gab in der Konversation mit seinem Onkel fast nur rein mechanisch Antwort.

Er passierte das Cypress Garden-Restaurant, den Schauplatz des dreifachen Mordes im Jahr 1967, und als er vor dem Portal hielt, sah er weitere Kugeleinschläge auf dem Gehsteig und auch eine Tafel im Fenster, das Restaurant sei wegen Aufhebung seiner Ausschanklizenz geschlossen. Zu beiden Seiten der Fahrbahnen fächerten sich die Impressionen und Erinnerungen auf. Roebling Street: die Stelle, wo Bills Großvater Salvatore Bonanno kurz nach der Ankunft aus Sizilien im Jahr 1906 eine Bar eröffnet hatte. Die Schule seines Vaters, kaum verändert seit 1911. In der nahen Havemeyer Street und der Metropolitan Avenue waren die durch harmlose Gassenläden maskierten Mafiosiklubs, in denen Joseph Bonanno als junger Mann während der zwanziger Jahre viele Stunden verbrachte, bereit, im Castellammarese-Krieg auf Maranzanos Seite zu kämpfen. In der Snydam Street fuhr Bill an der Kirche vorbei, in der seine Eltern 1931 getraut wurden, und an der Ecke Union und Havemeyer stand eine andere Kirche, dort war er selbst 1932 im Alter von vier Monaten getauft worden. Erstaunlich, wie hier innerhalb weniger Häuserblocks die Wegzeichen des Lebens von drei Generationen der Bonannos zusammengedrängt waren, dachte Bill. Das waren die Viertel, in die um die Jahrhundertwende Tausende sizilianische und italienische Einwanderer eingezogen waren, um ihre Traumvorstellungen von Amerika zu verwirklichen. Bill erinnerte sich aus seiner frühen Kindheit in Brooklyn an den Lärm und das Gewimmel in diesen Straßen; zwischen den spielenden Kindern schoben Männer Handkarren über das Pflaster, die Wohnungen waren mit Möbeln, Hausrat und allerlei Kram überfüllt, und aus den Fenstern beugten sich schwarzhaarige vollbusige Mütter, um ihre Bambini zu rufen. Aber jetzt, im Jahre 1969, gaben dem italienischen Bezirk in diesem Teil Brooklyns nicht mehr lebhafte junge Leute auf den Straßen das Gepräge, sondern ältliche Menschen, die in ihren Wohnungen blieben und ihren kleinen schwindenden Lebenskreis durch Türschlösser zu sichern suchten. Es gab hier noch immer einige Mafiosi, aber auch sie waren schon zu alt, und ihre Kinder waren nach Queens oder an den Stadtrand gezogen, um den nachdrängenden Negern, Puertoricanern und anderen neuen Gruppen Platz zu machen, die diese auf das Aussterbeetat gesetzte Gegend vielleicht mit neuen Hoffnungen und Möglichkeiten beleben würden.

Während der Fahrt wies sein Onkel auf ein Gebäude, die einstige Mantelfabrik, bei der er Teilhaber gewesen sei. Dort habe er eine junge Näherin namens Marion Labruzzo kennengelernt und 1922 geheiratet. Später eröffnete das Ehepaar Di Pasquale in der Jefferson Street einen eigenen Betrieb, wo sie zeitweise etwa vierzig Personen beschäftigten. Er fügte hinzu, dieser Bau bestehe noch in der ursprünglichen Form, flankiert von Charles Labruzzos alter Metzgerei und der Wohnung der Familie aus den Jahren, als Joseph Bonanno um die Tochter Fay warb. Damals, spann der Onkel mit aufleuchtenden Augen den Faden der Reminiszenzen weiter, habe Joseph einen neuen Grand Page gefahren. Bill kannte Fotos dieses Autos, und an das Haus der Labruzzos erinnerte er sich sehr gut von seinen Besuchen bei den Großeltern. Obwohl er nun in die entgegengesetzte Richtung fuhr, wendete er kurz entschlossen und schlug den Weg zur Jefferson Street ein.

Bald parkte Bill vor der roten Ziegelfassade, wo er an Sommertagen mit seinem einbeinigen Großvater gesessen war. Der alte Mann rekelte sich in der Sonne, trank Bier und sprach mit den Vorübergehenden im sizilianischen Dialekt. Wenn er auf Krücken über die Straße hinkte, folgte ihm ein zahmes Huhn. Auf der anderen Seite, wo einst eine

Häuserzeile stand – in einem der Bauten hatten im Jahr 1929 Scharfschützen mehrere Wochen lang auf Joseph Bonanno gewartet –, blockier-
te nun eine hohe Mauer die Sicht auf ein Objekt, das eine Transportfirma, eine Brauerei oder ein Lagerhaus sein konnte. Rechts vom alten
Labruzzo-Haus war die einstige Mantelfabrik und daneben das Gebäude
mit dem Metzgerladen. Beide Häuser standen nun offenbar leer, die
Fensterscheiben des Geschäftslokals waren schwarz gestrichen. Aber im
Labruzzo-Haus mit seinen sechs Schlafzimmern, welches die Familie
1947 ungefähr zum gleichen Preis verkaufte, den Charles bei der Erwer-
bung 1923 bezahlt hatte – nämlich rund 5000 Dollar –, waren Vorhänge
in den Fenstern, es schien bewohnt zu sein.

Bill stieg aus und ging zur Tür. Neben der Glocke sah er ein Schild mit
dem Namen Malendez. Er wollte läuten, aber die Glocke funkionierte
nicht. Deshalb klopfte er. Gleich darauf öffnete ein magerer, dunkelhaariger Mann, blickte zuerst Bill und dann das Auto an, und machte ein
verblüfftes Gesicht.

«Entschuldigen Sie die Störung. Wir haben früher hier gewohnt»,
begann Bill etwas verlegen und versuchte ein vertrauenerweckendes
Lächeln.

«So?» sagte der Mann.

«Ja, vor vielen Jahren. Nun sind wir gerade auf Besuch in New York,
und ich dachte, ob wir uns kurz umsehen könnten.»

Der Mann zögerte nur eine Sekunde, bevor er sagte: «Ja, wenn Sie
wollen.» Bill, der über solches Entgegenkommen staunte, nannte seinen
Namen und streckte Mr. Malendez die Hand hin. Der ergriff sie und
erklärte in recht geläufigem Englisch, das Haus sei nun in Wohnungen
unterteilt, und da im Moment nur er selbst da sei, könne sich Bill nur bei
ihm umsehen. Bill dankte ihm, warf einen raschen Blick in Malendez'
Zimmer, nichts darin erinnerte ihn an die einstigen Bewohner. Er ging
durch die dunkle Vorhalle, dort bemerkte er die vertraute Treppe mit
dem glattpolierten Geländer, auf dem er als Junge heruntergerutscht
war, und als er durch ein Fenster blickte, sah er den Hof, in dem sein
Großvater eine Ziege und mehrere Hühner gehalten hatte. Dieser Hof, in
dem nun alte Autoreifen und Schrott herumlagen, erschien kleiner als in
Bills Erinnerung, ebenso das ganze Haus. Aber vermutlich kommen
einem in der Jugend alle Dinge größer vor, als sie wirklich sind, dachte er.

Bill wandte sich, bedankte sich bei Malendez und ging. Als er vor die
Tür trat, sah er, daß sein Onkel durch die Fenster der dunklen, leeren
Fabrik spähte. Sie gingen beide zur Ecke und versuchten, durch die
schwarzen Scheiben der einstigen Metzgerei zu blicken, sahen aber
nichts. Als sie wieder in den Wagen steigen wollten, kamen zwei junge
Puertoricaner heran.

«Wohnt ihr hier?» fragte Bill.

Einer von ihnen nickte.

«Wißt ihr, was da drin ist?»

«Ich glaube, da machen sie Platten», sagte der eine der Jungen.

«Platten?»

«Na ja, Schallplatten, Musik.»

«Aber der Laden ist ja zu», erwiderte Bill. «Niemand ist drin.»

Der Junge beäugte ihn mißtrauisch, musterte seine Kleidung und fragte dann: «Sind Sie ein Polyp?»

Bill verneinte, er merkte, daß nichts zu holen war. Nun war es fast 3 Uhr nachmittag – Zeit, nach Long Island zu fahren, wenn er vor Einbruch der Dunkelheit wieder in Brooklyn sein wollte. Abendliche Exkursionen waren noch immer zu riskant. Rasch durchquerte er die Brooklyner Wohnviertel und kam ganz unabsichtlich zu der Ecke der Leonard und der Scholes Street, wo Perrone erschossen wurde. Das war nun bereits mehr als ein Jahr her, dachte Bill, am 11. März 1968, drei Tage nach Perrones 39. Geburtstag. Der tote Freund war am gleichen Tag wie Bills Tochter Felippa geboren, und Bill wußte, von nun an würde er nie die Geburtstagstorte seiner Tochter ansehen können, ohne auch an Hank Perrone zu denken.

Kaum eine halbe Stunde später war Bill in Garden City, fuhr durch vertraute Straßen, wie so oft während der letzten Jahre, wenn er der Polizei oder dem FBI auswich. Dann war er in Hempstead, wo er in der Clairmont Street vor dem Gebäude im Tudorstil anhielt, das zwischen 1936 und 1949 seinem Vater gehört hatte. Die gegenwärtigen Besitzer hielten das Haus offenbar in gutem Zustand, noch immer gab es den freien Vorplatz, wo Bill und Catherine gespielt hatten, auch das Vogelbad und die Reihe der Tannenbäume, die sein Vater gepflanzt hatte. Jeden Dezember, wenn einer ausgegraben wurde, war ein neuer an seine Stelle gekommen. Die Bäume waren nun gut zwölf Meter hoch.

«Da drüben, in dem weißen Haus mit den Fensterläden, wohnte mein Wölflingsführer», sagte Bill lächelnd zu seinem Onkel. «Wußtest du, daß ich einmal ein braver, eifriger Pfadfinder war?» Bei laufendem Motor überließ er sich seinen Erinnerungen, bis seine Aufmerksamkeit plötzlich auf den Rückspiegel gelenkt wurde. Ein Auto mit zwei Personen fuhr heran, es war ein heller Chevrolet. Schweigend wartete Bill ab, doch der andere Wagen glitt vorbei, keiner der beiden Insassen beobachtete ihn. Sofort wendete Bill und fuhr in Richtung East Meadow.

Bald kam er in das ruhige Viertel, wo er zwischen 1963 und 1968 seinen offiziellen Wohnsitz hatte, und als er nach links einbog, sah er sein Haus. Niemand hatte sich darum gekümmert, seit er ausgezogen war. Das Gras war hochaufgeschossen und mit Unkraut durchsetzt, die Hecke wucherte nach allen Seiten. Der Rasen war seit mehr als einem Jahr nicht geschnitten worden und die Fenster ebenso lange nicht geputzt. Er war fast versucht, auszusteigen und durch die Scheiben hineinzuschauen, überlegte es sich aber, als er einige Nachbarsfrauen sah, die mit ihren Kindern auf ihn zukamen. Er wollte nicht, daß jemand von seiner Rückkehr wußte. Und nun interessierte ihn das Haus auch nicht mehr so sehr wie vor wenigen Stunden. Er glaubte, daß er an diesem Tag bereits zu oft seiner eigenen Vergangenheit begegnet war. Oder vielleicht erkannte er nun zum erstenmal, daß er dieses Haus an der Tyler Avenue im Grunde ablehnte. Es war nie ein glückliches Heim gewesen. Er hatte in seinem Leben mehrere Häuser besessen, aber nirgends solche Krisen durchgemacht wie gerade hier, und anscheinend waren seine Schwierigkeiten mit diesem Haus noch lange nicht vorbei. Bill hatte erfahren, daß die Behörden versuchen könnten, ihn im Zusammenhang mit diesem Objekt wegen Steuerhinterziehung zu belangen, da er durch Perrones Vermittlung die Ratenzahlungen unter Torrillos Namen getätigt hatte, eine Transaktion, die als betrügerische Besitzübertragung definiert werden könnte. Was Bill im Augenblick am wenigsten brauchte, war ein weiteres Gerichtsverfahren, und wegen dieses Hauses könnte es dazu kommen.

Ohne Bedauern verließ er East Meadow und fuhr schweigend nach Brooklyn zurück, sein Onkel schlief auf dem Rücksitz. Auch Bill war müde, nicht körperlich, sondern gefühlsmäßig. Fast schien es ihm, als habe er den Nachmittag auf einem Friedhof verbracht, zwischen verwelkten Blumen und Grabsteinen, auf denen die Namen seiner Verwandten, seiner Freunde und sein eigener standen.

Auch beim Abendessen blieb er einsilbig, obwohl er sich bemühte, vor Frank Labruzzos Witwe ein fröhliches Gesicht zu zeigen. Schließlich sagte seine Tante Marion, der es auffiel: «Was hast du heute, du bist so ernst?» Er verneinte, allerdings wenig überzeugend, und sie drang weiter in ihn, wie sie glaubte nachsichtig und nicht verletzend, ohne zu merken, daß sie ihm auf die Nerven ging, besonders als sie die Hände hob und rief: «Früher einmal warst du doch so lustig. Immer hast du vor guter Laune gesprüht und alle anderen damit angesteckt. Was ist denn los?» Bill bestritt hartnäckig, daß er sich verändert habe, und als er die Gläser nachfüllte, konnte er endlich das Thema wechseln. Er kam auf die geschliffenen Weingläser der Di Pasquales zu sprechen, fand sie hübsch und erwähnte, seine Mutter besitze in Arizona ein ähnliches Service.

Tante Marion wußte es und erinnerte sich, daß sie und ihre Schwester die Gläser vor vielen Jahren im selben Geschäft gekauft hatten. Aber Bills Mutter besaß ihr Service nicht mehr: Wie sie Marion geschrieben hatte, waren die Gläser bei dem Bombenanschlag in Tucson zu Bruch gegangen.

Am nächsten Vormittag ließ sich Bill zum Flughafen bringen, um die Mittagsmaschine der TWA nach San Francisco zu erreichen. Wie immer hatte er 1. Klasse gebucht. In der Touristenklasse hätte er 30 bis 40 Dollar sparen können, die er für die Bezahlung bereits überfälliger Rechnungen oder die allgemeinen Haushaltsspesen hätte verwenden können – aber es kam ihm gar nicht in den Sinn, anders zu reisen. Solange er nicht völlig pleite war, würde er nicht bei Kleinigkeiten knausern oder sich zu dem beengten Lebensstil von Durchschnittsmenschen verstehen. Er mochte viele charakterliche Vorzüge oder Mängel haben, aber er war eben kein Durchschnittsmensch, das sagte er sich immer wieder. Er wehrte sich energisch gegen den Gedanken, auch nur bei Fremden den Anschein zu erwecken, es käme ihm darauf an, 30 oder 40 Dollar zu sparen. Er legte keinen Wert darauf, daß man einst die Inschrift auf seinem Grabstein dahin auslegen könne, er sei ein geachteter Bürger der Mitte des 20. Jahrhunderts gewesen, ein «typischer Amerikaner» wie Millionen anderer typischer Amerikaner, die ihre Cents zusammenhielten, um für schlechte Zeiten einen Notgroschen zu haben. Kleingeld hortete Bill nur deshalb, weil er es für Ferngespräche brauchte, und in diesem Moment dachte er daran, daß der sinnvollste Grabstein für ihn die Granitnachbildung einer Telefonzelle wäre.

An Bord des 707-Düsenclippers zog er sein Sakko aus und reichte es der Stewardess. Dann machte er es sich auf einem weichen Sitz in der ersten Reihe bequem, wo er genug Platz hatte, um die Beine auszustrekken, und lockerte den Krawattenknoten. Als er den Sicherheitsgurt geschlossen hatte, blickte er auf die Uhr: Punkt 12 Uhr mittags – 9 Uhr morgens in Kalifornien. Bill stellte sich darauf ein, nach Hause zu kommen, wußte aber, daß dieses «Zuhause» nun ein Ort war, den er nicht sehr gut kannte, nämlich San José. Wenn er die siebenunddreißig Jahre seines bisherigen Lebens Revue passieren ließ, dann erkannte er, daß er niemals sehr lange seßhaft gewesen war. Als Kind hatte er sich wie ein Soldatensprößling immer auf der Wanderschaft befunden: Brooklyn, Hempstead, dann Tucson, wo er als Zehnjähriger allein in Motels wohnte und später in Winterhäusern, die sein Vater dort zu verschiedenen Zeiten gemietet oder gekauft hatte, Heimstätten, die während der Sommermonate aufgegeben wurden, sobald die Familie nach New York zurückkehrte. Das einzige wirkliche Heim, mit dem er sich persönlich verbunden gefühlt hatte, war vielleicht das Haus in Flagstaff, das er 1956 mit Rosalie nach der Hochzeitsreise bezogen hatte. Das war das einzige Jahr, in dem der bereits erwachsene Bill versucht hatte, sich in das überkommene Geschäftssystem einzufügen. Er war den Kiwanis* beigetreten, hatte Geld in eine kleine Rundfunkstation investiert und mit Leuten verkehrt, die regelmäßig von 9 Uhr morgens bis 5 Uhr nachmittags arbeiteten. Damals waren Wochen, oft sogar Monate vergangen, in denen ihm nie

---

* Große amerikanische gesellige Vereinigung, ähnlich dem Rotary Club oder dem Lions' Club. Anm. d. Übers.

die Aktionen seines Vaters oder das dunkle Geheimnis seiner eigenen Existenz bewußt wurden. Doch der Apalachin-Skandal im darauffolgenden Jahr hatte diesem «Gastspiel» in der Sphäre des amerikanischen Mittelstandes ein jähes Ende gesetzt. Seither war er meist unterwegs, mußte oft die Adresse wechseln, und so kam es, daß er den Begriff «Heim» immer weniger mit der Vorstellung von einer bestimmten Wohnstätte verband, sondern eher mit dem Bild des Flughafens jener Stadt, in der er sich gerade aufhielt. Nach der Übersiedlung aus Flagstaff war er immer dann «zu Hause», wenn die Maschine auf dem Flugplatz von Tucson oder Phoenix landete. Nach 1963 übertrug er dieses Heimatgefühl auf den New Yorker La Guardia- oder den John F. Kennedy Airport. Und nun waren es die Ankunftsgebäude in San Francisco oder San José . . .

Doch in diesem Moment kam er weder nach Hause noch sonstwohin. Die Maschine stand unbeweglich auf der Piste des John F. Kennedy-Flughafens in New York; soeben hatte die Stewardess mitgeteilt, daß sich der Start infolge des dichten Flughafenverkehrs verzögern werde. Bill blickte durchs Fenster und zählte mindestens ein Dutzend Clipper, die hintereinander aufgereiht auf das Startsignal warteten, und schätzte, daß es bis zum Abflug noch eine Stunde dauern konnte. Wieder dachte er an die Bemerkung seiner Tante und ärgerte sich darüber: «Früher einmal warst du doch so lustig. Was ist denn los!?» Er wußte, welche Zeit sie mit »früher« meinte – das war noch vor East Meadow, in der Phase Ende der fünfziger und Anfang der sechziger Jahre, als die Bonanno-Organisation florierte und er selbst mehr Geld besaß, als er ausgeben konnte, allerdings auch mehr Probleme hatte, als ihm damals klarwurde. Unter irgendeinem Vorwand flog er alle paar Wochen von Phoenix nach New York und führte seine Tante und andere Verwandte zu Broadway-Shows und in teure Restaurants aus. Er erinnerte sich eines Abends im «Acapulco», als seine Rechnung 900 Dollar ausmachte, die er lässig von einem dicken Banknotenbündel wegblätterte, ein Gefühl, das er genoß. Es war nicht das Bewußtsein des Überflusses, der Macht, des Egoismus oder der Befriedigung, daß er über so große Barmittel verfügte, sondern vielmehr fast eine Verachtung des Geldes, eine leichtsinnige Geringschätzung jener Güter, die anderen Menschen alles bedeuteten, eine Verschwendungssucht, die aus dem vollen schöpfen konnte, und eine unbekümmerte Haltung dem Leben und der Zukunft gegenüber – all dies und andere Empfindungen hatten zu diesem Hochgefühl Bills an jenem Abend beigetragen, als er neun Hundert-Dollar-Scheine und als Trinkgeld noch einen zehnten auf die Silbertasse legte, ohne darauf zu achten, daß die Lichter gedämpft waren und niemand als der Kellner seine Geste der Großzügigkeit sah und würdigte. Joseph Bonanno hatte sich während seiner besten Jahre zweifellos ebenso verhalten, und Bill wußte von einem Fall, als ein anderer Mann in einem Restaurant seinem Vater zuvorgekommen war und die gemeinsame Rechnung beglichen hatte. Gleichmütig zerriß Bonanno seine Hundert-Dollar-Note und warf sie in die Aschenschale.

Was Bill an der Bemerkung seiner Tante störte, war die Unterstellung, ohne Geld in den Taschen habe er etwas von seinem Charakter eingebüßt, seinen Humor, sein impulsives Wesen oder welche Eigenschaften ihn sonst von Durchschnittsmenschen wie seinen Freunden und Verwandten unterscheiden mochten. Er glaubte, daß seine Tante unrecht hatte – er hatte nicht seinen Humor verloren, und die Tatsache, daß er offiziell bankrott war, beschwerte ihn nicht. Er mußte nur mit den Summen, die er dennoch aus privaten Quellen erhielt, äußerst vorsichtig und geschickt umgehen, um keinen Verdacht zu erregen. Es blieb ihm nichts anderes übrig, als Geld für die Flugkarte auszuborgen, und er mußte stets gefaßt sein, daß die Behörden Rechenschaft von ihm forderten, wer ihm den Betrag geliehen hatte. Und er durfte keine Spuren seiner anderen Ausgaben hinterlassen, ja nicht einmal zu oft zu derselben Tankstelle fahren, sonst könnte der Tankwart bezeugen, welche Beträge Bill für seinen Wagen aufwandte. Nein, ohne Humor hätte er nicht ruhig schlafen können, mit dem ans Absurde grenzenden Bewußtsein, daß die Behörden Tag für Tag 168 Dollar an Zinsen und Säumnisgebühren zu den fast 100 000 Dollar schlugen, die Bill nach verschiedenen Steuerprozessen in Arizona und New York dem Staat schuldete.

Die Maschine startete mit fast zweistündiger Verspätung; als sie Höhe gewann, überblickte Bill die Stadt, die hinter Gewölk verschwand. Zum letzten, was er sah, gehörte ein Sektor von Queens, der einst als Bonanno-Territorium galt. Aber nun war dieser Bereich, wie so viele Viertel in Queens und in Brooklyn, in einzelne Stützpunkte aufgespalten, und niemand wußte genau, wie die Trennungslinien zwischen Freund und Feind verliefen. Bill konnte sich nicht erinnern, daß in New York jemals so wenige Mafiosi zu sehen waren. Hunderte waren in den Untergrund getrieben worden. Nur dadurch war es ihm selbst möglich gewesen, Erkundungsfahrten wie die gestrige zu unternehmen.

Der Flug verlief glatt und angenehm. Bill las *Time Magazine* und *Newsweek* und trank Chivas Regal Scotch Whisky. Er blätterte auch eine Goodwill-Publikation der Luftlinie durch; der Text einer assyrischen Tontafel aus der Zeit von 3000 v. Chr. erheiterte ihn:

«In unserer Zeit ist die Welt im Niedergang. Es gibt Anzeichen dafür, daß sich die Zivilisation ihrem Ende zuneigt. Bestechung und Korruption nehmen überhand, allerorten herrscht die Gewalt. Die Kinder bringen ihren Eltern keine Achtung und keinen Gehorsam mehr entgegen.»

Nach dem Mittagessen sah er den Film ‹Bullitt›, einen Krimi, in dem auch einige Mafiatypen vorkamen, eine von ihnen erinnerte Bill sehr an Sonny Franzese. Den Höhepunkt bildete eine dramatische Verfolgungsjagd über die Berg- und Talbahn der Straßen von San Francisco, mit wilden Feuergefechten und kreischenden Autoreifen. Bill bemerkte, wie sehr die anderen Passagiere von dem Geschehen auf der Leinwand gebannt waren. Das gefällt diesen Managern, dachte er – bleigeschwängerte Luft und Mord bei Höchstgeschwindigkeit . . .

21

Kurz nach 6 Uhr morgens fuhr Bill durch das San Joaquin-Tal in Mittelkalifornien in Richtung Südosten. Er wollte durch die Wüstengebiete nach Phoenix. Es war eine schöne Fahrt: bei Sonnenaufgang unter einem wolkenlosen Himmel auf glatten, breiten Straßen durch grüne Gebirge und Täler. Das Auto war Bills wahre Heimat, und Reisen wie diese erfüllten ihn mit Freude und gaben ihm in einem Leben, das zum Stillstand gekommen war, das Gefühl zügiger Bewegung.

Im Augenblick schien sich nichts zu ereignen. Er hatte keine Pläne für die nächste Zukunft, die Tage vergingen ereignislos, die Stunden waren lang, aber er hatte nie die Empfindung, daß seine Zeit ihm gehöre. Innerhalb des nächsten Tages, der nächsten Woche oder vielleicht erst in einem Monat würde er die Aufforderung erhalten, wieder vor Gericht zu erscheinen, und wie immer mußte er auf Abruf verfügbar sein. Aber diesmal wartete er auf die Vorladung, die er am meisten fürchtete, denn sie würde letztlich die Entscheidung bringen, ob er ins Gefängnis müsse oder nicht. Er vermutete, daß sein Vater das gleiche zu gewärtigen habe, ebenso Peter Notaro und Dutzende andere, deren Aktionen während des Bananenkriegs Schlagzeilen gemacht hatten, die aber gegenwärtig untätig verharrten, warteten oder sich versteckt hielten und über eine ungewisse Zukunft nachgrübelten.

Wenn der Durchschnittsamerikaner an die Mafia dachte, stellte er sich meist wildbewegte Szenen und blutige Gewalttaten vor, dramatische Intrigen und illegale Millionen-Dollar-Projekte, große schwarze Limousinen, die auf kreischenden Rädern die Kurven nahmen, während die Insassen die Gehsteige mit Maschinenpistolengarben bestrichen. Das war die Hollywood-Version. Zwar entsprach vieles davon der Wahrheit, aber die wesentlichen Umstände der Existenz eines Mafioso wurden dabei völlig ignoriert: eine Routine endlosen Wartens, der Langeweile, der Nötigung, sich immer wieder zu verbergen, und die zwangsläufigen Folgeerscheinungen jener Phasen, die man in Deckung verbringen mußte – Kettenrauchen, zu reichliche Kost bei zuwenig körperlichem Ausgleich, das Eingeschränktsein auf Zimmer mit herabgelassenen Läden, die tödliche innere Leere, der man ausgeliefert war, während man alles tat, um am Leben zu bleiben. Bei so viel Zeit, mit der er so wenig anfangen konnte, neigte der Mafioso dazu, sich allzusehr mit seiner eigenen Person zu beschäftigen, Kleinigkeiten zu wichtig zu nehmen, auf jedes Geräusch übermäßig zu reagieren, alles, was rund um ihn gesagt wurde oder geschah, übertrieben auszulegen, die Maßstäbe der größeren Welt draußen und seines eigenen kleinen Platzes in dieser Welt zu verlieren, aber dabei immer das Zerrbild vor Augen zu haben, das die Öffentlichkeit von ihm hatte. Und auch darauf reagierte er, erkannte sich in dieser Phantasiegestalt sogar gern wieder, denn diese kraß gezeichnete Darstellung zeigte ihn größer als er war, mächtiger, romantischer, geachteter und gefürchteter. Diesen Ruf konnte er in die Waagschale werfen und in jenen Vierteln Kapital daraus schlagen, wo er die Rackets betrieb, und in anderen Bereichen, wo er hoffte, durch sein von außen gesteigertes Selbstgefühl Eindruck zu machen. Wenn er kühn genug war und Glück hatte, konnte er sich auf seine Weise die Fakten und die Fiktion des Mafiamythos ebenso wirksam zunutze machen wie der FBI-Direktor bei den Budgetverhandlungen oder die Politiker vor den Wahlen oder die Presse immer dann, wenn das organisierte Verbrechen Thema Nummer eins war – nicht zu vergessen die Filmproduzenten, die so oft als möglich den Mythos für ein Publikum aufbereiteten, das überlebensgroße Persönlichkeiten erleben wollte – harte «Big Bosses» und «Kleine Cäsaren»*, die das Geld mit vollen Händen ausgaben.

Nicht weniger als jeder andere stand auch Bill unter dem Einfluß dieses Mythos und richtete sein Leben nur zu oft auf solche Illusionen aus. Sie förderten seinen Hang, in Flugzeugen 1. Klasse zu reisen, einen Cadillac zu mieten, wenn er sich kaum einen Volkswagen leisten konnte, oder einen Gerichtssaal mit einer Sonnenbräune zu betreten, die angeblich vom Golfspielen herrührte. Wenn man in der Geheimgesellschaft Erfolg haben wollte, war es wichtig, sich zumindest den Anschein von Reichtum und Macht zu geben, Selbstvertrauen und Sorglosigkeit auszustrahlen. Obwohl das Leben des Mafioso in seiner größeren Umwelt, wo ihn Detektive überwachten, sein Telefon abhörten, elektronische Geräte in seine Wohnung einschmuggelten, seinen illegalen Einnahmequellen nachspürten, um ihn wegen Steuerhinterziehung zu belangen, gerade durch diese Haltung beträchtlich erschwert wurde. Zwangsläufig geriet der Mobster in eine zwiespältige Situation: einerseits machte er vor der Bundessteuerbehörde finanzielle Schwäche geltend, andererseits suchte er seine Freunde zu beeindrucken, indem er bei jeder Gelegenheit das

* ‹Little Caesar›, von Mervyn Le Roy 1931 gedrehter klassischer Gangsterfilm, in dem die Unterwelt aus unmittelbarer aktueller Sicht und sozialkritisch geschildert wird. Anm. d. Übers.

Scheckheft zückte, einen neuen Cadillac oder Lincoln fuhr und auch sonst über seine Verhältnisse lebte. Aber er hatte wirklich keine andere Wahl, wenn er sich die Achtung seiner Genossen in der Unterwelt erhalten wollte oder sogar die der größeren Umwelt des amerikanischen Kapitalismus, wo man den wahrhaft reichen Kriminellen seit jeher, wenn auch widerwillig, Bewunderung zollte, vielleicht deshalb, weil ihr Erfolg den Glauben jedes Wirtschaftsmagnaten an das System des freien Wettbewerbs bestätigte, oder möglicherweise weil die Schlauheit und Initiative des Gangsters manche Industrielle, Bankiers und Staatsmänner daran erinnerte, wie ihre eigenen Großväter angefangen hatten. Daraus erklärt sich, warum etwa ein Frank Costello freundschaftliche Beziehung zu Wall Street-Größen und Spitzenmanagern unterhielt, wieso Lucky Luciano ein angesehener Gast des «Waldorf Astoria-Hotels» war oder weshalb ein geschworener Feind der Mafia in Italien wie Mussolini Vito Genovese den Titel eines Commendatore verlieh, als dieser Heimkehrer großzügige Spenden für Bauprojekte bei Neapel geleistet hatte.

Aber es gab zweifellos andere Mafiaveteranen, die zwar bei der Presse als Millionäre galten, aber über relativ geringe Mittel verfügten und diese Tatsache hinter scheinbarer Bescheidenheit alter europäischer Schule oder einer überzeugenden Nonchalance verbargen. Aus seiner Kindheit erinnerte sich Bill an die vielen gutgekleideten Männer, die seinen Vater zu besuchen pflegten. Sie fuhren große Autos und trugen Diamantringe am kleinen Finger, und nun fragte sich Bill, ob er als Junge nur von ihrer äußeren Erscheinung geblendet war oder ob sie wirklich Macht und Ansehen besaßen. Das würde er nie erfahren. Aber er wußte aus persönlicher Beobachtung, daß die Zeitungen immer den Wert der Häuser fast aller bekannten Mafiabosse überschätzten und die meisten dieser Wohnsitze als «palastartig» bezeichneten. Das eher einfache Tucsoner Rohziegelhaus seines Vaters war keineswegs palastartig, dennoch gebrauchten die Journalisten in ihren Berichten stereotyp diese Beifügung als Charakteristik. Das gleiche traf für die Heime vieler anderer prominenter Dons zu, auch Genovese machte da keine Ausnahme. Jene Bosse, die sich für luxuriöseres Tusculum entschieden, wie z. B. Magliocco und Joseph Profaci, waren Eigentümer mehrerer florierender legaler Firmen, vor allem auf dem Getränke- und dem Nahrungsmittelsektor; sie leisteten sich einen Lebensstil, der etwa dem des Chefs eines Großunternehmens entsprach.

Bill glaubte auch, daß bei der Presse die fixe Idee herrsche, alle Mafiakämpfe als «Kriege» zu etikettieren und dann solch einem Unterwelt-«Krieg», in dem es pro Woche kaum zwei Tote gab, so viel Raum zu widmen wie dem Vietnam-Konflikt mit seinen Tausenden Gefallenen. Der Bananenkrieg, der mit dem Anschlag in der Troutman Street begonnen hatte und bis ins Jahr 1969 dauerte, hatte bisher nur neun Opfer gekostet; auf das Konto der Profaci-Gallo-Fehde in Brooklyn zwischen 1961 und 1963 gingen nur ein Dutzend ausgeführter «Kontrakte» – und das war, wie Bill vermutete, weniger als die monatliche Zahl von Gatten-morden in New York allein. Verglichen mit einigen der aufgedeckten Greueltaten der Alliierten gegen Zivilisten in Südostasien, dem Intrigen-spiel der CIA oder den Taktiken der «Grünen Teufel» – die sich 1969 eines Doppelagenten entledigten, indem sie ihn töteten und die Leiche mit Ketten beschwert ins Meer warfen –, schienen die Übergriffe der Mafia kaum die enorme Publicity zu rechtfertigen, die ihnen zuteil wurde. Und dazu wäre es nicht gekommen, gäbe es nicht jene negative Mythenbildung: nämlich die Tatsache, daß in den sechziger Jahren die Mafia ebenso wie zuvor in den fünfziger Jahren der Kommunismus in den USA zu einer Gefahr gestempelt wurde, die eine Art Massenpsycho-se hervorrief. Die Dinge erschienen gleichsam in der Perspektive eines Vexierspiegels, und diese Sicht wurde in weiten Kreisen der amerikani-schen Bevölkerung als wahr genommen, weil sie das sonderbare Bedürf-nis des Durchschnittsamerikaners nach grotesk gezeichneten, zu allem fähigen Schurken befriedigte, denn dieser krasse Kontrast bestärkte in ihm das Bewußtsein seines eigenen honorigen Verhaltens.

Zu solchen Betrachtungen wurde Bill während seiner zwölfstündigen Fahrt nach Phoenix angeregt, als er die Radiomeldung hörte, Präsident Nixon habe vor dem Kongreß 61 Millionen Dollar zur Bekämpfung der Mafia und anderer Elemente des organisierten Verbrechens gefordert. Nixon erklärte, die Mafia sei nun «ihrer Sache sicherer als je zuvor», sie habe «weite Lebensbereiche Amerikas unterwandert» und führe die «moralische und rechtliche Unterhöhlung unseres Gesellschaftssy-stems» herbei. Allein der jährliche «Schnitt» aus illegalen Glücksspielge-schäften, so sagte der Präsident, belaufe sich auf 20 bis 50 Milliarden Dollar – eine Ziffer, die Bill vor allem wegen ihrer Ungenauigkeit er-staunte. Nixon sprach den Wunsch aus, zum Schutz der Gesetze die Bundesbehörden mit größeren Machtbefugnissen auszustatten und ih-ren Einfluß auch auf die Jurisdiktion auszuweiten, die gegenwärtig in erster Linie in die Kompetenz der einzelnen Staaten und Städte fiel. Er beantragte die Schaffung von zwanzig bundeseigenen «Racketeering Field Offices», also mobiler Einsatzkommandos der Kriminalpolizei, in den Großstädten sowie die Bildung einer Spezialgruppe im südlichen Distrikt des Staates New York, die sich auf «die starke Ballung krimineller Elemente in der größten Stadt des Landes» konzentrieren solle. Zur Begründung seiner Forderung nach einer Budgeterhöhung um 24,7 Mil-lionen gegenüber der Summe von 36 Millionen, die Präsident Johnson für die Bekämpfung des organisierten Verbrechens veranschlagt hatte, betonte Nixon, etwa 9 Millionen dieses Betrages würden hauptsächlich für die personelle Verstärkung des FBI, des Justizministeriums und des

Amtes des Bundes-Marshals aufgewendet werden. Etwa 8 Millionen würden der Bundessteuerbehörde zufließen, um ihr intensivere Maßnahmen zur Verhinderung der Steuerhinterziehung durch Kriminelle zu ermöglichen.

Wenn Bill die Nachrichtensendungen abhörte und später während der Fahrtpausen in Rasthäusern die Zeitungen las, staunte er über diese Eskalation des Kampfes gegen eine Organisation, deren legendäre Führer ein halbes Dutzend müder alter Dons waren, die noch die traditionellen Prinzipien hochzuhalten versuchten. Er konnte sich des Gedankens nicht erwehren, das Hauptproblem der Regierung bestehe nicht darin, daß die Mafia existiere, sondern daß sie absterben könne, und daß vielleicht das einzige, was dieses seltsame Wesen vor der Ausrottung zu bewahren vermöchte, öffentliche Hilfe in der einen oder anderen Form sei. Da die großen Kathedralen nicht ohne die Beschwörung der Teufelsfratze hätten gebaut werden können und da die Geringschätzung des Antiheros zugleich die Schmälerung des Heros bedeutete, läge es im Interesse künftiger Budgeterhöhungen für die Bekämpfung des Verbrechens, die Bosse und deren *capos* vor den Einflüssen natürlichen Verfalls zu schützen. Es sei denn, irgendeine andere Gruppe wie etwa die «schwarzen Panther» oder radikale Studenten könnten in der öffentlichen Meinung so hochgespielt werden, daß sie das Schreckbild der Mafia zu ersetzen vermochten. Aber Bill bezweifelte, daß es dazu kommen würde.

Die «Panther» waren zuwenig verwurzelt, um je zu einer Einheit zu finden, zahlenmäßig zu schwach, um viel zu erreichen, und die Führungsgarnitur hatte den Bogen bereits so weit überspannt, daß eine weitere propagandistische Aufwertung durch die Regierung illusorisch wäre. Den studentischen Revoluzzern mangelte es trotz ihrer potentiellen Stärke an wirklicher Stoßkraft, zudem waren sie zu undiszipliniert und zu ichbezogen, um auf lange Sicht nach Art eines klar abgegrenzten, in sich geschlossenen Syndikats zusammenzuarbeiten, das nach Bills Meinung notwendig war, um außerhalb des Gesellschaftssystems bestehen zu können. Das ärgste Laster der Jugendlichen, nämlich Marihuana, das sie ohne jede Verbindung zur Mafia mit anderen, stärkeren Drogen einschmuggelten und verteilten, würde im Lauf der Zeit den Charakter eines schweren Delikts einbüßen, ja vielleicht überhaupt straffrei werden. Da die Söhne so vieler Politiker und prominenter Bürger wegen Rauschgiftbesitzes verhaftet worden waren, würden die herrschenden Kreise Amerikas sicherlich ihren Einfluß geltend machen, um das Gesetz eher zu ändern als in Anwendung zu bringen. Marihuanagenuß war zu einem Delikt der Mittelschichten geworden und würde nicht so streng verfolgt werden wie das «Verbrechen» der unteren Schichten, das Glücksspiel.

Im Augenblick war die staatliche Ordnungsmacht auf die Mafia als das

Symbol und den Inbegriff aller Verwerflichkeit fixiert, dachte Bill, und die meisten Mitglieder der Organisationen taten alles, um dieser Rolle gerecht zu werden, sie spielten in der Öffentlichkeit die starken Männer und neigten dazu, ihre privaten Einflußsphären zu überschätzen und von ihren Machtpositionen im Stil der Weltpolitik zu sprechen, so zum Beispiel Stefano Magaddino, als er Joseph Bonanno mit den Worten kritisierte: «Er hißt auf dem ganzen Erdball seine Flagge!» Selbst wenn Mafiosi miteinander telefonierten, nahmen sie einen unnatürlichen Ton an, sie verstellten ihre Stimmen, damit sie rauher klangen, wie im Dialog eines schlechten Gangsterfilms. Bill wußte, daß sie sonst mit ihren Frauen oder außenstehenden Freunden ganz anders sprachen. Sie schienen automatisch in diese Redeweise «harter Burschen» zu verfallen, die gar nichts mit der Erwägung zu tun hatte, daß die Mafiosi etwa vor den die Telefonate abhörenden Polizisten ihre Identität zu verbergen versuchten. Wenn sie das wollten, waren sie Meister der Täuschung, mischten sizilianische Wendungen und Dialektausdrücke mit Pidgin-Englisch und eingeflochtenen obskuren Hinweisen, und niemand war darin geübter als Bills Vater. Einer der Beweggründe für Bills Fahrt war sogar, daß sich sein Vater am Telefon so vage und unklar ausdrückte, daß Bill keine Ahnung hatte, worum es sich handelte, und sich daher zu einem persönlichen Besuch entschloß.

Am Nachmittag erreichte Bill die Grenze zwischen Kalifornien und Arizona, um 18 Uhr war er in Phoenix, wo er übernachten wollte. Er hätte nach Tucson weiterfahren können, aber in Phoenix hatte er ein kleines Lieblingsrestaurant, wo er sicherlich einige Freunde treffen würde, und dieses Lokal war sein Ziel, nachdem er im Motel geduscht und sich umgezogen hatte.

An der Tür begrüßte ihn höflich der Oberkellner, dann lud ihn der Besitzer zu einem Drink an der Bar ein. Auch drei andere gutgekleidete dunkelhaarige Männer in Begleitung zweier Blondinen kamen an die Bar und hießen ihn willkommen. Einer von ihnen sagte, es täte ihm leid, daß Bill nicht länger in Phoenix bleibe, er hätte etwas mit ihm zu besprechen. Bill versprach ihm, bei seinem nächsten Besuch vorbeizuschauen. Nach dem Essen fuhr Bill zu einem Supper Club, wo die strammen Serviererinnen lederne Hot Pants und schwarze Netzstrümpfe trugen. Als er eintrat, lächelte ihm der Besitzer zu. Sie unterhielten sich eine halbe Stunde lang an der Bar unter dem blaßblauen Licht, in einer Ecke spielte eine fünfköpfige Combo für die Gäste, die an kleinen Tischen saßen.

An der Bar stand Bill im Mittelpunkt des allgemeinen Interesses, und er dachte an die Zeiten, als er seinen eigenen Nachtklub in Phoenix hatte, den «Romulus», und auf dem Camelback Mountain in einem Haus samt Schwimmbecken und sechs Telefonen wohnte. Das war 1961, zwei Jahre bevor er die Stadt verließ, enttäuscht und verbittert, mit der bleibenden Erinnerung an Funkstreifenwagen, die vor dem «Romulus» parkten und Polizisten, die Nacht für Nacht den herauskommenden Gästen Fragen stellten. Aber nun fühlte er sich in der vertrauten Umgebung wohl, wo man ihn als Menschen schätzte. Als er ging, schüttelte ihm der Besitzer die Hand und bat ihn, auf der Rückfahrt wiederzukommen. Es war wie in alten Zeiten.

Am nächsten Morgen erwachte Bill spät, und nach dem Frühstück ging er schwimmen. Es war ein warmer, sonniger Tag, und das Wasser erfrischte ihn. Als er dann bequem mit der *New York Times* vom Vortag neben dem Swimmingpool des Motels unter einem Sonnenschirm saß, schwand das Gefühl der angenehmen Kühle und Entspannung, als er den Text von Präsident Nixons Anti-Mafia-Rede las. Der Bericht trug die Überschrift «Nixon fordert große US-Vollmachten gegen Mafia» und stand neben den Meldungen über die Eroberung der Hauptstadt Biafras durch nigerianische Truppen und die Vorwürfe der nordkoreanischen Regierung, daß die USA weiterhin Aufklärungsflugzeuge über nordkoreanischem Territorium einsetzten und in Verletzung der Waffenstillstandsbedingungen zuließen, daß amerikanische Einheiten Sektoren der entmilitarisierten Zone mit Artilleriefeuer belegten. Obwohl Bill die wesentlichen Punkte der Präsidentenrede bereits aus den gestrigen Rundfunksendungen und der Lokalpresse kannte, wirkte Nixons Stoßrichtung in den nüchternen grauen Zeitungsspalten bedrohlicher und schwerwiegender. Als Bill gewisse Absätze mehrmals durchlas, befremdete ihn die Naivität mancher Ausführungen, und er hätte gewisse Einwände vorbringen mögen. Bei der Erklärung Nixons, «viele anständige Amerikaner leisten regelmäßig, freiwillig und unwissentlich Beiträge für die Kassen des organisierten Verbrechens», störte Bill das Wort «unwissentlich», denn er war überzeugt, daß jeder Mensch, der sich mit einem Buchmacher einließ, sehr wohl wußte, was gespielt wurde. Ganz im Gegenteil: wer auf Pferde oder in der Lotterie setzen wollte, mußte sogar selbst die Initiative ergreifen, um eine illegale Wette zu placieren, mußte sich den Buchmacher aussuchen, also einen Mann, der sich ihm keineswegs antrug und bei Kunden, die er nicht persönlich kannte oder die ihm nicht durch einen vertrauenswürdigen Vermittler empfohlen wurden, sehr vorsichtig war.

Bei der Erklärung des Präsidenten, die Opfer der Mafia gehörten ganz verschiedenen Berufsgruppen und Bevölkerungsschichten an, die Hausfrau von der Stadtperipherie ebenso wie der Student, die Sekretärin, der Bauarbeiter und «der mittlere Geschäftsmann, der verlockt wird, Darlehen aufzunehmen und dann Wucherzinsen zu bezahlen hat», stieß sich Bill an dem Ausdruck «verlockt» und fragte sich, ob Nixon tatsächlich nicht wisse, daß die meisten Personen, die sich bei Wucherern um Kredit bewarben, schon früher säumige Schuldner waren, Spekulanten und Spielernaturen, Leute, die Geld aufnehmen, sich mit den Bedingungen einverstanden erklären, aber dann statt zurückzuzahlen zur Polizei laufen und den Verleiher anzeigen. Wären diese sogenannten Opfer des Wucher-Rackets verläßliche, seriöse Leute, dachte Bill, so fänden sie sicherlich einen Bankier oder einen Freund im Staatsdienst mit entsprechenden Verbindungen und würden sich nicht an einen obskuren Wucherer in Harlem oder Brooklyn wenden.

Was Bill an der allgemeinen Tendenz der Präsidentenrede so sehr gegen den Strich ging, war die darin zum Ausdruck kommende Vorstellung, die meisten Bürger, die direkt oder indirekt die Multimilliarden-Rackets des organisierten Verbrechens finanzierten, seien unzurechnungsfähige Geschöpfe ohne eigenen Willen und ohne Verantwortung für ihre persönlichen Entscheidungen und Handlungen, unschuldig, arglos und nur durch die Mobster «korrumpiert». Zu diesen in der Rede erwähnten «Korrumpierten» gehörten Polizisten, die Bestechungen annahmen – als müßten die Unterweltler den Beamten die Schweigegelder geradezu aufdrängen, während die Polizeiorgane in Wahrheit auf diskret zugesteckte Beträge erpicht waren. Nixon äußerte auch die Meinung, das illegale Glücksspiel floriere, weil die Öffentlichkeit «apathisch» sei, Bill hingegen glaubte, diese Öffentlichkeit finde eben nichts Amoralisches an Wetten und Lotterien, weil sie eine wohlfeile Art spannender Zerstreuung waren. Jeder kleine Mann konnte einige Dollar pro Woche riskieren, und dies kam ihm noch immer billiger zu stehen als andere Vergnügungen. Außerdem: wenn er etwas gewann, dann ersparte er sich die Steuern, und das war eine der wenigen derartigen Möglichkeiten für den durchschnittlichen Berufstätigen, der nicht winterliche Geschäftsreisen nach Florida abschreiben konnte, die sich rein zufällig gerade dann ergaben, wenn in dem berühmten Rennzentrum Hialeah die Saison begann . . .

Am Nachmittag befand sich Bill auf dem Weg nach Tucson. Zwei Stunden fuhr er mit hoher Geschwindigkeit auf einer Wüstenstraße, sah keine Wagen hinter sich und rundum nichts als Kakteen, in der Ferne die Mesas, wie hier im Süden der USA die typischen Tafelberge genannt werden, und die unendlichen Weiten kupferfarbenen Sandes, der in der Sonne leuchtete.

In früheren Jahren hatten seine Besuche in Tucson unweigerlich zu Konfrontationen mit der Polizei geführt. Während seines letzten längeren Aufenthalts war er zweimal verhaftet und außerdem bei der Explosion aus dem Baum geschleudert worden. Obwohl seit dem September 1968, also seit sieben Monaten, keine Sprengstoffanschläge erfolgt waren, war es dem FBI und der Polizei bisher nicht gelungen, die Attentäter ausfindig zu machen, nicht einmal die Frau, die Bill gesehen hatte, als sie im Vorbeifahren eine Dynamitladung aus dem Auto warf. Vielleicht hatte sein Vater nun neue Informationen, dachte Bill, möglicherweise hatte er sie ihm vor einigen Tagen in dem allzu verschlüsselten Telefongespräch mitteilen wollen.

Als sich Bill der Stadt näherte, spannten sich unwillkürlich seine Muskeln. Die lange Fahrt von San José war zugleich eine wunderbare Erholung, aber nun, mit dem Ziel in Sicht, fühlte er sich in seiner Freiheit beschränkt, und während er das Tempo bis unter die Geschwindigkeitsgrenze verlangsamte, blickte er in alter Gewohnheit häufig in den Rückspiegel. Nicht nur das Bewußtsein, wieder in Tucson zu sein, gebot ihm Konzentration, sondern auch der Besuch bei seinem Vater; die Gewißheit, daß er, wenn auch nur für wenige Tage, in einem Haus wohnen würde, in dem man ihn wieder als Sohn behandeln würde, wo er sich nach den Entscheidungen eines anderen Mannes richten mußte, eines Mannes allerdings, den er sehr liebte. Er begriff diese neue Regung nicht ganz, denn er hatte sie seit Joseph Bonannos Wiederauftauchen im Jahr 1966 nur manchmal und vorübergehend empfunden. Sie mochte sich aus der plötzlich gesteigerten gegenseitigen Abhängigkeit voneinander entwickelt haben, während früher, in besseren Zeiten, ein über weite Entfernungen wirkendes Einverständnis geherrscht hatte – aber Bill war es klar, daß er nun in Gegenwart seines Vaters gehemmter und mehr auf der Hut sein würde.

Als er sich dem Haus näherte, sah er seinen jüngeren Bruder Joseph, der im Gespräch mit einigen Freunden und Mädchen an einem geparkten Wagen lehnte. Bill winkte ihm im Vorbeifahren zu, bemerkte Josephs langes Haar. Als er zur Garage einbog, trat sein Vater heraus, um ihn zu begrüßen, und der Wachhund bellte.

Bonanno senior war tief gebräunt, seine leuchtenden dunklen Augen und das silbergraue Haar hoben seine markanten Züge um so mehr hervor. Er trug sandfarbene Hosen aus Baumwollstoff, indianische Mokassins und einen dünnen grünen Rollkragenpullover. Mit freudiger Überraschung stellte Bill fest, wie gut sein Vater aussah. Er bemerkte auch, daß die bei dem Bombenanschlag zerstörten Partien der Rohziegelmauer nun wiederaufgebaut waren, und nachdem er das Haus betreten und seine Mutter mit einem Kuß begrüßt hatte, fiel ihm auf, daß manche Möbelstücke umgestellt waren und daß im Arbeitszimmer seines Vaters das Frühlingsreinemachen im Gang war – Bücher waren auf den Boden gestapelt, Laden standen offen, und auf der Platte des Schreibtisches lagen gerahmte Fotos, Schriftstücke, einige alte Alben und persönliche Dokumente.

Bill sah auch einige Aufnahmen, die seinen Vater mit Politikern, Priestern und Tucsoner Geschäftsleuten bei Banketten zeigten, die vor

Jahren stattgefunden hatte, sowie ein großes Porträtfoto eines mächtigen italienischen Ministers namens Bernardo Mattarella mit eigenhändiger Widmung. Mattarella stammte ebenfalls aus Castellammare und war ein Jugendfreund Joseph Bonannos. An der Wand hingen ein gerahmter Plan von Castellammare und eine Farbpostkarte, die der Don vor kurzem erhalten hatte: ein neues Luftbild der sizilianischen Stadt. «Castellammare hat sich überhaupt nicht verändert», sagte Joseph Bonanno. «Das gefällt mir daran, und ich möchte es vor meinem Tod noch einmal sehen. Es ist schön, an den Ort zurückzukehren, in dem man seine Jugend verbracht hat und feststellen kann, daß alles beim alten geblieben ist.»

Bill entschuldigte sich für einen Moment und ging in sein Schlafzimmer, um seinen kleinen Koffer auszupacken. Der Raum war noch immer so wie vor zwanzig Jahren, als er ständig in diesem Haus wohnte, und das Fenster neben seinem Bett war durch einen Riegel gesichert, den er manchmal mitten in der Nacht geöffnet hatte, um heimlich hinauszusteigen und sich mit einer jungen Frau zu treffen, die er seinem Vater nie vorzustellen wagte.

In solchen Situationen hatte sich Bill ganz anders verhalten als sein Bruder Joseph, der aus seinem Privatleben kein Geheimnis machte, kam und ging, wie es ihm paßte, und wenn ihn Bonanno senior deswegen zur Rede stellte, war Joseph sehr empört, und es gab erregte Szenen mit dem Vater, wie sie Bill niemals, nicht einmal jetzt, heraufbeschworen hätte. Aber sein dreiundzwanzigjähriger Bruder war eigentlich ohne Vater aufgewachsen, denn während Josephs Entwicklungsjahren war der Don meist unterwegs gewesen. Der Junior trug die Last des Namens. Einmal reagierte Joseph in der Militärschule auf einen Tadel seines Ausbilders, der ihn fragte: «Wollen Sie ein Gangster werden wie Ihr Vater?» mit einem Kinnhaken. Bald darauf verließ er die Schule, und man war froh, ihn loszuwerden. Da er kein Studium abgeschlossen hatte, teilte er nun seine Zeit zwischen dem Zureiten von Pferden und Autorennen, war als Manager einer Rock-Gruppe tätig und hatte seine eigenen Schwierigkeiten mit dem Gesetz.

Vor einem Jahr wurde er zusammen mit dem zweiundzwanzigjährigen Sohn Peter Licavolis aus Detroit in Beverley Hills unter dem Verdacht des Autodiebstahls und des bewaffneten Raubüberfalls festgenommen, aber später wegen Mangels an Beweisen wieder freigelassen. Der Wagen war auf Sam Perrones Namen eingetragen, und Joseph junior erhob nachher den Vorwurf, die Polizei von Los Angeles habe ihn dauernd beschattet und versucht, einen Zwischenfall zu provozieren. Es war für die Polizei nicht schwer, Joseph zu provozieren, denn wie Bill wußte, war sein Bruder gegen ironische Bemerkungen oder Anspielungen der Behörden sehr empfindlich, und da die Kampagne gegen die Mafia nun im ganzen Land, besonders in Tucson, intensiviert wurde, war es unvermeidlich, daß Joseph Bonanno junior in Konflikte geraten würde.

Bill dachte oft daran, daß es für Joseph besser wäre, Tucson den Rücken zu kehren, aber er hatte keine Ahnung, wo sich sein Bruder ansiedeln sollte. Er hatte bereits ein- oder zweimal nach Auseinandersetzungen mit dem Vater das Haus verlassen. Das waren bittere Erfahrungen für den Don gewesen, und nach Josephs Abgang entfernte er in einer Art ritueller Handlung alle Bilder seines jüngeren Sohnes von den Wänden und den Borden.

Joseph hatte zwar viele Freundinnen, darunter die Erbin einer Tabakfabrik in North Carolina, aber bisher hatte er jede Beziehung, die zu einer Ehe führen könnte, abgebrochen. Seiner Mutter war das recht. Sie hatte ihn gern zu Hause, Josephs Interesse am Autorennsport, durch den er früher weit herumgekommen war, schien nun etwas geschwunden, allerdings stellte Joseph seine Siegestrophäen noch immer in den Räumen zur Schau. Vielleicht hatte er deshalb umgesattelt und wohnte nun bei den Eltern, weil ihm das Gericht nach elf Verstößen gegen die Verkehrsordnung den Führerschein abgenommen hatte. Als der Inspektor der Verkehrsabteilung der Polizei zum Haus der Bonannos kam, um Joseph junior zu suchen, fiel ihn der deutsche Schäferhund an und biß ihn ins Bein, was eine weitere Vorladung für die Familie Bonanno zur Folge hatte – die zweite wegen des Hundes –, und Bill dachte, «Rebel» sei gerade das richtige Haustier für seine Angehörigen.

Im Wohnzimmer erwarteten die Eltern Bill mit einem Drink. Es war nun bald Abendessenszeit, und Mrs. Bonanno schaltete mehr Lampen ein, auch jene, welche die gemalten Porträts des Ehepaares beleuchteten, die hinter dem TV-Apparat hingen. Bill bemerkte, daß sein Vater für den Künstler ebenso überlegen gelächelt hatte wie für so viele Pressefotografen, während das Bildnis der Mutter formeller wirkte, die dunklen Augen und das schmale Gesicht nachdenklich, ja sogar melancholisch und das Haar nicht so grau wie jetzt. Dennoch, so fand Bill, besaß seine Mutter nun wieder jene Ausgeglichenheit, die sie während der Bombenanschläge des vorigen Sommers zeitweise verloren hatte; sie war auch wieder lebhaft wie je und sah überall im Zimmer flink nach dem Rechten.

Die Konversation im Wohnzimmer berührte allgemeine Themen, es wurde auch über Bills Kinder in San José und der baldigen Hochzeit von Rosalies Schwester Josephine gesprochen. Mrs. Bonanno, die Josephines Patin war, wollte daran teilnehmen. Dann erinnerte sich Bill, daß er ein Buch über die Mafia mitgebracht hatte, sein Vater wollte es lesen. Es hatte den Titel ‹Theft of Nation›, der Autor war ein Soziologieprofessor namens Donald R. Cressey, nun kriminologischer Konsulent in Washington. Beide Bonannos, senior wie junior, blieben über alles, was über das organisierte Verbrechen veröffentlicht wurde, auf dem laufenden. Allerdings meinte der Vater, viele der Berichte über die Mafia seien größtenteils Erfindung und romanhafte Darstellung, dennoch war er daran interessiert, was über ihn selbst geschrieben wurde.

Bill gab ihm das Buch mit dem Bemerken, er komme darin vielleicht besser weg als die meisten anderen erwähnten Bosse, obwohl, wie Bill wußte, auch ein FBI-Protokoll abgedruckt war, in dem der Ausspruch eines Don aus Rhode Island zitiert wurde, Bonanno senior sei «an seinem Sturz selbst schuld, weil er unersättlich ist». Joseph Bonanno betrachtete kurz den schwarzen Schutzumschlag, die roten Buchstaben des Titels und dazwischen in Weiß eine Zeichnung der Kuppel des Capitols in Washington mit schwarzen Fingerabdrücken, die offenbar die Mafia symbolisieren sollten. Lächelnd schüttelte er den Kopf, blätterte den Band durch. Er sah, daß er keine Fotos enthielt, wohl aber Tabellen und graphische Darstellungen der fünf New Yorker Familien, die 1931 nach dem Castellammarese-Krieg organisiert worden waren. Von den fünf Gründerdons des Jahres 1931 – Luciano, Mangano, Gagliano, Joseph Profaci und Joseph Bonanno – war nurmehr Bonanno am Leben. Sachte legte er das Buch auf das Tischchen neben seinem Stuhl und bedankte sich bei Bill. Dieser bereute fast, daß er den Band mitgebracht hatte, denn auf Seite 156 stand ein wenig schmeichelhafter Hinweis auf ihn selbst. Der Autor hatte Bill als «ziemlich dumm und exzentrisch» bezeichnet, woraus Bill schloß, daß Cressey selbst ziemlich dumm und exzentrisch sein müsse, aber er erwähnte seinem Vater gegenüber nichts von diesem Passus.

Gleich darauf trat Joseph junior ein, gefolgt von einem großen, gutaussehenden jungen Mann mit langem, blondem Haar. Er hieß David Hill junior, stammte aus San Antonio, war zweiundzwanzig Jahre alt und seit einiger Zeit Josephs Freund. Hills Vater war pensionierter General, ein Kriegsheld. Aber der Sohn war Kunstliebhaber, hatte in Paris studiert, hegte sehr entschiedene Ansichten über die Politik und die Heuchelei in Amerika und teilte die Überzeugung der Bonannos, die Presse habe der Familie übel mitgespielt. Als Bill im vorigen Sommer diesen betont kultivierten und eleganten Schöngeist kennenlernte, war er skeptisch und machte sich Sorgen, daß sein Bruder, der immer wieder ungewöhnliche, interessante Menschen anzog, diesmal vielleicht an einen FBI-Spitzel geraten sei. Aber bald änderte Bill seine Meinung, vor allem unter dem Einfluß seines Vaters, dem der junge Texaner sofort sympathisch war. Joseph Bonanno bewunderte dessen innere Unabhängigkeit und Intelligenz und nahm gern seine Freundschaft an – in einer Zeit, als Freunde dünn gesät waren. Nun war David Hill junior zu längerem Besuch Gast im Haus, fuhr den Don manchmal zu Besorgungen in die Stadt, begleitete ihn und fungierte fast als ein Adjutant. Zwar bekam er keine finanzielle Entschädigung, da er ziemlich begütert war – was Joseph junior nach einer Texas-Reise mit Hill bestätigte –, aber David erklärte, die Nähe Joseph Bonannos eröffne ihm Einblicke in eine außerordentliche Persönlichkeit und erweitere von einem anderen Gesichtspunkt aus seine Kenntnis des Lebens.

Als das FBI erfuhr, daß Hill bei den Bonannos wohne, verständigte die Behörde sofort seine Angehörigen in San Antonio, und der junge Mann selbst wurde aufgefordert, im FBI-Büro von Tucson zu erscheinen. Dort begann ein Beamter das Gespräch damit, daß er seinem Befremden und seiner Bestürzung über Hills Wahl seines Umgangs Ausdruck gab, sagte aber, der Generalssohn könne seine höchst fragwürdige Entscheidung dadurch wettmachen, daß er dem FBI behilflich sei, Angaben über die Lebenshaltung der Familie Bonanno zu sammeln. Als Hill ablehnte und mit aller Deutlichkeit betonte, für einen derartigen Vorschlag werde er auf keinen Fall zu haben sein, beschimpfte ihn der Beamte, nannte ihn eine Schande für die angesehene alte Familie und das ganze Land und fügte hinzu, der junge Hill werde niemals eine Position in der US-Regierung erlangen können – eine Drohung, die der so streng Gerügte sichtlich ohne Zerknirschung aufnahm.

David Hill junior und Joseph saßen nun im Wohnzimmer und hörten dem Don zu, der mit seiner sanften Stimme über viele Themen sprach, auch während des Abendessens, das auf der Sonnenterrasse hinter dem Haus serviert wurde. David Hills Interesse regte ihn an, er erzählte ausführlich über die Umwelt seiner eigenen Kindheit, die Geschichte Siziliens, seine Reise nach Paris und aus seinen Erinnerungen an die USA der dreißiger Jahre, als der einzelne mehr Freiheit hatte als heute in den sechziger Jahren mit ihrem mächtigen Staatsapparat.

David Hill scheute sich nicht, seine eigenen Ansichten dazu zu äußern, oder bat um nähere Erklärungen, ein Wunsch, dem Joseph Bonanno gern nachkam.

Bill hatte zwar all diese Geschichten schon gehört, merkte aber, wie angenehm es seinem Vater war, sie nun einem Neuen zu erzählen, einem Außenseiter, mit dem ihn eine Sympathie und ein gegenseitiges Verstehen verband, das nicht durch den Altersunterschied oder die Komplikationen einer Vater-Sohn-Beziehung gehemmt war.

Auch nach dem Essen blieb Joseph Bonanno am Tisch sitzen. Er war in sehr aufgeräumter Stimmung, wollte noch stundenlang weiterreden, und daraus konnte Bill ermessen, wie einsam sein Vater während des Winters in Tucson gewesen sein mußte, angewiesen auf die Gesellschaft einiger weniger Männer der Organisation und fast immer von der Polizei beschattet, wenn er das Haus verließ. Er konnte nicht einmal eine kurze Ferienreise unternehmen, denn wenn er um die Erlaubnis ersuchte, wäre es durchaus möglich, daß die Behörden das ärztliche Gutachten zitierten, in dem bescheinigt wurde, Joseph Bonanno könne wegen seines Herzleidens und anderer nervlich bedingter gesundheitlicher Schädigungen nicht vor den Gerichten in New York oder an anderen Orten erscheinen. Die Kaution von 150000 Dollar wegen der bereits drei Jahre alten Anklage der Widersetzlichkeit gegen die Justiz war noch immer nicht aufgehoben. Er war auf freiem Fuß, aber im Grunde war er ein Gefangener in seinen eigenen vier Wänden. Bill konnte verstehen, wie sehr sein Vater den heutigen Abend genoß.

Am nächsten Nachmittag, als Joseph junior und David außer Haus waren, konnte Bill in Ruhe mit seinem Vater sprechen. Sie redeten über viele Dinge, die sie während der Monate der Trennung nicht hatten erörtern können, auch über Bills Kreditkarten-Angelegenheit, die wahrscheinlich im Herbst vor Gericht kommen würde. Bill zitierte auch die Prognose seines Anwalts, wenn er in allen Anklagepunkten des Postbetrugs, des Meineids und der Verabredung für schuldig befunden werde, habe er eine Mindeststrafe von zehn Jahren zu erwarten. Er meinte, das sei ein hoher Preis dafür, daß er Torrillos Kreditkarte mit nicht viel mehr als 2000 Dollar belastet habe. Aber der Anwalt wies Bill darauf hin, daß die Justiz viele Trümpfe in der Hand habe, es könne sogar noch schlimmer ausgehen, wenn Bill als Zeuge zu seiner eigenen Verteidigung aussage. Denn dann stehe es dem Staatsanwalt frei, ihn auch über andere Themen als die Kreditkarte einzuvernehmen, und wenn Bill widerstrebend oder ausweichend antworte, könne dies seinem Eindruck bei den Geschworenen sehr schaden. Bill vermutete nun, daß ihn seine Verteidiger wahrscheinlich nicht in den Zeugenstand rufen würden.

Der Don legte seinem Sohn dringend nahe, sich im Moment nicht mit solchen Erwägungen zu belasten. Oft erledigten sich die Dinge von selbst, und wer wisse, ob die Anklage wirklich so solide untermauert sei, wie es den Anschein habe. Es wäre ungünstig, fände der Prozeß nun statt, da die öffentliche Meinung gegen das organisierte Verbrechen aufgebracht sei. Aber in sechs oder acht Monaten könne ein Umschwung zu vernünftigerem Denken erfolgt sein, und man würde vielleicht einsehen, daß es sinnlos sei, das tote Roß – die schwer havarierte Mafia – auch noch zu schlagen.

Was die Tucsoner Erhebungen über den Bombenanschlag gegen Bonannos Haus betraf, konnte der Don wenig mitteilen, was Bill nicht bereits wußte oder mutmaßte. Vater und Sohn waren sich darüber einig, daß keine Mafiaaktion vorlag. Und dennoch deutete der Sachverhalt auf eine gewisse systematische Planung und Vorbereitung hin, wie bei den Attentaten auf die Ricavoli-Ranch, Notaros Haus, den Perückensalon, wo Mrs. Charles Battaglia arbeitete, und die anderen Objekte. Bill glaubte, daß ein Bürgerkomitee mit Selbstschutztendenzen oder irgendeine politische Gruppe hinter diesen Aktionen stehe. Doch außer den Informationen über die mysteriösen Limousinen, die unter dem Namen der

«Deluxe Importing Company» registriert waren, hatte er nichts weiter in
Erfahrung gebracht – und Bill, sein Vater oder Freunde konnten es nicht
riskieren, auf eigene Faust Nachforschungen über die Attentäter anzu-
stellen. Das mußten sie dem FBI und der Polizei überlassen, denn wenn
sie selbst in die Angelegenheit verwickelt wurden, könnte dies noch
ärgere Folgen haben. Vielleicht lag gerade das in der Absicht ihrer
Gegner: eine Konfrontation mit der Mafia, ein Komplott, das einen
Skandal vermuten ließ, oder sensationelle Presse-«Enthüllungen», in
denen Mafiosi vorgeworfen würde, daß sie unschuldige Bürger am Leben
bedrohten.

Was die Bonannos in Tucson nun am allerwenigsten wünschten, war
Publicity, deshalb blieb Bill während des ganzen Wochenendes tagsüber
im Haus. Er ließ den Wagen versperrt in der Garage stehen und trat,
solange es hell war, nicht einmal in die Nähe des Fensters. Er war
ziemlich sicher, daß die lokale Polizei nichts von seiner Anwesenheit
wußte. Wäre sie ihr bekannt gewesen, dann hätte sie gewiß einen Vorwand gefunden, um ins Haus zu kommen und Fragen zu stellen, und
dann hätte sich die Presse wahrscheinlich in Vermutungen über seinen
Besuch ergangen und angedeutet, daß im Wohnsitz der Bonannos ein
geheimes Konklave mit weitreichenden Auswirkungen für die Unterwelt
abgehalten werde.

An jenem Wochenende gab es keine Zeitungsberichte, aber sechs
Wochen später sollten die Bonannos, die den Sondierungen mit soviel
Geschick und Umsicht ausgewichen waren, im Mittelpunkt des Interes-
ses stehen.

22

Am 10. Juni 1969 wurden viele der internen Geheimnisse, Intrigen und
Vorfälle aufgedeckt, die zum «Bananenkrieg» geführt hatten. Die konkreten Tatsachen waren freilich nur der harte Kern in einem amorphen
Ballast an sensationellen «Enthüllungen», die sich in unbestätigten Angaben und Gerüchten über die Mafia im allgemeinen erschöpften. Wie
war es zu diesen Aufklärungen gekommen? Zwischen 1961 und 1965
hatte das FBI an drei Orten, die von mutmaßlichen Mafiosi frequentiert
wurden, mit versteckten Mikrofonen Privatgespräche aufgenommen.
Einer dieser überwachten Verdächtigen war ein lebhafter, kontaktfreudi-
ger neunundfünfzigjähriger Mann mit gewelltem grauem Haar: Samuel
Rizzo De Cavalcante, Boss einer sechzigköpfigen Familie in New Jersey.
1964/65 hatte er in den schwierigen Verhandlungen mit der Bonanno-
Gruppe als Emissär der Kommission fungiert, um den Frieden innerhalb

der Unterwelt aufrechtzuerhalten.

Das war oft eine undankbare Aufgabe, und Samuel De Cavalcantes Unmutsäußerungen, die in dem 2300 Seiten starken FBI-Protokoll festgehalten sind, beweisen, daß sich seine Hoffnungen meist nicht erfüllten und daß er schließlich selbst das Vergebliche seiner Bemühungen einsah. Aber es war auch evident, daß er, ein obskurer Don, der in der Gesamtheit der Geheimgesellschaft nur beschränktes Prestige hatte, diese Mission mit Freuden annahm. Ihn reizten die Erfolgsmöglichkeiten, vor seinen Untergebenen prahlte er gern mit seinen engen persönlichen Beziehungen zu den Spitzen der Mafia, wenn auch nur als Kurier, und es machte ihm nichts aus, zwischen New York, New Jersey und Pennsylvanien zu pendeln, um bei diskreten Zusammenkünften mit Kommissionsmitgliedern wie Joseph Zerilli aus Detroit und Angelo Bruno aus Philadelphia, aber auch mit Bill Bonanno und anderen Vertretern der loyalen und der separatistischen Fraktionen pünktlich zur Stelle zu sein.

Nach allen Wertmaßstäben der Unterwelt und sogar der größeren Welt außerhalb des organisierten Verbrechens war Samuel De Cavalcante ein geduldiger, wohlmeinender Mann, der sich bemühte, seine Pflicht zu tun, ein Mann, der sich stundenlang die Ausführungen mächtiger Dons anhörte, deren Worte in Wahrheit an jemand anderen gerichtet waren, an einen imaginären Gesprächspartner: Joseph Bonanno. Und dennoch blieb De Cavalcante immer eifrig, immer erreichbar, selbst als er wußte, daß er seine Zeit verschwendete – Zeit, die er sonst seiner Firma in New Jersey, seinen Lotterie- und Geldverleihgeschäften und anderen Rackets gewidmet hätte, oder seine Frau und seinen Kindern, die er liebte, und nicht zuletzt einer jungen Freundin, die ihm nun oft sehr fehlte.

Die Andeutungen über seine Abenteuer, die er im Privatbereich seines Büros vertrauenswürdigen Personen gegenüber, aber auch in Telefongesprächen machte, entgingen weder den hochempfindlichen Mikrofonen des FBI noch den Zeitungen und den Magazinen, die diese Schilderungen, nach der Freigabe durch die Behörden im Juni 1969, überall verbreiteten. Außerdem erschienen die authentischen Texte in zwei Taschenbüchern. Tagelang widmete die *New York Times* den De Cavalcante-Dialogen ebensoviel Raum wie der Berichterstattung über das Ökumenische Konzil in Rom, und keiner der ständigen Abonnenten las diese Serie mit größerem Interesse als Joseph Bonanno, dessen Foto den ersten Artikel illustrierte – übrigens ein seltenes Bild, denn darauf lächelte er nicht –, und Bill Bonanno, der nun erfuhr, was gewisse Mafiosi über ihn sagten.

Einer von De Cavalcantes ersten Hinweisen auf Unstimmigkeiten innerhalb der Bonanno-Organisation datierte vom 31. August – zwei Monate vor dem Verschwinden des New Yorker Don. Die Aufnahme erfolgte durch ein elektronisches Gerät, das irgendwie in das Büro in dem einstöckigen Gebäude in Kenilworth, New Jersey, eingeschmuggelt worden war. Dort betrieb De Cavalcante zusammen mit einem jüdischen Partner, mit dem er sich ziemlich fließend auf jiddisch unterhalten konnte, eine Klimaanlagen- und Klempnerfirma. Am 31. August kurz vor 12 Uhr mittags wurde De Cavalcante von Joe Sferra besucht, einem der Captains in seiner Familie, der auch für eine Bauarbeitergewerkschaft in New Jersey tätig war.

«Ich hatte ziemlich viel für die Kommission zu tun», klagte De Cavalcante.

«Wer macht dir denn Sorgen?» fragte Sferra.

«Keiner von unseren eigenen Leuten», erwiderte De Cavalcante. «Wir müssen uns wieder treffen. Eine miese Sache – niemand darf davon wissen.»

Dann eine Pause, als zögere er sogar, seinem Captain mehr zu verraten. Aber Sferras Neugierde war geweckt, und er fragte: «Was gibt es?»

«Ach, einen kleinen Rummel drüben in New York.»

«In New York?»

«Tür zu, es soll niemand zuhören.»

Als Sferra die Tür geschlossen hatte, schien er zu überlegen, ob es ratsam sei, sich für Angelegenheiten der Kommission zu interessieren, und meinte: «Sam, du brauchst mir nichts zu sagen, wenn du nicht willst.» Aber Sam wollte es ja sagen.

«Es dreht sich um Joe Bonannos *borgata* [Familie]. Die Kommission ist mit seinen Entscheidungen nicht einverstanden.»

«Weil er tut, was ihm gefällt?»

«Na ja, er hat seinen Sohn zum *consigliere* gemacht», erklärte De Cavalcante. «Und wie man hört, läßt sich der Sohn nicht blicken. Sie [die Kommission] haben ihn vorgeladen, aber er ist nicht gekommen. Nun wollen sie Joe Bonanno aus der Kommission hinausschmeißen. Und sie meinen, der kühlste Platz ist Rhode Island. Du verstehst . . . Scheußliche Sache. Mir tut er leid, er ist kein unebener Kerl.»

«Wie alt ist er denn?» fragte Sferra.

«Sechzig, so Anfang Sechzig.»

Einen Monat später, nach unbefriedigend verlaufenen Zusammenkünften mit Bill Bonanno, John Morale und anderen, saß De Cavalcante in seinem Büro und erzählte einem seiner Leute namens Frank Majuri, wie schwierig sich die Verhandlungen mit Bill gestalteten. Resigniert fügte er hinzu, er fürchte von den Bonannos den Junior mehr als den Senior.

«Der Sohn ist ein widerlicher Kerl», sagte De Cavalcante. «Ich hatte eine Verabredung mit ihm . . .»

«Du hast ihn aufgesucht?» fiel ihm Majuri ins Wort.

De Cavalcante bejahte. Joseph Zicarelli, ein in New Jersey ansässiges Mitglied der Bonanno-Organisation, habe ihn begleitet. «Die Brüder hatten einen Wagen vorne und einen hinten. Ich frage: ‹Was ist los? Werden wir beschattet?› Er [Zicarelli] sagt: ‹Nein, keine Sorge.›» Aber De Cavalcante bemerkte, daß er auf dem Weg zu dem Treffen zwischen Wagen von Bonanno-Leuten eingekeilt war und Bill dafür gesorgt hatte, «daß ich ihm keine Falle stelle».

De Cavalcante sprach telefonisch mit Joseph Bonanno und berichtete, wie empört der Don darüber war, daß sich die Kommission in innere Angelegenheiten seiner Familie einmischte und den abtrünnigen Captain Gaspar Di Gregorio vor Repressalien schütze.

«Was soll das heißen, daß sie ihm die Mauer machen?» habe Bonanno gerufen, soweit sich De Cavalcante an den Wortlaut erinnerte, als er Majuri die Auseinandersetzung schilderte. «‹Wir sind eine Cosa-Nostra-Familie!› fährt er mich am Telefon an.» Der New Jersey-Don war es schon gewohnt, daß er auch als Blitzableiter herhalten mußte. «‹Die Kommission rät mir, mich nicht mit Di Gregorio anzulegen, denn sie hat sich für seine Sicherheit verbürgt!› brüllt er [Bonanno]. Aber er werde sich einen Dreck darum scheren, ob die anderen [die Kommission] ihre Hände über den Renegaten halten wollen. Di Gregorio gehöre zu seiner Familie . . . Sie [die Bonanno-Organisation] sind der Ansicht, er sei ausgestoßen worden und niemand sollte mit ihm etwas zu tun haben . . .»

«Vielleicht hatte er gar nicht einmal so unrecht, oder?» meinte Majuri.

«Wer?»

«Derjenige, den sie hinausgeschmissen haben», sagte Majuri und fragte im selben Atem, was Zicarelli, der Bonanno-Mann in New Jersey, von der Situation halte.

«Gar nichts», entgegnete De Cavalcante, immerhin sei Joseph Bonanno Zicarellis Boss. Dann fügte er hinzu, als überdenke er die katastrophalen Folgen, welche es für die Mafia haben könnte, wenn es nicht gelänge, den Streit zu schlichten: «Mehr wünschen sich die Justizbehörden gar nicht – als daß so etwas passiert!»

«Dann wäre alles aus», pflichtete ihm Majuri bei. «Es wäre nicht so wie damals mit den Brüdern Gallo, sondern viel schlimmer.»

De Cavalcante beschwor globale Visionen herauf: «Es wäre wie ein dritter Weltkrieg!»

Um diese Zeit, einen Monat vor Joseph Bonannos Verschwinden, erfuhr De Cavalcante, daß die Kommission die selbstherrliche Haltung des Don nicht mehr dulde und beschlossen habe, ihm die Mitgliedschaft in ihrer Gruppe abzuerkennen. Die FBI-Protokolle enthalten zwar keine Einzelheiten darüber, ob es ein einstimmiger Beschluß war oder auch nur, ob alle acht der insgesamt neun Kommissäre (außer Bonanno) an dieser Abstimmung teilnahmen, aber als Kommissionsmitglieder des Jahres 1964 führt das FBI folgende Personen an: Stefano Magaddino aus Buffalo, Joseph Zerilli aus Detroit, Angelo Bruno aus Philadelphia, Sam Giancana aus Chicago, Joseph Colombo aus New York (das neue Oberhaupt der Profaci-Magliocco-Familie), ferner aus New York Carlo Gambino, Thomas Lucchese und den mittlerweile eingekerkerten Vito Genovese.

Obwohl De Cavalcante keinen offiziellen Auftrag dazu hatte, beschloß er, Bonannos Mann in New Jersey, Joseph Zicarelli, von der Entscheidung der Kommission zu verständigen. Hauptsächlich deshalb, weil er Zicarelli persönlich gut leiden mochte und ihm die Möglichkeit geben wollte, rasch darüber nachzudenken, wie er sich nun orientieren sollte.

«Joe, was ich dir jetzt sage, bleibt streng unter uns», begann De Cavalcante, als Zicarelli sein Büro betreten hatte.

«Ja, und?» fragte Zicarelli.

«Wenn ich nicht mit dir darüber reden würde, käme ich mir wie ein Dreckskerl vor.» Offenbar fiel es ihm schwer, die nackte Wahrheit auszusprechen. «Also . . . Die Kommission betrachtet Joe Bonanno nicht mehr als Boss.» Da Zicarelli schwieg, fuhr De Cavalcante fort:

«Ich weiß nicht, was mit ihm eigentlich los ist. Ich habe getan, was ich konnte.»

Zicarelli war noch immer sprachlos, aber De Cavalcante wollte die unangenehme Sache hinter sich bringen. «Mir wäre nicht wohl in meiner Haut, wenn ich es dir nicht gesagt hätte. Ich will nicht, daß du morgen denkst: ‹Zum Teufel, wir sind so gut befreundet, und er hat mir nichts gesagt!› . . . Die Kommission versteht nicht, warum er [Bonanno] sich unsichtbar macht . . . Sie betrachtet alle eure Leute als unsere Freunde, doch sie werden weder Joe noch seinen Sohn, noch Johnny [Morale] anerkennen.»

Zicarelli schien ungläubig, er wiederholte: «Weder Joe noch seinen Sohn, noch Johnny?»

«Genau», sagte De Cavalcante. «Wenn sie einen Boss nicht anerkennen . . .»

« . . . dann weg mit allen dreien», beendete Zicarelli den Satz.

«Ja, es geht um alle drei. Aber die Kommission hat nicht die Absicht, irgend jemanden hart anzupacken», versicherte er rasch. «Das ist das Wichtigste, was ich dir sagen wollte.» Zicarelli konterte mit der Feststellung, auch Joe Bonanno wolle niemandem etwas antun – «soviel ich weiß».

«Aber er könnte Leute seiner eigenen Gruppe durch die Mangel drehen, um sich selbst reinzuwaschen», meinte De Cavalcante, um sofort wieder zu betonen: «Die Kommission will sich niemanden schnappen – nicht einmal Joe Bonanno. Aber sie will auch, daß keinem anderen etwas passiert.»

«Wem denn?» fragte Zicarelli.

«Eben Leuten bei euch.» De Cavalcante meinte Gaspar Di Gregorio und dessen Anhang. «Wenn sich Joe der Kommission widersetzt, dann trotzt er der ganzen Welt», fügte er noch voll Pathos hinzu.

Es fiel Zicarelli nicht leicht, so plötzlich das Urteil über seinen Boss zu akzeptieren. Er hatte niemals Gelegenheit gehabt, die Mafiahierarchie mit all ihren Abstufungen genau zu überblicken, da er nur ein «Soldat» war – oder wie er sich an anderer Stelle der Gespräche mit De Cavalcante bezeichnete, «nur ein Kleinbauer» –, aber er wußte immerhin, daß Joseph Bonanno seit 1931 ein geachteter Don war und seit mehreren Jahren der neunköpfigen Kommission angehörte. Es schien absurd, daß dieser selbe Bonanno fast über Nacht als untragbar befunden wurde. Zicarelli, der Typus des verläßlichen Befehlsempfängers, war von Bonannos Führungsstil geformt, ihn beeindruckte die selbstverständliche Entscheidungsfreiheit, mit der dieser Mann so lange als Familienboss fungiert hatte, der im Umgang mit seinen Leuten fair und persönlich war, ohne die Einmischung anderer Dons zu dulden. Von der Bildung der Kommission im Jahre 1931 nach Maranzanos Ermordung an hatte Bonanno diese Körperschaft als Instrument zur Erhaltung des Friedens definiert, eine Instanz, die sich aber nicht mit den internen Angelegenheiten einer Familie befassen sollte. Seit mehr als drei Jahrzehnten hatte niemand dieses Konzept angefochten, und Zicarelli konnte nicht verstehen, warum nun von dieser Regel abgewichen werden sollte.

Als ihm De Cavalcante zu erklären versuchte, die Kommission sei im Recht, wenn sie Gaspar Di Gregorio und andere Mitglieder schütze, die wegen Bill Bonannos Beförderung zum *consigliere* oder anderer Gründe absprangen, beharrte Zicarelli auf seinem Standpunkt, das alles seien innere Probleme der Organisation und Joseph Bonanno sei nicht verpflichtet, den anderen Dons der Kommission darüber Rechenschaft zu geben. Auf De Cavalcantes Einwand, Bonanno senior sei auch auf ausdrücklichen Wunsch nicht zu Gesprächen mit der Kommission oder deren Vertretern erschienen, erwiderte er, Gaspar Di Gregorio habe seinerseits Treffen der Bonanno-Organisation boykottiert. «Weshalb ist Gasparino nicht gekommen, wenn alle Captains versammelt waren?»

«Wahrscheinlich konnte er es sich leisten», sagte De Cavalcante trocken.

«Was soll das heißen, Sam – wie hätte er sich solchen Ungehorsam leisten können?» fragte Zicarelli und zitierte ein Beispiel: «Gesetzt den Fall, du bist mein Boss und sagst: ‹Komm herein.› Habe ich das Recht, nein zu sagen? Keine Spur.» Dann überlegte er, welche Gründe Di Gregorio für sein Fernbleiben haben könnte, und fragte: «Hat er Angst, daß sie ihn erledigen? Er muß irgend etwas ausgefressen haben. Warum ist er nicht gekommen? . . . Er hatte doch den Befehl. Soviel ich weiß, gaben sie ihm alle nur denkbaren Zusicherungen, daß ihm niemand an den Kragen gehen will. Sie halten eine Versammlung ab. Der Kerl ist doch Captain. Was gibt er denn für ein Beispiel?»

«Na ja», sagte De Cavalcante zögernd.

«Ob recht oder unrecht, es gilt!» eiferte sich Zicarelli. «Ich garantiere dir eines – der Mann hier ist mein Boss. Ob recht oder unrecht, wenn er mich ruft, dann gehe ich! Wenn's mich erwischt – auch gut. Mich erwischt es, und damit Schluß. – Ich verstehe das nicht.»

«Und er weigerte sich, richtig zu spuren?» fragte De Cavalcante, der Di Gregorios Position zu klären versuchte.

«Ja.»

«Und er wurde abgeschoben?»

«Zeitweise», berichtete Zicarelli.

«Aha. Und was ist mit Joe?» fragte De Cavalcante. «Joe hat doch bessere Einblicke. Der andere [Di Gregorio] ist nur ein *capo* – aber Joe ist doch der Oberste – oder, genauer gesagt, einer der Obersten.»

«Na schön», sagte Zicarelli.

«Moment!» warf De Cavalcante ein. «Er schiebt diesen Kerl ab, warum sollte dann die Kommission nicht Joe Bonanno abschieben?» De Cavalcante gab zu, daß er Bonanno senior schließlich erreicht habe und es ihm gelungen sei, die Note der Kommission persönlich zu übermitteln, aber Bonanno hatte sich auf die Regeln und Satzungen versteift, er wollte, daß ihm drei Kommissionsmitglieder die Botschaft überbrächten.

«Ihr hättet ja wirklich drei Leute schicken können, damit es in Ordnung geht», meinte Zicarelli.

«Warum denn?» fragte De Cavalcante. «Ich bin doch ein verläßlicher Mensch . . .» Doch als die Kommission Bonanno in aller Form ausschließen und ächten wollte, habe er, De Cavalcante, sich ins Mittel gelegt und gesagt: ‹Wartet noch. Gebt mir eine Möglichkeit. Ich besuche den Mann aus eigenem Antrieb und übernehme die volle Verantwortung.› «Das war damals, als du mich nach New York gebracht hast», sagte er zu Zicarelli. «Damals habe ich mit ihm gesprochen. Eineinhalb Stunden hat er mir erzählt, was für ein Prachtkerl er ist! Und ich darauf: ‹Warum tun Sie dann nicht, was für Ihre Familie richtig ist? Die anderen wollen niemandem eine Abreibung verpassen. Alle sind verdattert. Boss, Sie treiben die Situation auf die Spitze.› Die Leute werden sich fragen, was der Mann getan hat. Verstehst du, was ich meine?»

«Ja», sagte Zicarelli und fügte nachdenklich hinzu: «Vielleicht gibt es etwas, wovon wir beide nichts wissen.»

«Ich weiß etwas mehr», sagte De Cavalcante. «Es gibt viele Fragen, die sie stellen wollen, einige davon sind ziemlich schwerwiegend – aber er kann entweder ja oder nein sagen, fertig. Aber nun glauben sie, daß etwas daran nicht koscher ist. Deshalb wollten sie, daß ich wieder hingehe und ihm sage, er soll seine *capiregime* anweisen: ‹Wir erkennen dich an und nicht ihn. Wenn ihr euch von diesem Mann führen laßt, werdet ihr alle in Schwierigkeiten kommen. Dieser Mann hat einen Fehler gemacht.› Es ist eine üble Situation, und ich habe die ganze Zeit den Kopf hingehalten», sagte De Cavalcante.

«Ja, es sieht böse aus», bestätigte Zicarelli.

«Es könnte wieder im ganzen Land losgehen», murmelte De Cavalcante.

Das bestritt Zicarelli nicht, aber er verstand noch immer nicht, welche Verstöße gegen die Gesetze der Geheimorganisation sich Joseph Bonanno zuschulden kommen ließ. Es könnte ja auch sein, daß er ein guter Boss war und daß die Mitglieder seiner Gruppe treu zu ihm stehen wollten, meinte er.

«Ich muß dir eines sagen», entgegnete De Cacalvante. «Du bist und bleibst eben nur ein Soldat.»

«Jawohl, ich bin und bleibe ein Soldat. Mehr wird aus mir nicht werden.»

«Diese Brüder [Bonannos Funktionäre]! Keiner wollte den Mund aufmachen über ihn», nahm De Cavalcante wieder das Wort. «Es gibt keinen einzigen Mann in der ganzen Gruppe, der sich aufzumucken getraut [außer Di Gregorio]» . . . Aber De Cavalcante sagte, er hoffe, eine Katastrophe sei vermeidbar, und beteuerte: «Es gibt niemanden, der mehr auf Frieden und Einklang bedacht ist als ich, das weißt du.»

«Du kannst auf mich zählen.»

«Ich sage dir das, weil ich nicht will, daß du morgen oder übermorgen in eine üble Geschichte gerätst. Du sollst wissen, daß die Kommission gegen keinen von euch etwas hat.»

«Sam, vielleicht begreife ich nicht . . .»

«Das ist streng vertraulich», fuhr De Cavalcante fort. «Ganz unter uns, ich will nicht, daß du irgendwann sagst: ‹Verdammt, ich habe den Burschen für einen Freund gehalten, und er sagt mir nichts!›»

«Das verstehe ich, Sam», erwiderte Zicarelli. «Aber du bist nur so gut wie das Team, in dem du steckst. Du bist drin, auf Gedeih und Verderb. Was bleibt mir sonst übrig?»

«Moment», unterbrach ihn De Cavalcante. «Ich bitte dich nicht . . .»

«Ich weiß. Du willst nicht, daß ich reinsause, falls etwas passiert. Aber wie soll ich mich heraushalten? Was wäre ich für ein Jammerlappen, wenn ich mich dünne mache?»

«Solange niemandem der Pelz versengt wird . . .» sagte De Cavalcante.

«Da sind wir mit dabei. Vielleicht verstehe ich dich nicht», meinte Zicarelli.

De Cavalcante ließ sich nicht beirren, er blieb bei seiner Meinung, Joseph Bonanno sei unvernünftig. «Er will auf keine Vernunftgründe hören», sagte er. «Nie will er einlenken. Überall eckt er an. Seit mehr als einem Jahr haben die Behörden nach diesem Mann gesucht.»

«Seit mehr als einem Jahr?»

«Klar!» rief De Cavalcante. «Er sagt, er hat die Mitteilungen nie bekommen. Nun werden sie ihm beweisen, daß er diese Aufforderungen doch erhalten hat.»

«Aber er sollte wenigstens die Chance haben, sich zu rechtfertigen», gab Zicarelli zu bedenken.

«Erwartet er, daß die Kommission an seine Tür klopft? Sein eigener Onkel, der geachtetste Mann der Kommission, hat ihn zu einem Gespräch eingeladen. Aber keine Spur von Joe.»

«Wer ist sein Onkel?» fragte Zicarelli.

«Stefano Magaddino.»

«Der ist Joes Onkel?»

«Ja, sie sind irgendwie verwandt. Ich glaube, er ist der Onkel. Und sie behandeln ihn wie ein Stück Dreck! Der Alte [Magaddino] sagt zu mir: ‹Sam, du findest, er ist ein netter Kerl. Ich habe nach ihm geschickt. Er wußte nicht, ob ich ihn nicht vielleicht brauche, um meinen Kopf zu retten.› Verstehst du, was ich meine? Joe, wenn ich dich in einem Notfall rufe und du tauchst nicht auf – und du weißt nicht, warum ich dich rufe. Es könnten zwei Kerle draußen sein, die mich erledigen wollen. Und du könntest mich retten, wenn du nur kommst.»

«Stimmt», sagte Zicarelli.

«Man kann es einfach nicht auf sich nehmen, solche Dinge zu ignorieren», sagte De Cavalcante. «Joe, wenn du mich brauchst, ganz gleich wann und wo, dann werde ich kommen. Und wenn du draufgehst, dann gehen wir eben zusammen drauf, oder?»

«Klar. Aber – wenn dein Boss dein Freund ist und du dich ganz zu ihm bekennst, was machst du dann?»

«Deshalb hat die Kommission kein gutes Gefühl», sagte De Cavalcante. «Weil sie wissen, daß er sie belogen hat. Die Kommission will, daß eure Leute die Wahrheit erfahren. Dann könnt ihr entscheiden, ob ihr noch für ihn seid.»

Zicarelli sagte, die Kommission sollte dies den Funktionären der Bonanno-Familie mitteilen. De Cavalcante stimmte ihm zu, gab aber zu bedenken, daß die Funktionäre noch immer unter Bonannos Kontrolle stünden. «Das beweist, daß sie ihn noch immer als Boss anerkennen», schloß Zicarelli.

«Begreiflich», sagte De Cavalcante. «Ich behaupte nicht, daß er nicht das Richtige getan hat . . . Aber die Kommission ersetzt notfalls jeden Boss.»

«Das müßte er wissen», gab Zicarelli schließlich zu.

«Er besser als jeder andere», sagte De Cavalcante.

Am 16. Oktober 1964 – fünf Tage vor Joseph Bonannos Entführung – erörterte Sam De Cavalcante in seinem Büro wieder die Entwicklung, diesmal mit Majuri, einem seiner eigenen Leute. De Cavalcante hatte kurz vorher in Brooklyn Joseph Colombo kennengelernt und keinen günstigen Eindruck von ihm gewonnen. Er wunderte sich, wieso Colombo in die Kommission aufgenommen worden war. «Was hat er denn Großes geleistet?» fragte De Cavalcante. «Sein ganzes Leben hat er nur kleine Fischzüge unternommen.»

Majuri gab keinen Kommentar.

Trotz seiner tiefen Einblicke in die Situation schien De Cavalcante von den Schlagzeilen über Bonannos Verschwinden am 22. Oktober 1964 nicht weniger überrascht zu sein als der amerikanische Durchschnittszeitungsleser. Einen Monat später nahm das FBI ein Gespräch auf, in dem De Cavalcante einem seiner eigenen Leute, Joseph La Selva, die Hintergründe des geheimnisvollen Ereignisses erklärte.

«Was hat es wirklich gegeben?» fragte La Selva.

«Das hat er selbst eingefädelt», erwiderte De Cavalcante.

«Es scheint so», sagte La Selva.

«Und wen täuscht er?» fragte De Cavalcante, um sofort diese Frage selbst zu beantworten: «Die Behörden.»

«Es waren seine eigenen Leute», setzte er fort. «Wir tippen auf seinen Sohn und Vito [möglicherweise meinte er Vito De Flippo, Bonannos Captain mit Spielkonzessionen auf Haiti]. Er [Bonanno] hatte einige Vorladungen . . . aber er ließ alle im Stich.»

De Cavalcante vertraute La Selva auch an, Joseph Bonanno sei 1963 der eigentliche Anstifter von Joseph Maglioccos Plan gewesen, die beiden der Kommission angehörenden Dons Carlo Gambino und Thomas Lucchese zu beseitigen, und als das Komplott fehlschlug, war die Kommission überzeugt, daß Bonanno Magliocco aus dem Weg räumen ließ.

«Die Dons glauben, daß er Magliocco vergiftet hat», sagte De Cavalcante zu La Selva. «Der Mann ist keines natürlichen Todes gestorben», fügte er hinzu, ungeachtet des ärztlichen Befundes, der als Todesursache einen Herzinfarkt angab. Nein, Bonanno habe Magliocco vergiftet, um den einzigen Mitwisser zum Schweigen zu bringen, der ihn der Mordabsichten gegen Gambino und Lucchese hätte beschuldigen können.

Ohne Kommentar hörte sich La Selva die Geschichten an, die De Cavalcante vor ihm ausbreitete und von den höchsten Autoritäten der Geheimgesellschaft erfahren haben wollte, Geschichten, die aus dem Florenz der Renaissance zu stammen schienen. Aber schließlich konnte La Selva den gestürzten Bonanno nur bedauern.

«Es ist schon eine Schande», sagte er. «Wie alt ist er, achtundfünfzig, neunundfünfzig? Und was er für ein Ansehen hatte! Was hat er denn überhaupt beabsichtigt damit?»

De Cavalcante hatte darauf keine Antwort.

«Es ist wirklich ein Unglück für den Korpsgeist bei uns», fuhr La Selva fort. «Wenn du dir vorstellst, zuerst machen sie die Regeln und dann brechen sie sie. Mehr als zwanzig Jahre war er dabei.»

«Er war dreiunddreißig Jahre dabei», sagte De Cavalcante.

Am 30. Dezember 1964, als Bonanno bereits seit fünf Wochen spurlos verschwunden war, viele Leute ihn für tot hielten und die Kommission nun verstärkten Druck auf gewisse Gewerkschaften ausübte, um die Aussperrung seiner Anhänger zu erreichen, konnte De Cavalcante feststellen, daß sein Freund Zicarelli ziemlich rasch um einiges klüger geworden war. Der früher in seiner Treue zu seinem Boss unerschütterliche Gefolgsmann Joe Bonannos stand nun auf Di Gregorios Seite.

Zicarelli kam in Cavalcantes Büro mit den Worten: «Schöne Grüße von Gasparino.»

«Ah», sagte De Cavalcante, «hast du ihm erzählt, daß wir miteinander gesprochen haben?»

«Ich sagte ihm, ‹Sicher, ich sehe ihn drei- bis viermal in der Woche›.»

Obwohl er anscheinend erfreut war, daß sich die Position Gaspar Di Gregorios durch die Unterstützung früherer Bonanno-Soldaten wie Zicarelli gestärkt hatte, konnte sich De Cavalcante nicht verbeißen, Zicarelli daran zu erinnern, daß er erst kürzlich ihm gegenüber erklärt hatte, für Joseph Bonanno in den Tod zu gehen.

«Solange ich noch für ihn bin, habe ich gesagt», korrigierte ihn Zicarelli. «Was soll das heißen, in den Tod gehen? Ich habe damals zu dir gesagt: Wenn jemand versucht, ihn anzugreifen, solange ich noch für ihn bin, werde ich sicher für ihn eintreten.» Dann wechselte Zicarelli das Thema und kam auf Bill Bonanno zu sprechen. Er hielt ihn für, gelinde gesagt, unvernünftig. «Dem Knaben ist es immer viel zu gut gegangen», sagte er. «Er weiß nicht, was Härte ist – er glaubt, daß er eine Western-Show abrollen lassen kann. Das habe ich ihm einmal ins Gesicht gesagt. Ich sagte: ‹Du hast drei Fehler, mein Junge.› Er fragte: ‹Und zwar welche?› Darauf ich: ‹Erstens kannst du nicht mit jedem in seiner Sprache reden, zweitens bist du der Sohn des Boss, und drittens bist du zu jung und unerfahren. Das sind die drei Fehler, die dich erledigen werden.› Das habe ich ihm an dem Tag gesagt, als er *consigliere* wurde. Wir saßen beim Essen im Wentworth-Restaurant.

Und was tut er? – Er geht zu seinem Vater und erzählt es ihm, worauf der mich rufen ließ. Was denn das heißen solle und dies und das und überhaupt. Ich habe bis fünf Uhr früh gebraucht, um mich herauszureden. Ich sagte zu ihm: ‹Wissen Sie, das ist eben meine persönliche Meinung. Und eigentlich müßten Sie es auch so sehen, wo Sie sich doch mühsam von unten heraufgearbeitet haben und bei all den Kämpfen und Schießereien dabei waren, wie Sie erzählen. Wenn das mein Sohn wäre, ich würde ihn nicht um alles Geld mit hereinnehmen. Nicht einmal in die Organisation.›»

«Ja, das stimmt», bestätigte De Cavalcante.

«Außer der Knabe lag schief», fügte Zicarelli hinzu. «Und ich wußte, daß er alle Schliche kannte.»

Doch gegen Ende Februar 1965 machte Di Gregorio in De Cavalcantes Augen als Führerpersönlichkeit nicht mehr eine so gute Figur. Der Don von New Jersey hatte Klagen gehört und während der letzten Wochen selbst negative Eigenschaften an dem Rebellen bemerkt.

«Ich glaube, es steigt ihm zu Kopf», sagte De Cavalcante im Gespräch mit einem seiner Untergebenen namens Louie Larasso.

«Er ist ja kein Kind. Wie alt ist er? Zweiundsechzig oder dreiundsechzig? Jedenfalls ist er schon lange dabei.»

«So lange wie Peppino», entgegnete De Cavalcante. «Er hat für die Gruppe soviel geleistet wie Peppino.» Aber Larasso war mit De Cavalcante einer Meinung darüber, daß es ratsam sei, von Di Gregorio abzurücken.

«Gasparino sieht . . . nicht gut aus», sagte Larasso. «Man hätte ihn nicht so rasch zum Boss machen sollen. Es gibt eine starke Gegenströmung.»

Diese hier wiedergegebenen Enthüllungen, nur ein Bruchteil der viele Kilometer langen Tonbandaufzeichnungen, die dem FBI die «Intimsphäre» von Mafiosi eröffneten, wären wohl kaum publik geworden, hätte De Cavalcantes Anwalt 1969 vor dem Prozeß gegen seinen Mandanten und zwei Mitangeklagte – allen dreien wurde vom Bundesgericht in Newark, New Jersey, gefährliche Drohung bzw. Beihilfe zur Last gelegt – nicht einen taktischen Fehler begangen.

In der Vermutung, daß sich die Anklage auf ungesetzliches, nämlich durch Abhörgeräte erlangtes Beweismaterial stützte, beantragte der Verteidiger Nachforschungen darüber, ob elektronische Abhöranlagen verwendet wurden oder nicht. Von seiner früheren Tätigkeit als Staatsanwalt kannte er die Gepflogenheiten und rechnete damit, daß die Behörde, wie üblich, die Vorlage von Transkripts ablehnen und deshalb gezwungen sein würde, die Beschuldigungen fallenzulassen. Aber wie der Verteidiger selbst zugab, war er sehr überrascht, als das FBI dem Gericht ein 2300 Maschinenschreibseiten starkes Protokoll der abgehörten Gespräche zur Verfügung stellte. Damit wurde dieses Dokument auch der

Presse zugänglich; durch seine Ausschrotung in den Massenmedien hatte es Rückwirkungen, die weit über den Rahmen des Verfahrens gegen De Cavalcante – ja selbst der Mafia – hinausgingen. In manchen der Gespräche wurden Personen erwähnt, die keinerlei Beziehungen zur Mafia hatten. Plötzlich waren auf Grund dieser Tonbandaufzeichnungen Dutzende Politiker, Geschäftsleute, Künstler, Polizeibeamte und sogar Anwälte vor der Öffentlichkeit bloßgestellt und der Verbindung mit Gangstern verdächtig – einige zu Recht, andere nur deshalb, weil irgendwelche redseligen Randfiguren der Mafia mit einflußreichen angeblichen Freunden prahlten. Viele erhoben Einspruch, so der Bürgermeister von Elizabeth, New Jersey, ein gewisser Thomas Dunn, der zwar zugab, im Jahre 1964 von De Cavalcante 100 oder 200 Dollar als Wahlspende erhalten zu haben, jedoch vorgab, keine Ahnung zu haben, daß der Spender ein Mafioso sei. Der Abgeordnete Cornelius E. Gallagher aus Bayonne, New Jersey, gab in Washington eine Erklärung heraus, in der er jegliche Verbindung zu Zicarelli leugnete und betonte, daß dieser sich mit der Nennung seines Namens nur wichtig machen wollte.

Journalisten, hohe Polizeibeamte und mehrere Mandatare von New Jersey traten für die Publikation des mehr oder weniger zufällig entdeckten sensationellen Materials ein, denn sie glaubten, die Tonbandtexte seien eine wirksame Waffe gegen das organisierte Verbrechen und würden einer sonst skeptischen oder lethargischen Öffentlichkeit beweisen, daß es tatsächlich eine Mafia gebe. Und New Jersey, das einen der energischsten Anti-Mafia-Feldzüge in ganz Amerika betrieb, gestattete seiner Staatspolizei systematische Schikanen – wie zum Beispiel die Taktik, die Autos von Personen, welche mutmaßliche Mafiosi besuchten, einfach mit Strafmandaten zu belegen oder jeden Abend vor dem Wohnsitz eines Mafioso namens Anthony Russo einen Polizeiwagen vorfahren zu lassen, der seine Scheinwerfer voll aufgeblendet direkt auf die Schlafzimmerfenster richtete.

Vor Gericht wurden die Tonbandprotokolle als unerlaubte Beweismittel angefochten, aber durch das Aufsehen, das die Enthüllungen überall in den USA hervorriefen, wurde Sam De Cavalcante in den Augen des Publikums zu einer Schlüsselfigur des organisierten Verbrechens. Sein Porträt erschien auf dem Einband eines Taschenbuches mit dem Titel ‹The Mafia Talks› (Die Mafia plaudert aus). Als De Cavalcante wegen gefährlicher Drohung angeklagt wurde, sprach man ihn schuldig und verurteilte ihn zu der gesetzlich vorgesehenen Höchststrafe von 15 Jahren Zuchthaus.

Dieser Spruch traf ihn sichtlich wie ein Keulenschlag. De Cavalcante wurde blaß, seine linke Wange zuckte, als der Richter den Kautionsantrag verwarf und die sofortige Einlieferung in die Strafanstalt anordnete. Nach der Urteilsverkündung wurde De Cavalcante von der Presse interviewt.

«Was soll ich sagen?» fragte er, noch immer verwirrt und erschüttert. «Ich weiß nicht, was passiert ist. Ich versuchte zu vermitteln, und *das* habe ich davon . . .»

23

Bei der Lektüre der De Cavalcante-Protokolle ärgerte sich Bill in San José sofort darüber, wie schlecht er selbst darin wegkam. Aber nachdem er die Texte zum zweiten- und drittenmal gelesen hatte, fand er durch diese Bandaufnahmen auch seine eigene und die Meinung seines Vaters eindeutig neuerlich bestätigt; die Geheimgesellschaft war nun von minderwertigen Elementen durchsetzt, es wimmelte von Minimafiosi und geltungssüchtigen Blendern, und wenn Präsident Nixon vom Kongreß 61 Millionen Dollar zur Bekämpfung solcher schäbiger kleiner Ganoven forderte, dann war dies gewiß das krasseste Beispiel unnötigen Aufwands für den Polizeiapparat in der ganzen amerikanischen Kriminalgeschichte.

Aber durch die Gespräche De Cavalcantes mit seinen Freunden und Vertrauensleuten zog sich auch ein tragikomischer Grundton, der Bill unwillkürlich an eine sehr populäre Cartoon-Serie des Zweiten Weltkriegs erinnerte, nämlich an *Willie and Joe*, zwei GIs, unrasierte, verdreckte richtige Frontschweine, die vorne in ihren Schützenlöchern Betrachtungen über die Strategie und die Generale anstellten. Kein Wunder, daß sein Vater für die Kommission untragbar geworden war und es strikt abgelehnt hatte, sich von altersschwachen Greisen und Männern ohne Format gängeln zu lassen.

Und dennoch, lange nachdem Bill die Protokolle beiseite gelegt hatte, als er allein im Wohnzimmer saß, da Rosalie und die Kinder bereits schliefen, überdachte er mit wachsender Erbitterung wieder die Situationen, auf die De Cavalcante angespielt hatte, erinnerte sich der Jahre, die er vergessen wollte – 1963 und 1964, die Zeit der Reibereien in der Organisation nach seiner Erhebung zum *consigliere*. Aber weder seine Abneigung gegen De Cavalcante und Zicarelli nach der Lektüre ihrer Erörterungen noch sein stark entwickeltes Selbstbewußtsein ließen ihn an der Tatsache vorbeigehen, daß die eigentliche Krise 1963 begonnen hatte, als er von Arizona nach New York übersiedelt war. Und trotz allem hielt sich Bill nicht für ein bloßes Produkt der Familienwirtschaft, wie es Zicarelli offenbar glaubte, für einen Begünstigten, der seine Führungsposition ausschließlich seinem Vater verdankte. Nein, rückblickend gewann er vielmehr den Eindruck, daß das scheinbar so kostbare Erbe, das er von Joseph Bonanno, dem großen, stolzen Don, übernommen hatte, in

Wahrheit ein schwer havariertes, langsam sinkendes Schiff war. Sein Vater reiste 1963 nach Kanada, verschwand 1964 völlig von der Bildfläche und ließ Bill mit einer Gruppe von Meuterern zurück, die sich um Di Gregorio scharten. Wenn die Männer loyal geblieben wären, wenn Di Gregorio nicht aus Groll und verletzter Eitelkeit geschürt und Stefano Magaddino sich von dieser Entwicklung distanziert hätte – wenn, ja wenn –, dann wären sie heute alle besser dran. Oder vielleicht auch nicht. Bill war es jedenfalls wohler ohne sie. Sollten sie vor die Hunde gehen, dachte er, zum Teufel mit ihnen.

Aber infolge der sensationellen Publicity rund um die De Cavalcante-Tonbänder würde die Mafia sicherlich während des Sommers und Herbstes 1969 wieder zum Hauptthema für die Schlagzeilen der Presse werden, und Bill machte sich auf neuerliche Subpoenas und überraschende Besuche von Bundeskriminalbeamten gefaßt. Sie würden dieselben alten Fragen stellen, auf die er dieselben alten Antworten geben würde. Er würde sagen, daß er am Verschwinden seines Vaters unbeteiligt gewesen sei, daß er absolut keine Ahnung habe, wo Joseph Bonanno die vielen Monate seiner Abwesenheit verbracht habe, und daß er sich nicht bemühen werde, es jemals zu erfahren. Falls es zum Prozeß kommen sollte – wenn nämlich die Justizbehörden einen Zeugen stellen konnten, der erklärte, er habe den Don während der Zeit der angeblichen Entführung gesehen –, dann wollte Bill nichts damit zu tun haben. Er hatte vor dem Tribunal unter Eid bereits alles gesagt, was er wußte, und im übrigen machten ihm seine eigenen Rechtsprobleme schon genug Sorgen.

Die Polizei behauptete nun, sie wisse, daß sich Joseph Bonanno während der Monate der Nachforschungen in Haiti aufgehalten habe. *Life* hatte bereits darüber berichtet, und im Magazin *True* wurde eine ausführliche Artikelserie angekündigt. Laut *True* hatten die CIA und das US-Justizministerium stichhaltige Informationen, daß der New Yorker Mafiaboss mit «Papa Doc» alias François Duvalier, dem Präsidenten der Inselrepublik, persönlich bekannt sei. Bonanno habe im Jahr 1963, nach der Erteilung der Konzession zum Betrieb eines Spielkasinos auf Haiti, dessen Leitung er seinem *capo* Vito De Filippo übertrug, mit Duvalier im Präsidentschaftspalast von Port-au-Prince private Gespräche geführt. Und nach seinem Verschwinden in der Park Avenue im Oktober 1964 sei Bonanno wieder in Port-au-Prince aufgetaucht und habe dort ein ganzes Jahr lang unter Duvaliers Schutz gelebt. Die Entführung hatte, nach den Angaben in *Life*, der *New York Times* und in anderen Publikationen, tatsächlich stattgefunden, Mafia-«Soldaten» hätten Bonanno im Auftrag der Kommission geholt und in ein Versteck in den Catskill Mountains gebracht, wo ihn andere Dons bereits erwarteten. Seine «Hinrichtung» habe er dadurch verhindern können, daß es ihm gelang, seine Gegner zu überzeugen, sein Tod würde einen allgemeinen Gangsterkrieg auslösen, und durch das Versprechen, seine Führungsposition abzugeben, wenn er am Leben bliebe. Man nahm an, daß er unter diesen Bedingungen im Dezember 1964 freigelassen wurde und illegal, vielleicht per Schiff, nach Haiti reiste. Die Frage seiner Nachfolge ließ er offen. Bei dem schwarzen Diktator fand er den idealen Zufluchtsort, denn die diplomatischen Beziehungen zwischen den USA und Duvalier waren denkbar schlecht, Papa Doc verdächtigte die Amerikaner wiederholter Versuche, durch eingeschleuste, von den US Special Forces ausgebildete Untergrundkämpfer und Agenten sein Regime zu stürzen. Deshalb betrachteten die Machthaber die CIA und das FBI als ihre Erzfeinde.

Bill bezweifelte, daß sein Vater diese Berichte je bestätigen oder aber widerlegen werde. Er glaubte vielmehr, die Hintergründe und Begleitumstände der Entführung und alles, was mit dem Leben seines Vaters während jener achtzehn Monate zusammenhing, werde ein Geheimnis, ein faszinierendes Rätsel bleiben, das Joseph Bonanno ins Grab mitnehmen wolle.

Was Bill an den De Cavalcante-Protokollen am meisten befremdete, war die Überzeugung der Kommission, Bonanno senior habe Magliocco vergiftet. Eine völlig absurde Vermutung, wie Bill wußte, der zur Zeit des Todes seines Onkels samt Familie in dessen Haus gewohnt hatte. Dennoch ordneten die Justizbehörden auf Grund von De Cavalcantes Äußerungen fünf Jahre nach der Bestattung die Exhumierung der Leiche an, und eine zweite Autopsie wurde durchgeführt. Die Gerichtsmediziner konnten keinerlei Giftspuren feststellen. Daraufhin erklärte das Büro des Distriktsstaatsanwaltes des Suffolk County in Long Island die Nachforschungen über Joseph Maglioccos Tod für abgeschlossen.

Aber die auf Tonband festgehaltenen Hinweise auf Magliocco und einige seiner Verwandten in der Profaci-Familie verursachten manchen älteren Semestern aus dieser Familie großes Unbehagen. Eines von ihnen war Rosalies älterer Bruder Salvatore Profaci, ein ruhiger, beleibter Mann Mitte der Dreißig, der in New Jersey lebte und sich in der Immobilienbranche betätigte. Obwohl die lokale Presse ihn persönlich in ihrer Berichterstattung keineswegs belastete, ja nicht einmal erwähnte, steigerte sich seine Unruhe bis zur Bestürzung, und er war fast in Katastrophenstimmung, als er am zweiten Juniwochenende in Kalifornien ankam, um an der Hochzeit seiner jüngeren Schwester Josephine teilzunehmen.

Zusammengesunken saß Salvatore am Tage vor der Hochzeit im Patio des Hauses seiner Schwester Ann. Drinnen wurde gerade das Sonntagsessen für Josephines Angehörige vorbereitet, und Bill, Salvatore und einige andere hatten sich bei einem Drink zu einer zwanglosen Männerrunde zusammengefunden. Mit fassungslosem Kopfschütteln erklärte er immer wieder, daß die Behörden des Staates New Jersey Untersuchungen durchführten; und die Tatsache, daß sein Name mit den De-Cavalcante-Enthüllungen in Verbindung geraten sei, werde sich sehr ungünstig auf seine geschäftlichen Möglichkeiten auswirken. Bill widersprach seinem Schwager. Er sagte, Salvatore übertreibe, denn so schlimm stünde es gar nicht, und die Sensationsmache um De Cavalcante würde schließlich abebben, sobald das FBI und die Massenmedien andere ergiebige Themen gefunden hätten. Doch Bill merkte, daß es ihm kaum gelingen würde, Sal Profaci zu beruhigen, denn dieser war es nicht gewohnt, in letzter Zeit seinen Namen in den großen Zeitungen der USA zu finden, zum Unterschied von Bill selbst, den dies längst nicht mehr erschütterte. Der Niedergang der Profaci-Organisation in den frühen sechziger Jahren und der Aufstieg Joseph Colombos nach dem Tod Maglioccos (1963) hatte die Aufmerksamkeit von den Verwandten des verstorbenen Olivenkönigs Joseph Profaci und des «Dicken Mannes» (The Fat Man) Joseph Magliocco abgelenkt. Nun beherrschten statt der Profacis Leute wie Bill und sein Vater die Schlagzeilen. Bei manchen Familientreffen während der vergangenen Jahre spürte Bill, daß einige von Rosalies Angehörigen ihm auswichen und nichts mit ihm zu tun haben wollten. Diese Ablehnung beruhte nicht so sehr auf seinen privaten Problemen mit Rosalie – dann hätten die Verwandten immerhin einen plausiblen moralischen Grund gehabt –, sie wandten sich vielmehr gegen die Existenzform, die er repräsentierte. Er hatte keinen Beweis dafür, fühlte es nur instinktiv. Er glaubte, daß er ihnen eine Lebensweise vor Augen führte, die sie lieber aus ihrem Gedächtnis streichen wollten. Als Bill nun auf dem Patio die Klagen seines Schwagers hörte, empfand er wohl Mitleid, aber auch eine sonderbare Schadenfreude über Sals Ängste. Es war angenehm, zur Abwechslung einmal nicht der Hausgangster zu sein. Bill reizte es, sich über seinen Schwager in gutmütiger Art lustig zu machen und beim Essen vor dem versammelten Profaci-Clan mit gespielter spöttischer Entrüstung zu erklären, Sal bringe sie alle in Verruf. Wohl siegte diesmal die bessere Einsicht, aber später konnte Bill der Versuchung nicht widerstehen, der künftigen Braut Josephine lachend zu sagen, am nächsten Tag könnten vielleicht FBI-Agenten unter den Hochzeitsgästen sein. Josephine war empört. «Das sollten sie sich nicht unterstehen!» zischte sie, ihren Schwager Bonanno böse anfunkelnd. Für derlei Scherze hatte sie kein Verständnis.

Um 6 Uhr abends waren die weitläufigen Grünflächen des Universitätsgeländes fast menschenleer – bis auf einzelne Gruppen, welche die Steinstufen zur Gedächtniskirche hinaufstiegen. Um diese Tageszeit war es noch hell und sonnig, die Luft war klar und windstill: Ein idealer Tag, eine ideale Stunde für eine Hochzeit.

Die Bänke in dem hohen Raum blieben leer, aber hinter dem Altargitter hatten die Hochzeitsgäste im Chorgestühl Platz genommen. Links saßen die Profacis, in förmlichen schwarzen Anzügen und Seidenkleidern. Ganz vorne Mrs. Profaci allein, voll heiterer mütterlicher Würde. Dahinter ihr jüngster Sohn, ein Anwalt, mit seiner Frau, ihre Tochter Ann und deren Mann Lou, dann Mr. Joseph Bonanno und Catherine, beide mit sorgfältig gelegten Frisuren, und schließlich andere Verwandte und Freunde der Familie. Bisher waren Rosalie und Bill nicht erschienen, aber da eines der Kinder krank war, rechnete man damit, daß sie sich einige Minuten verspäten würden.

Rechts saßen die Stantons – rustikale Aufmachung, leuchtend geblumte oder einfarbige Sommerkleider, schlanke junge Frauen mit glatten Mähnen, langhaarige Collegestudenten in Sportsakkos, einer von ihnen bediente das Tonbandgerät rechts vom Altar, das die Hochzeitsmusik liefern sollte. Die Eltern des Bräutigams in der ersten Reihe waren ein gutaussehendes Paar, dem man das gesunde Leben außerhalb der Großstadt anmerkte. Bei ihnen saß die Großmutter des Bräutigams, eine elegante, würdevolle alte Dame.

In der Mitte vor dem Altar stand der Priester, ein großer, vornehm aussehender Mann mit grauem Kopf und blauen Adleraugen, die er wartend auf das lange, leere Mittelschiff richtete. Nur einmal glitt sein Blick nach rechts, zu einem unruhigen Kind im Kreis der Profacis. Es war dies kein Zeichen des Tadels, eher der Wachsamkeit.

Vor ihm stand Tim Stanton in einem neuen sandfarbenen Anzug, eine Nelke im Knopfloch. Neben ihm stand sein Trauzeuge mit der Kornblume, die Josephine eigentlich für ihren Bräutigam vorgesehen hatte.

Als aus dem Tonbandgerät die lateinamerikanische ‹Misa Criolla› ertönte, schritt Josephine Profaci am Arm ihres Bruders Sal langsam durch den Mittelgang heran. In ihrer Gefaßtheit war sie wunderschön, die dunklen, leuchtenden Augen und das schwarze Haar bildeten einen wirksamen Kontrast zum weißen Schleier und der weißen Juliahaube. Ihr langes weißes Kleid war aus Seidenorganza mit einzelnen, vertikal verlaufenden Spitzensäumen. Es schien eigens für sie entworfen worden zu sein, aber in Wahrheit hatte sie es innerhalb von zwanzig Minuten ausgewählt, zur Verblüffung ihrer Mutter, die Monate damit verbracht hatte, für Rosalie und Ann die passenden Toiletten auszusuchen. Josephines Bukett bestand aus Kornblumen, rosa Nelken und weißem Schleierkraut, sie hatte es selbst gebunden, weil ihr die von den Blumenhändlern angebotenen üblichen Brautbuketts nicht gefielen.

Als sie sich dem Altar näherte, empfand sie, welche tiefe Zuneigung sie mit ihrem Bruder Sal verband, dem es anfangs wahrscheinlich schwerer als ihrer Mutter gefallen war, Josephines Bruch mit dem Katholizismus zu verstehen. Wenn er zu jenen unduldsamen starrsinnigen Leuten gehört hätte, von denen es nun in Amerika so viele gab, hätte er vermutlich nie an dieser nicht konfessionell gebundenen Zeremonie teilgenommen. Doch sie fühlte in diesem Augenblick, daß sie zwischen zwei Traditionen dahinschritt – der ihrer eigenen Familie, auf der linken Seite, mit der sie sich durch ihr weißes Hochzeitskleid noch immer symbolisch identifizierte, und jener der Familie Stanton, auf der rechten Seite, die ihrem unabhängigen Sinn als moderne junge Frau eigentlich näherstand. Tims Eltern waren demokratische Bürger einer Vorortgemeinde, deren Leben sich um die richtige Schule, die richtige Kirche und die richtigen Klubs drehte. Seine Geschwister schienen die Traditionen dieser Gemeinschaft übernommen zu haben, ähnlich wie Josephines Brüder und Schwestern. Tim und Josephine hingegen hatten sich ihrer Umwelt irgendwie entzogen. Tims engste Jugendfreunde aus den New Yorker Villenvororten entstammten nicht Börsenmaklerfamilien, sondern waren die Söhne eines Schauspielers, eines Brunnenmachers und eines schwarzen Müllabfuhrmannes, den die Mafia mittlerweile aus seinem Revier vertrieben hatte. Dann ging Tim nach dem Westen, um an der Stanford-Universität zu studieren. Er schien ebenso einsam und auf der Suche zu sein wie Josephine. Beide rebellierten auf eine stille, undramatische Art gegen die Wertbegriffe der elterlichen Gesellschaft, und doch empfingen sie beide von ihren Eltern viel Liebe und fanden bei ihnen Verständnis. Obwohl Josephine einsah, daß ihr bisheriges Leben in provinzieller Langeweile verlaufen war, fühlte sie sich nie versucht, ihrer Familie den Rücken zu kehren oder ihre Herkunft zu verleugnen. Das bewies sie gerade jetzt, als sie am Arm ihres Bruders vor den Altar trat.

Während der Priester eine kurze Ansprache über die Aufgaben und die Bedeutung der Ehe hielt, betrachtete Josephine mit Seitenblicken Tim und fand, daß er eine sehr gute Figur machte. Sie bewunderte seinen neuen hellen Anzug und bemerkte, daß er die falsche Knopflochblume trug. Nach dem Ehegelöbnis und dem Ringtausch drückte der junge Mann neben dem Altar auf einen Schalter des Tonbandgerätes, der Spiritual ‹O Happy Day› ertönte, und Mr. und Mrs. Tim Stanton schritten durch den Mittelgang zum Vorraum der Kirche.

Ein Fotograf machte Bilder des Paares, als es die Stufen herabkam, und bald versammelten sich alle Gäste vor der Kirche. Zwar standen sie nahe beisammen, doch noch immer in die beiden Gruppen geschieden. Sie nickten einander freundlich zu, mußten aber erst eine gewisse Verlegenheit überwinden, deshalb blieben sie, in angeregte Unterhaltungen vertieft, zunächst weiterhin auf Distanz. Nur die Brautleute und deren Eltern bewegten sich unter den Anwesenden, küßten und wurden geküßt und schüttelten viele entgegengestreckte Hände.

Mrs. Profaci entsprach voll und ganz den Vorstellungen von einer Brautmutter, eine große, lächelnde Frau, die soeben das letzte ihrer fünf Kinder verheiratet hatte. Sie schien sich in dieser Situation sehr wohl zu fühlen, auch kannte sie die Namen aller Gäste, einschließlich der Studienkollegen des Hochzeitspaares von der Berkeley- und der Stanford-Universität. Von Rosalie und Bill war noch immer nichts zu sehen. Als ein Freund Bills Mrs. Profaci sagte, er habe angerufen, aber es melde sich niemand, wurde sie besorgt und etwas ärgerlich.

Eine Stunde später traf die Gesellschaft beim Los Altos Country Club wieder zusammen. Unter den parkenden Wagen, an denen sie auf ihrem Weg zum Empfang vorbeigehen mußte, stand ein neuer VW mit Anhänger, Mrs. Profacis Hochzeitsgeschenk für das Paar. Der Empfang selbst fand auf den Rasenflächen des Klubrestaurants statt, einer malerischen, von Bäumen und sanften Höhenzügen umgebenen Szenerie. In einem Pavillon spielte ein Orchester, Kellner in weißen Jacken trugen Tabletts mit Champagner und kalten Speisen durch die Scharen der Gäste. Als bei Einbruch der Dunkelheit die Lichter eingeschaltet wurden, konnte Mrs. Profaci ihre Besorgnis wegen Rosalies und Bills Fernbleiben nicht mehr verbergen. Schließlich trat sie zu zwei Männern, die Bill gut kannten und fragte: «Sagen Sie, verheimlichen Sie mir etwas?»

Die beiden bestritten das entschieden, und der eine erklärte sich bereit, nochmals anzurufen, was allerdings nur eine Finte war. Er und die anderen wußten, daß Bill die Hochzeit boykottierte und auch Rosalie die Teilnahme verboten hatte, weil Josephine es versäumt hatte, einen seiner Vettern einzuladen, einen Mann aus Castellammare, der kürzlich nach San José übersiedelt war. Als Bill am Tag der Hochzeit erfuhr, daß der Name seines Vetters nicht auf der Gästeliste stand, betrachtete er dies als persönliche Beleidigung, wobei er dieser Tatsache mehr Bedeutung beimaß als dem Umstand, daß dieser Vetter in den Augen Josephines vielleicht nicht nahe genug verwandt sei, um eine Einladung zu verdienen. Bill aber glaubte, daß der Grund ein anderer war: Der Vetter hatte nämlich im vergangenen Sommer, als er Rosalie bei der Übersiedlung der letzten Möbelstücke aus East Meadow half, in Josephines Gegenwart taktlos angedeutet, Rosalies und Josephines verstorbener Vater sei das «Gehirn» der Organisation des berühmten Olivenkönigs Joe Profaci gewesen. Niemand in Rosalies Familie hatte je eine solche Ansicht vertreten; man hatte stets die rein brüderliche Beziehung des Vaters zu Joseph Profaci betont. Bill glaubte, daß Josephine durch die Brüskierung seines Vetters eine Meinung zurückweisen wollte, die er selbst teilte. Das sagte er Rosalie am Tag der Hochzeit. Als bis zum Nachmittag nicht einmal eine verspätete Einladung eintraf, steigerte sich Bills Zorn, und schließlich verbot er Rosalie, in die Kirche zu gehen. Sie protestierte, immerhin war es die Hochzeit ihrer Schwester, aber Bill blieb hart.

Um 8 Uhr abends sprachen sie kaum noch miteinander, und als Mrs. Profaci die Wahrheit erfuhr, war auch sie empört. Sie weigerte sich, ans Telefon zu kommen, als Rosalie sie anrief, um ihr eine Erklärung zu geben und sich zu entschuldigen. Das Zerwürfnis zwischen ihr und Bill hielt tagelang an, und Freunden gegenüber sprach Bill von einer möglichen Trennung. Aber mit dem Sommer 1967 in Long Island, als sie von zu Hause geflüchtet war, schien sich Rosalies Auflehnung erschöpft zu haben. Allmählich überforderte ihre Trotzhaltung ihre Kräfte, und ihr gemeinsames Leben glitt zurück in die ereignislose Routine von Haushalt, Kinderpflege, Warten und Versöhnung.

24

Am 21. Juli 1969, ein Jahr nach dem Sprengstoffanschlag auf Joseph Bonannos Haus, verhaftete die Tucsoner Polizei den ersten Verdächtigen – einen hageren, bebrillten dreiundzwanzigjährigen Elektrotechniker aus der Stadt. Er hieß Paul Mills Stevens und hatte beim Marinekorps auch gelernt, wie man Hindernisse in die Luft jagt. Zum Zeitpunkt seiner Verhaftung wiesen Stevens' rechte Hand und Unterarm noch die Narben der Schrotladung auf, die Bill Bonanno wenige Sekunden, nachdem der Attentäter die Bombe in den Hof geworfen hatte und auf der dunklen Straße zu dem wartenden Fluchtauto zurücklief, abfeuerte.

Aber nicht nur Stevens war in den Fall verwickelt. Zwei Tage nach seiner Festnahme holte die Polizei einen zweiten Mann namens William John Dunbar, 26, von einem Campingplatz in der Gila River-Indianerreservation, wo er sich mit einem Mädchen versteckt hatte. Er wurde nach Tucson gebracht und, wie Stevens, gegen eine Kaution in Höhe von 10 000 Dollar verpflichtet, im Stadtgebiet zu bleiben und jederzeit verfügbar zu sein. Dunbar, ehemaliger Rennfahrer, geübter Bogenschütze und Wasserspringer, war zwar seit kurzem in der Buchhaltung eines Autozubehörgeschäfts angestellt, fühlte sich aber noch immer als Rennfahrer-As und hielt sich durch regelmäßiges Training auf dem Sportplatz der YMCA (Christlicher Verein Junger Männer) fit. Die Behörden verdächtigten ihn der Beihilfe zum Bombenanschlag, nahmen aber an, daß die beiden auf Weisung eines Dritten gehandelt hatten, einer Person, deren Namen sie beharrlich verschwiegen.

Und wenn die Entlarvung des Drahtziehers schließlich doch gelang, dann nicht deshalb, weil Stevens oder Dunbar «gesungen» hatten, sondern weil völlig überraschend ein einundzwanzigjähriges Mädchen auftauchte und «auspackte». Sie kannte die beiden gut, da sie mit Dunbars bei einem Unfall tödlich verunglückten Bruder verlobt gewesen und zur Mitwisserin des Komplotts geworden war. Ihre Behauptungen vor Gericht bewirkten Sensationsmeldungen in den Zeitungen von Arizona, riefen in Tucson Bestürzung und Verblüffung hervor und versetzten

Washington in arge Verlegenheit. Das Mädchen sagte aus, der Mann, der das Duo zum Attentat angestiftet, die Ziele bestimmt und den Fluchtwagen gefahren hatte, sei – ein FBI-Agent.

Sie gab zwar nicht den vollen Namen an, sondern nur «Dave», doch als die Presse den Bericht brachte, wußte Bill sofort, wer damit gemeint war: David O. Hale, der Mafiaexperte des FBI in Arizona, jener Beamte, der Bill im Umkreis von Tucson regelmäßig beschattet hatte und der an dem Tag, als Hank Perrone in New York ermordet wurde, in Joseph Bonannos Haus gekommen war, um Bill mitzuteilen: «Ihren Freund hat's erwischt.» Bill erinnerte sich an den scharfen Wortwechsel, der auf diese brüske Eröffnung folgte.

Als die Massenmedien David Hale mit den gegen ihn erhobenen Anschuldigungen konfrontierten, lehnte er jegliche Stellungnahme ab. Auch das Justizministerium und die FBI-Zentrale in Washington hüllten sich in Schweigen. Aber als die Presse ihre Nachforschungen intensivierte und weitere ausführliche Berichte brachte, mußte die Tucsoner Polizei schließlich zur Kenntnis nehmen, daß gegen David Hale sowie gegen andere, noch nicht identifizierte Bürger der Stadt schwere Verdachtsmomente vorlagen. Bald darauf gestanden Stevens und Dunbar vor Gericht die Ausführung des Anschlags.

Sie schilderten den Hergang: Im Frühsommer 1968 plante Hale das Attentat – zum denkbar günstigsten Zeitpunkt für solch ein Vorhaben in Tucson. In Leitartikeln hatten die lokalen Blätter bereits gefordert, die Bonannos und andere Unterweltler sollten die Stadt verlassen, und viele einflußreiche Bürger im ganzen Staat Arizona bejahten den allgemeinen Kreuzzug gegen die Mafia. Unter der Ägide Robert F. Kennedys hatte diese Generaloffensive gegen das organisierte Verbrechen ihre größte Stoßkraft entwickelt, war unter dem Justizminister Ramsay Clark, der die Ansicht vertrat, die Bedeutung der Mafia werde überschätzt, wieder abgeflaut, wurde aber von Präsident Nixon und dessen Leiter des Justizressorts, John N. Mitchell, neuerlich auf Touren gebracht. In der gespannten, ja hochbrisanten Atmosphäre, die 1968 in Tucson herrschte, war es David Hale nicht schwergefallen, Bürger zu finden, die seine Befürchtungen wegen der Mafia-Unterwanderung teilten. So gelang es ihm zum Beispiel, den Präsidenten der Southern Arizona Bank für die Idee zu gewinnen, Seminare der kriminalistischen Publikumsaufklärung zu subventionieren. Außerdem konnte sich Hale die unbedingte moralische Unterstützung durch geachtete Geschäftsleute wie Walter I. Prideaux sichern.

Prideaux, fünfzig Jahre alt, war ursprünglich Lehrer gewesen und hatte kurze Zeit auch Joseph Bonanno junior unterrichtet. 1968, als Hale mit dem Plan an ihn herantrat, Tucson endgültig von der Mafia zu säubern, war Prideaux Direktor der «Complete Auto Supply Company», einer Autozubehörfirma. Der FBI-Agent, der offensichtlich auf eigene Faust handelte, hatte ganz konkrete Absichten: er wollte auf den Besitzungen von Mafiabossen Sprengkörper zur Explosion bringen. Mit dieser Taktik hoffte er eine innere Fehde auszulösen, denn die logische Schlußfolgerung der Betroffenen wäre der Verdacht, Rivalen wären am Werk, um sie zu beseitigen. Eine Finte nach dem uralten Prinzip «divide et impera». Da Hales Plan zumindest die Möglichkeit verhieß, die Mafiosi aus Tucson zu vertreiben, erklärte sich Prideaux bereit, dem FBI-Agenten bei seiner Aktion Schützenhilfe zu leisten.

Dann nahm Hale mit Dunbar Kontakt auf. Diesen Angestellten der «Complete Auto» köderte er durch das Versprechen, daß seine Vorstrafe wegen eines Diebstahldelikts – Dunbars einziger Konflikt mit dem Gesetz, der ihm aber bessere Verdienstchancen verwehrte – aus dem Strafregister getilgt würde. Dunbar seinerseits warb Stevens an, da er von dessen Praxis mit Sprengkörpern wußte. Der junge Elektrotechniker wurde zum Komplicen, weil er, wie sein Verteidiger später vor Gericht erklärte, «eine ehrfürchtige Bewunderung für harte Kriminalisten» hegte.

Stevens und Dunbar sagten übereinstimmend aus, daß sie am Abend des 21. Juli 1968 mit David Hale und Walter Prideaux zu Peter Licavolis Ranch gefahren waren. Stevens kletterte mit dem FBI-Agenten über Zäune, dann schlichen sie über offenes Feld auf das Haus zu, in dem Licht brannte. Ein sicheres Zeichen, daß, wenn schon nicht Licavoli, so doch andere Bewohner anwesend waren. Doch als Hale seinem Begleiter befahl, die Bombe direkt auf das Haus zu werfen, weigerte sich Stevens. Also placierte Hale selbst die Dynamitladungen in der Garage. Dann liefen sie zum Wagen zurück, und mit Prideaux am Steuer rasten sie bis zu einer drei Meilen von der Ranch entfernten Stelle, bevor sie die erste der beiden Detonationen hörten, die vier Autos beschädigten und ein Loch in die Garagendecke rissen.

Am nächsten Abend fuhren die vier Männer durch die Elm Street an Bonannos Haus vorbei, bogen in die Chauncey Lane ein, wo Hale den Wagen mit laufendem Motor parkte und Dunbar und Stevens losschickte, um die Einfassungsmauer des Besitzes zu sprengen. Sie schoben die Dynamitladung an das Ziegelfundament, und Dunbar warf einen kleinen Sprengkörper in den Garten, dann rannten sie davon. Aber gleich darauf wurde Stevens von dem Schrotschuß getroffen. In seinem Schock taumelte er in die falsche Richtung weiter – weg vom Auto. Wie sich Dunbar später vor Gericht erinnerte, wurde Hale nervös und ungeduldig und wollte ohne den zweiten Helfer losfahren. Doch Dunbar bestand darauf zu warten. Schließlich kam Stevens, sie brachten ihn zuerst in Prideaux' Wohnung und dann in ein Spital.

Während der nächsten Monate versicherte Hale den beiden anderen immer wieder, da sie im Dienst des FBI arbeiteten und sich somit für den Staat einsetzten, wären sie bei Verhaftung vor gerichtlicher Verfolgung geschützt. In der Überzeugung, daß es Peter Notaro war, der am Abend des Bombenanschlags auf Stevens geschossen hatte, versuchte Hale Dunbar für eine Racheaktion zu gewinnen, um Notaro zu töten. Da Hale wußte, daß der einstige Rennfahrer auch ein guter Bogenschütze war, schlug er als geeignete Waffe die Armbrust vor. Aber Dunbar wies dieses Ansinnen zurück.

Am 16. August wurde die Bombe auf Notaros Haus geworfen; zu jenem Zeitpunkt hatte Hale bereits eine Liste anderer Ziele ausgearbeitet. Noch immer beließ er seine Komplicen in der Meinung, daß sie Befehle der Behörden ausführten. Stevens sagte aus, einmal habe Hale bei seinem Besuch im Spital Dynamitpatronen unter dem Sakko verborgen mitgebracht und den Patienten gebeten, Zündkapseln in die Zündvorrichtungen zu klemmen. Doch mit einer Hand ging das nicht.

Dunbar, Prideaux und Stevens waren allerdings nicht Hales gesamter Einsatzkader im Kampf gegen die Mafia. Manchmal beteiligte sich an den Aktionen eine hübsche, blonde geschiedene Frau namens Frances Angleman. Sie wollte an der Universität von Arizona ihr Philosophiedoktorat in Anthropologie machen, hatte die Absicht, als Dissertationsthema eine anthropologische Studie über die Mafia in Tucson zu wählen, und benutzte diese wenn auch ungewöhnliche Möglichkeit, um Material zu sammeln. Frances Anglemans Verbindungen zu Hale wurden durch einen Zeitungsartikel aufgedeckt, die Informationen dazu stammten von einer Reihe von Personen, denen sich die junge Frau anvertraut hatte.

Laut Angaben ihrer Freunde hatte sie Hale am Abend des 3. Juli 1968 begleitet, als er mit einer Schrotflinte das große Aussichtsfenster im Haus Anthony Tiscis – des Schwiegersohns Sam Giancanas, des Bosses von Chicago – zerschoß. Auf den Farten mit dem FBI-Agenten trug sie häufig eine dunkle Perücke, und wenn sie mit ihm Tucsoner Nachtlokale besuchte, die, wie sie glaubte, von Mafiosi frequentiert wurden, sprach sie mit sizilianischem Akzent. Möglicherweise hatte Frances Angleman in dem cremefarbenen Chevrolet gesessen, den Bill an jenem Sommerabend des Jahres 1968 beobachtet hatte.

Doch Bill konnte sich seine Vermutung nicht von der Frau selbst bestätigen lassen, denn ehe das FBI-Komplott auffolg, wurde sie am 14. Mai 1969 von ihrer Mutter tot in ihrer Wohnung aufgefunden, mit einer Pistole in der Hand und einer Kugel im Kopf. Die Polizei bezeichnete es als eindeutigen Selbstmordfall und ermittelte, daß Frances Angleman vor ihrem Tod schriftlich ersucht hatte, bestimmte Bücher und entliehene Gegenstände den Besitzern zurückzuerstatten, außerdem hatte sie ein Tagebuch und ein maschingeschriebenes Testament hinterlassen. Darin wurde David Hale erwähnt, eine Tatsache, die Mrs. Anglemans Vater, ein ehemaliger Anwalt, bestätigte. Freunde nahmen an, das Tagebuch enthalte Angaben über die Bombenanschläge, doch die Presse zitierte die Äußerung ihres Vaters, er habe die Aufzeichnungen ungelesen verbrannt.

Personen aus Frances Anglemans Bekanntenkreis sagten, kurz vor ihrem Tod habe sie Symptome großer Nervosität, ja nervlicher Zerrüttung gezeigt. Sie glaubte, die Mafia wisse von ihrer Beteiligung an den Attentaten und verfolge sie. Auf dem Boden vor ihrer Wohnungstür habe sie eine ausgeschossene Schrotpatrone gefunden – behauptete sie . . .

Am 12. August 1969, drei Wochen nach der Verhaftung von Dunbar und Stevens, quittierte David Hale den Dienst beim FBI, verschwand rasch aus der Stadt und war für die Presse unerreichbar. Später erklärte sein Anwalt, Justizminister John Mitchell habe Hale angewiesen, nichts auszusagen, was er in seiner offiziellen Eigenschaft als Angehöriger des FBI erfahren hatte und auch keine Informationen über den Inhalt von FBI-Akten zu geben.

Die Zeitungen in Arizona waren darüber zwar wenig erfreut, konnten aber bei telefonischen Vorsprachen in Washington weder im Justizministerium noch beim FBI Näheres erfahren. Die Journalisten, die einst gegen die Mafiosi zu Felde gezogen waren, wandten sich nun gegen den Polizeiapparat, und Paul Dean, der Leitartikler der Zeitung *Republic* in Arizona, gab in einem offenen Brief an J. Edgar Hoover vom 18. August 1969 der Haltung vieler Tucsoner Bürger Ausdruck:

«Sehr geehrter Mr. Hoover,
seit unserem Briefwechsel ist einige Zeit vergangen. Zu viel Zeit. Denn ich schätze unseren Gedankenaustausch, der Jahre zurückreicht, als Sie einen Artikel lobten, den ich über die Tätigkeit des FBI in Arizona geschrieben hatte. Sie fanden damals freundliche Worte, drückten mir Ihren Dank für die Unterstützung Ihrer Organisation und Ihrer Beamten aus und hofften, ‹die künftigen Bemühungen des FBI› würden meine ‹Anerkennung verdienen›.

Das war im Juni 1965. Nun stehen wir im August 1969. Und heute verdient manches an den Bemühungen des FBI in Arizona nicht mehr meine Anerkennung.

Es betrifft diese Bombe in ihrer Eingangspost nämlich die Behauptung, die während der letzten Woche in Tucson laut wurde, daß Ihr Büro oder zumindest einer der Agenten nach CIA-Muster ein Fait accompli zu setzen und einen Mafiakrieg zwischen den beiden übel beleumundeten Einwohnern unserer Stadt Tucson Pete Licavoli und Joe Bonanno auszulösen versuchte.

Auf Joes Haus wurde ein Bombenanschlag verübt. Petes Ranch und seine Lastwagen flogen in die Luft. Einige Restaurants und Geschäftssparten, die mit beiden Mobs in Verbindung stehen, hatten plötzlich Hochbetrieb. Schließlich wurden zwei Männer gefaßt und der Durchführung dieser Anschläge beschuldigt. Und nun, als Kommentar zu der Aussage des Hauptbelastungszeugen, haben Sie persönlich bestätigt, daß ein FBI-Agent ‹angeblich› an den Attentaten auf Bonannos Haus ‹beteiligt› war und daß dieser Agent nicht mehr Ihrem Amt angehöre.

Das ist so, als erkläre man, Elliott Ness sei von Al Capone bezahlt, der Tadsch Mahal in Fertigteilbauweise errichtet und die Apollo 11-Mondlandung sei eigentlich in einem Meteorkrater simuliert worden.

Was noch schlimmer ist: Wie Teddy Kennedy, der eine Brücke überquerte, bevor er noch dort war, erhöht Ihr Büro noch das Mißliche der Situation, indem es keine Erklärungen abgibt, sondern sich auf vage Äußerungen wie ‹Ja, es kann so gewesen sein, wir gehen der Sache nach› beschränkt. Ihre höheren Beamten lehnen es ab, selbst zu prinzipiellen Fragen Stellung zu nehmen; sie weigern sich, den Namen des betreffenden Agenten sowie das Datum und die Gründe seines Ausscheidens aus dem Dienst bekanntzugeben und – falls es unklare Begleitumstände gab – entsprechende Erklärungen abzugeben, warum Sie so lange mit Nachforschungen zögerten. Niemand, gegen den gesetzliche Erhebungen laufen, von einem Verkehrssünder bis zu einem angeklagten Massenmörder, genießt solchen Schutz der Behörden.

FBI-Agenten in Tucson, die offenbar nicht bedenken, daß die Miete aus den Steuergeldern der amerikanischen Bürger bestritten wird, verweigerten einem Reporter unserer Zeitung den Zutritt in die Amtsräume. Einer von ihnen log ihm ins Gesicht – er wisse nicht, wo der Beteiligte Agent sei oder wann er zurückkäme.

Zurückhaltung, um die Diskretion zu wahren; abweisendes Verhalten aus Furcht vor falschen Anwürfen; Schweigen im Interesse der nationalen Sicherheit: Das ist seit Jahren die Taktik des FBI, und die Massenmedien haben dafür Verständnis. Aber was jetzt geschieht ist lächerlich. Plötzlich manipuliert das FBI die Wahrheit, um nicht das Gesicht zu verlieren. So geht es bei Kinderspielen zu oder bei drittklassigen Public Relations.

Während Politiker starke Aktivität entwickeln, tritt der Justizminister leise, ein Polizeichef kündigt einen Prozeß an, der sensationelle Enthüllungen bringen wird, und das FBI hat den Finger am Sprengschalthebel.

Sehr geehrter Mr. Hoover, in diesem besonderen Fall will ich nicht alte Argumente aufwärmen, wie Informations- und Pressefreiheit und das Recht der Öffentlichkeit, Bescheid zu wissen. Es steht Wichtigeres auf dem Spiel.

Denn bei dieser Tucsoner Aktion stellt sich Ihr hervorragendes, gut organisiertes Team auf eine Stufe mit jenen subversiven, militant-extremistischen Elementen, die wir seit Jahren gemeinsam bekämpfen.

Ich selbst mit meinen Ratenzahlungen, meinem drei Jahre alten Auto und meinen Stangenanzügen gehöre zum «Establishment». Deshalb mußte ich mir von aufsässigen Langhaarigen sagen lassen, meine Gesellschaftsordnung, meine Regierung und mein Bundeskriminalamt seien heuchlerisch, unmoralisch, korrupt, von Bestechlichkeit, Unehrlichkeit und Täuschung geprägt. Das habe ich den Revoluzzern nicht abgenommen, denn ich kenne das FBI aus eigener Anschauung, und für mich gibt es auf der Welt keinen besseren Polizeiapparat zur Bekämpfung des Verbrechens. Dabei habe ich mich früher immer für Scotland Yard erwärmt.

Aber angesichts all dieser krampfhaften Ausweichmanöver spricht doch einiges für solche aggressiven Behauptungen. Plötzlich muß ich mir Fragen stellen. Und leider bekomme ich keine Antwort darauf.

Wie lange wird es dauern, bis diese zornigen jungen Männer zu fragen beginnen? Und wenn sie fragen, was werden wir ihnen sagen, Mr. Hoover?

Ihr sehr ergebener
Paul Dean

PS: Für eine Antwort in der ungefähren Länge einer Zeitungsspalte wäre ich Ihnen sehr verbunden.»

Die Erwiderung, die Paul Dean von J. Edgar Hoover erhielt, war nur wenige wohlformulierte und völlig nichtssagende Sätze lang. Als Dean einen zweiten, privaten Brief an Hoover schrieb, in dem er um konkrete Angaben ersuchte, blieb die Antwort überhaupt aus.

Wie verlautete, war Hale nun in Miami als Sicherheitsreferent eines Industrieunternehmen tätig. Er bekam eine Subpoena, um in dem Prozeß vor dem Obergericht über seine Rolle bei den Bombenanschlägen auszusagen. Aber ebenso wie Walter Prideaux berief er sich auf die Fünfte Ergänzung zur Verfassung der USA, die ihm die Möglichkeit bot, die Aussage zu verweigern. Beide zogen sich sehr geschickt aus der Affäre, Dunbar und Stevens hingegen, die sich schuldig bekannten, wurden wegen bloßer Vergehen gegen die öffentliche Sicherheit zu je 286 Dollar Strafe verurteilt und dann auf freien Fuß gesetzt.

Nach dem Prozeß hatten die Bonannos der Presse keinen Kommentar zu geben. Daß das FBI in die Defensive gedrängt war, bedeutete für die Familie keinen Grund zum Frohlocken, denn nun mußte man gewärtigen, daß die Behörde alles daransetzen werde, um zurückzuschlagen. Bonanno senior und Peter Notaro hatten kurz nach der Veröffentlichung der ersten Presseberichte, in denen David Hale mit den Attentaten in

Beziehung gebracht wurde, bereits die Reaktion des FBI zu spüren bekommen: gleichzeitig erschienen Beamte um 7 Uhr morgens in den Tucsoner Häusern der beiden und verhafteten sie wegen eines Komplotts, Bonannos *capo* Charles Battaglia durch Bestechung, Erpressung und Morddrohungen aus dem Gefängnis zu befreien.

Battaglia saß damals in Leavenworth eine zehnjährige Zuchthausstrafe ab, nachdem er zu einer Geldstrafe in der Höhe von 10000 Dollar verurteilt worden war, weil er den Besitzer einer Bowlingbahn in Tucson durch Gewaltandrohung zwingen wollte, einen Billardautomaten aufzustellen, den eine Firma liefern sollte, die Battaglia vertrat. Am Tag der Verhaftung Joseph Bonannos und Notaros gab das FBI bekannt, der Häftling Battaglia habe sich um Wiederaufnahme des Verfahrens bemüht, da neue Beweise vorlägen, daß seine Verurteilung auf Grund illegaler Verwendung elektronischer Abhörgeräte erfolgte. Ferner behauptete das FBI, Battaglias Plan, sich selbst zu befreien, sei in einem geheimen Briefwechsel zwischen ihm und Bonanno festgelegt worden. In diesen Mitteilungen sei von Geldbeträgen und bestimmten Belohnungen die Rede, die an jene Personen ausbezahlt werden sollten, die Battaglias Kampf um seine Freiheit unterstützen würden, während Gegner dieser Aktion beseitigt werden sollten. Laut FBI stand David Hale auf Bonannos schwarzer Liste.

Der Informant der Behörden war ein Mithäftling Battaglias in Leavenworth. Der Mann arbeitete als Schreiber für einen Gefängnisbeamten, konnte Briefe unzensiert versenden und erklärte, diese Vergünstigung habe er im Interesse Battaglias ausgenutzt. Aber als es in Tucson zum Prozeß gegen Bonanno und Notaro kam, überraschte ein dritter Häftling die Geschworenen mit der Aussage, der FBI-Spitzel habe im Vertrauen zugegeben, seine Mitteilung sei eine Lüge gewesen. Der Fall war zur Farce geworden. Bonanno senior und Notaro wurden freigesprochen. Das FBI war bloßgestellt, aber Bill Bonanno, der damals vor einem New Yorker Gerichtshof die Möglichkeit zu gewärtigen hatte, für viele Jahre hinter Gitter zu kommen, dachte skeptisch: «Jetzt geht es mir an den Kragen. Mein Vater hat sie in Arizona abgewehrt, aber diese Schlappe werden sie hier ausgleichen.»

Es handelte sich um den Kreditkartenprozeß vor dem Bundesgericht. Bill wurde beschuldigt, zur Zeit des Bananenkriegs, als er an der Ostküste um sein Leben fürchten mußte, auf der Reise von New York nach Arizona von Perrone die Diners Club-Karte angenommen und mehr als fünfzig Quittungen mit Torrillos Namen unterschrieben zu haben.

Und nun, fast zwei Jahre nach jener folgenschweren Fehlentscheidung, spürte Bill, wie die Staatsgewalt mit all ihren Machtmitteln gegen ihn in Aktion trat. In den letzten Jahren hatte er zwar vor vielen Richtern gestanden, aber dieses Verfahren war anders, er hatte das Gefühl eines drohenden Verhängnisses, als käme eine Lawine gegen ihn ins Rollen. Bill wußte, daß Torrillo als Kronzeuge auf der Seite seiner Gegner stehen würde, daß Gruppen von Bundeskriminalisten intensiv zusammenarbeiteten, um die Anklage hieb- und stichfest zu machen, und daß diese gemeinsamen Bemühungen ihn für Jahre hinter Schloß und Riegel bringen konnten.

Als er sich vor seinem Flug in San José von Rosalie und den Kindern verabschiedete, wußte er – und gewiß ahnte es auch seine Frau, obwohl nie darüber gesprochen worden war –, daß viel Zeit vergehen konnte, bis sie einander wiedersehen würden.

Teil IV

Gerichtstag

25

Der Kreditkartenprozeß gegen Bill Bonanno begann Montag, den 10. November 1969, nachmittags vor dem Bundesgericht in Manhattan unter dem Vorsitz des ehrenwerten Walter R. Mansfield. Der siebenundfünfzigjährige Richter, ein Mann mit dichtem weißem Haar, ruhigen blauen Augen und glatter rosiger Haut, wirkte in diesem Amt so selbstsicher, daß man annehmen konnte, er habe schon immer den Talar getragen. Tatsächlich war er aber erst vor drei Jahren Richter geworden. Während des Zweiten Weltkriegs war Walter Mansfield Offizier im Marinekorps auf dem europäischen und dem asiatischen Kriegsschauplatz und wurde dann zum OSS * versetzt; in Sondermissionen sprang er mit dem Fallschirm im jugoslawischen Partisanengebiet ab und arbeitete in China hinter den japanischen Linien mit Guerillaeinheiten zusammen.

Er rüstete als Major ab, war drei Jahre bei der Staatsanwaltschaft in New York tätig, arbeitete dann in einer großen Rechtsanwaltsfirma und wurde schließlich im Jahre 1966 Bundesrichter. Durch die sitzende Beschäftigung hatte er freilich nichts von seiner Vitalität und Energie eingebüßt, das merkte man ihm an, als er mit festen, raschen Schritten den Gerichtssaal betrat und die Stufen zu seinem Stuhl hinaufstieg. Mit einem kurzen Blick überzeugte er sich, daß die Jury vollzählig versammelt war. Mansfield schien darauf bedacht, nun das Verfahren sofort zu eröffnen. Am Freitag hatten sich Verzögerungen ergeben, denn es war ziemlich schwierig, Geschworene zu bestimmen, die sich durch den üblen Ruf des Namens Bonanno nicht voreingenommen fühlten. Fünfzehn der ersten siebenundzwanzig in Betracht kommenden Kandidaten mußten enthoben oder abgelehnt werden. Aber nun waren die Geschworenen – acht Frauen und vier Männer – bestellt und vereidigt. Der Richter lehnte sich in seinem Stuhl zurück, bereit, die ersten Ausführungen des Anklagevertreters zu hören.

Der Staatsanwalt, ein etwa vierzigjähriger, hochgewachsener hagerer, dunkelhaariger Mann in grauem Anzug mit schmaler blaugestreifter Krawatte, hatte nur auf dieses Signal gewartet. Bill Bonanno unterbrach das im Flüsterton gehaltene Gespräch mit seinem Verteidiger Albert

---

* «Office of Strategic Services», damalige militärische Geheimdienstorganisation der US-Streitkräfte, Anm. d. Übers.

Krieger. Rechts von Bill, an dem großen Tisch hinter dem Platz des Staatsanwalts, saß sein Mitangeklagter Peter Notaro, ein stämmiger Mittfünfziger, neben seinem Rechtsbeistand, einem ruhig und besonnen wirkenden aschblonden Mann in den Vierzigern namens Leonard Sandler.

Der Staatsanwalt trat vor. «Hohes Gericht, Herr Obmann der Jury, meine Damen und Herren Geschworenen, Mr. Sandler, Mr. Krieger», begann er. «Wie Ihnen Seine Ehren bereits mitgeteilt hat, heiße ich Walter Phillips und bin Stellvertreter Bundesstaatsanwalt, das heißt ich vertrete in diesem Verfahren die Regierung. Hier handelt es sich um einen Strafprozeß, denn es sind kriminelle Delikte, die diesem Angeklagten bzw. den beiden Angeklagten zur Last gelegt werden.»

Er blickte die Geschworenen zu seiner Linken an. «Ein aus amerikanischen Bürgern, wie Sie selbst, gebildetes Tribunal in diesem Gerichtsgebäude hat entschieden, ein Verfahren niederzuschlagen, in dem diesen Angeklagten bestimmte Verbrechen angelastet wurden, deren sie sich nicht schuldig bekannten. Das ist der Grund, weshalb wir uns heute hier versammelt haben, und Ihnen, meine Damen und Herren, fällt die Aufgabe der Wahrheitsfindung zu. Wie geht diese juristische Wahrheitsfindung vor sich? Durch die Einvernahme von Zeugen, also von Personen, die in den Zeugenstand treten und unter Eid über bestimmte Beobachtungen und Wahrnehmungen aussagen.

Außerdem werden Tatbestände durch Beweisstücke festgestellt, die dem Gericht vorliegen und die Sie sehen und überprüfen können. Nun zum konkreten Fall. Die Angeklagten werden dreier verschiedener Delikte beschuldigt: der Verabredung, des Postbetrugs und des Meineids.

Wie Ihnen Seine Ehren näher erläutern wird, bedeutet Verabredung nur eine Vereinbarung zwischen zwei oder mehreren Personen, eine strafbare Handlung zu setzen. In diesem Fall bestand die Verabredung darin, Postbetrug zu begehen, und zwar durch die Verwendung einer Diners Club-Kreditkarte, die keinem der beiden Angeklagten gehörte, ohne die ausdrückliche Erlaubnis des rechtmäßigen Eigentümers dieser Karte. Das Delikt des Postbetrugs ist mit der eigentlichen Benutzung der Kreditkarte gegeben.

Nun werden Sie sich fragen, was die Verwendung einer Kreditkarte mit Postbetrug zu tun hat. Das Faktum des Betrugs resultiert aus dem Plan, vorsätzlich und wissentlich den Diners Club und – bzw. oder – andere Institutionen, die mit dem Diners Club in Vertragsverbindung stehen und wechselseitige Abrechnungen durchführen, zu schädigen.

Was ist Meineid? Diese Frage ist leicht zu beantworten. Meineid ist die vorsätzlich unwahre Aussage unter Eid vor einem zuständigen Tribunal. In diesem besonderen Fall war ein Geschworenengericht mit Nachforschungen über den Verdacht der betrügerischen Verwendung der Kreditkarte befaßt. Die beiden Angeklagten erschienen vor dem betreffenden Gericht und machten unwahre Angaben, wie im Verlauf dieses Prozesses ermittelt werden wird.

Wie in jedem Strafverfahren liegt es nun bei der Anklagevertretung, die Schuldbeweise zu erbringen. Daher muß jegliches Belastungsmoment berücksichtigt werden. Hier geht es darum, zu beweisen, daß der Angeklagte Salvatore Bonanno fünf andere Personen, darunter Mr. Notaro, in ein mexikanisches Restaurant in Tucson, im Staat Arizona, einlud. Sie, meine Damen und Herren, werden hören, daß die Hostess jenes Restaurants diese Angaben bestätigen wird. Sie werden auch die Zeugenaussage hören, daß Mr. Bonanno ein Kaufhaus in Tucson aufsuchte und dort Kleidungsstücke im Gesamtwert von fast zweihundert Dollar kaufen wollte.

Sie werden hören, daß er später vor das Geschworenengericht zitiert wurde, um über die Verwendung dieser Kreditkarte auszusagen, die auf den Namen Donald A. Torrillo lautete. Der Angeklagte erklärte, er habe diese Karte von Mr. Samuel Hank Perrone erhalten, mit dem ausdrücklichen Bescheid, er könne sie benutzen. Ferner sagte er aus, als er von Mr. Perrones Tod erfuhr, habe er die Kreditkarte nicht mehr verwendet. Sie werden Aussagen hören, daß Hank Perrone gewaltsam ums Leben kam, er wurde am 11. März 1968 erschossen . . .»

«Euer Ehren», rief Notaros Anwalt Sandler und sprang auf, «ich erhebe Einspruch gegen diese Äußerung und stelle den Antrag auf Revision, da die Untersuchung von falschen Prämissen ausgeht.»

«Ich schließe mich diesem Antrag an, Euer Ehren», sekundierte ihm Krieger, wütend darüber, daß der Staatsanwalt bereits in den ersten zehn Minuten des Prozeßverlaufs der Jury den Eindruck einer blutigen Gangsterfehde suggerierte.

Richter Mansfield furchte die Stirn. «Ich verstehe nicht ganz, weshalb Sie diesen Antrag stellen.» Darum gestattete er Krieger und Sandler, ihm ihren Einspruch an der «Side-bar», außer Hörweite der Geschworenen, näher zu begründen.

«Euer Ehren, die letzten Erörterungen des Staatsanwalts sind völlig unwesentlich und zielen nur darauf ab, die Angeklagten vor der Jury zu präjudizieren.» Mansfield überlegte, dann pflichtete er der Ansicht der Verteidiger bei, daß die Begleitumstände von Perrones Tod keinerlei Beziehung zum Kreditkartenfall hätten. Deshalb wies er die Geschworenen an, Phillips Erklärung über Perrones Ermordung nicht in Betracht zu ziehen. Aber Sandlers Antrag lehnte er ab und forderte den Staatsanwalt auf, in seinen Ausführungen fortzufahren.

Die Störung glitt an Phillips ab, gelassen sprach er weiter. «Sie werden auch hören, daß Mr. Bonanno zu Protokoll gab, während seines Aufenthalts in Tucson habe er bestimmte Anwälte darüber befragt, ob er diese

Kreditkarte rechtmäßig verwenden dürfe. Aber Sie werden von jedem einzelnen dieser Anwälte hören, daß Mr. Bonanno das Thema bei ihnen überhaupt nicht zur Sprache brachte. Und schließlich werden Sie hören, daß Mr. Notaro vor Gericht aussagte, eine bestimmte Unterschrift stamme nicht von ihm und er habe einen bestimmten Umschlag für Flugtickets nie gesehen. Allerdings ist er in diesem Punkt durch einen Zeugen zu überführen, der selbst sah, wie Notaro das betreffende Dokument unterschrieb.

Und nicht zuletzt werden Sie die Aussagen Mr. Torrillos, des Eigentümers dieser Kreditkarte, hören. Er wird berichten, daß er Anfang Januar 1968 für Mr. Bonanno und Mr. Perrone Flugtickets besorgte. Der vorgestreckte Betrag wurde ihm niemals zurückerstattet, aber gegen Ende Januar kam Mr. Perrone in Mr. Torrillos Haus und forderte ihm buchstäblich die Kreditkarte ab, die er dann weitergab. Danach wurden im ganzen Land Rechnungen darauf ausgestellt.

Das ist die Beweisführung der Anklagevertretung. Ich habe Ihnen, meine Damen und Herren Geschworenen, nun dargelegt, welche Punkte geklärt werden müssen. In gewisser Weise bin ich nun eine Verpflichtung Ihnen gegenüber eingegangen. Ich stehe in Ihrer Schuld, denn Sie haben die Aufgabe, letztlich zu entscheiden, ob meine Worte strenger Prüfung standhalten können, ob es mir, dem öffentlichen Ankläger, gelang, den Tatbestand zu beweisen, den ich beweisen will. Ich bin sicher, bei Abschluß dieses Prozesses werden Sie über jeden nur denkbaren und möglichen Zweifel hinaus davon überzeugt worden sein, daß die Angeklagten der Verbrechen schuldig sind, die ihnen angelastet werden. Ich danke Ihnen.»

Dann stand Krieger auf und trat zu der Geschworenenbank. «Sie werden sich erinnern, ich vertrete den Angeklagten Salvatore Bonanno und heiße Albert Krieger.» Er war noch immer nach Yul Brynner-Art kahlgeschoren, hatte die breiten Schultern gestrafft, während er vor der Jury auf- und abging, und sprach mit lauter Stimme. Nachdem er betont hatte, er vertraue auf die Kompetenz der Geschworenen, ihre Entscheidung über Bonanno in fairer Weise zu fällen, «um zu zeigen, daß Vorurteile nicht ins Gewicht fallen», versicherte er, die Verteidigung sei «nicht daran interessiert, die Zeit dieses Gerichtshofes, Ihre Zeit, meine Damen und Herren, mit einem Ratespiel über die Frage in Anspruch zu nehmen, wer was zu diesem oder jenem Termin unterschrieb». Er sagte, Bonanno sei bereits vor einem Tribunal erschienen und habe zugegeben, daß er zahlreiche Quittungen und Belege mit dem Namen Donald A. Torrillo unterzeichnet habe und zwar bona fide, also in dem festen Glauben, die Kreditkarte sei ihm auf völlig rechtmäßige Weise zur Verfügung gestellt worden.

«Die Frage, die Sie, die Geschworenen, letzten Endes zu lösen haben, lautet: Erstens: Wurde die Kreditkarte durch gefährliche Drohung erlangt? Ein böses Wort, aber ich glaube, darauf müssen wir uns hier konzentrieren. Wurde die Kreditkarte dem Eigentümer unter Androhung von Gewalt abgenommen? – Zweitens: Wenn dies zutrifft, hatte Mr. Bonanno persönlich etwas mit diesem Tatbestand zu tun? – Drittens: Wenn die Kreditkarte tatsächlich Mr. Donald A. Torrillo unter Druck abgefordert wurde, Mr. Bonanno aber zu dem Zeitpunkt, als er sie in Verwendung nahm, nichts von dem Modus des Besitzerwechsels wußte, erfuhr er es später und bediente er sich ungesetzlicher Mittel, um zu verhindern, daß Schritte gegen die weitere Benutzung unternommen wurden?

Dies sind die Fragen, mit denen wir uns zu beschäftigen haben werden und nicht, ob er vier oder fünf Personen in irgendein Lokal einlud. Das an sich ist völlig bedeutungslos. Aus früheren Aussagen können Sie entnehmen, daß Mr. Bonanno die Verwendung der Kreditkarte nicht bestritt, denn diese Tatsache an sich ist unwesentlich, soweit sie diesen Fall betrifft, wenn die Anklagevertretung nicht die betrügerische Absicht nachweisen kann – und wir bekennen mit allem Respekt, daß ihr das nicht gelingen wird.

Der Anklagepunkt des Meineids ist bloßer juristischer Aufputz. Genau derselbe Tatbestand ergäbe sich etwa, wenn ich als Verteidiger im Verlauf dieses Prozesses zu dem Schluß käme, es sei geboten, meinen Mandanten in den Zeugenstand zu rufen, damit er nur auf Grund seines Erinnerungsvermögens zu bestimmten wichtigen Fakten Stellung nimmt und Sie, meine Damen und Herren, weisen diese Erklärungen als nicht stichhaltig zurück. Ist das Meineid? Ich bezweifle es.

Ich glaube, wir alle erwarten mit großer Spannung die Zeugeneinvernahmen, und ich bin der festen Überzeugung, jeder Angeklagte, der vor einem amerikanischen Gericht steht, will nur eines: Gerechtigkeit. Der Staat verliert niemals einen Prozeß, denn ob der Spruch auf Schuldig oder Nicht schuldig lautet, es wurde Gerechtigkeit geübt, sofern die Geschworenen ihre Aufgabe nach bestem Wissen und Gewissen erfüllten.

Ich sehe nun dieser Beweisführung entgegen. Bitte bewerten Sie alle Belastungs- und Entlastungsmomente so sorgfältig und mit der gleichen Aufmerksamkeit – um wieder einen Ausdruck Seiner Ehren zu gebrauchen –, als wären Sie selbst Partei. Verfolgen Sie den Verlauf mit unermüdlicher Gründlichkeit. Lassen Sie sich kein Wort entgehen. Bilden Sie sich ein Urteil über die Zeugen, prüfen Sie Donald A. Torrillos Verhalten genau, denn er ist die Schlüsselfigur, der Hauptzeuge der Anklage. Er persönlich und nicht eine Restaurantrechnung oder eine Flugkarte ist der entscheidende Faktor. Von Torrillos Glaubwürdigkeit wird Ihr Spruch abhängen. Ich danke Ihnen.»

Leonard Sandler sprach für Peter Notaro und betonte, sein Mandant habe nicht gewußt, daß Bonanno die Reisespesen der Überlandfahrt im Februar 1968, an der auch Bills Onkel Di Pasquale teilnahm, mit der Kreditkarte deckte. Notaro sei nur deshalb nach Arizona mitgekommen, um Bonanno zeitweise am Steuer abzulösen und zwischendurch einmal kurz Ferien zu machen. Um so eher, da Notaros Transportfirma, wie Sandler weiter ausführte, damals vor dem Bankrott stand. Beruflich hatte er wenig zu tun, deshalb kam ihm die Möglichkeit sehr gelegen, Bonanno nach Arizona zu begleiten.

«Es wird sich weisen, daß mein Mandant selbst auf dieser Reise die Kreditkarte nicht benutzte, das Verfügungsrecht darüber behielt sich Mr. Bonanno vor, der in Mr. Notaros Gegenwart ebenso wie in dessen Abwesenheit nach eigenem Ermessen Rechnungen auf das Diners Club-Konto ausstellen ließ. Einen ganzen Monat lang nach der angeblich widerrechtlichen Aneignung der Kreditkarte kümmert sich Mr. Notaro überhaupt nicht um diese Angelegenheit. Im März jenes Jahres schließlich erwägt er, dauernd in Arizona zu bleiben und sich dort eine neue Existenz zu gründen.

Mr. Bonanno ruft auf dem Flughafen Tucson an, um ein Ticket für eine dritte Person zu bestellen, die aus Kanada kommen soll. Er gibt telefonisch den Namen Torrillo und die Kreditkartennummer an, damit die Rechnung ausgefertigt werden kann und sofort abholbereit ist. Dann bittet Mr. Bonanno Mr. Notaro, ihn zum Flugplatz zu begleiten. Dort kann er nicht parken. Es ist ein Weg von wenigen Schritten. Aber statt eine Parklücke zu suchen, sagt er zu Mr. Notaro, ich zitiere sinngemäß: ‹Hier ist die Kreditkarte. Sei so gut und hole die Rechnung und unterschreibe mit dem Namen, der auf der Karte steht!› Das tut Mr. Notaro, ohne das Bewußtsein zu haben, daß er damit eine strafbare Handlung begehen könnte, ja ohne über diese scheinbare Belanglosigkeit auch nur nachzudenken.

Am Schalter ist schon alles vorbereitet, er unterschreibt. Vielleicht sieht er die beiden Belege an, die Faktura und die Empfangsbestätigung, die er bekommt – wirft einen kurzen Blick darauf, fünf Sekunden lang, vielleicht zehn Sekunden, vielleicht auch nur drei Sekunden, aber sicherlich nicht länger. Er bringt Mr. Bonanno die Papiere, damit ist die Sache für ihn erledigt. Ein winziges, unwesentliches Detail in seinem Leben, nichts, was ihn beunruhigen würde.

Acht Monate später wird er vor Gericht gestellt, einvernommen; man zeigt ihm die beiden Belege nicht getrennt, wie er sie damals etwa drei Sekunden lang gesehen haben mag, sondern zusammen, auf einer Xerokopie. Er wird gefragt, ob er diese Schriftstücke wiedererkenne. Mr. Notaro erinnert sich in diesem Moment nicht rechtzeitig, bei welcher Gelegenheit er mit Torrillos Namen unterschrieb, und er verneint.

Darin besteht sein Meineid. Das ist der böse, schreckliche Meineid, und die Anklagevertretung wird Ihnen, meine Damen und Herren Geschworenen, sagen: ‹Es ist völlig ausgeschlossen, daß er diese sieben oder acht Monate zurückliegende Episode vergessen haben könnte.› Die Folge dieses gerichtlichen Zweifels: Mr. Notaro wird des Meineids beschuldigt.

War es wirklich undenkbar, daß er diese Einzelheiten acht Monate später vergessen hatte? Wenn Sie sich bei den Erwägungen über diese Frage von Ihrem gesunden Menschenverstand und Ihren Lebenserfahrungen leiten lassen, werden Sie verstehen, daß ein Mensch diesen für ihn unerheblichen Vorfall unbewußt aus seinem Gedächtnis streichen konnte. Versetzen Sie sich in die Lage meines Mandanten: Sie werden mit einer Unterschrift konfrontiert, es ist ein Name, den Sie nie zuvor und nie seither geschrieben haben, der zudem für Sie nur ein vager Begriff ist. Unter diesem Aspekt ist es durchaus möglich, daß Sie nicht unbedingt Ihre eigene Handschrift wiedererkennen, besonders dann, wenn Sie sich in einer Ausnahmesituation befinden, im Zeugenstand, unter Eid, angesichts eines Tribunals, das seine ganze Aufmerksamkeit auf Ihre Person konzentriert und von Ihnen Rechenschaft fordert.

Diese Frage wird zu entscheiden sein, und ich glaube, am Schluß dieses Prozesses werden Sie ohne jede Gewissenszweifel bereit sein, Mr. Notaro Ihr Votum ‹Nicht schuldig› zu geben. Ich danke Ihnen.»

«Gut», sagte Richter Mansfield. «Mr. Phillips, bitte rufen Sie Ihren ersten Zeugen.»

«Die Zeugin Jeanne Sands», verkündete der Staatsanwalt.

Miss Sands, Hostess in Panchos Mexican Restaurant in Tucson, betrat mit raschen Schritten den Gerichtssaal. Sie war eine attraktive Dreißigerin, die geradewegs aus einem Schönheitssalon zu kommen schien. Sie wurde vereidigt, dann zeigte ihr Phillips einen Diners Club-Beleg mit der Unterschrift «Donald A. Torrillo».

«Können Sie sich an die Begleitumstände erinnern, unter denen Sie diese Rechnung ausstellten?» fragte er.

«Ja. Wir hatten ziemlich viel zu tun, deshalb brachte die Serviererin, die an dem Tisch bedient hatte, die Rechnung samt der Kreditkarte zu mir an die Kasse und bat mich, die Sache selbst zu erledigen und die Bestätigung zur Unterschrift zurückzubringen.»

«Haben Sie das getan?»

«Ja, Sir.»

«Wie viele Personen saßen an jenem Tisch?»

«Sechs.»

«Hat eine von ihnen unterschrieben?»

«Ja.»

«Sehen Sie die betreffende Person in diesem Gerichtssaal?»

«Ja.»

«Würden Sie mir diese Person bitte zeigen?»

Miss Sands rückte auf ihrem Stuhl etwas vor und blickte zur Anklagebank. «Der Herr im blauen Anzug.»

«An welchem Tisch, dem ersten oder dem zweiten?» warf der Richter
ein.

«Am zweiten.»

«Und am zweiten Tisch von rechts nach links, welcher?» fragte der
Richter weiter.

«Der zweite.»

«Der zweite», wiederholte Mansfield und fügte hinzu: «Es wird zu
Protokoll genommen, daß die Zeugin der Anklage Salvatore Bonanno
erkannte.»

Bill fühlte, wie alle Augen auf ihm ruhten, aber er blickte starr
geradeaus zum Richterstuhl und auf die rasch übers Papier gleitende
Hand des Schriftführers. Ja, er saß tatsächlich vor Gericht, es war kein
Traum. Wenn er verurteilt wurde und keine Freistellung gegen Kaution
erreichen konnte, dann würde er aus diesem Gerichtssaal direkt ins
Gefängnis eingeliefert werden. Und nicht für dreißig oder neunzig Tage
wie früher. In diese Gedanken verloren, während er halb unbewußt
wahrnahm, wie nun Krieger Miss Sands befragte, hörte er den gedämpf-
ten Verkehrslärm von der Straße, elf Stockwerke tiefer unten, die Hu-
pen, das Gangschalten von Lastwagen, das Rattern der Preßlufthämmer
eines Bautrupps und die Klänge einer fernen Glocke, die als Oberstimme
das gleichmäßige Rollen und Brummen der Alltagsgeräusche da draußen
übertönten und metallisch in den Raum drangen. Der Richter unterbrach
die Zeugeneinvernahme, um den Geschworenen, gleichsam als Privatmann, freundlich zu erklären: «Das ist das melodische Geläute der St.
Andrew-Kirche. Warten wir, bis es ausgeschlagen hat. Das klingt zumindest angenehmer als manches andere, was Sie, meine Damen und Herren, hier noch hören werden.» Lächelnd fügte er hinzu: «Diese Bemerkung galt nicht den Vertretern der Anklage und der Verteidigung oder
den Zeugen. Ich meinte den Straßenlärm.»

Während dieser ersten Verhandlung folgte ein Zeuge der Anklage dem
anderen. Es kamen Angestellte des Diners Club, sie erläuterten die
Verrechnungsmethoden des Unternehmens und die Maßnahmen gegen
unbefugte Verwendung von Kreditkarten und erinnerten sich auch an
das Datum, an dem Torrillos Karte wegen aufgelaufener Schulden aus
dem Verkehr gezogen wurde – es war der 11. März 1968. Dann kam der
junge Verkäufer, der Sohn des Besitzers von Bloom in Tucson, der Bill
am 11. März bedient hatte, als dieser mit Torrillos Karte einen Kauf im
Gesamtwert von nahezu 200 Dollar tätigen wollte. Und schließlich die
Kassierin bei Bloom, die das Diners Club-Kreditbüro in Los Angeles

angerufen hatte, da die Rechnung mehr als 50 Dollar ausmachte, worauf die Diners Club-Repräsentanten sich ihrerseits mit New York in Verbindung setzten, weil Torrillos Karte dort registriert war.

Während Bill nun der Aussage der Kassierin zuhörte, vergegenwärtigte er sich die damalige Situation und sein eigenes Verhalten: Nein, er hatte keinen wirklichen Argwohn gehegt, als er an jenem Nachmittag bei Bloom wartete und die Telefonate mithörte – zuerst sprach die Kassierin mit dem Diners Club, dann der Manager, zuletzt wurde Bill selbst an den Apparat gebeten. Der Mann am anderen Ende stellte ihm Fangfragen, um ihn zu überführen. Und das war ihm gelungen. Bill konnte sich gut daran erinnern: «Mr. Torrillo?» fragte der Fremde und Bill bejahte. Daraufhin erkundigte sich der Diners Club-Angestellte, ob er noch immer bei einer bestimmten Firma sei und das Haus – die genaue Adresse wurde angegeben – besitze. Bill wußte, daß Torrillo, der eine Art Realitätenmakler war, mit einigen Firmen in Verbindung stand und mehrere Liegenschaften besaß, und gab eine bestätigende Antwort. Und das war ein Fehler gewesen.

Nach jenem Gespräch konfiszierte der Manager die Kreditkarte und zerriß sie. Nun hörte Bill, wie die Kassierin seine Reaktion schilderte: «Er machte den Eindruck, als ärgere er sich nicht über den Diners Club, sondern über einen Mann in seiner eigenen Firma in New York, der es versäumt hatte, die Rechnungen zu begleichen.» Ja, das stimmte. Bill hatte von Bloom aus Perrone angerufen und diesen im Lagerhaus in Brooklyn erreicht. Perrone hatte sich entschuldigt und versichert, es bestehe kein Grund zur Besorgnis, er werde mit Torrillo sprechen, und der werde die Angelegenheit sofort regeln. Perrone hatte sich vor Bill immer als Geschäftspartner Torrillos ausgegeben. Als er danach erklärte, er werde Donald veranlassen, die Sache zu «regeln», nahm Bill an, daß er dazu bereit und in der Lage sei. Als Beweis für die engen Beziehungen der beiden brauchte sich Bill nur die Tatsache ins Gedächtnis rufen, daß es Perrone war, der 1966 Torrillo mobilisiert hatte, um bei der Dime Savings Bank als eigentlicher Darlehenswerber für Bills Haus in East Meadow aufzutreten, als das Geldinstitut wegen Bills Leumund Bedenken hegte und den Rückzahlungsvertrag nur mit einer völlig unbescholtenen Person abschließen wollte. Während des Zeitraums, da Bill die Kreditkarte benutzte, war das Haus unter Torrillos Namen eingetragen. Durch Perrones Vermittlung hatte sich Bill sogar als in einem lockeren Partnerschaftsverhältnis mit Torrillo betrachtet, deshalb hatte er ohne Zögern die Karte angenommen und mit Torrillos Namen unterschrieben, nachdem Perrone beteuert hatte, der Eigentümer sei damit einverstanden.

Wenige Stunden nach diesem Telefonat war Perrone tot. Das nächste, was Bill über Torrillo hörte, war die vertrauliche Meldung, der Makler sei mit dem Gesetz ernstlich in Konflikt geraten, und zwar wegen anderer Delikte als der Kreditkartenaffäre. Wie Bill erfuhr, wurde Torrillo von Kriminalbeamten verhört und war vermutlich bereit – als Gegenleistung für seine eigene Freiheit –, in einem Prozeß, in dem auch über die widerrechtliche Aneignung der Kreditkarte verhandelt werden sollte, als Kronzeuge legen Bill auszusagen.

Und nun, an diesem Montag im November 1969 im Bundesgericht, war der vorläufig noch abwesende Donald Torrillo die stärkste Waffe des Staatsanwalts, Bill Bonanno hinter Gitter zu bringen. Da Bill selbst kaum in den Zeugenstand treten würde, weil er nach Kriegers Ansicht in vielen Punkten, an die der Ankläger rühren würde, durch eigene Erklärungen seine Lage nur verschlechtern könnte, würde der Prozeßausgang zweifellos davon abhängen, wie die Geschworenen Torrillos Verhalten und Aussagen bewerteten und ob es den Verteidigern gelänge, seine Glaubwürdigkeit als Zeuge zu erschüttern. Bevor Krieger und Sandler an jenem ersten Tag der Beweisführung den Gerichtssaal verließen, erfuhren sie, daß sie bald Gelegenheit haben würden, diese Glaubwürdigkeit auf die Probe zu stellen, denn der Staatsanwalt teilte Mansfield mit, für die nächste Verhandlung sei als wichtigster Zeuge der Anklage Donald A. Torrillo vorgeladen.

26

Am zweiten Tag des Beweisverfahrens, am 11. November, um 10 Uhr 30, rief die Anklagevertretung ihren Kronzeugen Donald A. Torrillo auf. Er war ein schlanker, ziemlich kleiner dunkelhaariger Dreißiger mit Hornbrille und trug einen dunklen Anzug mit gestreifter Krawatte. Die Schultern etwas vorgeneigt und die Hände im Schoß gefaltet, saß er im Zeugenstand. Er wirkte ruhig und gelockert, und als Staatsanwalt Walter Phillips die Einvernahme begann, antwortete Torrillo prompt und in einer Ausdrucksweise, die auf überdurchschnittliche Schulbildung und Redegewandtheit schließen ließ.

Zunächst wurde festgestellt, daß der Zeuge den ermordeten Hank Perrone persönlich gekannt hatte, dann ersuchte ihn Phillips, das Treffen im Januar 1968 zu schildern. Zu dem Zeitpunkt, als sie im Friseurladen zusammenkamen, lieferte der Bananenkrieg viele Schlagzeilen – seit dem dreifachen Mord im Cypress Garden-Restaurant waren erst drei Monate vergangen, und Perrone hatte nur noch zwei Monate zu leben. Der Laden, in dem sich Torrillo mit Bill und Perrone traf, lag in einem Viertel, wo die Bonanno-Organisation Spielbanken und andere «Rackets» betrieb. Perrone fragte Torrillo, ob er ein Reisebüro wisse, das einen persönlichen Scheck für Flugkarten in Zahlung nähme. Als Torrillo verneinte, erkundigte sich Perrone nach einem Reisebüro, das eine Kreditkarte akzeptieren würde. Ja, erwiderte Torrillo, er kenne eine Firma, bei der das ohne weiteres möglich wäre. Daraufhin fragte Perrone, ob er mit Torrillos Karte zwei Tickets nach Kalifornien kaufen könne. Torrillo war einverstanden.

«Geschah irgend etwas Ungewöhnliches, bevor Sie den Friseurladen verließen?» fragte Phillips.

«Es gab einen Zwischenfall», sagte Torrillo und beschrieb den Hergang: Bonanno war bereits mit seinem eigenen Wagen weggefahren. Als auch die beiden anderen gehen wollten, murmelte ein alter Mann im Laden einige Worte, die Torrillo nicht verstand, aber Perrone wandte sich wütend um und zischte: «Von Ihnen lasse ich mir nichts sagen . . .!»

«Ich muß Einspruch erheben!» rief Krieger durch den Gerichtssaal. «All das spielte sich in Abwesenheit des Angeklagten ab.» Damit meinte der Verteidiger, Bonanno, der den Friseursalon bereits verlassen hatte, sei an den von Torrillo nun geschilderten Ereignissen unbeteiligt gewesen. Doch als Richter Mansfield die Vertreter der Anklage und der Verteidigung zwecks Erörterungen über den Einspruch auf die Seite bat, konterte Phillips mit dem Argument, die Szene im Laden stehe sehr wohl im Zusammenhang mit Torrillos Furcht vor Perrone und sei daher für die Erhellung der Gesamtsituation und des Tatbestands wichtig. Daraufhin erlaubte der Richter dem Staatsanwalt, die Zeugeneinvernahme fortzusetzen.

Torrillo erklärte, Perrone habe in seinem Zorn den alten Mann einfach niedergeschlagen. Er selbst, Torrillo, habe sich gehütet, während der Fahrt zum Reisebüro Fragen über diesen mysteriösen Vorfall zu stellen. Bonanno erwartete die beiden, die Flugtickets wurden mit Torrillos Kreditkarte gekauft, und Perrone versprach, den Betrag nach der Rückkehr aus Kalifornien zu überweisen. Aber davon war dann keine Rede mehr, statt dessen kam Perrone eines Abends sehr erbittert in Torrillos Haus in Queens und sagte brüsk: «Seit eineinhalb Tagen versuche ich, dich zu erreichen. Wo hast du denn gesteckt? Warum rufst du mich nicht an?» Dann sagte er, daß er die Kreditkarte für zwei weitere Tickets brauche, es war eine unumwundene Forderung. Torrillo händigte ihm das Dokument aus. Als er mit Perrone zur Tür ging, sah er in dem vor dem Haus geparkten Wagen Peter Notaro sitzen.

«Haben Sie danach Rechnungen oder Quittungen vom Diners Club erhalten?» fragte Phillips.

«Ja.»

«Woher kamen diese Belege?»

«Aus dem gesamten Staatsgebiet der USA.»

Krieger unterbrach mit der Frage: «Dürfen wir wissen, wann der

Zeuge diese Belege erhielt?»

Richter Mansfield nickte. «Geben Sie bitte einen genaueren Zeitpunkt an.»

Torrillo erwiderte, er wisse nicht genau, wann die ersten Rechnungen zugestellt wurden, aber jedenfalls erst, nachdem Perrone die Kreditkarte mitgenommen hatte.

«Haben Sie Mr. Perrone die Benutzung Ihrer Kreditkarte gestattet oder ihm sonst freie Hand gegeben?» fragte der Staatsanwalt.

«Nein», sagte Torrillo und fügte hinzu, er habe auch weder Bill Bonanno noch Peter Notaro die Erlaubnis oder Vollmacht erteilt.

«Haben Sie solche Rechnungen bezahlt?» fragte Phillips.

«Nein.»

«Wann haben Sie den Diners Club informiert, daß Ihre Kreditkarte ohne Ihre Einwilligung benutzt wurde?»

«Etwa einen Monat nach Mr. Perrones Tod.»

Im weiteren Verlauf der Einvernahme fragte Phillips, ob Torrillo Perrone auch in der Bar «Posh Place» getroffen habe, die sich an der 2. Avenue ziemlich nahe bei dem Friseurladen befand und ein Stammlokal von Mitgliedern der Bonanno-Familie war.

«Ja, das stimmt», antwortete Torrillo. Als ihn der Staatsanwalt fragte, ob ihm damals etwas Ungewöhnliches aufgefallen sei – es war vor Perrones Besuch bei Torrillo, um die Karte zu holen –, erinnerte sich der Zeuge, er habe im «Posh Place» bemerkt, daß Perrone eine Pistole bei sich trage.

Bill hörte der Einvernahme aufmerksam zu. Er blickte in Torrillos Richtung, fixierte ihn aber nicht, denn er wußte, wenn er durch sein Mienenspiel oder eine Geste den Geschworenen seine persönliche Meinung über diesen Zeugen verriete – und die war keineswegs schmeichelhaft –, dann würde er sich nur selbst schaden und auf die Jury einen ungünstigen Eindruck machen. Bill befand sich hier im Gerichtssaal in einer heiklen Situation. Einerseits war er Angeklagter in einem wichtigen Prozeß, die Berichterstattung brachte ihn mit der Mafia in Verbindung (was wahrscheinlich der Jury nicht verborgen blieb, denn sie war ja nicht in Klausur); andererseits würde er nicht in eigener Sache zu diesen acht Frauen und vier Männern auf der Geschworenenbank sprechen. Tag für Tag hatten sie ihn vor sich, wie er neben Krieger saß; sie nahmen zur Kenntnis, wie er gekleidet und frisiert war, sahen, wie er leise Gespräche mit seinem Verteidiger führte und sich manchmal auf einem gelben Block Notizen machte, der auf dem Tisch der Verteidigung lag. Er spürte, daß während der ganzen Zeit, die er auf der Anklagebank verbrachte, wahrhaftig über ihn Gerichtstag gehalten wurde – jede seiner Bewegungen, ja ein Wimpernzucken konnte registriert werden und diese oder jene

Meinung eines Geschworenen bestätigen. Bill kleidete sich für die Verhandlungen nicht sorgfältiger als sonst, aber er hielt sich ständig vor Augen, daß seine Gesamterscheinung beurteilt werde, sein ganzes Verhalten, und deshalb vermied er es, Torrillo direkt anzusehen.

Als Phillips zu Ende war, trat Krieger zum Zeugenstand. Er begann mit langsamer und ruhiger Stimme; erst allmählich, als er auf wichtige Tatsachen zu sprechen kam, wurde sein Ton schärfer, knapper, direkter. Bald bemerkte Bill, daß Torrillos Stimme etwas von ihrer festen Sicherheit verloren hatte und seine Antworten nicht so rasch erfolgten, wie während der Einvernahme durch Phillips.

«Mr. Torrillo, wann haben Sie Mr. Perrone kennengelernt?» fragte Krieger.

«Etwa Anfang 1967.»

«Im Jahr 1967?» wiederholte der Verteidiger zweifelnd.

«Ich glaube . . . Es könnte auch 1966 gewesen sein. An den Zeitpunkt erinnere ich mich nicht, aber ich kann ihn nach gewissen anderen Ereignissen genauer feststellen.»

«Soso. so. Gab es da nicht eine Realitätentransaktion, an der Mr. Bonanno, Mr. Perrone und auch Sie selbst beteiligt waren?»

«Stimmt», sagte Torrillo; er hatte erkannt, daß es sich um die Bürgschaft handelte, die er für Bill Bonannos Haus in East Meadow übernommen hatte.

«Wir können wohl annehmen, daß es etwa im November 1966 war», sagte Krieger. «Kannten Sie Mr. Perrone bereits vor dieser Transaktion?»

«Ja. Ich habe ihn ungefähr zwei Wochen vorher kennengelernt, vielleicht auch einen Monat früher.»

«Freundeten Sie sich mit Mr. Perrone an, nachdem Sie mit ihm – setzen wir willkürlich ein Datum fest – im Verlauf des Oktober 1966 in Kontakt gekommen waren?»

«Ja.»

«Standen Sie in Geschäftsbeziehungen zu ihm?»

«Ja.»

«Und zwar bis zu seinem Tod?»

«Ja.»

«War Mr. Perrone im Transportwesen tätig oder hatte er ein Lagerhaus?»

«Es war etwas in dieser Richtung, ich glaube, eine Transportfirma.»

«Gut. Sie trafen ihn öfters und besuchten ihn manchmal in seinem Büro?»

«Ja. Ich war sogar bei ihm, bevor er die Firma kaufte, denn ich führte für ihn die Schätzung des Objekts durch.»

Krieger befragte Torrillo über einen Brief, den dieser unter dem Datum des 17. April 1968 – einen Monat nach Perrones Tod – an den Diners Club geschrieben hatte und worin er den Verlust seiner Kreditkarte meldete. Der Verteidiger hatte eine Xerokopie des Schreibens in der Hand: Torrillo hatte in dem Brief behauptet, er habe bereits zweimal beim Diners Club die Verlustanzeige erstattet, aber zu seinem Befremden keine Antwort erhalten. Hier hakte Krieger ein: Er fragte Torrillo, ob seine Angaben über den Verlust der Karte und die beiden angeblich zuvor abgesandten Briefe auf Wahrheit beruhten. Nach längeren Erörterungen und mehreren Einsprüchen durch Phillips mußte Torrillo schließlich zugeben, daß er in dem Schreiben gelogen hatte.

Im Gerichtssaal herrschte nun eine gespannte Stille. Torrillo, der unruhig auf seinem Stuhl rückte und immer wieder fahrig an seine Brille griff, sah, daß Krieger noch andere Dokumente in der Hand hielt, weitere Beweise für bewußt irreführende Behauptungen des wichtigsten Belastungszeugen. Erstens ein Brief vom 28. Mai (zehn Wochen nach Perrones Tod): die Verlustanzeige, die Torrillo auf Wunsch des Diners Club unterschrieben hatte. Zweitens das schriftliche Protokoll seiner Aussagen vor einem Geschworenentribunal im Juli 1968 – vier Monate nach Perrones Tod –, in denen er bei der Version beharrte, er habe seine Kreditkarte verloren und die falschen Angaben aus dem an den Diners Club gerichteten Brief vom 17. April wiederholte.

«Sprachen Sie damals vor Gericht nicht die Wahrheit?» fragte Krieger.

«Nein», entgegnete Torrillo ruhig.

Krieger machte eine rhetorische Pause, um der Jury Zeit zu geben, die Tragweite dieser Aussage zu ermessen – Torrillo hatte soeben einen Meineid eingestanden.

Peter Notaro und dessen Anwalt Sandler blickten Torrillo an, als wollten sie ihn festbannen. Notaro war wegen Meineides angeklagt, weil er die Bestätigung, auf der er im Flughafen von Tucson mit Torrillos Namen unterzeichnete, später nicht wiedererkannte, während die unwahren Angaben dieses Mannes keine gerichtliche Ahndung nach sich zogen.

Bill Bonanno starrte auf die Tischplatte, als Krieger weiterfragte: «Nun zu einem anderen Thema, Mr. Torrillo. Bei Ihrer ersten Einvernahme haben Sie uns mitgeteilt, daß Sie zur Zeit eine Reiseagentur führen.»

«Jawohl, das stimmt.»

«Seit wann üben Sie diesen Beruf aus?»

«Ich bin seit etwa zwei Jahren in der Branche.»

«Wie bitte? Würden Sie etwas lauter sprechen?»

«Ich bin seit etwa zwei Jahren in der Branche», wiederholte Torrillo.

«Seit zwei Jahren?»

«Ungefähr. Richtig angelaufen ist die Sache in diesem Jahr, Anfang 1969.»

«Aha. Im Januar 1968 war sie es also noch nicht, oder vielleicht doch?»

«Wie?»

«Waren Sie schon im Januar 1968 in dieser Branche tätig?»

«Ja.»

«Hatten Sie ein eigenes Büro?»

Torrillo verneinte mit der Erklärung, er verkaufe keine Fahrkarten, sondern organisiere Gesellschaftsreisen mit genau festgelegten Routen und fixen Hotelarrangements, Touren, die man in der Fachsprache als *packages* bezeichnet.

«Das war also Ihre Tätigkeit im Januar 1968?» – Zu der Zeit, als sich Torrillo mit Perrone und Bonanno im Friseurladen traf.

«Also», erklärte Torrillo, «ich stieg aus dem Realitätengeschäft aus und begann mich auf dieses Geschäft zu verlegen.»

«Vorher waren sie mit Realitäten befaßt?»

«Richtig.»

«Und woraus bestand Ihr Realitätengeschäft?»

«Ich war der Eigentümer und Verwalter von Apartmenthäusern, die vermietet wurden.»

«Wie viele Häuser waren es?»

«Fünf.»

«Wo?»

«Wollen Sie alle fünf Adressen haben?»

«Ja, bitte.»

«Nummer 446, East 116. Straße, dann 416, East 116. Straße; die Nummern 7 und 23, East 3. Straße, sowie Nummer 536, East 13. Straße.»

«Dies waren wohl alles Häuser mit mehreren Wohnungen?» fragte Krieger und schloß sofort eine weitere Frage an: «Mister Torrillo, waren Sie jemals bei der Western Electric beschäftigt?»

«Ja.»

«Und zwar wann?»

«1960.»

«In welcher Stellung?»

«Als technische Hilfskraft.»

«Was ist das?»

Torrillo schien verwirrt. «Ich war eben technische Hilfskraft», sagte er schließlich.

«Sind Sie denn ausgebildeter Techniker?»

«Nein.»

«Haben Sie ein College besucht?»

«Ja.»

«Und auch fertig studiert?»

«Nein, ich habe das Studium nicht abgeschlossen.»

«Waren Sie einige Zeit im Börsengeschäft tätig?»

«Ja.»

«In welcher Position?»

«Euer Ehren, ich muß Einspruch erheben», sagte Walter Phillips und erhob sich. «Es gibt keinen Zusammenhang zwischen diesen Erörterungen und den zur Debatte stehenden Themen der Einvernahme.»

«Diesen Zusammenhang werde ich sofort herstellen, wenn Euer Ehren erlauben», konterte Krieger.

Mansfield lehnte den Einspruch des Staatsanwalts ab, und Krieger fragte Torrillo: «Wo haben Sie im Börsengeschäft gearbeitet?»

«Ich habe in der Marktforschungsabteilung begonnen und wurde dann Makler.»

«Ihre erste Diners Club-Karte erhielten Sie 1963, stimmt das?»

«Ich glaube ja.»

«Wie hoch war Ihr Einkommen im Jahr 1963?»

«Ungefähr 30 000 Dollar.»

«Und im Jahr 1962?»

«Das ist nun schwer zu sagen, denn es gab eine Übergangsperiode zwischen der Western Electric und der Börse, und 1962 war ich auch einige Zeit Soldat. Deshalb kann ich mich nicht mehr erinnern.»

«Aber Sie verdienten 1962 nicht 60 000 Dollar, oder doch?»

«Nein.»

«Stellten Sie 1963 einen Antrag an den Diners Club, in dem Sie Ihr Jahreseinkommen mit 60 000 Dollar bezifferten?»

«Ja.»

«Und gaben Sie an, Sie seien Leiter der Marktforschungsabteilung einer Börsenfirma?»

«Das war ich damals.»

«Aber Sie verdienten nicht 60 000 Dollar?»

«Nein.»

«Sondern wieviel?»

«Ich glaube, ein Jahr lang 30 000, aber die Summe von 60 000 war das voraussichtliche Einkommen. Damit konnte ich im Lauf der Zeit bei der Firma rechnen.»

Dann fragte Krieger, ob Torrillo eigene Schulden beim Diners Club hatte, bevor Rechnungen von Perrone und Bonanno einliefen. Notgedrungen mußte der Zeuge bejahen: rund 1500 Dollar, darunter monatliche Ratenzahlungen, außerdem Rechnungen für Weihnachtsgeschenke, die er 1967 gekauft hatte, und die Spesen einer Geschäftsreise.

«Hatten Sie im Januar 1968 Ihr Konto beim Diners Club ausgeglichen?» fragte Krieger. Das war der Zeitpunkt, als die Kreditkarte an Perrone weitergegeben wurde.

«. . . Nein, Nein, allerdings nicht.»

«Hatten Sie die Reise, die Sie soeben erwähnten, im Rahmen Ihrer Fremdenverkehrsagentur organisiert?»

«Ja.»

«Mit welchem Ziel?»

«Haiti.»

«War das ein Spielhöllentrip?»

«Eigentlich nicht. Es war mehr oder weniger eine berufliche Tour. Wir erwogen, dort ins Geschäft einzusteigen. Ich dachte daran, aus dem reinen Touristiksektor in den Bereich unserer Kunden überzuwechseln und mich an Hotels und Kasinos zu beteiligen. Ich konnte vier oder fünf Freunde, die ebenfalls solche Pläne hatten, dafür interessieren, deshalb reisten wir hin.»

«Daraus ergab sich der Betrag, den Sie zu diesem Zeitpunkt schuldeten?»

«Ja.»

«Und es fiel Ihnen schwer, diese Summe zu begleichen, nicht wahr?»

«Nein.»

«Haben Sie demnach beim Diners Club bezahlt?»

«Nein.»

«Dann hatten Sie also doch Zahlungsschwierigkeiten?!»

«Einspruch!» rief Walter Phillips.

«Stattgegeben», erklärte der Richter.

Torrillos Einvernahme dauerte den ganzen Vormittag, und während Bill gespannt zuhörte, dachte er daran, daß Kriegers kluge, konsequente Taktik die Geschworenen sicherlich beeindruckte. Der Verteidiger hatte nicht nur die Glaubwürdigkeit des Kronzeugen der Anklage erschüttert, sondern auch Zweifel an Torrillos Erklärung geweckt, er habe Perrone die Kreditkarte aus Angst und nur aus Angst überlassen, die er damit motivierte, daß er die Pistole in Perrones Schulterhalfter bemerkt hatte, eine Furcht, die sich noch steigerte, als er sah, wie der Italiener kaltblütig den alten Mann niederschlug. Außerdem habe er von Perrones Verbindungen zur Mafia gewußt. Wenn Torrillo die Furcht vor Perrone leitete, wie erklärte er dann sein beharrliches Festhalten an der Version, seine Kreditkarte sei Wochen, wenn nicht sogar Monate nach dem Tod des unheimlichen Mittelsmannes in Verlust geraten? Warum hatte Torrillo vor dem Tribunal gelogen – vier Monate nach Perrones Tod –, und warum hatte er sich dann später, zu einem nicht näher bestimmten Zeitpunkt, auf die Behauptung verlegt, die Karte sei ihm gewaltsam abgenommen worden?

Bill Bonanno hatte natürlich seine eigenen Theorien. Immerhin wußten er und Krieger, daß Torrillo, ganz abgesehen von der Kreditkartenaffäre, irgendwie mit dem Gesetz in Konflikt gekommen war, und sie vermuteten, daß die Polizei mit ihm eine Vereinbarung auf Gegenseitigkeit getroffen hatte: half er der Justiz dabei, Bonanno aus dem Verkehr zu ziehen, dann würde sie sich in dem anderen Fall großzügig erweisen. Während dieser Prozeßphase wußte Krieger nicht genau, weswegen die Behörden Torrillo belangen konnten, er wußte nur, daß dieser Mann drei Tage nach Perrones Tod festgenommen und über den Mord verhört worden war. Aber das war alles, was der Verteidiger wußte, und ob er durch die Einvernahme mehr ermitteln konnte, hing vor allem von Mansfields Entscheidungen ab. Der Staatsanwalt bemühte sich zu verhindern, daß Krieger sich genauer mit Torrillos anderen Konflikten mit dem Gesetz beschäftigte; wenn der Richter diese Bemühungen unterstützte, dann würde es dem Verteidiger nicht gelingen, die Aussage dieses Zeugen, der seiner Meinung nach einiges zu verbergen hatte, zu erschüttern. Mittlerweile konzentrierte sich Krieger auf das Beweismaterial, das er gegen Torrillo zur Verfügung hatte, und versuchte, die Geschworenen von der Unglaubwürdigkeit dieser zwielichtigen Existenz zu überzeugen.

Er hielt eine kleine Geschäftskarte in die Höhe, damit die Jury sie sehen konnte. Sie gehörte Torrillo und war mit einigen tönend klingenden akademischen Titeln versehen. Dann reichte er sie dem Zeugen.

«Ist das Ihre Visitenkarte?»

«Ja», sagte Torrillo etwas konsterniert.

«Verwendeten Sie solche Karten schon 1966 und 1967?»

«Ja, das wird ungefähr stimmen.»

«Euer Ehren», unterbrach ihn Phillips. «Ich muß wieder Einspruch erheben. Die Verteidigung erörtert völlig unwesentliche Dinge.»

«Ich sehe zwar noch keinen ursächlichen Zusammenhang, aber vielleicht verfolgt Mr. Krieger eine bestimmte Richtung», entgegnete Mansfield.

Der Verteidiger wandte sich wieder an Torrillo. «Was bedeutet BSEE?»

«Bachelor of Science, Electrical Engineering.»*

«Und MSEE?»

«Master of Science, Electrical Engineering.»**

«Und Ph. D.?»

«Doktor.»

«Doktor welcher Fakultät?»

«Das ist eine Bezeichnung für einen bestimmten Bildungsgang, sie kann sich auf verschiedene Fakultäten beziehen.»

---

* Etwa Fachschulingenieur für Elektrotechnik. Anm. d. Übers.
** Etwa Diplomingenieur für Elektrotechnik. Anm. d. Übers.

«Haben Sie sich demnach als Doktor ausgegeben?» bohrte Krieger weiter.

«Einspruch!» rief Phillips.

«Haben Sie sich 1966 oder 1967, als Sie Mr. Bonanno kennenlernten, den Doktortitel beigelegt?» fragte Krieger, ohne auf Phillips zu achten.

«Einspruch!» wiederholte der Staatsanwalt.

«Abgelehnt», sagte der Richter.

«Ob ich –?» Torrillo blickte von Krieger zu Phillips und dann zu Mansfield.

Der Richter nickte. «Sie können antworten.»

«Ich habe mich Mr. Bonanno als Mr. Torrillo und nichts anderes vorgestellt», erwiderte der Zeuge gereizt.

«Haben Sie Mr. Bonanno das Beweisstück F der Verteidigung gegeben?» fragte Krieger, er meinte die Geschäftskarte.

«Ich habe Mr. Bonanno gar nichts gegeben. Ich weiß nicht, woher er meine Karte hat, aber . . .»

«Das ist also Ihre Karte?!» fiel ihm der Verteidiger ins Wort.

«. . . Ja.»

«Bezeichnen Sie sich auf Ihrer Geschäftskarte als Master of Science, ja oder nein?»

«Ja», sagte Torrillo leise.

«Sowie als Bachelor of Science?»

«Ja.»

«Und schließlich als Doktor?»

«Ja.»

«Was bedeutet dieses Ph. D., das Sie sich beilegten?»

«Ich verstehe Ihre Frage nicht», antwortete Torrillo mürrisch. «Wie ich schon sagte, es ist ein Doktortitel.»

«Welcher Fachrichtung?»

«Ich begreife nicht, was das . . .» Torrillo besann sich. «Ich hatte kein bestimmtes Ziel im Sinn. Nebenbei, ich habe keine Karten ausgegeben, weil ich mir nichts davon versprach. Ich trug sie wohl bei mir, habe mich aber niemals mit irgendwelchen Titeln vorgestellt.»

«Hatten Sie 1966 und 1967 Ihr Büro in der Park Row Nummer 15?»

«Ich hatte einige Räume in einem größeren Bürokomplex.»

«Hatten Sie ein Büro im San Jeronimo Hilton Hotel in San Juan auf Puerto Rico?»

«Zeitweise hatte ich ein Hotelzimmer in San Juan gemietet.»

«Wann?»

«1966 und 1967.»

«Wie lange?»

«Mit Unterbrechungen, etwa vier oder fünf Monate.»

«Versuchen Sie, sich zu erinnern. Können Sie den Zeitraum genauer abgrenzen?»

«Es war Anfang 1966, auf sechs Monate.»

«Anfang 1966?»

«Ja.»

«Waren Sie damals in der Realitätenbranche tätig, als Hypothekenvermittler und ähnliches?»

«Ja. Ich wollte mich selbständig machen.»

«Und Sie hatten den Eindruck, es würde Ihnen nützen, wenn Sie sich als Ingenieur und Doktor ausgäben?»

«Ja.»

Nun war für Krieger der Moment gekommen, die Begleitumstände von Torrillos Festnahme am 14. März 1968, unmittelbar nach Perrones Ermordung, zu durchleuchten.

«Mr. Torrillo, gehörten die ersten Kriminalbeamten, mit denen Sie sprachen, der New Yorker Polizei an?»

«Ja.»

«Und das war nach dem 14. März 1968, nicht wahr?»

«Nach dem 14. März . . .» wiederholte Torrillo, sichtlich etwas verwirrt.

«14. März 1968.»

«Was war nach dem 14. März?»

«Sie sprachen mit Kriminalbeamten, oder?»

«Ja.»

«Sprachen Sie mit den Detektiven über ein Problem, das Sie persönlich betraf und beschäftigte?»

«Einspruch, Euer Ehren!» warf Phillips ein.

«Stattgegeben», erwiderte der Richter.

Krieger schüttelte den Kopf, zu Mansfield gewandt, sagte er leise: «Euer Ehren, ich wollte aufzeigen, daß sich der Zeuge bei seinen Aussagen von subjektiven Interessen leiten läßt.»

«Gut.»

Aber der Staatsanwalt konterte: «Euer Ehren, Einspruch gegen diese Ausführungen Mr. Kriegers.»

«Bitte keine Erklärungen vor den Geschworenen», sagte Mansfield. «Wenn Sie sprechen wollen, dann nur hier bei der Side-bar.»

Krieger und Phillips, denen sich Notaros Rechtsbeistand Leonard Sandler anschloß, traten neben den Richterstuhl.

«Also, welchen Antrag wollen Sie stellen?» fragte Mansfield den Verteidiger.

«Am 14. März 1968 wurde der Zeuge von der New Yorker Polizei festgenommen – ich glaube in seinem Haus in Queens – und anschließend im Kriminaldezernat eingehend verhört. Die Beamten leiteten die Resultate an Bundesbehörden weiter. Durch diese Einvernahmen wurde ermittelt, welche Rolle Torrillo in dem Kreditkartenfall spielte. Ich möchte den Geschworenen darlegen, daß Torrillo, der einen Strafprozeß zu gewärtigen hatte, aus reinem Selbsterhaltungstrieb gegen meinen Mandanten aussagte.»

«Ich sehe da keinerlei Motive», sagte Richter Mansfield. «Welche Verbindung kann zwischen diesen beiden Fällen bestehen?»

Krieger, der in dieser Phase des Verfahrens noch nicht alle Verdachtsmomente vorbringen wollte, entgegnete: «Es braucht gar keine ursächlichen Verbindungen zu geben.»

«Nein, aber welche Beweggründe hätte Torrillo, darüber unwahre Angaben zu machen?» fragte der Richter. «Wie könnte es ihm im Zusammenhang mit den damals gegen ihn erhobenen Beschuldigungen nützen?»

«Um zu erreichen, daß diese Beschuldigungen zurückgezogen werden», sagte Krieger im Ton einer einfachen, logischen Schlußfolgerung.

«Euer Ehren, diese Verdächtigungen sind aus der Luft gegriffen», warf Phillips ein. «Am Tag nach Perrones Ermordung kamen etwa zwanzig Polizeibeamte in Mr. Torrillos Wohnung und verhafteten ihn unter drei fadenscheinigen Beschuldigungen, wie etwa des Heroinbesitzes, weil er Mengen eines weißen Pulvers in seiner Garage aufbewahrte. Ich werde beim Gerichtshof einen Entscheid beantragen, daß Mr. Krieger keine Fragen im Zusammenhang mit jener Verhaftung stellen darf, denn die Beschuldigungen wurden fallengelassen. Es waren, wie gesagt, falsche, ja fingierte Verdächtigungen, und die Polizei kam nur, weil Perrones Tod einige Verwirrung ausgelöst hatte.»

«Weswegen kam die Polizei?» fragte Krieger mißtrauisch.

Mansfield ergriff das Wort. «Ich möchte folgendes sagen: Mr. Krieger, ich glaube, Sie schweifen zu weit in Nebensächliches ab. Sie können alles ermitteln, was mit früheren Aussagen oder früheren gerichtlichen Entscheidungen zu tun hat, aber ich möchte vermeiden, daß wir uns in Spekulationen darüber verlieren, ob eine Beschuldigung gegen Mr. Torrillo fallengelassen wurde oder nicht, weil er der Polizei Angaben machte, die Bonanno und Notaro belasteten. Das erscheint mir zu fernliegend, zu wenig konkret, und da Sie daraus keine gewichtigeren Entlastungsmomente ableiten können, gebe ich dem Einspruch des Anklagevertreters statt.»

«Euer Ehren», beharrte Krieger. «Ich habe einen Antrag an das Gericht, und im Interesse der Klarheit möchte ich ihn nochmals formulieren, um Mißdeutungen meiner Absichten auszuschließen. Erstens möchte ich auf Mr. Phillips Ausführungen eingehen. Nach seiner Darstellung kamen mindestens zwanzig Kriminalbeamte in die Wohnung dieses Mannes. Offensichtlich hat er kein Vorstrafenregister, zumindest meines Wissens nicht, aber er wird unter Druck gesetzt, allerdings mit ‹fingierten› Beschuldigungen, wie Mr. Phillips sie einstufte. Laut Protokoll in Queens County wurden diese Beschuldigungen im Oktober [sieben Monate nach Perrones Tod] fallengelassen, nachdem Mr. Torrillo vor Gericht ausgesagt hatte. Wenn er diese Aussagen unter dem Druck fingierter Beschuldigungen machte, dann bin ich, wie ich respektvoll festhalten möchte, berechtigt, die Begleitumstände zu ermitteln, die das Motiv ergaben, warum er zugunsten der einen oder anderen Seite aussagte.»

«Sie haben das Recht, dem Zeugen die direkte Frage zu stellen, ob er durch den Wunsch, allfälliger gerichtlicher Ahndung zu entgehen, zu Aussagen über einen der Angeklagten oder Perrone veranlaßt wurde. Das gestatte ich. Was ich nicht gestatte, ist die Beschäftigung mit der hier nebensächlichen Frage, ob das Verfahren mangels an Beweisen niedergeschlagen wurde, oder weil Mr. Torrillo nützliche Informationen gab. Wenn wir darauf eingingen, würden wir schließlich über ganz andere Fälle verhandeln als den, mit dem wir uns zu beschäftigen haben. So lautet mein Entscheid.»

«Aber ich habe nicht die Absicht, darauf einzugehen», sagte Krieger.

«Aber die Anklagevertretung wird sich damit befassen, um zu beweisen, daß diese Beschuldigungen nicht aufrechterhalten werden konnten; und als nächstes werden wir uns dann mit der Anklage in jenem Fall beschäftigen und untersuchen, ob der Zeuge möglicherweise durch falsche Beschuldigungen zu seinem Verhalten bewogen wurde. Und daher habe ich meinen Entscheid getroffen.»

Langsam ging Krieger wieder zum Zeugenstand zurück. An seiner Miene merkte Bill, daß der Verteidiger enttäuscht und unzufrieden war. Fünf Minuten später erklärte Krieger, er habe im Augenblick keine weiteren Fragen an Torrillo, behalte sich aber das Recht vor, ihn zu einem späteren Zeitpunkt des Verfahrens nochmals zu vernehmen, falls sich Fragen ergeben sollten, wenn Krieger sich das schriftliche Protokoll oder die polizeiliche Tonbandaufzeichnung vom Verhör Torrillos nach dessen Verhaftung im März beschaffen könne. Phillips wandte zwar ein, er sei nicht sicher, ob solches Material existiere, aber der Richter stimmte zu und erklärte, der Verteidiger bleibe im Rahmen seiner Befugnisse, wenn er Nachforschungen darüber durchführe, und stellte an verschiedene Personen, die mit Torrillo gesprochen hatten, Subpoenas aus.

Als sich der Gerichtshof zur Mittagspause zurückzog, legte der Richter die weitere Zeugeneinvernahme Torrillos für den nächsten Tag um 10 Uhr fest. Für den weiteren Verlauf der Verhandlung war die Einvernahme anderer Zeugen der Anklage angesetzt, einige von ihnen kamen von Arizona nach New York, um gegen Bill Bonanno auszusagen.

Während der Mittagspause rief Bill seinen Vater in Arizona an, um ihm zu sagen, Krieger habe sich sehr gut gehalten, aber im Moment könne man unmöglich abschätzen, wie die Geschworenen reagieren würden.

Auf dem Weg aus dem Bundesgerichtsgebäude zu einem nahen Restaurant grüßten einige Reporter Bill per Namen und sprachen ihn an. Lächelnd und betont höflich fragten sie, wie seine Sache stehe. In der Person des einzelnen Journalisten ist die Presse freundlich, aber mit dem gedruckten Wort macht sie dich fertig, dachte Bill.

Das Restaurant war voll wie alle Lokale in diesem Viertel um diese Zeit. Bill und Krieger mußten sich anstellen. An den Tischen ringsum sah Bill Richter, Verteidiger, Staatsanwälte, FBI-Agenten, vermutliche Mafiosi, Verurteilte, Gerichtsstenografen und Kautionsvermittler. Sie alle aßen im selben großen Raum zu Mittag, hielten gemeinsam die große Justizmaschinerie in Schwung, die an fünf Tagen der Woche am laufenden Band Entscheidungen und Urteile produzierte, um Gefängniswärtern, Gerichtsbeamten, Anwälten und Kautionsvermittlern Arbeit zu beschaffen, um der Presse Neuigkeiten und den Restaurants Gäste zu liefern – die einen lebten von den anderen.

Nach dem Essen kehrte Bill in den Gerichtssaal zurück. Bald erschien auch Mansfield mit den Beisitzern und den Geschworenen. Zum Zeichen, daß die Verhandlung weitergeführt werde, schlug er mit dem Hammer auf die Tischplatte. Der erste von einem halben Dutzend Zeugen, die während des Nachmittags aussagen sollten, wurde vereidigt. Er war der Mitbesitzer einer Cocktailbar in Tucson und gab zu Protokoll, er habe Peter Notaro in ein Tucsoner Reisebüro begleitet, wo der Angeklagte auf Bill Bonannos Wunsch fünf Flugtickets Montreal–Tucson bestellte und mit Torrillos Kreditkarte bezahlte. Der zweite Zeuge war der Angestellte, der die Buchungen entgegengenommen hatte, und als dritter Zeuge kam der Schalterbeamte des Flughafens Tucson. Er identifizierte Peter Notaro als jenen Mann, der für die Tickets mit dem Namen Torrillo unterschrieben hatte.

Zu den Zeugen der Anklage gehörte auch ein Sekretär der Southern Arizona Bank, der aussagte, Notaro habe unter dem Namen Peter Joseph ein Konto eröffnet, und ein Postbote aus Long Island, der mitteilte, er habe in Bonannos Haus in East Meadow Briefe zugestellt, die an Carl Simari und William Levine adressiert waren. Unter den Postsendungen an Levine, der das Haus besessen und bewohnt hatte, bevor er es an Bill verkaufte, war eine Kreditkarte der Mobil Oil, die Bill gelegentlich bei Tankstellen benutzte. Bill bezahlte die dafür anfallenden Gebühren das ganze Jahr 1967 und das erste Halbjahr 1968 bis zu seiner Übersiedlung an die Westküste. Laut Angaben eines anderen Belastungszeugen – eines Angestellten der Mobil Oil – war Levines Konto seit dem Juli 1968 ständig mit 329 Dollar überzogen. Aber der nächste Zeuge, William

Levine persönlich, ein manierlicher Herr mittleren Alters, sagte bei der Einvernahme durch den Verteidiger aus, er habe keine Bedenken dagegen gehegt, daß Bill die Mobil Oil-Karte verwendete, denn er selbst habe sie niemals angefordert, wußte überhaupt nicht, daß sie nach East Meadow gesandt wurde und fühle sich für die Benutzung nicht verantwortlich. Offenbar wurden solche Kreditkarten im Rahmen einer Werbeaktion unverlangt an viele Personen verschickt, um sie als Mobil Oil-Kunden zu gewinnen. Der Zeuge gab auch zu, daß Bill nach dem Verkauf des Besitzes in East Meadow die Ratenzahlungen weiterhin in Levines Namen tätigte. Das gleiche galt für die Licht- und Beheizungskosten. Während dieser ganzen Zeit war auch Bills Telefonnummer unter dem Namen William Levine eingetragen.

Am nächsten Tag marschierten weitere Zeugen der Anklage auf, darunter drei Anwälte aus Tucson, die früher Bills Rechtsangelegenheiten wahrgenommen hatten. Nun aber waren sie in New York vorgeladen, um Bills frühere Aussagen zu widerlegen – nämlich die Erklärung, er habe nach Erhalt von Torrillos Kreditkarte die Tucsoner Anwälte wegen der Frage der rechtmäßigen Verwendung konsultiert, die ihm damals Kopfzerbrechen bereitete. Laut Bills Aussage vor dem Tribunal hatte die Auskunft der Juristen im wesentlichen gelautet, solange Torrillo wisse, daß Bill die Kreditkarte benutze, und seine Einwilligung dazu erteilt habe, sei keinerlei ungesetzliche, geschweige denn strafbare Handlung gegeben.

Einer nach dem anderen traten die Anwälte in den Zeugenstand, legten den Eid ab und wurden vom Ankläger Walter Phillips einvernommen. Der erste, Garven W. Videen, der Bill in zwei Steuerfällen in Arizona vertreten hatte, bestritt nachdrücklich, daß Bill seinen Rat in Sachen Kreditkarte eingeholt habe. Der zweite, William E. Netherton, Bills Rechtsbeistand in einem Zivilverfahren wegen Überschreitung der Höchstgeschwindigkeit, gab zu, es sei wohl möglich, daß ihn Bill befragt habe, allerdings habe er «nur sehr vage Erinnerungen» daran. Auf weitere Fragen Richter Mansfields sagte er aus, an ein Gespräch, in dem er Bill erklärt hätte, es bestünden keine Einwände gegen die Verwendung einer fremden Kreditkarte, könne er sich «nicht im einzelnen entsinnen».

Der dritte Advokat, Joseph Soble, der Bill seit 1961 in Arizona in verschiedenen Rechtsfällen vertreten hatte, erklärte, er habe sich im Februar 1968 – einen Monat vor Perrones Tod – mit diesem und Bonanno in Tucson getroffen und habe Bill damals geraten, bei der Benutzung von Torrillos Kreditkarte vorsichtig zu sein, denn «daraus könnte der Verdacht der Fälschung entstehen». Laut Soble habe Bill sinngemäß erwidert, es sei nichts zu befürchten, denn Torrillo schulde ihm fast 3000 Dollar, und das werde «eben auf diese Weise geregelt». Soble gab außerdem zu Protokoll, daß Bill später im Jahr 1968 das Konto der Rechtsanwaltskanzlei mit etwa 500 Dollar für Flugtickets belastet habe. Bill habe diese Unstimmigkeit auf einen Irrtum oder ein Mißverständnis im Büro zurückgeführt, dennoch war Soble verärgert, und zwischen ihm und seinem Klienten kam es zu einem «scharfen Wortwechsel», mit dem auch die lange private Beziehung der beiden in Unfrieden endete. Wie das Manko schließlich ausgeglichen wurde, blieb freilich auch weiterhin unklar.

Während Bill zuhörte, wie seine früheren Anwälte gegen ihn aussagten, schwankten seine Reaktionen zwischen Erbitterung und Enttäuschung, Niedergeschlagenheit und dem Gefühl, er werde schmählich verraten. Am meisten quälte ihn das Bewußtsein, daß er vor Gericht ihre Schilderungen der Ereignisse nicht widerlegen, ihnen die Abweichungen nicht vorhalten oder sie an Dinge erinnern konnte, die sie unerwähnt ließen. Er war gezwungen zu schweigen, während sich der Staatsanwalt bemühte, mit Hilfe von Zeugen, die einst Bills Freunde und Verteidiger gewesen waren, den Tatbestand des Meineids zu beweisen.

Am späteren Nachmittag zeigten sich die ersten Ergebnisse von Kriegers Antrag, Tonbandaufzeichnungen oder schriftliche Protokolle von Torrillos Einvernahmen nach seiner Verhaftung abzuhören beziehungsweise zu lesen. Auf Grund einer Subpoena erschienen drei New Yorker Polizeibeamte als Zeugen. Sie brachten Transkripts zweier ziemlich langer Verhöre – am 25. Juni und am 9. Juli 1968. Anfangs hatten sich die Behörden dagegen gesträubt, das Material herauszugeben, aber Richter Mansfield entschied, daß die Verteidiger das Recht hätten, zumindest von jenen Partien Kenntnis zu erhalten, die mit dem verhandelten Fall zusammenhingen. Als die Protokolle verfügbar waren, lasen Krieger und Sandler die Texte sofort zweimal genau durch und unterstrichen jene Absätze, die ihnen von Bedeutung erschienen und auf die sie bei ihrer Einvernahme Torrillos näher eingehen wollten.

Sie hofften, der Jury beweisen zu können, daß der Kronzeuge der Anklage durch Einschüchterungsmanöver der Polizei veranlaßt wurde, seine Angaben, die Karte sei in Verlust geraten, dahin zu ändern, daß Perrone und Bonanno sie entwendet hätten. Als Gegenleistung für seine Willfährigkeit würden Torrillo die Rechtsfolgen erspart bleiben, die er sonst zu gewärtigen hätte. Selbst wenn es der Verteidigung gelingen sollte, stichhaltige Beweise für dieses «Gentlemen's Agreement» zu erbringen oder bei den Geschworenen auch nur den Eindruck zu erwekken, daß hinter den Kulissen eine Schiebung stattgefunden hatte, war es noch nicht gewiß, ob dies der Sache Bonannos oder Notaros in entscheidendem Maße nützen würde. Dennoch waren Krieger und Sandler nach wie vor der festen Überzeugung, daß ihre einzige Erfolgschance darin lag, Torrillos Glaubwürdigkeit ad absurdum zu führen.

Deshalb wurde Torrillo wieder in den Zeugenstand gerufen, und Krieger, der aus dem Protokoll vorlas, befragte ihn über den Verlauf der Verhöre. Torrillos Hände ruhten gefaltet, ja fast verkrampft in seinem Schoß, der ganze Mann wirkte nun nervös, ängstlich und kleinlaut. Unter den Zuschauern im Gerichtssaal sah er den Detektiv Frank Goggins und Sergeant Roger O'Neil, zwei der Beamten, die in diesen Transkripts zitiert waren. Die beiden saßen mit grimmigen Gesichtern in der zweiten Reihe der Zuhörerbänke.

Mit dem Schriftstück in der Hand langsam vor der Jury auf und ab gehend, fragte Krieger: «Erinnern Sie sich, daß Sie diese Aussage gemacht haben?»

«Welche Seite?» fragte der Staatsanwalt, der ein Duplikat vor sich liegen hatte.

«Seite 39», erwiderte Krieger und verlas dann aus dem Protokoll über das Verhör Torrillos durch Sergeant O'Neil die entsprechende Stelle:

«Sergeant: Ich begreife Ihre Lage, aber glauben Sie ja nicht, daß ich nicht weiß, welche Rolle Sie spielen. Natürlich wollen Sie nicht hineingezogen werden.

Torrillo: Wenn Sie mir sagen, daß Sie den Diners Club nicht informieren werden, da habe ich meine Besorgnisse, denn ich habe eine Bestätigung unterschrieben, daß . . .

Sergeant: Ich muß etwas Grundsätzliches feststellen: Wir können Sie sofort verhaften. Verstehen Sie, was ich meine? Es gibt eine Meldung, daß eine Kreditkarte gestohlen oder verloren wurde. Daran bin ich nicht interessiert, das ist ein sehr kleines Detail der ganzen Geschichte. Ich möchte diese Kerle hinter Schloß und Riegel bringen. Diese Brüder sollen weg. Ist das klar? Ich sage nicht, daß Sie als Zeuge auftreten müssen. Das habe ich Ihnen schon vorher gesagt . . . aber vielleicht können Sie mir helfen. Sie können auspacken und mir damit die Handhabe bieten, die Kerle zu fassen. Begreifen Sie endlich, was ich will? Schluß mit den Ausflüchten.

Torrillo: Mir ging es nur darum, einen Skandal wegen der Kreditkarte zu vermeiden. Immerhin steht dabei eine Menge Geld auf dem Spiel.

Sergeant: Mr. Torrillo, ein wenig Scharfsinn dürfen Sie uns schon zutrauen. Sie haben hier einiges ausgesagt, gut, ich werde Sie nicht festnageln und auf fragwürdige Einzelheiten in Ihren Erklärungen vorhin eingehen. Aber ich weiß, daß Sie mir nicht die volle Wahrheit gesagt haben. Entweder setzen Sie sich in ein gutes Licht, oder Sie wollen nicht von Ihrer undurchsichtigen Beziehung zu den bewußten Personen abweichen . . .»

«Euer Ehren, ich erhebe Einspruch!» rief Phillips. «Ich sehe darin keinerlei Widerlegung.»

Der Richter wandte sich zu Krieger. «Das stimmt. Ich muß dem Anklagevertreter in dem Punkt beipflichten, daß Sie keine wesentlichen Zusammenhänge aufgezeigt haben. Es gibt keine Widersprüche zu den früheren Aussagen des Zeugen. Ich beziehe mich auf die letzte Frage und Antwort.»

«Wenn Euer Ehren erlauben, möchte ich darauf hinweisen, daß daraus das Motiv des Zeugen hervorgeht, sich auf eine bewußte Fiktion festzulegen.»

«Einspruch gegen diese Mutmaßungen des Verteidigers», sagte Phillips rasch.

«Da die Jury diese Erörterungen bereits zur Kenntnis genommen hat, kann ich nichts mehr daran ändern», entgegnete Mansfield etwas ungehalten.

Fast eine Stunde lang stellte Krieger weitere Fragen und zitierte aus den Protokollen. Es gab eine Textstelle am Ende eines Verhörs, da sagte Sergeant O'Neil zu Torrillo: «Wir werden Sie später nochmals vorladen . . . Eigentlich, um zu zeigen, daß wir mit uns reden lassen. Vielleicht sind wir in der Lage, Ihnen einen Gefallen zu erweisen . . .» Und Torrillo antwortete: «Mr. O'Neil, ich werde Ihnen alles sagen, alles, denn ich habe kein Verbrechen begangen. Deshalb habe ich auch keine Angst, verstehen Sie mich recht?»

Der Sergeant schloß: «Ich kann Sie wegen der Kreditkarte belangen, ist Ihnen das klar?»

«Euer Ehren, ich erhebe Einspruch gegen diese Äußerung des Polizeibeamten. Das ist bestenfalls eine rhetorische Frage gewesen, darauf erfolgte keine Antwort.»

«Sehen wir nach, ob das stimmt», sagte Mansfield. «Mr. Krieger, bitte lesen Sie die Antwort darauf vor.»

«Jawohl, Euer Ehren.» Zu Torrillo gewandt, fuhr der Verteidiger fort:

«Sie erwiderten darauf: ‹. . . das war das einzige, was mich beschwerte, aber ich habe mich Ihren Wünschen gefügt, weil Sie mir keine andere Wahl ließen. Ich wußte nicht› – hier sind einige Worte unverständlich – ‹wenn sie kommen, kann ich nur bezahlen. Obwohl ich das nicht möchte.›»

Krieger blickte vom Text auf und fragte Torrillo: «Erinnern Sie sich an diese Aussage?»

«Ja.»

«War das wahr?»

«Ja.»

Krieger begann wieder vorzulesen und zitierte Sergeant O'Neil: «‹Sie wollen also nicht bezahlen?› und Sie antworteten: ‹Wenn ich kann, werde ich bezahlen.› Daraufhin sagte der Sergeant: ‹ . . . wenn Sie bezahlen, dann widerlegen Sie Ihre ursprünglichen Angaben. Wie Sie wissen, bin ich an einem solchen Ausgang der Angelegenheit nicht besonders interessiert.›

Erinnern Sie sich auch daran?» fragte Krieger.

«Ja.»

Nun trat Leonard Sandler heran, um Torrillo einige Zusatzfragen zu stellen, die sich auf ein Gespräch zwischen dem Zeugen und einem Detektiv namens Doherty bezogen.

«Doherty: Sie sagten, Sie wurden durch Drohungen gezwungen, die Kreditkarte auszuhändigen, stimmt das?

Torrillo: Ja.

Doherty: Warum haben Sie nachgegeben? Warum haben Sie nicht einfach gesagt, Sie wollten nicht in diese Geschichte verwickelt werden?

Torrillo: Das habe ich versucht. Aber er hatte so eine gewisse Art, und ich hatte gelesen, was vorging. Er [Perrone] sagte, das ist jetzt sehr wichtig, keine Sorge, du kriegst dein Geld, sobald er [Bill Bonanno] zurückkommt, es dreht sich nur um zwei verschiedene Tickets, wenn er zurückkommt, geben wir dir das Geld, und wir werden – ich werde dir die Karte zurückbringen, und alles ist in Ordnung. Das haben sie zu mir gesagt, und er beteuerte, kein Grund zur Sorge, wir sind im Moment vielleicht etwas knapp bei Kasse, aber wir kriegen wieder Geld herein, und dann geben wir es dir zurück. Er sagte, ich will dir ja nicht weh tun; so hat er mich drangekriegt . . .»

Sandler ließ das Manuskript sinken und fragte Torrillo: «Dieser ‹er› – meinten Sie damit Perrone?»

«Mr. Sandler, um es Ihnen ganz ehrlich zu sagen, ich konnte nicht ganz folgen.»

«Ich habe soeben *Ihre* Antwort vorgelesen, Mr. Torrillo», erwiderte der Verteidiger laut und deutlich. Er wies auf die betreffende Textstelle und fragte: «Wer war der ‹er›, der ‹eine gewisse Art› an sich hatte?»

«Perrone», entgegnete Torrillo.

«Hatte Perrone denn ‹so eine gewisse Art› an sich?»

«Etwa wie eine Katze, die auf Samtpfoten kommt, aber man weiß, daß sie scharfe Krallen hat.»

«Ach so, Sie meinten diese Wendung ironisch, nicht wahr?»

«Jawohl.»

«Und das geht aus dem Protokoll nicht eindeutig hervor?»

«Genau», sagte Torrillo in einem plötzlich scharfen, aggressiven Ton. Es war, als ließe er eine Maske fallen, die bisher die Geschworenen über seinen wahren Charakter getäuscht hatte.

27

Am nächsten Vormittag rief Sandler seinen Mandanten Peter Notaro in den Zeugenstand. Der klobig gebaute Mann mit den starken Armen und dem zerfurchten Gesicht eines bejahrten Arbeiters, mit sanften braunen Augen und schütter werdendem grauem Haar, saß steif auf dem Stuhl. Sein dunkler Anzug mit weißem Hemd und dezenter Krawatte schien ihm fast zu eng zu sein, spannte um seinen dicken Hals und die breiten Schultern. Notaro gab die ersten Antworten in so leisem Ton, daß der Richter und Sandler ihn ersuchen mußten, lauter zu sprechen; man könne ihn im Saal nicht verstehen, meinten sie, und an der Art, wie sich die Zuschauer vorbeugten, erkannte man, daß sie hören wollten, was er zu sagen hatte. Es kam nicht oft vor, daß ein Mann, den die Presse als Mafiasoldaten und Leibwächter eines Don identifizierte, vor Gericht erschien. Das Publikum wollte jedes Wort hören. Und nach der Taktik zu schließen, mit der Sandler seine Einvernahme begann, schien auch er – aus welchen Gründen immer – daran interessiert zu sein, Notaros Lebenslauf für das Gerichtsprotokoll aufzurollen.

«Wie alt sind Sie?»
«Sechsundfünfzig.»
«Verheiratet?»
«Ja.»
«Seit wann?»
«Seit 1948.»
«Wo wohnen Sie mit Ihrer Frau?»
«In Tucson im Staat Arizona.»
«Haben Sie Kinder?»
«Ja, eine Tochter.»
«Wie alt?»
«Achtzehn Jahre.»
«Besucht sie ein College?»
«Ja.»
«Wo?»
«State University.»
«Arizona?»
«Ja.»
«Arbeitet Ihre Frau?»
«Ja, als Serviererin.»
«War Ihre Frau immer berufstätig?»
«Ja.»
«Wo wurden Sie geboren, Mr. Notaro?»
«In New York City.»
«Welche Schulbildung haben Sie?»

«Acht Klassen Normalschule.»

«Und was haben Sie nachher gemacht?»

«Ich habe bei meinem Vater gearbeitet.»

«In welcher Sparte?»

«Lebensmittel, Groß- und Einzelhandel.»

«Wie lange haben Sie bei Ihrem Vater gearbeitet?»

«Drei oder vier Jahre.»

«Und dann haben Sie etwas anderes angefangen?»

«Ja.»

Walter Phillips zeigte deutlich seine Ungeduld, schließlich stand er auf und sagte: «Euer Ehren, diesmal muß ich Einspruch erheben. Ich bin der Meinung, wir sollten zur Sache kommen, statt hier die ganze Lebensgeschichte . . .»

«Abgelehnt», erwiderte Richter Mansfield. «Das sind nur Informationen zur Person.»

«Was haben Sie dann getan?» fragte Sandler weiter.

«Ich kaufte von meinem Vater einen Lastwagen.»

«Waren Sie eine Reihe von Jahren im Transportwesen tätig?»

«Ja.»

«Wie lange insgesamt?»

«Siebenunddreißig Jahre.»

«Selbständig?»

«Jawohl, Sir.»

«Welche Funktion hatten Sie persönlich?»

«Ich habe einen Lastwagen gefahren.»

«Gab es Zeiten, in denen Sie mehr als nur einen Laster besaßen?»

«O doch.»

«Wie viele Fahrzeuge hatten Sie maximal?»

«Sechs.»

«Können Sie sich noch erinnern, wann das war?»

«Etwa 1950, vielleicht auch 1951.»

«Kam eine Zeit, in der Sie einen Geschäftsrückgang zu verzeichnen hatten?»

«Ja.»

«Wann war das?»

«Das war . . . 1960 oder 1961.»

«Wurde der Firmenbetrieb jemals auf zwei Lastwagen eingeschränkt?»

«Ja, das stimmt.»

«Wissen Sie noch, wann?»

«Ungefähr 1962, – ja, 1962 war es.»

«Und danach waren Sie in Ihrer Firma zeitlich nicht mehr voll ausgelastet?»

In dieser Weise ging die Einvernahme einige Minuten weiter, während Phillips sichtlich immer unruhiger wurde. Der Richter, in seinem Stuhl zurückgelehnt und sachte schaukelnd, hörte ohne Kommentar zu. Auch Bill verfolgte gespannt das Frage- und Antwortspiel, und sein Interesse wuchs, als Notaro beim Jahr 1964 angelangt war und aussagte, er sei durch seinen mittlerweile verstorbenen Vetter Joseph Notaro mit den Bonannos bekannt geworden. Nachdem er vor Gericht zugegeben hatte, daß er mit seiner Transportfirma 1968 Pleite machte, berichtete er über die Fahrt nach Tucson mit Bill im Februar 1968 und fügte hinzu, als sie New York verließen, habe er keine Ahnung gehabt, daß Bill die Kreditkarte bei sich trage. Er selbst, Notaro, habe zu jenem Zeitpunkt überhaupt nicht von Torrillos Existenz gewußt und habe diesen – entgegen Torrillos früherer Aussage – sicherlich nicht mit Perrone aufgesucht, um die Kreditkarte zu holen. Notaro erklärte dem Gericht, er sei auf die Karte erst aufmerksam geworden, als Bonanno, der den ganzen Tag gefahren war, ihm das Steuer überließ und sagte, er solle bei der Tankstelle die Karte vorweisen, die in der Sonnenblende des Wagens steckte, «falls wir Benzin brauchen . . .»

«Haben Sie damals den Namen auf der Kreditkarte gesehen?» fragte Sandler.

«Ja.»

«Wie lautete dieser Name?»

«Donald Torrillo.»

«Haben Sie mit Mr. Bonanno darüber gesprochen?»

«Ja, ja, natürlich.»

Nun ging Notaro auf die ersten Monate in Arizona ein, als er im Haus von Bonanno senior gewohnt und oft mit Bill in Restaurants gespeist hatte, wo dieser gelegentlich mit der Kreditkarte bezahlte. Notaro schilderte den Ablauf jenes Tages, als er Bill zum Flughafen Tucson begleitete. Weil Bill keinen Parkplatz fand, war er selbst zum Buchungsschalter gegangen, um auf Bills ausdrücklichen Wunsch eine Quittung mit Torrillos Namen zu unterschreiben. Notaro beteuerte, er habe keine Ahnung gehabt, daß er damals eine Fälschung begangen habe.

Schließlich hatte Walter Phillips seine Chance, Peter Notaro in die Zange zu nehmen. In der linken Hand hielt er ein Bündel von Diners Club-Belegen, die mit dem Namen Donald Torrillo unterschrieben waren.

«Kennen Sie das ‹Statler Hilton› in Tucson?» fragte Phillips.

«Ja.»

«Waren Sie jemals im ‹Statler Hilton›, haben Sie jemals dort gewohnt oder gegessen?»

«Gegessen.»

«Mit Mr. Bonanno?»

«Ja.»

«Wurde bei jener Gelegenheit Don Torrillos Kreditkarte benutzt, um die Rechnung zu begleichen?»

«Daran kann ich mich nicht erinnern.»

«Ich zeige Ihnen hier das Beweisstück 14 A», sagte Phillips und reichte Notaro einen Rechnungszettel. «Frischt das Ihr Gedächtnis auf?»

«Nein, ich weiß nicht, wie Bill bezahlte.»

«Kennen Sie die ‹Tucson Desert Inn› in Tucson?»

«Nein.»

«Sie erinnern sich nicht an die ‹Tucson Desert Inn›?» wiederholte Phillips, sichtlich erstaunt.

«Nein.»

«Sie waren Ihres Wissens nie dort?»

«Ich kann wahrheitsgemäß mit nein antworten. Ich war nie dort.»

«Ich zeige Ihnen das Beweisstück 15.» Der Staatsanwalt gab ihm eine andere Rechnung. «Wollen Sie es bitte durchlesen und mir sagen, ob es Ihre Erinnerungslücke schließt.»

«Nein, ich habe keine Ahnung.»

Nun kam Phillips bei der Einvernahme auf die Fahrt von New York nach Tucson zurück und fragte: «Erinnern Sie sich, daß Sie im Catalina Motel in Indianapolis genächtigt haben?»

«Der Name dieses Motels sagt mir gar nichts.»

«Ich zeige Ihnen das Beweisstück 17. Lesen Sie es genau durch.»

Notaro blinzelte auf das kleine Blatt, schließlich sagte er: «Nein, davon weiß ich nichts.»

«Haben Sie in einem Lokal namens ‹Zeno's Steak House› in Rolla im Staat Missouri gegessen?»

«Nein.»

«Im ‹Imperial Motel› in Las Cruces, New Mexico?»

«Nein.»

«Im ‹Airport Travel Lodge› in San Diego?»

«Auch nicht.»

«Handelten Sie auf Mr. Bonannos Weisung, als Sie in das Reisebüro gingen, um die Tickets für den Flug von Montreal nach Tucson zu besorgen?»

«Er sagte, ich würde ihm damit einen Gefallen tun.»

«Gab er Ihnen Mr. Torrillos Kreditkarte?»

«Ja.»

«Stimmt es, daß Sie mit Mr. Pasley hinfuhren?» Pasley, Mitbesitzer einer Cocktailbar, war ein Freund Bill Bonannos.

Notaro bejahte und fügte hinzu, Pasley habe von dem Angestellten, Mr. Ruben Serne, die Tickets verlangt.

«Führte Mr. Serne ein Telefongespräch?»

«Ja.»

«Wandte sich Mr. Serne zu Ihnen, während er am Apparat war, und fragte: ‹Wie schreiben Sie Ihren Namen?›»

«Ja.»

«Daraufhin zogen Sie die Kreditkarte aus der Tasche und sagten ‹Torrillo›?»

«Nein, Sir. Ich habe den Namen nicht genannt, sondern nur die Karte vorgewiesen.»

«Sie haben Mr. Serne die Karte gezeigt?»

«Jawohl.»

«Haben Sie gehört, wie Mr. Serne hier aussagte, Sie hätten den Namen buchstabiert?»

«Schon, aber das stimmt nicht», beharrte Notaro.

«Sie haben sehr deutliche Erinnerungen an diesen Vorfall, nicht wahr?»

«Gewiß.»

Richter Mansfield wandte sich zu Notaro und verlangte eine Klarstellung. «Gaben Sie Mr. Serne zu verstehen, Sie seien Torrillo, als Sie ihm die Kreditkarte zeigten?»

«Er kannte mich nur als ‹Donald›, Euer Ehren.»

«Als Mr. Pasley Sie im März mit dem Reisebüromann Mr. Serne bekannt machte, nannte er da den Namen Mr. Torrillo oder nicht?»

«Nein, Euer Ehren. Es hieß bloß ‹Das ist Ruben und das ist Donald›. Als Serne fragte ‹Welche Kreditkarte?›, gab ich sie ihm, und da wußte er, daß ich Donald Torrillo war. Doch bekannt mit ihm wurde ich als ‹Donald›, das ist alles.»

«Aber Sie waren sich doch klar darüber, daß Sie als jener Mr. Torrillo vorgestellt wurden, auf den die Karte lautete, ob nun der Name selbst genannt wurde oder nicht!?» bohrte Mansfield weiter.

«Ja, das weiß ich.»

«Als das geschah, wußten Sie doch, daß Sie nicht Donald Torrillo sind!?»

«Ja, das schon.»

«Haben Sie zu Mr. Pasley oder einer anderen Person gesagt: ‹Moment, ich bin doch nicht Torrillo›?»

«Mr. Pasley wußte es, denn er kannte mich ja.»

Mit dieser Erklärung heimste Notaro zumindest einen Heiterkeitserfolg ein, aber Richter Mansfield fuhr mit steinernem Gesicht fort: «Haben Sie mit jemandem über die Sache gesprochen, bevor Sie in Mr. Sernes Büro kamen?»

«Nein. Es gab ja keine Bedenken. Die Karte war in Ordnung. Es gab wirklich keine Bedenken . . .»

28

Am Nachmittag des vierten Tages des Beweisverfahrens erledigte der Richter einige administrative Fragen von geringerer Bedeutung, dann hörten die Geschworenen die Schlußplädoyers von Krieger, Sandler und Phillips.

Krieger, der als erster das Wort ergriff, erinnerte die Jury daran, daß er zu Beginn des Prozesses gesagt hatte, «von Torrillos Glaubwürdigkeit wird Ihr Spruch abhängen», und nun, bei Abschluß der Einvernahmen, erklärte Krieger, rücke er nicht von dieser Meinung ab. Wenn sich jemand hier des Betruges schuldig gemacht habe, dann sei es nicht Bonanno, sondern Torrillo, den er als Lügner, Großsprecher und schließlich als Werkzeug der Anklagevertretung charakterisierte. Nachdem Torrillo den Verlust seiner Kreditkarte schriftlich bestätigt habe, sei er plötzlich von dieser ersten Version abgewichen, als die Detektive auf den Plan traten.

«Im Juni 1968 wird er von Kriminalbeamten einvernommen, und da zeichnete sich, wie ich fest glaube, die Wahrheit deutlicher ab. Torrillo ist mit seinen Zahlungen beträchtlich im Rückstand, er kann die aufgelaufenen Rechnungen nicht begleichen. Er hat Angst. Er besaß ein Haus, das rasch auf den Namen seines Vaters überschrieben wird, und ich glaube, daraus können Sie, meine Damen und Herren Geschworenen, den Schluß ziehen, daß Torrillo seine Vermögenswerte vor Gläubigern – darunter die verschiedenen Kreditbüros – verschleiern wollte. Er weiß es, weil ihm die Detektive sagen: ‹Sie sind wegen dieser Diners Club-Affäre in der Klemme. Wir könnten Sie sofort verhaften. Sie sind in der Klemme, Sie sind in der Klemme, Sie sind in der Klemme . . .›»

Krieger gab zu bedenken, wenn Bonanno es für ungesetzlich gehalten hätte, Torrillos Karte zu verwenden, dann hätte er sicherlich vorsichtiger gehandelt, als es der Fall war. Er hätte sie nicht so offen und selbstverständlich in seiner Heimatstadt Tucson vorgewiesen, wo er gut bekannt sei. Als die Karte in Blooms Laden konfisziert wurde, führte Krieger weiter aus, da hatte Bonanno nicht den Kopf verloren, er war nicht davongelaufen und in die Berge geflohen, was die voraussehbare Reaktion eines Mannes gewesen wäre, der sich eines Verbrechens bewußt ist und sich der Ahndung entziehen will.

Krieger erinnerte die Jury unter anderem auch daran, daß sein Mandant für die bei Bloom gekauften Waren bar bezahlt habe; später habe sich einer von Bills Tucsoner Anwälten, ein Mr. Netherton, an den Firmenchef gewandt und die Rückgabe der Karte verlangt, allerdings ohne Erfolg.

Die Meineidklage gegen Bonanno entbehre der Begründung, sagte Krieger, da sie teils auf der Frage beruhte, ob er das Thema der Kreditkarte mit seinen Anwälten in Tucson besprochen habe oder nicht. Krieger zitierte Bonannos Aussage vor dem Tribunal am 24. Oktober 1968, wobei der Verteidiger zugab, der Wortlaut sei nicht klar und präzise genug: «Es kann sein, daß ich die Sache einigen Anwälten gegenüber erwähnte.» Dennoch, so betonte Krieger, habe einer dieser Anwälte, eben Mr. Netherton, im Zeugenstand erklärt, er habe «eine vage Erinnerung daran», daß diese Frage angeschnitten worden sei. Während Mr. Videen bestritt, daß das Thema zur Sprache kam, hatte ein dritter Anwalt, Mr. Soble, gesagt, «Ja, wir erörterten die Verwendung einer Kreditkarte», und er habe Bonanno bei dieser Gelegenheit zur Vorsicht geraten, da sich daraus der Tatbestand einer Urkundenfälschung ergeben könne.

Als Sandler aufstand, um sein Plädoyer zu halten, konzentrierte auch er sich auf die Übertreibungen, Widersprüche und offenkundigen Lügen in Torrillos Aussagen und fügte hinzu: «Er ist ein Mensch, der sich den Anschein einer großen Nummer gibt, er tut so, als sei er bedeutender und reicher, als er in Wahrheit ist, er prahlt mit Geldquellen und Kreditmöglichkeiten, die reine Erfindung sind. Solch ein Blender kam mit Leuten in Kontakt, die er für wichtig hielt, ob sie es nun waren oder nicht. Und er tat alles, um seinerseits den Eindruck eines einflußreichen Mannes zu erwecken, damit er sie einmal für seine persönlichen Interessen in Anspruch nehmen könne. Eines Tages tut der Bluff seine Wirkung. Man – genauer, Perrone – sagt: ‹Wir sind knapp bei Kasse, wir brauchen Hilfe, können wir deine Kreditkarte verwenden?›, und um nicht aus seiner Rolle zu fallen, erwidert Torrillo: ‹Natürlich. Ich habe zwanzig Kreditkarten. Keine Sorge, wir regeln das schon.›

Soweit in knappen Zügen die Ausgangssituation. Wir müssen annehmen, daß Torrillo die Angeklagten in dem Glauben beließ, er sei mit allem einverstanden und die Rechnungen würden gedeckt. Ich gebe zu bedenken, daß dies zumindest eine erwägenswerte Möglichkeit ist, vielleicht aber auch mehr als das.»

Abschließend sagte Sandler: «Für Mr. Notaro brauche ich keine Entschuldigungen anzuführen. Er ist ein Mann, der sein ganzes Leben lang arbeitete. Er ist sechsundfünfzig Jahre alt, hat eine Frau, mit der er seit zwanzig Jahren verheiratet ist, und eine Tochter, die in Arizona das College besucht. Seine Frau scheut sich nicht, als Serviererin tätig zu sein. Mr. Notaro baut sich in einem neuerschlossenen Siedlungsgebiet dieses Landes ein Haus, das 16 000 Dollar kostet. Die erforderliche Anzahlungssumme bringt er durch eine Anleihe auf eine Versicherungspolice und ein Darlehen vom Sparkonto seiner Tochter auf. Dieser Mann kann jedem hier ruhig in die Augen schauen. Er ist ein ehrlicher, anständiger Mensch. In der Lauterkeit des Charakters übertrifft er einen Torrillo zehnmal! Und ich glaube, ich habe mich noch bescheiden ausgedrückt.

Wir bitten nicht um Sympathie. Wir bitten nicht um Gnade. Wir fordern Gerechtigkeit. Wir fordern von Ihnen, daß Sie Ihrer beschworenen Pflicht gemäß entscheiden. Bewerten Sie die Handlungen und Verhaltensweisen, die in der Anklage als Tatbestände erscheinen, nach Ihren persönlichen Erfahrungen, Ihrem gesunden Menschenverstand und Ihrer Lebenseinstellung. Wenn Sie das tun, werden Sie den Angeklagten Peter Notaro freisprechen. Ich danke Ihnen.»

Als die Reihe an Walter Phillips kam, wies er sofort Kriegers Erklärung zurück, die Anklage stehe und falle mit der Person des Hauptbelastungszeugen Donald A. Torrillo. Die Anklage basiere auf den begangenen Verbrechen, sagte der Staatsanwalt, präzise ausgedrückt auf den Tatbeständen des Meineids, der Verabredung und des Postbetrugs. Jedesmal, wenn Bonanno oder Notaro in einem Restaurant, einem Motel oder einem Buchungsbüro der Luftlinien unter dem Namen Torrillo auftraten, hätten sie sich des Betrugs schuldig gemacht, und Phillips verschloß sich der Erwägung, Bonanno und Notaro seien zu naiv gewesen, um das zu wissen. Als absurd bezeichnete der Staatsanwalt die Aussage der Angeklagten, Torrillo habe seine Kreditkarte freiwillig an Perrone weitergegeben und sich mit der Verwendung durch Bonanno einverstanden erklärt.

«Meine Damen und Herren Geschworenen, legen Sie sich bitte folgende Fragen vor und beurteilen Sie diese nach Ihrem gesunden Menschenverstand: Hätte Mr. Torrillo Mr. Bonanno oder überhaupt einem Fremden gestattet, fünf Personen in ein Lokal einzuladen und die Rechnung mit der Kreditkarte zu begleichen? Hätte Mr. Torrillo Mr. Bonanno oder einem anderen erlaubt, mit dieser Kreditkarte in Blooms Laden Kleidung im Wert von fast 200 Dollar zu kaufen? Sagt Ihnen Ihr gesunder Menschenverstand, daß Mr. Torrillo Mr. Bonanno oder eine andere Person ermächtigt hätte, mit seiner Kreditkarte Flüge zu buchen – zwei Plätze San Francisco–New York City? Zwei Plätze erster Klasse Phoenix–New York City? Kostenpunkt 300 Dollar. Tucson–New York? 259 Dollar. Und so weiter. Los Angeles, San Francisco–Phoenix? Glauben Sie, daß Mr. Torrillo ihm oder einem anderen bei klarer Vernunft gestattet hätte, diese Flugkarten auf seine Kreditkarte zu kaufen? Sagt Ihnen Ihr gesunder Menschenverstand, daß Mr. Torrillo Mr. Bonanno oder einer anderen Person erlaubt hätte, sein Konto in einem einzigen Monat mit Ausgaben von fast 2500 Dollar zu belasten?

Aber runden wir das Bild ab. Die Rechnungen wurden nicht bezahlt. Keine einzige der Rechnungen, die Mr. Bonanno auf die Kreditkarte ausstellen ließ, wurde beglichen. Wenn Mr. Torrillo mit diesem Modus einverstanden gewesen wäre, dann hätte er doch wenigstens eine oder zwei Rechnungen gedeckt, nicht wahr? Aber schon diese Tatsache allein zeigt Ihnen, daß er seine Zustimmung nicht erteilt hatte.»

Phillips rief der Jury Torrillos eingestandene Furcht vor Hank Perrone ins Gedächtnis, ausgelöst durch die Pistole, die dieser bei sich getragen habe, und noch verstärkt durch die Szene in dem Friseurladen, als Perrone einen älteren Mann niederschlug. Der Staatsanwalt sagte, die Geschworenen sollten sich in Torrillos Lage an jenem Abend im Januar 1968 versetzen, als Perrone mit der kategorischen Forderung bei ihm aufgetaucht sei, er brauche die Kreditkarte. «Was hätten Sie unter solchen Umständen getan?» fragte Phillips. «Hätten Sie ihm das Dokument verweigert? Ich glaube kaum. Ich nehme vielmehr an, Ihr gesunder Menschenverstand, ja Ihr Selbsterhaltungstrieb hätte Ihnen geboten, ihm die Kreditkarte zu geben.»

Am nächsten Vormittag, dem 14. November, eine Woche nach Beginn des Prozesses, teilte Richter Mansfield der Jury zu Beginn der Verhandlung mit, nun sei der Zeitpunkt gekommen, das Gesetz walten zu lassen.

«Es liegen drei verschiedene Anklagen vor», erläuterte der Richter. «Punkt 1 betrifft die Verabredung zur Verletzung des Bundesgesetzes, das Postbetrug und die Führung fiktiver Namen und Adressen verbietet, sofern dies in betrügerischer Absicht geschieht.

Punkt 2 bis inklusive Punkt 52 betreffen den Postbetrug selbst, Punkt 53 die Verwendung eines falschen Namens in betrügerischer Absicht. Die Punkte 54 und 55 beziehen sich auf die Anklage des Meineids gegen Salvatore Bonanno und Punkt 56 auf die Anklage des Meineids gegen Peter Notaro. Über jeden dieser Punkte müssen Sie getrennt entscheiden, und zwar für jeden der beiden im Verfahren genannten Angeklagten . . .»

Bill saß neben Krieger und hörte zu, wie der Richter in seinen Rechtsbelehrungen an die Jury fortfuhr. Noch innerhalb dieser Stunde würden die Geschworenen ihre Beratungen beginnen. Notaro wirkte sehr nervös, er trommelte mit den Fingern auf der Tischplatte, aber Bill war nun ganz ruhig, er glaubte, auf das Schlimmste gefaßt zu sein. Am Vorabend hatte er mit Krieger seine Chancen für einen Freispruch erörtert, und der Anwalt hatte ganz offen gesagt, es bestehe wenig Hoffnung. Die Anklagevertretung habe viele Trümpfe in der Hand, und Phillips' Schlußplädoyer habe sehr überzeugend geklungen und die Position der Verteidigung erschüttert. Bill wußte, bei einer Verurteilung mußte er mit einer Freiheitsstrafe von mindestens zehn Jahren rechnen. Und selbst bei guter Führung und anderen Vergünstigungen hätte er etwa sieben Jahre abzusitzen, das hieß, daß er bei seiner Entlassung wahrscheinlich Mitte Vierzig sein würde. Seine Kinder wären dann schon fast erwachsen, Charles fast zwanzig, Joseph sechzehn, Tory vierzehn und Felippa dreizehn. Bill bezweifelte, daß sein Vater noch leben würde. Doch was Bill an dieser ganzen Kreditkartenaffäre am meisten deprimierte, war der Betrag, um den es ging: 2400 Dollar, eine Summe, die einst für ihn eine

Bagatelle gewesen wäre. Als er an seinem Hochzeitstag das «Astor-Hotel» mit einem Koffer verließ, in dem sich 100 000 Dollar in bar befanden, hätte er sich nicht träumen lassen, daß er wegen eines angeblichen Betrugs, dessen Schadenssumme insgesamt 2400 Dollar nicht überstieg, für viele Jahre seines Lebens ins Gefängnis müßte.

Er hörte Richter Mansfields Rechtsbelehrungen weiter zu: «. . . eine Handlung gilt als vorsätzlich, wenn sie wissentlich begangen wird . . . eine Handlung wird wissentlich begangen, wenn sie freiwillig und mit einer bestimmten Absicht gesetzt wird und nicht aus Fahrlässigkeit . . .» Dann schweiften Bills Gedanken wieder ab, er hörte Geräusche vom Foley Square unten: die Rufe von demonstrierenden Vietnam-Krieg-Gegnern und die Stimme eines Polizisten, der über Megaphon die Demonstranten aufforderte, hinter den Absperrungen zu bleiben. Beim Betreten des Gerichtsgebäudes hatte Bill gesehen, wie sich eine Gruppe unter Schrifttafeln mit Parolen gegen «Nixons Krieg» formierte. Als der Lärm anschwoll, wandte sich Richter Mansfield um und ersuchte, das Fenster zu schließen. Dann nahm er seine Belehrungen wieder auf.

Um 11 Uhr 30 zog sich die Jury zurück, die Beratungen dauerten drei Stunden und fünfundzwanzig Minuten. Um 15 Uhr kamen die Geschworenen wieder in den Gerichtssaal, und nach namentlichem Aufruf fragte der Schriftführer: «Herr Obmann, haben Sie einen Spruch gefällt?»

«Jawohl.»

Notaro straffte sich auf seinem Stuhl, aber Bill blieb in seiner bequemen Haltung, den linken Arm um Kriegers Lehne.

«Wie lautet Ihr Spruch zu Punkt 1 für den Angeklagten Bonanno?» fragte der Schriftführer.

«In Punkt 1 haben wir den Angeklagten für schuldig befunden», verkündete der Obmann.

«Wie lautet ihr Spruch zu den Punkten 2–53?»

«Schuldig.»

Bill zog den Arm von Kriegers Lehne und stützte das Kinn in die linke Hand. Er wirkte noch immer ruhig und gelassen, aber ihm war, als schwanke der Boden unter ihm. Auf dem Rücken und im Genick brach ihm der Schweiß aus.

«Wie lautet Ihr Spruch zu den Punkten 54 und 55?»

«Schuldig.»

«Wie lautet Ihr Spruch zu Punkt 1 für den Angeklagten Notaro?» fragte der Schriftführer weiter.

«Schuldig.»

«Zu den Punkten 2–53?»

«Schuldig.

Bill war wie benommen. Das Urteil gegen Notaro traf ihn noch härter als sein eigenes, er blickte den Freund nicht an, der sich krampfhaft den

Mund rieb.

«Und zu Punkt 56?» Dies betraf den Tatbestand des Meineids.

«Nicht schuldig.»

Wenigstens ein kleiner Lichtblick, dachte Bill, Notaro schwieg, Schweiß glänzte auf seinem Gesicht.

«Mitglieder der Jury, hören Sie Ihren Spruch, wie ihn das Gericht zur Kenntnis nahm», sagte der Schriftführer. «Sie befanden den Angeklagten Bonanno in den Punkten 1, 2–53 sowie 54 und 55 für schuldig. Ferner befanden Sie den Angeklagten Notaro in den Punkten 1, 2–53 für schuldig und in Punkt 56 für nicht schuldig. Dies ist Ihre Entscheidung.»

Krieger meldete sich zu Wort. «Euer Ehren, ich beantrage die Abstimmung.»

Mansfield war einverstanden, und der Schriftführer fragte jeden einzelnen der Geschworenen, acht Frauen und vier Männer: «Haben Sie diese Entscheidung getroffen?»

Alle bejahten.

Der Richter wandte sich an die Jury. «Meine Damen und Herren, Sie haben eine lange, anstrengende Woche hinter sich, und ich weiß, daß Sie der Beweisführung äußerste Aufmerksamkeit und gewissenhafte, genaue Überlegung widmeten. Es ist niemals eine angenehme Pflicht, einen Schuldspruch zu fällen. Andererseits ist es gemäß dem System unserer Rechtsprechung eine sehr wichtige, und wie ich früher sagte, wahrscheinlich sogar die wichtigste staatsbürgerliche Aufgabe – neben der Ausübung des aktiven Wahlrechts –, als Geschworener zu fungieren und die Entscheidung über die Schuldfrage furchtlos und objektiv, auf Grund der Beweise, zu treffen . . .»

Nach dem formellen Dank entließ Richter Mansfield die Jury. Die zwölf standen von ihren Sitzbänken auf, nun mußten sie an dem Tisch vorbei, wo Bill und Notaro schweigend mit ihren Anwälten saßen.

Bill sah sie an, blickte jedem einzelnen von ihnen ins Gesicht. Er bemerkte, daß zehn der Geschworenen wegsahen, als sie vorbeigingen. Zwar erwiderten zwei der Frauen kurz seinen Blick, aber da sie von dieser Konfrontation ebenso peinlich berührt waren wie die anderen, schritten sie rasch weiter.

29

Als die Geschworenen den Gerichtssaal verlassen hatten, stellte Walter Phillips den Antrag, Bill Bonanno und Peter Notaro bis zum Tag der Urteilsverkündung in Gewahrsam zu halten.

«Die Anklagevertretung begründet diesen Antrag wie folgt: Mr. Salvatore Bonanno ist der Sohn Joseph Bonannos, des Oberhauptes einer bekannten Mafiaorganisation. Vor zwei oder drei Jahren kam es in dieser Gruppe zu einer internen Fehde. Bilanz: zwölf Feuerüberfälle in der Öffentlichkeit, wobei sechs Personen getötet und sechs Personen verwundet wurden. Außerdem erfolgten während jener Zeit und später in Tucson, Arizona, wo Mr. Joseph Bonanno lebt und auch Mr. Salvatore Bonanno vorübergehend wohnte, eine Reihe von Bombenanschlägen und TNT-Explosionen in Geschäften, Wohnhäusern und anderen Objekten.

Die Anklagevertretung besitzt Informationen, daß auch diese Zwischenfälle entweder unmittelbare Auswirkungen oder Ursachen des sogenannten ‹Bananenkrieges› waren», fuhr Phillips fort. Krieger schüttelte nur schweigend den Kopf, er wunderte sich darüber, daß der Staatsanwalt überholte und unrichtige Angaben zur Sprache brachte. Phillips ließ sich nicht beirren: «Die Angst vor den Bonannos, welche die Leute in Tucson beherrscht, stand jedem der Zeugen ins Gesicht geschrieben.» Der Richter hörte aufmerksam zu. «Ferner beantrage ich, daß Mr. Donald Torrillo, der hier als Zeuge aussagte, auch als Zeuge in einem Prozeß vorgeladen wird, in dem sich der Angeklagte Bonanno wegen Einkommensteuerhinterziehung zu verantworten haben wird. Mr. Torrillo ist in seiner persönlichen Sicherheit gefährdet. Mr. Notaro war der Leibwächter Mr. Joseph Bonannos und ist oder war der Leibwächter von dessen Sohn Salvatore Bonanno. Beide, Notaro wie Bonanno junior, waren an den Schießereien direkt beteiligt.»

Krieger wollte unterbrechen, aber Richter Mansfield bedeutete ihm zu warten. Phillips sprach weiter: «Ich weise darauf hin, daß es unter diesen Umständen im besten Interesse der Justiz und der Öffentlichkeit wäre, Mr. Salvatore Bonanno und Mr. Peter Notaro in Gewahrsam zu nehmen. Ich habe noch nicht die Tatsache erwähnt, daß Mr. Bonanno in Kalifornien und in Tucson lebt und hier in New York keinen Wohnsitz hat, ebenso wie Mr. Notaro, der gegenwärtig in Tucson ansässig ist.»

«In Ihren Ausführungen ist mir eines nicht ganz klar», fiel Mansfield dem Staatsanwalt ins Wort. «Und zwar wie Sie die Gefahren, die laut Ihren Angaben für die Öffentlichkeit oder Einzelpersonen bestehen, mit den Angeklagten in Beziehung bringen.»

«Das entscheidende Faktum liegt in den Bombenanschlägen in Tucson», erwiderte Phillips. «Einmal war Mr. Joseph Bonannos Haus das Ziel, es wurden aber auch auf andere Objekte Sprengstoffattentate verübt.»

«Und Sie glauben, der Sohn Joseph Bonannos führte den Anschlag auf seinen eigenen Vater durch?» fragte der Richter mit einem Unterton von Ironie.

«Die Behörden haben Informationen, daß einige der Geschäftslokale auf Befehl von Mr. Salvatore Bonanno, Mr. Joe Bonanno junior oder Mr. Bonanno senior angegriffen wurden.»

Krieger und Bill schüttelten die Köpfe, und nun wandte sich der Verteidiger direkt an den Richter. «Euer Ehren, darf ich nach meiner eigenen Kenntnis der Sachlage entgegnen?»

«Ja.»

«Was diese Situation in Tucson betrifft, wurde ein FBI-Agent namens David Hale außer Dienst gestellt, und zwar auf Grund von Beschuldigungen, die zwei Personen gegen ihn vorbrachten, die in Tucson verhaftet wurden. Auch ihnen legte man die Bombenattentate zur Last, welche Mr. Phillips soeben den Bonannos zuschob.» Über diese beiläufige Eröffnung war Phillips sichtlich verblüfft, da er nichts von einer Beteiligung des FBI wußte – zum Unterschied von früheren Berichten aus Tucson, in denen die Mafia für die Anschläge verantwortlich gemacht wurde, hatte die New Yorker Presse diese Meldungen nicht veröffentlicht. Der Staatsanwalt hörte zum erstenmal davon und unterbrach Krieger nicht, als dieser erklärte: «Mr. Joseph Bonanno und Mr. Salvatore Bonanno waren zu Hause, als der Sprengstoffanschlag erfolgte. Es wäre doch widersinnig, anzunehmen, einer von beiden würfe im eigenen Haus Bomben, um sich selbst und seine Verwandten in die Luft zu sprengen.»

Der Richter hörte geduldig, wenn auch ohne großes Interesse zu. Er hatte bereits beschlossen, Bill und Notaro bis zum Tag der Urteilsverkündung gegen Kaution auf freien Fuß zu setzen, und wollte ihnen nur klarlegen, daß sie sofort in Haft genommen würden, «falls dem Gericht die geringsten Anzeichen jeglicher Gewaltanwendung oder feindseliger Handlungen gegen die Allgemeinheit, oder auch der Bedrohung, Einschüchterung oder der Beeinflussung von Zeugen, die bei anderen Strafverfahren aussagen sollen, zur Kenntnis gelangen».

Die Kautionen wurden für Bill mit 15 000 Dollar und für Notaro mit 10 000 Dollar festgesetzt, und die Urteilsfällung wurde bis nach Weihnachten aufgeschoben.

Bevor Bill und Notaro den nun fast leeren Gerichtssaal verließen, sagte der Richter: «Ihre Verteidiger taten das Möglichste. Nach meinen Eindrücken von dem Fall hatte die Anklagevertretung wesentliche Belastungsmomente zur Verfügung, besonders gegen den Angeklagten Bonanno. Ich glaube, wenn Sie genau überlegen, dann können Sie nicht sagen, daß Ihre Verteidiger in irgendeiner Phase des Verfahrens falsch handelten.»

Die Angeklagten nickten zustimmend und schritten dann mit Krieger und Sandler hinaus. Froh und erleichtert, daß sie gegen Kaution frei waren, gingen Bill und Notaro gleich zur nächsten Telefonzelle, um ihren Verwandten die gerichtliche Entscheidung mitzuteilen, dann wollten sie aus dem Hotel ausziehen und über das Wochenende nach Hause fliegen. Die Anwälte hatten die Absicht, Berufung einzulegen und abzuwarten, ob sich neues Beweismaterial ergeben würde, das ihren Mandanten nützen könnte, obwohl sie sich nichts Bestimmtes in dieser Richtung erhofften. Beide waren über den Spruch der Jury deprimiert und mußten erst ihre Enttäuschung verkraften.

Doch am folgenden Montag zeichnete sich rein zufällig eine Wendung ab, die neue Hoffnungen weckte. Als Leonard Sandler am Vormittag durch das Gerichtsgebäude ging, traf er einen Anwaltskollegen, der während eines kurzen Gesprächs über die Causa Bonanno fragte, ob der Zeuge Donald A. Torrillo mit dem Mitangeklagten eines anderen Prozesses identisch sei, in den auch der Mandant jenes Verteidigers verwickelt war. Es überraschte Sandler, zu hören, daß gegen Torrillo noch ein Verfahren anhängig sei, und als Sandler nach der Beschuldigung fragte, sagte sein Freund, die Causa betreffe eine betrügerische Börsenmaklerfirma. Sofort verschaffte sich Sandler Einsicht in die Gerichtsakten und konnte ermitteln, daß Torrillos Name vor eineinhalb Jahren in einer Anklage erschien. Das Datum war der 25. Mai 1968, also kaum zwei Monate nach Perrones Tod. Aus den Eintragungen war klar zu ersehen, daß in jenem Fall kaum gesetzliche Schritte unternommen wurden. Wenn Sandler dazu geneigt hätte, rasch voreilige Schlüsse zu ziehen, vor denen er sich hütete, dann hätte er vermuten müssen, daß die Justiz beträchtlich weniger Anstrengungen machte, Torrillo gerichtlich zu verfolgen, als bei der Ahndung der Verbrechen, die man Bonanno und Notaro anlastete. Bill war Anfang Dezember wegen der Kreditkartenaffäre unter Anklage gestellt worden, sechs Monate nachdem die Behörden Torrillo belangt hatten. Wenn nichts anderes, dann bedeutete dies, daß die Justiz bei den Nachforschungen über die Kreditkarte mehr gegen Torrillo vorbringen konnte als die bloße Tatsache seiner Verhaftung durch zwanzig Polizisten unmittelbar nach Perrones Tod – einer Verhaftung auf Grund von «fingierten Beschuldigungen» wegen Heroinbesitzes, auf die Phillips während der Verhandlungen in der Vorwoche angespielt hatte.

Sandler rief Krieger an und ersuchte auch um einen Termin bei Richter Mansfield. Dem Wunsch wurde entsprochen, und am 19. November um 17 Uhr trafen die beiden Verteidiger mit dem Richter zusammen. Auch Walter Phillips nahm an der Unterredung teil.

«Meine Herren, was kann ich für Sie tun?» fragte Mansfield, als sie einander gegenübersaßen.

«Euer Ehren, ich habe Ihren Schriftführer gefragt, ob wir über eine Sache konferieren könnten, von der ich am Montag erfahren habe. Ich möchte diese Besprechung nicht dazu benutzen, Eingaben zu machen, sondern in Anwesenheit von Mr. Phillips einfach mitteilen, was mir zur Kenntnis kam und was, wie ich annehme, Gegenstand eines nachfolgenden Antrags sein wird.»

Sandler berichtete, was er erfahren hatte, und sagte, er wolle die sachliche Richtigkeit der Informationen überprüfen, bevor er weitere Schritte unternehme.

Der Richter blickte Phillips an. «Was wissen Sie darüber?»

«Euer Ehren, ich kann bestätigen, daß dieser Mr. Torrillo, der in der vorigen Woche im Bonanno-Prozeß aussagte, im südlichen Distrikt von New York wegen Verletzung der Bestimmungen über Sicherstellungen beschuldigt wurde, ich glaube also nicht, daß wir näher darauf eingehen müssen. Es handelt sich um denselben Mann. Vermutlich bringt Mr. Sandler diesen Umstand deshalb zur Sprache, weil er diese Informationen gern in der Vorwoche gehabt hätte, um Mr. Torrillo darüber zu vernehmen. Ich hätte natürlich dagegen Einspruch erhoben, da es sich in dem anderen Fall nicht um ein schweres Verbrechen handelt und daher kein statthaftes Motiv für die Anfechtung eines Zeugen gegeben ist. Wir haben es hier nur mit einer Beschuldigung zu tun.»

«Wie steht dieser andere Fall?» fragte der Richter.

«Soviel ich weiß, wird der Prozeß demnächst beginnen», erwiderte der Staatsanwalt.

«Euer Ehren», sagte Sandler, «ich glaube, daß dies nicht der richtige Zeitpunkt für dieses Argument ist, und um dies zu erhärten, möchte ich mit Euer Ehren Erlaubnis nur einen Punkt ins Treffen führen: Mir ist in meiner ziemlich umfassenden Praxis weder als Vertreter der Anklage noch als Verteidiger ein Fall untergekommen, in welchem ein Zeuge unter Anklage stand und es hätte das Gericht, bei dem er angeklagt ist, nicht mit ihm selbst oder zumindest mit seinem Anwalt über diese Sachlage und bezüglich der Auswirkungen seiner Zeugenschaft auf den Fall gesprochen. Ich kann schwerlich glauben, daß dies ausgerechnet in diesem Fall nicht geschehen sein sollte; daß sich hier nicht eine Rechtslage ergeben hätte, von der man uns hätte in Kenntnis setzen sollen, wenn schon aus keinem anderen Anlaß als aus der auf dem Präzedenzfall der Causa Brady gegen den Staat Maryland beruhenden Rechtsauffassung.»

«Mir ist die Causa Brady-Maryland nicht bekannt», warf Richter Mansfield ein, «aber ging es da – oder irre ich mich? – nicht darum, daß einem der Zeugen die Frage gestellt wurde, ob ein Verfahren gegen ihn anhängig sei?» sagte der Richter.

«Ich erinnere mich, Euer Ehren, denn wir hatten ein Mißverständnis darüber, und ich war damals sehr perplex, denn . . .» meinte Sandler.

«Ja, ja, ich weiß schon», unterbrach ihn der Richter. «Sie fragten, ob einer der Zeugen des Meineids beschuldigt worden sei.»

«Ganz recht.»

«Und ich dachte, Sie wollten nur eine Beschuldigung geltend machen, die ich nicht als Anfechtungsgrund billigen kann. Dann deuteten Sie an, daß gewisse belastende Schlüsse daraus gezogen werden könnten, daß er nicht wegen Meineids belangt wurde. Darum sagte ich ‹In Ordnung›.»

«Jawohl, es war ein Mißverständnis zwischen uns», pflichtete ihm Sandler bei.

«Diesmal werde ich warten, bis ich Ihren Antrag in Händen habe. Ich glaube, früher kann ich nicht dazu Stellung nehmen», sagte der Richter.

«Nur zu Ihrer Information, Euer Ehren, soviel ich mich erinnere, läuft diese Beschuldigung unter der Nummer 68 CR. 471», sagte Krieger. «Erinnern Sie sich, Mr. Sandler?» Der andere Anwalt bestätigte es.

«Wir werden das überprüfen», sagte der Richter. «Ich kann mich nicht entsinnen, eine Beschuldigung gegen eine Person namens Torrillo gesehen zu haben. Das erste Mal, daß ich diesen Namen hörte, war in diesem Prozeß.» Mansfield wandte sich an seinen Schriftführer, einen rustikalen jungen Mann mit rotem Schnurrbart.

«Stimmt das?»

«Ich bin noch nicht lange genug hier, wir haben niemals . . .»

Der Richter fiel ihm ins Wort. «Nein, ich erinnere mich nicht. Ich würde davon wissen. Wir werden es also überprüfen. – Haben Sie die Nummer?»

«Jawohl», sagte der Schriftführer.

«Ich erwarte also Ihre schriftlichen Anträge», sagte der Richter zu Sandler und Krieger. Sie dankten ihm für seine Aufmerksamkeit und gingen.

Richter Mansfield erhielt die Anträge und arbeitete sie während der nächsten zwei Monate durch, da der Termin der Urteilsfällung mittlerweile vom Januar 1970 auf den März verschoben worden war. Am 3. Februar wurde eine nachträgliche Einvernahme abgehalten, zu der unter anderen Personen auch Sergeant Roger O'Neil als Zeuge vorgeladen war, um über die Beschuldigungen gegen Torrillo auszusagen. O'Neil war einer der Polizeibeamten, die Torrillo nach Perrones Tod verhört hatten.

«Sergeant, hatten Sie zu dem Zeitpunkt, als Sie an den Ermittlungen beteiligt waren, Kenntnis davon, daß im Mai in diesem Gericht eine Klage gegen Donald A. Torrillo und einige andere Personen wegen Verletzung der Bundessicherheitsgesetze eingebracht worden war?»

«Nein, Sir», antwortete O'Neil.

Aber ein anderer Zeuge, ein Postinspektor namens William O'Keefe, der in dem Kreditkartenfall eine wichtige Rolle gespielt hatte, erklärte, das gegen Torrillo anhängige Verfahren sei vor dem Bonanno-Prozeß einmal in Phillips' Büro erörtert worden. O'Keefe erinnerte sich, daß Torrillo selbst diese Frage aufgeworfen und sich erkundigt habe, was wegen dieser Beschuldigung unternommen werden könnte. Aber Phillips habe Torrillo «das Wort abgeschnitten», so O'Keefe. «Mr. Phillips sagte ihm [Torrillo] einfach, er wolle vor dem [Bonanno-]Prozeß nichts darüber hören.»

Sandler erhielt die Erlaubnis, dem Zeugen Fragen zu stellen. Die erste lautete: «Sagte Mr. Phillips im Verlauf jenes Gesprächs, als er erklärte, er wolle nichts über die andere Beschuldigung hören, ausdrücklich ‹vor dem Bonanno-Prozeß›?»

«Ich habe es vielleicht ungenau formuliert», erwiderte O'Keefe. «Sinngemäß hat er es gesagt. Er sagte, er werde die Sache mit dem zuständigen Staatsanwalt klären und wolle sich nicht weiter damit beschäftigen. Es war nur ein sehr kurzes Gespräch ohne viel Bedeutung.»

«Sagte Mr. Phillips vielleicht etwas darüber, daß er nach dem Bonanno-Prozeß mit Mr. Torrillo über die Beschuldigungen sprechen wolle?» fragte Sandler.

«Nein, Sir.»

«In Ihrer Gegenwart fiel kein Wort darüber?»

«Nein.»

«Hat Mr. Phillips jemals in Abwesenheit von Mr. Torrillo mit Ihnen über die Anklage gesprochen?»

«Es könnte sein», sagte O'Keefe, «daß er mich fragte, ob ich etwas davon wisse oder so ähnlich, aber nichts darüber hinaus.»

«Sagte er zu Ihnen, er wolle keine Erörterungen, denn das Ganze könnte bei einem Kreuzverhör aufgegriffen werden?»

«Nein, Sir.»

«Nichts dergleichen?»

«Nein.»

«Danke, das ist alles», sagte Sandler, worauf Phillips die Erlaubnis erhielt, O'Keefe eine Frage zu stellen. «Als die Sache zur Sprache kam, war es Mr. Torrillo, der sie aufs Tapet brachte, und zwar im Zusammenhang mit seiner Bewegungsfreiheit nach dem Bonanno-Prozeß? Nämlich insofern, als er auf Grund seiner Freilassung gegen Kaution sich nur innerhalb des südlichen und nördlichen Verwaltungsbezirks von New York aufhalten dürfte?»

«Jawohl», sagte O'Keefe.

«Keine weiteren Fragen», sagte Phillips.

Der Tag der Urteilsverkündung für Bill Bonanno und Peter Notaro war Montag, der 9. März 1970. Kurz vor 10 Uhr betraten sie mit ihren Anwälten den Gerichtssaal, nahmen am Tisch der Verteidigung Platz und blieben sitzen, als der Schriftführer rief: «Ist die Anklagevertretung bereit?»

«Die Anklagevertretung ist bereit, das Urteil zu hören, Euer Ehren», erwiderte Phillips.

«Sind die Angeklagten bereit?»

«Der Angeklagte Bonanno ist bereit, Euer Ehren», sagte Krieger.

«Der Angeklagte Notaro ist bereit, Euer Ehren», sekundierte ihm Robert Kasanof, ein großer dunkelhaariger Mann, der Sandler vertrat.

«Wünscht die Staatsanwaltschaft etwas im Zusammenhang mit dem Urteil vorzubringen, ehe der Spruch gefällt wird?» fragte Richter Mansfield.

«Nein, Euer Ehren», sagte Phillips. «Ich bin sicher, Sie haben ein lückenloses Protokoll über den Fall, und die Staatsanwaltschaft hat dem nichts hinzuzufügen.»

«Gut», sagte der Richter. Er nickte Bill zu. «Mr. Bonanno, bitte stehen Sie auf.»

Bill erhob sich und zog den Rücken seines Sakkos glatt, er wirkte ruhig und gefaßt. Nun merkte man erst, wie dick er geworden war, er mochte etwa 235 Pfund wiegen, sein Gesicht war voll und rund, das dunkle Haar war wie immer adrett gekämmt, mit genau gezogenem Scheitel.

«Wollen Sie oder Ihr Verteidiger Mr. Krieger, noch eine Erklärung abgeben, bevor der Gerichtshof das Urteil fällt?» fragte Mansfield.

«Ich selbst habe nichts zu sagen, aber Mr. Krieger», antwortete Bill.

«Ist Ihnen irgendein Grund bekannt», fragte der Richter, «warum die Urteilssprechung heute nicht erfolgen soll?»

«Meines Wissens gibt es keinen, Euer Ehren», sagte Krieger und fuhr fort:

«Euer Ehren, ich wünschte, Salvatore Bonanno könnte heute hier von Ihnen ein Urteil hören, das gänzlich unbeeinflußt und nicht verfärbt ist durch das bisherige Leben des Angeklagten. Euer Ehren, ich bin mir sehr wohl bewußt, daß die im Laufe des Verfahrens zutage getretenen Fakten ein unglückliches Bild werfen, zumindest was die letzten zehn Jahre im Leben des Angeklagten betrifft. Euer Ehren, in den Massenmedien wurde berichtet, Salvatore Bonanno stehe an der Spitze eines Imperiums des Verbrechens und besitze ein sagenhaftes Vermögen, andererseits hat der Staat durch seine Nachforschungen – sowohl legal wie auch illegal – ermittelt, daß es Zeiten gab, in denen der Angeklagte nicht einmal seine Telefonrechnung bezahlen konnte. Die Behörden wissen, daß er die Heimstätte seiner Familie wegen Zahlungsrückständen und Verfallserklärung verlor. Die Behörden wissen auch, daß Mr. Bonanno im Grunde von der Großzügigkeit verschiedener Verwandter lebt.

Ich habe keine Ahnung, ob es aus den Akten und Protokollen hervorgeht, aber es ist nicht zu widerlegen, daß der Staat zum Zeitpunkt der Entführung seines Vaters in dem Bestreben, den Verschwundenen zu finden, sowohl dem Vater als auch dem Sohn Pfändungsbescheide über verhältnismäßig hohe Summen erteilte. Joe Bonanno besaß damals eine Liegenschaft in Tucson, die ihm bis damals gut und gern einige tausend

Dollar pro Jahr einbrachte. Die Bundessteuerbehörde pfändete das Objekt, kassierte die Erträge, und trotz wiederholter Ansuchen, diese Summen zu den Ratenzahlungen zu buchen, um einen Verfall zu verhindern, so daß bei Aufrechterhaltung der Pfändung der Staat zumindest den Wert der Liegenschaft bekäme, statt zuzusehen, wie der Besitz durch Verfallserklärung verlorenging und sowohl dem Angeklagten wie auch dem Staat jeglicher Nutzen entzogen wurde, sorgte die Behörde mit einer Konsequenz, die nur mehr als Starrsinn bezeichnet werden kann, dafür, daß tatsächlich die Verfallserklärung ausgesprochen wurde. Nun bekam weder der Staat die fälligen Steuern noch erhielt der Angeklagte irgendwelche Einkünfte aus dem Besitz. Dieser wurde in der Folge versteigert und von der Stadt Tucson erworben, und soviel ich weiß, hätte die Summe, die der glückliche Hypothekengläubiger kassieren konnte, durchaus ausgereicht, um einen beachtlichen Teil, wenn nicht sogar die gesamte fällige Steuersumme zu begleichen, deretwegen gegen den Angeklagten mit Pfändung eingeschritten wurde.

Euer Ehren, diese Rückschläge belasten ihn. Seine Angehörigen – ich meine seine Frau und seine vier Kinder – haben ihre verwandtschaftliche Beziehung zu Salvatore Bonanno sehr teuer bezahlen müssen, und ich glaube nicht, daß der Preis, der ihnen abgefordert wurde, wirklich als Buße für verbrecherische Tätigkeit motiviert werden konnte. Hier war die negative Rufbildung entscheidend im Spiel. In Wahrheit ist Salvatore Bonanno das Opfer dieses schlechten Rufes.

Ich glaube nicht – und das sage ich nach reiflicher Überlegung –, daß der Angeklagte an den Schwierigkeiten, denen er sich heute gegenüber gegenübersieht, selbst schuld ist. In den geheimen Tonbandmitschnitten der Gespräche, die ich mit Euer Ehren Erlaubnis vor Beginn des Prozesses abhören konnte, kommt eine Äußerung von Mr. Labruzzo vor, einem Onkel des Angeklagten. Sie gibt meiner Meinung nach am besten die Situation Salvatore Bonannos wieder. Dieser mittlerweile verstorbene Onkel erklärte, ich zitiere sinngemäß: ‹Bill ist ein armer Kerl, er hat das College besucht und sich bemüht, etwas zu werden, aber sie haben ihn fertiggemacht.›

Euer Ehren, ich weiß nicht, auf wen sich dieses Wort ‹sie› bezieht, aber ich weiß, daß Salvatore Bonanno ein intelligenter, fähiger Mann ist und ein Mensch, dessen Leben aus dem einen oder anderen Grund buchstäblich zerstört wurde. Ich glaube nicht, daß diese Selbstzerstörung von einem Hang zum Verbrechen ausgelöst wurde.

Nun steht er wegen einer Kreditkartenaffäre vor Gericht, und es ist keine Übertreibung, wenn ich sage, daß der Tatbestand, über den verhandelt wurde, zum großen Teil erst dadurch gegeben ist, daß man Salvatore Bonannos Erklärungen über die näheren Umstände der Besitzübertragung und Verwendung dieses Dokuments nicht gelten ließ. Dennoch sind wir in diesem Fall nicht mit verbrecherischen Handlungen konfrontiert, die einen zeitweiligen Ausschluß des Beschuldigten aus der Gemeinschaft erfordern.

Was er sich zuschulden kommen ließ, ist nicht von der Art, daß die Öffentlichkeit nach Schutz und Hilfe ruft, Euer Ehren. In der Umgangssprache bezeichnet man die Tat, der der Angeklagte für schuldig befunden wurde, als Kavaliersdelikt, und *da* er für schuldig befunden wurde, lege ich dem Gericht nahe, sich bei der Strafbemessung von Präzedenzfällen leiten zu lassen und nicht von der Tatsache auszugehen, daß der Mann, der nun sein Urteil erwartet, den Namen Salvatore Bonanno trägt.»

Der Richter unterbrach ihn: «Ich möchte einige Fakten aus dem von der Prozeßabteilung erstellten Protokoll überprüfen.» Zu Bill gewandt sagte er: «Mr. Bonanno, laut vorliegenden Angaben sind Sie siebenunddreißig Jahre alt. Stimmt das?»

«Ja.»

«Ihr Vorstrafenregister weist eine auf drei Jahre bedingte Verurteilung im Januar 1962 auf, Gerichtskosten insgesamt 2248 Dollar, Delikt: Scheckbetrug, ich vermute, ungenügende Deckung von Schecks.»

«Es handelte sich um *einen* Scheck, Euer Ehren», sagte Bill.

«Vom 2. März bis zum 8. Juni 1965 waren Sie in Haft, weil Sie Aussagen über das Verschwinden Ihres Vaters verweigerten. Später erklärten Sie sich dazu bereit und wurden aus dem Gefängnis entlassen.»

«Das stimmt, Euer Ehren», sagte Krieger.

«Ferner geht aus diesen Angaben hervor», sagte der Richter, das Dokument durchblätternd, «daß Sie Ende November 1966 in Montreal angehalten wurden, weil Sie ohne Zulassungskarte fuhren. Es drehte sich um zwei Autos – in einem Wagen saßen Louis Greco, Vito De Filippo und Peter Magaddino und im anderen Carl Simari, Peter Notaro und Pat De Filippo. In Simaris Fahrzeug wurden Revolver gefunden, Notaro und Konsorten bekannten sich des illegalen Waffenbesitzes schuldig, wurden zu zwei Tagen Haft und Ausweisung verurteilt, und Ihre eigene Ausweisung, Mr. Bonanno, wurde am 1. Dezember 1966 verfügt.»

«Das stimmt nicht ganz, Euer Ehren», sagte Bill.

«Inwiefern sind die Angaben ungenau?»

«Ich wurde in einem Restaurant angehalten. Vor Gericht machte ich geltend, daß die Zulassungskarte im Handschuhfach des Wagens liege, aber um die Ausweisungsformalitäten zu erleichtern, war ich bereit, mich schuldig zu bekennen.»

«Nächster Punkt», fuhr der Richter fort, ohne auf Bills Ausführungen einzugehen. «Am 21. September 1968 nahmen sie ein Gewehr aus dem Kofferraum eines Autos, luden die Waffe und richteten sie auf einen Polizeibeamten, der Ihnen offenbar gefolgt war. Zu dem Zeitpunkt waren

Sie in Begleitung von Peter Notaro und eines gewissen Tony Mustakas. Die Anklage lautete auf illegalen Waffenbesitz und gefährliche Drohung, Sie wurden zu einer Geldstrafe von 150 Dollar verurteilt.»

«Das war ein ziemlich sonderbarer Fall, Euer Ehren», warf Krieger ein. «Gegen den Angeklagten wurde in Abwesenheit verhandelt, und es ist unmöglich, die rechtlichen Hintergründe voll aufzuklären. Eines steht jedoch fest: Wenn jemand mit einer geladenen Handfeuerwaffe auf einen Polizisten zielt, bleibt es nicht bei der Ahndung durch eine bloße Geldstrafe in der Höhe von 150 Dollar – das heißt, wenn das Gericht wirklich von der Schuld des Angeklagten überzeugt ist.»

«Ich weiß nicht, welche Folgen ein derartiges Delikt in Arizona hat», sagte Mansfield skeptisch. «Vielleicht fällt dort die Strafe nicht so streng aus wie in der Großstadt.» Mansfield blickte wieder in den Report. «Es gibt auch eine Erklärung des Inhalts, daß Sie 1968, als Sie nach Arizona reisten und die Kreditkarte verwendeten, die Gegenstand unseres Verfahrens ist, in New York einen Wagen mieteten. Dieses Fahrzeug meldeten Sie in Arizona nochmals an, nachdem es neu lackiert, mit neuen Nummerntafeln und neuer Zündung versehen worden war. Dann haben Sie die Miete nicht weiter bezahlt, gaben das Auto ab, mieteten ein anderes und bezahlten auch diese Gebühren nie.»

«Das stimmt nicht, Euer Ehren», sagte Bill rasch. Und als Nachsatz: «Zumindest nicht ganz.»

«Und was entspricht nicht der Wahrheit?»

«Das Auto wurde hier in New York von der Firma gemietet, an der ich beteiligt war», sagte Bill. «Ich fuhr den Wagen nach Arizona, aber er wurde niemals frisch lackiert, der Zündschlüssel wurde niemals ausgewechselt, ich erhielt wohl den Hinweis, daß ich Nummerntafeln des Staates Arizona anbringen lassen könnte, dies wurde mir sogar empfohlen, aber das war die einzige durchgeführte Änderung. Die Rechnungen wurden vom New Yorker Büro bezahlt, die Person, welche den Wagen mietete, war, wie sich Euer Ehren wohl erinnern werden, der inzwischen verstorbene Sam Perrone. Es war ein unglückseliges Zusammentreffen von Umständen. Das ist alles, was ich über dieses Fahrzeug weiß. Übrigens wurde der betreffende Autoverleih über den Verbleib des Wagens verständigt und befragt, was mit ihm geschehen sollte.»

«Bevor ich das Urteil über den Angeklagten Bonanno fälle, möchte ich zuerst eine Stellungnahme von Mr. Notaro und dessen Verteidiger», sagte Mansfield. «Außerdem möchte ich festhalten, daß in diesem Bericht Mr. Bonannos Vater als früherer Chef einer Mafiaorganisation erwähnt ist. Diesen Punkt werde ich bei der Strafbemessung keineswegs berücksichtigen. Meiner Meinung nach ist Schuld an die Person als solche gebunden, und ich ziehe Anwürfe und Verdächtigungen gegen Eltern, Verwandte oder Ehefrauen nicht in Betracht.»

«Ja, Euer Ehren», sagte Krieger.

Nun blickte Mansfield Peter Notaro an, der straff dastand, mit seinem glatt zurückgekämmten grauen Haar. «Mr. Notaro, gibt es einen Grund, warum das Urteil nicht zu diesem Zeitpunkt gesprochen werden sollte?»

«Nein, Euer Ehren.»

«Wollen Sie oder Ihre Verteidiger – ich sehe, Sie sind nun durch Mr. Kasanof vertreten – noch etwas vorbringen, bevor das Gericht seinen Spruch fällt?»

«Ich habe nichts zu sagen, Euer Ehren», erwiderte Notaro.

«Mr. Kasanof?»

«Mit Euer Ehren Erlaubnis. Sie konnten meinen Mandanten im Zeugenstand beobachten und werden sich gewiß eine Meinung über ihn gebildet haben – über ihn als Menschen, über seine Fähigkeiten, seine Beziehung zu dem hier verhandelten Delikt, sein Verhältnis zum Mitangeklagten, die Rollen der beiden und das Ausmaß der Schuld jedes einzelnen von ihnen. Mr. Notaro hat durch die Schädigung seines eigenen und des Rufs von Personen aus seinem Bekanntenkreis Einbußen erlitten. Er lebt nun in Arizona. Ohne Beschäftigung, Euer Ehren. Seine Frau sah sich gezwungen, einen Nebenberuf zu ergreifen, da es ihm selbst praktisch unmöglich ist, Arbeit zu finden – und zwar deshalb, weil über ihn abträglich gesprochen wird.

Euer Ehren, ich möchte einen ähnlichen Antrag stellen wie der Verteidiger des Mitangeklagten», fuhr Kasanof fort. «Nämlich daß, wenn sich in dem Bericht des Bewährungshelfers, auf den sich Euer Ehren stützen werden, Unklarheiten finden, uns Gelegenheit geboten wird, entsprechend Stellung zu nehmen.»

«Wollen Sie noch etwas hinzufügen, Mr. Notaro?» fragte der Richter.

«Nein, Euer Ehren.»

«Dann möchte ich einige Fragen an Sie richten. Laut den Unterlagen sind Sie sechsundfünfzig Jahre alt, stimmt das?»

Bevor Notaro antworten konnte, erinnerte sich Kasanof daran, daß er etwas vergessen hatte, er sagte: «Euer Ehren, darf ich noch erklären, daß eine wichtige Frage dahin ging, *wer* im November 1966 in Montreal in *welchem* Wagen saß und *wo* die Waffen gefunden wurden, und daß das Verfahren unter der Voraussetzung der sofortigen Ausweisung aus Kanada niedergeschlagen wurde.»

«Das kann sein», sagte der Richter, dann fragte er, zu Notaro gewandt: «Aber haben Sie nun nicht erklärt, daß Sie nicht schuldig waren, sondern sich nur schuldig bekannten, um die sofortige Ausweisung zu erleichtern? Habe ich Sie richtig verstanden?»

«So ziemlich», warf Kasanof ein. «Ich glaube nicht, daß es eine Frage von besonderer Tragweite ist. Ich versuche, Euer Ehren einen Eindruck davon zu geben, was bekannt wurde.»

«Und ich versuche nur zu vermeiden, daß ich bei der Strafbemessung von unrichtigen Informationen beeinflußt werde, nichts sonst», konterte Mansfield. «Und ich möchte noch hinzufügen, ich glaube nicht, daß die Abteilung für Bewährungshilfe jemals wissentlich unbestätigte Erklärungen in ihren Bericht aufnehmen würde, doch ich möchte absolut sichergehen.»

«Ich bin Ihrer Meinung», beteuerte Kasanof rasch. «Und meine Ausführungen zielten nicht in diese Richtung. Mein Mandant teilte mir mit, in dem Wagen, in dem er saß, hätten sich keine Waffen befunden. Im anderen Auto, das in der Nähe parkte, wurden offenbar einige Pistolen mitgeführt. Alle Beteiligten wurden zusammen angeklagt, sie bekannten sich schuldig und wurden prompt des Landes verwiesen.»

Mit einem Blick in die Unterlagen sagte Mansfield: «Nun sehe ich auch, daß das Verfahren in Tucson wegen Verabredung zum Widerstand gegen die Justiz noch in Schwebe ist, aber soviel ich weiß, endete dieser Prozeß mit einem Freispruch, oder?»

«Das stimmt, Euer Ehren», antwortete Notaro.

«Ist das dieselbe Causa?» fragte der Richter, er meinte den Prozeß, in dem Notaro und Bonanno vom FBI des Komplotts beschuldigt wurden, durch illegale Machenschaften eine Herabsetzung von Charles Battaglias Zuchthausstrafe anzustreben.

«Es ist dieselbe Causa», bestätigte Kasanof. «Die Geschworenen fanden die Angeklagten in den Hauptpunkten für nicht schuldig.»

«Gut», sagte Mansfield, das Schriftstück beiseite legend. Er blickte die Männer an, die vor ihm standen. «Angeklagter Bonanno, Ihnen werden in 55 Punkten drei verschiedene Delikte angelastet: Verabredung zum Verbrechen, betrügerische Verwendung einer Diners Club-Kreditkarte und schließlich Meineid vor dem Tribunal. Bei aller Würdigung der Argumente, die Ihr Verteidiger so eloquent zu Ihren Gunsten vorbrachte, bin ich nicht der Ansicht, daß Sie ein Opfer der Verhältnisse sind.

Sie haben eine ziemlich gute Erziehung und Schulbildung genossen, in Ihrer Jugend wurden Ihnen viele Annehmlichkeiten geboten, es gibt kaum eine moralische oder psychische Entschuldigung und Motivierung für die Handlungen, die Sie sich zuschulden kommen ließen. Sie gaben in diesem Fall nicht einer kurzen Versuchung nach, sondern trieben über einen längeren Zeitraum und sehr häufig, ja man kann sagen systematisch, Mißbrauch mit der Kreditkarte. Keinerlei Anzeichen deuten auf eine wirtschaftliche Zwangslage hin. Sie stammen nicht aus dem Getto. Es ist nicht ersichtlich, daß Sie wegen Ihrer familiären Beziehungen, auf die Mr. Krieger anspielte, ein großes Handikap auf sich nehmen mußten, so daß Ihnen nichts anderes übrigblieb, als diese Karte zu benutzen. Sie hätten einen Posten gefunden. Es bestand keine zwingende Nötigung für Ihre Taten.

Außerdem zeigt Ihr Vorstrafenregister, daß es sich dabei um keinen Einzelfall handelt», fuhr der Richter fort, während Bill sich auf ein strenges Urteil gefaßt machte. «Wie die Beweisaufnahme ergab, haben Sie bereits eine andere Kreditkarte benutzt, die Mr. Levine gehörte, und sich mehrmals auf undurchsichtige, fragwürdige Finanztransaktionen eingelassen. Ihre Winkelzüge mit dem ungedeckten Scheck, Ihre Reaktion mit der geladenen Waffe – all dies deutet auf asoziales Verhalten hin.

Nach reiflicher Überlegung –» der Richter betonte jedes Wort, Bills Spannung wuchs, er fieberte dieser Entscheidung entgegen, obwohl seine Miene nichts von seiner heftigen Gemütsbewegung verriet – «und nachdem ich die Ausführungen des Verteidigers gehört habe, spreche ich das Urteil: Der Angeklagte Salvatore V. Bonanno wird dem Gewahrsam des Generalstaatsanwalts oder seines befugten Vertreters für eine Dauer von vier Jahren überantwortet, gemäß den Anklagepunkten 1–55. Ferner hat der Angeklagte zufolge seiner Verurteilung in Punkt 1 der Anklage den Vereinigten Staaten von Amerika eine Geldstrafe in Höhe von 10 000 Dollar zu bezahlen. So lautet das Urteil des Gerichtshofes. Diese Geldstrafe wird fällig, sobald das Urteil Rechtskraft erlangt.»

Bill, der atemlos zuhörte, hatte erwartet, daß eine zusätzliche Freiheitsstrafe verhängt würde, und als sich der Richter nun Notaro zuwandte, konnte Bill seine Erleichterung kaum verbergen, den freudigen Schock der Erkenntnis, daß es nur *vier* Jahre sein würden und nicht die *zehn*, mit denen er sich im vorhinein schon fast abgefunden hatte, nicht lebenslängliches Gefängnis, wie es ihm manche vorausgesagt hatten. ‹Vier Jahre!› dachte er, während er versuchte, sich auf Mansfields Worte zu Notaro zu konzentrieren: «. . . es hat für mich den Anschein, daß in Ihrem Fall andere Einflüsse wirksam waren. Sie hatten nicht die Möglichkeiten wie der Angeklagte Bonanno. Sie haben ein ziemlich schweres Leben hinter sich, Ihr Werdegang verlief anders, und Ihre Rolle bei diesem Verbrechen war – ohne den Tatbestand verkleinern zu wollen – relativ untergeordneter Art. Sie machten eben mit – und wußten recht gut, was gespielt wurde. Sie waren daran beteiligt, als auf dem Flughafen Tucson mit Mr. Torrillos Kreditkarte und demnach auf seine Rechnung und unter seinem Namen Tickets gekauft wurden. Es liegen Beweise vor, daß Sie selbst unter dem Namen ‹Peter Joseph› ein Konto eröffneten. In Anbetracht dieser Gesamtsituation lautet das Urteil, daß Sie dem Gewahrsam des Generalstaatsanwalts oder seines rechtmäßig eingesetzten Vertreters für den Zeitraum eines Jahres überantwortet werden. Außerdem haben Sie den Vereinigten Staaten von Amerika eine Geldbuße in Höhe von 1000 Dollar zu bezahlen.» Notaro senkte den Kopf. Er war weder froh noch enttäuscht – immerhin hatte er an die Möglichkeit eines Freispruchs geglaubt –, nahm aber das Urteil hin. Nun waren wenigstens der ständige Druck und die Nervenanspannung endlich gewichen.

«Euer Ehren», sagte Krieger, «ich habe einen Berufungsantrag hier im Gerichtssaal und möchte, daß mein Mandant ihn sofort unterschreibt. Ferner beantrage ich in seinem Namen die Festsetzung einer Kaution bis zum Berufungsentscheid. Gegenwärtig ist der Angeklagte gegen eine Sicherstellung in Höhe von 15 000 Dollar auf freiem Fuß. Und ich möchte betonen, daß mein Mandant auf Weisungen und Vorladungen des Gerichts stets pünktlich erschien, wie eben auch heute zur Urteilsverkündung.»

«Euer Ehren, ich nehme an, daß ein gleichlautender Antrag für Mr. Notaro eingebracht wird», sagte Phillips.

«Jawohl», bestätigte Kasanof.

«Deshalb möchte ich hier und jetzt zu beiden Anträgen Stellung nehmen», erklärte der Staatsanwalt. «Die Anklagevertretung spricht sich aus folgenden Gründen dagegen aus: Euer Ehren haben soeben über Mr. Bonanno und Mr. Notaro Gefängnisstrafen von einiger Dauer verhängt. Bisher hat Mr. Bonanno zwar jedesmal gerichtlichen Aufforderungen Folge geleistet, aber dieses Urteil erhöht die Wahrscheinlichkeit, daß er sich nicht stellen wird, wenn die Aufforderung an ihn ergeht, die Strafe anzutreten . . .»

Doch der Richter schloß sich dieser Meinung nicht an und entschied, er werde die Angeklagten bei der gegenwärtig erlegten Kaution in Freiheit belassen, unter zwei Bedingungen: «Erstens, wenn dem Gericht wie immer geartete Verdachtsmomente zur Kenntnis gelangen, daß die Verurteilten ausdrücklich oder indirekt dritte Personen oder Zeugen bedrohen, kann die Justizbehörde sofort eine Erhöhung der Kaution bis zum Berufungsentscheid verfügen. Zweitens, die Kaution kann auch dann erhöht werden, wenn die Berufung vor der nächsten Instanz verschleppt wird und, wie es bereits in anderen Fällen vorkam, Jahre vergehen, ehe die gerichtliche Entscheidung rechtskräftig wird.»

Die Verurteilten und deren Verteidiger erklärten sich damit einverstanden und gingen aus dem Gerichtssaal. Auf dem Korridor befragten Reporter Bill über seine Meinung zu dem Urteil, aber bevor er antworten konnte, erwiderte Krieger, es sei kein Kommentar abzugeben, außerdem werde Berufung eingelegt. Während sich die Journalisten auf den Anwalt stürzten und ihn mit ihren Fragen bestürmten, drückte Bill den Liftknopf und wartete mit Notaro auf den Aufzug. Notaro lächelte, er schien soweit mit seinem Schicksal ausgesöhnt, und trotz seines Schweigens war Bill sicher, daß ihm der Freund nichts nachtrage. Wie der Richter gesagt hatte, Notaro hatte kein leichtes Leben hinter sich, aber mit dieser Tatsache hatte er sich längst abgefunden. Das Urteil einer höheren Autorität, die ihn nun auf ein Jahr ins Gefängnis schickte, konnte ihn nicht erschüttern.

Als der Lift kam, verabschiedete sich Krieger rasch von den Reportern und stieg hinter Bill, Notaro und Kasanof ein. Inzwischen war es 13 Uhr vorbei, und die vier Männer schritten in fast festlicher Stimmung die Steinstufen des Bundesgerichtsgebäudes hinab. Alles war vorüber, der gefürchtete Prozeß war zu Ende; Bill gab Krieger gegenüber ruhig zu, daß das Urteil viel schlimmer hätte ausfallen können. Der Verteidiger pflichtete ihm eifrig bei, froh, daß Bill die Situation von der besseren Seite betrachtete. Krieger hegte persönliche Sympathien für Bill, und obwohl auch er mit einem strengeren Spruch gerechnet hatte, meinte er dennoch, vier Lebensjahre aus der Phase des Mannesalters seien ein hoher Preis für eine Verfehlung, die er eigentlich als ein Mißverständnis ansah, bei dem eben bedauerlicherweise ein Schaden von 2400 Dollar entstanden war. Auf die Berufung hin konnte das Verfahren in zweiter Instanz zwar wiederaufgenommen werden, aber Krieger war nicht sehr optimistisch, und deshalb bedeutete es für ihn eine Beruhigung, daß Bill sich mit dem Gedanken ans Gefängnis vertraut gemacht hatte.

In dem Restaurant, das sie aufsuchten, rief Bill von der Telefonzelle aus Rosalie an, und als er ihr die Neuigkeit mitgeteilt und betont hatte, die Entscheidung hätte schlimmer ausfallen können, weinte sie zwar, schien aber gefaßter, als er erwartet hatte. Bill teilte ihr mit, daß er mit Krieger noch einige Rechtsfragen besprechen müsse und am nächsten Tag kommen werde. Sie erwiderte, nach Verbüßung seiner Strafe werde er erst vierzig sein, und wahrscheinlich würden dann noch alle Kinder zu Hause wohnen. Er wollte ihr schon sagen, daß ja noch die Berufungsfrist bevorstehe und er sicherlich den ganzen Sommer mit seiner Familie in Freiheit verbringen werde, behielt es aber für sich. Bestimmt wurde das Gespräch mitgeschnitten, und es ging Bill kurz durch den Kopf, eine günstige Begleiterscheinung seiner Verurteilung liege vielleicht darin, daß das FBI nun sein Telefon nicht abhören werde.

Als er zum Tisch zurückkehrte, leerten die Männer gerade lachend die erste Runde. Bill nahm den Scotch, der vor seinem Platz stand, hob das Glas zum Toast, trank es mit zwei Schlucken aus und bestellte noch einen.

Am Abend aß er in Brooklyn bei den Di Pasquales, und am nächsten Vormittag bestieg er ein Flugzeug nach San Francisco. Die Maschine war nicht sehr voll, das freute Bill. Er saß lieber für sich allein, ohne mit jemandem sprechen zu müssen, der ihn erkennen würde. Immerhin war sein Bild in den Morgenausgaben der *News* und der *New York Times* erschienen. Er selbst fand, daß er auf dem Foto in der *News* besser aussah, sein Gesicht wirkte schmaler, es war eine ältere Aufnahme, er trug nicht einen Hut wie auf dem Porträt der *New York Times*. Dieses Bild hatte der Fotograf offenbar aus der Hocke geschossen, ein sogenanntes «Meuchelfoto», auf dem in der Verkürzung alles Unvorteilhafte betont wurde: das breite Kinn, die gedunsenen Wangen und die Schatten unter den Augen.

Die *News* widmeten Bill auch mehr redaktionellen Raum unter einer fünfspaltigen Schlagzeile «BONANNO JUNIOR ZU VIER JAHREN VERURTEILT», während es die *New York Times* bei dem einspaltigen Titel «BONANNO JUNIOR: VIER JAHRE KERKER» bewenden ließ. Als die Stewardess Bills Sakko versorgt hatte, saß er ganz allein in der vordersten Reihe, blätterte die Zeitung durch, las die Weltnachrichten, den Börsen- und Wirtschaftsteil, die Theaterkritiken und die Sportseite. Dann las er nochmals durch, was über ihn geschrieben wurde:

«Salvatore V. (Bill) Bonanno, 37, Sohn Joseph Bonannos, des bekannten früheren Oberhauptes einer Mafiafamilie, wurde gestern wegen seiner Beteiligung an Betrugsaffären rund um eine gestohlene Kreditkarte zu vier Jahren Gefängnis verurteilt . . .»

30

Frühling und Sommer vergingen rasch. Es folgte ein trister Herbst, in dem Bill jeden Moment die Aufforderung gewärtigte, binnen zweier Wochen die Strafe anzutreten. Die höhere Instanz hatte seine Berufung abgelehnt, und es überraschte ihn nicht, zu erfahren, daß Torrillo, der sich in der Wertpapiersache vor Gericht schuldig bekannt hatte, nur bedingt verurteilt wurde. Manchmal ging die Rechtsprechung sonderbare Wege. Torrillo war ein freier Mann. David Hale, der Bombenwerfer des FBI, war frei. Und Charles Battaglia aus Tucson, der angeblich den Manager eines Freizeitzentrums zu zwingen versuchte, einen Spielautomaten aufzustellen, bekam zehn Jahre. Es war eine verrückte Zeit, in der die USA zwischen ihren polaren Triebkräften, der Gewalt und dem Puritanismus, hin- und hergerissen wurden, wobei die Heuchelei als ausgleichender Faktor wirkte. Und vielleicht war das ein Grund, warum Bill während des Sommers weder seinen Kindern noch sich selbst zu erklären vermochte, warum er bald vier Jahre im Gefängnis verbringen müsse.

In erster Linie wurde er deshalb eingekerkert, weil er 1968 in Geldnot und durch den unglücklichen Verlauf des Bananenkrieges am eigenen Leben bedroht – Argumente, die er vor einem Bundesgericht kaum zu seiner Entlastung geltend machen konnte –, das Praktische, aber Unvernünftige getan hatte: nämlich Torrillos Kreditkarte zu benutzen. Aber dieser konkrete Tatbestand allein war nicht der Grund, warum er auf vier Jahre seine Familie verlassen mußte oder warum er bereits früher einige Zeit hinter Gittern verbracht hatte. Es gab andere wichtige, komplexe Einflüsse, die ihn geformt hatten und sein Schicksal bestimmten; und um seinen Kindern diese Situation auseinanderzusetzen, hätte er vor ihnen sein ganzes Leben aufrollen müssen, von seiner Geburt im Jahr 1932 an, und die völlig andersgearteten Begleitumstände seiner Reifezeit. Er müßte das Leben seines Vaters erklären, das Wesen jener liebevollen und zugleich zerstörerischen Vater-Sohn-Beziehung, die Epoche und die Schauplätze – beginnend mit Joseph Bonannos Ankunft im Amerika der Prohibitionszeit, jener faszinierenden, überhitzten, gesetzlosen Epoche, in der Männer reich wurden, die sonst ihr ganzes Leben lang als Bauarbeiter oder Lastwagenfahrer hätten schuften müssen.

Bill erinnerte sich daran, wie sich sein Vater kurz nach der Flucht aus Sizilien und der Zwischenstation Marseille schließlich in Brooklyn angesiedelt hatte. Ein Onkel namens Bonventre schlug ihm damals vor, Friseur zu werden, was Joseph Bonanno höflich ablehnte. Hätte er das Angebot akzeptiert, dann wäre die weitere Familiengeschichte zweifellos anders verlaufen – Bill hätte nun bestimmt keine Gefängnisstrafe vor sich. Aber wenn sein Vater die Nötigung zu einer Durchschnittsexistenz hingenommen hätte, wäre er eben nicht Joseph Bonanno gewesen, der selbstbewußte, stolze, ungewöhnliche Mann, dem Bill vergeblich nacheiferte. Bill betrachtete seinen Vater als eine in die falsche Sphäre versetzte Meisterschöpfung der Gattung Mensch, einen Mann, von feudalen Überlieferungen geformt, aber wendig genug, um sich im Amerika der Mitte des 20. Jahrhunderts zu behaupten und reich zu werden, wenn auch nicht durch Methoden, die Richter Mansfield billigen konnte.

Mansfield, Sohn eines ehemaligen Bürgermeisters von Boston und Harvardjurist, sah die Welt mit anderen Augen als Joseph Bonanno aus Castellammare del Golfo. Bill erinnerte sich auch der Worte des Richters am Tag der Urteilsverkündung in seinem eigenen Prozeß: «Es gibt kaum eine Entschuldigung für das Verhalten, das Ihnen zur Last gelegt wird. Sie stammen nicht aus dem Getto . . . Ich sehe keine Anzeichen dafür, daß Sie wegen Ihrer familiären Beziehungen ein großes Handikap auf sich nehmen mußten . . . Sie hätten einen Posten gefunden . . .»

Ja, dachte Bill, ich hätte einen Posten bekommen – aber was für einen? Seit den Kefauver-Hearings vor zwanzig Jahren haftete dem Namen Bonanno ein Stigma an, Bill selbst wurde damals vom FBI aus dem Klassenzimmer geholt und über die Ermordung Manganos befragt. Und wenn er nun überlegte, dann bezweifelte er, daß er mit diesem «berüchtigten» Namen einen seiner Intelligenz entsprechenden Posten gefunden hätte. Bezweifelte, daß er zum Beispiel in ein großes amerikanisches Unternehmen eintreten und dort seinen Weg hätte machen können, wenn er nicht seinen Namen geändert oder seinen Vater verleugnet hätte. Aber dann wäre er nicht Bill Bonanno gewesen, ein Sohn, der seinen Vater sehr liebte, obgleich er wußte, daß diese Beziehung verderblich war. Sonderbarerweise für ihn verderblicher als für seinen Vater, der nie zu einer Gefängnisstrafe verurteilt wurde, seltener mit dem Gesetz in Konflikt kam als Bill und sicherlich gewitzter, vorsichtiger und stärker war, vielleicht auch egoistischer und von geringerer Fähigkeit, andere Menschen zu lieben.

Joseph Bonanno, bereits mit fünfzehn Jahren Vollwaise, war unabhängig und auf sich gestellt, er hatte nie einen Vater gehabt, dem er Rede stehen mußte, außer in einem mystischen Sinn. Bills schon als Mittdreißiger verstorbener Großvater wurde zur Idealgestalt, die in getönten alten Fotografien, Parten und den exaltierten ehrfürchtigen Erinnerungen Joseph Bonannos fortlebte, Erinnerungen, die alle seiner von Überlieferungen, Ritualen und strengen Regeln geprägten Welt entsprangen. Durch die magnetische Anziehungskraft seines Vaters war Bill in diese Welt gezogen worden und erkannte zu spät, daß Joseph Bonanno durch Abstammung und Erziehung die seltene Gabe besaß, sich in dieser Sphäre zu bewähren und völlig natürlich ihren Anforderungen zu genügen. Und nun, im Herbst 1970, war es nicht verwunderlich, daß sein Vater zu den wenigen Überlebenden aus jener Welt zählte. Die meisten der mächtigen, nach 1920 eingewanderten Dons waren bereits tot, hinfällig oder sehr alt, und ihre amerikanisierten Söhne waren entweder zu klug oder nicht klug genug, um die Nachfolge anzutreten. Bill, der diesen Versuch wagte, war in seiner Generation ein Sonderfall. Und selbst er hätte sich nicht dazu entschlossen, wenn sein Vater nicht so eine erfolgreiche, überragende Persönlichkeit gewesen wäre und in Bill nicht die trügerische Überzeugung geweckt hätte, daß ihm – durch einen fast königlichen Status von Geburt an – völlig selbstverständlich große Möglichkeiten offenstünden.

Aber diese Zeiten waren vorbei. Und der Staat mit seiner Generaloffensive gegen das Verbrechen, die an Mussolinis radikale Anti-Mafia-Kampagne in Sizilien gemahnte, der unter Mißachtung der Bürgerrechte in die Privatsphäre eindrang und sich auf die Informationen dubioser Zwischenträger verließ, konnte eine Reihe von den Massenmedien reichlich ausgeschroteter Verhaftungen wirklicher und angeblicher Mafiosi verzeichnen. Viele Männer, die bereits reif fürs Altersheim waren, wurden eingekerkert. Vor seiner eigenen Verurteilung hatte Bill gelesen, daß sich der achtundsechzigjährige Gerardo Catena, der vermutliche Nachfolger des verstorbenen Vito Genovese, auf unbestimmte Zeit in Gewahrsam befand, weil er Aussagen über das organisierte Verbrechen verweigert hatte. Und Angelo De Carlo, 67, der *capo* von New Jersey, ein Opfer der Abhörtaktik des FBI, wurde wegen Verabredung und Erpressung zu zwei Jahren Haft und 20000 Dollar Geldstrafe verurteilt. Auf dem Weg zum Bundesgefängnis Danbury, Connecticut, sagte De Carlo achselzuckend zu Reportern: «Irgendwann muß ich ja sterben, es kann also auch dort sein.»

Bei Carlo Gambino, dem siebenundsechzigjährigen Don einer der fünf New Yorker Familien, schlug das FBI zu, als er mit seiner Frau und seiner Schwiegertochter in Brooklyn in einem Auto saß. Er wurde des Komplotts zum Überfall auf einen Millionentransport der Chase-Manhattan-Bank beschuldigt. Die Gambino belastenden Informationen stammten von einem gewissen John Kelley, einem geeichten Bankräuber aus Boston, der im Mai 1969 wegen bewaffneten Überfalls mit einer Beute von 542 000 Dollar verhaftet wurde und sich bald vor Gericht verantworten sollte. Gambino war über den Verdacht des FBI empört. Als eine Kaution in der Höhe von 75 000 Dollar festgesetzt wurde, lehnte er die Überweisung durch einen bereits wartenden Kautionsvermittler mit der Erklärung ab: «Ich bleibe im Gefängnis, denn ich bin unschuldig und würde nicht einmal 5 Cent Kaution stellen.» Aber nach einem zwanzig Minuten dauernden Gespräch mit seinem Anwalt und seinem Sohn, die alle Überredungskünste aufboten, und nachdem Don ein Herzmittel eingenommen hatte, unterschrieb er widerstrebend den Kautionsantrag.

In Miami verhafteten Zollbeamte Meyer Lansky, 67, den prominentesten Juden im organisierten Verbrechen, weil er bei der Rückkehr aus Mexiko in seinem Koffer ein gewisses Quantum Donnatal mitführte, das er wegen seiner nervösen Verdauungsbeschwerden brauchte. Allerdings konnte er kein ärztliches Rezept vorweisen. Angelo Bruno, der sechzigjährige Don von Philadelphia und des südlichen New Jersey, wurde auf unbestimmte Zeit in Haft genommen, weil er vor der Erhebungskommission des Staates New Jersey die Aussage verweigerte. In New York kursierte die unbestätigte Meldung, der neunundsiebzigjährige Frank Costello sei aus seinem Ruhestand geholt worden, um mitzuhelfen, das Vakuum in der Spitzengarnitur der Mafia auszufüllen.

Während Bill auf die Aufforderung zum Strafantritt wartete, las er auch über die Verhaftung von fünfunddreißig Unterweltlern, eine schlagartige Aktion, die von 100 Polizisten und Kriminalbeamten eines Tages um 6 Uhr morgens in Brooklyn durchgeführt wurde. Unter den Verhafteten, denen zur Last gelegt wurde, daß sie trotz Zusicherung freien Geleits die Aussage verweigerten, befanden sich die Bosse der stark dezimierten Gruppen, die noch die Verbindung zu der einst 350 Mann umfassenden Bonanno-Organisation aufrechterhielten: Natale Evola, ein Sechziger, der seit dreißig Jahren mit Bonanno senior zusammengearbeitet hatte, und Paul Sciacca, ein schwerkranker Mann, der das Mafiaerbe Gaspar Di Gregorios übernommen hatte, aber seine Spitzenposition bald räumte. (Di Gregorio selbst starb am Tag nach der Razzia mit fünfundsechzig Jahren an Lungenkrebs.) Einige der Gesuchten konnten nicht gestellt werden – so etwa Frank Mari, der vermutliche Mörder Hank Perrones und Führer der Revolverschützen in der Troutman Street. Seit September 1968 galt Mari als vermißt, alle Anzeichen sprachen dafür, daß der Killer selbst gekillt und spurlos beseitigt worden war.

Doch die größte Aufmerksamkeit von Polizei, FBI und der Presse galt in den Jahren 1970 und 1971 wohl einem stets verbindlich lächelnden, adrett gekleideten, kleinen dunkelhaarigen Herrn namens Joseph Colombo. Nachdem er sich vor einem Bundesgericht in Brooklyn wegen Steuerhinterziehung verantworten hatte müssen, wurde in Long Island ein Verfahren gegen ihn anhängig, weil er sich weigerte, Aussagen über das organisierte Verbrechen zu machen. Gleichzeitig wurde einer seiner vier Söhne, der dreiundzwanzigjährige Joseph Colombo junior, verhaftet und der Verabredung mit anderen jungen Männern beschuldigt, Silbermünzen gültiger Währung zu Barren einzuschmelzen, um daraus Profit zu schlagen, da der Nennwert der Geldstücke geringer war als ihr Metallwert. Die Anklage gegen Colombo junior stützte sich, ähnlich wie im Fall Gambino, auf Angaben eines opportunistischen «Zeugen», mit dem das FBI paktiert hatte, und dürfte eine der unvorsichtigsten Aktionen der Justiz in ihrem jahrelangen, erbitterten Kampf gegen das organisierte Verbrechen gewesen sein. Diese Affäre wurde plötzlich zu einem Bumerang gegen das FBI, als Colombo senior, für den sein Sohn ein vorsätzlich zu Unrecht verdächtigter einwandfreier junger Geschäftsmann war, eine Protestgruppe auf die Beine brachte, mit der er vor dem FBI-Büro in Manhattan aufmarschierte und Posten bezog. Diese Demonstranten trugen Schrifttafeln und riefen in Sprechchören, daß die Polizeibehörden Vendetta gegen die Italoamerikaner übten und eine gesamte ethnische Minderheit patriotischer, gesetzestreuer Bürger durch Schlagworte wie «Mafia» oder «Cosa Nostra» diffamierten. FBI-Sprecher erwiderten, die Demonstration sei ein von der Mafia angestiftetes Störmanöver, um die Stoßkraft der Justiz gegen das organisierte Verbrechen abzuschwächen, und die Presse zitierte offizielle Angaben, in denen Joseph Colombo senior als Mitglied der Mafiakommission und Oberhaupt jener Familie bezeichnet wurde, die einst Joseph Profaci und Joseph Magliocco geleitet hatten. In den Berichten stand, Colombo sei untergeordneter Funktionär in der Profaci-Organisation gewesen, als die Brüder Albert und Joe Gallo 1960/61 eine Revolte auslösten, und kein anderer als er habe später die Zugeständnisse an die Gallos bewirkt, wodurch die Fehde beendet wurde.

Laut Presseberichten war es Colombo gewesen, der 1963 Carlo Gambino und Thomas Lucchese über Maglioccos Mordabsichten informiert hatte, ein Komplott, das manchen Meldungen zufolge Joseph Bonannos Idee war.

Der Plan scheiterte, und nun war Maglioccos eigene Position gefährdet. Im Dezember 1963 erlitt er einen tödlichen Herzinfarkt, und daraufhin übernahm Colombo die Führung der Profaci-Familie. Auch Colombos Vater, der 1938 ermordet worden war, wurde nun in den Zeitungen als einstiges Mitglied dieser Organisation deklariert.

Über Joseph Colombos Kindheit war wenig bekannt, außer daß er 48 Jahre zuvor in Brooklyn zur Welt kam – somit war er bei weitem der jüngste Don einiger Bedeutung – und daß er 1942–1945 bei der Küstenwache diente und mit einer monatlichen Invalidenrente von 11 Dollar 50 Cent für eine im Einsatz erworbene nervöse Störung abrüstete. Nach dem Krieg wurde er mehrmals festgenommen, und zwar wegen einer Reihe von Delikten, die von verbotenem Glücksspiel bis zur Verbindung mit bekannten Kriminellen reichten. 1966 war er unter den Verhafteten des sogenannten Little Apalachin Meeting. Später wurde er angehalten, weil er in einem Restaurant in Manhattan in Gesellschaft von Carlo Gambino und Angelo Bruno diniert hatte.

Colombo beteiligte sich an einigen legalen Unternehmen, hauptsächlich in der Sparte seines eingetragenen Berufs als Grundstücksmakler mit einem Jahreseinkommen von schätzungsweise 30–40000 Dollar. Aber weil er bei seiner Bewerbung um eine Realitätenvermittler-Lizenz unwahre Angaben über sein Strafregister gemacht hatte, brachte die Staatsanwaltschaft 1970 eine Meineidklage gegen ihn ein. Doch weder dieser Makel noch die vielen anderen Beschuldigungen schienen seine Beliebtheit bei den Hunderten Italoamerikanern zu beeinträchtigen, die im Sommer 1970 jeden Abend bei der «Postenkette» vor dem FBI-Büro zu ihm und seinen Söhnen stießen. Diese Demonstranten bildeten den Kern einer viel größeren Organisation, bei deren Aufbau Colombo eifrig mitarbeitete. Diese militante Stoßtruppe nannte sich «Italian-American Civil Rights League», Italoamerikanische Bürgerrechtsliga.

Sie hoffte, für die Italoamerikaner das gleiche zu erreichen, was etwa die «Jewish Anti-Defamation League» für die Juden und ähnliche Bünde für andere Minderheiten erreicht hatten, und war als gesamtstaatliche Körperschaft geplant, die einen möglichst großen Prozentsatz der rund 20 Millionen Amerikaner italienischer Abstammung ansprechen und für ihre Ziele gewinnen wollte. Freilich reagierten viele italoamerikanische Politiker und angesehene Bürger auf diese Bestrebungen mit Skepsis. Sie erinnerten sich früherer fehlgeschlagener Versuche zur Einigung der Italoamerikaner und führten eine Reihe von Argumenten an: die angeborene Abneigung des individualistischen Italieners gegen den Zusammenschluß zur anonymen Masse, die weitgehende Integration in das Gros der amerikanischen Bevölkerung, so daß sich der einzelne nicht mehr mit seiner völkischen Herkunft identifiziere, geschweige denn sie besonders hervorhebe. Viele der «Little Italies» in den Großstädten lösten sich infolge des radikalen Strukturwandels und der Verlagerungstendenzen – wie Bau neuer Wohnviertel, Flucht an die Peripherie und Motorisierung – von selbst auf.

Es wurde auch darauf hingewiesen, daß die Italiener der zweiten Generation Nichtitaliener heirateten und daß alles, was von den Wesenszügen des traditionellen Sippenbewußtseins noch lebendig blieb und was Giovanni Lampedusa in seinem Roman ‹Der Leopard› als eine «erschrekkende Abgeschlossenheit des Denkens» bezeichnete, nun mit den alternden Einwanderern dahinschwinde, die vor einem halben Jahrhundert in Ellis Island amerikanischen Boden betreten hatten. All das sterbe mit der Mafia.

Daher staunten die Verfechter dieser Theorie, als sie am 29. Juni 1970 lasen, daß sich an diesem «Tag der Einheit der Italoamerikaner» rund 40 000 Personen auf dem New Yorker Columbus Circle zu einer Protestkundgebung versammelten, um sich stolz zu ihrem italienischen Erbe zu bekennen und energisch gegen die Presse und den Polizeiapparat Stellung zu nehmen, jene beiden Mächte des öffentlichen Lebens, die ihre Aktivität auf die Mafia konzentrierten. Aber diese Mafia sei, wie einige Demonstranten sagten, nur ein kleiner Sektor des organisierten Verbrechens, während andere sogar erklärten, es gebe überhaupt keine Mafia – sie sei lediglich eine Erfindung der Massenmedien und des FBI. An der Versammlung nahmen nicht nur Italoamerikaner teil. In der dichtgedrängten Menge standen auch Abordnungen jüdischer und Negergruppen, Gesinnungsgenossen in der Überzeugung, daß die Ganovenjäger mit ihren Schikanen und dem bedenkenlosen Einsatz aller zweckdienlichen Mittel wie Abhöranlagen, Überwachung und anderen Geheimpolizeimethoden zu weit gegangen seien. Der Abgeordnete Allard K. Lowenstein aus Long Island erntete stürmischen Beifall, als er sagte: «Wer nicht begreift, was Amerika Italien verdankt, der versteht Amerika nicht.» Adam Clayton Powell aus Harlem rief dem Auditorium zu: «Dieser Staat ist für alle da, nicht nur für die sogenannte alteingesessene angloamerikanische ‹Elite›!» und der frühere New Yorker Finanzkontrollor Mario A. Procaccino erklärte: «Niemand soll glauben, daß wir ruhig zusehen werden, wenn Unschuldige, deren einziges Verbrechen darin besteht, daß sie mit verdächtigen Personen verwandt, befreundet oder benachbart oder auch nur, daß sie eben zufällig Italoamerikaner sind, bloßgestellt und gedemütigt werden, während andererseits der Staat Plünderer, Brandstifter und Bombenwerfer als Helden feiert!»

Doch den größten Applaus hatte der kaum mittelgroße, unauffällig wirkende Joseph Colombo selbst, als er gegen Ende der Veranstaltung aufstand und der Menschenmenge zurief: «Dieser Tag gehört euch – euch, dem Volk.» Mit schlichter Direktheit, die den Zuhörern zu Herzen ging und lauten Jubel auslöste, fügte er hinzu: «Nun seid ihr organisiert, ihr seid zur Einheit zusammengeschlossen, und niemand kann euch jemals mehr trennen!»

Colombo sprach nicht zu Menschen, die die Mafia unbedingt billigten und das FBI ablehnten – nein, er selbst sagte, er achte das FBI, nannte es «die großartigste Organisation des Landes» – allerdings solle es nicht «unsere Kinder verleumden und unsere schwangeren Frauen drangsalieren». Colombos Publikum gehörte eher der schweigenden Majorität Amerikas an: Veteranen des Zweiten Weltkriegs, Beamte, Eigenheimbesitzer und Mittelstandshausfrauen. Offenbar hatten sie alle – und zwar stärker, als man bisher vermutete – während des letzten Jahrzehnts wegen der enormen Publicity, die Gangstern mit italienischen Namen zuteil wurde, unter einer Art Kollektivschuld zu leiden gehabt. Ganz abgesehen vom rein persönlichen Interesse, das Colombo dazu bewegen mochte, die Aufmerksamkeit der Öffentlichkeit von der Mafia abzulenken, gab er dem Streben vieler Tausender von Staatsbürgern Ausdruck, die keinerlei Beziehungen zur Mafia unterhielten, jedoch das Gefühl hatten, von jenem größeren Amerika isoliert zu sein, dem sie zugehören wollten. Niemand erhob für sie seine Stimme; sie hatten keine Macht, sie waren enttäuscht und verbittert. Die meisten von ihnen hatten das Gefühl, daß ihnen ihre Anständigkeit nichts eingebracht hatte. Von den Tausenden Italoamerikanern, die sich betont amerikanisch gaben und hinter den Iren die soziale Stufenleiter emporkletterten, wurden sie nicht anerkannt. Und die Massenmedien, die weitgehend unter jüdischem Einfluß standen und auf Antisemitismus sehr empfindlich reagierten, zeigten sich nicht annähernd so dünnhäutig, wenn es um Fragen ging, welche den Mittelstandsitalienern als krasse Vorurteile erschienen.

In Washington gab es nur einen einzigen Senator italienischer Abstammung, im Repräsentantenhaus nur 11 von insgesamt 435 Mitgliedern. Es gab keinen einflußreichen Italoamerikaner im Kabinett oder im Weißen Haus, und unter den Demonstranten auf dem Columbus Circle stand ein Mann, der eine Tafel mit der Aufschrift trug, daß im Stadtschulrat keine Italiener vertreten seien. Die Regierung erließ wohl Gesetze mit der Absicht, der großstädtischen Negerbevölkerung bessere Schulmöglichkeiten zu bieten und sie aus den Gettosiedlungen herauszuführen, aber die Legislatoren, die Zeitungsherausgeber oder die Chefs der Rundfunkstationen waren von solchen Reformen nicht persönlich betroffen: denn die Neger würden niemals in großer Zahl in die Wohnviertel der Weißen ziehen, ihre Kinder in Privatschulen schicken oder sich in die Klubs eindrängen. Als der Sohn von William T. Cahill, dem Gouverneur von New Jersey, der das organisierte Verbrechen sehr energisch bekämpft hatte, zweimal verhaftet wurde, weil er Marihuana bei sich trug, unterstützte der Gouverneur selbst einen Antrag, das Strafausmaß für den Besitz kleiner Marihuanamengen zu mindern; dieser Antrag wurde von der Legislative New Jerseys angenommen und erlangte Gesetzeskraft.

Aber Verbrechen, welche Söhne angeblicher Mafiosi begingen, wurden streng verfolgt, und dieser Erkenntnis, daß mit zweierlei Maß gemessen wurde, trug Joseph Colombo die Sympathien vieler Leute ein und veranlaßte sie, sich seinem Protest anzuschließen. Die weitere Entwicklung des Falles erbrachte für Colombo die Bestätigung seiner Auffassung. Am fünften Tag des Prozesses vor einem Brooklyner Bundesgericht gab der Hauptzeuge der Anklage – ein ehemaliger Münzenhändler namens Richard W. Salamone – zu, er habe Joseph junior falsch beschuldigt. Den verblüfften Zuhörern auf der Richterbank und in den Sitzreihen des Gerichtssaals erzählte Salamone, er habe den Angeklagten deshalb belastet, weil das FBI, das zumindest Colombos Sohn fassen wollte, ihm Hilfe versprochen hatte, um wieder in den Besitz der 50000 Dollar zu gelangen, die er bei einer Geschäftstransaktion eingebüßt hätte; ferner hatte man ihm angetragen, ihn bei der Postensuche zu unterstützen und den konfiszierten Waffenschein für seine Pistole wieder auszufolgen. Da das FBI seine Zusicherungen nicht einhielt, sah sich Salamone bewogen, seine frühere Aussage zu widerrufen, obwohl dieser Schritt zu seiner eigenen und der Verhaftung eines anderen Zeugen der Anklage führte, nachdem die Geschworenen Joseph Colombo junior für «Nicht schuldig» befunden hatten.

Einen Monat nach der Versammlung auf dem Columbus Circle war die rasch anwachsende Italoamerikanische Bürgerrechtsliga bereits ein politischer Machtfaktor geworden, und Justizminister John N. Mitchell sandte an die Leiter aller einschlägigen Dienststellen, so auch an den Direktor des FBI, ein vertrauliches Memorandum mit der Weisung, die Bezeichnungen «Mafia» und «Cosa Nostra» nicht mehr zu verwenden, um die «anständigen Italoamerikaner» nicht zu brüskieren.

Durch diese Entscheidung ermutigt, schrieben Funktionäre der Liga – Colombo selbst bekleidete kein Amt, aber sein ältester Sohn Anthony war Vizepräsident – an die Fordwerke, die die TV-Serie ‹F.B.I.› mitfinanzierten, und erhielten von dem Konzern ähnliche Zusicherungen. Auch Werbeagenturen, die in ihren Werbespots nach Meinung der Liga Italiener herabgesetzt hatten, mußten entsprechende Zugeständnisse machen.

Als die *Advance*, eine Zeitung in Staten Island, eine Artikelserie über die dort ansässigen Mafiosi veröffentlichte, erschienen vor dem Redaktionsgebäude lärmende Demonstranten der Liga, behinderten Lieferwagen, verlangten die Entlassung des Autors und die Vermeidung der Worte «Mafia» und «Cosa Nostra». Die *Advance* wollte keine dieser ultimativen Forderungen erfüllen, sondern rief die Polizei, die einschritt und die Versammlung sprengte, was allerdings nicht ohne Zusammenstöße abging. Unter den bei dieser Aktion Verhafteten befand sich der Präsident der Liga, Natale Marcone, ein siebenundfünfzigjähriger ehemaliger Gewerkschaftsfunktionär, der in Staten Island lebte.

Auch die Druckerei der *New York Times* an der West Side der Metropole wurde von «Postenketten» zerniert. Später trafen Vertreter der

Zeitung mit Sprechern der Liga zusammen, die sich über gewisse Artikel und die Verwendung bestimmter eindeutig italienischer Begriffe und Ausdrücke beschwerten, mit denen ein Teil des organisierten Verbrechens als italoamerikanisches Element abgestempelt wurde. Die Liga-Aktivisten wurden zwar nicht im unklaren darüber gelassen, daß die *Times* unter keinen Umständen Pressionen nachgeben werde, aber der verantwortliche Redakteur A. M. Rosenthal sagte, seine Zeitung bekämpfe jegliche Diskriminierung in Amerika und werde ihre Berichterstattung im Hinblick auf die Italoamerikaner genau überprüfen.

In den folgenden Monaten erschien wohl in den Spalten der *New York Times* das Wort «Mafia», aber etwas seltener als zuvor und abwechselnd mit anderen Formulierungen wie «Gruppe des organisierten Verbrechens». Das Blatt brachte auch Artikel, die Joseph Colombo durchaus billigte, z. B. eine ausführliche Reportage über die Liga. Darin wurden die Verdachtsmomente und Beschuldigungen gegen Colombo zwar nicht ignoriert, aber das Hauptgewicht der Information lag auf dem bemerkenswert raschen Wachstum der Organisation, ihren Zielen, ihrer karitativen Tätigkeit im Dienste von Spitalbauten und Suchtgift-Entwöhnungsprogrammen, ihrer Unterstützung anderer völkischer und rassischer Minderheiten, vor allem Negern und Puertoricanern, ebenso wie ihren engen Beziehungen zu der militanten «Jewish Defense League» des Rabbi Meir Kahane.

Der Stand der beitragzahlenden Mitglieder in den gesamten USA wurde auf 45 000 bis 50 000 Personen geschätzt, die Aktivisten in den einzelnen Aktionsbereichen führten den Titel «Captain». Laut Pressemeldungen waren von den 2000 Captains 200 Juden und 90 Neger. Ungefähr 400 000 Dollar hatte die Liga aus Mitgliedsbeiträgen aufgebracht, dazu kamen noch rund 500 000 Dollar an Einnahmen aus einer Wohltätigkeitsveranstaltung, bei der Frank Sinatra und einige andere Größen des Show Business im New Yorker Felt Forum vor einem 5000köpfigen Publikum auftraten. Den Witz, der den größten Lacherfolg hatte, steuerte der schwarze Komiker Godfrey Cambridge bei, er sagte nämlich: «Ich habe eine ganz sonderbare Einladung zu diesem Rummel hier erhalten – ein Stein flog durch mein Fenster.»

Einige Monate später wurde Joseph Colombo von einem Wochenblatt mit Verbreitung in Queens, Brooklyn und Staten Island zum «Mann des Jahres 1970» gekürt. Aus diesem Anlaß fand in Long Island ein Galadinner statt. Der italienischen Tradition und dem Lebensstil des Jubilars gemäß sprach Pfarrer Louis Gigante zu Beginn ein Gebet: «Segne, o Herr, dieses bescheidene Mahl, segne diesen Abend und Joe Colombo für alle seine guten Taten.» Dieses «bescheidene Mahl» kostete pro Gedeck 125 Dollar, so daß die Liga insgesamt 101 000 Dollar scheffeln konnte. Hymnisch äußerte sich der Präsident Natale Marcone über den Volkstribun Joe: «Die Frauen küssen ihm die Hand, wenn er vorbeigeht. Im Regen bietet er ihnen galant seinen Schirm an. Schon an seinem Händedruck spürt man: das ist ein großer Mann!» Bei diesem Festessen wurde Colombo eine Bronzeplakette überreicht, deren Inschrift ihn als den «richtungweisenden Geist der italoamerikanischen Einheit» pries.

Aber trotz solcher Ehrungen und dem Fortschritt der Liga blieben ihm die Polizeibehörden weiterhin auf den Fersen. Colombo selbst glaubte, der Aufstieg seiner Organisation und der beharrlich durchgeführte «Wachdienst» vor dem New Yorker FBI-Büro habe die Beamten dermaßen verärgert, daß sie mehr denn je entschlossen waren, ein Verfahren gegen ihn anzustrengen und ihn durch eine lange Freiheitsstrafe auszuschalten. Nach der Bekanntgabe seiner Wahl zum Mann des Jahres wurde er im Rahmen der Nachforschungen über einen vor drei Jahren verübten Juwelendiebstahl festgenommen. Es bestand der Verdacht, daß er zwischen den über die Beute im Wert von 750 000 Dollar streitenden Tätern vermittelt und für diese Schlichtungsbemühungen ein Honorar in der Höhe von 7500 Dollar erhalten hatte. Zusammen mit mehreren anderen Personen wurde er auch vom FBI unter der Beschuldigung verhaftet, er betreibe eine Spielbank, die jährlich 5 Millionen Dollar Gewinn abwerfe. Nach seiner Freilassung gegen 25 000 Dollar Kaution ging Colombo vom Gerichtsgebäude direkt zum FBI-Büro und stellte sich dort in die «Postenkette». Auf dem Weg dorthin sprach er mit Journalisten, wobei er seine oft geäußerte Meinung wiederholte, er sei völlig unschuldig, es gebe in den USA überhaupt keine Mafia, und die Kriminalpolizei aller Kompetenzen sei eben gegen Italoamerikaner voreingenommen. In einem Interview für einen Reporter der *New York Times* wies er darauf hin, daß die leitenden Manager der General Electric in einem Verfahren wegen Preisabsprache – die gegen das Anti-Trust-Gesetz verstieß – mit einer Geldstrafe davongekommen waren. Aber mit Italoamerikanern gehe die Justiz weit weniger milde um.

Solche Beteuerungen über ungerechte Verfolgung, die Colombo temperamentvoll auch im Hörfunk und im Fernsehen immer wieder vom Stapel ließ, wirkten allerdings auf viele Italoamerikaner geradezu lächerlich. Es hieß, sogar einige Mafiosi seien über Joes Aktionen beunruhigt, wenn sie ihm wohl auch seine Popularität und die großen Geldbeträge neideten, welche die Liga hortete. Dem Vernehmen nach beobachtete beispielsweise Carlo Gambino die Taktiken Joe Colombos mit wachsendem Befremden; er hielt es für eine verderbliche Unklugheit, den Polizei- und Justizapparat, ohne dessen Zusammenarbeit das organisierte Verbrechen nicht existieren könne, öffentlich anzugreifen. Gambino gehörte noch der alten Schule an, und wie so viele echte Sizilianer war er in mancher Hinsicht ein Stoiker, er glaubte an geduldiges Leiden, unauffälliges Handeln und Schweigen: *Omertà*. Colombo, bereits in Amerika geboren und relativ jung, brach plötzlich mit diesen Traditionen. Er hatte sich den Stil der Bürgerrechtsbewegung zum Vorbild genommen, inszenierte seine Kampagne auf der Straße, vor TV-Kameras. Und Gambino, der im Lauf seines Lebens viele junge Männer auftauchen und wieder verschwinden gesehen hatte, konnte sich nur wundern.

In Kalifornien, 5000 Kilometer entfernt, verfolgte Bill Bonanno aufmerksam die Zeitungsberichte über Colombos reibungslos funktionierende «Postenketten», aber ehe er sich eine Meinung bildete, wollte er die Endresultate abwarten. Abgesehen von zwei kurzen Gefängnisstrafen, war es bisher den Anwälten gelungen, den ehrenwerten, aber so hart bedrängten Grundstücksmakler immer gegen Kaution freizubekommen. Niemand konnte bezweifeln, daß Colombos Popularität der Liga Sympathiekundgebungen und Spenden aus allen Teilen der USA eingetragen hatte, und vielleicht war das «Postenstehen» vor dem FBI-Büro keine schlechte Idee. Jahrelang hatten die Agenten ihr rücksichtsloses Spiel getrieben, und ganz gleich, welche Repressalien sie nun ergreifen mochten: viel schlimmer, als es bereits war, konnte es nicht mehr werden. Bill erinnerte sich an David Hales Übergriffe in Tucson, er dachte an Hales Plan, Peter Notaro mit einem Armbrustbolzen zu töten, und er fragte sich, was Hales FBI-Kollegen in New York wohl im Schilde führten . . .

31

Als Bill Bonanno schließlich die offizielle Verständigung empfing, er habe sich am folgenden Montag, den 18. Januar 1971, im Gefängnis zu melden, war er erleichtert. In den letzten Monaten des Jahres 1970 war das ständige Warten fast unerträglich geworden. Dazu kam noch während dieser Zeit mehrere Male ein Anruf aus New York, es sei mit einem baldigen Termin des Strafantritts zu rechnen – und wenn er dann mit Freunden und Verwandten in Kalifornien Abschied gefeiert hatte, trafen Nachrichten über den Aufschub ein. Nichts Quälenderes, als der Mittelpunkt einer Gesellschaft zu sein, deren laute Fröhlichkeit bewußt inszeniert war, um über die wahre, nervös gespannte, traurige Stimmung hinwegzutäuschen, mit den Trinksprüchen nach dem Dinner, den tränenreichen Umarmungen als Höhepunkt und dann, Tage später, dieselben Menschen wiederzusehen.

Bill hatte das während des Winters 1970/71 dreimal mitgemacht, aber nach der dritten Abschiedsparty mit anschließendem Haftaufschub bat er Rosalie, allen Freunden zu sagen, er sei bereits im Gefängnis. In den folgenden Tagen saß er bei geschlossenen Jalousien zu Hause mit den Kindern vor dem TV-Gerät, ging nie zum Telefon, sondern ließ immer Rosalie abheben, und wagte sich nicht einmal abends vor die Tür. Das waren die bedrückendsten Stunden seiner letzten Wochen in Freiheit, als er völlig von der Welt isoliert dahinlebte, mit dem demütigen Gefühl seiner eigenen Ziel- und Nutzlosigkeit und der Gewißheit, daß er seiner nächsten Umgebung ungewollt schwere seelische Belastungen aufbürdete. Schon längst hatte er den Cadillac zurückgegeben, den er für seinen letzten Monat in Freiheit gemietet hatte; soweit es in seiner Macht stand, hatte er alle Angelegenheiten geregelt, hatte Rosalie und den Kindern alles gesagt, was gesagt werden mußte. Doch vom September bis zum Dezember wurde er Woche um Woche durch unerklärliche Verzögerungen hingehalten, war gezwungen, den bloßen Zeitablauf untätig zu bewältigen, und dieses aufreibende Warten zerstörte langsam die erfreulichen Erinnerungen, die er in die Haft mitnehmen wollte.

Im Sommer hatte Bill mit Rosalie und den Kindern mehrere ausgedehnte Ausflüge zu den interessantesten Punkten Kaliforniens unternommen. Eine Woche waren sie in Begleitung seiner Schwester, seiner Schwägerin Ann und deren Familie auf einem großen Hausboot vor der Küste gekreuzt. Er war auch nach Arizona gefahren, um seinen Vater zu besuchen, und obwohl Bonanno senior praktisch das Gebiet von Tucson nicht verlassen durfte, versicherte er Bill, er werde sich während dessen Abwesenheit um Rosalie und die Kinder kümmern. Bills Bruder Joseph war mittlerweile von Tucson nach San José übersiedelt, und Rosalies Mutter wollte nach Bills Strafantritt auf längere Zeit nach Kalifornien kommen.

Immerhin war es Bill mit Hilfe von Verwandten und Freunden noch gelungen, ein Haus im Ranchstil in einer neuen Siedlungszone bei San José zu kaufen. Es lag an einer von vielen Kindern und netten Nachbarn bevölkerten Straße, und Rosalie war den gegebenen Umständen nach zufrieden. Sie hatte nun zwar ihre Ausbildung für Computer-Programmierung abgeschlossen, konnte aber im Bereich von San José keinen Posten finden, der genug eingetragen hätte, um die Kosten einer ständigen Haushaltshilfe zu decken. Im ersten Jahr wollte sie zudem die Kinder nicht allein lassen; und nach peinlichen Diskussionen mit Bill faßte sie den Plan, sich an die Wohlfahrtsbehörden zu wenden. Zuerst hatte sich Bill gegen diese Erwägung gewehrt, weil sie ihm als Eingeständnis seines Versagens erschien, aber nun war er über solche Eitelkeit hinaus. Der Staat erhob Anspruch auf seinen gesamten Besitz, sein Auto und seine Liegenschaften. Er war bankrott; jeder Cent, den er verdiente, ging für die Zahlung von Steuerrückständen auf, und er machte sich bald mit dem Gedanken vertraut, daß dieser Staat, der ihn selbst lahmlegte, zumindest zum Unterhalt der Familie beitragen könne.

Mehrmals wollte Bill den Kindern erklären, warum er ins Gefängnis müsse, aber während des ganzen Sommers und Herbstes hatte er es vermieden, teils weil ihn die Kinder nie danach fragten, und andererseits auch, weil er keine Möglichkeit sah, über das Thema zu sprechen, ohne sich in den Augen der Kinder herabzusetzen. Sie sollten das Gesetz achten, aber ihn selbst nicht verachten, das war Bills Dilemma.

Er wollte ihnen klarmachen, daß das Gesetz für die Mehrzahl der Menschen geschaffen sei; daß gewisse Leute durch ihre Handlungen gegen dieses Gesetz verstießen und deshalb bestraft würden. Aber er wollte in ihnen auch die Überzeugung wecken, daß Dinge, die nun verboten sind, in wenigen Jahren erlaubt sein könnten. Er dachte daran, welch radikalen Veränderungen die gesellschaftlichen Verhaltensformen, Ehe und Sex, Literatur und Massenmedien zu seinen Lebzeiten bisher unterworfen waren. Wie kurzsichtig erschien ihm nun die drakonische Stenge, mit der man ihn einst aus dem Internat ausgeschlossen hatte, nur weil er, der «Rädelsführer», mit Schulkameraden in ‹Forever Amber› gegangen war, einen Film, der heute im Vergleich zur herrschenden Pornowelle und dem Abbau aller Tabus völlig harmlos wirkte.

Er selbst war gegen Ende der Prohibitionszeit zur Welt gekommen, als die Moralisten den Alkoholgenuß noch immer als Laster anprangerten, doch nun waren Spirituosen nicht nur ein legales und anerkanntes Element des Gesellschaftslebens, sondern auch eine beachtliche Einnahmequelle für eben jenes «Establishment», das sie bis 1933 bekämpft hatte. Vor kurzem hatte Bill gelesen, daß der Staat New York in das Wettgeschäft einsteigen werde, um die Buchmacher auszuschalten und die Gewinne aus einem Unternehmen einzustreichen, das Generationen von öffentlichen Anklägern als verbrecherischen Gelderwerb, als Ausbeutung der arbeitenden Bevölkerung und Grund für die Verarmung ganzer Familien gebrandmarkt hatten.

Bill war überzeugt, demnächst würde der Staat versuchen, die Lotterien und den Drogenmarkt in die Hand zu bekommen. Methadon wurde bereits als Antitoxin gegen Heroin verkauft. Das Entscheidende dabei war nicht, daß die Gesetzgeber keine Rechtfertigung für Schritte hatten, die sie vom gesellschaftlichen Standpunkt aus als förderlich betrachteten, sondern daß sie dieselben Dinge billigten, gegen die sie vor kurzem noch entrüstet ins Feld gezogen waren. Sie änderten einfach die Gesetze – und Handlungen, deretwegen früher Tausende zu Verbrechern gestempelt wurden, waren dann plötzlich legal.

Alles war eine Sache des richtigen Timing, dachte Bill, während er, in solche düsteren Grübeleien versunken, hinter den herabgelassenen Läden seines Wohnzimmers saß. Es kam darauf an, im richtigen Moment am richtigen Platz zu sein, im Krieg auf der Seite der Sieger zu stehen oder genug Geld zu haben, um nicht eine Kreditkarte verwenden zu müssen, die einem offeriert wurde – oder zumindest soviel Vernunft zu besitzen, nicht mit dem Namen «Don A. Torrillo» zu zeichnen.

Bill haderte nicht mit dem Gericht, das ihn schuldig gesprochen hatte.

Die Geschworenen hatten ihre Aufmerksamkeit auf jene Monate konzentriert, als er Torrillos Karte bei sich trug, sie hatten sich an das
Belastungsmaterial aus jenen Tagen gehalten, als er aus New York
fliehen mußte, als sein Leben durch einen «Kontrakt» gefährdet war und
er sich weiter keine Gedanken darüber machte, ob es recht und billig sei,
Diners Club-Rechnungen mit dem Namen eines anderen zu signieren.
Aber seine damalige Handlungsweise ergab sich aus den Zwangslagen
des Bananenkriegs, dessen Ursprünge und Konfliktgründe wiederum in
die Zeit zurückgingen, als Bill noch gar nicht in New York war, ja sogar in
die Jahre vor seiner Geburt. Sein ganzes Leben war mit der Vergangenheit verflochten, und für diese Vergangenheit mußte er nun vier Jahre im
Gefängnis sitzen. Aber all dies konnte man den Kindern nicht auf einfache Art erklären. Ihm blieb nur eines: so rasch als möglich die Strafe
anzutreten, damit er sie hinter sich brachte. Nach seiner Entlassung im
Jahre 1974 würde er neu beginnen. Er hatte keine Ahnung, was er
anfangen sollte, wenn er als Einundvierzigjähriger wieder ein freier
Mann sein würde, aber vor ihm lag viel Zeit, um darüber nachzudenken.

Deshalb war es nach den vielen Aufschüben fast eine Erlösung für ihn,
als er die Mitteilung erhielt, sich am Montag, dem 18. Januar, im Büro
des Bundes-Marshal in Los Angeles zu melden. Das war endlich eine
klare Entscheidung, präzise Wirklichkeit, fester Boden nach langem
Schwebezustand der Ungewißheit. Rosalie nahm die Nachricht sehr
gefaßt auf und bereitete alles für ein letztes Familientreffen am Sonntag
vor. Bills Mutter wohnte damals bei Catherine; der einzige, der nicht
kommen konnte, war Joseph Bonanno in Arizona, und deshalb flog Bill
am Donnerstag nach Tucson, um sich von ihm zu verabschieden. Sein
Bruder begleitete ihn.

Auf dem Flugplatz in Tucson wurden die beiden von Peter Notaro in
Bonannos Wagen abgeholt. Auch Notaro mußte sich in wenigen Tagen
stellen, und zwar in einem Gefängnis in Texarkana in Texas. Er schien
sich damit abgefunden zu haben. Es war ja nur ein Jahr, und Bill bemerkte
sogar im Spaß, wenn er selbst nur zu einjähriger Haft verurteilt worden
wäre, dann würde er die Strafe im Kopfstand abdienen.

Beim Patiotor des Hauses in der Elm Street empfing Joseph Bonanno
seinen Sohn mit einer Umarmung. Der alte Don wirkte etwas hagerer
und starrer als früher, aber sein sonnengebräuntes Gesicht wies noch
immer die vertrauten kräftigen, durchmodellierten Züge. Nach einem
Imbiß mit Wein fuhren sie zu Bonannos staatlich gepfändeter Baumwollfarm außerhalb der Stadt. Dort hatten sie keine elektronische Abhöranlage zu befürchten. Während sie im Freien auf und ab gingen, erzählte Bill
seinem Vater von Rosalies Absicht, zu Hause bei den Kindern zu bleiben,
und Bonanno senior versicherte ihm wieder, er brauche sich keine Sorgen
zu machen. Bill erklärte, daß er nach der Meldung in Los Angeles

wahrscheinlich per Flugzeug nach New York gebracht und ins Bundesgefängnis West Street eingeliefert werden würde. Dort wäre er für das Verfahren wegen der betrügerischen Besitzübertragung seines Hauses in East Meadow verfügbar. Er würde sich schuldig bekennen und rechnete mit einer Erhöhung des Strafausmaßes um acht Monate. Aber bald nach dem Prozeß würde er nach Kalifornien überstellt werden, um seine Zeit im Bundesgefängnis auf Terminal Island in San Pedro abzusitzen. Dort könnte ihn Rosalie mit den Kindern regelmäßig besuchen, vielleicht sogar zweimal im Monat, und er wäre nicht wie durch einen Eisernen Vorhang von ihnen und der Außenwelt getrennt.

Je mehr Bill darüber sprach, desto weniger deprimierend erschien ihm alles, was vor ihm lag, obwohl ihm auffiel, daß sein Vater sehr einsilbig blieb, während sie, mit einigen Schritten Abstand von Joseph junior und Notaro gefolgt, durch die Felder gingen. Bonanno beschränkte sich auf allgemeine Bemerkungen, nickte oft zu den Erörterungen des Sohnes, doch Bill hatte keine Ahnung, was sein Vater dachte oder empfand, bis sie ins Haus zurückgekehrt waren. Das Sonnenlicht schwand, der Wind des Spätnachmittags wehte schärfer durch die Bäume und wirbelte im Patio, wo sie saßen, Staub auf. Schließlich sagte Bill, er müsse einige Dinge einpacken, die er mitnehmen wolle. Die Stunde des Abflugs rückte heran.

Sein Vater folgte ihm in die Halle, stand schweigend in der Tür des Raumes, der einst Bills Schlafzimmer war, sah zu, wie sein Sohn Laden öffnete und schloß, vor dem Spiegel die Krawatte band und das Sakko anzog. Plötzlich wurde Joseph Bonanno blaß und begann am ganzen Leib zu zittern. Aber trotz seiner tiefen Erschütterung blieb er stumm. «Ich kann mit einer späteren Maschine fliegen . . .» sagte Bill. Joseph Bonanno schüttelte nur energisch verneinend den Kopf und straffte sich.

«Dann müssen wir hier Abschied nehmen», flüsterte Bill, er wollte es nicht vor seinem Bruder und Notaro tun.

Joseph Bonanno trat heran, legte die Arme um Bills Schultern und küßte ihn. Dann wandte er sich mit Tränen in den Augen rasch ab, ging ins Badezimmer und schloß leise die Tür. Fast benommen stand Bill in der Mitte des Raumes. Er hob den Koffer und sagte laut: «Peter, wir können fahren.» Als Notaro und Joseph junior vorausgegangen waren, schritt auch Bill auf das Tor zu, verhielt aber, als er hörte, wie ihm sein Vater leise nachrief: *Dio ti benidici*, Gott segne dich, *Dio ti benidici . . .*

Bill blieb stehen, ohne sich nach seinem Vater umzublicken. Dann verließ er das Haus und ging zum wartenden Wagen.

Am Montagmorgen war es neblig und feucht. Bill frühstückte mit den kleinen Kindern, die noch nicht zur Schule mußten. Sie wußten, daß sie ihn nun lange nicht sehen würden, aber nur Felippa weinte. Während des

Wochenendes hatte sie Angstträume gehabt und war so verstört, daß Rosalie sie wieder ins Bett schickte.

Rosalie flehte Bill an, sie nach Los Angeles mitzunehmen oder sich wenigstens von ihr bis zum Flughafen San Francisco begleiten zu lassen, aber er bestand darauf, daß sie zu Hause bleibe. Nach dem Frühstück kam sein Bruder Joseph und wartete im Auto, während sich Bill mit einem raschen Kuß von den Kindern und Rosalie verabschiedete, die in Tränen ausbrach, als er sich losriß.

Wegen des Nebels hatte seine Maschine noch keine Starterlaubnis. Bill trug ein neues gelbes Hemd, eine Seidenkrawatte und seinen besten Anzug, vorteilhaft geschnitten und mit Nadelstreifenmuster, ein Dessin, das seine massige Figur etwas streckte. Als er nach dem Abschied von Joseph schließlich auf seinem Platz saß, konnte er für einen der vielen Manager gelten, die zu einer Vormittagskonferenz nach Los Angeles flogen. Es war eine Pendlermaschine, die immer von den gleichen Passagieren frequentiert wurde. Sie kannten einander und die Stewardessen, nickten sich gegenseitig freundlich lächelnd zu, als sie sich bequem in die Polsterung zurücklehnten. Bill allein blickte finster und abweisend vor sich hin, er war deprimiert wie noch nie zuvor in einem Flugzeug und kümmerte sich nicht weiter um seinen Sitznachbarn, einen jovialen Herrn, der mit ihm über ein sonntägliches Footballspiel reden wollte.

Nach der Landung in Los Angeles nahm Bill ein Taxi und ließ sich zum Bundesamt in die Innenstadt bringen. Beim Torposten erfragte er den Weg zum Büro des Marshal. Dort angelangt, sah er zwei Schilder, das eine mit dem Pfeil nach links und der Aufschrift «Zivilprozesse», das andere mit einem nach rechts weisenden Pfeil und dem Wort «Strafprozesse». Bill wandte sich nach rechts und kam zum Schreibtisch eines Deputy Marshal, der an der Uniform einen schmalen Plastikstreifen mit dem Namen «Ernest Newman» trug.

«Ich bin Salvatore Bonanno», sagte Bill, und Newman nickte nur; er hatte ihn bereits erwartet. Er griff zum Telefon und ließ sich mit New York verbinden. Bill blieb abwartend stehen. Der Deputy Marshal verlangte den Stellvertretenden Bundesstaatsanwalt Walter Phillips zu sprechen, und als dieser, Tausende Kilometer entfernt, am Apparat war, hörte Bill den Beamten in sehr formellem Ton sagen: «Soeben hat sich Salvatore Bonanno zum Strafantritt gemeldet.»

Nachwort

Die Vorarbeiten und Recherchen für dieses Buch begannen vor fast sieben Jahren – am 7. Januar 1965, dem Tag, an dem ich Bill Bonanno zum erstenmal begegnete. Während einer Verhandlungspause stand er mit dem Rücken zur Wand in einem schwach beleuchteten Korridor des Bundesgerichtsgebäudes von Manhattan und sprach mit einem seiner Verteidiger.

Ich war damals Reporter der *New York Times*, ungefähr in Bill Bonannos Alter, und machte mir – nicht zum erstenmal – Gedanken über die Situation eines jungen Mannes, der in die Mafia hineinwuchs. Das meiste, was ich in Zeitungen und Büchern über das organisierte Verbrechen gelesen hatte, stammte aus offiziellen Quellen. Diese Informationen, die sich größtenteils auf die Schilderung von Gangsterschlachten und zerrbildhaft gezeichneten Porträts von Personen mit abenteuerlichen Spitznamen konzentrierten, befriedigten keineswegs mein Interesse an Einblicken in das Leben innerhalb der Geheimgesellschaft.

Den Gesprächen der anderen Journalisten und der Kriminalbeamten hörte ich nur mit halbem Ohr zu, denn ich überlegte. Einer spontanen Regung folgend, löste ich mich aus meiner Gruppe und ging auf Bill Bonanno und dessen Anwalt zu. Als ich mich vorstellte, konterte der Verteidiger prompt: sein Mandant habe nichts zu sagen. Ich erwiderte, daß ich keine Erklärungen wolle und gab zu, es sei kein günstiger Zeitpunkt für ein Interview – kurz vorher war Bill Bonanno nach einer langen Verfolgungsjagd vom FBI in Arizona verhaftet worden und wurde gerade von einem Bundestribunal über das Verschwinden seines Vaters einvernommen. Aber eines Tages, Monate oder Jahre später, sagte ich, würde ich gern mit ihm die Möglichkeit besprechen, ein Buch über seinen Werdegang zu schreiben. Der Anwalt wiederholte, sein Mandant habe keinen Kommentar abzugeben, und Bill Bonanno selbst verhielt sich absolut schweigsam. Aber an seiner Miene merkte ich, daß er aufhorchte. Vielleicht faszinierte ihn diese Idee.

Mehrmals rief ich im Büro des Verteidigers an und versuchte, ein privates Treffen zu vereinbaren. Ohne Erfolg, der Anwalt blieb ablehnend. Daraufhin schrieb ich einige Briefe an Bill Bonanno persönlich und sandte ihm eines meiner Bücher. Das las er, und es gefiel ihm, wie ich bald erfuhr, denn ich erhielt nun die Nachricht, er werde mich im Anwaltsbüro erwarten und lade mich zum Essen in einem Restaurant in Manhattan ein.

Obwohl er bei diesem Dinner nicht näher auf meinen Vorschlag einging, dauerte unser Gespräch mehrere Stunden, und wir verstanden uns ausgezeichnet. Fast alle Ereignisse in Bill Bonannos Leben hatten sehr deutliche, bleibende Eindrücke hinterlassen. Er hatte ein stupendes Erinnerungsvermögen, konnte sich selbst geringfügige Begebenheiten mit allen Einzelheiten ins Gedächtnis zurückrufen, Szenen oder Unterredungen aus seiner Vergangenheit rekapitulieren, Orte, die er gesehen hatte und seine damaligen Empfindungen ungemein plastisch schildern. Dabei besaß er die seltene Fähigkeit, sich von seinen Erlebnissen und Erfahrungen innerlich zu distanzieren. Er wäre ein blendender Reporter geworden.

Wir kamen in der Folge öfters zusammen, und allmählich ergab sich jene Übereinstimmung und jenes Vertrauensverhältnis, das für eine Freundschaft notwendig ist und die Vorbedingung für die Arbeit an dem Buch bildete, das ich zu schreiben hoffte. Darin sollte seine komplexe Existenz als Sproß der Familie Bonanno aufgezeigt werden, die Auswirkung der Vergangenheit auf die Gegenwart.

Ein Jahr nach unserer ersten Begegnung kam Bill Bonanno völlig überraschend eines Nachmittags, unrasiert, in dunklem Anzug und schwarzem Hemd ohne Krawatte in meine Wohnung. Er entschuldigte sich für sein plötzliches Auftauchen und bemerkte mit verblüffendem Gleichmut, daß einige Killer versucht hätten, ihn zu erledigen. Über diesen Anschlag in der Troutman Street berichteten die Zeitungen keine Zeile. Bill wunderte sich und war enttäuscht. Er wünschte ein Presseecho des Zwischenfalls, und zwar aus Gründen, die ich in diesem Buch erörterte. Ich arbeitete nicht mehr für die *New York Times*, erklärte mich aber bereit, einen befreundeten Redakteur anzurufen, und dieser Hinweis löste die beabsichtigte Reaktion aus. Das brachte mich auch Bill Bonanno näher.

Später kam ich durch seine Vermittlung mit seinen Verwandten und Freunden in Kontakt. Diese ahnten bald, daß ich eines Tages ein Buch schreiben wollte, in dem auch ihre Lebenskreise berührt würden. Wenn sie mißtrauisch und skeptisch waren – und das waren sie bestimmt! – so akzeptierten sie mich dennoch als Bills Freund. Ich beschränkte mich auf die Rolle des Beobachters. Zu Hause schrieb ich dann nieder, was ich gesehen und gehört hatte, meine Eindrücke von jenen Menschen und ihrer Umwelt. Beim Durchlesen meiner Aufzeichnungen erkannte ich bald, daß das Buch Gestalt gewann. Es wirkte wie ein Roman, aber alle Einzelheiten waren authentisch.

Im Mai 1966 tauchte Joseph Bonanno unter dramatischen Umständen wieder auf. Ich traf auch mit ihm zusammen, merkte aber, daß er seine Vorbehalte gegen das Buch hatte. Auch Bill überdachte das Projekt nochmals. In der Unterwelt wuchsen die Spannungen, weiteten sich in New York zum sogenannten «Bananenkrieg» aus, und Bill machte sich vielleicht nicht zuletzt Sorgen um meine persönliche Sicherheit – Befürchtungen, die ich bald teilte.

1967 gab es Schießereien und Mordfälle, die Fehde wurde immer erbitterter. Zwischendurch verlor ich für Monate die Verbindung mit Bill. Gelegentlich, wenn ich es am wenigsten erwartete, rief er aus einer Telefonzelle an, um mir zu sagen, daß er noch am Leben sei. Einmal traf ich ihn zu einem Drink. Er war sehr schlecht aufgelegt, die Treulosigkeit und das Doppelspiel mancher Männer in seiner Umgebung erbitterten ihn. Er gab offen zu, daß die großen Führernaturen aus der Ära seines Vaters entweder bereits tot oder zu alt seien und daß die Jüngeren weder zu befehlen noch zu gehorchen wußten – sie könnten nicht aufbauen, sondern nur zerstören.

Daran dachte ich Jahre später, im Juni 1971, als Joseph Colombo senior während einer Kundgebung zum Tag der Italoamerikanischen Einheit auf dem Columbus Circle von drei Schüssen getroffen wurde. Obwohl der Attentäter, ein Mann namens Jerome A. Johnson, Neger war – ein unbekannter Schütze in der Menge tötete ihn sofort –, verbreitete die New Yorker Polizei die unbestätigte Theorie, Johnson hatte im Dienst der Mafia gestanden, höchstwahrscheinlich im Sold Joe Gallos, des einstigen Rebellen aus der alten Profaci-Organisation, der, wie verlautete, nun in Brooklyn schwarze Mobster anwarb, um die gelichteten Reihen der Mafia zu füllen. Colombos Leute hingegen vertraten die Ansicht, es handle sich um die Tat eines einzelnen «Irren». Ich persönlich konnte mir schwer vorstellen, daß die Mafia einen «Kontrakt» ausgegeben haben sollte. Es widersprach den üblichen Methoden, offen solch ein unnötiges Risiko einzugehen, den Versuch zu wagen, Colombo zu beseitigen und dann den Täter selbst niederzuknallen – vor Tausenden Zuschauern, Dutzenden Polizisten und Fotografen, von denen jeder absichtlich oder zufällig die ganze Episode im Bild festhalten konnte. Aber wenn die New Yorker Polizei recht behält, wenn Gallo wirklich einem Neger einen «Kontrakt» erteilte, dann zerfällt die einst so fest und sicher gefügte Struktur der Mafia sogar noch rascher, als ich vermutete.

Nach dem Ende des Bananenkriegs im Winter 1969 flog ich nach San José, wo Bill damals mit seiner Familie wohnte, und blieb bis in den Frühling dort. Als er einmal vor Gericht aussagen mußte, verbrachte ich auch in New York einige Zeit mit ihm. Das war vor dem Kreditkartenprozeß.

Obwohl ich mehrere Bücher über Sizilien gelesen hatte, fand ich darin sehr wenige brauchbare Informationen über jene Region, aus der die Familie Bonanno stammte. Als mir die Hilfe von Verwandten zugesichert wurde, flog ich nach Palermo und fuhr von dort nach Castellammare del Golfo.

Ich wurde von einem gutaussehenden grauhaarigen Herrn empfangen, der im Typus dem italienischen Filmregisseur Vittorio De Sica ähnelte. Er und andere Männer führten mich durch die Stadt, ermöglichten mir den Besuch des Stammhauses der Familie Bonanno am Corso Garibaldi und begleiteten mich zum alten Kastell.

Wieder in den USA, fuhr ich mit Bill auch nach Arizona zu seinem Vater. In meiner Gegenwart war Joseph Bonanno höflich und gast-freundlich, obwohl er meine Beziehungen zu seinem Sohn gewiß noch immer kaum billigte. Aber ich glaube nicht, daß er sich einzumischen versuchte. Bill war nun als Mann ganz auf sich gestellt. Da ich ihn achtete und verstand, konnte ich Gedanken und Regungen verdolmetschen, die er den Menschen seiner engsten Umgebung nicht persönlich mitteilen wollte.

Auch andere Familienmitglieder wandten sich an mich, erzählten mir, dem Außenstehenden, was Verwandte erfahren sollten. Ich war zum Vermittler innerhalb einer Sippe geworden, auf der lange das überlieferte Schweigegebot gelastet hatte.

GAY TALESE

Ocean City, New Jersey
Juli 1971

Namenregister

Der Name Bill Bonanno erscheint durchlaufend im Buch und wurde deshalb nicht in das Register aufgenommen.

Accardo, Tony 23
Adonis, Joe 165
Aiello, Joseph 165
Anastasia, Albert 14, 23, 27, 57, 70, 83, 114, 165, 176 f
Anderson, Robert 138
Angelman, Frances 293 f

Barbara, Joseph 23, 66, 70, 178
Battaglia, Charles 88, 180, 222, 269, 297, 349, 353
Boccia, Ferdinand 173 f
Bonanno, Carlo 27
Bonanno, Catherine 9, 35, 48, 50, 77 f, 93, 109, 112, 119, 189, 204, 216, 238, 251, 287, 367
Bonanno, Fay 9, 22, 32, 42 f, 60, 128, 146, 169, 189, 218 f, 249, 266
Bonanno, Joseph sen. 9, 13, 17 f, 21, 23 f, 29 f, 32, 36, 39, 42 f, 49 f, 53 f, 57 f, 62 f, 69 f, 77 f, 83 f, 93, 99, 108 f, 114 f, 119, 121, 123 f, 127 f, 133, 134 f, 146 f, 149 f, 152, 155, 158 f, 161 f, 167, 169 f, 177, 179, 181, 183 f, 188, 190 f, 199, 207, 212, 215, 216 f, 222 f, 229, 248, 251, 254, 256, 261, 264 f, 266 f, 271 f, 275 f, 279 f, 284 f, 287, 289, 292, 296 f, 338 f, 344, 347, 353, 354 f, 357, 367 f, 371
Bonanno, Joseph jun. 9, 35, 88 f, 95, 119, 223, 265 f, 339, 365, 368
Bonanno, Rosalie 9, 23 f, 28, 34 f, 37 f, 66 f, 69, 70, 73 f, 78 f, 86, 93, 98, 105 f, 117, 120, 130 f, 185 f, 189, 190 f, 197 f, 214, 223, 226, 228 f, 232, 235, 237 f, 240, 243 f, 253, 283, 286, 289 f, 298, 352, 364 f, 367 f

Bonanno, Salvatore 27, 153 f, 166, 248
Bonventre, John 11, 170
Bonventre, Peter 163, 177
Bonventre, Vito 191
Bruno, Angelo 14, 84, 183, 271, 274, 356, 358

Cahill, William T. 360
Cambridge, Godfrey 362
Cantellops, Nelson 178
Capone, Al 95, 162, 164 f, 170, 295
Capone, Albert Francis jr. 95
Caruso, Angelo 180, 182
Cassese, Vincent 208
Catena, Jerry 227, 355
Clark, Ramsey 221, 291
Colombo, Anthony 361
Colombo, Joseph 10, 86, 183, 193, 216, 273 f, 279, 357 f, 371 f
Colombo, Joseph jr. 357, 361
Consolo, Michael 214
Corallo, Antonio 209
Corbett, James J. 221
Costello, Frank 13 f, 23, 49 f, 125, 162, 165, 168, 172, 174 f, 178, 236, 258, 356
Cottell, Louis C. 200
Cressey, Donald R. 266
Crociata, Peter 212

Dean, Paul 294 f
De Carlo, Angelo 355
De Cavalcante, Samuel 270 f, 283 f
De Filippo, Pat 346
De Filippo, Vito 87, 180, 279, 284, 346
De Lucia, Paul 246
De Sapio, Carmine C. 209

James A. Michener

Colorado Saga

Das Meisterwerk
des großen amerikanischen Romanciers,
von einzigartiger erzählerischer
Dichte und Spannung.
Das Buch vom Werden, Wandel und Vergehen
eines Landes, von seinen Menschen
und ihrem nie endenden Kampf
um jene Hand voll Glück,
die jeder braucht, der leben will.
Roman

Molden

roroneu

JOSEF MARTIN BAUER, So weit die Füße tragen [1667]
JULIETTE BENZONI, Chathérine / Roman [1732]
GWEN BRISTOW, Kalifornische Sinfonie / Roman [1718]
ALICE M. EKERT-ROTHOLZ, Der Juwelenbaum / Roman [1621]
HEINZ ERHARDT, Das große Heinz Erhardt Buch / Illustrationen: Dieter Harzig [1679]
PAUL GALLICO, k. o. Matilda / Roman [1683]
ROBERT GOVER, Trip mit Kitten / Roman [1628]
GRAHAM GREENE, Eine Art Leben [1671]
HANS GRUHL, Liebe auf krummen Beinen / Roman [1674]
WILLI HEINRICH, Schmetterlinge weinen nicht / Roman [1583]
GEORGETTE HEYER, Ein Mädchen ohne Mitgift / Roman [1727]
JEAN-CHARLES, Knilche sterben niemals aus / Aus Kindermund von kleinen und großen Leuten [1734]
D. H. LAWRENCE, Lady Chatterly / Roman [1638]
JACK LONDON, Das Mordbüro / Roman [1615]
MALCOLM LOWRY, Unter dem Vulkan / Roman [1744]
ERIC MALPASS, Morgens um sieben ist die Welt noch in Ordnung / Roman [1762]
WOLFGANG MENGE, Ein Herz und eine Seele: Silvesterpunsch / Der Ofen ist aus [1774] – Rosenmontagszug / Besuch aus der Ostzone [1775] – Frühjahrsputz / Selbstbedienung [1808]
JACQUELINE MONSIGNY, Floris, mon amour [1747]
ROBERT NEUMANN, Deutschland deine Österreicher / Österreich deine Deutschen. Illustrationen: Lindi [1695]
JAMES A. MICHENER, Sayonara / Roman [1675]
BARBARA NOACK, Valentine heißt man nicht / Eine Ehegeschichte – vorwiegend heiter [1701] – Italienreise – Liebe inbegriffen / Roman [1726]
HANS NICKLISCH, Ohne Mutter geht es nicht / Zeichnungen: Marga Karlson [1672]
GUDRUN PAUSEWANG, Die Entführung der Doña Agata / Roman [1591]
MARIO PUZO, Der Pate / Roman [1442] – Mamma Lucia / Roman [1528]
ROBERT RUARK, Die schwarze Haut / Roman [1696] – Safari / Roman [1738]
HANS RUESCH, Im Land der langen Schatten / Roman [1715]
JOHANNES MARIO SIMMEL, Begegnung im Nebel / Erzählungen [1248]
ANNE TELSCOMBE, Oma reist aufs Dach der Welt / Roman [1538]
VASSILIS VASSILIKOS, Z. / Roman [1722]
MORRIS L. West, Der rote Wolf / Roman [1639]

Mario PUZO

Der Pate

rororo

Ein Roman wie ein Vulkan.
Ein einziger Ausbruch von
Vitalität, Intelligenz und
Gewalttätigkeit, von Freund-
schaft, Treue und Verrat, von
grausamen Morden, großen
Geschäften, Sex und Liebe.

Saul Bellow

Das Opfer

Saul Bellow stellt hier die Frage, inwieweit ein Mensch am Unglück eines anderen mitschuldig sein kann. Ein dostojevskijscher Alptraum.

Roman · rororo Band 1085

Mann in der Schwebe

Der Autor, einer der großen Romanciers unserer Zeit, erzählt die Geschichte eines Mannes, der im Hinblick auf den baldigen Militärdienst seine Stellung aufgibt. Während er monatelang auf seine Einberufung wartet, verliert er seine Rolle in der Gesellschaft, seine Identität und muß erkennen, daß er der Freiheit nicht gewachsen ist.

Roman · rororo Band 1367

Mr. Sammler's Planet

Die Geschichte eines vom Leben schwergeprüften alten Mannes, der sich dennoch liebend und weise der Sorgen seiner verzagten Verwandten und Freunde annimmt. «‹Mister Sammler's Planet› unterscheidet sich wohltuend von anderen amerikanischen Romanen der Gegenwart durch die bestechende Klugheit seines Autors und den tiefgründigen Witz von Bellows Stil» (Alfred Kazin in «The New York Review»).

Roman · rororo Band 1673

411/6